常德市人口和计划生育志

（1988—2012）

常德市地方志编纂委员会
常德市人口和计划生育委员会 编

方志出版社
Publishing House of Local Records

图书在版编目（CIP）数据

常德市人口和计划生育志：1988—2012 / 常德市地方志编纂委员会，常德市人口和计划生育委员会编. ——北京：方志出版社，2015. 11
ISBN 978－7－5144－1786－9

Ⅰ. ①常… Ⅱ. ①常… ②常… Ⅲ. ①人口－工作概况－常德市②计划生育－工作概况－常德市 Ⅳ. ①C924. 256. 43

中国版本图书馆 CIP 数据核字（2015）第 270184 号

常德市人口和计划生育志（1988—2012）

编　　者：常德市地方志编纂委员会、常德市人口和计划生育委员会
责任编辑：罗　滔

出 版 人：冀祥德
出 版 者：方志出版社
地址　北京市朝阳区潘家园东里 9 号（国家方志馆 4 层）
邮编　100061
网址　http：//www. fzph. org
发　　行：方志出版社发行中心
电话（010）67110500
经　　销：各地新华书店
印　　刷：武陵区宏垣彩色印刷厂

开　　本：787 × 1092　　1/16
印　　张：37
字　　数：739 千字
版　　次：2015 年 12 月第 1 版　2015 年 12 月第 1 版印刷
印　　数：0001 ~ 1000 册

ISBN　978－7－5144－1786－9　　**定价**：298. 00 元

常德市地方志编纂委员会

《常德市人口和计划生育志》编纂委员会

《常德市人口和计划生育志》编纂办公室

主　　编： 刘兴国
主　　笔： 汪国志
总　　纂： 邹立新
联 络 员： 曹新华　唐　斌
采　　编： 郑云松　曾贤玉　李　洁　黄　静　曾昭瑛
吴四香　彭　曼　朱　贵　汪　峰　彭道平
柳元军　陈曾蓉　张　洋　邹乾香　陈靖坤
文　俊　杨明革　周新贵　黄昌怀　刘松林
唐为兵　胡　祥　孙　军　滕儒旭
目录英文翻译： 朱　妍

《常德市人口和计划生育志》评审人员

周华辉　刑　祁　江时宜　向满华　翦　甜　孟　韵　程　关
车向东　郑景阳　张锦祥　道　欣　彭红熳　陈顺来　曾贤玉

序　一

常德市卫生和计划生育委员会主任、党委书记

在卫生计生机构改革大幕全面开启，人口计生事业步入转型发展新阶段的关键之时，《常德市人口和计划生育志（1988－2012）》问世了。70万字的志书，内容丰富，图文并茂，记录了常德市人口计生工作开展以来，特别是1988年以来不平凡、不容易、不简单的发展历程。

常德市人口计生事业硕果累累，成效显著。多年来，常德市人口计生工作一直砥砺前行，奋勇前进，取得了在全省生育秩序最稳、出生性别比最正常、独生子女家庭比例最高、奖励扶助对象最多的“四最”佳绩，不仅有力地控制了人口过快增长，而且有效地提高了出生人口素质，有序地改善了人口性别结构，极大地缓解了人口对资源、环境的压力，为促进经济社会又好又快发展创造了良好的人口环境。在20世纪80年代曾以“十面红旗飘洞庭”享誉三湘四水，进入新世纪以后，更是多次被评为全省模范市、全国示范市，得到了国家人口计生委原主任张维庆和国家卫生计生委主任李斌等领导的好评。

常德市人口计生事业克难攻坚，敢为人先。面对计划生育这一“天下第一难事”，全市上下不畏艰险，披荆斩棘，开拓创新。计划生育“一票否决”制度的实行，农村计划生育奖励扶助制度的实施，计划生育基层服务阵地的建设，计划生育专职队伍、协会队伍

的建立，计划生育特别扶助家庭关爱行动，优生促进行动、生育关怀行动的开展，计划生育村（居）为主、村（居）民自治的推行，计划生育信息“村直报”系统的开发应用，计划生育证件的网上办理等经验都是常德市积极探索、首创首推的。国家、省里多次在常德市召开工作会、现场会、经验交流会等，总结推介成功经验。特别是1979年、1982年、1991年、2004年，湖南省委、省政府先后在常德市召开了四次具有里程碑意义的计生工作会议，为全省人口计生事业作出了突出贡献。

常德市人口计生事业转型发展，任重道远。卫生计生机构改革的全面推进，生育政策的调整完善，工作职能的加快转变，人口计生工作形势更加复杂，任务更加艰巨，责任更加重大。特别是常德市还存在人口增长总量大、流动人口多、出生性别比偏高、老年人口比例偏高、出生人口素质偏低等“一大一多、两高一低”的人口问题，稳定适度低生育水平、提高出生人口素质、改善人口结构，促进人口长期均衡发展的任务还十分艰巨。人口计生工作不能有丝毫的松懈，必须严格按照中央的总体要求，坚持基本国策不动摇，坚持党政一把手亲自抓负总责不动摇，坚持“一票否决”制度不动摇，常抓不懈，紧抓不松，强力推进，确保持续稳步发展、健康发展、创新发展。

以史鉴今，资政育人。《常德市人口和计划生育志（1988－2012）》既是常德市人口计生事业发展的一部“百科全书”，更是一面镜子。站在新起点，面对新形势，肩负新使命，常德市人口计生干部一定要以史为鉴，继承光荣传统、发扬优良作风，在市委、市政府的坚强领导下，以抓铁有痕、踏石留印的实干精神，以开拓进取、敢为人先的创新精神，以奋发有为、创先争优的进取精神，不断适应新形势，抢抓新机遇，建立新机制，实现新发展，再创新佳绩，为推进新常德、新创业再作贡献、再立新功。

谨为序。

2015年12月

序　二

常德市人口和计划生育委员会党组书记、主任 张卫星

人口问题始终是制约我国全面协调可持续发展的重大问题，是影响经济社会发展的关键因素。实行计划生育，是人类认识自我、改造自我、超越自我的伟大创举。自20世纪70年代全面推行计划生育以来，常德市人口再生产类型实现了由高出生、低死亡、高增长向低出生、低死亡、低增长的历史性转变，累计少生260万人。人口的有效控制，极大地缓解了就业、教育、住房、交通、就医等方面和土地、粮食、森林、水、矿产等资源的压力，有力地促进了经济、社会又好又快发展。

常德市人口和计划生育工作是一部艰辛的创业史。计划生育是“天下第一难事”。30多年来，在历届市委、市政府的坚强领导下，全市广大干部群众特别是计划生育工作者沐雨栉风，艰苦奋斗，无私奉献，奋力拼搏，人口和计划生育事业走过的每一个足迹，都挥洒着艰辛的汗水和泪水；取得的每一项成就，都释放着无私的奉献和牺牲；获得的每一份荣誉，都凝聚着强烈的责任和担当。常德市人口和计划生育工作是一部曲折的发展史。在30多年的探索发展

中，有成功也有失败，有经验也有教训，有欢笑也有艰辛，在探索中前进，在曲折中发展。常德市人口和计划生育工作是一部辉煌的成就史。艰难困苦，玉汝于成。通过30多年的辛劳付出，常德市人口和计划生育工作创造了一个又一个辉煌，书写了一页又一页历史新篇章，在全国全省有地位、有影响，成为常德市的一面高高飘扬的红旗，一块金光灿烂的金牌。

盛世编史修志。从2011年8月开始，《常德市人口和计划生育志》编纂工作全面启动，历经4年多的艰辛努力，在人口计生机构与卫生机构整合之际，终得以付梓。这是全市人口和计划生育事业史上的一件大事、一件好事、一件幸事，可喜可贺。

《常德市人口和计划生育志》作为地方性部门志书，编排科学，内容丰富，图文并茂，体例完备，全面、系统、准确、客观地记述1988—2012年全市人口计生事业的发生、发展与现状，表述人口计生发展的脉络和内在规律，体现人口与经济、社会发展的密切关系。可以说，这是常德市人口和计划生育事业发展的一部“百科全书”。

读史可以使人明智，鉴以往可以知未来。当前，人口和计划生育工作进入了机构改革、政策调整、职能转变的转型发展全新阶段。希望全市广大人口和计划生育工作者珍惜、运用好《常德市人口和计划生育志》这一宝贵文化成果，潜心读志、精心研志、科学用志，以志为鉴，以史为证，从历史中借鉴经验、汲取力量、启迪智慧，为开创人口和计划生育事业新局面做出应有贡献。

是为序。

2015年3月

凡　例

一、本志遵循《地方志工作条例》和《关于地方志书编纂工作的规定》，运用辩证唯物主义和历史唯物主义基本原理和科学理论、方法，坚持实事求是的原则，力争做到思想性、科学性、资料性、实用性和学术性的统一。

二、本志上限始于撤区建市的1988年，下限止于2012年。为了保持历史的连续性、完整性，对机构的记述追溯至该机构产生之时，对重大事情也适当上溯。此志存稿时，正值人口计生机构与卫生机构合并，本着对历史负责的态度，志书中大事记、生育政策和奖励扶助政策调整、人口生育文化建设和常德市人口计生工作在全省考核评估情况等下延至2014年。

三、本志记述自1988年以来，常德市人口发展状况和计划生育工作发展历程。全志采用述、记、志、传、图（照）、表、录等体裁，以志为主，为分篇平列式结构。概述置于前首，统摄全书，设大事记和组织机构与队伍建设、人口、计划生育、人口和计划生育战线人物等四篇，篇下设章、节、目，横排门类，纵写史实。志前、志中置彩照，表格随文插入，篇末为附录、编后记。

四、本志所用的历史数据、文献数据等，经考证后载入，大部分数据以国家人口普查和政府统计部门的数据为准，一部分采用职能部门核定的数字。本志计量单位均按国家有关规定书写，历史资料中的计量单位，照当时习惯记载。

五、本志人物篇采用传略、简介、名录形式，人物简介坚持

"生不立传"原则，收入在本志界定时间内对常德市人口和计划生育工作做出突出贡献，获得了省部级先进称号的常德市党政领导和计划生育工作者，只做简介不做评论。

六、本志采用第三人称记述。志中的领导职务均按当时文件规定的称谓。

七、本志资料来源于常德市计划生育委员会、常德市人口和计划生育委员会机关档案和相关部门，均经核实后载入，一般不注明出处。

◆ 常德市人口计生委办公楼

◆ 常德市人口计生委机关大门

◆2012年12月，常德市人口计生委、常德市计生协会副处级以上领导干部合影

左起：邹立新、任一、道欣、陈卫平、彭治纲、曹学美、张锦祥、张卫星、车向东、张业新、唐良平、周琼、张运军、易国华

◆1991年5月，国家计生委副主任杨魁孚（左一）到常德考察

◆1991年12月，国家计生委副主任刘汉彬（中）到常德考察

◆1994年6月，中纪委驻国家计生委纪检组长吴景春（前左一）考察常德市桥南市场流动人口计生管理服务工作

◆2002年4月，国家计生委副主任潘贵玉（右四）在常德市安乡县考察计划生育工作

◆2004年7月，国家人口计生委副主任李宏规（左三）考察常德市桃源县、临澧县计划生育技术服务网络建设

◆2004年7月，国家人口计生委副主任王国强（中）考察常德市人口计生委

◆ 2005年10月，中纪委驻国家人口计生委纪检组组长勾清明（中）考察常德市临澧县计生妇幼保健院

◆ 2007年6月，国家人口计生委副主任江帆（左二）考察常德市临澧县人口计生工作

◆ 2009年4月，原国家人口计生委主任张维庆（左）听取常德市人口计生委主任张卫星情况汇报

◆ 2010年3月，国家人口计生委主任李斌（中）考察常德市桃源县人口计生工作

◆1996年5月，湖南省计生协会会长罗秋月（左四）考察常德市桃源县桃花源镇计生工作和计生协会工作

◆2000年11月，湖南省计生委主任陈满生（右三）考察常德市临澧县计生工作

◆2003年8月，湖南省计生委主任盛茂林（左二）考察常德市石门县计生工作

◆2003年10月，湖南省计生委副主任张芙蓉（左三）慰问常德市石门县独生子女困难家庭

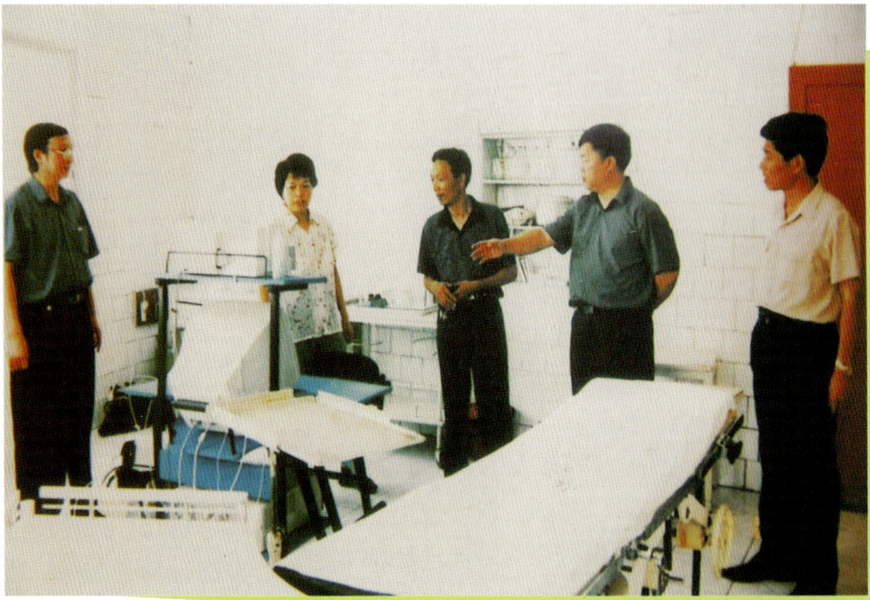

◆2004年8月，湖南省人口计生委副主任张义昌（左四）考察常德市桃源县乡级计生服务所

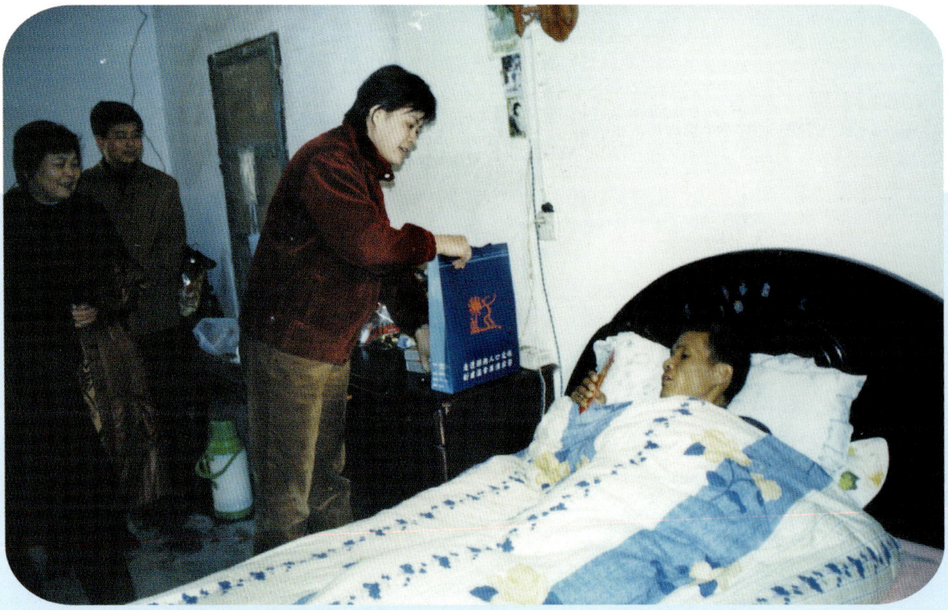

◆2005年1月，湖南省人民政府副省长甘霖（左三）在常德市西洞庭管理区慰问计生困难家庭

◆2006年10月，湖南省人口计生委副主任彭振国（右三）听取常德市人口计生工作情况汇报

◆2006年11月，湖南省计生协会会长董志文（左二）考察常德市临澧县计生协会工作

◆2007年3月，湖南省人口计生委副主任詹鸣给常德市委中心学习组作人口理论辅导报告

◆2008年11月，湖南省计生协会副会长李新吾（右一）考察常德市计生协会工作

◆2009年3月，湖南省人口计生委党组成员、省计生协会常务副会长张斌（右二）考察常德市武陵区计生宣传教育工作

◆2010年8月，湖南省人口计生委主任李万郴（中）考察常德市澧县计生信息化建设工作

◆2010年8月，湖南省人口计生委副主任易露茜（左三）考察常德市鼎城区计生服务站

◆ 2013年3月，湖南省纪委驻人口计生委纪检组组长肖玲玲（右二）考察桃源县阳光计生工作

◆ 2013年10月，湖南省计生协会会长石玉珍（左三）考察常德市武陵区计生协会工作

◆ 2014年6月，湖南省计生协专职副会长胡新凡(左一)调研常德市津市市“三结合”项目

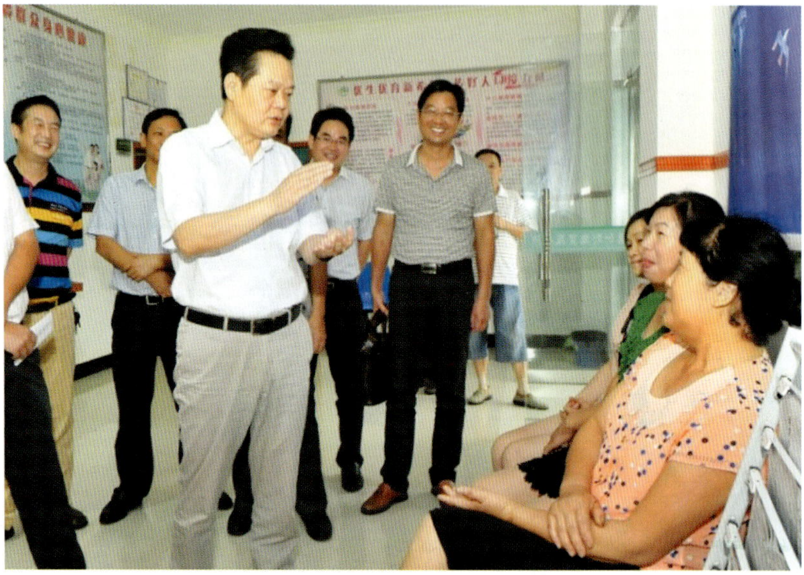

◆ 2013年8月，常德市委书记王群（左二）考察津市市人口计生工作

◆2013年9月，常德市委副书记、市长周德睿（左三）考察武陵区计生技术服务站工作

◆ 2011年5月，常德市委副书记宋冬春（中）参加市计生协会“5·29”活动

◆ 2013年1月，常德市人民政府副市长陈华（左二）慰问计生特困家庭

◆1979年10月，湖南省委、省政府在常德市（原常德地区）鼎城区（原常德县）召开全省计生工作现场经验交流会，推广“一对夫妇最好生一个孩子”经验

◆1982年11月，湖南省委、省政府在常德市（原常德地区）召开全省计生工作经验交流会，普遍提倡一对夫妇只生育一个孩子

◆1991年2月，湖南省委、省政府在常德市临澧县召开全省专员州长市长县长会议，推广常德市和临澧县加强计划生育基层基础建设、实行目标管理工作经验，拉开了全省计划生育“全面从严管理”的序幕

◆2004年8月，湖南省农村部分计划生育家庭奖励扶助首发式在常德市举行，总结推介常德市试点经验，标志湖南省人口计生工作由处罚多生为主向奖励少生为主转变

◆ 2010年9月，国家人口计生委在常德市召开全国全员人口信息化建设经验交流会

◆ 2011年3月，泛珠流动人口计划生育服务管理区域协作研讨会在常德市召开

1988—2014年常德市人口计生工作所获主要荣誉

国家级：

1998年 全国计划生育先进集体

2005年 全国人口和计划生育系统药具工作先进集体

2005年 全国人口文化工作先进单位

2010年 全国人口和计划生育综合改革示范市

2010年 全国婚育新风进万家活动示范市（2011年—2015年）

2010年 全国计划生育协会先进单位

2011年 全国人口和计划生育系统先进集体

省　级：

1988—1990年 全省计划生育工作先进单位

1991—2000年 全省计划生育工作红旗单位

2001—2004年 全省计划生育工作先进单位

2002年 全省婚育新风进万家活动先进单位

2005—2009年 全省人口和计划生育工作先进单位

2005—2011年 全省人口和计划生育业务工作先进单位

2005年 全省计划生育协会“两为两争”活动先进集体

2009年 全省流动人口计划生育服务管理“一盘棋”先进单位

2009年 全省整治“两非”先进单位

2009—2014年 全省计划生育协会工作先进单位

2010年 全省人口和计划生育工作模范单位

全省全员人口信息化建设工作先进单位

2011—2013年 全省人口和计划生育工作先进单位

2013年 全省计划生育协会创先争优服务大局活动先进单位

2014年 全省人口和计划生育工作模范单位

奖状
全国计划生育先进集体
国家计划生育委员会
九八六年三月

奖给
全省一九九四年度
计划生育工作
红旗单位
中共湖南省委
湖南省人民政府
一九九五年二月

全国人口和计划生育
综合改革示范市
国家人口和计划生育委员会
二〇一〇年一月

全国人口和计划生育系统
先进集体
中华人民共和国人力资源和社会保障部
中华人民共和国国家人口和计划生育委员会
二〇一一年四月

2011年-2015年
全国婚育新风进万家活动
示范市
中共中央宣传部 教育部 卫生部 全国总工会
中央文明办 民政部 国家广电总局 共青团中央
国家人口计生委 文化部 新闻出版总署 全国妇联
中国计生协

全国计划生育协会
先进单位
中国计划生育协会
二〇一〇年十二月

2010年度全省人口和计划生育工作
模范单位
中共湖南省委
湖南省人民政府
二〇一〇年十二月

目　录

第三篇　计划生育

第四篇　计划生育战线人物

附　录

Contents

Part Ⅲ Family Planning

Part Ⅳ People of Family Planning Work

Appendix

概　述

概　述

常德人口和计划生育自20世纪70年代艰难起步，强力推行。20世纪80年代初，以“十面红旗飘洞庭”而享誉三湘四水。1988年常德撤区建市（撤销常德地区行政公署，建立省辖常德市）之后，工作势头持续强劲。30多年沐雨栉风，30多年坚韧不拔，30多年波澜壮阔，30多年成就辉煌，常德人口和计划生育浓墨重彩地书写着争先创优的历史。

人口数量有效控制。1949年新中国成立时，常德地区人口为312万人。新中国成立后，人民群众生活水平日益提高，生育率也节节攀升。虽然经历了三年国家困难时期的负增长，但由于“文化大革命”滞阻，人口生产长期放任自流，至1973年，全市总人口已经达到491万人的高位，24年年均净增7.5万人。其后的15年间，强力推行计划生育，人口陡增态势业已纾缓，但增量依然较大，1988年人口总量已达551万人。面对人口的爆发式增长，历届市委、市政府坚定不移贯彻执行计划生育这一基本国策，严格控制人口无节制增长，常抓不懈，成效彰显，2012年全市总人口为623万人，撤区建市后的24年间，年均净增减少至3万人。

人口素质稳定提高。1990年，全市人均预期寿命为69岁，2010年达到75.6岁，20年间上升了6.6岁，高于全国、全省人均预期寿命。人口文化素质迅速提高，文盲人口由1990年的13.17%下降到了2010年的3.19%。每万人口中拥有大专以上学历人数1990年为78人，此后迅猛增长，2000年为478人，2010年达到627人。

人口结构明显改变。人口性别结构已趋于合理。1988年，常德总人口性别比为108.17（女为100，下同），超出103—107正常值范围，1994年达到峰值108.87。从2005年开始，经过多年整治，2010年全市户籍人口性别比已降至104.20，回归正常值范围。老龄化速度加快。2000年，全市60岁以上老年人口达到68.55万人，占总人口的11.95%，根据国际通行标准，已跨入老年型社会。2010年老年型特征更加明显，60岁以上老年人口达到99.31万人，占总人口的17.38%。劳动年龄人口持续增加。1990年全市15—64岁劳动年龄人口占总人口比重为63.08%，2000年为65.2%，2010年为75.3%，至此仍处于“人口红利期”，而且还将维持一段时间。人口的区域结构持续改变。城镇人口由1988年的14.63%（以户籍人口计算），提高到2010年的38.87%（以常住人口计算）。

人口生产模式嬗变。1988年前后，常德人口急剧增长的势头初步得到控制，开始进入人口低生育期，每年出生人口 7—8 万人，妇女总和生育率降至更替水平之下，在全省率先实现了人口再生产类型从高出生、低死亡、高增长到低出生、低死亡、低增长的历史性转变。1998 年前后，常德进入人口超低生育期，每年出生人口降至 5—6 万人。2008 年，常德计划生育政策与全省并轨，人口出生率略有回升，每年出生人口升至 6—7 万人，但仍处于温和、稳定、有序的增长阶段，为全市经济和社会的可持续发展创造了有利的人口环境。

30 多年来，全市计划生育职业队伍从小到大，管理服务平台从无到有，计划生育事业走过了一条与时俱进的发展之路。

管理机构不断完善。自 1988 年始，市本级及各县（市区）行政管理机构两度更名，经历四次机构改革，职能不断扩充。市本级内设机构不断健全，二级事业单位不断增多。1988 年前，地区计划生育委员会内设综合、计划财务 2 个科室，行政编制 14 名；1988 年撤区建市后，地区计划生育委员会随即更名为市计划生育委员会，内设综合、财务、规划统计、宣传 4 个科室；1990 年 9 月增设政策法规科；1995 年 10 月增设人事科至 6 个科室，核定行政编制 19 名；1997 年 12 月改设综合科为办公室；2001 年 1 月，取消财务科，将人事科、宣传科改设为宣传教育人事科，增设科技科，成立监察室与宣传教育人事科合署办公，内设科室由 6 个减为 5 个，核定行政编制 18 名；2004 年，市计划生育委员会再度更名为市人口和计划生育委员会，内设机构中，将宣传教育人事科恢复为人事科、宣传科，单独设立监察室，内设科室达到 7 个，行政编制增至 19 名；2010 年 9 月，取消监察室，内设科室减为 6 个，行政编制不变。二级事业单位 1988 年为 2 个，分别为市计划生育药具技术站和市计划生育宣传指导站；1995 年撤销市计划生育宣传指导站，减至 1 个；1999 年，增设市计划生育干部培训中心。此后在 2003 年、2006 年、2009 年，相继增加了流动人口计划生育管理站、农村计划生育家庭奖励扶助办公室、人口和计划生育执法监察支队等 3 个具有行政职能的正科级事业单位。2011 年，将计划生育培训中心改为人口发展研究信息中心。到 2012 年，事业单位已经由 2 个增加到 5 个，事业编制由 8 名增至 42 名。县（市区）机关内设机构也在各个时期比照市级机关相应调整。

管理队伍不断优化。1988 年前后，基层计划生育工作主要依靠临时聘请人员，组成“突击队”，强行妇检，强行落实节育手术，强行兑现计划生育罚款，人员构成良莠并存，人员素质参差不齐。1990 年以后，根据全省统一安排，从乡镇计划生育临时工作人员中，录用国家干部、招聘全民合同制事业人员 800 余人，充实乡级计划生育管理队伍、技术服务队伍。经过脱产和在职学历教育，大专以上学历的管理人员由 1990 年的 12% 提高到 2012 年的 67%。通过上岗前培训、技能竞赛等方式，全面提高管理队伍素质。党委政府对计划生育干部“高看一等，厚爱一层”，优先晋级提职、增发岗位津贴、进行专项评优，形成激励机制。从 1988 年至 2010 年，全市从计划生育战线提拔的科级干部 440 多名，县处级以上干部 35 人。

技术队伍素质不断提高。1984 年以前，计划生育技术人员主要从卫生部门医务人员中抽调。1985 年以后，县乡计划生育服务机构相继建立，专门计划生育技术队伍逐步建立壮大，技术素质稳步提高。1987 年，计划生育技术人员职称评定单列，当年评定了 58 名计划生育技术人员的职称，其中中级职称 17 名。1998 年，组建常德市计划生育卫生专业技术人员职称改革工作领导小组。2012 年，全市计划生育专业技术人员中，有高级职称 8 人、中级职称 95 人、初级职称 304 人，专门的计划生育职业技术队伍已然形成。

群众工作队伍不断壮大。1986 年，常德地区热爱计划生育事业的各界知名人士共同发起，成立常德地区计划生育协会，召开第一次会员代表大会，选举产生首届理事会。至 2012 年，按例经历了 4 次换届。会长由在职或离退休的市级领导担任。组织、宣传、农村、卫生、民政、财政、工会、共青团、妇联等有关部门、团体负责人为理事。1991 年，始设专门办事机构。2007 年，市计划生育协会列入群众团体序列，其工作人员参公入序，常务副会长、秘书长等职位高配一级。1986 年至 1987 年各县（市区）计划生育协会相继成立。同年，全省第一个乡级计划生育协会——鼎城区蔡家岗乡计划生育协会成立，1989 年村以上各级计划生育协会组织完成组建。1996 年，开始将工作重点放在村级计划生育协会的整建上，制定合格村协会标准，分期验收。2004 年，按照全国“协会组织建设年”要求，市计划生育协会开展了基层计划生育协会整建“回头看”活动，并将基层计划生育协会组织建设扩展到大中型企业、流动人口聚集地等。2012 年，全市共有各级计划生育协会组织 4511 个，会员 62. 94 万人，约占总人口的 10. 24%。各级计划生育协会充分发挥带头、宣传、服务、监督、交流作用，动员和组织广大群众参与人口发展、生殖健康、计划生育和家庭保健，创办“三结合”项目点，开办计划生育系列保险，推动计划生育村（居）民自治，实施“生育关怀行动”，开展“我为国策做贡献，我为协会添光彩，争创先进协会，争当优秀会员”的“两为两争”活动，计划生育协会成为人口和计划生育事业的一支重要力量。

管理平台从传统到现代。市人口计生委机关从与市卫生局血防站共用的陋室到建筑面积 3000 多平方米的办公大楼，从偏居一隅的小庭院到气派现代的美丽院落，记录着人口和计划生育事业发展的轨迹。20 世纪 90 年代中期，全市人口计生系统开始配备电脑，以湖南省育龄妇女信息系统管理为基础，迈开了计划生育信息化建设步伐。进入 2011 年以后的几年间，全市投资 2000 多万元，对人口计生信息硬件进行全面更新改造，兴建全员人口信息库，改造内部局域网和市县两级广域网 2 个网络，打造数据管理中心、政务公开和宏观分析决策 3 个平台，实行市县乡村（含综治部门）四级联动，建立全员人口数据信息管理、人口信息村级直报、计划生育综合治理部门信息实时通报、计划生育优质服务信息管理、社会抚养费征缴信息管理等五大系统，基本实现了计划生育管理服务“工作流”向“信息流”的转变。

服务设施从简陋到精良。20 世纪 80 年代起步，因陋就简、因地制宜建设县（市区）

计划生育服务站、乡镇计划生育服务所、村（居）计划生育服务室等阵地。1983 年，鼎城区（原常德县）建立全省、全市第一个县级计划生育宣传技术指导站（1993 年统一更名为计划生育服务站）。到 1986 年，全市完成了县级计划生育服务网络的初建。2001 年开始后，临澧、石门、武陵 3 县区相继实行妇幼保健院或相关医疗机构与计划生育服务站合并，开创全省卫生计生“两网合一”先河。1985 年，桃源县三阳港镇、临澧县官亭乡建立了全市首批乡镇计划生育宣传技术指导站（1993 年统一更名为计划生育服务所）。到 1995 年，全市除桃源县马鬃岭乡外，其他乡镇均建立计划生育服务所。1990 年，临澧县望城乡、佘市桥镇、修梅镇、停弦渡镇、合口镇、新安镇等 6 个乡镇建起了全省全市首批“国策楼”、“国策院”，将乡镇计划生育办公室、计划生育学校、计划生育宣传技术指导站和计划生育协会融合为“四位一体”。1992 年，安乡县将“四位一体”拓展到村“三位一体”（即计划生育学校、计划生育协会活动室、计划生育服务室融为一体）、组“二位一体”（即计划生育协会小组和会员活动室融合一体）、户一个计划生育档案（有计生宣传资料和该育妇情况），形成了“四三二一”基层计划生育服务网络。2002 年开始，全市规划建设 30 个乡镇中心服务所，2005 年基本建成。“十一五”期间，中央、省、市、县共计投资 2950 万元，将 30 个中心服务所改扩建到 52 个，提高农村区域服务水平。专用计划生育调查车、技术服务车配备到站，计划生育检测设备配备到所，计划生育服务网络形成，服务机构的设备设施基本完备。到 2012 年，全市 9 个县（市区）计划生育服务站、99 个乡镇计划生育服务所、中心服务所达到全省环境优美、技术优良、管理优秀、服务优质、群众满意等“四优一满意”标准。

计划生育一度被称为“天下第一难事”，被视为“悠悠万事，唯此为大”。回首常德计划生育工作全过程，30 多年来，走过了一条不懈探索、不断规范的管理之道，不断拓展、不断优化的服务之路。在布满荆棘的路上，一路高歌奋进，大致经历了三个阶段。

从 20 世纪 70 年代开始推行计划生育至 1990 年《湖南省计划生育条例》实施前，是常德计划生育事业发展的初始阶段，即强行制约，强力行政推动阶段。这一阶段主要依靠宣传教育，党员干部带头，施行经济处罚，节制无序生育，控制人口急速增长。

党政领导主抓。1961 年以后，常德人口增长很快。到 1973 年 12 年间，年均增长 12 万余人，年均增长速度高达 3.53%，严格控制人口增长已迫在眉睫。从 1972 年开始，各级党委书记挂帅，全党动手，把计划生育工作当作与经济工作同等大事来抓。全地区各级领导都负有计划生育工作的责任。在布置和检查生产工作时，计划生育工作一同布置和检查。1975 年开始，各县市党委书记先后在“农业学大寨”点上同时办计划生育点，以取得经验在面上推开。1978 年 8 月，对全地区 8 县 2 市书记办的 10 个公社点检查验收，均取得较好的效果。

党团员模范带头。1980 年 9 月，中共中央《关于控制我国人口增长问题致全体共产党员、共青团员的公开信》发表，常德迅速掀起宣传贯彻落实《公开信》的高潮，各级党团员积极带头，在全市形成“只生一个孩子光荣”“计划生育光荣”的强大社会舆论。1982年11月，湖南省委、省政府在常德地区召开全省计划生育工作现场会，推广“一对夫妻只生一个孩子”的经验。

生育政策从紧。1981—1984年，常德各县（市）先后制定了计划生育政策，二胎照顾面控制在10%左右，自此，开始实行有别于全省其他地区的从紧生育政策。1984年，中共中央7号文件提出计划生育政策“开小口”，湖南省制定《关于二胎生育的暂行规定》，放开了农村独女户生育二孩的政策，常德仍实行“一对夫妇只生育一个孩子，严格控制生育两个孩子，严厉禁止生育三胎”的地方性从紧从严政策，坚持不开二胎政策口子。

行政管理从严。1982年，常德在部分县（市）首开计划生育“一票否决”先河，当年有63个乡镇一级单位被“一票否决”。1986年，临澧成为第一个被计划生育“一票否决”的县。1988年，湖南省委、省政府对地州市实行计划生育“一票否决”制度，常德经验在全省施行，随即在全国推广。

工作方法粗放。宣传口号偏激。田边墙头，到处可见“多生一个娃，罚款五千八，男扎又女扎”，“通不通，三分钟，再不通，龙卷风”等过激标语。节育方式简单。对计划外怀孕，一律强制落实流引产手术；1983年开始，全面推行“一胎结扎”手术。处罚手段严厉。在超生处罚难到位的情况下，拉猪牵羊，抵押家产，以兹警诫。粗放的工作方式一度被群众诟病，导致干群关系疏离、紧张。

经过这一阶段十多年的“暴风骤雨”式冲击，全市计划生育已经形成了浓厚的舆论氛围，部分群众生育观念开始转变。特别是共产党员在计划生育方面起到了模范带头作用，全区有3万多名党员只生一个孩子，占党员生育家庭的96%。1988年撤区建市当年，人口出生率下降到14.89‰，人口自然增长率7.97‰，计划生育率70.96%，节育率79.14%，多胎率仅为2.16%。1972—1988年间，按常德20世纪70年代初生育水平推算，全市累计少生135万人，相当于当时全市总人口的1/4。

从20世纪90年代初期开始，以《湖南省计划生育条例》实施为起点，以在临澧县召开的全省专员州长市长县长会议为转变标志，至2002年，是常德计划生育事业发展的第二阶段——强基固本，全面从严管理阶段。这一阶段，通过进一步强化党政领导责任，加强宣传教育，实施依法管理，推行以村为主，开展优质服务，坚持政策推动，部门综合治理等综合措施，夯实基层基础，继续从严控制人口增长，在全省率先进入并稳定了低生育水平。

强化党政责任。坚持把计划生育纳入经济社会发展大局，实行与经济工作同研究，同部署，同检查，同考核的“四同”格局，保持计划生育工作处于常抓不懈、常抓常新的状态。1988年12月，市委书记陈彰嘉在《湖南日报》载文，在省内首提“严格控制人口与经济建设为中心是一致的，坚持经济生产和人口生产两种生产一起抓”。2001年开始，将每年单独召开的计划生育工作会议，改为与全市经济工作会议同步召开。每年例行召开市委常委会和市政府常务会议专题研究计划生育工作2至3次，党委、政府主要负责人亲自部署、调度、督查计划生育工作，始终紧绷计划生育这根弦不放松。2000年，常德计划生育面临滑坡趋势，市委书记、市长以及分管负责人当年先后主持召开6次调度会，强化各级党委政府责任，遏止滑坡趋势。坚持严格的目标管理责任制，层层签订计划生育责任状，严格考核评估，严格兑现奖惩，确保了继续领先地位。

加强宣传教育。1990年开始，全市认真贯彻落实计划生育"三为主"方针，把宣传教育摆在计划生育工作首位，从思想上转变群众婚育观念，自觉、主动实行计划生育。宣传形式多样。开会宣讲、标语警示、广播宣导，各类媒体开办专栏，组织计生文艺宣传队进村入户开展文艺演出，举办计生知识演讲、竞赛、大讨论，印发计生宣传品入户。宣传内容拓宽。除了宣传计生政策法规外，晚婚晚育，优生优育、避孕节育、生殖保健、发家致富等也列入宣传内容，进行全方位宣传。宣传品味高雅。醒目的大型喷绘雕塑，精致的婚育文化大院，气派的宣传长廊，引人入胜的电视展播，成为整个社会宣传的一道靓丽风景。广泛而又深入的宣传，有力地推动了人们婚育观念的改变。

实施依法管理。随着1990年《湖南省计划生育条例》的实施和2001年《中华人民共和国人口与计划生育法》的颁布，计划生育步入法制化轨道。依法稳妥调整生育政策。2001年以前，常德市一直执行有别于全省其他市州的从紧从严"一孩"生育政策。2001年，《湖南省计划生育条例》修订，常德市委专题调研常德人口状况，根据调研情况，审时度势，决定由市人民政府向省人大常委会提出专题报告，争取常德计划生育政策与省并轨的五年过渡期，有效防止了因生育政策即时并轨带来的生育堆积、生育秩序混乱等不良后果。依法严格生育管理。实行严格的生育审批制度，特别是对副科级以上领导干部生育二孩审批，实行市级备案制度。对私开口子，乱批生育证和"放水养鱼"行为严肃查处。坚持依法行政。加强计划生育执法队伍法制教育，规范执法程序和行为，严肃查处乱收费、乱罚款、乱执法等"三乱"行为，较好树立了计划生育队伍形象，党群、干群关系明显改善。

推行"以村为主"。20世纪90年代初期，常德计划生育逐步进入"和风细雨"阶段。1991年，临澧等地率先提出"下移工作重心，以村为主"开展计划生育工作。并以九里乡万岗村为现场，推广以村为主的"五三"工作模式。即建立管理、专职、协会三支队伍；实行村支委包组、村民小组长包户、党团员和协会会员包人的"三包"责任制；落实坚持以宣传教育为主、避孕节育为主和经常性工作为主的"三为主"工作方式；开展生育、生活、生产三项服务；实现无早婚早育、无计划外生育、无大月份引产、党群干群关系好的"三无一好"局面。安乡等地以村级计生阵地建设为突破口，率先将计生阵地网络延伸到村，形成了村为主工作模式。1997年，市委、市政府召开全市计划生育"村为主"工作会议，提出"把计划生育工作重心下移到村，以村组为重点，在村组求发展"的工作要求，并印发了《关于实行“村为主”管理体制全面提高计划生育工作水平的意见》（常发〔1997〕13号）。2001年，市委、市政府再次召开全市计划生育“村（社区）为主”工作会议，进一步创新标准，加快计划生育“村（社区）为主”工作进程。

开展优质服务。20世纪90年代初期，临澧县率先提出加强计划生育孕前管理，将计划生育节育技术服务由孕后补救为主向孕前避孕节育为主转变。常德市委、市政府全面推广临澧经验，按照“一孩上环、二孩结扎”原则，重点考核上环率和结扎率、人流比。但这“一刀切”的方式和简单强制的方法，没有较好地顾及育龄群众的个性特点，部分育龄群众感到不适。20世纪90年代中后期，临澧等地对上环和结扎“两率”松绑，实行避孕节育“知情选择”。根据育龄妇女身心特点，广泛宣传，让育龄群众充分了解避孕原理知识，在尊重自我选择的基础上，有针对性地帮助选择一种安全、有效、适宜的避孕措施，并定期上门随防，帮助解决避孕方面有关问题。1997年，在总结临澧经验的基础上，市计划生育领导小组下发《常德市计划生育优质服务实施方案》，全面推行以生育、节育和生殖保健为重点的计划生育优质服务，具体开展“三查一治”（即查环查孕查治妇科病）、避孕节育知情选择、待产接生、不孕不育症诊治、优生遗传检测、科普知识宣传等六项服务。1999年，部分县（市区）开始探索计划生育服务产业开发，走“以事业带产业，以产业促事业”发展之路，进一步拓展服务内容，改进服务态度，提升服务水平，实行社会效益、经济效益双丰收。2001年桃源县、澧县计划生育服务站实现业务收入首度突破100万元关口。

坚持政策推动。一方面，奖励计生家庭。奖励政策主要有三个方面：一是对晚婚晚育者给予增加婚假、产假等奖励。二是对领取独生子女证的家庭发放独生子女保健费，国家工作人员和国有企事业单位人员退休，增发5%的退休金。国有和集体单位基本落实，农村由于计划生育经费短缺大部分没有兑现。三是对独生子女入托、入园、入学、招生、招工、就医等方面在同等条件下给予优先照顾；单位在分配住房时给予照顾，农村在划分责任田、宅基地和扶持生产方面给予照顾，这一政策在不同时段不同单位得到不同程度的贯彻。另一方面，严惩违法生育行为。在实行奖励政策的同时，对计划外生育的国家工作人员和共产党员一直坚持严格的党纪政纪处理，极大地遏阻了这部分人的生育意愿。对政策外生育者处以罚款，2001年《人口与计划生育法》法定为征收社会抚养费，是为长期坚持的一项主要政策。从1990年前的随意罚款，到《湖南省计划生育条例》颁布以后的按标准征收，直至20世纪90年代末期的通过法院强制征收，确保计划生育政策执行到位。

实行部门综合治理。改革开放后，大量农民进城务工给计划生育的推行带来新的挑战，流动人口婚育管理处于无序和缺位状态。1995年，常德市首先明确公安、民政、劳动、工商等8家单位为计划生育综合治理单位，共同抓好流动人口计划生育管理。2001年，市委、市政府印发《关于加强人口与计划生育综合治理工作的通知》（常通字〔2001〕19号），将计划生育综合治理范围从流动人口计划生育管理扩大到计划生育宣传教育、审查把关、对计生家庭优先优惠、打击妨碍计划生育公务的人和事等。所涉部门各司其职。宣传部门配合开展“婚育新风进万家”系列活动，转变群众婚育观念；司法、劳动等部门配合流动人口管理和法律法规执行；市委办、市政府办牵头实施“三三金桥工程”等活动，履行政策推动职能；财政部门保障计划生育事业经费；组织、纪检、审计等部门实行全面监督监管。所涉主要综合治理部门每年与市政府签订责任状，进行年度述职，专题研究，定期督查，考核评估，严格奖惩。部门的广泛参与，为计划生育形成了强大的舆论环境，建立了良好的工作机制。

经过20多年严格管理，特别是随着经济的发展，人们的生育观念已经悄然变化。“多子多福”已不再是多数群众的追求，“生男生女一个样，女儿也是传后人”的观念已被大部分群众接受，少生优生，成为新一代青年的自觉行为，重视子女教育渐成社会风气。人口生产已处于稳定有序、人口总量温和增长的阶段。

历史的车轮驶入21世纪，人口和计划生育事业面临许多新的矛盾和问题。人口结构失衡，行政约束力降低，超生处罚效果式微，育龄群众需求增加，“失独”和病残家庭出现，事业发展步履蹒跚。如何解决这些问题和矛盾？2002年，市委、市政府抓住省里确定常德为计划生育综合改革市的契机，适时提出“改革创新，转型发展”的工作思路，引领全市人口和计划生育步入崭新的发展阶段。2003年，市委、市政府出台了《关于实施人口与计划生育综合改革的意见》，重点在管理体制、服务体系、利益导向机制和社会保障制度、队伍管理机制、考评监督机制、投入保障机制等六个方面进行改革创新，不断建立完善了“统筹协调、科学管理、优质服务、利益导向、群众自治、人财保障”新的工作机制，人口和计划生育工作逐步实现了历史性的转变。

工作思路实现由单纯的就计划生育抓计划生育向统筹解决人口问题转变。2007年，市委、市政府出台《关于加强新时期人口和计划生育工作统筹解决人口问题的决定》，明确指出，坚持计划生育基本国策不动摇、坚持党政一把手亲自抓负总责不动摇，坚持计划生育“一票否决”制度不动摇。将人口和计划生育工作融入经济社会发展全局，纳入各级党委、政府重大督查事项范围，纳入各级各部门责任目标考核，实行同抓共管。在研究制定经济社会发展规划和出台相关政策时，充分考虑人口因素，实行人口与经济社会协调发展、可持续发展。明确各级各部门职责，建立人口计生宣传教育、依法行政、流动人口管理、政策推动、经费保障、监察监督等六大综合治理体系。

工作重点实现由稳定低生育水平向稳定低生育水平、提高出生人口素质、改善人口结构、统筹解决人口问题转变。加大计划生育依法管理力度，开展违法生育专项治理，重点整治党员干部和社会公众人物违法生育行为。明确规定，凡违法生育（含违法收养）的，一律依法征收社会抚养费，并依纪依法进行查处。在干部提拔晋级、公选各类代表委员、开展各类评先评奖中，实行计划生育前置审查把关。市县两级成立计划生育执法监察机构，规范社会抚养费征收行为，对拒不缴纳社会抚养费的违法生育对象，实行司法强制征收，以此维护法治公平正义，整饬生育秩序，清朗生育环境。加大出生缺陷干预力度。2004年，在全省率先启动产前筛查服务项目。2007年至2009年，把出生缺陷干预免费检测纳入为民办实事工程。2010年，市人民政府先后印发《关于实施优生促进计划的意见》和《常德市免费婚前医学检查实施方案》，重启免费婚前医学检查，全面开展免费优生优育宣传咨询、婚前检查、产前筛查诊断、叶酸补充、新生儿疾病筛查和出生缺陷儿童康复服务，加强出生缺陷干预。2011年，以鼎城区启动国家免费孕前优生健康检查试点为契机，坚持政府主导、预防为主、重点推进、注重实效，进一步推进优生促进计划，全市出生缺陷发生率偏高的问题得以缓解。加大综合治理出生性别比偏高问题力度。从2005年开始，市政府组织计生、卫生、公安等相关部门，加强预防管理，联合执法，每年查处典型"两非"（非医学需要鉴定胎儿性别和选择性别终止妊娠）案件10例以上，震慑违法者，打防结合，遏阻"两非"行为蔓延，至2012年，全市出生人口性别比趋于正常。

工作导向实现由"处罚多生为主"向"奖励少生为主"转变。2003年，市政府出台《常德市计划生育奖励办法》。2004年，常德市作为全国农村部分计划生育奖励扶助制度首批试点单位，对9442名符合条件的农村独生子女父母发放了每人每年600元奖励扶助金，开湖南省先河，成为常德计划生育史上又一座里程碑，成为计划生育工作全面转型的标志。此后，常德市计划生育奖励扶助政策不断调整和完善，利益导向力度不断加大，逐步形成了奖励、优先、优惠、救助、扶持、保障"六位一体"的计划生育利益导向机制。农村部分计划生育奖励政策几经调整，奖励范围逐步扩大，从农村独生子女拓展到农村双女户、农村半边户，奖励扶助对象占到全省的1/4；奖励标准两次提高，由启动时每人每年600元提高到2012年的每人每年960元。常德是全省长期实行一孩政策的地区，独生子女死亡、伤残和计划生育手术并发症的问题在进入21世纪时开始凸显。2003年，常德开始探讨建立农村独生子女死亡、伤残等特困家庭救助制度，并出台了具体救助办法。2005年，此项救助办法在全省推广。2009年国家开始全面推介，统一将此项救助更名为"计划生育家庭特别扶助制度"，并将城镇独生子女死亡、伤残家庭纳入其中。2010年，市委、市政府进一步发动部门配合，社会参与扶助计划生育家庭，推行"计划生育特别扶助家庭关爱行动"，在纳入新农保、新农合方面给予优惠，在纳入公益养老、享受保障房、就业等方面给予优先。是年，澧县被国家和省确定为"计划生育并发症患者扶助"试点县，2011年全市同步推行。对全市所有患者确定病症等级，分级发放扶助金，予以长期扶助。2012年，全市计生奖励扶助对象63430名、特别扶助对象5983名、节育手术并发症扶助对象782名、独生子女保健费对象103420名，发放各类奖励扶助资金8700余万元。对1624个独生子女家庭落实了多分一份征地补偿费的政策。

工作方法实现由行政管理为主向优质服务为主转变。树立"以人为本"理论，不断深化计划生育优质服务。以新型生育文化建设为重点，深入开展婚育新风进万家活动，采取"六进"，即进机关、进社区、进市场、进工地、进校园、进家庭等形式，大力宣传晚婚晚育、少生优生、生男生女一样好、女儿也是传后人、男女平等、计划生育丈夫有责等新型婚育观念，建起了“婚育文明、性别平等，计划生育、优生优育，生殖健康、家庭幸福”的新型家庭人口文化。以满足群众少生优生、避孕节育、生殖健康需求为出发点，全面实施以长效节育措施为主的避孕节育措施知情选择服务、以出生缺陷干预为主的优生促进服务、以查治妇科病为主的“生殖健康村村行”服务，深受广大育龄群众欢迎和称赞。以便民利民为着力点，扎实开展计生政务公开、村务公开，推行网上咨询、网上办证、网上诊疗服务，开通计生服务“直通车”，实行“承诺制”、“零距离”服务等，当好育龄群众的贴心人。全市群众对计划生育的满意度不断提升，2012 年达到了 95.76%，位居全省前列。

改革增添动力，创新谱写新章。在新的历史时期，常德市人口计生工作再越巅峰，再造辉煌。取得了在全省“四最”成绩，即生育秩序最稳、出生性别比最正常、独生子女家庭比例最高、奖励扶助对象最多。不仅在全省考评中连续年年保持先进位置，而且在 2010 年被评为全省模范市、全国首批人口计生综合改革示范市、全国第四阶段婚育新风进万家活动示范市、全国计划生育协会先进单位。2011 年，市人口计生委被国家人社部、国家人口计生委评为全国人口计生系统先进集体。2014 年常德市再次被评全省人口计生工作模范市。

大事记

大 事 记

1988 年

1 月 10 日—11 日，湖南省避孕药具工作会议在澧县召开，推介常德市和澧县计生药具工作经验。

4 月 20 日—22 日，湖南省城市基层计划生育管理工作会议在常德市召开，推介常德市和武陵区经验。

6 月 3 日，湖南省委、省政府批转常德地委、行署《关于计划生育工作情况的报告》（湘发〔1988〕10 号），号召全省向常德学习。

9 月，常德地区计划生育委员会更名为常德市计划生育委员会，为常德市人民政府二级机构，接受常德市人民政府文教办公室和中共常德市委宣传部的双重领导。

10 月，常德地区计划生育领导小组更名为常德市计划生育领导小组。市委副书记庞道沐任组长，市人大常委会副主任李丰茂、市政府副市长颜永盛、市政协副主席马桂迟和市计生委主任郑景阳任副组长。同月，常德地区计生协会更名为常德市计生协会。

11 月 26 日，常德市委、市政府印发《关于进一步抓紧抓好计划生育工作的决定》（常发〔1988〕9 号），要求坚定不移稳定现行生育政策，层层推行计划生育目标管理责任制，加强计划生育专业队伍建设，适当增加计划生育工作经费，加强计划生育工作领导。

12 月 7 日，常德市计划生育工作会议召开，市委书记陈彰嘉要求统一认识，稳定政策，狠抓当前，提升水平。

1989 年

1 月，鼎城区因计划生育工作的几项指标没有达标，常德市委、市政府取消其全市双文明建设先进单位资格。

6 月，国家计生委主任彭珮云在湖南省计生委主任杨兆元等陪同下到常德市考察计划生育工作。

8 月 12 日，常德市人民政府办公室批转了常德市计生委、公安局、工商局《关于加强流动人口计划生育管理的意见》（常政办发〔1989〕17 号），这是常德市部门综合治理流动人口计划生育第一份规范性文件。

9月，常德市计生委选送的计划生育文艺节目常德丝弦《洞房悄悄话》进中南海会演。

1990年

1月1日，《湖南省计划生育条例》颁布实施，常德市副市长刘昌进就学习、贯彻《湖南省计划生育条例》发表电视讲话。

2月1日—4日，常德市计生委、市司法局举办《湖南省计划生育条例》培训班，各县（市区）计生委主任、司法局长参加。

5月7日，常德市计划生育药具管理站更名为常德市计划生育药具技术站，人员编制由6名增加到8名。

5月24日，常德市计划生育委员会成立党组。郑景阳、雷学柱、彭淑华、李宗政任党组成员，郑景阳任党组书记，彭淑华任纪检组长。

5月25日，常德市计生委与中国人民保险公司常德市中心支公司共同开办《独生子女父母养老保险》《母婴平安保险》《少儿两全保险》《计划生育手术平安保险》等保险业务，解除一部分育龄群众实行计划生育的后顾之忧。

5月30日，常德市政府批转《关于贯彻实施〈湖南省计划生育条例〉的意见》（常政发〔1990〕8号），对常德市生育二孩的条件进行了具体规定。

7月，湖南省计划生育领导小组发出“远学山东，近学常德”的号召。

8月7日—9日，常德市计划生育孕前型管理经验交流会在鼎城区召开，要求计划生育工作从孕后补救转向孕前管理。

1991年

1月15日，常德市计生协会召开第二次会员代表大会，选举产生市计生协会第二届理事会，聘请雷恭政为名誉会长，选举肖宗荣任会长，郑景阳、张群英（常务）、皮业艮、路志英为副会长，张群英兼任秘书长。

2月3日—6日，湖南省委、省政府在临澧县召开全省专员、州长、市长、县长（简称四长）会议，总结推广常德市和临澧县加强基层基础建设，实行计划生育目标管理的经验。国家计生委副主任彭玉，省委书记熊清泉，省长陈邦柱，省委副书记孙文盛、杨正午，常务副省长董志文，省长助理潘贵玉出席会议。这是全省计划生育史上的一次具有里程碑意义的关键会议。

2月11日，湖南省通报了1989—1990年全省计划生育工作考核评估结果，常德市和临澧县分别位居全省地州市和县市区类第一名。

5月16日—17日，国家计生委副主任杨魁孚考察常德市鼎城区、汉寿县计划生育工作。

5月25日，常德市成立独生子女病残儿医学鉴定组，李宗政任组长，万钰峰任副组长，刘殿元、于乾萍、李淑珍、孙维华、李子花为成员。

6月10日—11日，常德市举办首届人口与计划生育基础知识教育讲课暨宣讲选拔赛。桃源县选手罗玉双获演讲竞赛一等奖；武陵区计生委周启蓉获讲课竞赛城镇组一等奖；汉寿县夹堤农校校长丁敬忠获讲课竞赛乡镇组一等奖；鼎城区黄土店镇青岗村林惠获讲课竞赛村级组一等奖。

9月12日，由常德市计生委、市计生协会和市文化艺术联合会共同编写的大型报告文学集《国策颂》首发式在常德芷园宾馆举行。

9月15日，《南京人口管理干部学院学报》专版刊登7篇文章，全面总结推介常德市计划生育工作经验。

11月4日，常德市开始从乡镇部分计划生育临时工作人员中招收全民合同制工人，是年共招收156名。

12月18日，常德市计生保险工作会议召开，决定采取“三个一点”，即财政投一点、超生子女费挤一点、个人出一点的办法，加大计生养老保险力度。

12月24日—26日，国家计生委副主任刘汉彬考察常德市临澧县、桃源县、鼎城区计划生育基层基础工作。

1992年

1月25日，常德市计生协会第二届理事会召开第二次全体会议，接受肖宗荣辞去会长职务，受聘名誉会长，选举何星甫为会长，郑景阳为常务副会长，接受张群英辞去常务副会长和秘书长职务，任副会长，增补汪国志为副会长兼秘书长。

3月17日—21日，湖南省计划生育科技工作会议在安乡县召开，推介常德市科技兴计生经验。

5月16日，常德市计生委发出向桃源县杜坪乡计生专干张桂华学习的号召。张桂华1990年被评为全国计划生育劳动模范。

5月26日，常德市市长蔡长松签发第5号令《常德市流动人口计划生育管理规定》，这是全省市级关于流动人口计划生育管理的第一份文件。

7月29日，国家计生委副主任刘汉彬到常德市石门县考察计划生育工作。

12月20日—23日，湖南省人口与计划生育基础知识教育经济交流会在安乡县召开。

12月，由汪国志、陈亚芬、张可、华梅桂、游祖玺等人合编的《新婚必读》计划生育学校通俗读本出版，共发行4万册至乡镇计划生育学校。

1993 年

1月上旬，湖南省计划生育宣传工作会议在安乡县召开，推介常德市、安乡县“四三二一”网络体系建设经验。

2月28日，在湖南省1992年度计划生育工作考核评估中，常德市和临澧县名列全省市、县第一，荣获“三连冠”。

2月，常德市委常委会议研究决定，常德市计生委受市人民政府直接领导，享受部委办待遇。

3月6日—7日，常德市计划生育工作暨流动人口计划生育管理经验交流会在临澧县召开，市长吴定宪、市委副书记彭孟芝、市人大常委会副主任何星甫参加会议并讲话。

4月22日—24日，常德市在安乡县召开计划生育“四三二一”工作体系建设现场会。

5月29日，常德市召开乡镇计划生育“四位一体”工程流动现场会，对各县（市区）抽查一个乡镇“四位一体”的建设、管理情况。

6月2日—7日，全国输卵管银夹节育术培训班在桃源县举办，来自全国6省（区）12个市县的计划生育专家教授和节育技术人员参加培训和临床实践操作。

7月1日—3日，常德市人口与计划生育基础知识宣传教育研讨会在桃源县召开。

10月12日—18日，湖南省人大常委会对常德市贯彻落实《湖南省计划生育条例》情况进行执法检查。

11月，常德市副市长刘昌进主持召开了市农村办、市妇联、市卫生局、市计生委主要负责人参加的联席会议，就实施“三三金桥工程”开展部门联动进行部署。

1994 年

1月9日—11日，常德市计划生育协会工作会议召开，表彰双百佳“五好协会组织”和“五好会员”。

3月24日—25日，常德市计划生育工作会议召开，市长吴定宪与各县（市区）长签订了1994年度人口目标管理责任状。

5月9日—11日，常德市计划生育工作会议召开，总结春季计生宣传手术活动开展情况，交流“三三金桥工程”试点经验。

5月22日，津市市保河堤镇樟树村十组村民向某在超生后接受镇计生办处罚时，用皮带自缢身亡。向某的亲属及围观群众数百余人砸毁镇计生办财物多件，围攻镇政府。经津市市委、市政府多方协商，补偿死者家属优抚费及丧葬费48000元，事件得以平息。

5月26日，常德市召开计划生育工作电话会议，部署6月计划生育宣传手术活动。

6月，常德市计生委迁址常德市武陵区青年东路54号办公。全市统一启用国家新制的计划生育统计报表。

6月18日，中纪委驻计生委纪检组长吴景春考察常德市桥南市场、鼎城区许家桥乡等地计划生育工作。

10月，全市计划生育协会现场经验交流会在临澧县召开，推介其“少生优生勤劳致富奔小康“的经验。

1995年

1月8日—11日，常德市政府对市计生委、市公安局、市工商局、市劳动局、市房管局、市建筑工程管理处、市民政局、市卫生局等8家单位流动人口计划生育工作责任制履行情况进行检查考评。

2月26日，原中共常德地委副书记雷恭政获首届“湖南人口奖”（荣誉奖），常德市计划生育委员会主任郑景阳获首届“湖南人口奖”（工作奖）。

3月25日，中共中央总书记江泽民在湖南省委书记王茂林、常德市委书记吴定宪等陪同下考察临澧县太平村工作，看望了“计划生育模范户”“勤劳致富示范户”高淑珍一家。

6月12日，常德市政府办转发了市计生委、市公安局、市工商局、市劳动局、市房管局、市建筑工程管理处、市民政局、市卫生局等8家单位《关于进一步明确计划生育等部门管理流动人口计划生育职责及实施考评的意见》，明确各部门工作职责、任务。

8月17日，石门县皂市镇计生办专干邓真秋在执行工作任务中被歹徒用匕首刺破肝脏，在送往医院途中不幸去世，终年33岁。

8月28日，常德市计生委下发《关于贯彻执行国家计生委“七个不准”的几条具体措施意见的通知》，规定凡发生重大恶性案件的，实行计划生育“一票否决”，其单位和负责人不能评先评奖。

10月，郑景阳任常德市政府助理巡视员，兼任市计生委主任、党组书记。

11月28日—29日，常德市实施“三三金桥工程”现场经验交流会在临澧县召开。

12月25日，临澧县计划生育服务站被授予湖南省首批甲级计划生育服务站。

1996年

4月，彭淑华任常德市计生委党组书记、主任。

5月11日，常德市委宣传部、市委组织部、市计生委、市广播电视局、市文化局联合下发了《关于进一步加强计划生育宣传教育的意见》（常计生字〔1996〕15 号）。

5 月 20 日，湖南省计生协会会长罗秋月在常德市人大常委会副主任、市计生协会会长何星甫陪同下，考察常德市桃源县桃花源镇计生工作和计生协会工作。

8 月 9 日，常德市计划生育领导小组印发《关于实施〈加强流动人口计划生育管理的意见〉的通知》。

8 月 20 日，桃源县车湖垸乡计生办主任游鹏在抗洪抢险中劳累过度病逝，终年 34 岁。常德市委授予其“优秀共产党员”光荣称号，常德市计生委发出向游鹏学习号召。

10 月，常德市编委印发《常德市计划生育委员会职能配置、内设机构和人员编制方案的通知》（常编发〔1995〕28 号），进一步明确常德市计生委为市人民政府组成机构，是市人民政府主管全市计划生育工作的职能部门。

12 月 24 日 –26 日，湖南省计生信访工作会议在常德市澧县召开，常德市计生委和澧县计生委作典型发言，省计生委主任彭对喜出席会议并讲话。

12 月，常德市计生委、市财政局、市物价局、市农村办印发《常德市乡镇计划生育经费管理实施办法》，要求乡镇统筹的提留款中，用于计划生育的比例不低于 10%。

1997 年

4 月 5 日，常德市计生委在桃源县召开全市计划生育政策法规工作会议，推广桃源县计生全程合同管理的做法。

4 月 8 日—11 日，湖南省计划生育药具工作现场会在临澧县召开。

4 月 11 日，常德市计划生育领导小组下发《关于在全市范围内推行计划生育“以村（社区）为主”工作格局的实施意见》（常计生领发〔1997〕02 号），提出实现计划生育“以村（社区）为主”的六条标准。

5 月 30—31 日，常德市计划生育“村为主”工作会议在临澧县召开，总结交流临澧县柏枝乡等 9 个乡镇实现“村（社区）为主”的经验，提出“把工作重心下移到村，以村组为重点，在村组求发展”的工作要求。

8 月，常德市委、市政府印发《关于实行“村为主”管理体制全面提高计划生育工作水平的意见》（常发〔1997〕13 号），这是全省市州党委、政府就计划生育“村为主”工作所发的第一份文件。

11 月，常德市委办公室、常德市人民政府办公室印发《关于进一步加强计划生育协会工作的意见》（常办通字〔1997〕71 号）。

12 月 14 日—20 日，常德市计生协会在会长何星甫、专职副会长汪国志带领下，组织 27 人分 3 个调查组，从县级上报的合格村协会中抽查 41 个村计生协会进行检查验收，合格的 38 个，合格率为 92%。

1998 年

2 月 26 日—29 日，湖南省计划生育计划统计工作会议在常德市召开，推介常德市、临澧县实行计算机管理经验。

3 月 10 日，常德市委、市政府召开全市计划生育工作会议，总结 1997 年，部署 1998 年计划生育工作，副市长杨光宏作工作报告，市委书记吴定宪讲话。

4 月 20 日—22 日，湖南省计划生育优质服务工作会议在临澧县召开，总结推介常德市、临澧县成功经验。副省长潘贵玉出席会议并讲话。

5 月，由常德市政府助理巡视员郑景阳编著的《岁月无悔》一书出版发行。该书记载了 1988 年—1997 年间常德市计划生育工作的历程与基本做法。

6 月 5 日，常德市计生委印发《关于开展办事公开制度工作的意见》，在全市计划生育系统实行办事公开制度。

6 月 15 日，常德市计生协会召开第三次会员代表大会，选举产生市计生协会第三届理事会。聘请雷恭政、肖宗荣、何星甫为名誉会长，选举郑景阳为会长，彭淑华（女）为第一副会长，汪国志为常务副会长，郑国清为秘书长。

11 月，常德市计生委被评为全国计划生育先进集体，并出席在北京召开的全国计划生育“双先”表彰会。

12 月，常德市计生协会在桃源县召开村级协会整建工作现场汇报会，推广试点经验和做法。

1999 年

3 月 2 日，常德市委、市政府召开全市计划生育工作会议，对 1998 年度 4 个红旗单位和 81 个先进单位予以表彰奖励，对 8 个乡镇实行计划生育“一票否决”。

3 月 4 日，湖南省百万人口大县计生工作座谈会在桃源召开，省计生委主任陈满生、副主任詹鸣出席会议。6 个市州计生委主任和 18 个人口大县（市）分管领导和计生委主任参加会议。

4 月 6 日，湖南省计划生育药具工作经验交流会在常德市桃源县召开。省计生委副主任张芙蓉出席会议并讲话。

5 月，常德市委宣传部、市计生委、共青团常德市委、常德市妇联印发《关于在全市广泛开展婚育新风进万家活动的通知》（常计生发〔1999〕10 号）。

8 月 9 日，常德市委常委会专题研究计划生育工作，要求在机构改革中确保计生机构和队伍稳定，全市计划生育工作要夺取全省“十连冠”。

8 月 13 日，常德市委中心学习组集中学习人口理论，市计生委主任彭淑华作《新时期的计划生育工作》辅导报告。

9 月 20 日，常德市选送的常德丝弦“猜嫁妆”文艺节目 在全省大型人口和计划生育文艺晚会—P1CC 杯“生命之源”文艺晚会上获演出一等奖。

12 月，临澧县委常委黎卫平获第二届“湖南人口奖”（工作奖）。

2000 年

1 月 5 日，常德市计划生育领导小组下发《常德市深入学习贯彻新〈条例〉，继续开展“四查四到位”活动工作方案》，决定 1—2 月在全市开展查党政一把手亲自抓负总责情况，促领导责任到位；查避孕节育措施落实情况，促工作措施到位；查财政投入情况，促计生经费投入到位；查违法生育、“两非”行为，促法律责任追究到位活动。

1 月 12 日，常德市委办、市政府办下发通知，对鼎城区许家桥乡等 8 个乡镇 1999 年度计划生育工作实行“一票否决”。

1 月 16 日，常德市委、市政府在市委经济工作会议期间召开全市计划生育工作会议，总结 1999 年计划生育工作，兑现奖惩，部署 2000 年以实施“东进战略”为主题，以“高起点、高科技、高水平”为主要内容的计划生育工作。市委书记吴定宪、市长程海波出席会议并讲话，副市长张元英作工作报告。

3 月 12 日，常德市计划生育领导小组印发通知，明确市委、市政府主要领导和分管领导联系计划生育工作的乡镇。

3 月 24 日—25 日，湖南省计生宣传教育现场会在桃源县召开，推介桃源县开展计生宣传和建设高标准计生宣传一条街的经验。

3 月 31 日，常德市委、市政府召开全市计划生育工作电视电话会议，动员、部署学习、宣传、贯彻落实中共中央、国务院《关于加强人口与计划生育工作稳定低生育水平的决定》。市委副书记莫道宏出席会议并讲话。

4 月 7 日，常德市计划生育干部培训中心正式成立，为正科级自收自支事业单位，核定编制 3 名。主要职责为负责全市计生专职人员培训教育。

4 月 25 日，常德市计生委、市公安局、市卫生局、市工商局、市物价局、市药品监督管理局和市技术监督局联合下发《关于开展计划生育药具技术市场清理整顿的通知》（常计生发〔2000〕12 号），进行全市药具市场大清理，

5 月，刘兴国调任常德市计生委党组书记、主任，彭淑华调任湖南省计生委财务资产管理处处长。

7 月 10 日，常德市委、市政府召开全市计划生育工作会议，市计生委主任刘兴国通报省市计划生育检查情况，市长程海波讲话，要求全市上下团结一心，大战七月八月九月三

个月，千方百计确保完成全年人口控制计划，确保在全省保持先进地位。

7月20日，常德市计划生育领导小组下发《关于严禁计划生育乱收费有关问题的通知》（常计生领发〔2000〕10号），对计生系统的收费项目和标准再次予以明确。

8月9日，常德市委、市政府召开全市流动人口计划生育管理工作电视电话会议，部署开展“十万育妇大行动”。市委副书记莫道宏、副市长张元英出席并讲话。

8月29日，市长程海波查看鼎城区灌溪镇计生办阵地建设情况，听取镇计生工作情况汇报，询问镇计生经费投入、工作管理、工作人员工资报酬情况。

8月30日，湖南省人口与计划生育及相关法律法规知识竞赛决赛在长沙举行，由汉寿县委常委李百艳、安乡县计生委副主任谈文炳等3人组成的常德代表队获一等奖。

9月1日，根据国家财政部、国家发展计划委员会、国家计划生育委员会的要求，“计划外生育费”更名为“社会抚养费”。

9月上旬，常德市委组成9个督查组，由市委常委带队，对9个县（市区）计划生育工作进行专题督查。

9月7日，常德市委书记吴定宪查看澧县计生药具技术站和道河乡堰木村计生服务阵地建设情况，听取县、乡计生工作情况汇报。

9月11日，湖南省计生委主任陈满生为常德市委中心学习组讲授中央8号文件精神及计划生育理论知识。

9月26日，常德市举行纪念《中共中央关于控制我国人口增长问题致全体共产党员共青团员的公开信》发表20周年报告会。市委副书记莫道宏出席会议并讲话。

9月28日，常德市计划生育协会工作会议在安乡县召开，总结基层计生协会组织整建工作成果和经验，对新时期计划生育协会工作进行部署。副市长刘春林出席会议并讲话。

10月16日，常德市委《政研内参》第四期刊登常德市委政策研究室计划生育工作专题调查小组《关于我市计划生育工作的调查与思考》，就贯彻落实中央8号文件精神，稳定低生育水平提出了具体建议。

10月22日，常德市人民政府第二次常务会议专题研究计划生育工作，要求计划生育工作保持全省红旗地位，加大宣传教育、计划生育、优生优育、优质服务力度。同意由市政府办发文，明确对计划生育户实施利益导向机制和优惠政策措施。决定市计划生育培训中心建设资金缺口由市财政逐年给予补助。

10月23日—11月3日，常德市人民政府副市长张元英带领各县（市区）分管计划生育工作党政领导和计生委主任，赴山东省即墨市、荣成市、辽宁省大连市、黑龙江省齐齐哈尔市、陕西省咸阳市等地考察学习计划生育工作。

10月31日，湖南省基层计算机业务技能竞赛在长沙举行，常德代表队获集体二等奖（第二名），金林获个人二等奖，邹炎梅获个人三等奖。

11月17日，湖南省计生委主任陈满生考察常德市临澧县计划生育工作。

12 月 13 日，常德市委组织部批复同意常德市计生委开展干部竞争上岗双向选择。

12 月 28 日，常德市委、市政府对汉寿县和武陵区芦荻山乡等 10 个乡镇的计划生育工作实行“一票否决”。

12 月 30 日，常德市委、市政府召开全市计划生育工作会议，总结 2000 年，部署 2001 年计划生育工作。市长程海波出席会议并讲话，张元英副市长作工作报告。

2001 年

4 月 8 日，常德市委书记吴定宪督查澧县张公庙乡春季计划生育集中宣传手术活动开展情况。

4 月 16 日，常德市计划生育领导小组印发《常德市计划生育工作信访举报制度》，明确计划生育信访举报内容、方式、奖励、工作程序、结果处理。

5 月 8 日，常德市委书记程海波深入鼎城区白鹤山乡帮助分析计生工作落后原因，督查计生经费投入情况，走访了解是否有计生乱收费情况。

5 月 18 日，常德市召开纪念市计生协会成立 15 周年暨“双先”表彰会，市委副书记莫道宏出席并讲话，市计生协会会长郑景阳作工作报告。

7 月 8 日，常德市计生委、市计生协会下发《关于开展我为国策做贡献，我为协会添光彩，争创先进协会，争当优秀会员活动的实施方案》（常计生发〔2001〕24 号）。

7 月 12 日—13 日，常德市计划生育领导小组召开全市计划生育“村（社区）为主”工作会议，提出依靠计生协会主导力量，全面推进计划生育“村（社区）为主”，并制定了“六有三无一好”新标准。

8 月 24 日，常德市计划生育领导小组对鼎城区、澧县金罗镇不等年终总结评比，及时兑现计划生育岗位责任制的做法予以全市通报表彰。

8 月，常德市计生领导小组在安乡县召开全市开展“两为两争”活动动员大会，安乡县计生协会介绍了开展“两为两争”的初步做法，市政府副市长张元英作动员讲话。

9 月 11 日，常德市委、市政府印发《关于加强人口与计划生育综合治理工作的通知》（常通字〔2001〕19 号）。明确部门计划生育工作职责及奖惩办法，建立计划生育综合治理垂直管理体系。规定：凡下级职能部门工作不力的，连带追究上一级部门责任。

9 月 25 日，常德市政府召开第 2 次常务会议，专题研究计划生育工作，要求高度重视计划生育工作，按照国家有关法规搞好计生免费手术经费的测算、落实工作，开展乡村计划生育工作人员工资待遇调查。

9 月，常德市计生委综合楼及配套工程全部竣工。

10 月，临澧县对县、乡、村三级计划生育技术服务和妇幼保健机构实行人、财、物整体合并，探索“两网合一”新体制。

是月，湖南省计生委主任陈满生带队检查常德市计划生育党政领导亲自抓、负总责工作。

11 月，湖南省人口计生委举办全省第二届计生技术服务基本技能竞赛。常德代表队获团体三等奖，文丽桃获优生检测组第一名，刘丽华获护理组第二名，腾明惠获女扎组第三名。

12 月 7 日，常德市委副书记曹儒国分管计划生育工作后首次到市计生委调研，提出计划生育工作要创品牌、出特色、上水平、见成效。

12 月 11 日，常德市政府召开第三次常务会议，听取关于贯彻落实《国家计划生育技术服务管理条例》和落实乡镇村计生工作人员工资待遇的汇报。会议决定全面实行计划生育免费手术，实行乡镇村计划生育工作人员基本工资县乡统筹统发。

12 月，澧县计划生育委员会主任胡祖明获第三届“湖南人口奖”（工作奖）。

是月，湖南省计生委确定常德市为全省计划生育综合改革试点市。

2002 年

1 月 4 日，常德市机构编制委员会办公室、市人事局、市计划生育委员会联合下发《关于规范乡镇计划生育机构编制和人员管理的通知》（常编办〔2002〕1 号），对乡（镇、街道）计划生育机构编制和人员管理进行了规范。

1 月 8 日，常德市委、市政府首次对黎卫平等 12 名优秀党政分管领导和乡镇党委书记授予“重视人口与计划生育工作最佳领导奖”。同时对鼎城区石板滩乡等 3 个乡镇实行了计划生育“一票否决”。

1 月 9 日，常德市委、市政府召开全市计划生育和基础教育工作会议，市委副书记曹儒国就计划生育工作进行总结部署，市委书记程海波出席会议并讲话。

1 月 17 日，常德市人民政府办公室发出了《关于乡（镇）村计划生育工作人员基本工资实行县乡统筹统发的通知》（常政发〔2002〕2 号），规定乡（镇）计划生育办公室的事业编制人员按工资标准以及养老保险金、医疗保险金由县统筹，县财政按月打卡发放；村计生专干工资按每人每年 1200 元的标准由乡统筹，按每人每月 100 元标准按月发放。

3 月 12 日，常德市财政局、市计生委印发《关于确保“十五”期间计划生育事业费投入的通知》（常计生发〔2002〕7 号），明确“十五”期间计划生育事业费投入标准：市本级在 2001 年人均 0.55 元的基础上，每年人均增加 0.1 元以上，到 2005 年人均达到 0.95 元。县级在 2001 年人均 2.65 元基础上，每年人均增加 0.1 元以上，到 2005 年人均达到 3.05 元，乡级年人均达到 4.5 元。

3 月 18 日，常德市政府召开第一次常务会议，专题研究计划生育工作，决定由张元英副市长负责，督促市计生委限期抓好全市计划生育经费和计划生育人员工资待遇落实问题。

3月22日，湖南省人事厅、省计生委评选表彰全省计划生育系统“十佳”单位和个人，临澧县计生委被评为全省“十佳计生领导班子”，刘兴国、敬鼎杰、唐斌、傅烈元、张子安、黄金花等6名个人分获“十佳计生委主任”、“十佳计生局长助手”、“十佳计生协会会长”、“十佳计生服务站站长”、“十佳计生服务所所长”、“十佳村（居）计生专干”称号，并分别荣立一、二、三等功。

4月6日，国家计生委副主任潘贵玉在常德市安乡县考察计划生育工作。

4月30日，常德市计生委、常德市农办决定利用农广校对农村计划生育专干实施中等学历教育，是年计划招生1000—1200人，力争“十五”期末，全市在岗村计生专干中等学历教育面达到40%以上。

5月20日，常德市计生委、市财政局、市卫生局、市物价局联合下发了《关于贯彻落实省计生委、省财政厅、省卫生厅、省物价局〈关于村实行计划生育的育龄夫妻免费提供避孕节育技术服务的通知〉的通知》（常计生发〔2002〕12号），决定从2002年6月1日起实行免费节育手术。

6月20日，常德市委《政研内参》刊发《关于农村独女户生育政策的调查与分析》调查报告，提出常德市农村独女户生育政策有计划有步骤向全省政策过渡的建议。

7月10日，常德市计划生育领导小组通报对鼎城区武陵镇卫生院职工熊英利用B超非法进行胎儿性别鉴定行为处理情况。这是常德市查处的首例非法进行胎儿性别鉴定案件。

8月5日，常德市委召开常委会，听取张元英副市长《关于有计划有步骤调整我市农村独女户生育政策的汇报》，专题研究计划生育政策问题。会议决定以市政府名义向省政府和省人大报告，请求在修订的《湖南省计划生育条例》中继续授权“常德市制订具体过渡办法”。

8月7日，常德市委、市政府在澧县召开全市计划生育队伍建设会议，全面回顾总结全市计划生育队伍建设历程，分析当前面临的计划生育新形势、新任务，动员全市上下与时俱进，改革创新，努力构建高素质的计划生育队伍。市委副书记曹儒国、副市长张元英出席会议并讲话。

8月27日，常德市农村税费改革领导小组办公室、市财政局、市计生委联合下发《关于在农村税改中确保中央和省市转移支付资金适当比例用于计划生育事业的通知》，要求中央和省市转移支付资金的6.24%以上用于计划生育事业。

9月，常德市计生委主任刘兴国撰写的《常德市坚持以人为本，便民服务》的新闻报道被《人民日报》刊用，实现了《人民日报》宣传常德计划生育零的突破。

10月10日，常德市委书记程海波走访鼎城区钱家坪乡陡水坡村和袁家湖村计生家庭，查看沧山乡计生学校和计生协会，了解计生工作开展情况。

是日，常德市计生委、市计生协会和市群众艺术联合会创作的《常德演唱—计划生育文艺专集》出版发行。

10月11日，常德市市长陈君文督查汉寿县被“一票否决”后计生工作整改情况。

10月24日，常德市委组织部、市编委办公室、市人事局、市财政局、市计生委印发《关于进一步加强计划生育队伍建设的若干规定》（常组通〔2002〕31号），规范计划生育机构和人员编制管理，落实计生工作人员政治、经济待遇，实行聘任制、岗位责任制、末位淘汰制、错误追究制等制度。

10月，湖南省计生委政策法规处处长张斌为常德市委中心学习组作了《中华人民共和国人口与计划生育法》学习辅导报告。

11月13日，常德市建立病残儿医学鉴定专家库，其成员由市县两级具有医学副高以上专业技术职称的各学科专家组成。

12月16日—30日，常德市计生委分4批组织《湖南省人口与计划生育条例》宣讲师资培训。

12月，常德市自编自演的宣传生育文化节目《关新郎》，荣获第十一届“中国人口文化奖”曲艺类银奖。

2003年

1月9日，湖南省人民政府作出了《关于实施〈湖南省人口与计划生育条例〉第十六条有关规定的批复》（湘政函〔2003〕6号），同意常德市从2003年1月1日至2007年12月31日这5年时间内，在实施《条例》第十六条第一款第（一项）时，执行过渡性规定。

1月10日，常德市计划生育领导小组举办《湖南省人口与计划生育条例》培训班，副市长张元英出席开班仪式并作动员报告。

2月20日，常德市委、市政府决定对中国银行常德支行、汉寿县株木山乡等7个单位2002年计划生育工作实行“一票否决”。

2月28日，常德市深入开展“两为两争”活动推进计划生育村（居）民自治工作会议在临澧县召开，湖南省计生委副主任詹鸣、市委副书记刘本之、市政府副市长张元英、市计生协会长郑景阳出席会议并讲话。

3月15日，常德市委、市政府召开全市计划生育工作会议，总结2002年工作成绩与经验，部署2003年度工作，动员争创全省计划生育工作模范市。

3月28日，常德市计划生育领导小组下发《关于深入开展“两为两争”活动进一步做好计生协会工作的意见》（常计生领发〔2003〕5号）

4月3日，常德市计生委下发通知，要求全面停止收取、清理退还计划生育合同保证金。

4月20日，常德市计生委下发通知，决定从5月—12月开展全市计划生育系统行风评议活动。

4月，石门县妇幼保健院与计生服务站合并，实行一套人马两块牌子，由县计生局、卫生局共同管理。

5月16日，常德市委书记程海波给各县（市区）委书记、县（市区）长批示，要求各级党委、政府进一步增强计划生育工作紧迫感、责任感和危机感，采取过硬措施，把人口陡然增长的情势压下来，努力实现“三个确保”，即确保常德生育政策的平稳过渡，确保人口计划责任指标的完成，确保常德计生红旗不褪色。

5月19日，常德市计划生育领导小组召开各县（市区）党委副书记、计生局长参加的全市计划生育工作调度会，通报前段工作，分析形势，部署下段工作。

6月6日，常德市计生委举行全市人口与计划生育法律法规知识竞赛。鼎城区、临澧县、武陵区分获一、二、三等奖。

6月30日—7月4日，常德市计生委、市财政局联合对全市计划生育经费投入情况进行专项督查。

7月3日上午，常德市计生委举办“科技下乡万里行”活动启动仪式。

7月7日，常德市委中心学习小组集中听取了湖南省计生委副主任詹鸣题为《任重道远的人口与计划生育事业》的辅导报告。

7月21日，常德市第四届人大常委会主任会议专题听取市计生委主任刘兴国所作的《关于我市贯彻落实〈人口与计划生育法〉情况报告》。会议建议：进一步加大计划生育法律法规宣传力度，进一步优化计划生育工作环境，进一步强化流动人口计划生育管理，大力提升基层计划生育技术人员素质，进一步加强依法行政。

8月5日，湖南省计生委主任盛茂林在常德市政府副市长张元英等陪同下考察常德市石门县计划生育工作。

8月19日，《中国人口报》头版头条《“三为主”的民牌之路》，报道常德市开展计生工作“三为主”的经验。

8月24日—9月1日，常德市开展纪念《中华人民共和国人口与计划生育法》颁布实施一周年宣传周活动。

8月26日，常德市委副书记刘本之组织召开全市人口与计划生育综合治理述职会。市直8个人口计生部门综合治理责任单位现场述职，其他20个部门进行了书面述职。

9月2日，常德市政府召开常务会专题研究计划生育利益导向机制落实问题，通过了《常德市计划生育奖励办法》。

9月10日，常德市委召开第19次常委会议，专题研究计划生育工作。会议决定：同意由市委、市政府下发《关于实施人口与计划生育综合改革的意见》，成立常德市流动人口计划生育管理站，联系县（市区）市级领导在9月底前开展计划生育督查。

9月20日，常德市委书记程海波督查调研临澧县计生技术服务和妇幼保健“两网合一”情况。

9月25日，常德市市长陈君文深入武陵公安分局、市建设局督查调研部门计划生育综合治理开展情况。

10月10日，湖南省计生委副主任张芙蓉慰问常德市石门县独生子女困难家庭。

10月15日，常德市计生委、市计生协会联合编写《国策情深》一书，讴歌和赞颂了全市39名在“两为两争”活动中为计生协会的发展和壮大做出贡献的会员及志愿者。

11月13日，常德人民政府印发《常德市计划生育奖励办法》（常政发〔2003〕20号）。

11月17日，常德市委、市政府印发《关于实施人口与计划生育综合改革的意见》（常发〔2003〕11号）。这是全省计划生育综合改革第一份文件。

11月24日，常德市流动人口计划生育管理站成立，属市计生委管理的正科级具有行政职能的事业单位。核定全额拨款事业编制3名，设站长（副站长）1名、其他工作人员2名。

12月，汉寿县计划生育服务站站长傅烈元获第四届“湖南人口奖”（科技奖）。

2004年

1月31日，常德市委常委会专题听取2003年人口计生工作情况汇报，研究2004年人口计生工作思路和目标。决定在全市三级负责干部大会期间，对全市计划生育工作进行总结和部署；进行计划生育协会换届；建立市委常委计划生育工作制度，每年开展1—2次专题督查。

2月18日，常德市计生委召开全市计划生育业务工作会议，总结2003年，表彰先进，部署2004年计划生育业务工作。

2月25日，在常德市三级干部会议上，市委、市政府总结2003年，部署2004年计划生育工作。对鼎城区双桥坪等7个乡镇和市劳动和社会保障局实行计划生育工作“一票否决”。

2月25日晚，由常德市委宣传部、市计生委、市计生协会主办的《新风颂》人口计生文艺晚会在市广播电视局演播大厅举行。

4月—10月中旬，常德市人大常委会对全市贯彻实施《中华人民共和国人口与计划生育法》情况进行检查。

5月18日—20日，湖南省人大常委会对常德市贯彻执行人口与计划生育法律法规进行执法检查。

6 月 1 日，常德市计生领导小组召开全会，听取市计生委工作汇报。市委副书记刘本之出席会议，提出“四个确保”要求，即确保年度计划生育工作目标的实现、确保社会抚养费征收的到位、确保计划生育奖励政策的兑现、确保职能部门工作的落实。

6 月 1 日—10 日，常德市委办、市政府办牵头，市计生委、市财政局对 9 个县（市区）18 个乡镇的计生经费投入情况进行督查。

6 月 8 日，常德市委中心学习小组听取湖南省委党校唐娅辉教授题为《人口与可持续发展研究》的讲课。

6 月 16 日，常德市计生领导小组召开计划生育工作调度会，将省市人大执法检查和市计生委抽样调查发现的问题，通报各县（市区），限期整改到位。

6 月 21 日，常德市财政局、市计生委出台了《常德市计划生育事业费管理办法》。

6 月 30 日，桃源县人民法院对该县三阳港镇一拒交社会抚养费的违法生育对象判处有期徒刑 6 个月。这是常德市因计划生育被判刑的第一案。

7 月 10 日，国家计生委副主任李宏规在湖南省计生委副主任詹鸣陪同下考察常德市桃源县、临澧县计划生育技术服务网络建设。

7 月 28 日，国家计生委副主任王国强在湖南省计生委副主任詹鸣陪同下考察常德市人口计生委。

8 月 3 日，湖南省计生委副主任张义昌考察常德市桃源县乡级计生服务所。

8 月 14 日，湖南省委、省政府在常德市举行农村部分计划生育家庭奖励扶助金发放仪式，对 9451 名首批对象发放奖励扶助金。国家人口计生委副主任赵炳礼、省委副书记谢康生、省政府副省长杨泰波、市委书记程海波、市长陈君文等领导出席会议。这次会议标志着计划生育逐步由“处罚多生为主”向“奖励少生为主”转变。

9 月 6 日和 13 日，常德市政府先后两次召开市长办公会议，专题研究完善计划生育利益导向机制问题，要求全市以开展农村部分计划生育家庭奖励扶助制度试点为契机，认真落实《常德市计划生育奖励办法》，形成多层次、多元化、全方位的计划生育利益导向机制。

9 月，常德市政协组织部分政协委员，先后两次到市计生委进行出生人口性别比问题调研。

10 月 11 日，常德市委书记程海波督查调研鼎城区大龙站镇全家坪村、郑家岭村人口计划执行、独生子女保健费落实、奖励扶助金的发放、村为主工作开展情况，为一独生子女特困家庭解决 5000 元，帮助修建房屋。

10 月 16 日，常德市市长陈君文、副市长张元英到市计生委研究解决建立全市计划生育特困家庭常年救助机制的具体问题。

10 月 18 日，常德市计生委、市财政局联合印发《常德市农村部分计划生育家庭奖励扶助专项资金管理办法》。

10 月 26 日，常德市人大常委会专题听取全市贯彻实施《人口与计划生育法》情况汇报。

10 月，常德市计划生育领导小组更名为常德市人口和计划生育领导小组。常德市计划生育委员会更名为常德市人口和计划生育委员会（简称人口计生委）。

11 月 1 日，湖南省副省长甘霖深入澧县张公庙镇考察农村部分计划生育奖励扶助制度试点工作。

12 月 1 日—3 日，常德市计生协会会长会议在澧县召开。市人大常委副主任蒋祖建、市计生协会会长郑景阳、市计生委主任刘兴国出席会议。

12 月，西洞庭管理区人口计生工作在全省考评中因计划生育率比上年下降了 5 个百分点，被“一票否决 ”。

2005 年

1 月 8 日，常德市委、市政府召开 13 亿人口日全市电视电话大会，市委副书记刘本之作动员报告。《常德日报》发表张元英副市长署名的题为《挑战与希望》文章。

1 月 9 日，湖南省副省长甘霖深入西洞庭管理区慰问独生子女困难家庭并调研人口计生工作，要求全区上下放下包袱，扎实工作，一年内脱掉“重管”帽子。

1 月 10 日，常德市政协在四届三次全会上，对出生人口性别比升高问题进行了重点讨论，提出了防治意见。

1 月，张卫星调任常德市人口和计划生育委员会党组书记、主任。

2 月 25 日，常德市委召开常委会，专题听取 2004 年人口计生工作情况汇报，研究 2005 年工作思路和目标，要求提高认识，创新方法，完善机制，努力实现“保先创模”奋斗目标。

3 月 7 日，常德市人口和计划生育工作会议召开，表彰奖励 2004 先进单位和先进个人，对西洞庭管理区、汉寿县西竺山乡等 7 个单位实行“一票否决”。市委书记程海波讲话，副市长张元英作工作报告。

3 月 8 日，常德市人口计生领导小组召开各县（市区）人口计生领导小组组长、人口计生局长、计生协会会长“三长”会议，研究部署贯彻落实全市人口和计划生育工作会议精神。副市长张元英主持，市人口计生委主任张卫星通报各地人口计生工作存在的问题，各县（市区）人口计生领导小组组长就问题整改表态发言。市委副书记刘本之出席会议并讲话。

3 月 17 日，常德市人口计生委召开全市人口和计划生育业务工作会议，总结经验，表彰先进，整顿作风，部署 2005 年人口和计划生育业务工作。

4 月 5 日，常德市政府召开全市集中整治“两非”联合执法行动动员大会，副市长张元英作动员报告。

4 月 14 日，常德市市长陈君文在县（市区）委书记、县（市区）长参加的全市保持共产党员先进性教育工作会议上，对当前人口计生工作进行专门部署。

4 月 19 日—22 日，常德市人口计生委举办全市乡镇分管负责人计生业务培训班，湖南省人口计生委副主任詹鸣作《如何当一名合格的计划生育工作主管领导》辅导报告。

4 月 22 日，常德市人口计生领导小组召开全市人口和计划生育工作调度会，通报全市人口和计划生育工作抽样调查情况和对安乡县焦圻镇、澧县雷公塔镇等 9 个乡镇实行黄牌警告的通报，部署“5 月计划生育月”活动。

5 月 1 日—3 日，常德市人口计生委组织开展农村部分计划生育家庭奖励扶助对象确认“回头看”活动。

5 月 9 日，常德市政府召开市长办公会议，专题研究建立计生工作激励机制问题。决定：2005 年全市人口计生工作如获全省前三名，各单位可给予计生工作人员一次性现金奖励。

5 月 31 日，常德市计生协会召开第四次会员代表大会，选举产生市计生协会第四届理事会，郑景阳受聘名誉会长，选举洪明祥为会长，张卫星为第一副会长，李培兰为常务副会长、廖建华为专职副会长兼秘书长。

6 月 10 日，常德市委书记程海波慰问鼎城区计划生育特困家庭，考察蒿子港镇镇村两级阵地建设，为镇计生服务所解决资金 10 万元。

6 月 16 日，常德市市长陈君文考察澧县张公庙镇兔子口村计生协会和生殖健康室，慰问大堰垱镇奖励扶助对象和独女户，检查大堰垱镇计生服务所和县计生服务站，为县计生服务站解决资金 10 万元。

是日，常德市人民政府办公室印发《常德市农村独生子女特困家庭救助办法》（常政办发〔2005〕25 号）。

6 月 17 日—30 日，湖南电大卫生分校常德计生教学站在常德市人口计生委培训中心举办妇幼卫生大专班面授培训。

7 月 28 日，常德市人口和计划生育工作会议召开，号召全市上下奋战半个月，打好问题整改歼灭战，努力实现“两个确保”，即确保省检万无一失，确保“保先创模”目标的实现。市委副书记刘本之主持，副市长张元英作工作报告，市委书记程海波讲话。

8 月 23 日，常德市委中心学习组集中学习了国务院第 428 号令和省政府第 194 号令。

9 月 16 日，常德市政协副主席文承保带领部分市政协委员到市人口计生委就“十一五”规划（草案）中的人口计生工作部分开展调研。

9 月 19 日，常德市人大常委会主任莫道宏带领市人大部分领导到市人口计生委视察工作。

10 月 14 日，中纪委驻国家人口计生委纪检组长勾清明考察常德市临澧县人口计生工作，对其计生技术与妇幼保健两网合一、一证通制度等经验予以肯定。

12 月 2 日，常德市计划生育协会工作会议在安乡县召开，副市长张元英主持，洪明祥会长作工作报告，市委副书记刘本之讲话。

12 月 4 日—15 日，常德市计生协会会长洪明祥、市政府副秘书长陈智慧、市人口计生委主任张卫星带领各县（市区）人口计生局局长赴山东即墨市、威海市、辽宁西岗区、吉林长春市等地考察人口和计划生育综合改革和优质服务工作。

12 月 13 日和 15 日，在湖南省人口计生工作新机制建设工作会议和全省人口计生工作会议上，常德市先后作典型发言。

12 月 28 日，在湖南省人口计生工作考核评估中，常德市总分名列全省第一，被评为全省人口计生工作先进单位。

2006 年

1 月 5 日，常德市召开全市计划生育集中宣传服务活动动员大会，动员全市上下集中力量抓紧抓好春节前后流动人口管理和节育措施的落实。

2 月 21 日，常德市委、市政府召开全市人口和计划生育工作会议，总结 2005 年，部署 2006 年人口计生工作。表彰先进单位和个人，奖励 60 多万元。对鼎城区黑山嘴等 5 个乡镇实行“一票否决”。

2 月 24 日，常德市人口计生委通报 2005 年度全市人口计生业务工作评先结果，临澧县、鼎城区、澧县分获综合业务工作前三名。

3 月 1 日，常德市人口计生委转发湖南省人口计生委办公室的通知，决定从 2006 年 4 月 1 日开始试运行湖南省育龄妇女信息系统。从 6 月 1 日起停止使用《人口统计报表》和《出生名册上报系统》。

3 月 2 日，常德市人口计生委召开全市人口计生工作业务工作会议。

3 月 27 日，常德市人口计生委出台《关于规范领导干部婚丧喜庆事宜的有关规定》。

4 月 4 日，常德市人口计生领导小组制定下发了《常德市计划生育便民维权措施二十一条》。

4 月 13 日，常德市人口和计划生育综合治理工作会议在澧县召开，回顾总结新世纪来计划生育综合治理工作，推广澧县“一四三”经验，部署后段工作。副市长张元英出席会议并讲话，澧县、汉寿、市公安局等单位发言。

4 月 19 日，常德市设立市农村计划生育家庭奖励扶助办公室（简称市奖扶办），为市人口计生委管理的具有行政职能的正科级事业单位。核定全额拨款事业编 3 名，设主任（副主任）1 名、其他工作人员 2 名。这是全省第一个计划生育奖励扶助机构。

4月28日，常德市政府召开全市开展关爱女孩行动综合治理出生人口性别比偏高问题会议，决定从2006年开始，每年4—6月集中开展关爱女孩行动综合治理出生人口性别比偏高问题联合执法行动。

5月9日—13日，常德市人口计生领导小组办公室组织全市集中开展关爱女孩行动综合治理出生人口性别比偏高问题行动专项督查。

5月29日，常德市人口计生委、常德市计划生育协会联合在市电视台演播厅举办了常德市"新女孩"才艺电视大奖赛。

6月5日，常德市委书记武吉海查看武陵区丹州乡乡村两级阵地建设，慰问奖扶对象和特困家庭，听取全市人口计生工作和计划生育协会工作的汇报。

6月6日—8日，湖南省人口计生委副主任彭光辉带队对常德市和汉寿县集中开展关爱女孩行动综合治理出生人口性别比偏高问题行动情况进行专题督查。

7月6日，常德市人口计生领导小组对德山开发区德山镇、桃源县西安镇、汉寿县鸭子港乡、安乡县安障乡、西湖管理区东洲办事处、鼎城区黑山嘴乡等6个乡镇人口计生工作实行黄牌警告。

7月8日—10日，常德市乡镇计生办主任培训班在市委党校举办，对韩爱梅、佘美莲、陈进仁、黄明波、谭徽集、郭泽丽、郭守明、聂本炼、盛孝政、孔祥慧等10名"常德市优秀乡镇计生办主任"予以通报表彰。是日下午，召开全市人口计生工作"保先创模"动员大会，号召全市上下奋战一个月，确保"保先创模"目标的实现。

7月17日，常德市市长陈君文深入市第七医院、德园医药有限公司督查调研关爱女孩行动打击"两非"工作。常德市人口计生领导小组印发《常德市关爱女孩行动综合治理出生人口性别比偏高问题案件查处长效机制》（常人口领发〔2006〕9号）。

8月30日，常德市人口计生领导小组调整，市委专职副书记任市人口计生领导小组组长。市委办发出《关于明确区县市委专职副书记职责分工的通知》，明确各县（市区）市委专职副书记分管人口计生工作。

9月10日，常德市人口计生委开展"关爱女孩行动"知识竞赛，临澧县人口计生局获一等奖，津市市、鼎城区人口计生局分别获二、三等奖。临澧县人口计生局宣传干部黎霞林夺冠。

10月17日，湖南省人口计生委副主任彭振国带队检查常德市人口计生工作。

10月30日，常德市人口计生委发出通知，要求扎实开展专项治理计划生育乱收费、乱罚款工作。

11月19日—21日，湖南省市州计生协会会长暨推进"生育关怀行动"会议在常德市召开。会上，常德市委、市政府、市人口计生委、市计生协会、津市市计生协会、临澧县计生协会会长陈隆财、汉寿县聂家桥乡计生协会作典型发言。市委书记武吉海致辞。副省长甘霖、省计生协会会长董志文等领导出席并讲话。

11 月 22 日，常德市文明办、市人口计生委、市妇联联合发出通知，在全市组织观看关爱女孩主题电影《美丽的音符》。

12 月，湖南省人口计生委在常德市召开了整治“两非”工作经验交流会，常德市人口计生委作了题为《狠抓规范管理推动案件突破》的经验发言。

2007 年

1 月 1 日，常德市全面启用村级流动人口计划生育信息报告单。

1 月 10 日，常德市委经济工作会议对 2006 年度全市人口计生工作先进单位和个人进行表彰，发放奖金 60 多万元。对鼎城区黄珠洲乡、安乡县安福乡、汉寿县大南湖乡、桃源县寺坪乡 4 个乡人口计生工作实行“一票否决”。副市长张元英作人口计生工作报告，市委书记武吉海要求继续坚定不移地抓好人口计生工作。

1 月 20 日，常德市委办公室、市人民政府办公室印发《关于进一步加强计划生育协会工作的意见》（常办发〔2007〕1 号），对各级协会机构、人员编制进行规范。市计生协会常务副会长、秘书长分别高配为正处级、副处级。

2 月 26 日，常德市人口计生委下发《关于开展全市流动人口计划生育“关怀关爱”专项行动的通知》（常人口函〔2007〕1 号），决定在 2 月 26 日—3 月 5 日，开展以“关怀关爱，促进和谐”为主题，以关怀进城务工人员，关爱留守家庭及子女为重点的流动人口关爱关怀活动。

3 月 22 日，常德市委中心学习组集中听取湖南省人口计生委副主任詹鸣对《中共中央国务院关于全面加强人口和计划生育工作统筹解决人口问题的决定》的解读。

4 月 10 日，常德市人口和计划生育领导小组下发《关于全面推进计划生育村（居）民自治的意见》（常人口领发〔2007〕5 号），推行“两委抓导向，协会唱主角，村民搞自治，计生上水平”的工作模式。

4 月 11 日，常德市委书记武吉海在市委秘书长刘明、副市长张元英的陪同下，到市人口计生委调研。

4 月 16 日，常德市委、市政府召开全市人口和计划生育工作会议，部署计划生育村（居）民自治工作和整治“两非”行动，以及迎省检工作。市委书记武吉海出席会议并讲话。

5 月 10 日，常德市人口计生领导小组主要负责人调整，市委副书记、代市长卿渐伟任组长，市委副书记曹儒国任第一副组长。

5 月 11 日，常德市委副书记曹儒国主持召开由市直和中央、省驻常德有关单位，有关企业负责人参加的全市“生育关怀行动”募捐活动动员会议，市政府副秘书长陈智慧宣读中央十部委有关文件，副市长张元英作动员报告。是日晚，以“生育传承希望、关怀相伴和谐”为主题的生育关怀行动现场募捐活动在市广播电视局演播大厅举行，市委书记武吉海，市委副书记、代市长卿渐伟等领导出席活动并现场带头捐款，市直及中央、省驻常德220个单位参加了活动，现场共募捐“生育关怀活动”资金127万余元。

5月25日，常德市召开全市“生殖健康村村行”活动动员大会，决定2007年至2009年，开展为期三年的“生殖健康村村行”活动，让每个已婚育龄群众都享受一次生殖系统疾病免费普查服务。副市长张元英出席会议并作动员讲话。

6月24日，国家人口计生委副主任江帆考察常德市临澧县人口计生工作。市长卿渐伟、市委副书记曹儒国、副市长张元英陪同。

7月8日，常德市委宣传部、市人口计生委、市文化局、市计生协会在市城区商业步行街举办首届“武陵欢歌”——独生子女家庭风采展广场文艺表演和《决定》万人签名等活动。

7月16日，常德市计划生育协会列入群众团体序列，为行政机构性质，协会办为其内设机构，新增2名全额拨款事业编制，共计达到5名。

7月22—24日，常德市直副处级以上行政企事业单位计生专（兼）干培训班在市委党校举办。

7月，常德市财政局出台《常德市人口和计划生育专项资金管理办法》，明确专项资金的来源、使用范围、预算编制要求、申报、监督与管理规定，提高资金使用效益。

8月3日，常德市委书记武吉海深入安乡县调研督查中央、省委关于计划生育两个《决定》贯彻落实情况。

8月21日，常德市代市长卿渐伟深入石门县、临澧县慰问计生特困家庭、计生特困干部和考上大学的独生子女贫困新生，督查县、乡、村三级计生服务阵地建设、计生经费投入和队伍建设情况，为临澧县计生妇幼保健院解决资金10万元。

8月22日，常德市计生协会举行“计划生育协会伴学子飞翔”——2007年全市农村独生子女贫困大学新生助学金发放仪式，对全市2007年考入大学一本的100名农村独生子女贫困学生每人给予2000元的资助。

9月19日，常德市委、市政府印发《关于加强新时期人口和计划生育工作统筹解决人口问题的决定》（常发〔2007〕10号），明确新时期人口计生工作的重要意义、指导思想、目标任务、工作重点、保障措施。

9月24日下午，常德市政协全体驻会主席在副市长张元英等陪同下视察武陵区光明巷社区、张家台社区（金桥市场）的流动人口计划生育工作，听取了常德市人口计生委关于全市人口计生工作以及武陵区关于流动人口计划生育工作情况汇报。

9月27日，常德市计划生育村（居）民自治工作会议在临澧县召开。

9月29日，常德市召开专项治理党员干部和社会公众人物违法生育工作会议，对清理出来的420名1990年以来违法生育的党员、干部和社会公众人物进行集中查处。

10月9日上午，常德市委副书记曹儒国考察桃源县人口和计划生育工作，实地查看枫树维回乡苏家堆村计划生育管理与服务情况，听取桃源县人口计生工作情况汇报，提出工作要求。

10月12日，《湖南日报》以《“国策”之花艳洞庭—常德创新人口计生工作带来的昭示》为题，对常德市人口计生工作进行了全方位报道。

12月3日，常德市委书记武吉海在市委副书记曹儒国、市计生协会会长洪明祥、市人口计生委主任张卫星陪同下，深入武陵区护城乡高车社区、皂果社区督查调研流动人口计划生育管理服务新机制建设。

12月18日，常德市人口计生委主任张卫星与广东省深圳市福田区人口计生委主任蔡转弯在常德签订流动人口计划生育管理服务区域协作协议。

12月20日—21日，常德市人口和计划生育科技大会在汉寿县召开，总结“十五”以来全市人口和计划生育科技工作取得的成绩和经验，表彰先进集体和先进个人，部署“十一五”时期全市人口和计划生育科技工作。汉寿县、桃源县、临澧县作典型发言。省人口计生委副主任彭振国、市政府副市长张元英等出席会议并讲话。

2008年

1月1日，常德市生育政策与湖南省生育政策实行并轨，全部放开农村独女户生育二孩的口子。即“夫妇双方系农民，只有一个子女且为女孩的，经过批准可以生育第二个孩子”。

1月4日，常德市市长卿渐伟主持召开人口计生领导小组全会，听取市人口计生委、市计生协会工作情况汇报，研究审定2007年人口计生工作考核评估结果。

1月7日，常德市委书记武吉海主持召开市委常委会专题研究人口计生工作，决定将人口计生工作在县（市区）目标管理责任制考核中的分值提高到7分；成立市计划生育生殖健康服务中心；解决临澧、鼎城、桃源、安乡4个工作成绩优异、任职5年以上的人口计生局长副处级待遇；在武陵区开展社区流动人口计生专干和小区计划生育兼职信息员建设试点；为市人口计生委增加2—3名具有行政职能的事业编制和更换一台公务用车。

1月13日，常德市副市长万成贞听取常德市人口计生委、市计生协会工作情况汇报。

1月17日，常德市委经济工作会议通报了2007年全市人口和计划生育工作考核评估结果，鼎城区石公桥镇、汉寿县丰家铺乡、西湖管理区鼎港办事处被“一票否决”，汉寿县文蔚乡、桃源县茶庵铺镇、临澧县安福镇、石门县新关镇、澧县澧东乡、津市市白衣镇、安乡县安猷乡、西湖管理区下窖办事处被“黄牌警告”。

2月，常德市各级人口计生部门和计生协会在全市流动人口及其亲友中开展了“战胜灾害——关怀在你身边”为主题内容的“亲情呼唤热线”电话卡发放工作。共免费为流动人口发放 LC 卡 2000 张，合计金额 50000 元。

3 月 3 日，常德市委常委会听取人口计生工作情况汇报，要求加大人口计生政策的宣传、执行力度，运用统筹的方法科学解决人口问题，进一步加强人口计生工作领导，联点市级领导要经常深入基层开展督导检查。

3 月 9 日—12 日，广西贵港市委副书记陈定远带领人口计生考察团到常德市考察农村计划生育奖励扶助、基层基础建设、城区流动人口计划生育管理、人口计生“三为主”和依法行政等工作。

3 月 17 日上午，常德市人口计生委举办全市计生干部业务培训班，学习解读《湖南省人口与计划生育条例》和省、市考评方案，通报全市人口计生业务工作评先结果。

3 月 17 日下午，常德市人口和计划生育工作会议召开，市委副书记曹儒国主持会议，副市长万成贞作工作报告，计生协会会长洪明祥就计生协会工作发言，市长卿渐伟讲话。市人大常委会副主任文承保、市政协副主席彭明建等领导出席。

4 月 29 日，常德市人口计生局长调度会在汉寿县召开，市人口计生委主任张卫星要求确保生育政策平稳过渡，确保省检万无一失，确保“保先创模”目标实现。

4 月 7 日—10 日，常德市召开计生村（居）民自治流动现场会，每个县（市区）提供两个模范村（居）现场，相互学习、取长补短，提升水平。

5 月 5 日，常德市委书记武吉海考察汉寿县蒋家嘴镇镇村计划生育服务阵地，慰问计划生育困难家庭。

5 月 11 日，常德市计生协会在临澧县启动“幸福工程——救助贫困母亲行动”，计划分 5 年对 1207 个计划生育贫困母亲给予人均 5000 元的资助，当年资助 200 个。副市长万成贞出席并讲话。

5 月 12 日上午，中共中央政治局常委李长春在湖南省委书记张春贤、省长周强等陪同下，考察常德市武陵区芦荻山乡芦山村新农村建设情况，在听取了村计生专干的汇报后，李长春高度肯定常德的成绩，他说：“这里不错！计划生育工作基础很好。”

5 月 16 日，常德市委副书记、市长卿渐伟慰问澧县道河乡计划生育困难家庭，实地了解计生工作情况，与基层计生工作人员座谈，研究解决生育政策并轨、社会抚养费征收、流动人口管理、奖励优惠政策兑现等重点、难点问题，为县计生服务站解决设备购置资金 10 万元。

是日，常德市人口计生委机关全体干部职工自发自愿地向地震灾区踊跃捐款，现场募捐资金 16500 元。

5 月 22 日和 24 日，常德市委常委、纪委书记刘剑英和市委常委、市委宣传部部长覃清香分别到石门县、临澧县调研人口计生工作。

5 月 22 日—29 日，常德市委办督查室、市政府办督查室联合对全市上半年人口和计划生育工作进行了一次专题督查。

5 月 29 日，常德市计生协会与武陵区计生协会在滨湖社区共同举办了“情系灾区众志成城 计划生育与您同行”赈灾义演活动。

6 月 18 日，常德市委副书记曹儒国主持召开了全市人口计生工作迎省检督办会，分析形势，部署社会抚养费征收、打击“两非”和迎省检工作。

6 月 24 日，常德市人口计生委副主任李培兰（女）为市委中心学习组作了《湖南省人口与计划生育条例》专题辅导。

7 月 2 日上午，广西人口计生委主任黄丹带领自治区人口计生委其他委领导、各处室负责人，各市州人口计生委主任一行 33 人考察常德市临澧县人口计生工作。

7 月 4 日，常德市委宣传部、市文明办、市人口计生委、市民政局、市妇女联合会、市计生协会联合举办“婚育道德与家庭幸福”演讲赛，安乡县李莉获第一名。

7 月 5 日，常德市人口计生委在城区步行街举行“改革开放 30 周年常德市人口和计划生育事业成就展”启动仪式。市委副书记曹儒国、副市长万成贞、市政协副主席彭明建、市计生协会会长洪明祥等出席。

7 月，湖南省人口计生委举办第二届计生文艺会演——《现代女子·生命之舟》。由黄士元编剧、高杰作曲、章宏导演、鼎城区丝弦艺术团演出的常德花鼓表演唱《乡里婆婆甩洋腔》获全省创作二等奖，常德市人口计生委获全省组织一等奖。

8 月 14 日，常德市计生协会举办“计划生育协会伴学子飞翔”——2008 年全市农村独生子女贫困大学新生助学金发放仪式，对 100 名考上一本的独生子女贫困家庭大学新生给予每人 2000 元资助。

8 月 26 日—9 月 3 日，常德市人口计生委、市财政局联合对县（市区）和乡镇计生经费投入和管理情况进行了专项检查，并发出通报。

9 月 29 日，常德市人口计生委、市妇联、共青团常德市委等联合在市步行街金钻广场举办了由 99 对新人参加的集体婚礼，倡导婚育新风。

9 月下旬，常德市人大常委会对全市贯彻实施《人口与计划生育法》和新《湖南省人口与计划生育条例》情况进行了执法检查。

10 月 30 日，常德市人大常委会听取了全市贯彻实施《中华人民共和国人口与计划生育法》和新《湖南省人口与计划生育条例》情况汇报。

11 月 19 日，湖南省计生协会副会长李新吾考察常德市计生协会工作。

12 月 12 日，常德市人口计生委召开全市计生系统新增中央投资（国债项目）启动工作会议，决定新建、改扩建 5 个县级服务站、52 个乡镇计生中心服务所。

12 月 25 日和 26 日，常德市先后召开市人口计生领导小组全会和市委常委会，听取人口计生工作和计生协会工作情况汇报，审定 2008 年全市人口计生工作考评结果，研究 2009 年工作思路和目标，决定设立市县两级人口和计划生育行政执法监察机构，将市计划生育培训中心由自收自支单位改为全额拨款事业单位，将市教育局、市广电局、市农办、市移民局纳入计划生育综合治理责任考核部门，提高计划生育在县（市区）目标管理责任制考核中的比重，由市财政从计划生育事业费之外，配套“幸福工程”和“三结合”项目专项资金20万元，对全市村级计生协会常务副会长给予每年300—500元的补贴。

2009年

1月6日，常德市委、市政府召开全市人口计生工作暨综治维稳工作会议，总结2008年度，兑现奖惩，递交责任状，部署安排2009年人口计生工作和综治维稳工作。市委副书记曹儒国作人口计生工作报告，市委书记卿渐伟讲话。全体市级领导出席。

3月3日，常德市人口计生局长调度会暨依法管理经验交流会在桃源县召开，部署“七项清理”工作。

3月5日，《常德日报》在《改革开放辉煌30年》专刊中专门刊登了题为《基本国策润泽沅澧》的专版，讲述常德计划生育工作历史、成就以及展望。

3月23日，湖南省人口计生委党组成员、省计生协会常务副会长张斌考察常德市武陵区计生宣传教育工作。

3月26日，常德市计生协会在石门县召开全市计生协会现场会，推广石门县计生协会开展争创“五好协会”和“五好会员”的经验，市政府副市长万成贞到会讲话。

是日，常德市人口计生委和深圳市罗湖区人口计生局签订流动人口区域协作协议。

4月3日，常德市委书记卿渐伟考察汉寿县罐头嘴镇和坡头镇计生服务站和计生协会，听取了有关负责人的工作汇报。

4月14日，原国家人口计生委主任、全国政协人口资源环境委员会主任、全国人口学会会长张维庆，在巡视常德市深入学习实践科学发展观活动时，听取市人口计生委主任张卫星工作汇报。

4月27日—28日，常德市人口计生领导小组在安乡县召开全市人口计生工作形势分析会议。市委副书记曹儒国到会并讲话，副市长万成贞主持会议，市计生协会会长洪明祥出席会议，市人口计生委主任张卫星通报工作情况。

5月23日，常德市计生协会在市委党校举办全市乡镇计生协会专职副会长培训班。24日上午，举办“我是计生协会员”演讲赛，桃源县郝坪乡计生协会的李娟获第一名。

6月15日，常德市人口和计划生育执法监察支队成立，为市人口计生委管理的正科级行政执法机构，核定全额拨款事业编制4名，其中支队长1名、副支队长1名、执法人员2名。

6月19日，中国人民大学人口与发展研究中心副主任、人口学博士刘爽为常德市委中心学习组作“贯彻科学发展观，统筹解决人口问题”的辅导报告。

7月9日，常德市流动人口计划生育工作“一盘棋”暨信息化建设现场会在临澧县召开，动员整合人口计生、公安、卫生、民政、房产等部门信息资源，全面建立全员流动人口信息管理系统，实现数据共享、信息互通。

7月14日—15日，湖南省人口计生委主任李万郴对汉寿县和澧县人口计生工作进行调研，并为澧县县委学习中心组作人口计生工作形势辅导报告。

8月11日，常德市召开独生子女贫困大学新生助学金发放仪式，99名被重点大学录取的独生子女贫困大学新生每人得到2000元的“生育关怀”助学金。

8月12日，常德市市长陈文浩考察澧县计生服务站、大堰垱镇计生服务所，实地督查调研计生服务网络建设情况。

8月13—14日，民进中央妇女儿童委员会副主任陈慧来、国务院参事魏津生等6名专家到常德市调研农村人口和计划生育公共服务网络建设情况。

9月10日—11日，世界银行顾问、经济学家阿尔伯特·帕克、国家人口计生委人事司巡视员李春敏、国家人口培训交流中心早教部副主任孙颖一行到临澧县开展人口早期教育项目考察。

9月22日，常德市人口计生委、市计生协会与常德阳光物业公司联合举办以婚育新风进社区为主题的“国策颂——阳光物业第五届社区人口文化节”活动。

9月23—24日，常德市计生协会以武陵区、津市市为现场，召开全市计生居民自治流动现场会。市计生协会会长洪明祥、市人口计生委主任张卫星出席会议并讲话。

10月23日，常德市举办“武陵欢歌——常德市纪念《湖南省人口与计划生育条例》颁布20周年文艺会演”。

11月7日—14日，常德市委副书记曹儒国率市委农村部、市人口计生委、市委组织部、市发改委、市财政局有关负责人以及各县（市区）委副书记等一行赴贵州省遵义市、四川省成都市、重庆市渝北区、湖北省仙桃市等三市一区考察人口计生工作和农村工作。

12月2日，常德市安乡县、石门县、临澧县、澧县、桃源县计划生育服务站被授予湖南省首批“四优一满意”计划生育服务站，鼎城区丁家港乡等43个乡镇的计划生育服务所被授予湖南省首批“四优一满意”计划生育服务所。

12月3日，常德市委办公室、市政府办公室下发《关于开展“生育关怀—对口帮扶救助计划生育贫困家庭”活动的通知》（常办〔2009〕58号），市直机关和中央、省驻常单位与各县（市区）年人均收入低于800元或因天灾、人祸导致生活特别困难的计划生育家庭结成帮扶对子，开展生活救助、生产扶持、政策倾斜，在一至两年内帮助其脱贫致富。

12月4日—6日，常德市计生技术服务技能竞赛在澧县计生服务站举行。桃源县获团体一等奖；石门县获团体二等奖；澧县和临澧县获团体三等奖。汉寿县获组织奖。汉寿县刘斌、石门县周金玉、桃源县宋丽丽分别获得临床医学、护理、医技操作单项一等奖。

2010 年

1 月 5 日，在全国人口和计划生育工作会议上，常德市被评为湖南省唯一的首批全国人口和计划生育综合改革示范市。同时，石门县荣获全国计划生育优质服务先进单位称号。

1 月 26 日，常德市人口计生领导小组表彰全市“十佳计生专干”和“十佳计生药具技术员”。

1 月 28 日—29 日，常德市人口计生委党组书记、主任张卫星带领部分委领导和科室负责人赴长沙市和湘潭市，考察学习创建全省人口和计划生育模范市工作。

2 月 9 日和 26 日，常德市委、市政府先后召开了人口计生领导小组全体成员会议和市委常委会，专题研究创建全省人口计生模范市工作。

3 月 4 日，常德市委、市政府在芷园宾馆召开全市人口和计划生育工作暨创建全省模范市动员大会。市委副书记曹儒国主持会议，市长陈文浩作主题报告，副市长万成贞宣读 2009 年度全市人口计生工作考核评估结果和计划生育“双十佳”人员表彰通报。市委书记卿渐伟出席会议并做重要讲话。各县（市区）长、16 家计生综合治理部门主要负责人向市长递交了责任状。各县（市区）长进行了表态发言。

3 月 26 日上午，国防科技大学专家组成员、人文社科学院教学专家组组长易金务教授为常德市 2010 年中青年干部培训班的全体学员作了题为《21 世纪国家人口发展战略》的讲座。

3 月 28 日，国家人口计生委党组书记、主任李斌在湖南省人口计生委主任李万郴、常德市委书记卿渐伟、市长陈文浩陪同下，考察常德市桃源县人口计生工作。

4 月 19 日—20 日，湖南省人口计生委副主任张义昌深入澧县、津市市，督查指导全员人口数据清理工作。

5 月 24 日，常德市人口计生领导小组下发了文件，决定从当年征收的社会抚养费中提取 10% 的生育关怀资金，专款用于关怀计划生育困难家庭、关怀育龄群众生殖健康、关怀独生子女教育、关怀女孩健康成长、关怀有困难的基层计划生育工作者，帮助解决生育、生产、生活困难。

5 月 29 日上午，常德市人口计生委、市计生协会在市体育中心共同举办了“爱心传承计生相伴——庆祝中国计生协会成立 30 周年暨争创全省人口计生模范市宣传服务活动”。

5 月 31 日至 6 月 1 日，国家人口学会秘书长解振明、副秘书长肖子华、安徽省人口学会秘书长张良春到常德市调研人口学会组织建设情况。

6 月 18 日上午，常德市人口计生“创模”工作形势分析会召开，总结分析上半年全市人口计生“创模”工作形势，部署下半年人口计生工作。

6 月 25 日，国防科技大学专家组成员、人文社科学院教学专家组组长易金务为常德市委中心学习组作了《21 世纪国家人口发展战略》专题辅导报告。

7 月 17 日，常德市委书记卿渐伟在市委常委、市委秘书长刘明、副市长万成贞等陪同下，深入鼎城区石门桥镇观音庵村、石门桥镇计划生育服务所和鼎城区计划生育服务站督导人口计生创“省模”和“国优”工作。

7 月 28 日，常德市人口计生创模工作调度会召开，提出了“奋战六十天打好创模‘冲刺战’”的要求。市委副书记曹儒国、副市长万成贞出席会议并讲话。

7 月 30 日下午，常德市市长陈文浩在常务副市长刘小明、市政府秘书长周代惠等陪同下，深入澧县张公庙镇计生办、张公庙幸福村等地，调研人口计生工作。

8 月 4 日，湖南省人口计生委在常德市召开全省人口计生系统办公室工作会议，总结推介常德市工作经验。省人口计生委副主任童康宁出席会议并讲话。会上，常德市被评为全省人口和计划生育综合改革征文活动先进单位。

8 月 9 日，常德市委常委、宣传部部长覃清香前往临澧县太浮镇龙潭村实地督导人口计生“创模”工作。

8 月 10 日，常德市连续第四年举办独生子女贫困大学新生助学金发放仪式，为全市 100 名考入大学一本的独生子女贫困新生每人发放了 2000 元“生育关怀”助学金。

8 月 13 日，常德市举办计生药具“三基”（基本理论、基本知识、基本技能）岗位练兵和知识竞赛活动，安乡县代表队获一等奖，鼎城区代表队获二等奖。

8 月 17 日，常德市委、市政府出台《关于推行计划生育特别扶助家庭关爱行动的意见》（常发〔2010〕18 号），决定对计划生育特别扶助家庭给予全方位关爱。

8 月 18 日—19 日，湖南省人口计生委党组书记、主任李万郴深入澧县、津市调研人口计生工作，听取了常德市创建全省人口计生模范市的工作情况汇报并给予充分肯定。

8 月 19 日，湖南省计划生育优质服务信息化建设试点启动会在鼎城区召开。

8 月 22 日，湖南省人口计生委副主任易露茜考察常德市鼎城区计生服务站。

8 月 25 日，常德市政府出台《关于实施优生促进计划的意见》。成立以市政府分管副市长任主任，人口计生、卫生、财政、民政、科技、教育、食品药品监督、文广新、残联等部门分管负责人为成员的市优生促进计划工作委员会。加强部门协作，免费开展宣传教育、婚前检查、孕前优生检测、产前筛查诊断、叶酸补充、免费新生儿疾病筛查和出生缺陷儿童康复等服务，建立起有效的出生缺陷预防体系，力争到 2015 年，全市出生缺陷发生率低于全国平均水平。

8 月 27 日，常德市委副书记曹儒国主持召开全市人口计生创模工作第三次调度会和人口计生综合治理部门述职会，对人口计生创模进行再调度。

8 月 31 日，湖南省举办计生药具“三基”知识总决赛，常德队获团体三等奖，安乡县安德乡药具员贺溶获优秀选手奖。

9月10日，国家人口计生委在常德市召开部分省（区）全员人口信息化建设经验交流会。湖南省副省长徐明华为大会致辞，国家人口计生委副主任江帆到会讲话。湖南、湖北、江苏、陕西等省（区）人口计生委介绍了全员人口信息化建设工作经验，常德市就建立全员人口信息库，实行计生信息“村直报”、部门“实时通”等做法作了书面发言。

9月15日，国家人口计生委财务司司长薛启谊、国家发改委社会发展司处长郝福庆到鼎城区考察全员人口统筹管理信息化试点工作，听取湖南省全员人口统筹管理信息化试点情况汇报，查看鼎城区计划生育服务站和石门桥镇计划生育服务所的信息化建设与使用情况。

9月20日下午，常德市委、市政府召开纪念《中共中央关于控制我国人口增长问题致全体共产党员、共青团员的公开信》发表30周年大会。重温《公开信》，对雷恭政等21名“对人口计生工作有突出贡献的领导干部”，刘兴国等47名“无私奉献的人口计生工作者”、刘玉桃等20名“带头实行计划生育的党（团）员”给予表彰奖励。

9月20日，中宣部、中央文明委、国家人口计生委等13部委联合下发文件（人口宣教〔2010〕67号），确定常德市为全国84个婚育新风进万家活动第四阶段（2011年-2015年）示范市（地、州、区）之一。

9月21日，常德市召开全市城镇独生子女父母奖励试点工作会议，部署武陵区（含德山开发区、柳叶湖度假区）、鼎城区城镇独生子女父母奖励试点工作。

是日，常德市人口和计划生育领导小组印发《常德市流动人口计划生育服务管理基层工作规范》，明确了流动人口计划生育服务管理的基本要求、工作目标、工作职责、工作任务、保障措施。

9月至12月，在常德职业技术学院举办了两期乡镇计生技术人员业务培训，对80名具有执业助理医师以上资质或有国家承认的大专以上医学学历的乡镇计生中心服务所技术人员采取分期分批、集中封闭、全脱产的方式进行了检验、B超、护理、临床等专业知识的培训。

9月25日，在湖南省纪念《中共中央关于控制我国人口增长问题致全体共产党员、共青团员的公开信》发表30周年暨人口计生先进人物颁奖晚会上，常德市委副书记曹儒国荣获第五届湖南人口奖（工作奖）。

10月11日，《湖南日报》头版和8版整版刊登长篇通讯《再越巅峰——写在〈公开信〉发表30周年暨常德市创建人口计生模范市之际》，全面报道了常德市人口计生工作过去和现在、成就与希望。

10月14日—15日，湖南省人口计生委副主任彭振国带队对常德市2010年人口计生党政领导亲自抓、负总责和计划生育综合治理工作进行了年度检查。市委书记卿渐伟、市长陈文浩、市委副书记曹儒国、市人大常委会副主任文承保、副市长万成贞及市人口计生委领导先后陪同或参加汇报会。

10 月 15 日，由西南财经大学人口研究所所长杨成钢、中国人口研究中心研究员蔚志新、国家人口计生委宣教司副处长姜雯组成的专家组，到常德市调研人口计生综合改革工作。

11 月 30 日，常德市人大常委会副主任张启祥率人大预算工委及市财政局有关人员，深入市人口计生委、鼎城区及斗姆湖镇调研 2010 年人口计生经费预算执行和管理工作。

12 月 26 日，在湖南省委经济工作会议上，常德市以三线（党政线、基础线、综治线）考评总分全省第一的优异成绩，成功跨入模范市行列，受到省委、省政府的通报表彰。鼎城区晋升“国优”，安乡县回归“省优”，临澧县、澧县、石门县保持“国优”位置，汉寿县保持“一类”位置，其他区县市保持“省优”位置。同时，市本级和临澧县、澧县、鼎城区、桃源县荣获全员人口信息化建设工作先进单位。市人口计生委连续六年位居全省业务考评第一，荣获一等奖。

12 月 27 日，常德市委副书记曹儒国主持召开人口计生领导小组全会，听取市人口计生委和市计生协会工作情况汇报，审定 2010 年全市人口计生工作和计生协会工作考评结果，研究 2011 年工作思路和目标。决定将市国资委纳入人口计生综治责任考核部门；提高计生协会工作在人口计生目标管理考核中的分值；出台《常德市生育关怀资金管理使用办法》。

12 月 30 日，常德市委书记卿渐伟主持召开市委常委会，研究审定 2010 年全市人口计生工作和计生协会工作考核评估结果。

2011 年

1 月 8 日上午，常德市人口计生信息化建设现场会在临澧县召开，决定从 2011 年开始，全市启动人口计生信息化建设，按照“三年三步走”的工作要求，全面完成“一库（全员人口信息库）、两网（内网、外网）、三平台（市县人口计生数据综合管理中心平台、人口计生政务公众服务平台、人口宏观决策分析平台）、四联动（市—县—乡—村、社区四级信息互通）、五系统（全员人口数据信息管理系统、全员人口信息村级直报系统、计划生育综合治理部门信息实时通系统、计划生育优质服务信息系统、社会抚养征收管理系统）”的建设目标。

2 月 28 日，常德市委常委会专题研究人口计生工作，决定成立常德市人口发展研究信息中心；将市计划生育培训中心由自收自支事业单位改为全额拨款事业单位；为市计生协会增加 1 个人员编制，增加 1 台公务车辆编制；市财政每年在计生事业费之外另行安排生育关怀资金 30 万元；从公务员招考中，每个县（市区）每年明确 1—2 个指标用于定向考录乡镇计生办主任。

3 月 7 日下午，常德市人口计生工作会议召开，总结 2010 年人口计生创模工作，表彰奖励创模有功单位和人员，部署2011年人口计生工作。会议由市委副书记、市人大常委会主任曹儒国主持，副市长万成贞作主题报告，市委副书记、市长陈文浩作了重要讲话。临澧县、澧县张公庙镇、市卫生局作典型发言。同时，对汉寿县西港镇、桃源县凌津滩镇实行“一票否决”；对武陵区丹洲乡、鼎城区韩公渡镇、澧县中武乡、常德经济开发区德山镇实行黄牌警告。

3月15日—16日，湖南省人口计生委副主任彭振国到常德市实地督查全省人口计生工作会议贯彻落实情况、“十二五”人口发展和人口计生事业发展规划情况、基层计生机构队伍建设情况、城镇独生子女父母奖励工作情况、计划生育集中宣传服务活动开展情况、社会稳定和信访积案排查情况。

3月27日上午，泛珠流动人口服务管理区域协作研讨会在常德市召开，来自福建、江西等12个省市区的人口计生委主任和流管处处长参加了会议。会议由湖南省人口计生委主任李万郴主持，国家人口计生委流动人口司副司长闫宏作重要讲话，湖南省人口计生委副主任詹鸣介绍湖南省流动人口计划生育“一盘棋”情况，常德市电子演示流动人口计划生育区域协作信息化建设情况，各泛珠区域与会代表对如何进行流动人口服务管理进行深入研讨。

3月24日，常德市计划生育干部培训中心改为市人口发展研究信息中心（对外保留市计划生育干部培训中心牌子），经费形式由自收自支调整为全额拨款，核定全额拨款事业编9名，主任1名，副主任2名，其他工作人员6名。

4月7日—8日，常德市计生协会举办全市乡级计生协会专职副会长培训班。省计生协会、市人口计生委有关领导分别就基层人口计生群众自治和人口计生工作作了辅导，并请全国知名妇科专家在培训班上作了“关注女性健康”的专题讲座。

4月8日，常德市人民政府副市长、市优生促进工作委员会主任万成贞主持召开全市优生促进工作会议。出台了全市优生促进工作方案、宣传活动方案、考核评估方案，决定将优生促进工作首次纳入全市人口计生目标管理考核和部门计生综合治理考核。

4月26日，常德市人口计生委与其他七家活动单位到临澧县停弦渡镇为群众开展“三下乡”活动，为当地群众提供人口计生法律法规和生殖健康的咨询服务，免费发放避孕保健药具及妇科药品、20题宣传资料，免费开展B超、阴道镜、乳透等生殖健康检查。

是日，常德市各级采取集中收看胡锦涛总书记在中共中央政治局第28次集体学习会议上就人口计生工作发表的重要讲话。

4月29日，湖南省人口计生委副主任易露茜带领省科技专家组到鼎城区督查全国免费孕前优生健康检查试点工作。

5月11日上午，常德市召开全市人口计生局长会议，通报前段抽样调查和流动人口专项检查情况，分析当前人口计生工作形势，部署后段工作。

5月12日，在湖南省人口计生办公室工作会议上，常德市人口计生委办公室荣获全省人口计生办公室工作先进单位称号，并获全省人口计生综合改革案例征文活动组织奖。

4 月 14 日和 5 月 16 日，《中国人口报》头版大篇幅总结推介常德市“规范生育关怀资金管理”和“建立优生促进工程长效机制”的经验。

5 月 17 日，由国家人口计生委培训交流中心主任蔡建华、人事司巡视员郭梅以及中国人口与发展研究中心专家申秋红等组成的调研组，深入鼎城区调研人口计生“强基提质”工作。

5 月 17 日—18 日，湖南省计生协会在常德市召开流动现场会，学习推介澧县计生协会内务管理工作和桃源县计生协会村（居）民自治工作。

5 月 27 日下午，常德市委中心学习组集中学习人口计生理论。西南财经大学人口研究所所长杨成钢教授为所有参学人员进行了题为《社会管理创新与人口计生综合改革》的讲课。

5 月 28 日上午，常德市在城区步行街举办大型计生书画摄影展、计生政策咨询和义诊服务活动，纪念第 13 个“5·29”全国计生协会会员活动日，全面贯彻胡锦涛总书记在 4 月 26 日中共中央政治局第 28 次集中学习会议上的重要讲话精神，引导群众少生优生、文明健康。市人大常委会主任曹儒国、市委副书记、市政府副市长宋冬春、市政府副市长万成贞、市计生协会会长洪明祥莅临现场观摩。

6 月 25 日—8 月 30 日，常德市优生促进工作委员会在全市广大育龄群众中，开展“倡导婚育新风 关注优生优育”有奖知识竞赛活动。全市 6.3 万余名育龄群众参与，答题正确率达到了 96.7%。9 月 14 日，举行“优生促进知识竞答现场抽奖暨表彰活动”，230 名群众获得一、二、三等奖及纪念奖。

6 月 29 日—7 月 1 日，常德市人口计生委组织本机关 40 多名党员干部开展了“井冈山红色之旅”教育活动。

6 月 29 日—30 日，湖南省人口计生委副主任余雄到汉寿县聂家桥计生办和计生服务所、汉寿县计划生育服务站等地调研。

7 月 10 日—11 日，湖南省人口计生委党组成员、纪检组长何国华，到安乡县调研计生村务公开工作，并参加了安乡县纪念“7·11”世界人口日活动。

7 月 27 日，常德市人口计生领导小组召开了全市人口计生工作调度会，总结前段人口计生工作情况，通报、分析当前形势，部署下段工作。

7 月 29 日下午，常德市人口计生委主任张卫星应邀做客常德政府网《嘉宾访谈》节目，接受网民计生问答。

8 月 12 日，常德市连续第五年举行独生子女贫困大学新生助学金发放仪式，100 名独生子女贫困大学新生喜获人均 2000 元的“生育关怀”助学金。

9 月 10 日，常德市委书记卿渐伟在市委常委、市委秘书长刘明，市政府副市长万成贞等陪同下，深入鼎城石公桥镇、灌溪镇调研人口计生工作。

10月9日，常德市市长陈文浩在副市长万成贞陪同下，深入澧县澧南镇、澧澹乡人口计生服务所，群玉文化广场人口文化园等地调研人口计生工作。

10月17日，常德市计生协会会长洪明祥带领各县（市区）计生协会长赴贵阳市考察计划生育协会工作。

10月18日，湖南省人口计生委主任李万郴在市委副书记宋冬春、市人大常委会副主任肖燕芳等陪同下，考察指导安乡县人口计生工作。

10月20日，湖南省人口计生委党组成员、省计生协会常务副会长张斌带队检查常德市人口计生党政领导亲自抓负总责、部门综合治理等工作。市委书记卿渐伟、市委副书记宋冬春、市人大常委会副主任肖燕芳、市政协副主席韦绍斌陪同检查并出席汇报会。

10月22日—23日，常德市举办“市优生促进知识培训班”，来自全市县乡人口计生、卫生、民政等部门的行政管理人员及专业技术人员近300人参加培训。

10月，《中共常德市委办公室、常德市人民政府办公室印发〈关于深化乡镇机构改革有关问题的意见〉的通知》（常办发〔2011〕4号）规定：乡镇机关党政机构一般设置4办，即党政综合办公室、经济发展办公室、计划生育办公室、综治维稳办公室。

11月18日，常德市人口计生委举办了全市流动人口计生服务管理“一盘棋”信息化应用竞赛。桃源县荣获一等奖，澧县、汉寿县荣获二等奖，临澧县、鼎城区、安乡县荣获三等奖。

11月30日上午，湖南省流动人口计划生育服务管理“一盘棋”信息化应用总决赛在长沙举行，常德市夺得团体第二名和个人第一名。

11月，国家人力资源和社会保障部、国家人口和计划生育委员会联合发文，常德市人口计生委获全国人口和计划生育先进集体称号。

12月中下旬，常德市人口计生委全体委领导分别深入各自联系县（市区），走访慰问计生特困家庭和计生贫困工作者，帮助他们解决生产、生活实际困难。

12月28日，湖南省委经济工作会议通报了2011年全省人口计生工作考评结果。在综合考评中，常德市连续22年保持先进位置。津市市跨入“国优”行列，临澧县、澧县、石门县、安乡县、鼎城区保持“国优”位置，6个“国优”单位与桃源县、西洞庭管理区被评为省级“模范单位”，武陵区被评为“先进单位”，汉寿县被评为“合格单位”，西湖管理区被“一票否决”，列入重点管理单位；在专项考评中，汉寿县、临澧县、澧县被评为“两非”典型案件查处工作先进单位。

2012年

2月3日，湖南省人口计生委主任李万郴、政策法规处处长许尚锋、计划统计处处长倪友新到西湖管理区调研人口计生工作。

2 月 9 日，常德市委副书记宋冬春主持召开人口计生领导小组全会，听取全市人口计生和计生协会工作情况汇报，审定 2011 年考评结果和 2012 年工作思路，研究解决有关问题。

2 月 21 日，常德市委常委、市纪委书记赵应云到市人口计生委调研，听取市人口计生委主任张卫星关于全市人口计生工作和市人口计生委党风廉政建设工作汇报。

2 月 27 日，常德市人口和计划生育工作会议召开，总结 2011 年，兑现奖惩，部署 2012 年人口计生工作。市委副书记宋冬春主持会议，副市长万成贞作工作报告，市委副书记、市长陈文浩到会并讲话。

3 月 2 日，常德市人口计生委被评为全市“文明标兵单位”。

3 月 13 日，常德市在西洞庭管理区召开全市人口计生基层群众自治工作会议，交流经验，启动全市人口计生基层群众自治百村（居）示范活动。副市长万成贞出席会议并讲话。

4 月 9 日，张家界市人口计生委党组书记、主任张国庆带队到常德市开展两地人口计生工作交流。

4 月 17 日，江西省新余市人口计生委主任彭小秋带队考察常德市计划生育群众自治、利益导向和流动人口计划生育服务管理等方面工作。

4 月 20 日，常德市在鼎城区召开免费孕前优生健康检查现场经验推介会议，决定在各县（市区）、度假区、管理区等 15 个考核单位全面推进免费孕前优生健康检查项目。

5 月 3 日，常德市计划生育协会第五次会员代表大会在芷园大会堂召开，大会选举洪明祥为会长，车向东为常务副会长，张运军为副会长，聘请郑景阳为名誉会长、道欣为秘书长。

5 月 11 日，常德市优生促进工作会议暨全市孕前免费优生健康检查启动仪式在常德市芷园宾馆召开。市政府副市长、市优促委主任万成贞讲话。

5 月 27 日，常德市在城区步行街开展纪念第 14 个“5・29”计生协会会员活动日。市委常委、市委秘书长黄清宇，市人大常委会副主任肖燕芳，市政府副市长万成贞，市政协副主席韦绍斌观摩活动现场。

6 月 19 日，常德市市级学习中心组集中听取南开大学经济学院人口与发展研究所教授、博士生导师、南开大学老龄发展战略研究中心主任原新所作的《我国人口形势与全面做好人口工作》人口理论专题辅导报告。

6 月 27 日，常德市人大常委会召开会议，听取全市人口计生工作情况报告和评议调查报告。就当前人口计生政策、流动人口服务管理、社会抚养费征收、乡村计生队伍建设、计生经费投入以及人口计生政策与相关部门政策不兼容等热点、难点问题，向市人口计生委主任张卫星进行专题询问，并对人口计生工作进行了现场评议和测评。

7 月 3 日—4 日，湖南省人口计生委副主任张义昌对常德市半年人口形势、依法行政、信访维稳等工作进行了督导。

7 月 10 日，常德市人口计生委、计生协会在市工人文化宫隆重举行了纪念“7·11”世界人口日暨优生促进宣讲活动。全市 700 多名已孕、待孕妇女及热心市民前往听课，活动现场还开设了咨询、义诊、发放避孕药具及宣传资料、盾牌宣传等服务。

8 月 10 日，常德市计生协会举办 2012 年度计划生育家庭大学新生助学金发放仪式，现场 100 名大学新生每人喜领 2000 元助学金。市委副书记宋冬春作重要讲话，仪式由副市长万成贞主持。

8 月 15 日，常德市婚育新风进万家活动“三个十佳”颁奖晚会在常德电视台演播大厅举行。童金平等家庭荣获“十佳婚育文明家庭”称号，杨阳等荣获“十佳自强女孩”称号，贾丽华等荣获“十佳婚育新风倡导者”称号。

是日，常德市委副书记、市长陈文浩与副市长万成贞、市政府秘书长周代惠及相关部门负责同志一道，深入澧县张公庙镇、澧阳镇等地计划生育服务阵地，对澧县人口和计划生育工作一年来的运行情况进行调研。

8 月 27 日，常德市委书记卿渐伟、市委副书记宋冬春调研武陵区人口计生暨创“国优”工作，察看了武陵区计划生育服务站、东江乡计划生育服务所、关天坪村计划生育的“三位一体”阵地建设情况。

9 月 18 日，《人民日报》在人口计生事业特刊中，图片报道了常德市开展计划生育优质服务工作情况。

10 月 11 日，湖南省人口计生委《内部情况参阅》推介汉寿县创新机制关爱“失独家庭”经验。

10 月 22 日—23 日，由湖南省移民局总工程师陈其新带队对常德市 2012 年人口计生党政领导亲自抓负总责和综合治理工作进行了年度检查。市长陈文浩、市委副书记宋冬春、市人大常委会副主任肖燕芳、副市长万成贞陪同检查或出席汇报会。

11 月 1 日，《湖南日报》刊登题为《沅澧劲奏“国策”歌》的专版，宣传报道常德市十七大以来人口计生工作所取得的辉煌成绩。

11 月 18 日，湖南省人口计生委《内部情况参阅》推介安乡县依托 QQ 平台创新流动人口服务管理经验。

12 月 28 日—29 日，常德市人口计生委在安乡县召开全市人口计生工作思路研讨会，推介安乡县夯实基层基础经验，集中研讨 2013 年工作思路，部署元旦、春节“两节”前后的工作。

12 月 25 日，湖南省委经济工作会议通报了 2012 年度全省人口计生工作考核评估结果，在全省综合考评中，常德市总分名列第三，连续 23 年保持先进位置。武陵区晋升“国优”，汉寿县跨入全省先进行列，西湖管理区甩掉“重管”帽子，鼎城区、临澧县、石门县、澧县、安乡县、津市市保持了“国优”“省模”位置，桃源县、西洞庭管理区保持了“省模”位置。石门县将依法行政与信访维稳有机结合，探索柔性执法维稳拓展可持续发展之路，荣获了湖南省第二届创新奖。

2013 年

2 月 21 日和 3 月 19 日，常德市委、市政府先后召开人口计生领导小组全会和市委常委会。听取全市人口计生和计生协会工作情况汇报，审定 2012 年考评结果和 2013 年工作思路。会议议定：增加市委组织部、市委宣传部、市委统战部、市工商联为人口计生综合治理责任目标管理考核部门，市广播电视台退出，其工作由宣传部统管，作为延伸考核单位；由市财政在计生事业费之外安排“失独家庭”帮扶资金 30 万元；恢复民政部门对计生贫困家庭资金扶助制度，并安排扶助资金 15 万元。

3 月 5 日，湖南省纪委驻省人口计生委纪检组组长肖玲玲考察常德市桃源县阳光计生工作。

3 月 15 日—18 日，常德市人口计生委、市计生协会联合举办全市人口计生业务岗位培训班，分析机构改革带来的人口计生工作新形势，解读湖南省 2013 年度人口计生工作考评新方案，系统学习人口计生信息化建设及应用、政策法规和依法行政、流动人口服务管理、技术服务、利益导向、基层群众自治等业务新知识。

4 月 17 日上午，常德市委、市政府召开全市人口和计划生育工作会议，全面总结 2012 年度人口计生工作，兑现奖惩，部署安排 2013 年度人口计生工作。市委副书记、代市长周德睿到会并作重要讲话。

5 月 24 日晚，常德市人口计生委、市计生协会在白马湖公园举办“第 15 个全国计生协会会员活动日宣传服务活动”。宣传服务活动分政策咨询、文艺表演、科技服务、盾牌展示、趣味问答等环节。市委常委、市委秘书长黄清宇，市人大常委会副主任熊大顺，市政府副市长陈华，市政协副主席肖朝进等领导出席活动。

6 月 13 日上午，常德市市级学习中心组集中听取省人口计生委党组书记、主任詹鸣所作的《正确理解中央决策，长期坚持基本国策》专题辅导报告。13 日下午—14 日，詹鸣深入桃源县专题调研人口计生信息化建设情况，了解全省社会抚养费征缴信息管理系统推广、常德市“村直报”系统试点、桃源县再生育网上审批管理系统运行情况和人口计生信息化为民、便民效果。

6 月 19 日—21 日，常德市人口计生委举办优生促进师资培训班。来自北京大学生殖健康研究所的秦飞鹏和张璐两位教授分别讲授了“优生咨询与产前筛查”“预防出生缺陷知识及孕期营养补充”“演讲礼仪”等专业知识。

7 月 5 日上午，常德市人口计生委召开全市人口计生局长会议，动员全市上下以平和的心态对待机构改革，以昂扬的精神抓紧抓好当前，以扎实的工作迎接即将进行的省检。

7月11日，常德市武陵区柏园桥人口文化广场盛大开园。该广场由市人口计生委、市计生协会牵头，市规划局、市风景园林绿化管理局、市财政局积极协作建成，占地1.5万平方米，投资近100万元。共设立7座主题雕塑、8块宣传栏、14块花岗岩标牌、13块草地插牌。副市长陈华出席开园仪式。

7月12日，常德市计生协会会长暨现场经验交流会议在武陵区召开。与会人员现场参观了武陵区河洑镇南湖村生育关怀基地金湘葡萄园和城南街道方家巷社区。会议通报了全市计生系列保险运行情况。

7月23日，广西壮族自治区南宁市人口计生委副主任赵健一行16人，到常德市就人口文化建设、流动人口管理等工作进行实地考察交流。

7月30日，湖南省人口计生委党组书记、主任詹鸣深入安乡县安丰乡开展党的群众路线教育实践活动调研，就大家关注的计生机构改革、生育政策、城镇奖励扶助政策等问题提出了指导性意见。

8月7日上午，常德市举行2013年度计生家庭大学新生助学金发放仪式，市委副书记、市长周德睿、市委副书记宋冬春、副市长陈华、市政协副主席肖朝进等领导现场为100名考入一本的贫困计生家庭大学新生每人发放3000元助学金。

8月20日上午，常德市委书记王群在市委常委、市委秘书长黄清宇陪同下，深入津市市灵泉镇，专题调研人口计生工作，提出了增强国策意识，夯实基层基础，推进“一化三优”（信息化、优质服务、优生优育、优先照顾）的要求。

9月18日上午，常德市委副书记、市长周德睿在副市长陈华等陪同下，深入武陵区城南街道方家巷社区、区计划生育技术服务站调研人口计生工作。

9月25日，湖南省人口计生委副主任张义昌到临澧县、桃源县调研人口计生信息村直报和计生证件网上审批工作。

10月15日，《湖南日报》以“打通人口信息统计最后一公里”为题，专版总结推介了常德市研发推行全员人口信息村级直报系统的经验。

10月24日，湖南省计生协会会长石玉珍，省人口计生委党组成员、省计生协会常务副会长张斌到常德市及武陵区调研指导计生协会工作。

10月29日，湖南省人口计生委副主任彭振国带队对常德市2013年人口计生党政领导亲自抓负总责和综合治理工作进行检查。

12月5日，国家卫生计生委流动人口司长王谦率国家卫生计生监督联合督查组一行到常德市及桃源县检查。

12月28日，湖南省委办公厅、省政府办公厅印发《关于2013年度全省人口和计划生育工作评估和奖惩情况的通报》。常德市被评为全省人口和计划生育工作先进单位，县市区中，鼎城区、安乡县、澧县、临澧县、桃源县、石门县、西洞庭管理区被评为全省人口和计划生育工作模范单位，武陵区、汉寿县、津市市（从模范降类）被评为全省人口和计划生育工作先进单位，西湖管理区被评为全省人口和计划生育工作合格单位，桃源县的网上办证荣获全省创新奖。

12 月底，由常德市人口计生委与桃花源旅游管理区协作建设的桃花源婚育文化园建成，成为全省首个旅游景区婚育文化园。该文化园斥资 60 万元，以“爱在桃花源”为主题，树立了婚育文化园、孕育、性别平衡、人口坐凳、珍爱一生、关爱女孩、老有所乐、爱在桃花源等八座大型雕塑。

2014 年

1 月 10 日上午，常德市人口计生委召开 2014 年度全市人口计生工作思路研讨会，张卫星主任要求用客观的态度看过去，用清晰的思路谋新年，用强力的举措抓当前。

1 月 15 日，常德市计生协会会长会议召开，总结 2013 年工作情况，探讨 2014 年工作思路，部署下阶段工作任务。

2 月 25 日，常德市人口计生工作会议召开，总结 2013 年，部署 2014 年人口计生工作。市委副书记、市长周德睿讲话，市委副书记宋冬春主持，副市长陈华作工作报告，市人大常委会副主任肖燕芳、市政协副主席肖朝进等出席会议。

2 月 26 日—3 月 1 日，常德市政府副秘书长陈智慧、市人口计生委主任张卫星等一行前往广东省深圳市福田区卫计局和湖南省驻深圳联络站，实地调研两地区域协作情况，并相互交流了流动人口区域协作经验，共同部署 2014 年区域协作的总体方向和工作重点。

3 月 3 日至 19 日，常德市政协副主席傅绍平带领部分政协常委、市政协文教卫体委、市人口计生委相关人员，就计生特困家庭的帮扶工作深入到安乡县、武陵区、石门县、澧县开展专题调研。

3 月 6 日上午，湖南省人口计生委副主任余雄到常德市调研机构改革、生育政策调整等新形势下人口计生工作。重点了解 2014 年来人口出生情况及发展趋势、当前存在的困难问题及原因、基层计生人员工作现状与思想状态，传达 2 月 27 日全国计划生育工作电视电话会议相关精神，通报了全省近期重要工作情况，并对实施“单独两孩”政策、城镇独生子女奖励办法、考核比重、机构改革、信访维稳等基层关心的问题一一进行了解答。

3 月 10 日，常德市人口计生委召开党的群众路线教育实践活动动员会，全面部署全委党的群众路线教育实践活动。

3 月 14 日，中国计生协会秘书长姚瑛到常德市及武陵区、桃源县开展计生基层群众自治工作调研。

4 月—10 月，常德市开展“新常德 · 新人口”人口文化建设系列评选活动。共收到各类作品 150 余件，共评选出 30 个先进人口文化家庭、64 件优秀人口文化作品、9 个精品文化阵地。其中优秀人口文化作品包括 8 个表演类作品、19 副摄影作品、20 幅书画类作品、17 件文学作品。

4 月 11 日，在湖南省计划生育工作电视电话会议上，桃源县委、县政府作了《推行网上办证切实便民利民》典型发言。随后，常德市全面推行了桃源县计生网上办证经验。

是日，常德市计划生育协会与太平洋人寿保险股份有限公司常德分公司召开全市计划生育协会计生“特别扶助”系列保险工作会。

4 月 18 日，常德市政协召开六届六次常委会议，专题协商计生特殊困难家庭帮扶关爱工作，通过了《关于计生特殊困难家庭帮扶关爱工作的建议》。

5 月 9 日，常德市人口计生委举办“单独两孩”生育政策实施新闻发布会议，为武陵区朱胜君、祝璇夫妇发放首本单独两孩《再生育证》并进行现场采访。

5 月 23 日，常德市人口计生委党组书记、主任张卫星做客尚一网视频演播室，通过网络视频为网友解读“单独两孩”相关政策。

6 月 17 日—18 日，湖南省计生协会专职副会长胡新凡一行到常德市鼎城区、津市、澧县调研指导计生“三结合”项目工作。

6 月 19 日，湖南省人口计生委副主任彭振国一行深入鼎城区，就“单独两孩”政策落实、社会抚养费征收及综合治理工作等进行专题调研。

7 月 8 日，常德市益阳商会流动人口计生协会成立。这是全市成立的首个商会式计生协会。

7 月 9 日—10 日，常德市召开省内部分市州流动人口计划生育区域协作推进会。常德市、邵阳市、张家界市、益阳市及武陵区、鼎城区、邵东县、赫山区相关负责人参加会议。会议期间，与会人员深入到武陵区落路口社区、常德市益阳商会、鼎城区桥南市场、鼎城区邵东商会参观点对点协作互动现场。

7 月 23 日，常德市人口计生局长会议召开，对各业务工作情况进行点评，对平时督查、检查中发现的问题进行通报，对下段工作特别是迎接省检工作进行部署。

8 月 8 日上午，常德市 2014 年计生家庭大学新生助学金发放仪式在芷园宾馆举行，100 名考入一本的贫困计生家庭大学新生每人喜领 3000 元助学金。

8 月 8 日下午，常德市人口计生委、市计生协会召开专题民主生活会，深入查找“四风”方面存在的问题，并开展批评与自我批评。市人大常委会副主任肖燕芳出席会议。

8 月 11 日下午，常德市举行市级学习中心组（扩大）集中学习，北京大学社会学系教授陆杰华作了《当前人口工作的新环境、新形势、新挑战与新思路》的专题辅导，市委书记王群主持并作总结讲话。

9 月 24 日上午，常德市人口计生委召开全市城镇独生子女父母奖励工作会议，并同时举办“全市城镇独生子女父母奖励制度政策解释及操作办法培训班。”是日下午，副市长陈华主持召开了城镇独生子女父母奖励相关部门工作调度会。

9 月 25 日，常德市人口计生领导小组印发了《关于贯彻落实〈湖南省完善城镇独生子女父母奖励办法若干规定〉的通知》，全市开始全面实施城镇独生子女父母奖励制度，决定从2014年1月1日起，对符合奖励条件的城镇独生子女父母，每人每月发放奖励金80元，直至亡故。

10月18日，由常德市政协文教卫体委员会、市人口和计划生育委员会、大湖股份祖亮慈善基金倡导发起，市计生协会、市慈善总会、市广播电视台主办，市广播电视台都市频道、大湖股份祖亮慈善基金承办的“善德行”关爱计划生育特殊困难家庭大型公益慈善活动在市泓鑫·桃林广场举行。市委副书记宋冬春宣布活动正式启动，并与市委常委、宣传部部长刘进能，市政协副主席傅绍平等领导带头捐款。此次活动共现场对100个计生特殊困难家庭面对面捐助151万元，个人受助额最高达4.58万元。

10月27日，湖南省卫计委副主任易露茜带队对常德市2014年人口计生党政领导亲自抓负总责和综合治理工作进行了年度检查。

12月1日，《湖南日报》以“缕缕阳光唤春回”为题总结推介了常德市关爱计生特困家庭的经验。

12月10日，湖南省卫计委党组成员、省计生协会常务副会长张斌到常德市调研计生协会工作，查看了安乡县中医院“生育关怀·医疗保健服务”、安福乡潭子口村人口计生基层群众自治工作，听取了常德市计生协会、安乡县计生协会工作情况汇报，并与市、县、乡、村四级相关领导、计生干部座谈交流。

12月20日，湖南省委办公厅、省政府办公厅印发《关于2014年度全省人口和计划生育工作评估与奖惩情况的通报》（湘办发〔2014〕41号），常德市被评为全省人口和计划生育工作4个模范单位之一，鼎城区、安乡县、澧县、临澧县、桃源县、津市市、西洞庭管理区、石门县被评为全省人口和计划生育工作模范单位，武陵区、汉寿县、西湖管理区被评为先进单位，实现了“满堂红”。

第一篇《

组织机构和队伍建设

第一篇　组织机构与队伍建设

第一章　人口和计划生育领导小组

第一节　市级人口和计划生育领导小组

常德市人口和计划生育领导小组是在常德市委、市政府领导下，主持全市人口和计划生育工作的领导机构。其主要职责是：全面贯彻执行党中央、国务院和省委、省政府关于人口和计划生育的方针政策，落实市委、市政府关于人口和计划生育工作的决定；贯彻实施《中华人民共和国人口与计划生育法》《湖南省人口与计划生育条例》等计划生育法律法规；协调各相关部门的关系，动员社会各方面力量，全面完成全市人口和计划生育目标管理责任制，不断开创人口和计划生育工作新局面，为全市经济和社会事业发展创造良好、和谐、均衡型发展的人口环境。领导小组有研究和制定全市人口和计划生育发展规划的决策权、开展人口和计划生育重大活动的领导权、人口和计划生育工作的考核评估、计划生育“一票否决”的执行和监督权、计划生育经费管理和审批权等。领导小组办公室设市人口和计划生育委员会。

一、人口和计划生育领导小组正副组长

1988 年 6 月之前，常德地区计划生育领导小组组长由常德地委副书记庞道沐担任，副组长由常德地区行署副专员曾繁友担任。1988 年 6 月常德撤区建市。是年 10 月，常德地区计划生育领导小组更名为常德市计划生育领导小组。同时，常德市委、市政府决定：市计划生育领导小组由分管计划生育工作的市委副书记任组长，市政府分管副市长、市人大常委会一名副主任、市政协一名副主席和市计生

2006 年 5 月，湖南省人大常委会副主任、原常德市计生领导小组第一任组长庞道沐在澧县参加计生协会活动

委主任为副组长。常德市首届计划生育领导小组组长是常德市委副书记庞道沐，副组长有市政府副市长颜永盛、市人大常委会副主任李丰茂、市政协副主席马桂迟、市计生委主任郑景阳（1996年以后，市计生委主任不再任计生领导小组副组长）。领导小组组长先后于1991年、1993年、1995年、1998年、2001年、2002年、2006年、2007年、2010年、2011年进行调整。

2004年10月，常德市计划生育领导小组更名为常德市人口和计划生育领导小组。

2006年9月，常德市人口和计划生育领导小组进行调整，常德市委副书记曹儒国第二次分管人口计生工作，担任市人口和计划生育领导小组组长。根据《湖南省人口与计划生育条例》关于"计划生育工作实行由党政主要领导负责的目标管理责任制"的要求，2007年5月，市委常委会议研究决定，时任市委副书记、代市长卿渐伟为市人口和计划生育领导小组组长。2010年2月，市人口和计划生育领导小组组长由时任市委副书记、市长陈文浩担任。曹儒国从2007年5月改任市人口和计划生育领导小组第一副组长，主持人口计生工作。2011年6月，由新任市委副书记宋冬春接任。1988年—2012年常德市人口和计划生育领导小组组长、第一副组长、副组长名录见表1－1－1－1、表1－1－1－2。

表1－1－1－1

常德市1988年—2012年人口和计划生育领导小组组长、第一副组长名录

姓　名	性别	职　　务	任领导小组组长时间
庞道沐	男	中共常德市委副书记	1988.10－1991.5
吴定宪	男	中共常德市委副书记	1991.5－1993.4
彭孟芝	女	中共常德市委副书记	1993.4－1995.3
王孝忠	男	中共常德市委副书记	1995.3－1998.4
莫道宏	男	中共常德市委副书记	1998.4－2001.10
曹儒国	男	中共常德市委副书记、组织部长	2001.10－2002.10
刘本之	男	中共常德市委副书记	2002.10－2006.9
曹儒国	男	中共常德市委副书记	2006.9－2007.5 (2007.5－2011.6 任第一副组长)
卿渐伟	男	中共常德市委副书记、常德市人民政府代市长、市长	2007.5－2010.2
陈文浩	男	中共常德市委副书记、常德市人民政府市长	2010.2－2012.12
宋冬春	男	中共常德市委副书记	任第一副组长 2011.6－2012.12

表1-1-1-2

常德市1988年—2012年人口和计划生育领导小组副组长名录

姓　名	性别	职　　务	任领导小组副组长时间
颜永盛	男	常德市人民政府副市长	1988.10-1991.5
李丰茂	男	常德市人大常委会副主任	1988.10-1993.4
马桂迟	女	常德市政协副主席	1988.10-2003.3
郑景阳	男	常德市计生委主任、市计生协会第三届理事会会长、市政府助理巡视员	1988.10-2005.5
彭孟芝	女	中共常德市委常委、宣传部长	1991.5-1993.4
刘昌进	男	常德市人民政府副市长	1991.5-1998.4
王孝忠	男	中共常德市委常委、秘书长	1993.4-1995.3
何星甫	男	常德市人大常委会副主任、常德市计生协会第二届理事会会长	1993.4-1995.3
周鸿翔	男	常德市人大常委会副主任	1993.4-1998.4
杨光宏	男	常德市人民政府副市长	1998.4-1999.12
邹克忠	男	常德市人大常委会副主任	1998.4-2003.3
张元英	女	常德市人民政府副市长	1999.12-2008.3
蒋祖建	女	常德市人大常委会副主任	2003.3-2008.3
洪明祥	男	常德市计生协会第四届、第五届理事会会长	2005.3-2012.12
万成贞	女	常德市政协副主席、常德市人民政府副市长	2003.3-2012.12
文承保	男	常德市人大常委会副主任	2008.3-2011.12
肖燕芳	男	常德市人大常委会副主任	2011.12-2012.12
彭明建	男	常德市政协副主席	2008.3-2009.3
韦绍斌	男	常德市政协副主席	2009.3-2012.1
肖朝进	男	常德市政协副主席	2012.1-2012.12

二、人口和计划生育领导小组成员单位

1988年10月常德市首届计划生育领导小组成员单位，由担负计划生育综合管理责任的市委办公室、市人大办公室、市政府办公室、市政协办公室、市纪委、市委组织部、市委宣传部、市委政法委、市农经委、市科委、市公安局、市财政局、市卫生局、市人事

局、市民政局、市工商局、市广播电视局、市司法局、市科协、市总工会、市妇联、共青团常德市委、常德军分区和担负管理下属行业战线计生工作责任的市财委、市计委、市经委、市教委、市医药总公司等29家单位分管计生工作的领导组成．见表1－1－1－3。

表1－1－1－3

常德市1988年首届人口和计划生育领导小组成员名录

姓　名	性别	职　　务
鲁之芙	男	市纪委副书记
杨传银	男	军分区副团职中校所长
周鸿翔	男	市委副秘书长、政研室主任
易湘域	男	市委组织部副部长
沈文锋	男	市委宣传部副部长
杜振汉	男	市委政法委副书记
王国权	男	市人大教科文卫工委副主任
文吉泉	男	市政协办公室副主任
许成林	男	市政府副秘书长、信访办主任
罗富国	男	市农经委副主任
张宜红	男	市计委副主任
陶明庆	男	市经委副主任
粟绍元	男	市财委纪检组长
唐儒卿	男	市科委副主任
谢春开	男	市教委副主任
张春仙	女	市总工会副主席
刘莲玉	女	共青团常德市委书记
张元英	女	市妇联副主席
刘之倩	女	市科协调研员
龙森泉	男	市卫生局局长
庹朝明	男	市民政局局长
徐世清	男	市工商局副局长

续表

姓　名	性别	职　　务
简可敬	男	市公安局党委委员、纪委书记
王华轩	男	市人事局副局长
龙治祥	男	市司法局正处级检务员
朱纪美	男	市财政局副局长
李传森	男	市文化局副局长
程志轩	男	市广播电视局副局长
曹树云	男	市医药总公司副经理

由于人口和计划生育工作的发展需要、人事变动、机构改革等诸多原因，常德市人口和计划生育领导小组成员单位于1991年、1993年、1995年、1998年、2005年、2008年进行了调整，先后增加了市劳动和社会保障局、市房管局、市编委办公室、市文化局(2008年后调整为市文化市场综合执法局)、市食品药品监督管理局、市移民局、市国土资源管理局、市国资委、市中级人民法院等单位。2008年调整后的市人口和计生领导小组成员共32名。见表1－1－1－4。

表1－1－1－4

常德市2008年人口和计划生育领导小组成员名录

姓　名	性别	职　　务
梁洪峰	男	市委副秘书长
陈智慧	男	市政府副秘书长
谭弘发	男	市委组织部副部长
张志平	男	市委宣传部副部长
殷宗德	男	市委政法委副书记
唐成模	男	市纪委常委、监察局副局长
张卫星	男	市人口计生委主任
赵正乐	男	市人大教科文卫委主任
李百艳	女	市委农村工作部副部长
文会军	男	市委编委办副主任
任绪义	男	市发改委副主任

续表

姓　名	性别	职　　务
李晓萍	女	市经委总经济师
唐西新	男	市科技局副局长
彭　进	男	市公安局副局长
周晓平	男	市民政局副局长
梅　宏	男	市财政局工会主席
张柏枝	男	市人力资源社会保障局副局长
胡宪中	男	市住建局党组成员
陈仕平	男	市卫生局副局长
陈建军	男	市国资委副主任
潘忠良	男	市工商局副局长
李世凡	男	市药监局副局长
夏　斌	男	市文化市场综合执法局副局长
沈明莉	女	市房管局副局长
刘　静	女	共青团常德市委副书记
唐立新	女	市妇联纪检组长
车向东	男	市人口计生委副主任、市计生协会常务副会长
夏桃清	男	市教育局工会主席
刘少华	男	市移民局副局长
周慧华	男	市广播电视局工会主席
黄天伏	男	市中级人民法院工会主席
戴哲新	男	市国土资源局总经济师兼工会主席

第二节　县级及以下人口和计划生育领导小组

县级人口和计划生育领导小组。2005 年以前，常德市所辖县（市区）、管理区以及德山经济开发区、柳叶湖旅游度假区、贺家山原种场均设有计划生育领导小组。领导小组人员组成按照市计划生育领导小组的格局，由分管计生工作的县（市区）、开发区、度假区、农场党（工）委副书记任组长，人大、政府、政协的分管领导任副组长，相关部门分管负责人为成员，负责总揽各地计生工作全局。2005 年以后更名为人口和计生领导小组。是年，各县（市区）均明确一名党委、人大或政府班子成员主抓人口和计划生育工作。2007 年根据市委办、市政府办有关要求，县级人口和计生领导小组组长改由县（市区）政府县（市区）长和开发区、度假区、管理区、原种场管委会主任担任。

乡级人口和计划生育领导小组。常德市所有乡（镇、街道）均设立了人口和计划生育领导小组。领导小组人员组成按照市、县级人口和计划生育领导小组的格局，由分管人口计生工作的乡（镇、街道）的党政领导任组长，相关部门负责人为成员。后改为党委书记或乡镇长任组长。1995 年，临澧县在全市首设计划生育工作专职副乡（镇）长，专门负责计划生育工作。随后，澧县、石门县等地也设立了计划生育工作专职副乡（镇）长。2005 年以后，各地逐步取消计划生育专职副乡（镇）长，改由一名党委、人大或政府、政协领导分管人口计生工作。

村（居委会）成立由党支部书记为组长，村委会主任、计生协会长、计生专干为成员的计划生育领导小组，在乡（镇、街道）党委、政府的领导下，依据《中华人民共和国村民委员会组织法》，依靠村（居）民自治组织，充分发挥计划生育协会作用，开展计划生育“自我管理、自我服务、自我教育”，实行计划生育“村为主”和“村民自治”。

第二章　人口和计划生育委员会（局办）

第一节　市级人口和计划生育委员会

一、隶属关系及名称变更

1984年2月，常德行署计划生育处改名“常德地区计划生育委员会”（简称常德地区计生委），为常德行署二级机构，接受行署文教办公室和常德地委宣传部的双重领导。1988年9月更名“常德市计划生育委员会”（简称常德市计生委），为常德市人民政府二级机构，接受常德市人民政府文教办公室和常德市委宣传部的双重领导。

1990年5月，常德市委发出《关于成立市计划生育委员会党组的通知》（常发干〔1990〕81号），正式成立常德市计划生育委员会党组。郑景阳、雷学柱、彭淑华、李宗政任党组成员，郑景阳任党组书记，彭淑华任纪检组长。

1993年2月，根据湖南省委、省政府《关于加强计划生育工作的决定》（湘发〔1993〕13号）和省委组织部、省人事厅、省编委、省计生委《关于贯彻执行省委、省政府〈关于加强计划生育工作的决定〉有关问题的通知》（湘计生人字〔1993〕3号）精神，经市委常委会议研究决定，常德市计生委受市人民政府直接领导，享受部委办待遇（常办通字〔1993〕6号）。

1988年，常德市（原地区）计生委首任主任杨伯顺（左四）接待到常考察人口计生工作的国际友人

1995年10月，常德市直机构进行“三定”（定机构、定编制、定人员）改革，常德市编委发出《常德市计划生育委员会职能配置、内设机构和人员编制方案的通知》（常编发〔1995〕28号），进一步明确常德市计生委为市人民政府组成机构，是市人民政府主管全市计划生育工作的职能部门。其主要职责是：协调有关部门研究制订人口与计划生育工作的方针、政策和规章，对人口与计划生育工作问题进行综合治理；会同有关部门编制人口发展中、长期规划和年度计划，制订全市计划生育事业的发展计划并对执行情况进行检查与评估；负责计划生育及有关人口数据的统计工作，参与全市人口统计数据的分析研

究；组织有关人口问题的综合性研究；配合有关部门做好计划生育新技术的科研与推广应用工作；负责计划生育技术服务工作的综合管理，检查并指导各县（市区）的计划生育宣传站、药具技术站的工作；协同有关部门做好优生优育工作；负责对全市病残儿的鉴定和符合政策生育二孩的审批工作；负责组织开展全民性的人口与计划生育的宣传教育工作；负责省、市财政拨付的计划生育经费和基本建设投资的预、决算；编制计划生育药具物资计划，指导、监督药具的供应与管理；会同财政部门对基层计划外生育收费和罚款的管理情况进行监督检查；管理机关及直属单位的财务和国有资产；会同机构编制、组织、人事等部门加强机构编制岗位结构的管理，指导计划生育系统的干部队伍建设，规划、组织计划生育专业教育和干部培训工作；指导有关人口与计划生育社会团体的工作。承办市人民政府交办的其他事项。

2001 年 7 月，常德市直机关机构改革，市政府办公室《关于印发〈常德市计划生育委员会职能配置、内设机构和人员编制规定〉的通知》（常政办发〔2001〕56 号），又一次明确市计生委是主管全市计划生育工作的市人民政府工作部门，并对其职能进行调整。将计划生育药具的调拨，计划生育设备器械的配备，人口与计划生育宣传品制作，干部培训教育，人口与计划生育抽样调查数据处理，对计划生育科研成果和避孕节育技术的评审、鉴定、转化与推广应用等事务性工作交由相关直属事业单位承担；新增了围绕生育、节育、不育制定生殖保健服务的规划与规范，配合工商行政、药品监督、物价等部门，对计划生育药具零售及保健用品市场进行监督和管理的职能。

2004 年 10 月，常德市计划生育委员会更名为常德市人口和计划生育委员会（简称人口计生委）。

2010 年，常德市委办公室、市人民政府办公室《关于常德市人民政府机构设置的通知》（常办〔2010〕6 号）规定，常德市人口计生委为市人民政府 32 个工作部门之一。常德市人民政府办公室《关于印发〈常德市人口和计划生育委员会主要职责、内设机构和人员编制规定〉的通知》（常政办发〔2010〕19 号）再次明确设立常德市人口和计划生育委员会为市人民政府工作部门。进行了职责调整，取消已由市人民政府公布取消的行政审批事项，取消促进生殖健康产业发展的职责；增加了参与国家人口基础信息库建设，开展对人口发展战略的研究，加强流动人口计划生育管理和服务，加强人口和计划生育利益导向研究，稳定低生育水平的职责。

二、历届行政领导、党组班子成员

1988 年 6 月之前，常德地区计划生育委员会主任杨伯顺，副主任有雷学柱、张群英、彭淑华。是年 6 月，杨伯顺离职，主任暂缺。同年 9 月，常德地区计划生育委员会更名为常德市计划生育委员会，郑景阳任主任。1988 年至 2012 年，25 年时间常德市人口计生委经历了四届领导班子。1—4 届市人口和计划生育委员会领导成员及副处级以上干部名录见表 1－2－2－1、表 1－2－2－2、表 1－2－2－3、表 1－2－2－4。

表 1－2－2－1

常德市计划生育委员会领导成员及副处级以上干部名录(一)

（1988. 9—1996. 4）

行政职务	党内职务	姓名	性别	任职时间	备　　注
主　任	党组书记	郑景阳	男	1988. 9—1996. 4	1995. 10 任市政府助理巡视员兼计生委主任。
副主任	党组成员	雷学柱	男	1988. 1—1995. 8	1993. 2 改任顾问
副主任	党组成员	张群英	女	1988. 1—1991. 9	1990 年 2 月晋升正处级
副主任	党组成员	彭淑华	女	1988. 1—1996. 4	1993. 4 任党组副书记
副主任	党组成员	李宗政	男	1989. 1—1993. 2	
副主任	党组成员	陈顺民	男	1993. 4—1996. 4	
	纪检组长 党组成员	汪国志	男	1993. 2—1996. 4	
顾　问		张国保	男	1988. 1—1991. 1	离职休养

表 1－2－2－2

常德市计划生育委员会领导成员及副处级以上干部名录(二)

（1996. 4—2000. 5）

行政职务	党内职务	姓名	性别	任职时间	备　　注
主任	党组书记	彭淑华	女	1996. 4—2000. 5	
副主任	党组成员	郑家火	男	1998. 3—2000. 5	
副主任	党组成员	陈顺民	男	1996. 4—2000. 5	
副主任	党组成员	肖耀明	男	1996. 8—2000. 5	
副主任	党组成员	杨作成	男	1996. 12—1999. 4	
	纪检组长 党组成员	汪国志	男	1996. 4—2000. 5	

表 1－2－2－3

常德市人口和计划生育委员会领导成员及副处级以上干部名录㈢

（2000. 5—2005. 1）

行政职务	党内职务	姓名	性别	任职时间	备　　注
主　任	党组书记	刘兴国	男	2000. 5—2005. 1	
副主任	党组成员	郑家火	男	2000. 5—2003. 3	
副主任	党组成员	陈顺民	男	2000. 5—2005. 1	
副主任	党组成员	肖耀明	男	2000. 5—2005. 1	2000. 7 改任纪检组长
副主任	党组成员	李培兰	女	2001. 1—2005. 1	
副主任	党组成员	张锦祥	男	2000. 9—2005. 1	
副主任	党组成员	朱超珍	男	2004. 9—2005. 1	
工会主席	党组成员	朱小林	男	2003. 4—2005. 1	
	纪检组长 党组成员	汪国志	男	2000. 5—2005. 1	2000. 7 改任调研员
副调研员		廖建华	女	2003. 6—2005. 1	

注：2004 年 10 月常德市计生委更名为常德市人口和计划生育委员会。

表 1－2－2－4

常德市人口和计划生育委员会领导成员及副处级以上干部名录㈣

（2005. 1—2012. 12）

行政职务	党内职务	姓名	性别	任职时间	备　　注
主任	党组书记	张卫星	男	2005. 1—2012. 12	
副主任	党组副书记	车向东	男	2007. 2—2012. 12	兼任市计生协会常务副会长，高配为正处级。
副主任	党组成员	陈顺民	男	2005. 1—2010. 11	2007. 11 改任调研员
	纪检组长 党组成员	肖耀明	男	2005. 1—2011. 11	2008. 3 改任调研员
副主任	党组成员	李培兰	女	2005. 1—2009. 9	
副主任	党组成员	张锦祥	男	2005. 1—2012. 12	
副主任	党组成员	朱超珍	男	2005. 1—2012. 12	2008. 3 改任调研员

续表

行政职务	党内职务	姓名	性别	任职时间	备　　注
副主任	党组成员	曹学美	男	2005.1—2012.12	正团级
工会主席	党组成员	朱小林	男	2005.1—2006.8	
副主任	党组成员	张业新	男	2006.8—2012.12	
副主任	党组成员	唐良平	男	2009.9—2012.12	
工会主席	党组成员	彭治纲	男	2006.11—2012.12	
	纪检组长 党组成员	周　琼	女	2008.3—2012.12	2010.12 改任党组成员、机关党总支书记
副主任		车立平	男	2009.7—2012.4	
副主任		陈卫平	男	2012.4—2012.12	
调研员		刘兴国	男	2005.1—2009.9	
调研员		汪国志	男	2005.1—2008.5	
副调研员		廖建华	女	2005.1—2012.12	2008.3 改任市计生协专职副会长；2010.4 改任市人口计生委副处级干部
市人口计生执法监察支队支队长		邹立新	男	2010.10—2012.12	高配为副处级
副调研员		任　一	男	2012.4—2012.12	

三、内设机构、人员编制

1988 年 9 月，常德市计生委共有行政编制 14 名，主任 1 名，副主任 3 名，内设综合科（定编 5 名，设科长 1 名、副科长 1 名）、财务规划统计科（定编 5 名，设科长 1 名、副科长 1 名）。1988 年 12 月，为适应撤区建市新体制，保证全市计划生育工作的正常开展，市编委《关于常德市计划生育委员会内部设置的批复》（常编办发〔1988〕21 号），同意市计生委内部设置综合科、财务科、规划统计科、宣传科（与常德市计划生育宣传指导站实行两块牌子一套人员），人员编制没有变动。

1990 年《湖南省计划生育条例》颁布实施。是年 9 月，常德市编委《关于常德市计划生育委员会内部增设政策法规科的批复》（常编办直〔1990〕81 号），同意市计生委增设政策法规科，所需人员从内部调剂。同年 3 月，湖南省机构编制委员会、省人事厅、省计生委、省财政厅下发《关于增加计划生育部门专项行政编制的通知》（湘编〔1990〕9 号），给常德市及各县（市区）增加计划生育行政编制 29 名，其中市计生委 1 名、武陵区

2名、鼎城区4名、汉寿县3名、安乡县3名、澧县3名、临澧县3名、桃源县4名、石门县4名、津市市2名。

1995年10月，常德市编委下发《关于印发〈常德市计划生育委员会职能配置、内设机构和人员编制方案〉的通知》（常编发〔1995〕28号），同意市计生委核定行政编制19名，机关后勤服务人员事业编制2名。岗位结构：主任1名、副主任3名、纪检组长1名。设6个职能科室：综合科、财务资产管理科、政策法规科、计划统计科、人事科、宣传教育科。

1997年12月，常德市编委《关于市计生委综合科更名的批复》（常编办〔1997〕101号），同意将市计生委综合科更名为办公室，其工作职能不变。

2001年1月，常德市直机关机构改革，国家《计划生育技术服务管理条例》颁布实施。根据市编委（常政办发〔2001〕56号）通知，市计生委核定行政编制18名，其中主任1名，副主任4名，纪检组长1名，正副科级领导职数6名，其他工作人员5名，机关后勤服务编制2名。设立5个职能科室：办公室、政策法规科、计划统计科、宣传教育人事科（监察室与其合署办公）、科学技术科。

2010年9月，常德市直机关和事业单位改革，根据市政府办公室《关于印发〈市人口和计划生育委员会主要职责内设机构和人员编制规定〉的通知》（常政办发〔2010〕19号），核定市人口计生委行政编19名，其中主任1名，副主任3名，工会主席（副处级）1名，正副科级领导职数7名（含正科级党风廉政建设联络员1名），其他工作人员7名，机关后勤服务全额拨款事业编制1名，共计编制20名，设6个职能科室。

办公室　负责机关日常工作的协调和督办；负责文电、会务、机要、档案等机关日常运转工作；负责来信来访、政务公开、安全保密、综合治理、维护稳定工作；负责信息、综合调研、宣传报道等工作；负责人大代表建议、政协委员提案办理工作；负责机关和直属单位财务会计、资产管理、基本建设等工作；负责机关后勤服务管理、接待工作；负责协调调度安排基层计划生育技术服务网络建设资金。

人事科　负责机关和直属单位机构编制、干部队伍建设、人事管理、劳动工资、教育培训等工作；负责党务、纪检、监察、群团工作；负责指导人口和计划生育公共服务网络体系建设；负责离退休人员管理服务工作。

政策法规科　负责组织提出人口和计划生育法律法规、政策实施意见；组织拟订本行业法律法规和政策实施办法；负责机关规范性文件合法性审核；负责行政执法监督工作；负责行政复议、行政应诉、行政赔偿等工作；会同有关部门提出促进出生人口性别比平衡的政策措施，推动人口和计划生育工作的综合治理。

宣传教育科　负责制定全市人口和计划生育宣传教育工作的方针和规划；组织人口和计划生育工作的新闻发布和新闻采访工作；组织开展全民性、公益性的人口和计划生育工作宣传教育；协调宣传部门和有关单位开展人口和计划生育的宣传教育工作；规范人口和计划生育对外宣传口径和宣传品的管理；指导各地开展人口与计划生育宣传教育工作。

计划统计科 制定全市人口和计划生育信息化建设发展规划和工作规范；参与全市人口统计数据的分析研究，发布全市人口和计划生育统计公报；拟订人口和计划生育目标管理方案；负责人口和计划生育统计工作，组织实施人口和计划生育抽样调查、专项调查和考核评估；负责人口和计划生育系统的信息化建设和监督管理工作，组织建设全员人口基础信息库。

科学技术科 制定并组织实施全市人口和计划生育科学研究规划；负责计划生育技术服务的综合治理；拟定计划生育技术服务、出生缺陷一级预防、药具和避孕节育技术推广使用的规章制度；指导、监督计划生育技术服务、出生缺陷一级预防、药具发放；围绕生育、节育、不育，拟定生殖保健服务规划和规范；配合有关部门做好出生缺陷干预二、三级预防工作。

四、市级事业单位

计划生育宣传指导站 1982 年 12 月，常德地区编委（常编发〔1982〕33 号）文件通知，成立常德地区计划生育宣传指导站，核定事业编制 4 名，为常德地区计生委下辖直属二级正科级事业单位。主要职责是负责全地区计划生育宣传教育工作，宣传品的制作和发放，指导和检查各县（市区）计划生育宣传教育工作。1988 年 9 月更名为常德市计划生育宣传指导站。同年 12 月与市计生委宣传科实行两块牌子一套人员，编制由 4 名事业编增加到 6 名事业编。1995 年市计生委正式成立宣传教育科，市计划生育宣传指导站建制撤销，原配 6 名事业编制同时核销。

计划生育药具技术站 1984 年 5 月，常德地区编委（常编发〔1984〕43 号）文件通知，设立常德地区计划生育药具管理站，核定事业编 4 名，为常德地区计生委二级正科级独立核算事业单位。1988 年 9 月更名为常德市计划生育药具管理站。同年 12 月增编 2 名，共 6 名事业编制，设站长 1 名、副站长 2 名、其他工作人员 3 名。1990 年 5 月市编委办《关于常德市计划生育药具管理站更名及增加编制的批复》（常编办发〔1990〕33 号），同意将常德市计划生育药具管理站更名为常德市计划生育药具技术站，增加事业编 2 名共 8 名事业编制。2008 年 9 月、2009 年 6 月经市编办批准分别增加事业编 2 名、1 名。共有全额拨款事业编制 11 名，实有人员 9 名。2012 年实有人数 12 名。药具技术站的主要任务是：组织实施全市计划生育药具的调拨、质检、储存和发放工作；协同药品监督、工商行政管理等行政部门对计划生育药具的经营活动进行监督检查；参与实施计划生育、生殖健康科研成果的转化、推广应用和产业开发。

计划生育干部培训中心 1999 年经常德市编办批准，成立常德市计划生育干部培训中心，属市计生委管理的正科级自收自支事业单位，核定自收自支事业编制 3 名，设主任（副主任）1 名，教学管理人员 2 名。后于 2000 年、2006 年、2009 年、2010 年经市编委批准各增加 1 名自收自支事业编制。2010 年共有自收自支事业编制 7 名，实有人员 7 名。

培训中心主要任务是负责全市计划生育干部的培训教育，制定全市年度计划生育培训计划及教学大纲；组织编写计划生育培训教材，负责落实省市年度培训计划；指导基层开展计划生育培训工作。

流动人口计划生育管理站　2003 年 11 月，根据常德市编委《关于设立市流动人口计划生育管理站的批复》（常编办〔2003〕104 号），成立了市流动人口计划生育管理站，属市计生委管理的正科级具有行政职能的事业单位。核定全额拨款事业编制 3 名，设站长（副站长）1 名、其他工作人员 2 名。2005 年 8 月、2007 年 3 月经市编委批准分别增编 1 名。2010 年 6 月，经市编委同意，市流动人口计划生育管理站参照公务员管理。2012 年 11 月经市编委办同意从市农村计划生育家庭奖励扶助办公室调增 1 名编制。到 2012 年 12 月，该站共有参照公务员管理的全额拨款事业编制 6 名，实有人员 6 名，设站长 1 名、副站长 1 名。市流动人口计划生育管理站的主要职责是：负责全市流动人口计划生育管理工作；协同有关部门做好流动人口计划生育发证、验证；受市计生委委托查处有关违反计划生育政策、法规的案件。首任站长由市计生委副主任李培兰兼任。

农村计划生育家庭奖励扶助办公室　2006 年 4 月，常德市编办印发《关于设立市农村计划生育家庭奖励扶助办公室的批复》（常编办〔2006〕44 号），同意设立市农村计划生育家庭奖励扶助办公室（简称市奖扶办），为市人口计生委管理的具有行政职能的正科级事业单位。核定全额拨款事业编 3 名，设主任（副主任）1 名、其他工作人员 2 名，后经市编委批准，增加事业编制 1 名。2011 年经市编委办同意调减 1 名到市流动人口计划生育管理站。2012 年有全额拨款事业编制 3 名，实有人员 3 名。主要职责是：负责全市农村计划生育家庭奖励扶助工作的综合、协调和指导；负责奖励扶助对象的审核；负责奖励扶助资金的筹措，并对资金的发放进行监督；负责奖励扶助信息的汇总上报以及奖励扶助对象的信息管理工作。市级人口计生部门设立奖扶办公室在湖南省是首创，在全国也是第一例。

人口和计划生育执法监察支队　2009 年 6 月，常德市编办印发《关于设立市人口和计划生育执法监察支队的批复》（常编办〔2009〕103 号），同意设立市人口和计划生育执法监察支队，为市人口计生委管理的正科级行政执法机构。核定全额拨款事业编制 4 名，其中支队长 1 名、副支队长 1 名、执法人员 2 名，时任市人口计生委政策法规科科长冯兴国兼任第一任支队长。2010 年该支队有全额拨款事业编制 4 名，实有人员 4 名。其主要职责是：负责贯彻执行国家、省有关人口和计划生育政策法规，部署全市人口和计划生育行政执法工作；负责全市重大或典型的违反人口和计划生育法律法规案件的查处；负责跨区域违反人口和计划生育法律法规案件的查处；指导县（市区）开展人口和计划生育行政执法工作。2010 年 10 月，经市委常委会研究同意，市人口和计划生育执法监察支队支队长高配为副处级，时任市人口计生委办公室主任邹立新兼任支队长，成为首位高配的支队长。

人口发展研究信息中心　2011年3月，常德市编委印发《关于市人口和计划生育委员会下属事业单位有关机构编制事项的批复》（常编发〔2011〕23号），同意将市计划生育干部培训中心改为市人口发展研究信息中心（对外保留市计划生育干部培训中心牌子），经费形式由自收自支调整为全额拨款，核定金额拨款事业编9名，主任1名，副主任2名，其他工作人员6名。此后该中心实行人员只出不进，编制由9名逐步核减到6名。2012年，实有人数10人。主要工作任务是负责研究全市人口发展战略，参与人口政策研究，组织开展人口和计划生育重大问题调查研究；负责全市人口和计划生育信息化建设；负责全市计划生育干部的培训教育；指导基层干部培训工作。

第二节　县级及以下人口和计划生育局（办）

一、县级人口和计划生育局

1988年以前，常德市各县（市区）均设立了计划生育委员会，隶属于党委宣传系统管理。1992年以后逐步归口政府部门管理，成为当地政府管理计划生育工作正科级职能部门。1994年统一更名为计划生育局。1995年9月根据市编委关于《市县（市区）计划生育局更名的通知》（常编发〔1995〕11号），县（市区）计划生育局更名计划生育委员会，机构更名后其机构性质级别等维持不变。2002年，再次更名为计划生育局。2005年，更名为人口和计划生育局。各地人口和计划生育局根据人口规模大小和当地实际情况配备有2—16名行政编制，1—2名事业后勤编，设有局长1名，副局长若干名。计生局内设机构和直属事业单位按照与市人口计生委对应的原则，设立相关股（室），以确保市人口计生委各项指令畅通。市属开发区、度假区、农场均设立人口和计划生育办公室，设主任1名，配备一定数量的工作人员。2012年，全市各县（市区）共有计生行政和事业编制452名，实有工作人员564人。其中人口计生局机关共有行政编制108名，事业后勤编制11名，实有工作人员183人；直属事业单位事业编制344名，实有工作人员381名。见表1-2-2-5。

彭珮云（前排左六）与常德市及各县（市区）计生委主任合影。

表 1-2-2-5

常德市各县（市区）人口计生局2012年机关和事业单位编制数和实有人数统计表

县（市区）	人口计生局机关						直属事业单位			共有人数合计
	编制数			共有人数			事业编制数	其中全额拨款	共有人数	
	合计	行政编	事业后勤编	合计	公务员	其他人员				
武陵区	8	7	1	11	10	1	18	4	15	26
鼎城区	15	13	2	34	22	12	36	6	22	56
安乡县	11	10	1	15	14	1	40	5	66	81
汉寿县	11	10	1	15	14	1	33	6	45	60
澧　县	13	12	1	33	15	18	36	6	47	80
临澧县	11	10	1	18	17	1	65	65	72	90
桃源县	17	16	1	21	20	1	34	4	32	53
石门县	15	14	1	16	15	1	45	45	44	60
津市市	10	9	1	10	9	1	29	5	31	41
西湖管理区	5	5	0	7	3	4	6	6	4	11
西洞庭管理区	3	2	1	3	2	0	3	1	3	6
全市合计	119	108	11	183	141	42	344	153	381	564

注：数据来源常德市人口计生委人事统计报表。

二、乡（镇、街道）计生办和服务所

从20世纪80年代开始，常德市乡（镇、街道）均设有计划生育办公室，负责乡（镇、街道）的计划生育行政、执法管理。从20世纪90年代开始，常德市乡（镇、街道）逐步建立计划生育服务所，承担计划生育的技术咨询服务、药具发放、孕情监测、查环查孕等服务工作。2002年1月，常德市机构编制委员会办公室、市人事局、市计划生育委员会联合下发《关于规范乡镇计划生育机构编制和人员管理的通知》（常编办〔2002〕1号），对乡（镇、街道）计划生育机构编制和人员管理进行了规范。规定：乡（镇、街道）设立计划生育办公室，为乡（镇、街道）人民政府（办事处）主管计划生育工作的行政管理机构。每个乡（镇、街道）至少配备1—2名行政编制的计生专干，总人口在3万人以上的适当增配。建立乡（镇）计划生育服务所，为育龄妇女免费或低费提供计划生育技术指导、咨询以及计划生育有关生殖健康及临床医疗服务的专业机构。乡镇计划生育服务机构统称为“计划生育服务所”，其人员为事业编制。2万人以下的乡镇配备2名，以2万人为基数，原则上每增加1万人可增配1名编制。乡（镇、街道）计划生育队伍、机构和人员实行县乡双重管理，以乡（镇、街道）管理为主，县级人口计生局、县编委、县人事局主要负责业务指导、专业培训和编制管理及人员调配。乡（镇、街道）人民政府（办事处）主要负责日常工作管理和考核、任免、奖惩。乡镇计划生育工作人员跨乡镇调动由县级人口计生部门提出意见，征求乡镇意见后，再按规定办理有关手续。计生办、服务所负责人的配备以及计生办、服务所人员在乡镇内的流动由乡镇提出意见，再按规定办理任免手续。

三、村（社区）管理和服务组织

从20世纪80年代开始，常德市所有村（社区）均设立1—2名计划生育专职干部，负责村级计划生育日常管理、信息收集等。设立村级计划生育服务室，定期开展孕情环情监测、生殖保健服务和妇科病的查治。村民小组配齐计划生育信息员或指导员和协会小组组长，开展计划生育宣传教育和提供计划生育信息。

第三章 计划生育协会

中国计划生育协会（简称计生协会）是中国共产党领导下的全国性、非营利性群众团体，是党和政府联系广大育龄群众和计划生育家庭的桥梁和纽带，协助政府统筹解决人口问题，促进人口长期均衡发展。计生协会以全心全意为育龄群众和计划生育家庭服务为宗旨，遵守国家的宪法、法律、法规和各项方针政策，发挥带头、宣传、服务、监督、交流的作用，动员和组织广大群众参与人口发展、生殖健康、计划生育和家庭保健。

常德市计生协会成立于1986年，经过初创、发展、整顿、巩固、提高五个阶段，到2012年，已经发展成为拥有4511个组织，62.94万名会员，横向到边、纵向到底，对全市育龄群众和计划生育家庭实现无缝覆盖的全市最大的群众团体之一。

第一节 市级计划生育协会

常德市计生协会首届理事会全体理事和工作人员合影

1986年5月17日，在湖南省计生协会指导下，由常德地区计生委和热心人口计生事业的各界人士共同发起，常德地区计生协会成立，召开了第一次会员代表大会，选举产生了常德地区计生协会首届理事会。推举雷恭政（原常德地委副书记）为名誉会长，选举肖宗荣（原常德行署副专员）为会长，皮业良、杨伯顺、张国保、张群英（女）、路志英（女）为副会长，张群英兼任秘书长。1988年10月，常德地区计生协会更名为常德市计生协会。

1991年1月15日，常德市计生协会召开第二次会员代表大会，选举产生常德市计生协会第二届理事会。继续聘请雷恭政为名誉会长，肖宗荣连任会长，郑景阳、张群英（女，常务）、皮业良、路志英（女）为副会长，张群英兼任秘书长。1992年1月25日，常德市计生协会第二届理事会召开第二次全体会议，对市计生协会领导班子进行了调整，肖宗荣辞去会长职务受聘名誉会长，选举何星甫（市委常委、秘书长）为会长，郑景阳任常务副会长，张群英辞去常务副会长和秘书长职务任副会长，增补汪国志为副会长兼秘书长。1997 年 8 月，汪国志辞去秘书长职务，增聘郑国清为秘书长。

1998 年 6 月 15 日，常德市计生协会召开第三次会员代表大会，选举产生市计生协会第三届理事会。聘请雷恭政、肖宗荣、何星甫为名誉会长，选举郑景阳为会长，彭淑华（女）为第一副会长（2000 年 5 月止），汪国志为常务副会长，郑国清为秘书长（2000 年 12 月止）；2000 年 6 月增补刘兴国为第一副会长；2000 年 12 月增补廖建华（女）为秘书长。

肖宗荣在常德地区计生协会成立大会上讲话

2005 年 5 月 31 日，常德市计生协会召开第四次会员代表大会，选举产生市计生协会第四届理事会。郑景阳受聘名誉会长，选举洪明祥（原市政府巡视员）为会长，张卫星为第一副会长，李培兰（女）为常务副会长（2007 年 2 月止）、廖建华（女）为专职副会长（兼秘书长至2005 年 12 月止），选举向晓芳、张卫星、张宏成、李娥皇（女）、李培兰（女）、李湘震、易家兴、郑国明、赵正乐、胡建树、洪明祥、梅宏、彭世理、廖建华（女）等 14 名常务理事。2005 年 12 月增补覃祖运为常务理事、秘书长（2008 年 3 月止）；2007 年 2 月增补车向东为常务理事、常务副会长；2008 年 3 月增补道欣为常务理事、秘书长。

常德市计生协会第四届会员代表大会代表合影

2012 年 5 月 3 日，常德市计生协会召开第五次会员代表大会，选举产生市计生协会第五届理事会。洪明祥连任会长、车向东任常务副会长、张运军任专职副会长、郑景阳继续受聘名誉会长，选举车向东、文会军、冯兴国、朱方军、任一、刘静、刘慎松、庄文华、关蕾、杨善军、李百艳（女）、邹立新、张运军、陈寿林、易国华（女）、罗爱华（女）、赵克蓉（女）、洪明祥、晏丰儒、道欣、廖建华、戴平等 22 名常务理事，继续聘任道欣为秘书长。

常德市计生协会第一至第五届理事会名誉会长、会长、副会长、秘书长名单见表 1－3－1－1、表 1－3－1－2、表 1－3－1－3、表 1－3－1－4、表 1－3－1－5。

表 1－3－1－1

常德市（原常德地区）计生协会第一届理事会名誉会长、会长、副会长、秘书长名录

姓名	性别	党政职务	协会职务	协会任职时间
雷恭政	男	原常德地委副书记	名誉会长	1986. 5—1991. 1
肖宗荣	男	原常德行署副专员	会长	1986. 5—1991. 1
皮业良	男	常德地区卫生局顾问	副会长	1986. 5—1991. 1
杨伯顺	男	常德地区计生委主任	副会长	1986. 5—1991. 1
张国保	男	常德地区计生委顾问	副会长	1986. 5—1991. 1
张群英	女	常德地区计生委副主任	常务副会长 兼秘书长	1986. 5—1991. 1
路志英	女	常德地区人民医院妇产科主任	副会长	1986. 5—1991. 1

表 1－3－1－2

常德市计生协会第二届理事会名誉会长、会长、副会长、秘书长名录

姓名	性别	党政职务	协会职务	协会任职时间
雷恭政	男	原常德地委副书记	名誉会长	1991. 1—1998. 6
肖宗荣	男	原常德行署副专员	会长	1991. 1—1998. 6 1992. 1 后任名誉会长
何星甫	男	中共常德市委常委、秘书长	会长	1992. 1—1998. 6
郑景阳	男	常德市计生委党组书记、主任	常务副会长	1992. 1—1998. 6
张群英	女	常德市计生委党组成员、副主任	常务副会长 兼秘书长	1991. 1—1998. 6 1992. 1 后任副会长
皮业良	男	常德市卫生局顾问	副会长	1991. 1—1998. 6
路志英	女	常德市第一人民医院 妇产科主任	副会长	1991. 6—1998. 6
汪国志	男	常德市计生委党组成员、 纪检组长	副会长兼 秘书长	1992. 1—1998. 6 1997. 8 辞去秘书长
郑国清	男		秘书长	1997. 8—1998. 6

表 1－3－1－3

常德市计生协会第三届理事会名誉会长、会长、副会长、秘书长名录

姓名	性别	党政职务	协会职务	协会任职时间
雷恭政	男	原常德地委副书记	名誉会长	1998. 6—2005. 5
肖宗荣	男	原常德行署副专员	名誉会长	1998. 6—2005. 5
何星甫	男	常德市人大常委会副主任	名誉会长	1998. 6—2005. 5
郑景阳	男	常德市政府助理巡视员	会长	1998. 6—2005. 5
彭淑华	女	常德市计生委党组书记、主任	第一副会长	1998. 6—2000. 5
刘兴国	男	常德市计生委党组成员、主任	第一副会长	2000. 5—2005. 5
汪国志	男	常德市计生委党组成员、纪检组长	常务副会长	1998. 6—2005. 5
郑国清	男		秘书长	1998. 6—2000. 12
廖建华	女		秘书长	2000. 12—2005. 5

表 1－3－1－4

常德市计生协会第四届理事会名誉会长、会长、副会长、秘书长名录

姓名	性别	党政职务	协会职务	协会任职时间
郑景阳	男	原常德市政府助理巡视员	名誉会长	2005. 5—2012. 5
洪明祥	男	原常德市政府巡视员	会长	2005. 5—2012. 5
张卫星	男	常德市人口计生委党组书记、主任	第一副会长	2005. 5—2012. 5
李培兰	男	常德市人口计生委党组成员、副主任	常务副会长	2005. 5—2007. 2
车向东	男	常德市人口计生委党组副书记、副主任	常务副会长（高配为正处级）	2007. 2—2012. 5
廖建华	女	常德市人口计生委副调研员	副会长兼秘书长	2005. 5—2012. 5 2005. 12 辞去秘书长
覃祖运	男		秘书长（高配为副处级）	2005. 12—2008. 3
道欣	男		秘书长（高配为副处级）	2008. 3—2012. 5

表 1－3－1－5

常德市计生协会第五届理事会名誉会长、会长、副会长、秘书长名录

姓名	性别	党政职务	协会职务	协会任职时间
郑景阳	男	原常德市政府助理巡视员	名誉会长	2012. 5—2012. 12
洪明祥	男	原常德市政府巡视员	会长	2012. 5—2012. 12
车向东	男	常德市人口计生委党组副书记、副主任	常务副会长	2012. 5—2012. 12
张运军	男		专职副会长	2012. 5—2012. 12
道欣	男		秘书长	2012. 5—2012. 12
易国华	女		副调研员	2012. 5—2012. 12

第二节　基层计划生育协会

一、基层计划生育协会建立和发展

1986 年 7 月 15 日，鼎城区（原常德县）蔡家岗乡计生协会成立，从湖南省人大常委会副主任职位上离休后回到老家蔡家岗乡居住的刘春樵被群众一致推举为乡计生协会名誉会长，选举乡党委书记尹忠杰为会长。省人大常委会副主任、省计生协会会长罗秋月，省计生协会常务副会长张志勤以及市计生协会领导雷恭政、肖宗荣等到会祝贺。这是全省、全市第一个乡级计生协会。

1986 年年底，临澧县、澧县计生协会成立，成为全省全市第一批县级计生协会。1987 年，鼎城区、安乡县、石门县、汉寿县、武陵区、桃源县、津市市以及西湖农场、西洞庭农场、贺家山原种场、东山峰农场计生协会相继成立。

1988 年年初，鼎城区蔡家岗乡 16 个村，村村建起了计划生育协会组织，拥有会员 575 人，成为全市第一批村级计划生育协会组织。

1989 年，常德市县、乡、村共建立计生协会组织 3648 个，占县乡村总数的 70. 6%；拥有会员 99396 人，占全市总人口数的 1. 79%。

1990 年，常德市县、乡、村共建立计生协会组织 4729 个，占县乡村总数的 91. 49%；发展会员 15. 86 万人，占全市总人口数的 2. 79%。

1996 年，常德市建立乡级计生协会 268 个，占乡级总数的 100%；村级计生协会 4712 个，占村级总数的 100%；企事业单位包括“三资”企业、流动人口、集市贸易建立计生协会 1135 个。全市共有协会会员 46. 5 万人，占全市总人口数的 7. 8%。各级计生协会网络覆盖全市。

2000 年，常德市经过撤区并乡并村，基层计生协会组织进行调整、合并，全市拥有协会组织4732 个（市级1 个、县级14 个、乡级232 个、村级4485 个），共有会员54.63 万，占全市总人口数的9.17%。

2012 年，常德市共有计生协会组织4511 个，会员62.94 万人，占全市总人口数的10.24%。见表1－3－1－6。

表1－3－1－6

常德市各级计生协会2012 年组织情况统计表

单位	组织机构（个）	专职工作人员(人)	理事（人）	会员（人）	会员小组（个）	经营性实体(个)	宣传服务阵地(个)
市级计生协会	1	5	44	80			
县级计生协会	11	33	535	113811	1323	23	35
乡级计生协会	214	385	4576	147632	1425	189	426
村级计生协会	4285	5862	36720	367922	33484	673	8973
合　计	4511	6285	41876	629445	36232	885	9434

注:数据来源常德市计生协会统计报表。

二、基层协会的整建

计生协会创建初期，常德市一些地方基层协会特别是村级协会存在“干部协会”“挂牌协会”“墙上协会”的现象。常德市基层计生协会，就是在不断的整顿建设中发展壮大起来的。

创建“合格村协会”　1996 年5 月，在常德市计划生育工作会议上，市人大常委会副主任、市计生协会长何星甫、市政府副市长刘昌进强调要抓好基层计生协会工作，决定用两年左右时间开展创建“合格村协会”活动。1997 年11 月，常德市委办公室、市人民政府办公室下发了《关于进一步加强计划生育协会工作的意见》（常办通字〔1997〕71 号）。为贯彻市委、市政府两办文件精神，市计生协会下发了《关于做好“合格村协会”检查验收及挂牌的通知》（常计生协字〔1997〕09 号），提出了“合格村协会”的八条标准：组织健全，会员结构合理，会员人数达到总人口的9%以上，“五老”（老党员、老干部、老模范、老积极分子、老教师）、育龄群众积极分子、致富能手、社会贤达占会员总数的80%以上；开展了“三结合”项目，帮助计生贫困户增加收入、妇幼保健、计划生育；工作阵地、活动场所设施齐全；活动经常，开展了争先创优活动；培训会员扎实有效，会员对人口与计划生育应知应会二十条、协会知识接受率达90%以上；计生保险、利益异向机制健全，计生系列保险每年人均保费1 元以上；订有《人生》杂志等计划生育宣传教育资料；工作成绩突出，计划生育工作实现了以“村为主”，达到了“四无一好”，即无政策外出生、无大月份引产、无早婚早育和非法婚姻、无上访和恶性案件，党群干群关系好。

“合格村协会”评选活动分三步进行。首先以乡镇为单位评选后上报县级计生协会，县级计生协会开展验收，最后由市计生协会进行抽样调查评估。

1997 年 12 月 14 日至 20 日，常德市计生协会在会长何星甫、专职副会长汪国志带领下，组织 27 人分 3 个调查组，从县级上报的合格村协会中抽查 41 个村计生协会进行检查验收，合格的 38 个，合格率为 92%。当年全市共有村级协会 4096 个，各县（市区）上报“合格村协会”2728 个。按市级验收结果推算，全市“合格村协会”为 2510 个，占全市村级协会的 61.3%。

村级协会整建 1998 年年初，根据湖南省计生协会关于加强村级协会整建，决不把不合格协会带入 21 世纪的要求，常德市计生协会按照中国计生协会提出的“协会生命力在于活动，凝聚力在于服务”和“组织健全、活动经常、搞好服务、形成风尚”的要求，以及《湖南省村级计划生育协会工作规则》和“合格村协会”标准，用 2—3 年时间开展了村级协会的整顿和建设。常德市计生领导小组下发了《常德市基层计划生育协会整建工作实施方案》（常计生领发〔1999〕01 号），成立了协会整建工作领导小组。市计生协会首先在石门县开展村级协会整建试点，各县（市区）亦进行了整建试点。1998 年 12 月、1999 年 8 月市计生协会分别在桃源县、石门县召开村级协会整建工作现场汇报会，推广试点经验和做法。此次村级协会整建按照以下五条标准进行：有威望高、能力强、热心协会工作的会长或副会长，并以主要精力做协会工作，有必要的经费支持；理事会的组成体现了群众性（妇女、青年各占一定比例），能根据群众的需求经常研究和安排协会工作；吸收“五老”、育龄群众中的积极分子、有文化科学知识的能人和致富能手等为会员，会员能带头实行计划生育，大部分会员能做他人的工作；能指导会员小组工作，通过有效的活动载体带动会员经常开展工作；能协助村（居）委会按照“三为主”的要求开展工作。

在村级协会整建中，通过对会员进行重新摸底、登记、重新申请、建档、颁发会员证，对年老多病不起作用的会员予以劝退。在此次整建中，常德市共劝退 42659 名不合格会员，新入会会员 68246 名，会员结构日趋合理，改变了过去“三多三少”（干部党员会员多、育龄群众会员少；男会员多、女会员少；年老会员多、青年会员少）的状况。到 2000 年，全市共有会员 54.63 万名，占全市总人口的 9.17%，其中“五老”会员 40111 人，育龄群众积极分子 320921 人，技术能手和致富能手 121013 人，分别占会员总数的 6.7%、53.9%、20.3%。

2001 年 5 月 17 日至 20 日，常德市计生协会、市计生委抽调 30 名调查员，组织 9 个调查组，对全市 34 个村（居）计生协会整建工作进行随机抽样检查验收，整建合格率为 94%。

2002 年，根据中国计生协会和湖南省计生协会《关于开展村（居）计生协会评估工作的通知》（中计生协〔2002〕23 号）（湘计生协发〔2002〕7 号），常德市计生协会制定了基层协会评估认定的标准，从协会章程、会员及会员小组、开展活动、组织管理、参与计生村（居）民自治等5个方面进行具体量化，采取自下而上，最后市级抽查的方法，对全市4455个村（居）计生协会开展了评估。评估认定结果为：先进协会1064个，占23.9%；合格协会2930个，占65.75%；不合格协会461个，占10.35%。见表1-3-1-7。

中国计生协会将2004年定为全国“协会组织建设年”。常德市计生协会继续开展基层协会整建“回头看”和“创建合格村协会”活动。自此每年开展一次基层协会组织整建工作督查、“合格村协会”的检查评估活动。到2006年常德市“合格村协会”达90%以上。

2007年1月，常德市委办公室、市人民政府办公室第二次下发《关于进一步加强计划生育协会工作的意见》（常办发〔2007〕1号）。2009年3月，常德市人口和计划生育领导小组下发《关于进一步加强基层计划生育协会工作的意见》（常人口领发〔2009〕5号）。以上两个文件均对基层协会的建设和发展提出了具体要求。

加快企业协会组织建设步伐。按照摸清底子、办点示范、全面建会的程序，对全市100人以上的大中型企业协会组织进行清理整顿，确保企业建会率达100%，并真正开展活动。津市市汪家桥街道办事处为适应城乡基层体制改革和非公有制企业发展，采取计生协会联合会、分会以及“物业式”“楼寓式”“挂靠式”“联谊式”等新的协会组织形式延伸协会组织，新增协会组织8个，对育龄群众实行了计生协会组织全面覆盖服务。在流动人口聚居地建立协会组织。对流动已婚人员规模在50人以上的聚居地，确保全部建会，对规模在50人以下的建立会员小组。安乡县安宏乡在上海、新疆等地设立了8个流动人口协会服务小组；石门县太平镇在广东佛山志高空调厂、东莞裕源鞋厂等5个务工人员密集区建立了计生协会组织。加快市城区协会组织建设，常德市计生协会抓住城市社区建设，与武陵区计生协会通力合作，将市城区69个社区230个物业小区的兼职计生信息员发展为协会会员，并以片为单位健立协会小组。

2009年，车向东（左二）调研武陵区在民营企业、商会建计生协会工作

协会骨干培训　按照分级培训的原则，常德市市县两级计生协会会长、常务副会长、秘书长定期参加湖南省计生协会组织的培训学习。市计生协会重点抓好乡级计生协会常务副会长和秘书长的培训学习。坚持4—5年组织一次大型培训活动。分别于1990年、1995年、

表 1－3－1－7

常德市 2002 年村（居）计生协会评估结果统计表

单位	协会总数（个）	市级协会数（个）	县级协会数（个）	乡镇街道协会数（个）	流动人口协会数（个）	机关企事业协会（个）	村（居）协会数（个）				村（居）总数（个）	村（居）未建协会数（个）
							小计	先进的	合格的	不合格的		
常德市	5529	1	9	229	381	692	4455	1064	2930	461	4455	0
武陵区	303		1	13	12	118	173	61	103	9	173	0
鼎城区	623		1	36	2	3	618	72	494	52	618	0
津市市	254		1	15	25	62	167	25	132	10	167	0
安乡县	318		1	20	7	7	304	102	188	14	304	0
汉寿县	560		1	34	2	8	550	131	334	85	550	0
临澧县	374		1	18	2	32	340	61	235	44	340	0
澧　县	1231		1	33	274	321	636	161	394	81	636	0
桃源县	966		1	41	43	41	882	255	496	131	882	0
石门县	899		1	19	14	100	785	196	554	35	785	0

注：数据来源常德市计生协会统计报表。

1999年、2004年、2009年先后5次，每次4—6天组织乡镇计生协会常务副会长和秘书长参加的大型培训班。进行人口理论、计生政策法规、协会知识学习教育和典型宣传。县级计生协会则每年组织1次对村级计生协会常务副会长、秘书长的培训。村级计生协主要加强会员培训，提高会员素质。在对基层协会骨干培训中，常德市计生协会注重实施典型引路，强化业务培训，增强指导力度，特别注意发挥计生协会中名人、能人的作用，通过模范典型的带动，提高会员整体素质。

第三节　计划生育协会办事机构

一、市计生协办事机构、人员编制和经费

办事机构和人员编制　常德市计生协会成立初期，尚无办事机构和人员编制，其工作由市计生委工作人员兼职。1991年6月，常德市编办下发《关于常德市计划生育协会有关编制问题的批复》（常编办直〔1991〕43号），核定常德市计生协会2名专干编制，其来源是，从市计生委机关连人带编划拨1名，从市计生委宣传指导站连人带编划拨1名，人员经费维持原渠道不变。当年，实有工作人员2名。1993年，市编办为市计生协会增加自收自支事业编制1名。1997年6月，常德市编办下发《关于设立常德市计划生育协会办公室的批复》（常编办〔1997〕45号），同意成立常德市计生协会办公室，为正科级机构管理的事业单位，负责市计生协会的日常工作，挂靠市计生委管理。办公室设主任（副主任）1名，联络、指导、调研人员1名，信访统计、内勤1名。2000年，常德市编办下发《关于市计划生育协会办公室有关编制调整等问题的批复》（常编办〔2000〕33号），同意市计生协会办公室全额拨款事业编制数原定的2名增加到3名，原有1名自收自支事业编制予以核销。当年，实有工作人员3名。2010年9月，常德市人民政府办公室下发《常德市人口和计划生育委员会主要职责内设机构和人员编制规定》（常政办发〔2010〕19号）明确：市计生协会由市人口和计划生育委员会代管，内设办公室，核定市计生协会全额拨款事业编制5名，其中：专职副会长（按副处级配备）1名，秘书长（高配副处级）1名，正科级领导职数1名，其他工作人员2名。

2007年7月，常德市编委会全会研究同意，市编办下发《关于市计划生育协会列入群众团体序列有关事项的通知》（常编办〔2007〕95号），将常德市计划生育协会列入群众团体序列，为行政机构性质。市计生协会办公室调整为市计生协会机关内设机构。核定市计划协会机关全额拨款事业编制5名（新增2名），工作人员实行参照公务员管理。是年，协会实有工作人员5名。

2011年，市委常委会研究决定为市计生协会再增加1名编制，共计达到6名。

常德市计生协会从建会开始，会长一职由市级领导（或离退休老领导）担任，不占协会编制；市计生委主任兼任第一副会长；常务副会长由市计生委一名领导班子成员兼任，

不占协会编制。2005 年 12 月，常德市委常委研究，同意市计生协会秘书长高配为副处级。2007 年 2 月，常务副会长实行高配为正处级。2009 年 2 月，市计生协配备专职副会长为副处级。计生协会的领导岗位成为交流、提拔和重用干部的平台。

活动经费　2000 年以前，常德市计生协会没有专门的活动经费，所需工作经费均在市计生事业费中列支。2001 年起，根据湖南省计生委、省计生协会的要求，常德市计生协会的工作经费按照市级计生事业费 6% 的比例单列，财务由市人口计生委代管。2008 年起，由市财政实行单列，市计生协会单独建账管理。2008 年—2012 年，市计生协会总收入 555.28 万元，事业支出 471. 91 万元，其中救助扶困和助学活动支出 125 万元，留存 63.61 万元。见表 1 –3 –2 –1。

表 1 –3 –2 –1

常德市计生协会 2008—2012 年财务收支统计表

单位：万元

年　份	收　　入		事业支出	节　　余
	财政拨款	其他收入		
2008	31.57		22.66	8.91
2009	105.88	8.00	69.38	44.50
2010	104.20	11.76	111.85	4.11
2011	154.54		128.69	25.85
2012	139.33		139.33	0
合　计	535.52	19.76	471.91	83.37

注：数据来源常德市计生协会财务报表。

二、基层计生协会办事机构，人员编制和经费

县级计生协会　常德市各县（市区）计生协会由一名县级领导或离退休的县级老领导担任会长，专职（常务）副会长由县级计生局领导班子一名成员担任。1992 年以后，县级计生协会设立了计生协会办公室，配备有工作人员 2—5 名。2007 年开始县级计生协会常务副会长和秘书长按正科级和副科级实行了高配。2012 年全市县级计生协会共有专职工作人员 33 人。县级计生协会工作经费一般按同级计生事业费的 8% 划拨单列。

乡级计生协会　常德市乡级计生协会由一名乡级领导担任会长，设有专职副会长（或常务副会长），由一名退居二线的老领导担任。秘书长一般由乡级计生办主任兼任，并明确一名专职工作人员。2012 年全市有乡级计生协会专职工作人员 385 人。协会工作经费在同级计生事业费中列支。

村级计生协会　常德市村级计生协会由村级党支部书记任会长，设有专职副会长，一般由退下来的老村支部书记或村主任担任，秘书长由村级计生专干兼任。常人口发〔2009〕5 号文件规定，为村级计生协会常务（专职）副会长解决每人每年不少于 300 元的报酬。

第四章　队伍建设

第一节　组建配备队伍

一、管理队伍

（一）区、乡（镇）计划生育专干队伍

1978年以前，常德市区乡（镇）计划生育工作由妇联主任兼职负责，村妇女主任兼管计划生育工作，乡、村两级尚无专职计划生育工作人员。

1979年，常德市各县（市区）编委正式行文下达区、乡（镇）计划生育专干编制330名，其中行政编制60名，事业编制270名。从1982年开始到1987年各县（市区）招聘了第一批区乡（镇）计划生育专干共132人，其中武陵区（原常德市）2人、鼎城区（原常德县）13人、津市市4人、汉寿县12人、安乡县8人、澧县27人、临澧县6人、石门县38人、桃源县22人。第一批区乡（镇）计划生育专干大多成为全市计划生育的骨干力量。见表1－4－1－1。

表1－4－1－1

常德市第一批区乡（镇）计划生育专职干部名录

武陵区	护城乡	郭兴举	男	德山乡	孔祥惠	女			
鼎城区	牛鼻滩办事处	皮桂祖	男	韩公渡乡	聂仁作	男	断港头乡	王文旭	女
	镇德桥镇	赵祖清	男	周家店镇	沈善武	男	河洑办事处	向天明	男
	雷公庙乡	郭梅媛	女	斗姆湖办事处	甘杏初	男	石门桥办事处	戴庆桂	男
	黄土店办事处	熊湘魁	男	黄土店镇	粟洪涛	男	港二口乡	蒋淑新	女
	逆江坪乡	谭云国	男						
津市市	窑坡乡	郑学甲	男	新洲镇	沈善喜	男			
	李家铺乡	唐武	男	棠华乡	李正清	男			
汉寿县	聂家桥乡	杨成义	男	朱家铺乡	龚金刚	男	鸭子港乡	刘家元	男
	洲口镇	陈焕文	男	罐头嘴镇	金保林	男	毛家滩乡	徐玉华	男
	毛家滩乡	彭琼志	男	丰家铺乡	张飞跃	男	三和乡	刘秀球	男
	毓德铺镇	王新保	男	阳南塘乡	刘高和	男	军山铺乡	郭金梅	女
安乡县	安障乡	李士武	男	安宏乡	刘绍书	男	安全乡	李德山	男
	安造乡	刘华新	男	安凝乡	黄道银	男	安丰乡	吴国华	男

续表

安乡县	安裕乡	钱松清	男	下渔口镇	王荣武	男			
澧县	澧澹乡	向绪平	男	澧东乡	杨继昌	男	涔南乡	周木香	女
	双龙乡	郑维春	男	彭家厂镇	翟小平	男	复兴厂镇	赵克蓉	女
	宜万乡	张小连	女	盐井镇	彭仕林	男	大围乡	刘清海	男
	九垸乡	覃士国	男	官垸乡	刘清忠	男	如东乡	李圣财	男
	余家台乡	刘培洲	男	永丰乡	刘连满	男	太青乡	周明彬	男
	东门乡	陈道传	男	甘溪乡	曾仁林	男	火连坡镇	孙继华	男
	方石坪乡	胡良波	男	马头铺镇	庹朝生	男	杨家坊乡	张作安	男
	洞市镇	熊守岩	男	大堰垱区公所	严文舫	男	王家厂镇	刘祖国	男
	闸口乡	汤祚杰	男	中武乡	游生岩	男	界岭乡	周卫国	男
临澧县	新安镇	程方清	男	合口镇	杨道秀	女	合口镇	李承荣	男
	杨板乡	彭保民	男	四新岗镇	赵育民	男	修梅乡	匡业俊	男
石门县	新关镇	金友国	男	易家渡镇	鲁炳普	男	二都乡	杨万华	男
	蒙泉区公所	覃文忠	男	花薮乡	毛先桂	男	盘石乡	董书安	男
	白洋乡	张国艳	男	三板乡	杜方荣	男	杨坪乡	陈才	男
	官渡镇	田建平	男	皂市镇	刘湘声	男	白云桥乡	廖其林	男
	阳泉乡	邓兆望	男	爪子峪乡	彭承兵	男	燕子山乡	敖仁继	男
	望羊桥乡	林忠国	男	仙阳区公所	邱建国	男	渡水乡	向左武	男
	三圣乡	胡良松	男	穿山河乡	毛文品	男	太平街乡	胡体华	男
	子良坪乡	尹序俊	男	水田岗乡	向多群	男	河口乡	周念清	男
	九渡河乡	田凤坤	男	雁池乡	唐典云	男	磨岗隘乡	丁吉考	男
	所街乡	陈庆教	男	商溪乡	覃道皇	男	杨柳乡	覃凤姣	女
	苏家铺乡	文新业	男	罗坪乡	万方勇	男	安溪乡	唐汇更生	男
	泥沙区公所	唐坤忠	男	泥沙镇	覃凤祥	男	南坪河乡	周俊	男
	中岭乡	林泽忠	男	南镇	易先杰	男			
桃源县	漆河镇	文德才	男	黄婆乡	陈方丽	女	瓦尔岗乡	周海	男
	余家坪乡	燕秋云	女	剪市区公所	龙国保	男	杨溪桥乡	唐志伟	男

续表

	太平铺乡	彭化彩	男	东湖垸乡	乐文明	男	西安镇	袁易华	女
	郝坪乡	杨志勇	男	黄石镇	莫金秋	女	向家桥乡	燕俊忠	男
	兴隆街镇	文卫兵	男	三沅潭乡	唐作鄯	男	寺坪乡	朱宏春	男
	陬市镇	黄富春	男	牯牛山乡	谢丽	女	八公桥乡	朱茂生	男
	牛车河乡	张道池	男	杜坪乡	朱兴华	男	龙虎乡	谢凤鸣	男
	漆河镇	曾长胜	男						

1983年，全市已有计划生育工作人员437人，但县以下仅283人，组织结构呈倒金字塔状态，基层计划生育力量十分薄弱。1988年，全市有乡级以上计生工作人员546人。其中市计生委34人，武陵区31人，鼎城区79人，安乡县38人，汉寿县45人，澧县65人，临澧县38人，桃源县93人，石门县68人，津市市26人，西湖管理区9人，西洞庭管理区21人，贺家山农场6人。到1989年，全市共有计划生育工作人员670人，其中县级265人，区乡（镇）405人，倒金字塔状况有了改变。见表1－4－1－2。

为解决计划生育工作任务重、人员少的矛盾，在20世纪80年代后期，各乡镇纷纷招聘“突击队员”，有的乡镇多达20多人，基层计划生育工作一度依靠这些“突击队员”和乡村干部集中突击来完成。1991年，根据国家计划生育委员会《计划生育人事统计工作实施办法》的精神和湖南省计划生育系统人事工作会议要求，常德市计生委组织各县（市区）和国营农场主管人事工作的副主任和人事干部29人，从9月15日至10月25日，对常德辖区的计划生育工作机构和人员进行了首次调查。调查资料显示：常德市所辖六县二区一市和四个国营农场都设立了计划生育委员会，有编制248名，其中行政编98名，事业编制150名。各县（市区）管辖的县辖区29个，乡镇267个，街道办事处11个，500人以上的农村渔、茶场24个。全市计划生育工作人员达到1410人，其中正式工作人员699人，占总人数49%，包括国家干部351人，招聘干部120人，国家正式职工79人，全民合同制工人58人，集体职工291人；临时突击队员711人，占总人数的51%。

表1－4－1－2

常德市1989年计划生育工作人员统计表

单位：人

单位	计生委			服务站		区、乡（镇）			合计
	行政编	事业编	实有人数	编制	实有人数	行政编	事业编	实有人数	总人数
全市合计	103	5	134	134	131	301	63	405	670
市计生委	16	2		13	15				33

续表

单位	计生委			服务站		区、乡（镇）			合计
	行政编	事业编	实有人数	编制	实有人数	行政编	事业编	实有人数	总人数
武陵区	5	3	10	11	10		16	17	37
鼎城区	11		11	19	24	54		55	90
安乡县	8		14	14	14	21		22	50
汉寿县	8		10	7	7	29		30	47
澧　县	12		12	10	10		47	56	78
临澧县	7		15	18	10	19		19	44
桃源县	12		13	13	19	72		81	113
石门县	7		11	20	12	50		61	84
津市市	6		9	9	11	15		15	34
西　湖	2		2			13		16	18
西洞庭	3		3			20		20	23
贺家山	3		3			5		10	13
东山峰	3		3			3		3	6

注：数据来源市计生委1989年人事统计报表。

（二）乡镇计划生育管理和服务队伍

1990年，湖南省人民政府决定从乡镇计划生育工作人员中录用国家干部3000名，从乡镇计划生育临时工作人员中“农转非”及招收全民合同制工人1万名。根据省分配给常德的指标和湘计劳〔1991〕628号、常政办通〔1991〕34号文件精神，从1991年至1995年常德市连续五年从乡镇计划生育临时工作人员中“农转非”招收全民合同制工人821名。见表1－4－1－3。

1996年，湖南省委组织部、省人事厅、省计生委联合行文，就城市街道计划生育机构和人员编制进行了规定：在城市街道办事处设立计划生育办公室，设主任1名，配置工作人员1—2名，以2万人为基数，每增加1万人，增设1名。1996年至1997年全市11个街道办事处全部建立了计划生育办公室，配备了相应的工作人员。到1997年，常德市212个乡（镇、街道）计生办共有编329名，实有375人，乡镇计生服务所编制849名，实有803人。全市市、县、乡三级共有行政管理机构226个，编制472名，实有524人；有服务机构216个（城市街道未设服务机构），编制1391名，实有1418人。全市共有管理服务人员 1567 人。至此，常德市计划生育专职管理服务机构和管理服务队伍形成。

表 1－4－1－3

常德市 1991 年—1995 年从乡镇计划生育临时工作人员中
“农转非”及招收全民合同制工人统计表

单位：人

单位	1991 年	1992 年	1993 年	1994 年	1995 年	合计
武陵区	1	4	2	2	2	11
鼎城区	25	32	29	25	24	135
安乡县	13	22	12	12	22	81
汉寿县	18	24	22	17	24	105
澧　县	21	20	25	29	30	125
临澧县	13	22	3	2	10	50
桃源县	33	31	43	36	15	158
石门县	24	25	28	21	14	112
津市市	5	9	5	3	10	32
西湖管理区	1			2	1	4
西洞庭管理区	1				1	2
东山峰农场	1	1			1	3
德山经济开发区			1	1	1	3
合　计	156	190	170	150	155	821

注：数据来源市计生委 1991—1995 年人事统计报表。

（三）乡镇计生队伍管理

1995 年以前，常德市县级计生委对乡镇计生办工作人员的人事变动、工资报酬、考核定级、培训指导全权管理，乡镇党委、政府只管计生办的政治思想、作风纪律。1995 年，根据湘发〔1995〕6 号和湘发〔1995〕29 号文件精神，计划生育系统在撤区并乡，简政放权以后，人、财、物、事四权下放到乡镇，使乡镇计生人员管理上出现了一些难以协调的问题。1998 年 7 月，市计生委对鼎城、桃源、汉寿、石门 4 个县区 8 个乡镇计生工作人员进行了调查，发现乡镇计生工作人员管理上存在一些问题：编制管理混乱，部分乡镇计生工作人员未定编定人，行政编制被挤占，所查 8 个乡镇中，只有 1 名计生专干是行政编制，其余 7 个乡镇计生专干是以职代干。超编进人严重，所查 8 个乡镇定编 51 人，实际

80人，超编29人，其中有20人属照顾关系进人。汉寿县东岳庙乡总人口21900人，计生办编制6人，实际11人，超编5人。毛家滩乡计生办编制7人，实际13人，超编6人全部属临时人员和关系户。人浮于事，部分乡镇计生办采取“抓阄”“摸砣”办法进行人员分流，轮流上岗，一部分人员则辞职离岗，另寻出路。

2001年，湖南省乡镇机构改革。湖南省编制委员会办公室、省人事厅、省计生委下发了《关于规范乡镇计划生育机构编制和人员管理的通知》（湘编办〔2001〕39号），2002年1月，常德市机构编制委员会办公室、市人事局、市计生委《关于规范乡镇计划生育机构编制和人员管理的通知》（常编办〔2002〕1号）对乡镇在机构改革中计生办机构和人员编制重新作了规定：乡镇计划生育办公室是乡镇人民政府主管计划生育工作的行政管理机构，在乡镇机构改革中，一、二类乡镇可单独设立计划生育办公室，只设综合办公室的乡镇可在综合办公室加挂计划生育办公室的牌子。乡镇计划生育专干编制，应根据乡镇总人口数和地域大小、地理位置等实际情况配备，每个乡镇至少配备1至2名行政编制的计生专干，总人口在3万人以上的应适当增配；为确保乡镇计划生育工作需要，在行政编制紧张的情况下，其事业编制计划生育专干在一段时间内予以保留，待今后逐步消化；保留“乡镇计划生育服务所”机构和事业编制人员，2万人以下的乡镇配备2名，以2万人为基数，原则上每增加1万人口可增配1名编制。

常德市在乡镇机构改革中，遵照上述关于乡镇计划生育机构人员编制要求，进行了乡镇计划生育机构改革和人员的精简整编。到2004年，全市212个乡（镇、街道）保留行政编制323名，实有254人，其中国家公务员101人；事业编制874名，实有930人。全市市县乡三级共有行政编制446名，实有人员403人，其中国家公务员232人；事业编制1219名，实有人员1301人；合计编制总数1665名，实有总人数1704人。

2011年，湖南省进行新一轮乡镇机构改革。省人口计生委下发了《关于积极配合做好乡镇机构改革的通知》（湘人口办明电〔2011〕2号），要求在乡镇机构改革中，将计划生育办公室和计划生育服务所纳入4办6所之中。根据这一文件要求，常德市委、市政府要求市委编制部门和区县市严格执行省里的文件精神，在制定乡镇机构改革方案时，将计生办作为乡镇的4个内设机构之一，予以稳定加强。是年3月，市委副书记曹儒国在全市人口和计划生育工作会议上明确指出：“要稳定计生机构，在乡镇机构改革中，计生机构不能撤，不能并，职能、力量要加强。”是年10月，《中共常德市委办公室、常德市人民政府办公室印发〈关于深化乡镇机构改革有关问题的意见〉的通知》（常办发〔2011〕4号）规定：乡镇机关党政机构一般设置4办，即党政综合办公室、经济发展办公室、计划生育办公室、综治维稳办公室。全市所有乡镇均设立了计划生育办公室，保留了原有的计划生育服务所。

到2012年，市县两级人口计生委（局）机关共有行政编制129名，事业后勤编制18名，实有人员212人；市县两级直属事业单位事业编制276名，实有人员415；乡镇（街道）行政编制179名，事业编276名，共计455名，实有人员642人；乡镇计生服务所事业编制656名，实有659人。全市市县乡三级共计生工作人员1826人，其中市县级机关212人，占11.6%；市县级直属事业单位415人，占22.6%；乡镇（街道）计生办和服务所1199人，占65.8%。见表1－4－1－4。

（四）村级计划生育专干队伍

20世纪80年代初，随着农村经济体制改革和家庭联产承包责任制的推行，集体管理的约束力下降，基层干部的行政职权削减，农户间缺乏了严密的组织联系，基层计划生育工作面临新的问题。常德市各级党委、政府和计划生育部门开始重视村级计划生育专干队伍建设，全市计划生育机构和工作队伍由市县乡逐步延伸到村、组。到1988年，全市4288个村（居委会）配备计生专干4300多名，村（居）民小组均设立了计划生育信息员。1997年，常德市对全市村（居委会）计生专干的基本情况进行了全面清理统计，并以乡（镇）为单位对村（居委会）计生专干建档。当年全市村（居委会）4494个（其中居委会371个、城市居委会133个）配备计生专干4495人（桃源县漳江镇莲花湖居委会配有2名计生专干）。村（居）计生专干由村委会或党支部成员担任，党员2469人，占总数的55%；初中以上文化4022人，占89%；年龄在45岁以上590人，占7.9%。

2008年澧县举办村级计生专干培训班

2002年，常德市委组织部、市编委办公室、市人事局、市财政局、市计生委（常组通〔2002〕31号）《关于进一步加强计划生育队伍建设的若干规定》要求，村级计划生育专干应选派40岁以下、初中文化以上的女性担任，并逐步实行计划生育专干、保健员、村妇女主任“三职合一”，组要配备一名计生信息员。根据上述要求，各地不断加强对村级计生专干的选拔和培养。到2002年年底止，全市4460个村（居委会）配备计生专干4460人，其中女性4308人，占97%，年龄45岁以下3722人，占84%，初中以上文化4039人，占91%。到2004年，全市已无男性村（居）计生专干，其本实行了妇女主任和村专干“两职合一”，少数地方实行了妇女主任、妇幼保健员和计生专干“三职合一”。村（居）民小组均有1至2名计生信息员。

表 1－4－1－4

常德市 2012 年人口和计划生育机构编制和人员统计表

单位：人

单位	总人数	人口计生委机关							直属事业单位					乡（镇、街道）																
		编制数			实有人数				编制数				实有总人数	乡镇街道数	计生专干编制数			实有人数			合同制工人		其他人员	计生服务所编制数				实有人数
		合计	行政编	后勤编	合计	公务员	后勤人员	其他人员	合计	全额拨款	差额拨款	自收自支			合计	行政编	事业编	合计	公务员	干部	小计	担任专干		合计	全额拨款	差额拨款	自收自支	
市人口计生委	56	21	20	1	22	21	1	0	35	37	0	0	34															
武陵区	66	8	7	1	11	10	1	0	18	18	0	0	15		33	12	21	29	3	2	24	7	0	12	12	0	0	11
鼎城区	207	15	13	2	34	22	2	10	36	36	0	0	22		36	36	0	106	0	2	104	30	0	32	32	0	0	45
安乡县	222	11	10	1	15	14	1	0	40	40	0	0	66		80	19	61	93	7	15	10	10	61	48	48	0	0	48
汉寿县	210	11	10	1	15	14	1	0	30	30	0	0	45		100	30	70	111	2	0	70	15	39	60	60	0	0	39
澧　县	259	13	12	1	33	15	2	16	36	36	0	0	47		106	33	73	114	1	17	86	33	10	74	74	0	0	65
临澧县	193	11	10	1	18	17	1	0	65	65	0	0	72		20	20	0	61	6	17	38	5	0	91	91	0	0	42
桃源县	259	17	16	1	21	20	1	0	33	33	0	0	32		0	0	0	0	0	0	0	0	0	188	188	0	0	206
石门县	179	15	14	1	16	15	1	0	45	45	0	0	44		19	19	0	63	0	2	61	19	0	119	119	0	0	56
津市市	102	10	9	1	10	9	1	0	29	29	0	0	31		14	2	12	18	2	0	16	5	0	28	28	0	0	43
西湖管理区	29	5	5	0	7	3	3	1	6	6	0	0	4		18	3	15	18	0	18	0	0	0	0	0	0	0	0
西洞庭管理区	12	3	2	1	3	2	0	1	3	3	0	0	3		6	4	2	6	0	6	0	0	0	0	0	0	0	0
德山开发区	19	3	1	2	3	1	0	2	0	0	0	0	0	3	14	1	13	14	1	0	13	3	0	2	2	0	0	2
柳叶湖度假区	11	2	0	2	2	0	0	2	0	0	0	0	0	2	9	0	9	7	0	0	7	2	0	2	2	0	0	2
贺家山原种场	2	2	0	2	2	0	0	2	0	0	0	0	0	0	0	0	0	0	0	0	0	0	0	0	0	0	0	0
全市合计	1826	147	129	18	212	163	15	34	276	278	0	0	415		455	179	276	640	22	79	429	129	110	656	656	0	0	559

注：数据来源市人口计生委 2012 年人事统计报表。

二、技术队伍

（一）计划生育技术队伍的组建

1984 年以前，常德市计划生育系统还没有建立专门的技术队伍，计划生育手术主要靠卫生部门来完成。1985 年以后，县乡计划生育服务站（所）相继建立，逐步建立起一支具有计划生育特色的专业技术队伍。技术人员主要来自五个方面：在建立县级计划服务站初期，从卫生部门调进了一批技术业务骨干；1991 年至 1995 年招聘 821 名全民合同制工人时，招聘了 598 名卫生技术人员；各县（市区）计生委从社会上招聘了一批技术业务骨干；2001 年和 2003 年，临澧、石门两县县妇幼保健院与县计生服务站实行“两网合一”，从卫生部门分流过来一批；计生部门采取送出去学习、培训、深造等办法培养了一批。2012 年全市县乡两级人口计生部门共有专业技术人员 522 人，其中县级 166 人、乡级 356 人，占县乡计生工作人员总数的 30%。见表 1 - 4 - 1 - 5。

表 1 - 4 - 1 - 5

常德市 2012 年县乡两级人口计生技术人员统计表

单位：人

单位	合计	县级	乡级
武陵区	5	3	2
鼎城区	52	7	45
安乡县	54	16	38
汉寿县	60	21	39
澧　县	68	18	50
临澧县	83	41	42
桃源县	84	15	69
石门县	87	31	56
津市市	19	8	11
西湖管理区	3	3	0
西洞庭管理区	3	3	0
德山开发区	2	0	2
柳叶湖管理区	2	0	2
合　计	522	166	356

注：数据来源市人口计生委 2012 年人事统计报表。

（二）计生技术职称的评定

1987年6月，经常德地区职称改革领导小组同意，成立了“常德地区计划生育中级技术职称评审委员会”，首次将计划生育技术职称评审从卫生系统分离出来，单独成立了常德地区计划生育中级技术职称评审委员会（代评初级），当年评定了58名计划生育技术人员的职称，其中中级职称17名。1998年，湖南省人事厅、省计生委下发了《关于做好计划生育卫生专业技术人员职称评聘工作的通知》（湘人发〔1998〕29号），组建了湖南省计划生育卫生专业技术职务评审委员会，实行专业化评审。《通知》规定：凡在企事业单位从事计划生育工作的卫生专业技术人员均可申报评审计划生育卫生专业技术职务，并成立了省计划生育高级和中级专业技术职务任职资格评审委员会。随后，常德市计生委经市职称改革工作领导小组研究，同意成立“常德市计划生育卫生专业技术人员职称改革工作领导小组”，按照《湖南省计划生育卫生技术人员靠用（卫生技术人员职务试行条例）的实施细则》进行计划生育卫生专业技术人员的评审。2012年，全市县乡计划生育专业技术人员中有高级职称4人、中级职称89人、初级职称405人，分别占全市计生专业技术人员总数的0.8%、17%、77%。见表1－4－1－6。

表1－4－1－6

常德市2012年县乡两级人口和计划生育卫生技术人员职称评定情况统计表

单位：人

县市区	县乡技术人员总数			县级技术人员				乡级技术人员		
	合计	县级	乡级	副主任医师	主治医师	医师	药师	主治医师	医师	药师
武陵区	5	3	2	0	2	1	0	0	0	2
鼎城区	52	7	45	0	5	2	0	3	32	10
安乡县	54	16	38	0	2	12	2	0	16	3
汉寿县	60	21	39	1	5	14	0	0	30	9
澧　县	68	18	50	1	3	14	0	2	4	44
临澧县	83	41	42	0	16	25	0	3	39	0
桃源县	84	15	69	1	7	5	2	10	2	56
石门县	87	31	56	0	21	10	0	5	48	3
津市市	19	8	110	0	0	2	6	0	1	8
西湖管理区	3	3	0	1	2	0	0	0	0	0

续表

县市区	县乡技术人员总数			县级技术人员				乡级技术人员		
	合计	县级	乡级	副主任医师	主治医师	医师	药师	主治医师	医师	药师
西洞庭管理区	3	3	0	0	2	1	0	0	0	0
德山经济开发区	2		2					1	1	0
柳叶湖旅游度假区	2		2					1	1	0
合　计	522	166	356	4	64	86	10	25	174	135

注：数据来源市人口计生委2012年人事统计报表。

（三）专家组织

市病残儿医学鉴定组　1991年5月，常德市成立独生子女病残儿医学鉴定组，李宗政任组长，万钰峰任副组长，刘殿元、于乾萍、李淑珍、孙维华、李子花为成员。同时，各县（市区）也成立以计生部门分管领导为组长，卫生、计生相关医学专家为成员的病残儿医学鉴定组。1991年—2001年，病残儿医学鉴定以县级鉴定为主，市里负责鉴定资料审查。2001年6月《计划生育技术服务管理条例》（国务院第309号令）颁布以后，常德市于2002年11月建立了市病残儿医学鉴定专家库，成员由市县两级具有副高以上专业技术职称的各学科专家组成。鉴定组和专家库根据人员变化和工作需要进行了多次调整。鉴定组的主要职责：审查申报病残儿医学鉴定的材料是否完善、真实可靠，提出需要补充的有关材料；进行病残儿医学鉴定，现场实施体格检查并确定相关的辅助检查项目，提出疾病诊断、疾病程度、再生子女出生缺陷再发风险分析，提出是否可以再生育及产前诊断的建议。市级鉴定为二级鉴定，一般每年举行2次，以片为单位，集中到有关县（市区）封闭式进行。凡对鉴定结果不服的，可在1个月内向省级病残儿鉴定小组申请再鉴定。从2007年至2009年，全市市级病残儿鉴定总人数1104人，其中遗传性疾病201人、非遗传性疾病512人、意外伤害致残50人。经过鉴定批准可再生育763人，占69.1%。

市计划生育技术服务专家委员会　2000年11月，常德市成立了计划生育技术服务专家委员会，张锦祥任主任，赖冰泉、李子花任副主任，成员由计生、卫生系统的专家组成，办公室设市计生委。专家委员会的主要职责：参与从事计划生育技术服务机构的评审；参与组织计划生育技术服务人员的考试、考核；指导病残儿医学鉴定、计划生育手术并发症及其他与计划生育有关的技术鉴定；协助组织与计划生育技术服务有关的科研项目；指导计划生育新技术推广应用和计划生育技术服务的指导和培训；参与计划生育技术服务工作的考核和评估；开展计划生育技术服务的调研，对计划生育技术服务的管理和发展提出意见和建议；承担人口和计划生育行政部门委托的其他工作任务。专家委员会于

2001年、2002年、2010年分别进行了调整。

市计划生育手术并发症鉴定组　1990年以前，计生手术并发症的鉴定由医院医生会诊鉴定，没有专门的鉴定机构和人员。1990年，国家计生委下发了《关于计划生育节育手术并发症管理办法和鉴定办法的通知》（国计生厅字〔1990〕172号），要求成立省、市、县三级鉴定小组。2010年以前，常德市没有成立计划生育手术并发症鉴定组。手术并发症工作主要由县级鉴定小组鉴定，需要复查的上报市里，由市计划生育专家委员会组织复查，个别疑难病症或对市里鉴定不服的上报省级鉴定组进行终审鉴定。为进一步做好手术并发症鉴定治疗工作，2010年7月，市人口计生委、市卫生局联合建立市计划生育手术并发症鉴定组和专家库（常人口发〔2010〕18号）。专家库成员由全市各医疗、保健、计生技术服务机构中具有副高以上专业技术职称、品行端正的各学科专家组成。其主要职责是：独立开展对申请鉴定的计划生育手术对象进行技术鉴定；对县级鉴定有异议的手术并发症患者进行复核鉴定；对有争议的病例申报省级鉴定组织再行检查鉴定；开具鉴定诊断意见；指导县（市区）对手术并发症患者进行相应的治疗；负责有关检查鉴定的咨询及科技宣传解释工作。

第二节　业务素质建设

一、岗位培训

岗前培训　常德市计生工作人员岗前培训始于1992年。是年3月至1995年12月，市计生委用4年时间举办了16期岗前培训班，对期间招收的821名合同制工人进行了上岗前培训。每期50人，时间1个月，按照国家计生委和人事部的规定，系统学习“人口理论”“计划生育管理”“人口计划与统计”“计划生育技术”4门课程，经过上课辅导、完成作业、社会调查和实践、结业考试等4个环节，全部考试合格并取得了上岗证。以后每隔1—2年，对新进计划生育系统的工作人员，都要由市县计生委组织一次岗前培训。

在岗培训　根据1992年国家计生委、人事部《关于开展计划生育干部岗位专业培训工作的通知》（国计生发〔1992〕26号）和省人口计生委关于“八五”“九五”“十五”“十一五”期间干部培训规划，常德市人口计生系统采取分层培训的原则，参加和举办各类人口和计划生育专业培训班。

选送人员参加省人口计生委举办的各类专业培训。从“八五”时期开始，到“十一五”末，常德市参加全省调训2500多人次。“十一五”期间，湖南省人口计生委举办了市县党政分管领导人口和计划生育理论研修班、县级人口计生局长岗位专业培训班、人口大乡镇（街道）分管领导人口计生工作研讨班、大型企事业单位和大中专院校计生办主任培训班、综合治理专干班、婴儿早期教育师资班、妇产科高级研修班、优生遗传与不孕不育高级研修班、遗传咨询和产前筛查知识培训班以及人口计生各类业务培训班。常德市人口计生委每期都按省人口计生委要求，积极组织和选调学员到省参加培训。2009年，湖南省人口计生委《关于2009年省本级人口计生系统干部岗位培训情况的通报》（湘人口办发〔2009〕65号），常德市2009年参加湖南省人口计生系统干部调训95人，实际参训95人，到训率100%。见表1－4－2－1。

表1－4－2－1

常德市2009年参加省级人口计生系统干部岗位培训情况统计表

县级分管领导理论研修班		县级计生局长岗位培训班		大乡镇分管领导培训班		综合治理专干培训班		早期教育师资培训班		其他业务培训班		参训率
调训人数	参训人数	调训人数	参训人数	调训人数	参训人数	调训人数	参训人数	调训人数	参训人数	调训人数	参训人数	
8	7	18	18	20	24	12	11	9	12	28	29	100%

注：数据来源省人口计生委2009年人事统计报表。

武陵区举办计划生育业务培训班

市级举办各类业务培训班。根据分级培训的原则，市级主要培训乡级人口计生工作分管领导和计生办主任（专干）以及县乡级人口计生工作人员。1986年7月8日至18日，常德地区计生委举办了第一次乡镇（街道）计生专干业务培训班。全地区250多名乡镇（街道）计生专干参加培训。地区计生委借用常德师范学校操场做课堂、学生宿舍供学员住宿、地区计生委干部编印教材，主任、副主任、科站长任教员，其他干部搞好后勤服务。这是一次“延安抗大”式的培训。从那以后，根据计生工作的开展，分别于1990年、1997年、2000年、2005年、2008年、2009年，在市委党校、市武警支队、市芷园宾馆等场所对全市乡镇（街道）计生分管领导和计生办主任进行业务培训。参训人数达2100多人次。市人口计生委每年根据年度工作计划，制定各项业务培训计划，对县乡计生工作人员采取短训班或以会代训方式进行业务培训。1998年，市计生委成立了干部培训中心，使干部培训步入了制度化、经常化和正规化。2003年，市计生干部培训中心与市计生信息中心联合举办了乡镇计算机操作人员等级证培训班，乡镇计生计算机操作人员分期分批经过近一个月培训，操作合格，由劳动部门颁发了全国计算机中级等级证书。2010年9月至12月，在常德职业技术学院举办了两期乡镇计生技术人员业务培训，利用院校条件和师资力量，对80名具有执业助理医师以上资质或有国家承认的大专以上医学学历的乡镇计生中心服务所技术人员采取分期分批、集中封闭、全脱产的方式进行了检验、B 超、护理、临床等专业知识的培训。

专题培训　根据计生工作发展的特殊要求及时进行的专题培训。如《湖南省计划生育条例》《中华人民共和国人口与计划生育法》《湖南省人口与计划生育条例》以及国家行政诉讼法、赔偿法颁布实施后，常德市人口计生委都组织了专门的培训。《湖南省人口与计划生育条例》颁布实施前，市计生委于 2002 年 12 月 16 日至 30 日分 4 批，每期 2 天，组织各县（市区）计生局局长、计划统计、政策法规、宣传教育的分管领导和股长，农场、开发区、管理区计生委（办）主任、分管业务副主任，各乡镇（街道）计生办主任共 300 余人进行宣讲《条例》的师资培训。

跟班进修　县乡计生技术服务站（所），选调一部分年轻的业务骨干到市县级医院和上级医院进行妇科、产科、节育技术、护理、B 超检验等方面的技术进修培训。1988 年起全市县乡两级计生服务站所选调进修学员 300 多人次。

县级培训　按照培训任务分工，县级人口计生局主要承担乡级计生分管领导、计生工作人员和村级计生专干的培训，一般每年举办 1 至 2 次短训班，分期分批进行业务轮训。全市每年县级培训达 6000 多人次。

二、学历教育

普通学历教育　1987 年，湖南省计生委组建了人口学专业高等教育自学考试辅导站，在武陵区（原常德市）自学考试办公室的指导下，常德市（原常德地区）计生委成立了辅导分站，43 名县（市区）计生委干部、基层计生专干和部分工矿企业计生工作人员进行为期 4 年的自学考试。到 1998 年，参加人员减少到 18 人。1991 年考试毕业获大专文凭的有桃源县计生委谢凤鸣、西洞庭农场计生办张庭华、西湖农场计生办洪晚娥、慈利县计生委阖光明、汉寿县围堤湖乡计生办张德华、常德棉纺厂计生专干杨美荣共 6 人，另有市计生委彭淑华等 9 人获专科合格证书。

1995 年，湖南省计生委制定了《湖南省“九五”期间计划生育干部教育培训规划》，要求到 2000 年，省、市、县、乡 40 岁以下计划生育干部 50% 达到大专以上文化程度。是年，通过参加全国成人高考，临澧县计生委办公室主任邹立新、西湖农场计生委主任洪晚娥、西洞庭农场计生委主任唐年春等三人参加湖南教育学院政治（人口理论）专业函授本科班学习，这是全省首期也是唯一一期人口专业本科函授班，通过三年学习，邹立新、洪晚娥获得政治（人口理论）专业本科文凭。1996 年，省计生委下发了《关于“九五”期间在全省开展人口经济学专业等函授大专班学历教育的实施办法》的通知，对全省计生系统开展学历教育作了具体部署和要求。常德市计生委层层宣传发动，动员和支持全市计生工作人员积极参加各种形式的成人教育。1997 年，全市共有 120 人参加湖南省计生系统人口经济学专业函授大专班学习，2000 年全部毕业，获大专毕业证书。

1998 年，常德市计生委与常德市委党校、常德卫生学校联合开办了人口理论、妇科医疗大专班，先后有169名计生工作人员参加学习，并毕业获大专文凭。

2001年，常德市计生委干部培训中心在湖南广播电视大学卫生分校的支持下，建立了湖南电大卫生分校常德教学点。积极组织、鼓励全市县乡计生技术员报名参加学习，规定：凡参加学习者，在省计生委奖励的基础上，每人每年补助生活费200元，凡学习合格获得毕业证者，除回所在单位报销60%学费以外，市计生委一次性奖励500元。常德教学点先后招收了2002级、2003级妇幼卫生大专班学员149人，分别于2005年、2006年毕业，全部获大专文凭。2006年该教学点停办。

除组织专门的学历教育培训班外，常德市人口计生委鼓励各级计生工作人员参加各种形式的自学考试、函授教育、党校学习等学历教育。

常德市乡镇以上人口计生工作人员的文化程度和学历层次逐年提高。1990年，全市乡级以上计生工作人员含临时工作人员1567人，大专以上学历185人，占11.8%，初中以下学历246人，占15.7%；2000年专职工作人员1674人，大专以上学历578人，占34.5%，初中以下学历40人，占2.4%；2012年专职工作人员1824人，大专以上学历1216人，占66.7%，没有初中以下学历工作人员。2012年与1990年相比，大专学历人员比例提高了54.9个百分点。县（市区）计生工作人员学历较高的是武陵区，大专文化学历达85%。见表1－4－2－2、表1－4－2－3。

专业学历教育　根据人口和计划生育工作的特点，行政管理人员主要突出法律专业、计算机专业的继续教育；技术人员主要突出医学专业的继续教育。2012年，常德市人口计生系统法律专业毕业生共131人，计算机专业毕业生59人，医学大专毕业生111人。分别占全市计生工作人员总数的7.2%、3.4%、6.1%。见表1－4－2－4、表1－4－2－5、表1－4－2－6。

表1－4－2－2

常德市2012年乡级以上人口计生工作人员学历统计表

单位：人、%

单　位	合　计			机关直属单位		乡镇（街道）	
	总人数	大专以上学历	占%	总人数	大专以上学历	总人数	大专以上学历
市人口计生委	54	50	93.0	54	50		
武陵区	66	56	85.0	26	19	40	37
鼎城区	207	133	64.3	56	43	151	90
安乡县	222	131	59.0	81	51	141	80

续表

单　位	合　计			机关直属单位		乡镇（街道）	
	总人数	大专以上学历	占%	总人数	大专以上学历	总人数	大专以上学历
汉寿县	210	134	63.8	60	46	150	88
澧　县	259	158	61.0	80	39	179	119
临澧县	193	121	62.7	90	64	103	57
桃源县	259	186	71.8	53	44	206	142
石门县	179	133	74.3	60	42	119	91
津市市	102	51	50.0	41	33	61	18
西湖管理区	29	20	69.0	11	10	18	10
西洞庭管理区	12	12	100.0	6	6	6	6
德山开发区	19	18	94.7	3	3	16	15
柳叶湖度假区	11	11	100.0	2	2	9	9
贺家山原种场	2	2	100.0	2	2	0	0
合　计	1824	1216	66.7	625	454	1199	762

注：数据来源2012年常德市人口计生委人事统计报表。

表1-4-2-3

常德市1990年、2000年、2012年乡级以上人口计生专职工作人员学历统计表

单位：人、%

年份	专职工作人员总数	大专以上学历		高中（中专）学历		初中以下学历	
		人数	%	人数	%	人数	%
1990	1567	185	11.8	1136	72.5	246	15.7
2000	1674	578	34.5	1056	63.1	40	2.4
2012	1824	1216	66.7	608	33.3	0	0

注：数据来源1990年、2000年、2012年常德市人口计生委人事统计报表。

表 1－4－2－4

常德市 2012 年人口计生系统法律专业人员统计

单位：人

区　分	合计	本科以上学历	大专学历
市人口计生委	20	17	3
县（市区）	49	34	15
乡镇（街道）	62	22	40
合　计	131	73	58

注：数据来源 2012 年常德市人口计生委人事统计报表。

表 1－4－2－5

常德市 2012 年人口计生系统计算机专业人员统计

单位：人

区分	合计	本科以上学历	大专学历	中专学历
市人口计生委	2	2	0	0
县（市区）	20	6	13	1
乡镇（街道）	37	11	19	7
合计	59	19	32	8

注：数据来源 2012 年常德市人口计生委人事统计报表。

表 1－4－2－6

常德市 2012 年人口计生技术人员医学大专以上学历人数统计表

单位：人

单位	技术人员总数	医学大专以上学历		单位	技术人员总数	医学大专以上学历	
		人数	占%			人数	占%
武陵区	5	1	20.0	石门县	87	18	20.7
鼎城区	52	4	7.7	津市市	19	0	0
安乡县	54	10	1.9	西湖管理区	3	3	100.0
汉寿县	60	12	20.0	西洞庭管理区	3	3	100.0
澧　县	68	18	26.5	德山开发区	2	0	0
临澧县	83	28	33.7	柳叶湖度假区	2	0	0
桃源县	84	14	16.7	合计	522	111	21.3

注：数据来源 2012 年常德市人口计生委科技统计报表。

村级专干学历培训　2001 年，湖南省计生委、省农村工作办公室开始进行村级计生专干中等学历教育试点，常德市鼎城区、澧县被确定为全省第一批试点单位。2002 年 4 月，根据《湖南省 2001 年 - 2005 年村计划生育专干中等学历教育的实施意见》，常德市计生委、市农村工作办公室下发了《关于对村计划生育专干实施中等学历教育的通知》（常计生发〔2002〕11 号），常德市计生委、市农村工作办公室联合成立村级计生专干中等学历教育领导小组，各县（市区）成立了相应机构，省市县三级计生委、三级农广校分级筹措资金，采取设立县直教学班和乡镇就近设班的原则，学制三年，实行学期制和单科累计制或学分制相结合。2002 年全市共招收具有初中以上文化、年龄 38 岁以下、热爱计生工作、身体健康、群众拥护、从事计生工作 8 年以上的女性村级计生专干 1200 名。其中武陵区 50 人，鼎城区 160 人，汉寿县 120 人，桃源县 220 人，临澧县 120 人，石门县 120 人，澧县 180 人，津市市 50 人，安乡县 120 人，西湖管理区 30 人，西洞庭管理区 30 人。2012 年全市村级计生专干 3330 人，大学专科以上文化 287 人，高中文化 3043 人，分别占 8.6%、91.4%。基本没有初中以下文化的村级专干。

三、技能竞赛

1991 年 6 月，常德市计生委举办首届“人口与计划生育基础知识教育讲课暨宣讲选拔赛。”全市 37 名选手参赛，桃源县选手罗玉双获演讲竞赛一等奖；武陵区计生委周启蓉获讲课竞赛城镇组一等奖；汉寿县夹堤农校校长丁敬忠获讲课竞赛乡镇组一等奖；讲课竞赛村级组由鼎城区黄土店镇青岗村 17 岁农民女青年林惠摘冠。

1996 年，湖南省计生委首次在技术人员中开展技术服务基本技能竞赛活动。常德市计生委为迎接全省技术大比武决定在全市开展技术比武大练兵活动，并制定了《关于对在参加省市技术比武中优胜者进行奖励的规定》（常计生字〔1996〕28 号）。规定：凡在省级市级计生技术比武中获第一、二、三名者，分别给所在县（市区）1997 年度年终计划生育目标管理考核评估总分中加 1.5 分、1.0 分、0.5 分的奖励；凡在省级、市级计生技术比武中获个人第一、二、三名者分别给予奖励现金 1000 元、800 元、500 元。各县（市区）认真组织技术人员学习培训和技术比武。同年 11 月，全市计生技术人员大比武在桃源县计生服务站举行。津市市获第一名，临澧县获第二名，安乡县、桃源县获第三名，桃源县同时获组织奖。临澧县王庆龄获个人第一名，津市市雷雪梅获个人第二名，桃源县金慧获个人第三名。是年 12 月，全省计生技术服务专业技能竞赛在长沙市计生服务站展开，临澧县王庆龄、安乡县覃化兰、桃源县金慧 3 人组成常德代表队参加全省竞赛。常德代表队获全省团体第二名，王庆龄获上环组第一名，覃化兰获结扎组第二名，金慧获 B 超组第三名。

2000 年 8 月 30 日，湖南省“人口与计划生育及相关法律法规知识竞赛”决赛在长沙举行，由县级领导代表汉寿县委常委李百艳、县级计生委领导代表安乡县计生委副主任谭文炳等 3 人组成常德代表队在决赛中一举夺冠，获一等奖。同年 10 月 31 日，湖南省“金桥杯”基层计算机业务技能竞赛在长沙举行，由临澧县太浮镇计生办金林、杉板乡计生办肖玉、杨板乡计生办邹炎梅以及鼎城区黄土店镇计生办杨碧勇、桃源县杨溪桥乡计生办胡秀丽等5人组成常德代表队参赛，获集体二等奖（第二名），金林获个人二等奖，邹炎梅获个人三等奖。

2001年11月，湖南省人口计生委在衡阳市计生服务站举办全省第二届计生技术服务基本技能竞赛。常德市由临澧县腾明惠、桃源县文丽桃、石门县刘继华、武陵区许道华4人组成常德代表队参加了比赛。常德获团体三等奖，文丽桃获优生检测组第一名，刘丽华获护理组第二名，腾明惠获女扎组第三名。

2002年，常德市在全省计划生育信息化竞赛中，荣获团体第一名。

2006年9月，常德市人口计生委举办“关爱女孩行动”知识竞赛，临澧县人口计生局获一等奖；津市市、鼎城区人口计生局分别获二、三等奖，临澧县人口计生局宣传干部黎霞林夺冠。

2010年常德市人口计生委举行药具“三基”知识竞赛

从2007年至2010年，常德市根据湖南省人口计生委关于《全省计划生育科技大练兵活动方案》（湘人口发〔2007〕17号），制定了《常德市计划生育科技大练兵活动实施方案》，进行了为期三年的计生技术人员岗位练兵活动。活动按照全员参与、立足本岗、因人制宜和讲求实效的原则，进行基本理论知识和基本操作技能的学习培训。2008年12月，全市随机抽选了100名计生技术人员进行了基础理论考试。综合平均成绩前4名是：鼎城区、临澧县、澧县、桃源县。个人成绩前10名是：严桂（汉寿县）、杨金华（桃源县）、张华（澧县）、周红莲（汉寿县）、黄首玲（鼎城区）、徐淑琴（临澧县）、陈蓉（安乡县）、袁云卉（鼎城区）、朱聆英（桃源县）、侯淑平（临澧县）。2009年12月，常德市计生技术服务技能竞赛在澧县计生服务站举行。桃源县代表队获团体一等奖；石门县代表队获团体二等奖；团体三等奖获得者是澧县和临澧县代表队；汉寿县代表队获组织奖；个人临床医学专业一等奖获得者是汉寿县刘斌；桃源县宋丽丽、石门县周金玉分别获个人医技B超专业和护理专业第一名。2010年11月，湖南省人口计生委组织全省计生技术服务技能竞赛，常德市未取得名次。

2010年7—9月，根据国家人口计生委药具发展中心和省药具物资站的通知，常德市计生药具系统开展“三基”（基本理论、基本知识、基本技能）岗位练兵和知识竞赛活动。是年 8 月 13 日，市级竞赛安乡县代表队获一等奖，鼎城区代表队获二等奖。8 月 31 日，全省举行“三基”知识总决赛，常德队获团体三等奖；安乡县安德乡药具员贺溶获优秀选手奖。

2011 年 11 月，常德市举办全市流动人口计划生育服务管理“一盘棋”信息化应用竞赛，桃源县荣获一等奖。是月，在全省流动人口计划生育服务管理“一盘棋”信息化应用竞赛中，常德市夺得团体第二名和个人第一名。

第三节　制度机制建设

2002 年 8 月，常德市委、市政府在澧县召开全市计划生育队伍建设会议，这是常德市计划生育史上队伍建设首次会议。会议全面回顾总结了全市计划生育队伍建设历程，分析当前面临的计划生育新形势、新任务，动员全市上下与时俱进，改革创新，努力构建高素质的计划生育队伍。市人民政府副市长张元英作主体工作报告，要求全市创新管理体制，创新用人机制，建立起高素质的计划生育行政管理、技术服务、群众工作、产业发展四支计划生育队伍。市委副书记、市计生领导小组组长曹儒国出席会议并讲话，强调要审时度势，与时俱进，高看厚爱，切实加强计生队伍的建设。要把加强计划生育队伍建设摆在重要议事日程，纳入干部使用、管理、提拔的整体目标来抓，放在整个干部队伍建设去考虑、去安排，做到安排工作不忘计划生育，制定干部政策倾斜计划生育，提拔干部关照计划生育。要像澧县县委政府那样，财政再紧，计生经费和工资待遇不能少；编制再紧，计生机构编制不能扣；乡镇再穷，计生阵地建设必须搞。会上，澧县县委、澧县人民政府介绍了《建一流计生队伍，创一流工作水平》的经验，澧县计生委党组介绍了《齐心谋良策，合力创佳绩》的经验；安乡县计生协会会长唐斌作了题为《十年风雨计生路，历尽艰险终不悔》、临澧县计生局长于乾政作了题为《脚踏实地，用心耕耘》、汉寿县计生服务站站长傅烈元作了题为《十年站长苦与乐》、澧县张公庙镇计生办主任何志明作了题为《无怨无悔的追求》、鼎城区灌溪镇窑顶村计生专干黄金花作了题为《尽职尽责当好村计生专干》的典型发言。是年 10 月，在曹儒国的主持下，常德市委组织部、市编委办公室、市人事局、市财政局、市计

2002 年，全市计划生育队伍建设会议在澧县召开

生委联合制定了《关于进一步加强计划生育队伍建设的若干规定》（常组通〔2002〕31号），要求规范计划生育机构和人员编制管理，配备好乡镇计划生育专干，抓好学历教育和专业技术培训教育，配强县（市区）计生局班子，落实计生工作人员政治、经济待遇，严格实行聘任制、岗位责任制、末位淘汰制、错误追究制等制度。

一、约束机制

全员聘任制 市县乡三级计生专职工作人员在竞争上岗的基础上，由单位发放聘任书予以聘任。20世纪80年代至90年代初期，由于计生工作难度大，条件差，待遇低，很多人不愿从事计生工作。从90年代开始，常德市组织人事部门对计生干部队伍实行政策“倾斜”，加之社会就业压力增大，想到计生部门工作的人越来越多。根据当时组织人事制度和用工制度改革的精神，常德市计生干部队伍实行制度改革。引进竞争机制，把好进人关。采取“三公开”（即公开招录条件、公开招录资格，公开招录结果）、“三坚持”（坚持限额录用、坚持择优录用、坚持公开录用）的办法进行转干录用和招聘合同制工人。

1999年，常德市计生委机关按照市委要求进行干部制度改革，实行全员聘任，竞争上岗制。由于干部、职工思想观念未变，在竞岗过程中，一名干部纠缠取闹，冲击会场，改革半途夭折。2000年，常德市计生委新一届领导班子统一认识，排除干扰和阻力，公开、公平、公正地实行竞争上岗，8个科室（站）负责人有7个换了岗位，干部实行“双向选择”，一名干部待岗。机关实行竞争上岗以后，随即进行了一系列改革，剥离了机关服务管理，将计生培训中心、药具服务中心、信息中心实行市场化运作，干部实行绩效挂钩，年终奖金实行全额浮动，机关内部活力增强。除市、县计生委领导采取党委、政府任命制外，科（股）长以下干部、职工以及乡镇计生工作人员，全部实行竞争上岗，全员聘任。临澧县在计生技术服务队伍中面向社会公开招聘人员，实行竞争上岗，2名卫生系统医务人员跳出行业竞聘被录用，5名离职计生技术员竞争重新上岗。通过竞争上岗，激发计生技术服务队伍活力，社会效益与经济效益同步增长，出现了业务收入增加、技术人员工资增加、服务质量提升、育龄群众满意度提升的“两增加两提升”局面。

持证上岗制 20世纪90年代开始，常德市计生干部队伍逐步壮大，人员增多。从1994年开始，常德市乡镇计生办工作人员职责开始细化，一般分为计生专干、统计员（微机操作员）、宣传员、政策法规员、药具技术员、协会秘书长等工作岗位，因岗定人，以岗定责，持证上岗，严格岗责。所有工作人员必须经过严格培训学习，取得相应的岗位合格证后才能上岗。2001年市政府常务会专题研究乡镇计生技术人员持证上岗问题，决定对未取得计划生育节育手术执业资格的乡镇计划生育技术服务员，由市计生委认真组织培训，合格后发给计划生育节育技术合格证，卫生部门发给乡村医生证，然后再上岗。

末位淘汰制 1999年，澧县制定了对乡镇计生工作实行县乡共管的规定，加大了对乡镇计生工作人员岗位责任制的考核力度，实行百分制考核，采取平时考核与年终考核相结合，由县乡两级对其进行德、能、勤、绩考核，按得分多少兑现工资、奖金，对得分排在最后面的人员定为不合格等次，对连续两年评为不合格等次的人员实行末位淘汰，予以解聘。市计生委及时推广澧县“末位淘汰制”作法，使之成为全市计生工作人员最有力的约束机制。明确规定：乡镇计生工作人员凡履行职责不力、年终考核不称职当年实行诫勉；对连续两次年度考核排在末位，或累计三次年度考核排在末位的单位主要负责人和直接责任人，是公务员的予以待岗一年，待岗期内只发基本生活费；是事业单位职工或聘用人员的，由用人单位予以解聘；对造成重大工作失误的要严肃追究相应责任。到2012年，全市人口计生系统根据“末位淘汰制”，被辞退的工作人员共9名。

2000年市计生委机关开展竞争上岗动员

错误追究制　对工作中渎职，违法违纪，弄虚作假的计生工作人员，市县计生委纪检监察部门进行了严肃查处。从1988年到2012年，常德市有31名党政组织负责人、计划生育分管领导和计生工作人员因计生工作领导不力，工作出现严重问题，或在工作中渎职违法违纪、弄虚作假等原因被市县纪检监察部门查处。1995年5月，澧县计生委调查发现该县车溪乡1994年瞒报出生23人，其中政策内一孩10人、政策外二孩12人、多孩1人，计划生育率比目标管理差4.32个百分点，错统率为4.98%。澧县县委常委研究决定：对车溪乡1994年计生工作及全面工作实行追踪否决；取消该乡1994年度“计划生育先进单位”称号，收回奖牌奖金；责成原任党委书记、乡长向县委政府写出书面检查，并予以黄牌警告；分管计生工作党委副书记在县计生大会上作公开检查；撤销澧县县委（澧干〔1995〕6号文件）对原任计生专干提拔副科级任职的决定；责成车溪乡党委辞退乡计生办统计员；责成大堰垱区委对车溪乡超生严重的村进行整顿，对有关的责任人分别给予严肃处理。

二、激励机制

激励政策　1985年，常德地委、常德行政公署为激励计生工作人员，规定乡镇以上计生专职工作人员实行岗位津贴制，每人每月7—9元。1988年提高到每人每月25元。各县（市区）在实行过程中标准不一，有的县（市区）高一些。随着国家公务员制度的实施和工资制度改革，1999年此项规定取消。

20世纪80年代末至90年初中期，常德市委、市政府先后5次发文规定，对计生工作人员实行优待激励政策：担任五年以上县、乡计生委（办）主任，且成绩突出的，增发30元津贴，优先提拔重用；计划生育工作连续三年被评为市县先进的区乡（镇）计生专干和分管领导，奖励一级工资；成绩突出，连续担任五年以上的乡（镇）计生专干，享受副乡级待遇；村级计生专干享受副村级待遇，是党员的担任村党支部副书记，其报酬不得低于村主干的80%；市、县两级党委、政府每年表彰一批计生战线先进集体和先进个人，对从事计生工作15年以上县乡级计生工作人员授予荣誉证书，退休可增发5%退休金。2002年10月，常德市委组织部常组通〔2002〕31号文件，对计生干部队伍激励机制重新进行了规范：连续3年获得所在县（市区）计生工作红旗单位称号或连续6年获得先进单位称号的乡镇（街道），其为主分管计划生育的负责人因工作需要继续分管的，可享受正乡长待遇。对政绩突出、任职时间较长的县（市区）计生局长，优先提拔重用：担任县级计生局长8年以上，所在县（市区）连续保持全省计划生育工作先进单位；担任县级计生局长5年以上，所在县（市区）连续5年保持全省模范县（市区）称号，或连续5年以上获市计划生育红旗单位称号，或获得全省计划生育模范县（市区）称号，或进入国家级先进单位的。县（市区）分管计生工作的领导和计生局长所在县（市区）获得全市计生工作红旗单位称号，当年岗位为优秀等次。乡镇（街道）主要分管负责人、计生办专干所在单位当年被评为所在县（市区）红旗单位的，其年终岗评时直接评为优秀等次。市里设立"重视计划生育工作最佳领导奖"，每年评选一次，奖励表彰重视计划生育工作的处级和科级党政领导、县乡计生协会会长。保证计生办事业编制人员、乡镇计生服务所技术人员工资、社会养老保险金和医疗保险金，单位承担部分实行县级统筹统发。村计生专干工资报酬必须予以保证，并实行乡镇统发。凡1970年以来，在县（市区）、乡镇（街道办事处）的计生部门连续从事计生工作满15年以上专干，退休可增发本人标准工资的5%作为补助费，增发的补助费连同退休费，不得超过本人原工资标准。

分管领导评先表彰 从2001年开始常德市每年评选"重视人口与计划生育工作最佳领导奖"。2003年以后改为"全市人口和计划生育工作先进个人"。从2001年至2012年，全市评选出"重视人口与计划生育工作最佳领导"和先进个人共计125人。其中包括黎卫平、彭建武、刘汉华、郑大金、尹正锡、戴宏生、汤菊华、向绪彦、徐世明、陈昌玉、高德知、戴君耀、覃志云、陈华、熊大顺、张克武、田大春、潘勇等18名县级党政分管计生工作领导和92名乡镇（街道）党委书记。

晋级提职 从1988年于2010年，常德市各县（市区）党委、政府从人口计生战线提拔的科级干部共计442名，其中武陵区33人、鼎城区55人、安乡县47人、汉寿县61人、澧县48人、临澧县54人、桃源县97人、石门县24人、津市市23人。1995年至2012年，市委、市政府从计生战线提拔的县处级以上干部35人，其中市人口计生委16人。1990年至2008年县（区市）人口计生局长提拔为副处级以上职务11人。见表1－4－3－1、表1－4－3－2。

表 1－4－3－1

常德市人口和计划生育委员会 1995 年至 2012 年提拔的副处级以上人员名录

姓　名	性别	时间	原任职务	提拔任职	备　注
郑景阳	男	1995. 10	主任	市政府助理巡视员	
彭淑华	女	1996. 4	副主任	主任	
郑家火	男	2003. 3	副主任	市卫生局局长	
李培兰	女	2009. 9	副主任	市委党校副校长	正处级
梁长安	男	1993. 5	财务科长	市公路局副局长	
肖耀明	男	1996. 8	综合科长	副主任	
覃志云	女	2001. 10	财务科长	市统计局副局长	
张锦祥	男	2000. 9	药具技术站长	副主任	
廖建华	女	2003. 6	人事科长	助理调研员	
覃祖运	男	2005. 12	法规科长	市计生协会秘书长	高配为副处级
彭治纲	男	2006. 11	统计科长	市计生委党组成员 工会主席	
道　欣	男	2008. 3	宣传科长	市计生协会秘书长	高配为副处级
车立平	男	2009. 7	药具技术站长	副主任	
邹立新	男	2010. 2	办公室主任	执法监察支队队长	高配为副处级
任　一	男	2012. 4	统计科长	副调研员	
易国华	女	2012. 4	副处级待遇	副调研员	

表 1－4－3－2

常德市 1990 年至 2008 年县（市区）人口计生委（局）主任（局长）提拔人员名录

单位职务	姓　名	性别	时　间	副处级待遇
鼎城区计生委主任	何福珍	女	1991. 1	区委常委
临澧县计生委主任	黎卫平	女	1994. 5	县委常委
澧县计生委主任	胡祖明	男	2002. 12	副处级干部
安乡县计生委主任	陈元金	男	2002. 12	副处级干部
临澧县计生委主任	于乾政	男	2003. 1	县委副调研员

续表

单位职务	姓　名	性别	时　间	副处级待遇
桃源县计生委主任（后任县政府办主任）	黄金华	男	2003. 3	县政府副调研员
津市市计生委主任	易国华	女	2005. 5	副处级干部
临澧县人口计生局局长	彭耀忠	男	2008. 3	副处级干部
安乡县人口计生局局长	雷祥	男	2008. 3	副处级干部
鼎城区人口计生局局长	邵建国	男	2008. 3	副处级干部
桃源县人口计生局局长	田建中	男	2008. 3	副处级干部

开展争先创优活动　常德市自开展计划生育工作以来，每年都要层层开展争先创优表彰活动，以此激励各级领导和全市计生工作者敬业爱岗，奋发向上的斗志。培养、总结、宣传了一大批计划生育英模典型：20 世纪 70 年代的全国“三八红旗手”、全国计划生育先进个人、鼎城区计生委粟绍群；80 年代省级劳动模范、桃源县热市乡计生专干马作媛；全国七届人大代表、澧县复兴厂镇计生专干赵克蓉；90 年代全国计划生育劳动模范，全国十四大党代表、桃源县杜坪乡计生专干张桂华；21 世纪初期“湖南人口奖”获得者、汉寿县计生技术服务站站长傅烈元等。

落实人员工资待遇　20 世纪 90 年代，常德市乡镇计划生育经费处于十分艰难境地。全市 211 个乡镇几乎个个欠账，欠账多的达 60 多万元，总计欠账达 2000 多万元。欠账的主要原因：欠卫生部门的节育手术费老账；乡镇计生阵地建设、设备配备、人员负担过重等欠账；计生工作水平提高、计划外生育费征收越来越少；乡镇投入不到位。据 1998 年调查，全市 211 个乡镇，按照工作人员的工资标准，年底工资全部到位的只有 50%，发放半年的占 40%，不足半年的占 10%。乡镇计生工作人员工资“白条”比较普遍；有的不得不自己背米上班；有的丢下工作到处“找钱”；有个别的对计划外生育者睁只眼闭只眼，搞“放水养鱼”。一时间，乡镇计生工作人员思想浮动，人心思走。为稳住这支队伍，各地采取了一些积极措施。津市市计生委在 1999 年全省税费改革试点中主动介入，保住了乡镇计生工作人员编制，在编工作人员工资由市财政统一发放；同时在消赤减债过程中把乡镇计生办的债务转移到政府。澧县将乡镇计生工作人员工资按人均 1—2 元标准统筹到县财政，实行打卡发放。2002 年 1 月，常德市人民政府办公室发出了《关于乡（镇）村计划生育工作人员基本工资实行县乡统筹统发的通知》（常政发〔2002〕2 号），规定乡（镇）计划生育办公室的事业编制人员按工资标准以及养老保险金、医疗保险金由县统筹，县财政按月打卡发放；村计生专干工资按每人每年 1200 元的标准由乡统筹，按每人每月 100 元标准按月发放。

表彰“十佳”　1999 年 12 月，湖南省计生委首次表彰全省“十、百、千”村级计生专干。即表彰全省10名村级专干标兵、100名村级模范专干、1000名村级优秀专干。桃源县三阳镇白岩村计生专干王金川被评为全省村级计生专干标兵；武陵区护城乡西郊村计生专干陶珍妹等9人被评为全省村级模范专干；武陵区城东街道办事处红卫居委会计生专干王书华等88人被评为全省村级优秀专干。此后，常德市人口计生领导小组、市人口计生委、市计生协会在全市计生战线各类职业人群中不定期开展“十佳”评选活动。

2006年常德市人口计生委表彰全市“十佳”优秀乡镇（街道）计生办主任

韩爱梅（女）　武陵区东郊乡计生办主任
佘美莲（女）　桃源县郝坪乡计生办主任
陈进仁　鼎城区石门桥镇计生办主任
黄明波　临澧县九里乡计生办主任
谭微集　澧县复兴厂镇计生办主任
郭泽丽（女）　安乡县城关镇计生办主任
郭守明　津市市渡口镇计生办主任
聂本炼　汉寿县坡头镇计生办主任
盛孝政　石门县维新镇计生办主任
孔祥慧（女）　德山开发区德山街道办事处计生办主任

2010年常德市人口计生领导小组表彰全市“十佳”计生专干

黄明艳（女）　武陵区东郊乡计生专干
周学柏　鼎城区唐家铺乡计生专干
朱　峰　汉寿县洋淘湖镇计生专干
吴建豪　桃源县漳江镇计生专干
黄明波　临澧县九里乡计生专干
胡昌福　石门县楚江镇计生专干
张海清　澧县小渡口镇计生专干
陈三英（女）　安乡县大鲸港丰凝港社区计生专干
傅祖梅（女）　津市市金鱼岭街道办事处计生专干
龙德建　西洞庭管理区望洲办事处计生专干

第二篇

人　口

第二篇　人　口

第一章　人口生产

第一节　人口总量变动

一、人口总量

第六次全国人口普查，2010年11月1日零时，常德市户籍人口为622.59万人，其中常住人口①为571.72万人，家庭户②170.14万户，家庭户人口为535.81万人。与1949年全国解放时全市总人口312.15万相比，60年增加310.44万人，接近增加1倍。与1988年相比，全市总人口由551.51万人增加到622.59万人，增加71.08万人；常住人口总户数由150.78万户增加到170.14万户，增加19.36万户；常住男性人口由286.72万人增加到288.21万人，增加1.49万人；常住女性人口由264.79万人增加到283.51万人，增加18.72万人；城镇人口由80.8万人增加到222.13万人，增加141.3万人；乡村人口由470.8万人减少到349.33万人，减少121.47万人。常德市人口总量由1984年的湖南省第一位降到1989年的第二位、2000年的第三位、2010年的第四位。湖南省2012年度人口计划完成情况抽样调查与统计报表汇总资料显示，2012年，常德市人口总量达到623.62万人。1949年至2012年常德市各年度人口数见表2－1－1－1。

表2－1－1－1

常德市1949—2012年各年度人口总量统计表

单位：万人

年份	总人口	年份	总人口	年份	总人口	年份	总人口	年份	总人口
1949	312.15	1962	368.29	1975	506.64	1988	551.51	2001	596.03

① 常住人口，包括居住在本乡镇街道，户口在本乡镇街道或户口待定人口；居住在本乡镇街道，离开户口所在地乡镇街道半年以上的人口；户口在本乡镇街道，外出不满半年或在境外工作学习的人口。

② 家庭户是指以家庭成员关系为主，居住一处共同生活的人组成的户。

续表

年份	总人口	年份	总人口	年份	总人口	年份	总人口	年份	总人口
1950	324.45	1963	376.85	1976	512.37	1989	556.80	2002	598.19
1951	329.31	1964	383.13	1977	516.30	1990	569.16	2003	600.13
1952	333.12	1965	394.57	1978	520.04	1991	571.60	2004	601.05
1953	337.33	1966	409.33	1979	523.98	1992	574.15	2005	602.42
1954	345.29	1967	418.87	1980	525.87	1993	577.82	2006	607.75
1955	349.99	1968	431.46	1981	529.86	1994	582.14	2007	611.99
1956	357.67	1969	443.46	1982	533.49	1995	585.85	2008	614.16
1957	365.77	1970	454.44	1983	532.93	1996	589.83	2009	616.69
1958	366.52	1971	464.48	1984	533.62	1997	593.32	2010	622.59
1959	366.99	1972	477.16	1985	536.67	1998	595.03	2011	625.98
1960	356.04	1973	491.66	1986	540.70	1999	596.56	2012	623.62
1961	345.51	1974	497.83	1987	544.58	2000	599.28		

注：数据来源：1988 年以前由市统计局提供并已剔除慈利县，1988 年至 1999 年来源《常德市统计年鉴》（1988—2000），2001 年至 2009 年来源《常德统计年鉴》（2002—2010），2000 年、2010 年来源第五次、第六次全国人口普查资料，2011 年、2012 年来源《湖南省人口计划完成情况抽样调查与统计报表汇总资料》。

二、人口增长速度

人口总量增长速度　常德市是全国全省最早实行计划生育的地区之一，人口增长的速度也低于全省人口增长的速度。从 1949 年的 312.15 万人，到 2012 年增加到 623.62 万人，63 年增加了 311.47 万人，增长率为 99.78%；年均增加人口 4.94 万人，年均增长率为 1.58%。比湖南省同期人口总量增长率、年均增长率分别低 40.30 个百分点和 0.64 个百分点。

1949—1958 年，全国解放以后，国民经济开始恢复，人民群众安居乐业，人口生产也快速发展，常德市出现了第一次人口生育高峰期。全市人口由 1949 年 312.15 万人增加到 1958 年 366.52 万人，9 年增加人口 54.37 万人，增长率为 17.42%；年均增加人口 6.04 万，年均增长率为 1.94%。人口再生产类型由新中国成立前的“高出生、高死亡、低增长”过渡到建国后的“高出生、低死亡、高增长”。

1958—1961 年，由于三年严重自然灾害，国民经济处于严重困难时期，常德市人口出现了负增长。全市总人口由 1958 年 366.52 万人减少到 1961 年 345.51 万人，三年减少人口 21.01 万人，减少率为 5.7%；年均减少人口 7.00 万人，年均减少率为 1.94%。呈现

“低出生、高死亡、低增长”的特殊状态。这是常德市近代和现代史上人口生产第一次出现负增长。

1961—1973 年，随着国民经济的恢复和发展，常德市出现了一个补偿性人口生育期。1961 年末全市总人口 345.51 万人，到 1962 年末增加到 368.29 万人，一年全市增加人口 22.78 万人。从 1963 年起，历经 1966 年开始的“文化大革命”，人口生产处于无节制状态，全市出现了第二次人口生育高峰期。到 1973 年，全市总人口达到 491.66 万人。从 1961 年到 1973 年，12 年时间增加了 146.15 万人，增长率高达 42.3%；年均增加人口 12.18 万人，年均增长率为 3.53%。人口再生产恢复到了“高出生、低死亡、高增长”的类型。

1973—1990 年，国家开始重视人口问题，把人口发展列入国民经济发展计划。常德市计划生育工作正式启动。人口再生产开始向“低出生、低死亡、低增长”三低模式转变。但在 20 世纪 80 年代中后期，随着农村家庭联产承包责任制的推行，农村经济发展，农民生育意愿增强，全国全省出现了第三次人口生育高峰。由于常德市计划生育工作抓得早抓得紧，第三次人口生育高峰对常德的影响不太大。常德市已经进入人口低速增长期。到 1990 年增加到 569.16 万人，与 1973 年 491.66 万人相比，17 年时间全市只增加人口 77.5 万人，增长率为 15.76%；年均增加人口 4.56 万人，年均增长率为 0.93%。

1990—2012 年，《湖南省计划生育条例》《中华人民共和国人口与计划生育法》相继颁布实施，常德市人口再生产步入超低速增长期。2012 年常德市总人口 623.62 万，与 1990 年 569.16 万相比，21 年时间全市只增加人口 54.46 万，增长率仅为 8.73%；年均增加人口 2.59 万，年均增长率只有 0.42%。

常德市总人口由新中国成立时 1949 年的 312.15 万人分别于 1967 年、1978 年、2010 年三次递增超过 100 万人大关。1967 年全市人口总量达到 418.87 万人。与新中国成立时相比，常德市增加人口首次过 100 万人大关。期间用 18 年时间，人口增量年均增加 5.93 万人，年均增长率为 1.65%。1978 年全市增加人口第二次过 100 万人大关，达到 520.04 万人，只用了 11 年时间，年均增加人口高达 9.20 万人，年均增长率为 1.99%。2010 年全市增加人口第三次过 100 万人大关，达到 622.59 万人，则用 32 年时间，年均增加人口 3.20 万人，年均增长率为 0.56%。

六次人口普查人口总量变化 第一次全国人口普查（1953 年），常德市总人口 337.33 万人。第二次全国人口普查（1964 年）全市总人口 383.13 万人。“二普”与“一普”相比，全市 11 年增加人口 45.80 万人，年均增长率为 1.23%。第三次全国人口普查（1982 年），全市总人口 533.49 万人，与“二普”相比，全市 18 年时间总人口增长 150.36 万人，年均增长率为 2.18%。第四次全国人口普查（1990 年）全市总人口 569.03 万人，与“三普”相比，全市 8 年时间总人口增长 35.54 万人，年均增长率为 0.83%。第五次全国人口普查（2000 年）全市总人口 559.28 万人，与“四普”相比，全市 10 年时间总人口增长 30.25 万人，年均增长率 0.53%。第六次全国人口普查（2010 年），全市总人口

622.59万（户籍人口），与“五普”相比，全市10年时间总人口增长23.31万人，年均增长率0.39%。见表2－1－1－2。

表2－1－1－2

常德市六次全国人口普查总人口统计表

单位：万人、%

普查时间	1953年“一普”	1964年“二普”	1982年“三普”	1990年“四普”	2000年“五普”	2010年“六普”
总人口	337.33	383.13	533.49	569.03	599.28	622.59
比上次普查增加人口		45.80	150.36	35.45	30.25	23.31
年均增长率		1.23	2.18	0.83	0.53	0.39

注：数据来源第一至第六次全国人口普查资料

每年净增人口及逐年增长率　1988年至2012年，常德市除个别年份外，每年净增人口在5万人以下，逐年增长率在1%以下。25年间全市人口从551.51万人增加到623.62万人，增加了72.11万人，年均增长人口数为3万人，年均增长率为0.54%。见表2－1－1－3。

表2－1－1－3

常德市1988—2012年各年度净增人口统计表

单位：万人、%

年份	总人口	每年净增	逐年增长率	年份	总人口	每年净增人口	逐年增长率
1988	551.51			2001	596.03	－3.25	－0.54
1989	556.80	5.29	0.96	2002	598.19	2.16	0.36
1990	569.03	12.23	2.22	2003	600.13	1.94	0.32
1991	571.60	2.57	0.43	2004	601.05	0.92	0.15
1992	574.15	2.55	0.45	2005	602.42	1.37	0.23
1993	577.82	3.67	0.64	2006	607.75	5.33	0.88
1994	582.14	4.32	0.75	2007	611.99	4.24	0.70
1995	585.85	3.71	0.64	2008	614.16	2.17	0.35
1996	589.83	3.98	0.68	2009	616.69	2.53	0.41
1997	593.32	3.49	0.59	2010	622.59	5.90	0.96
1998	595.03	1.71	0.29	2011	625.98	3.39	0.54

续表

年份	总人口	每年净增	逐年增长率	年份	总人口	每年净增人口	逐年增长率
1999	596.56	1.53	0.26	2012	623.62	-2.36	-0.38
2000	599.28	2.72	0.46				

注：数据根据表2-1-1-1资料计算整理。其中1990年人口数采用第四次全国人口普查数据，与1989年人口统计数相比，增人口较多；2000年人口数采用第五次全国人口普查数据，2001年人口统计数与其相比，出现了负增长；2011年为湖南省全员人口统计数据，2012年人口统计数与其相比又出现负增长。

三、各县（市区）人口总量及增长速度

各县（市区）人口总量　第六次全国人口普查，2010年常德市各县（市区）户籍人口按总量多少排列为：桃源县98.74万人、澧县93.40万人、鼎城区（含西洞庭管理区、贺家山原种场）88.65万人、汉寿县（含西湖管理区）87.81万人、石门县68.43万人、安乡县60.24万人、武陵区（含德山经济开发区、柳叶湖旅游度假区）52.21万人、临澧县45.19万人、津市市27.92万人。1949年至2012年常德市各县（市区）人口数见表2-1-1-4。

表2-1-1-4

常德市1949—2012年各县（市区）人口统计表　　单位：万人

年份	武陵区	鼎城区	安乡县	汉寿县	澧县	临澧县	桃源县	石门县	津市市
1949	5.82	54.45	26.75	35.50	59.82	20.59	60.00	38.00	11.22
1950	7.38	55.03	27.50	36.90	60.44	24.48	63.08	38.44	11.20
1951	7.49	56.12	27.09	38.30	60.73	25.82	63.37	39.18	11.21
1952	8.07	57.26	27.41	40.10	59.82	25.88	63.80	39.51	11.27
1953	8.59	55.56	27.86	41.30	61.30	26.28	64.78	40.01	11.65
1954	8.98	58.87	27.26	41.80	61.95	26.98	66.16	41.53	11.76
1955	9.47	59.08	30.25	41.40	62.39	27.28	66.05	42.21	11.86
1956	10.10	60.12	30.82	43.30	63.84	27.56	66.77	42.86	12.30
1957	10.52	61.17	32.09	44.40	65.01	28.29	68.25	43.78	12.26
1958	10.40	61.07	32.20	44.60	65.21	27.60	68.39	44.56	12.49
1959	11.20	61.47	32.83	45.10	64.64	27.95	66.80	44.58	12.51
1960	11.97	60.59	33.36	44.20	57.14	27.43	63.66	43.19	14.50
1961	11.80	61.67	33.07	43.50	57.54	26.01	63.16	42.80	14.94

续表

年份	武陵区	鼎城区	安乡县	汉寿县	澧县	临澧县	桃源县	石门县	津市市
1962	11.55	63.53	34.55	44.60	58.58	27.10	65.65	44.84	17.89
1963	11.47	65.61	35.76	45.40	60.48	27.91	68.01	46.05	16.16
1964	11.70	65.92	36.12	46.10	61.21	28.52	69.60	47.39	16.57
1965	11.97	67.91	37.27	47.60	63.08	29.30	71.63	48.81	17.00
1966	12.43	72.72	38.65	49.10	65.05	30.75	73.54	50.27	16.82
1967	12.45	74.51	39.88	50.40	66.90	30.85	75.28	51.48	17.12
1968	12.08	76.54	41.00	52.50	69.06	32.29	77.32	53.21	17.46
1969	12.04	79.95	41.93	54.40	71.04	32.79	79.39	54.48	17.44
1970	12.22	81.98	43.23	56.10	72.09	33.79	80.93	55.92	18.18
1971	13.09	82.30	44.54	57.30	74.55	34.66	82.31	57.35	18.48
1972	15.06	84.23	45.74	58.60	76.56	35.29	83.62	59.20	18.86
1973	15.68	85.96	47.11	63.34	78.41	36.03	85.32	60.57	19.24
1974	16.22	86.88	47.85	64.39	79.51	36.62	86.32	60.42	19.62
1975	16.47	87.76	48.71	65.58	80.55	37.41	87.82	62.46	19.98
1976	16.84	88.29	49.28	66.67	81.34	38.08	88.55	63.18	20.14
1977	17.21	88.58	49.65	67.55	81.69	38.49	88.96	63.63	20.54
1978	17.95	88.75	50.01	68.81	82.47	38.85	89.40	63.95	19.85
1979	19.04	88.38	50.37	68.81	83.01	39.16	89.95	64.60	22.66
1980	19.48	88.40	50.69	69.09	83.07	39.39	90.23	64.69	20.83
1981	19.65	89.17	50.97	69.92	83.51	39.63	90.81	65.11	20.01
1982	20.28	89.42	51.40	70.49	83.66	39.90	91.50	65.47	21.37
1983	20.73	89.09	51.10	70.33	83.32	39.92	91.62	65.31	21.51
1984	21.36	89.31	50.94	70.40	83.04	40.00	91.66	65.26	21.65
1985	22.08	89.67	51.37	70.70	83.24	40.32	92.09	65.58	21.97
1986	23.03	90.41	51.59	71.36	83.40	40.59	92.57	65.91	21.84
1987	23.73	91.52	51.86	72.39	83.51	40.97	91.88	66.40	22.32
1988	24.39	93.34	52.18	73.83	83.93	41.38	92.71	66.89	22.86
1989	25.00	94.26	52.77	74.67	84.35	41.68	93.25	67.51	23.31

续表

年份	武陵区	鼎城区	安乡县	汉寿县	澧县	临澧县	桃源县	石门县	津市市
1990	25.48	96.93	54.84	77.89	85.51	41.96	94.91	67.89	23.75
1991	26.02	96.98	55.22	78.17	85.72	42.09	95.28	68.10	24.02
1992	26.82	97.60	55.50	78.58	85.60	42.20	95.55	68.26	24.04
1993	29.50	96.74	55.86	78.89	86.01	42.43	95.80	68.42	24.17
1994	30.13	97.41	56.24	79.32	86.54	43.65	96.56	68.87	24.42
1995	40.15	88.72	56.63	79.71	86.95	42.91	96.67	69.37	24.74
1996	41.19	89.09	57.09	79.98	87.37	43.15	97.03	69.90	25.03
1997	42.02	89.43	57.44	80.09	87.73	43.43	97.54	70.30	25.35
1998	42.58	89.74	57.61	80.10	87.74	43.65	97.70	70.43	25.47
1999	43.12	90.04	57.74	80.19	87.76	43.88	97.69	70.53	25.67
2000	43.80	90.41	57.76	80.50	87.80	43.52	97.08	68.77	25.68
2001	44.25	90.45	57.78	80.59	87.81	43.56	97.34	68.46	25.82
2002	45.34	90.43	57.83	80.78	87.83	43.56	97.34	68.97	26.11
2003	46.30	90.51	57.92	81.06	87.85	43.56	97.34	69.09	26.50
2004	40.81	85.37	58.11	76.98	88.00	43.41	97.12	69.30	26.51
2005	40.92	85.15	58.23	77.10	88.16	43.60	97.40	69.06	26.58
2006	41.49	86.77	59.05	78.12	89.85	43.98	97.45	68.82	26.67
2007	42.10	86.26	59.78	79.23	90.95	44.24	97.45	68.68	26.43
2008	46.32	82.37	60.05	80.7	91.95	44.47	97.55	68.07	26.40
2009	41.44	82.50	59.81	81.45	92.78	45.14	97.55	68.48	26.05
2010	41.39	82.93	60.24	82.91	93.40	45.19	98.74	68.43	27.92
2011	44.75	85.11	60.57	83.57	93.91	45.44	99.28	68.80	28.07
2012	42.20	83.62	60.20	83.10	94.21	45.43	99.37	68.15	26.66

注：①1988 年以前数据由市统计局提供；1988 年至 2009 年数据来源《常德统计年鉴》（1988—2010）；2010 年数据来源第六次全国人口普查资料，2011—2012 数据来源《湖南省人口计划完成情况抽样调查与统计报表汇总资料》。

②武陵区人口数已剔除常德经济技术开发区和柳叶湖旅游度假区；鼎城区已剔除西洞庭管理区和贺家山原种场；汉寿县已剔除西湖管理区。

③个别县区有的年份人口增减幅度较大是由于行政区划调整所致。

开发区、管理区、旅游度假区和农场人口 1992年5月，常德市设立德山经济科技开发区。1994年3月，湖南省人民政府批准德山开发区升格为省级经济科技开发区。2010年6月，国务院批准升级为国家级开发区，更名为常德经济技术开发区，设立1个办事处、1个镇，2012年将鼎城区石门桥镇从鼎城区整体划入。2005年西湖农场和西洞庭农场成立管理区。是年，柳叶湖旅游度假区成立，2008年，鼎城区白鹤山乡全乡和鼎城区灌溪镇1个行政村、武陵区东江乡3个行政村、武陵区南坪乡1个行政村整体划拨给柳叶湖旅游度假区。贺家山原种场系省管单位，其人口计生工作由常德市代管。以上单位人口数见表2－1－1－5。

表2－1－1－5

开发区、管理区、旅游度假区和农场2002—2012年人口统计表

单位：万人

年份	常德经济技术开发区	柳叶湖旅游度假区	西洞庭管理区	西湖管理区	贺家山原种场
2002	7.53	0. 48	3.35	4.30	1.12
2003	7.60	0.48	3.37	4.30	1.12
2004	7.62	0.51	3.68	4.27	1.13
2005	7.67	0.55	3.75	4.31	1.14
2006	7.71	0.56	3.92	4.37	1.15
2007	8.17	0.62	3.97	4.42	1.06
2008	7.62	5.15	3.94	4.44	1.06
2009	7.67	5.18	4.01	4.49	1.07
2010	7.69	5.39	3.90	4.53	1.06
2011	7.74	5.51	4.03	4.71	1.06
2012	12.20	5.53	3.91	4.73	1.06

注：数据来源于常德市人口计生委统计报表。

各县（市区）人口增长速度 由于人口城镇化步伐加快，行政区划调整和各地出生率、死亡率的差异以及人口迁移水平不尽相同等诸多原因，各县（市区）人口增长速度存在较大差异，从1949年至2012年人口增加速度最快的是武陵区，由5.82万人增加到42.20万人，增加了36.38万人，增幅达625%，年均增幅9.92%；其次是津市市，增幅137.61%，年均增幅2.18%；超过全市平均增幅（99.78%）的依次是汉寿县（134.08%）、安乡县（125.05%）、临澧县（120.64%）；低于全市平均增幅的依次是石门县（79.34%）、桃源县（65.62%）、澧县（57.49%）、鼎城区（53.57%）。见表2－1－1－6。

表2－1－1－6

常德市1949—2012年各县（市区）人口增长速度统计表

单位：万人、%

地区	1949年	2012年	增量	增幅	年均增幅
武陵区	5.82	42.20	36.38	625.09	9.92
鼎城区	54.45	83.62	29.17	53.57	0.85
安乡县	26.75	60.20	33.45	125.05	1.98
汉寿县	35.50	83.10	47.60	134.08	2.13
澧　县	59.82	94.21	34.39	57.49	0.91
临澧县	20.59	45.43	24.84	120.64	1.91
桃源县	60.00	99.37	39.37	65.62	1.04
石门县	38.00	68.15	30.15	79.34	1.26
津市市	11.22	26.66	15.44	137.61	2.18

注：数据根据表2－1－1－4计算整理。

第二节　出生人数和出生率

一、1988—2012年分阶段人口出生

1988—1997年。人口急剧增长的势头得到有效控制，常德市进入人口低生育期。全市每年出生人口在7—8万人，出生率稳定在12‰—14‰，自然增长率在5‰—8‰，处于少子化时期（按照国际通行标准，人口出生率21.0‰，为超多子化；21—19‰为严重多子化；19—17‰为多子化；17—15‰为正常；15—13‰为少子化；13—11‰为严重少子化；11‰以下为超少子化）。比湖南省同期人口出生率、自然增长率低3—4个千分点。

1998—2007年。常德市人口出生数继续减少，降至每年5—6万人，出生率降至10‰以下，自然增长率控制在2‰—3‰，全市进入超低生育期和超少子化时期。比全省同期人口出生率、自然增长率低2—3个千分点。

2008—2012年。2005年常德市开始调整生育政策，实现三年过渡期，从2008年开

始，常德市生育政策实现与全省政策并轨，放开了农村独女户生育二孩的政策，全市人口出生数略有回升，每年出生人口在6万人—7万人左右，出生率上升至10‰以上，自然增长率达到4‰左右，比全省同期人口出生率和自然增长率低1—2个千分点。1988年至2012年常德市人口出生数、出生率、自然增长率见表2－1－2－1。

表2－1－2－1

常德市1988—2012年人口出生数、出生率、自然增长率统计表

年份	出生人数（人）	出生率（‰）	自然增长率（‰）
1988	77216	14.00	7.02
1989	80733	14.60	7.90
1990	92220	16.38	9.07
1991	89294	15.70	8.10
1992	77148	13.41	6.00
1993	73792	12.73	5.47
1994	75485	12.95	5.79
1995	75648	12.95	5.81
1996	74729	12.73	5.53
1997	72489	12.31	5.06
1998	62930	10.56	3.29
1999	62005	10.40	3.24
2000	62976	10.48	3.32
2001	57969	9.65	2.58
2002	54374	9.03	2.05
2003	53953	8.93	2.11
2004	54862	9.06	2.33
2005	57828	9.52	2.52
2006	59800	9.85	3.02
2007	57123	9.41	2.64
2008	64277	10.54	3.75

续表

年份	出生人数（人）	出生率（‰）	自然增长率（‰）
2009	69839	11.43	4.53
2010	70691	11.52	4.49
2011	68150	10．92	3．94
2012	68836	11．02	4．29

注：数据来源：1988 年至 1990 年来源《常德统计年鉴》（1988—1990），1991 至 2012 年来源《湖南省人口计划完成情况抽样调查与统计报表汇总资料》（1991—2012）。

二、各县（市区）人口出生率

20 世纪 80 年代后期至 90 年代初期，常德市各县（市区）人口出生率存在较大差距。1988 年全市人口出生率 14.00‰，最高的汉寿县达 17.47‰，出生率最低的安乡县 11.82‰，相差 5.65 个千分点。1990 年全市人口出生率 16.38‰，最高的桃源县达 23.05‰，最低的武陵区只有 12.65‰，相差 10.4 个千分点。1992 年全市人口出生率 13.41‰，最高的汉寿县 15.55‰，最低的临澧县只有 10.91‰，相差 4.64 个千分点。1993 年以后，各县（市区）人口出生率的差距缩小，当年全市人口出生率 12.73‰，各县（市区）人口出生率在 10.88‰—13.76‰之间，差距只有 2.88 个千分点。到 2002 年，全市人口出生率 9.03‰，各县（市区）人口出生率均降至 10‰以下。2008 年以后，各县（市区）人口出生率有所回升。见表 2－1－2－2、表 2－1－2－3。

表 2－1－2－2

常德市 1988—2012 年各县（市区）人口出生数、出生率统计表

单位：人、‰

		武陵区	鼎城区	安乡县	汉寿县	澧　县	临澧县	桃源县	石门县	津市市
1988 年	出生人数	3408	12989	6147	12775	10820	5666	12941	9236	3314
	出生率	14.16	14.05	11.82	17.47	12.92	13.76	14.02	13.86	14.67
1989 年	出生人数	3304	12799	7909	11459	11997	5917	13260	9652	2993
	出生率	13.20	13.60	15.00	15.30	14.20	14.20	14.20	14.30	12.80
1990 年	出生人数	3192	13534	9697	12472	12086	5883	21665	9587	3804
	出生率	12.65	14.16	18.02	16.17	14.23	14.06	23.05	14.60	14.16
1991 年	出生人数	3826	15434	9378	14000	12540	5489	14914	10136	3577
	出生率	14.12	15.71	16.82	17.77	14.41	12.85	15.48	14.56	14.67

续表

年份		武陵区	鼎城区	安乡县	汉寿县	澧　县	临澧县	桃源县	石门县	津市市
1992 年	出生人数	3456	13215	7076	12166	11954	4612	12621	8818	3201
	出生率	12. 87	13. 57	12. 80	15. 55	13. 86	10. 91	13. 16	12. 79	13. 25
1993 年	出生人数	3047	12523	6780	10863	10629	4618	13. 90	9241	3001
	出生率	11. 27	12. 77	12. 18	13. 76	12. 25	10. 88	13. 50	13. 32	12. 35
1994 年	出生人数	3511	13261	6983	10909	11702	4662	12560	9013	2884
	出生率	12. 9	13. 45	12. 49	13. 74	13. 40	10. 94	12. 87	12. 93	11. 81
1995 年	出生人数	3560	13326	6888	10525	11501	4618	12800	9403	3027
	出生率	12. 85	13. 48	12. 31	13. 23	13. 14	10. 84	13. 10	13. 47	12. 38
1996 年	出生人数	5544	10526	6929	10162	11851	4999	12114	9483	3121
	出生率	15. 99	11. 38	12. 33	12. 80	13. 57	11. 70	12. 45	13. 19	12. 70
1997 年	出生人数	5528	10639	6314	11281	10757	4992	11237	8831	2910
	出生率	13. 45	12. 55	11. 61	11. 60	12. 93	12. 16	12. 17	12. 48	12. 20
1998 年	出生人数	5109	9108	5437	8456	9656	4287	10018	8112	2747
	出生率	11. 78	10. 16	9. 44	10. 52	10. 97	9. 85	10. 25	11. 51	10. 80
1999 年	出生人数	4915	8711	5127	8119	10105	4421	9859	8060	2688
	出生率	11. 24	9. 71	8. 89	10. 12	11. 51	10. 11	10. 09	11. 50	1053
2000 年	出生人数	5327	8429	4901	8396	10249	4723	10229	7806	2866
	出生率	12. 11	9. 39	8. 44	10. 35	11. 54	10. 79	10. 41	10. 99	11. 17
2001 年	出生人数	4515	7384	4427	7831	9702	4167	9780	7688	2475
	出生率	9. 96	8. 31	7. 62	9. 71	10. 94	9. 44	9. 95	10. 88	9. 58
2002 年	出生人数	4130	6139	4953	7360	8827	4021	9096	7078	2336
	出生率	9. 01	7. 18	8. 52	9. 61	9. 86	9. 11	9. 22	10. 04	9. 02
2003 年	出生人数	4282	6852	4557	6920	8216	4093	9262	6905	2390
	出生率	9. 19	8. 00	7. 83	9. 02	9. 13	9. 26	9. 38	9. 80	9. 20
2004 年	出生人数	3821	6275	5003	6814	8716	4092	9578	6589	2441
	出生率	9. 61	7. 42	8. 61	8. 86	9. 64	9. 22	9. 70	9. 38	9. 26

续表

年份		武陵区	鼎城区	安乡县	汉寿县	澧　县	临澧县	桃源县	石门县	津市市
2005 年	出生人数	4189	6786	5161	6887	9432	4552	9840	7116	2310
	出生率	10.52	8.01	8.88	8.94	10.38	10.19	9.95	10.24	8.71
2006 年	出生人数	5028	6819	5158	6887	9406	5642	9825	7529	2711
	出生率	10.24	7.98	8.93	8.92	10.31	12.57	9.95	11.02	10.19
2007 年	出生人数	4786	6520	5217	6745	9344	4704	10027	6750	2249
	出生率	9.54	7.62	9.10	8.67	10.21	10.47	10.28	10.10	8.43
2008 年	出生人数	4357	8036	6012	8569	9631	4962	11141	7352	2365
	出生率	10.78	9.79	10.13	10.78	10.56	11.07	11.44	11.05	8.91
2009 年	出生人数	4197	7830	5656	11632	10817	5254	12146	8100	2220
	出生率	10.25	9.63	9.52	14.49	11.84	11.71	12.48	12.18	8.37
2010 年	出生人数	5321	8296	5925	10987	10880	5649	12432	8130	2295
	出生率	9.86	10.05	9.91	13.51	11.83	12.52	12.75	12.20	8.71
2011 年	出生人数	5904	9000	6023	9718	10359	5265	11195	7130	2536
	出生率	11.28	10.61	9.97	11.66	11.06	11.62	11.31	10.39	9.06
2012 年	出生人数	4636	7928	5786	10237	10491	5529	10948	7616	2199
	出生率	11.56	10.05	9.58	12.28	11.15	12.17	11.45	11.12	8.04

注：①数据来源：1988 年至 1990 年来源《常德统计年鉴》(1988—1990)；1991 年至 2012 年来源《湖南省人口计划完成情况抽样调查与统计报表汇总资料》(1991—2012)。

②武陵区含常德经济技术开发区和柳叶湖旅游度假区；鼎城区含贺家山农场，2002 年前含原西洞庭农场；汉寿县 2002 前含原西湖农场。

表 2－1－2－3

常德市 2002—2012 年开发区、管理区、旅游度假区和农场出生人数、出生率统计表

单位：人、‰

年份	常德经济技术开发区		柳叶湖旅游度假区		西洞庭管理区		西湖管理区		贺家山原种场	
	出生数	‰	出生数	‰	出生数	‰	出生数	‰	出生数	‰
2002	653	8.67	46	9.62	189	5.64	278	6.47	68	6.07

续表

年份	常德经济技术开发区		柳叶湖旅游度假区		西洞庭管理区		西湖管理区		贺家山原种场	
	出生数	‰	出生数	‰	出生数	‰	出生数	‰	出生数	‰
2003	482	6.35	44	9.16	193	5.73	283	6.60	67	5.98
2004	597	7.83	42	8.23	212	5.77	534	12.51	51	4.51
2005	675	8.80	45	8.16	230	6.14	549	12.75	55	4.86
2006	554	7.18	41	7.32	240	6.13	418	9.56	57	4.96
2007	616	7.54	57	9.17	221	5.57	492	11.13	58	5.47
2008	596	7.82	449	8.71	249	6.32	499	11.24	67	6.32
2009	565	7.37	518	10.00	291	7.32	548	12.27	56	6.17
2010	586	7.62	563	10.45	269	6.80	507	11.24	64	6.04
2011	658	8.53	680	12.48	305	7.59	715	15.22	63	5.94
2012	1179	9.68	818	14.86	291	7.33	682	14.45	60	5.66

注：数据常德市人口计生委统计报表计算整理。

第三节 生育率

一、生育率及总和生育率

生育率 从20世纪90年代初期开始，常德市已婚育龄妇女生育率一直处于下降态势。1991年全市已婚育龄妇女生育率72.7‰，到2003年下降至39.6‰，达到最低点。2004年以后开始回升，2010年上升至55.8‰. 2012年又下降至47.3‰。见表2-1-3-1。

表2-1-3-1

常德市1991—2012年已婚育妇女生育率统计表

单位：人、‰

年份	已婚育龄妇女数	出生人数	生育率
1991	1227446	89294	72.7
1992	1231010	77148	62.7
1993	1234704	73792	59.8
1994	1251620	75485	60.3

续表

年份	已婚育龄妇女数	出生人数	生育率
1995	1281211	75648	59.0
1996	1329033	75729	56.2
1997	1350826	72489	53.7
1998	1356664	61657	45.4
1999	1368835	62005	45.3
2000	1369681	62976	46.0
2001	1364781	57969	42.5
2002	1366325	54374	39.8
2003	1362839	53953	39.6
2004	1250318	54765	43.8
2005	1236444	57828	45.7
2006	1226804	59800	48.7
2007	1260470	51676	41.0
2008	1279115	64108	50.1
2009	1301942	69839	53.6
2010	1265839	70691	55.8
2011	1387111	68150	49.1
2012	1321027	62456	47.3

注：数据来源《湖南省人口计划完成情况抽样调查与统计报表汇总资料》（1991—2012）。

20世纪80—90年代，常德市各县（市区）已婚育龄妇女生育率存在一定差距。进入21世纪，各县（市区）已婚育龄妇女生育率逐步趋于平衡。1991年已婚育龄妇女生育率最高的汉寿县为87.6‰，最低的武陵区为59.0‰，相差28.6个千分点。2000年生育率最高的武陵区为54.5‰，最低的鼎城区为40.2‰，相差14.3个千分点。2010年生育率最高的汉寿县是64.4‰，最低的武陵区只有47.6‰，相差16.8个千分点。见表2－1－3－2。

表2-1-3-2

常德市1991年、2000年、2010年各县（市区）已婚育龄妇女生育率统计表

单位：‰

年份	武陵区	鼎城区	安乡县	汉寿县	澧县	临澧县	桃源县	石门县	津市市
1991	59.0	74.5	85.2	87.6	64.9	60.2	73.5	69.5	68.0
2000	54.5	40.2	41.0	50.3	44.8	49.7	46.6	44.7	50.7
2010	47.6	50.5	51.2	64.4	55.9	58.0	61.7	57.7	44.5

注：数据来源《湖南省人口计划完成情况抽样调查与统计报表汇总资料》（1991、2000、2010）。

总和生育率。2000年，第五次全国人口普查，常德市妇女总和生育率仅为1.04个，以后逐年上升。根据湖南省全员人口统计，常德市妇女总和生育率，2008年为1.297个、2010年为1.278个、2012年为1.383个。与2000年相比分别上升了0.257个、0.238个、0.243个。与全省相比，分别低0.237个、0.236个、0.196个。常德各县（市区）相比，2008年妇女总和生育率最低的是武陵区，为0.962个，比全市低0.335个；最高的是汉寿县，为1.538个，比全市高0.241个。2010年，全市妇女总和生育率最低的仍是武陵区，为0.996个，比全市低0.282个，最高的是桃源县为1.436个，比全市高0.156个。2012年妇女总和生育率最低的是津市市，为1.117个，比全市低0.266个，最高的是临澧县，为1.536个，比全市高0.153个。2008年至2012年湖南省常德市及各县（市区）妇女总和生育率见表2-1-3-3。

表2-1-3-3

湖南省、常德市及各县（市区）2008—2012年妇女总和生育率统计表

单位：个

年　份	2008	2009	2010	2011	2012
湖南省	1.534	1.557	1.516	1.501	1.579
常德市	1.297	1.329	1.278	1.259	1.383
武陵区	0.962	0.956	0.996	1.057	1.244
鼎城区	1.200	1.223	1.156	1.166	1.295
安乡县	1.135	1.117	1.065	0.988	1.145
汉寿县	1.538	1.496	1.371	1.358	1.435
澧　县	1.296	1.386	1.348	1.334	1.468
临澧县	1.271	1.375	1.402	1.360	1.536
桃源县	1.473	1.496	1.436	1.392	1.488

续表

年份	2008	2009	2010	2011	2012
石门县	1.359	1.464	1.390	1.334	1.489
津市市	1.133	1.107	1.067	1.086	1.117

注：数据来源《湖南省全员人口常用数据手册》。

二、年龄别生育率

低年龄组和20—24岁年龄组生育率　1990年常德市15—19岁年龄组育龄妇女生育率为5.43‰，2000年下降至0.95‰，相比下降了4.48个千分点，早婚早育现象大幅减少。2010年该年龄组育龄妇女生育率上升至3.23‰，比2000年上升了2.28个千分点，早婚早育现象有所回升。1990年常德市20—24岁年龄组育龄妇女生育率为132.07‰.2000年该年龄组育龄妇女生育率降至72.75‰，同比下降了59.32个千分点，晚婚晚育者增加。2010年该年龄组育龄妇女生育率回升至77.49‰。

生育高峰期育龄妇女生育率　1990年，常德市25—29岁、30—34岁2个年龄组育龄妇女生育率分别为53.05‰、11.2‰，2000年分别为89.3‰、15.57‰.2000年比1990年分别增长36.34、4.37个千分点。2010年为81.53‰、48.33‰，比1990年分别增长28.48、37.13个千分点。2010年全市生育第一个孩次的妇女平均年龄超过了27岁，生育第二个孩次的妇女平均生育年龄接近34岁，生育第三个孩次的妇女平均年龄超过39岁。

高龄育龄妇女生育率　1990年常德市35—39岁、40—44岁、45—49岁3个年龄组育龄妇女生育率分别为3.27‰、1.27‰、0.94‰；2000年分别为3.75‰、1.17‰、0.88‰；2005年以后，由于生育政策与全省接轨，高龄育妇生育率上升。2010年分别上升到27.99‰、16.26‰、12.7‰.2010年与1990年同比增加了24.72、14.99、11.76个千分点。见表2-1-3-4。

表2-1-3-4

常德市1990年、2000年、2010年育龄妇女年龄别生育率统计表

单位:‰

年份	15—19岁	20—24岁	25—29岁	30—34岁	35—39岁	40—44岁	45—49岁
1990“四普”	5.43	132.07	53.05	11.2	3.27	1.27	0.94
2000“五普”	0.95	72.75	89.39	15.57	3.75	1.17	0.88
2010“六普”	3.23	77.49	81.53	48.33	27.99	16.26	12.7

注：数据来源第四次、第五次、第六次全国人口普查资料。

三、孩次构成

1991年，常德市已婚育龄妇女中，一孩人数为49.82万人，一孩比重为40.59%；二孩人数为42.72万人，二孩比重为34.81%；三孩及以上人数23.68万人，三孩及以上比重为19.29%。2012年，全市一孩人数为85.95万人，一孩比重达65.91%，比1991年增加了25.32个百分点；二孩人数为34.55万人，二孩比重为26.49%，比1991年减少了8.32个百分点；三孩及以上人数为1.71万人，三孩及以上比重1.31%，比1991年减少了16.98个百分点。见表2－1－3－5。

表2－1－3－5

常德市1991年、1995年、2010年、2012年孩次构成统计表

单位：人、‰

年份	已婚育龄妇女人数	无孩人数		一孩人数		二孩人数		三孩及以上人数	
		人数	比例	人数	比例	人数	比例	人数	比例
1991	1227446	65272	5.32	498191	40.59	427232	34.81	236751	19.29
1995	1281211	47082	3.67	611539	47.33	503568	29.30	11902	9.29
2010	1265839	234112	9.75	797026	62.96	330351	26.10	15050	1.19
2012	1304100	82049	6.29	859499	65.91	345487	26.49	17068	1.31

注：数据来源《湖南省人口计划完成情况抽样调查与统计报表汇总资料》。

与湖南全省相比，常德市已婚育龄妇女中一孩比重远远高于全省平均水平和其他市州。1991年常德市一孩比重40.59%，比全省平均水平（27.29%）高13.31个百分点；2012年全市一孩比重65.91%，比全省平均水平（62.71%）只高3.20个百分点。见表2－1－3－6。

表2－1－3－6

湖南省、常德市1991年、1995年、2000年、2010年、2012年一孩比重统计表

年份	已婚育龄妇女中一孩比重		对比（+—）
	湖南省（%）	常德市（%）	
1991	27.29	40.59	+13.3
1995	32.46	47.33	+14.87
2000	41.46	56.37	+14.91
2010	44.95	62.96	+18.01
2012	46.55	65.　91	+19.36

注：数据来源《湖南省人口计划完成情况抽样调查与统计报表汇总资料》。

各种职业妇女生育孩次存在较大差别。根据第六次全国人口普查，常德市2009年11月1日至2010年11月1日一年中，以国家机关、党、群组织、企事业单位负责人，专业技术人员，办事员这三类从事脑力劳动妇女生育一孩的比重最高，分别占88.89%、

84.55%、84.55%；二孩比重最低，分别占11.11%、15.45%、12.12%；三孩及以上基本制止。商业服务业、农林牧渔水利建设业的职业妇女生育一孩比重最低，分别占52.31%、62.73%；生育二孩比重最高，分别达37.92、36.07%。生育三孩及以上以商业服务业人员和其他人员居多，分别占9.77%、16.66%。见表2-1-3-7。

表2-1-3-7

常德市2010年不同职业妇女生育孩次统计表

（2009.11.1—2010.11.1）

单位：%

职　　业	一孩比	二孩比	三孩及以上比
总计	62.08	34.42	3.50
一、国家机关、党群组织、企事业单位负责人	88.89	11.11	0
二、专业技术人员	84.55	15.45	0
三、办事人员和有关人员	84.55	12.12	3.30
四、商业服务业人员	52.31	37.92	9.77
五、农林牧渔、水利建设业生产人员	62.73	36.07	1.19
六、生产、运输设备操作人员及有关人员	71.71	26.29	1.99
七、不便分类的其他人员	66.67	16.67	16.66

注：数据来源《第六次全国人口普查长表资料》。

妇女生育水平随受教育程度的提高而下降。2010年，第六次全国人口普查，常德市2009年11月1日至2010年11月1日一年内，小学、初中文化的妇女生育一孩比重最低，分别为46.94%、61.23%；生育二孩比重最高，分别为45.97%、35.52%；生育三孩及以上比重也最高，分别为7.09%、3.26%。高中、大学专科、大学本科文化的妇女生育一孩比重相对较高，分别为78.79%、86.00%、97.40%；生育二孩比重相对较低，分别只占20.48%、13.20%、2.62%；生育三孩及以上比重更低，分别只占0.73%、0.80%、0%。研究生文化的妇女生育一孩比重达100%，没有生育二孩及以上的。见表2-1-3-8。

表2－1－3－8

常德市2010年不同文化程度已婚育龄妇女孩子构成统计表

（2009.11.1—2010.11.1）

单位：人、%

受教育程度	一孩比	二孩比	三孩及以上比
平均	65.45	31.63	2.92
小学	46.94	45.97	7.09
初中	61.23	35.32	3.26
高中	78.79	20.48	0.73
大学专科	86.00	13.20	0.80
大学本科	97.40	2.60	0
研究生	100.00	0	0

注：数据来源《第六次人口普查长表资料》。

常德市各县（市区）已婚育龄妇女生育孩次存在较大差异。2010年，常德市一孩比重62.96%，高于全市平均水平的依次为石门县（72.13%）、澧县（69.33%）、临澧县（68.03%）、津市市（66.78%）、桃源县（65.82%）、武陵区（63.46%）；低于市平均水平的依次为安乡县（61.31%）、鼎城区（56.06%）、汉寿县（48.57%）。最高的石门县比最低的汉寿县高23.56个百分点。二孩、三孩及以上比重最低的武陵区，分别为13.77%、0.27%；最高的是汉寿县，分别为39.96%、4.08%，比武陵区分别高26.19、3.81个百分点。见表2－1－3－9。

表2－1－3－9

常德市2010年各县（市区）已婚育龄妇女孩子构成统计表

单位：人、%

年份	已婚育龄妇女人数	0孩人数		1孩人数		2孩人数		3孩及以上人数	
		人数	比例	人数	比例	人数	比例	人数	比例
常德市	1265839	123412	9.75	797026	62.96	330351	26.10	15050	1.19
武陵区	111896	25178	22.50	71006	63.46	15405	13.77	307	0.27
鼎城区	164348	14134	8.60	92140	56.06	56383	34.31	1691	1.03
安乡县	115635	11664	10.09	70899	61.31	31846	27.54	1226	1.06
汉寿县	170729	12614	7.39	82924	48.57	68230	39.96	6961	4.08

续表

年份	已婚育龄妇女人数	0孩人数		1孩人数		2孩人数		3孩及以上人数	
		人数	比例	人数	比例	人数	比例	人数	比例
澧　县	194733	17535	9.00	135006	69.33	41038	21.07	1154	0.59
临澧县	97462	11276	11.57	66303	68.03	19578	20.09	305	0.31
桃源县	201440	13457	6.68	132586	65.82	53551	26.58	1846	0.92
石门县	140979	10393	7.37	101691	72.13	28117	19.94	778	0.55
津市市	51610	5781	11.20	34466	66.78	11140	21.58	223	0.43

注：数据来源《湖南省人口计划生育完成情况抽样调查与统计表汇总资料》。

四、平均活产子女

第五次、第六次全国人口普查10%抽样调查资料统计，常德市2000年15—50岁妇女平均活产子女数为1.23个，2010年15—64岁妇女平均活产子女数为1.25个。2010年比2000年平均活产子女数多0.02个。各县（市区）平均活产子女数，2000年最多的汉寿1.45个，最少的武陵区0.9个；2010年平均活产子女数多的仍是汉寿县1.41个，最少的武陵区0.97个。见表2－1－3－10。

表2－1－3－10

常德市2010各县（市区）15—64岁妇女平均活产子女统计表

单位：人

县（市区）	妇女人数	活产0个	活产1个	活产2个	活产3个	活产4个	活产5个及以上	平均活产子女数
常德市	190136	37447	85639	52536	11243	2787	484	1.25
武陵区	22311	5530	12540	3665	469	92	15	0.97
鼎城区	27077	5683	10857	8753	1418	309	57	1.26
安乡县	16850	3526	7056	4764	1094	352	58	1.28
汉寿县	27069	5726	8793	9252	2432	742	124	1.41
澧　县	27146	4529	13612	6864	1724	352	65	1.26
临澧县	14278	2516	6846	3777	896	209	34	1.27
桃源县	27724	5407	11982	8355	1599	335	46	1.26
石门县	20537	3381	10267	5245	1258	314	72	1.27
津市市	7144	1149	3686	1861	353	82	13	1.24

注：数据来源第六次全国人口普查资料。

第二章　人口结构

第一节　年龄结构

一、总人口及其年龄结构

2010年常德市常住人口为571.46万人。其中婴儿及14岁以下少年儿童共计75.63万人，占总人口的比重为13.23%。65岁以上人口数为65.32万人，占总人口比重为11.43%。15—64岁人口数为430.52万人，占总人口比重为75.34%。人口数最多的是35—39岁、40—44岁、45—49岁3个年龄组，分别为56.08万人、62.59万人、54.32万人，分别占总人口数比重为9.81%、10.5%、9.51%。见表2-2-1-1。

表2-2-1-1

常德市2010年常住人口中各年龄组人口比重统计表

年龄组	人口数（人）	比重（%）	年龄组	人口数（人）	比重（%）
0岁	51252	0.90	50—54岁	347721	6.08
1—4岁	216980	3.80	55—59岁	407990	7.14
5—9岁	230278	4.03	60—64岁	339868	5.95
10—14岁	257749	4.51	65—69岁	226596	3.97
15—19岁	362927	6.35	70—74岁	188617	3.30
20—24岁	433466	7.59	75—79岁	131265	2.30
25—29岁	313466	5.49	80—84岁	68730	1.20
30—34岁	369789	6.47	85—89岁	29286	0.51
35—39岁	560759	9.81	90—94岁	6793	0.12
40—44岁	625943	10.95	95—99岁	1803	0.03
45—49岁	543221	9.51	100岁以上	124	/

注：根据第六次全国人口普查资料计算整理。

二、人口年龄结构变化

（一）低龄人口　2000年，常德市0—14岁人口111.54万人，占总人口比重为19.43%，分别低于全国（22.9%）全省（23.13%）同年龄段人口比重3.47、3.70个百分点。2010 年，全市常住人口中 0—14 岁人口 75.63 万人，占总人口比重为 13.23%，分别低于全国（17.62%）、全省（16.60%）4.39、3.37 个百分点。2010 年与 2000 年相比，全市 0—14 岁人口占总人口比重下降了 6.20 个百分点。

（二）劳动年龄人口 2010 年，常德市总人口中 15—64 岁劳动年龄段人口 430.52 万人，占总人口比重为 75.34%，分别比“一普”（50.9%）、“二普”（51.4%）、“三普”（55.7%）、“四普”（63.08%）、“五普”（65.2%）高 24.44、23.94、19.64、15.54、10.14 个百分点。常德市正处于“人口红利”鼎盛时期（“人口红利期”是 15—64 岁的劳动年龄人口数量超过 14 周岁以下与 65 岁以上人口数量的状态）。现在至今后 10 年都是常德发展经济和社会事业的最佳时期。见表 2－2－1－2。

表 2－2－1－2

常德市六次全国人口普查劳动年龄人口及比重统计表

单位：%

年　份	1953 “一普”	1964 “二普”	1982 “三普”	1990 “四普”	2000 “五普”	2010 “六普”
劳动年龄人口（万人）	178.44	195.31	296.75	363.32	374.08	430.52
占总人口比重（%）	50.9	51.4	55.7	63.8	65.2	75.34

注：根据第历次全国人口普查资料计算整理。

（三）人口老龄化

老年人口比重 2010 年，常德市有 60 岁以上老年人口 99.31 万人，占全市总人口的 17.38%（65 岁以上老年人口 65.32 万人，占总人口的 11.46%）。平均 6 个人中有 1 个 60 岁以上老年人。其中，60—64 岁 33.99 万人，占 5.95%；65—69 岁 22.66 人，占 3.97%；70—74 岁 18.86 万人，占 3.30%；75—79 岁 13.13 万人，占 2.30%；80—84 岁 6.87 万人，占 1.20%；85—89 岁 2.93 万人，占 0.51%；90—94 岁 0.68 万人，占 0.12%；95—99 岁 0.18 万人，占 0.03%；百岁及以上寿星 124。60 岁以上老年人口比全市人口大县桃源县总人口还多 0.57 万人；65 岁以上老年人口相当于临澧县、津市市人口总数之和，占常住人口总量 571.46 万人的 12%，比全省高 2 个百分点。

老年人口增长速度 2000 年，常德市 60 岁以上老年人口 68.55 万人，65 岁以上老年人口 45.47 万人；2010 年全市 60 岁老年人口增加了 30.76 万人，65 岁以上老年人口增加了 19.85 万人，分别增长 44.87%、43.65%。2000 年全市 60 岁以上老年人口占总人口的比重 11.94%，65 岁以上老年人口占总人口比重为 7.92%；2010 年同比分别提高了 5.44、3.51 个百分点。2000 年至 2010 年常德市总人口由 574.09 万人，增加到 622.59 万人，10 年增加了 8.45%，年均增速 0.85%，而 60 岁以上老年人口和 65 岁以上老年人口年均增速分别为4.85%、4.37%，分别比全市总人口年均增速高出4.00、3.52个百分点。据第六次全国人口普查，常德市有60岁及以上老人的67.06万个家庭中，“空巢老人”38.95万人，占58.08%。其中，单身老人家庭7.49万人，占11.17%；一个老人与未成年的亲属家庭13.31万人，占19.85%；一对老年夫妇单独居住的9.08万人，占13.54%；一对老年夫妇与未成年的亲属家庭9.07万人，占13.53%。“空巢老人”规模日益扩大，并由农村向城市迅速扩张，是常德市老年人口的一大特征。

老年人口构成　2000年全国第五次人口普查与2010年第六次全国人口普查相比，常德市老年人口的年龄构成发生变化，呈现“一降三升”发展趋势。低龄老年人口（60—69岁）比重降低，由2000年的60.60%下降到2010年的57.04%，下降了3.56个百分点。中龄老年人口（70—79岁）比重上升，由2000年的31.38%上升到2010年32.21%，上升了0.83个百分点。高龄老年人口（80岁以上）比重上升，由2000年的8.02%上升到2010年的10.75%，上升了2.73个百分点。老年人口年龄中位数上升，由2000年的66.5岁上升到2010年67.5岁，提高1岁。按照老年人口年龄构成类型划分标准，2000年常德市老年人口处于低龄型阶段，2010年上升为中龄型阶段。见表2—2－1－3、表2—2－1－4。

表2－2－1－3

常德市2000年、2010年老年人口年龄构成统计表

年龄组（岁）	2000年		2010年	
	人数（人）	构成（%）	人数（人）	构成（%）
合计	685489	100	993082	100
60—69岁	415422	60.60	566464	57.04
70—79岁	215114	31.38	319882	32.21
80岁及以上	54953	8.02	106736	10.75
其中100岁以上	25		124	

注：数据根据第五第六次全国人口普查资料计算整理。

表2－2－1－4

常德市2000年、2010年老年人口构成类型统计表

标　准		2000年	2010年
低龄型	低龄老年人口比重60%以上	60.60%	
	高龄老年人口比重7%以下	8.02%	
	老年人口年龄中位数67岁以下	66.5岁	

续表

标　准		2000 年	2010 年
中龄型	低龄老年人口比重 50%—60%		57.04%
	高老年人口比重 7%—14%		10.75%
	老年人口年龄中位数 67—70 岁		67.5 岁
高龄型	低龄老年人口比重 56 岁以下		
	高龄老年人口比重 14% 以上		
	老年人口年龄中位数 70 岁以上		

注：数据根据第五第六次全国人口普查资料计算整理。

老年人口的分布　常德市老年人口主要集中在广大农村和山区。2010 年，60 岁以上老年人口最多的桃源县有 16.44 万人，占全县总人口的 19.25%，占全市老年人口的 16.55%。其次是澧县 14.99 万人，占全县总人口的 18.13%，占全市老年人口的 15.10%；鼎城区 15.08 万人，占全区总人口的 18.03%，占全市老年人口的 15.19%。其他县（市区）老年人口比重高于全市 17.38% 的依次为石门县（18.61%）、临澧县（17.66%）、津市市（17.64%）、安乡县（17.50%）；低于全市平均水平的是汉寿县（15.94%）、武陵区（12.90%）。1982 年，常德市 100 岁以上老年人口只有 2 人，1990 年增加到 17 人，2000 年增加到 25 人，2010 年全市 100 岁以上寿星 124 人，分别比 1982 年、1990 年、2000 年增加 122 人、109 人、99 人。主要集中在津市市（23 人）、澧县（23 人）、汉寿县（23 人）、武陵区（19 人）。见表 2－2－1－5。

表 2—2－1－5

常德市 2010 年老年人口分布统计表

县（市区）	60 岁以上老年人口（人）	占总人口比重（%）	占全市老年人口比重（%）	百岁以上老年人口（人）
武陵区	80068	12.90	8.06	19
鼎城区	150844	18.03	15.19	4
安乡县	92041	17.50	9.27	10
汉寿县	127493	15.94	12.84	23
澧　县	149907	18.13	15.10	23
临澧县	70794	17.66	7.13	
桃源县	164350	19.25	16.55	16

续表

县（市区）	60岁以上老年人口（人）	占总人口比重（%）	占全市老年人口比重（%）	百岁以上老年人口（人）
石门县	111536	18.61	11.23	6
津市市	44249	17.64	4.46	23

注：数据来源第六次全国人口普查资料。

老年抚养系数和少儿抚养系数 2000年，常德市总抚养系数为37.65，分别比全国（42.86）、全省（42.04）低5.21、4.39。2010年，全市总抚养系数为32.74，比2000年减少了4.91。2000年，全市老年抚养系数为10.9，分别比全国（10.15）、全省（10.51）高0.75，0.29；2010年，全市老年抚养系数为15.17，比2000年上升了4.27。2000年，全市少儿抚养系数为26.34，分别比全国（32.71）、全省（31.43）低6.37、5.09；2010年，全市少儿抚养系数为17.57，比2000年下降了8.77。常德市是在经济和社会处于发展中，生产力还不发达的特定历史条件下，大力推进计划生育，驱使出生率大幅下降，加快了人口老龄化进程。养老问题将面临严峻的挑战。

三、人口年龄金字塔

1990年，《常德地区志·人口志》记载："1953年和1964年的一、二次全国人口普查，常德地区的人口年龄金字塔，基本上呈标准塔形，下大上小顶尖。""1982年第三次人口普查的人口年龄金字塔，呈底座极小，中间极大，靠中间极大的上、下级凹、顶级尖的壶形塔状。""1990年第四次人口普查时，第一级底座稍有加宽，人口年龄金字塔仍呈壶形塔状。"

2000年，常德市人口年龄金字塔的壶形塔状发生了变化。5—9岁年龄组级和0—4岁年龄组级呈逐级缩减状态。2010年5—9岁年龄组级继续缩减，而0—4岁年龄组级稍有加宽。表明全市从1991年到2005年控制人口增长所取得的巨大成绩，以及从2005年开始实行5年过渡期生育政策，2008年与全省生育政策并轨后人口出生率的状况。

2010年，第六次人口普查，全市人口年龄金字塔以40—44岁年龄组级为最宽，往上逐级缩小、顶尖，呈正金字塔状。往下各级逐步缩小，20—24岁年龄组级凸，然后又各级缩减，0—4岁年龄组级稍有加宽，从而形成了不规则的倒平顶塔状。见图2－2－1－1、图2－2－1－2、图2－2－1－3。

四、各县（市区）人口年龄构成

常德市各县（市区）人口年龄构成存在较大差异。2010年，全市0—14岁人口占全市总人口比重13.23%。在全市平均水平以下的依次为津市市（11.30%）、武陵区（11.33%）、鼎城区（11.62%）、安乡县（12.01%），高于全市平均水平的依次为汉寿县（15.81%）、澧县（14.07%）、石门县（13.84%）、桃源县（13.74%）、临澧县（13.50%），最高的汉寿县比最低的津市市多出4.51个百分点。全市65岁以上老年人口占全市总人口比重为11.43%。各县（市区）由高到低排列：桃源县（13.14%）、石门县（12.19%）、鼎城区（12.09%）、安乡县（11.64%）、津市市（11.39%）、澧县（11.35%）、临澧县（11.29%）、汉寿县（10.74%）、武陵区（8.40%），其中最高的桃源县比最低的武陵区高4.74个百分点。全市15—64岁劳动年龄人口占全市总人口比重为75.34%，最高的武陵区（80.27%），其他依次为津市市（77.31%）、安乡县（76.35%）、鼎城区（76.29%）、临澧县（75.21%）、澧县（74.58%）、石门县（73.97%）、汉寿县（73.46%）、桃源县（73.12%）。见表2—2－1－6。

图2－2－1－1

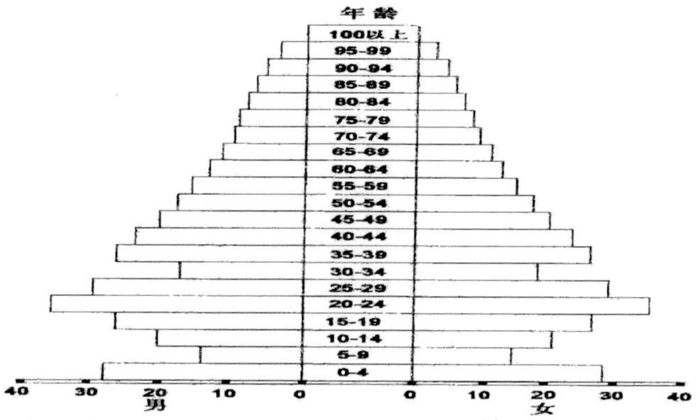

1990年第四次全国人口普查常德市人口年龄金字塔

注：根据第四次全国人口普查分析资料绘制

图2－2－1－2

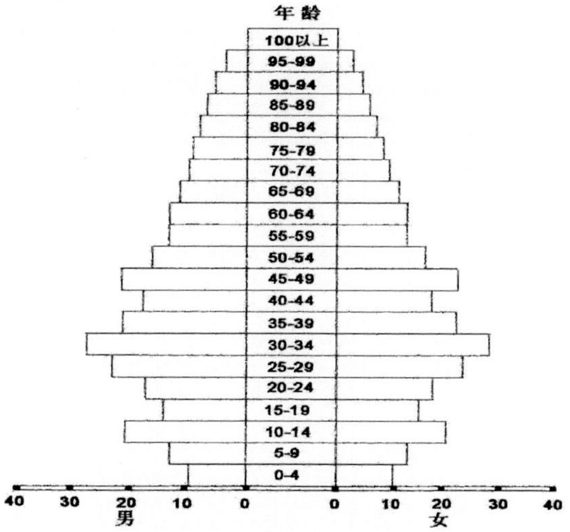

2000年第五次全国人口普查常德市人口年龄金字塔

注：根据第五次全国人口普查分析资料绘制

图 2－2－1－3

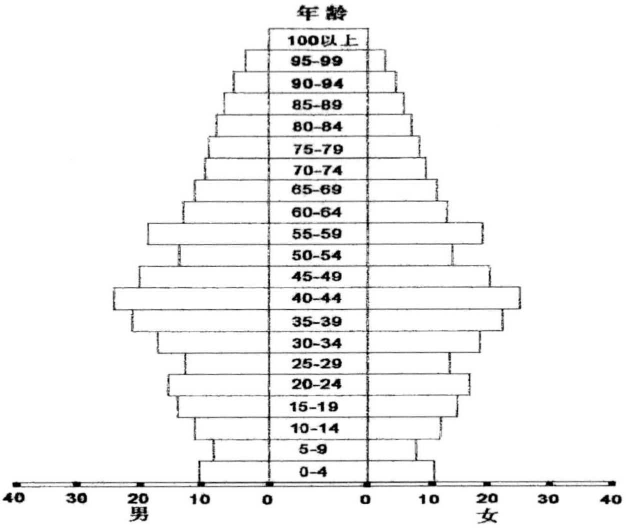

2010 年第六次全国人口普查常德市人口年龄金字塔

注：根据第六次全国人口普查分析资料绘制

表 2－2－1－6

常德市 2010 年各县（市区）常住人口年龄构成统计表

县（市区）	总人口数（人）	人口数					
		0—14 岁		15—64 岁		65 岁以上	
		人口数（人）	%	人口数（人）	%	人口数（人）	%
常德市	5714623	756259	13. 23	4305150	75. 34	653214	11. 43
武陵区	620580	70298	11. 33	498116	80. 27	52116	8. 40
鼎城区	836839	97269	11. 62	638400	76. 29	101170	12. 09
安乡县	525844	63142	12. 01	401508	76. 35	61194	11. 64
汉寿县	800019	126471	15. 81	587662	73. 46	85886	10. 74
澧 县	826655	116332	14. 07	616506	74. 58	93817	11. 35
临澧县	400839	54109	13. 50	301459	75. 21	45271	11. 29
桃源县	853662	117324	13. 74	624188	73. 12	112150	13. 14
石门县	599287	82950	13. 84	443305	73. 97	73032	12. 19
津市市	250898	28364	11. 30	193956	77. 31	28578	11. 39

注：数据来源第六次全国人口普查资料。

五、人口年龄构成

人口再生产类型　2000年，常德市0—14岁、15—49岁、50岁以上3个年龄段人口占全市总人口比重分别为19.43%、57.98%、22.59%。2010年，全市上述三个年龄段人口占全市总人口比重分别为13.23%、56.16%、30.6%。从20世纪90年代开始，尽管全市人口总量逐年增加，但已蕴藏着人口减少的内在因素。根据国际通行划分的标准，常德市人口再生产类型2000年为稳定型向减少型转变，2010年为减少型。见表2-2-1-7。

表2-2-1-7

常德市2000年、2010年人口年龄构成统计表

年龄组	国际划分人口再生产类型标准			常德市人口年龄构成			
				2000年		2010年（常住人口）	
	增加型	稳定型	减少型	人口数（人）	构成比（%）	人口数（人）	构成比（%）
0—14岁	40.0	26.5	20.0	1115410	19.43	756259	13.23
15—49岁	50.0	50.5	50.0	3328802	57.98	3209571	56.16
50岁以上	10.0	23.0	30.0	1296663	22.59	1748792	30.60

注：数据根据第五第六次全国人口普查资料计算。

人口年龄构成类型　2000年、2010年，常德市0—14岁人口构成比分别为19.43%、13.23%；60岁以上人口构成比分别11.95%、17.38%；人口年龄中位数分别为34.36岁、、39.5岁。按照国际划分人口年龄构成分类标准（老年型社会0—14岁构成比30%以下，60岁以上人口构成比10%以上、人口年龄中位数30岁以上），常德市于2000年进入老年型社会，2010年步入中度老年型社会。见表2-2-1-8。

表2-2-1-8

常德市2000年、2010年人口年龄构成类型统计表

分类标准			常德市人口年龄构成					
			2000年			2010年		
类别	年龄组和年龄中位数	标准	0—14岁（%）	60岁以上（%）	年龄中位数（岁）	0—14岁（%）	60岁以上（%）	年龄中位数（岁）
年轻型	0—14岁	40%以上						
	60岁以上	5%以下						
	年龄中位数	20岁以下						

续表

分类标准			常德市人口年龄构成					
			2000 年			2010 年		
成年型	0—14 岁	30—40%						
	60 岁以上（%）	5—10%						
	年龄中位数	20—30 岁						
老年型	0－14 岁	30%以下	19. 43			13. 23		
	60 岁以上	10%以上		11. 95			17. 38	
	年龄中位数	30 岁以上			34. 36			39. 47

注：数据根据第五第六次全国人口普查资料计算。

第二节　性别结构

一、人口性别比的构成

总人口性别比　从 1988 年至 2010 年，常德市总人口性别比（以女性为 100，下同）呈下降态势。1988 年为 108. 17，1989 年为 108. 20，以后逐年下降，1995 年降至 106，2006 年降至 105。2010 年常德市户籍总人口性别比 104. 20，常住人口性别比只有 101. 67。见表 2－2－2－1。

表 2－2－2－1

常德市 1988—2010 年人口性别比统计表

年份	性别比	年份	性别比	年份	性别比	年份	性别比
1988	108. 17	1994	108. 87	2000	106. 34	2006	105. 69
1989	108. 20	1995	106. 94	2001	105. 75	2007	105. 09
1990	107. 43	1996	106. 71	2002	106. 21	2008	104. 77
1991	107. 72	1997	106. 71	2003	105. 77	2009	103. 94
1992	107. 54	1998	106. 89	2004	105. 65	2010 户籍人口	104. 20
1993	107. 41	1999	106. 47	2005	105. 84	2010 常住人口	101. 67

注：根据常德市统计年鉴（1988—2010）和第六次全国人口普查资料整理

各年龄组人口性别比　少儿组人口性别比偏高。2010 年，常德市常住人口中 0—4 岁、5—9 岁年龄组人口性别比分别为 109. 03、109. 10，分别比 2000 年同年龄组人口性别比高 0. 38、0. 92。中青年组人口性别比偏低。2010 年，常德市常住人口中 15 岁—34 岁 4 个年龄组人口性别比均在100以下，均低于2000年同年龄组人口性别比。壮年组和低龄老年组人口性别比保持正常。2010年，常德市常住人口中，35—74岁8个年龄组人口性别比分别在102—107之间。高龄老年组人口性别比保持较高水平。2010年常德市常住人口75—100岁以上6个高龄老年组人口性别比保持在50.45—92.21之间，均高于2000年同龄组人口性别比。性别比为100的起始年龄后移。2010年，常德市常住人口性别比接近100的起始年龄为35—39岁年龄组（102.87），2000年为20—24岁年龄组（102.13），2010年比2000年后移了15年。见表2－2－2－2。

表2－2－2－2

常德市2010年常住人口分年龄组人口性别比统计表

单位：岁、女性＝100

年龄组	性别比	年龄组	性别比	年龄组	性别比	年龄组	性别比	年龄组	性别比
全市平均	101.67	20—24	93.47	45—49	103.59	70—74	102.01	95—99	55.16
0—4	109.03	25—29	90.17	50—54	107.89	75—79	92.21	100以上	55.00
5—9	109.10	30—34	97.66	55—59	105.91	80—84	78.13		
10—14	106.12	35—39	102.87	60—64	106.95	85—89	62.14		
15—19	99.23	40—44	104.53	65—69	107.91	90—94	50.45		

注：数据来源第六次全国人口普查资料

二、出生人口性别比

出生人口性别比及其变化　1990年至2012年，常德市出生人口性别比分三个阶段：1990年至1998年全市出生人口性别比偏高，在110至113之间；1999年至2004年全市出生人口性别比保持在正常值（104—107）；2005年，全市出生人口性别比回升至108.67，2009年达到111.37，2011年至2012年又有所下降。与全省相比，全市出生人口性别比始终低于全省平均水平和其他市州，是全省唯一保持基本正常的市。见表2－2－2－3。

表2－2－2－3

湖南省、常德市1990年至2012年出生人口性别比统计表

单位：女性＝100

年份	出生人口性别比		年份	出生人口性别比	
	湖南省	常德市		湖南省	常德市
1990	115.14	110.71	2002	112.63	106.22
1991	120.84	111.22	2003	111.69	105.04

续表

年份	出生人口性别比		年份	出生人口性别比	
	湖南省	常德市		湖南省	常德市
1992	122.35	111.66	2004	110.89	106.12
1993	121.90	110.43	2005	110.52	108.67
1994	121.94	113.16	2006	115.14	108.50
1995	123.77	113.15	2007	115.02	108.38
1996	124.31	111.91	2008	115.67	109.14
1997	123.94	110.80	2009	115.61	111.37
1998	122.86	111.03	2010	115.66	110.23
1999	112.05	105.26	2011	115.46	109.38
2000	111.05	105.963	2012	114.61	106.80
2001	113.65	107.65			

注：数据来源《湖南省人口计划完成情况抽样调查与统计报表汇总资料》（1990－2003）和《湖南省人口和计划生育工作考核评估结果》（2004—2012）。

出生人口分孩次性别比　常德市出生人口分孩次性别比有很大差异，孩次越高，性别比越高。1999年至2012年，连续14年，全市一孩出生性别比均在正常值范围。同期，全市二孩出生人口性别比，均超过正常值，最高达到124.74。三孩及以上出生人口性别比则更高，1999年达171.43，2004年高达210.76。见表2－2－2－4。

表2－2－2－4

常德市1999年至2012年出生人口分孩次性别比统计表

单位：女性＝100

年份	一孩出生性别比	二孩出生性别比	年份	一孩出生性别比	二孩出生性别比
1999	104.28	114.18	2006	103.81	112.49
2000	105.04	112.47	2007	103.44	110.44
2001	105.06	124.74	2008	104.86	110.07
2002	102.76	118.97	2009	106.38	113.99
2003	102.51	117.63	2010	104.96	112.33
2004	103.09	119.22	2011	106.30	111.66
2005	104.72	117.60	2012	104.80	109.80

注：1999—2000年数据来源《湖南省人口计划完成情况抽样调查统计报表汇总资料》，2001—2012年数据来源《湖南省2012年全员人口数据分析资料集》。

各县（市区）出生人口性别比 常德市各县（市区）出生人口性别比保持较好的临澧县，从1990年至2012年连续25年基本保持在正常值范围。其次是澧县，基本保持在108以内。出生人口性别比较高的是汉寿县，除1999年外，均超过正常值范围。见表2－2－2－5。

表2－2－2－5

常德市1990—2012年各县（市区）出生人口性别比统计表

单位：女性＝100

年份	武陵区	鼎城区	安乡县	汉寿县	澧县	临澧县	桃源县	石门县	津市市
1990至1998	109.67	112.32	110.58	118.15	109.33	107.63	111.34	109.79	114.77
1999	104.96	106.74	104.88	105.41	107.41	106.51	105.26	100.80	105.12
2000	103.72	105.18	102.68	109.79	109.01	104.36	108.43	102.14	102.30
2001	111.18	105.51	115.01	109.72	106.16	105.37	107.95	104.69	106.42
2002	101.29	103.81	105.88	114.05	106.18	101.27	107.23	106.26	104.83
2003	96.61	102.45	107.60	108.04	102.77	104.06	107.88	106.54	104.37
2004	100.49	105.43	108.30	110.00	103.14	104.59	108.92	106.72	104.59
2005	103.93	108.79	112.80	112.82	108.66	106.65	109.36	105.98	106.73
2006	103.72	108.64	112.56	112.60	108.48	106.46	109.18	105.82	106.52
2007	103.60	108.52	112.43	112.48	108.35	106.33	109.05	105.70	106.40
2008	105.31	109.05	112.98	112.98	108.86	106.84	109.56	106.23	107.01
2009	106.09	112.72	111.88	116.13	108.82	107.34	112.68	110.44	110.23
2010	107.45	112.28	109.96	115.30	106.73	106.62	110.60	108.89	111.72
2011	108.03	107.56	111.11	111.63	108.10	107.37	110.67	107.93	112.75
2012	105.61	109.00	108.13	111.12	108.40	106.38	108.16	106.84	111.24

注：数据来源《湖南省人口计划完成情况抽样调查与统计报表汇总资料》（1998—2003）和《湖南省人口和计划生育工作考核评估结果》（2004—2012），其中1990年—1998年为九年全市人口出生清查情况。

第三节　婚姻家庭结构

一、婚姻状况

第六次全国人口普查10%的抽样调查资料显示：2010年常德市常住人口中15岁以上人口443264人，未婚74649人，有配偶32950人，离婚8008人，丧偶31099人，分别占15岁及以上人口总数的16.8%、74.34%、1.81%、7.02%。与2000年相比，婚姻状况具有以下特点。

未婚人口比　2010年常德市15岁及以上人口中未婚比重为16.8%，与2000年同比上升了2.11个百分点。2010年全市未婚人口总量在83.5万人，达到法定结婚年龄未结婚的男女总量42.5万人，其中30岁以上未结婚的人口11.28万人。随着人们婚姻观念的变化，一部分人选择晚婚，甚至终身单身。未婚男女性别比为137.88，且随着年龄增加而攀升。常德市剩男明显多于剩女。

早婚人口比　2010年，常德市已婚有配偶人口占15岁及以上人口总数的77.58%，比2000年下降了3.24个百分点。未达法定结婚年龄（男22岁、女20岁）结婚人数中，女性占该年龄段女性的0.9%，男性占该年龄段男性的1.06%。早婚现象依然存在，且男性高于女性。

离婚单身人口比　2010年常德市离婚单身人口总量为8.97万人，占15岁及以上人口比重达1.81%，与2000年同比上升0.58个百分点。各年龄段离婚单身人口占同年龄同性别人口比重中，男性以35—39岁年龄组最高，比重为3.93%；女性以30—39岁年龄组最高，比重为2.71%。

丧偶人口比　2010年，常德市丧偶后未再婚人数占15岁及以上人口的7.02%，与2000年同比上升0.54个百分点。其中男性占32%，女性占68%。20—64年龄丧偶后未再婚人口中，女性占64.27%。成年已婚男性死亡率即女性丧偶率偏高，女性丧偶后再婚难度大于男性。见表2-2-3-1。

表2-2-3-1

常德市2010年常住人口分性别15岁及以上人口婚姻状况统计表

区分	人口数		男性		女性	
	数（人）	%	数（人）	%	数（人）	%
15岁以上人口	443264	100	220818	49.82	222446	50.18
未婚	74649	16.80	43268	57.96	31381	42.04
有配偶	329508	74.34	162754	49.39	166754	50.61

续表

区分	人口数		男性		女性	
	数（人）	%	数（人）	%	数（人）	%
离婚	8008	1.81	4860	60.69	3148	39.31
丧偶	31099	7.02	9936	31.95	21163	68.05

注；第六次全国人口普查10%抽样调查资料

二、家庭规模及结构

家庭规模 常德市总户数呈逐年增加之势。1990年全市总户数为1538051户，2000年为1668791户，2010年全市常住人口家庭为1702266户。2010年与1990年、2000年相比，分别增加164215户、33475户。1982年，常德市平均每个家庭户4.10人，1990年为3.61人，2000年为3.34人，2010年全市常住人口家庭户平均人数为3.15人。2010年与1982年、1990年、2000年相比，分别减少0.95人、0.46人、0.19人。2000年，常德市一人户121165户，占总户数比重为7.26%；二人户288245户，占11.27%。2010年全市常住户中一人户207984户，占总户数的12.22%，二人户395720户，占23.25%。2010年与2000年相比，一人户增加86819户，增长4.96个百分点，二人户增加107475户，增长11.98个百分点。三人户、四人户、五人户总数和比重减少。2010年与2000年相比，分别减少6.43、4.21、1.36个百分点。见表2－2－3－2。2010年，常德市常住人口一人户207984户，其中14岁以下少年儿童户8756户，占4.21%；60岁及以上老年人户74912户，占36.02%。见表2－2－3－3。

表2－2－3－2

常德市2000年、2010年家庭户规模统计表

年份	合　计		一人户		二人户		三人户		四人户	
	户数	%	户数	%	户数	%	户数	%	户数	%
2000	1668791	100	121165	7.26	288245	11.27	590311	35.37	368041	22.05
2010	1702266	100	207984	12.22	395720	23.25	492637	28.94	303647	17.84

续表

五人户		六人户		七人户		八人户		九人户		十人及以上户	
户数	%	户数	%	户数	%	户数	%	户数	%	户数	%
217141	13.01	59236	3.55	14795	0.89	6223	0.37	2196	0.13	1438	0.09
198377	11.65	73709	4.33	18877	1.11	7492	0.44	2478	0.15	1345	0.08

注：数据来源第五次、第六次人口普查资料。

表2－2－3－3

常德市2010年分年龄一人户统计表

合　计		14岁以下		15－59岁		60岁及以上	
户数	%	户数	%	户数	%	户数	%
207984	100	8756	4.21	124316	59.77	74912	36.02

注：数据来源第六次全国人口普查资料。

家庭结构　2010年，第六次全国人口普查资料显示，常德市常住人口中家庭户以二代户为主，共计761954户，占总户数的44.76%；一代户和三代户次之，分别为495534户、423710户，分别占29.11%、24.89%。四代户为21055户，占1.24%。五代及以上户仅为13户。与2000年第五次全国人口普查相比，常德市家庭户类发生了较大变化。

2000年，常德市一代户332368户，占总户数的19.09%，2010年比2000年增加163166户，增加10.10个百分点。二代户比重减少。2000年常德市二代户934293户，占总户数的55.99%，2010年比2000年减少172339户，减少11.239百分点。见表2－2－3－4。

2010年常德市常住人口中有60岁及以上老年人口的家庭户670624户，占全市总户数的39.40%，其中，一个单身老人户74912户，占4.40%；两个老人户90758户，占5.33%；一个老年人和两个老年人与未成年亲属户共计178220户，占10.47%；有三个及以上老年人的家庭户7828户，占0.46%。有65岁及以上老年人口的家庭户475455户，占全市常住人口总户数的27.93%。其中，一个65岁以上单身老年人口户56815户，占3.34%；两个65岁以上老人口户54817户，占3.22%；一个单身老人和两个老人与未成年亲属户7911户，占0.46%；三个65岁以上老年人口户2060户，占0.12%。见表2－2－3－5。

2010年常德市常住人口中的家庭户以单一民族户为主，共计1652327户，占全市总户数的97.07%；两个民族混合49584户，占2.91%；三个民族混合353户，占0.02%；四个及以上民族混合2户，武陵区、石门县各1户。见表2－2－3－6。

表 2－2－3－4

常德市 2000 年、2010 年家庭户类别统计表

年份	合　计		一代户		二代户		三代户		四代户		五代及以上	
	户数	%	户数	%	户数	%	户数	%	户数	%	户数	%
2000	1668791	100	332368	19.09	934293	55.99	384887	23.06	17222	1.03	21	
2010	1702266	100	495534	29.11	761954	44.76	423710	24.89	21055	1.24	13	

注：数据来源第六次全国人口普查资料。

表 2－2－3－5

常德市 2010 年常住人口中有 60 岁及以上老年人口的家庭统计表

区别	合计	有一个老年人口的家庭户			有两个老年人口的家庭户			有三个以上老年人口的家庭户
		小计	一个单身老年人口家庭	一个单身老人与未成年亲属户	合计	两个单身老年人口的家庭	两个老年人与未所年亲属户	
60 岁及以上	670624	385834	74912	6584	276962	90758	11238	7828
65 岁及以上	475455	319514	56815	3864	153881	54817	4047	2060

注：数据来源第六次全国人口普查资料。

表 2－2－3－6

常德市 2010 年常住人口中民族混合户统计表

家庭户总数	单一民族户		两个民族户		三个民族户		四个及以上民族户	
	户数	%	户数	%	户数	%	户数	%
1702266	1652327	97.07	49584	2.91	353	0.02	2	

注：数据来源第五次全国人口普查资料。

第四节　民族结构

一、少数民族人口数量

2010 年，常德市常住人口中有民族 46 个，除汉族外，45 个少数民族人口为 409733 人，占全市总人口的 7.17%。其中，人数较多的 6 个少数民族依次是：土家族 361228 人，占少数民族人口总量的 88.16%；回族 33497 人，占 8.18%；维吾尔族 4776 人，占

1.17%；苗族4547人，占1.11%；壮族1258人，占0.31%；土族1084人，占0.26%；其他39个少数民族共计3343人，占0.82%。人数最少的景颇族、阿昌族、乌孜别克族、独龙族各1人。

二、少数民族人口数量的变动

1982年，常德市只有14个少数民族，总人口数32038人，占全市总人口数的0.6%。1990年全市有15个少数民族，总人口400591人，占全市总人口数的7.04%。2000年全市有46个少数民族，总人口460501人，占全市总人口数的8.02%。2010年全市少数民族人口409733人，占全市总人口的7.17%，低于全国（8.49%）1.32个百分点。2010年全市少数民族人口分别比1982年、1990年、2000年增加6.57、0.11、-0.85个百分点。见表2-2-4-1。

表2-2-4-1

常德市1982年、1990年、2000年、2010年少数民族人口统计表

年　份	1982年	1990年	2000年	2010年
少数民族人口（人）	32038	400591	460501	409733
占全市总人口（%）	0.6	7.06	8.02	7.17

注：数据来源第三、四、五、六次全国人口普查资料。

2000年，常德市人数较多的前6个少数民族是：土家族405745人、回族37559人、维吾尔族5718人、苗族3866人、白族701人、侗族663人。2010年，土家族、回族、维吾尔族人口有较大减少，但总量仍居全市前3位；白族、侗族人数分别减少至446人、467人，退出全市6个少数民族人口较多的行列；壮族、土族人口分别增加至1258人、1084人，进入全市1000人以上的6个少数民族行列。见表2-2-4-2。

表2-2-4-2

常德市2010年6个少数民族人口统计表

年份	土家族	回族	维吾尔族	苗族	壮族	土族
2000年	405745	37559	5718	3866	470	121
2010年	361228	33497	4776	4547	1258	1084
比较（+-）	-44517	-4062	-942	+681	+788	+963

注：数据来源第五、六次全国人口普查资料。

三、少数民族人口的分布

常德市少数民族人口主要聚集在石门县，2010年全县常住人口中有少数民族人口328225人，占全市少数民族人口总量的80.11%，占该县常住总人口的54.77%。其他县

（市区）按少数民族人口总量多少排列依次为：武陵区18435人、鼎城区18342人、汉寿县13879人、澧县9684人、桃源县9636人、临澧县8611人、津市市2412人、安乡县699人。按少数民族人口占县（市区）总人口比重大小分依次为：石门县54.77%、武陵区2.97%、鼎城区2.19%、临澧县2.15%、汉寿县1.73%、澧县1.17%、桃源县1.13%、津市市0.96%、安乡县0.13%。见表2－2－4－3。

表2－2－4－3

常德市2010年各县（市区）常住人口中各民族人口统计表

单位：人

民族	常德市	武陵区	鼎城区	安乡县	汉寿县	澧县	临澧县	桃源县	石门县	津市市
汉族	5304732	602172	818497	525145	786140	816971	392228	844031	271062	248486
蒙古族	221	76	49	14	17	11	12	13	17	12
回族	33497	6829	9740	124	11145	1696	56	3372	155	380
藏族	88	24	20		5	18	5	7	3	6
维吾尔族	4776	411	270	8	135	6	8	3909	12	17
苗族	4547	1878	859	85	472	160	126	454	298	215
彝族	151	23	38	7	25	11	10	10	20	7
壮族	1258	160	273	29	253	134	100	93	146	70
布依族	198	43	19	17	42	12	9	25	28	3
朝鲜族	27	13	3	1			2	5	3	
满族	128	179	22	2	6	14	14	17	14	18
侗族	467	214	16	7	41	43	7	9	98	32
瑶族	493	222	55	5	63	30	15	31	42	30
白族	446	170	32	7	5	98		1	99	34
土家族	361228	8022	6144	290	1381	7293	7917	1503	327175	1503
哈尼族	25		9		5	4	1	1	4	1
哈萨克族	345	2	86	65	128	35	5	19		5
傣族	39	4	10	1	10	2	1	8	3	
黎族	196	34	37	8	31	29	8	31	7	11
傈僳族	15	3			5	1	1	5		

续表

民族	常德市	武陵区	鼎城区	安乡县	汉寿县	澧县	临澧县	桃源县	石门县	津市市
佤族	122	3	22	4	13	15	9	1	53	2
畲族	44	19	4		3	4	3		10	1
高山族	5		5							
水族	52	7	1		3				11	30
纳西族	4	4								
景颇族	1					1				
柯尔克孜族	3							3		
土族	1084	33	592	17	52	23	267	74		26
达斡尔族	5	1				2	1			1
仫佬族	17	3	2	1	6	2		1	2	
羌族	10	1	1		2	5			1	
布朗族	3					1				2
撒拉族	5	3	1					1		
毛南族	12				8	2		1	1	
仡佬族	72	6	7	5	12	6	10	7	16	3
锡伯族	8	6			1		1			
阿昌族	1	1								
怒族	27		1		3	7	1	15		
乌孜别克族	1							1		
保安族	4						4			
裕固族	7		4		1	1		1		
京族	15	1	3			5	1	2	1	2
独龙族	1							1		
赫哲族	3	2				1				
门巴族	3		1		1					1
其他未识别民族	68	11	14	2	3	11	16	7	4	

续表

民族	常德市	武陵区	鼎城区	安乡县	汉寿县	澧县	临澧县	桃源县	石门县	津市市
外国人加入中国籍	4		2					1	1	
少数民族人口(合计)	409733	18435	18342	699	13879	9684	8611	9636	328225	2412
少数民族占总人口比重(%)	7.17	2.97	2.19	0.13	1.73	1.17	2.15	1.13	54.77	0.96

注：数据来源第六次全国人口普查资料。

第五节　劳动力人口结构

一、劳动力资源

劳动适龄人口。根据第五次、第六次全国人口普查资料计算：2000 年，常德市劳动适龄人口（男 16—60 岁、女 16—55 岁）359.01 万人，占全市人口总量的 62.55%；2010 年，全市常住人口中劳动适龄人口 376.89 万人，占全市人口总量的 65.95%。2010 年比 2000 年劳动适龄人口增加 17.88 万人，占总人口比重增加 3.4 个百分点。2010 年，常德市劳动适龄人口中，男性 199.45 万人，占 52.92%，女性 177.44 万人，占 47.08%。各年龄段劳动适龄人口中，以 40—45 岁年龄段劳动适龄人口最多，达 62.59 万人，占全市劳动适龄人口的 16.61%。其次是 35—39 岁年龄段人口 56.08 万人，占 14.88%；45—49 岁年龄段人口 54.32 万人，占 14.41%。25－29 岁、30－34 岁 2 个年龄段劳动适龄人口较少，分别为 31.35 万人、36.98 万人，占全市劳动适龄人口的 8.32%、9.81%。据此分析，今后 10 年，常德市劳动适龄人口将持续增加。见表 2－2－5－1。

表 2－2－5－1

常德市 2010 年分年龄组劳动适龄人口统计表

年龄组	16—19 岁	20—24 岁	25—29 岁	30—34 岁	35—39 岁	40—44 岁	45—49 岁	50—54 岁	男 55—60 岁 女 55 岁
人数(万人)	28.93	43.35	31.35	36.98	56.08	62.59	54.32	34.77	28.53
比重(%)	7.68	11.50	8.32	9.81	14.88	16.61	14.41	9.23	7.57

注：数据来源第六次全国人口普查资料。

二次就业人数　根据第五次、第六次全国人口普查 10% 抽样调查数据推算，常德市退出劳动年龄的老年人口继续就业和第二次就业的人数呈增加之势。2000 年，全市 60 岁以上在业人口约30万人，占全部就业人口的9%左右；2010年，全市常住人口中60岁以上正在工作的老年人口约41万人，占全部就业人口的12.4%左右，其中70岁以上老年人在业的约8万人，占老年人口就业人数的20%左右。2010年与2000年相比，老年人口在业人数增加11万人，老年人口在业人数占全部在业人数的比重增加3.4个百分点。

劳动力资源总量　2000年，常德市劳动适龄人口359.01万人，老年人口继续就业和二次就业人数约30万人，劳动力资源总量389.01万人，占全市总人口的67.78%。2010年，全市常住人口中劳动适龄人口376.89万人，继续就业和二次就业人口41万人，劳动力资源总量为417.89万人，占总人口的73.13%。2010年与2000年相比，全市劳动力资源总量增加28.88万人，占总人口比重增加5.35个百分点。

二、劳动参与率、就业人口比和失业率

2010年，第六次全国人口普查10%抽样调查，常德市全部调查人口513699人，其中16岁及以上人口436990人。参与经济活动总人口330125人（含正在工作的332401人，暂未工作的1297人，失业的6427人），劳动参与率（全部经济活动人口与16岁及以上总人口之比）为75.55%，最高的澧县79.58%，最低的武陵区64.18%。就业人口323698人，就业人口比（就业人口与16岁及以人口之比）为74.07%，最高的临澧县78.29%，最低武陵区60.75%。全市失业人口6427人，失业率（失业人口与就业人口之比）为1.95%，最高的武陵区5.34%，其次津市市2.95%，最低桃源县1.05%。见表2－2－5－2。

表2－2－5－2

常德市2010年各县（市区）16岁以上人口劳动参与率、就业人口比和失业率统计表

地区	全部调查人口（人）	16岁及以上人口（人）	全部经济活动人（人）	劳动参与率（%）	就业人口（人）	就业人口比（%）	失业人口（人）	失业率（%）
常德市	513699	436990	330125	75.55	323698	74.07	6427	1.95
武陵区	54924	47502	30488	64.18	28859	60.75	1629	5.34
鼎城区	72104	62565	47546	75.99	46911	74.98	635	1.34
安乡县	45346	39238	30898	78.75	30353	77.36	545	1.76
汉寿县	74672	61871	46760	75.58	45963	74.29	797	1.70
澧　县	73491	61672	49095	79.61	48184	78.13	911	1.86
临澧县	38219	32551	25903	79.58	25483	78.29	420	1.62
桃源县	78729	66649	50260	75.41	49733	74.62	527	1.05
石门县	56871	48196	37464	77.73	36846	76.45	618	1.65
津市市	19343	16746	11711	69.93	11366	68.87	345	2.95

注：数据根据第六次全国人口普查10%抽样调查资料计算整理。

三、就业人口的行业结构

2010 年，第六次全国人口普查 10% 抽样调查，常德市在业人口 32. 37 万人，其中从事农、林、牧、渔业人数 19. 63 万人，占比重最大，为 60. 60%，与 2000 年（79. 01%）同比下降 18. 41 个百分点。占比重较大的还有制造业 3. 98 万人，占 12. 29%，建筑业 1. 13 万人，占 3. 49%，交通运输、仓储和邮政业 8926 人，占 2. 76%。见表 2 - 2 - 5 - 3。

表 2 - 2 - 5 - 3

常德市 2010 年在业人口的行业结构统计表

行　业	合　计		其　中	
	人数（人）	占全部就业人口比重（%）	男	女
全部就业人口	323982	100	174606	149376
农、林、牧、渔业	196322	60. 60	99901	96421
采矿业	1245	0. 38	961	284
制造业	39829	12. 29	22362	17467
电力、燃气及水的生产和供应业	1476	0. 46	1097	379
建筑业	11323	3. 49	10284	1039
交通运输、仓储和邮政业	8926	2. 76	7628	1298
信息、计算机服务和软件业	1444	0. 45	800	644
居民服务和其他服务业	5731	1. 77	3007	2724
教育	5464	1. 69	2663	2801
卫生、社会保障和社会福利业	3038	0. 94	1397	1641
文化、体育和娱乐业	1152	0. 36	613	539
公共管理和社会组织	5057	1. 56	3565	1492
其他行业	42978	13. 27	20327	18651

注：数据根据第六次全国人口普查 10% 抽样调查资料计算整理。

四、在业人口的职业结构

2010 年，第六次全国人口普查 10% 抽样调查，常德市在业人口 32. 37 万人，按不同职业分类，占比重大小依次为：农林牧渔水利生产人员 19. 57 万人，占 60. 41%；商业服务业人员 5. 16 万人，占 15. 94%；生产运输操作人员及有关人员 5. 00 万人，占 15. 44%；专业技术人员 1. 55 万人，占 4. 78%。与 2000 年相比，2010 年同比提高幅度较大的是：生产运输操作人员比重由6.58%提高到15.44%，上升8.86个百分点；商业服务业人员比重由7.77%提高到15.94%，上升8.17个百分点；专业技术人员比重由3.70%提高到4.78，上升1.08个百分点。同比下降幅度最大的是农林牧渔水利生产人员，比重由79.00下降至60.41%，减少18.59个百分点。随着产业结构的调整，常德市在业人口职业结构发生了较大变化。见表2－2－5－4。

表2－2－5－4

常德市2000年、2010年在业人口职业结构统计表

职业分类	2000年				2010年			
	合计（人）	比重（%）	男（人）	女（人）	合计（人）	比重（%）	男（人）	女（人）
合计	324793	100	177784	147009	323982	100	174606	149376
国家机关、党群组织、企事业单位负责人	3314	1.02	2807	507	2633	0.81	1838	795
专业技术人员	12017	3.70	6085	5932	15492	4.78	8014	7478
办事人员和有关人员	5712	1.76	3993	1719	7805	2.41	5560	2245
商业服务业人员	25228	7.77	12614	12614	51634	15.94	25276	26358
农林牧渔水利业生产人员	256599	79.00	136206	120393	195719	60.41	99625	96094
生产运输操作及有关人员	21356	6.58	15729	5627	50019	15.44	33907	16112
不便分类的其他劳动者	567	0.17	350	217	680	0.21	386	294

注：数据根据第五、六次全国人口普查10%抽样调查资料计算整理。

第六节 地域结构

一、人口密度

随着人口不断增加，常德市人口密度逐年加大。1949年全国解放时，全市人口密度171人/平方公里。1990年全市人口密度313人/平方公里。2010年按全市户籍人口计算人口密度为342人/每平方公里，比1990年增加29人/平方公里，比1949年增加1倍；按常住人口计算，2010年全市人口密度为314人/平方公里，比湖南省人口密度310人/平方公里，多4人/平方公里，按人口密度大小排列居全省第9位。2012年全市人口密度343人/平方公里。见表2－2－6－1。

表 2－2－6－1

常德市 1949—2010 年人口密度统计表

年度	总人口数（万人）	人口密度（人/平方公里）
1949	312.15	171
1960	356.04	195
1970	454.44	245
1980	525.87	289
1990	569.10	313
2000	599.28	329
2010	622.59	342（常住人口 314）
2011	625.98	344
2012	623.62	343

注：数据来源常德市统计年鉴（1949—2010）、第六次全国人口普查资料和《湖南省人口计划完成情况抽样与统计报表汇总资料》（2011—2012）。

二、人口县域分布

人口比重　人口城市化推进以及行政区划的调整，常德市各县（市区）人口比重发生了较大变化。武陵区由于行政区划扩大和经济发展，吸纳外地人口较多，全区人口占全市总人口比重由 1949 年的 1.86% 增加到 2012 年的 6.77%，增加 4.91 百分点。鼎城区由于行政区划调整较大，全区人口占全市总人口比重由 1949 年 17.44% 减少至 2010 年的 14.65%，减少 2.79 个百分点。其他各县（市）人口占全市总人口比重变化不大。见表 2－2－6－2。

人口密度　2010 年，第六次全国人口普查时，常德市常住人口平均人口密度为 314 人/每平方公里。人口密度最大的武陵区 2083 人/平方公里。其他县（市区）人口密度按多少排列依次为：安乡县 484 人/平方公里，津市 450 人/平方公里，澧县 399 人/平方公里，汉寿县 383 人/平方公里，鼎城区 342 人/平方公里，临澧县 333 人/平方公里，桃源县 192 人/平方公里，石门县 151 人/平方公里。

表 2 -2 -6 -2

常德市 1949—2012 年各县（市区）人口比重统计表

单位:%

年度	武陵区	鼎城区	安乡县	汉寿县	澧县	临澧县	桃源县	石门县	津市市
1949	1.86	17.44	8.57	11.37	19.16	6.60	19.22	12.17	3.59
1960	3.36	17.02	9.37	12.41	16.05	7.70	17.88	12.13	4.07
1970	2.69	18.04	9.51	12.34	15.86	7.44	17.81	12.31	4.00
1980	3.70	16.82	9.64	13.14	15.80	7.49	17.16	12.30	3.96
1990	4.48	17.03	9.64	13.69	15.02	7.37	16.68	11.93	4.17
2000	7.31	14.58	9.47	13.30	14.37	7.18	16.25	11.73	4.23
2010	6.91	14.65	9.19	13.98	14.47	7.02	14.95	10.49	4.39
2012	6.77	13.41	9.65	13.33	15.11	7.28	15.93	10.93	4.28

注：数据来源《常德统计年鉴》（1949—2010）、第六次全国人口普查资料和《湖南省人口计划完成情况抽样调查与统计报表汇总资料》（2011—2012）；2012 年各县（市区）人口数不含常德经济技术开发区、柳叶湖旅游度假区、西湖管理区、西洞庭管理、贺家山原种场人口数，上述五个单位 2012 年总人口 27.43 万人，占全市总人口数的 4.4%。

第三章　人口素质

第一节　文化素质

一、全市人口文化程度

6岁以上人口文化程度　2010年，常德市常住人口中有6岁以上人口539.85万人，具有小学以上文化的519.46万人，占96.22%。其中，小学160.47万人，占29.73%；初中224.99万人，占41.68%；高中（含中专）98.13万人，占18.18%；大学专科24.88万人，占4.61%；大学本科10.66万人，占1.97%；研究生3108人，占0.06%；未上学的20.39万人，占3.78%。全市每万人口中有小学文化人口2808人，初中文化人口3937人，高中文化人口1717人，大学专科以上文化人口627人。见表2－3－1－1。

表2－3－1－1

常德市2010年常住人口每万人口中各类文化程度统计表

文化程度	小学	初中	高中（中专）	大学专科	大学本科	研究生
人数（人）	1604741	2249969	981349	248846	106603	3108
万人比（‰）	2808.14	3937.21	1717.26	435.45	186.54	5.44

注：数据来源第六次全国人口普查资料。

每万人口中各类文化程度人口变化　常德市常住人口每万人口中各类文化程度人口中：小学文化人口逐年减少，由1982年4500人减少至2010年2808人，减少1692人，降低了37.6%；初中文化人口逐年增加，由1982年1714人增加至2010年3927人，增加2223人，增长了129.7%；高中（中专）文化人口逐年增加，由1982年615人增加至2010年1717人，增加1102人，增长了179.19%；大学以上（专科、本科、研究生）文化人口增加幅度最大，由1982年26人增加至2010年627人，增加601人，增长2311.54%。见表2－3－1－2。

表 2－3－1－2

常德市 1982 年、1990 年、2000 年、2010 年每万人口中各类文化程度人口统计表

单位：人、%

年份	小学		初中		高中(中专)		大学(专科、本科、研究生)	
	人数	增长率	人数	增长率	人数	增长率	人数	增长率
1982	4500		1714		615		26	
1990	4262	－5.27	2419	41.13	804	30.73	78	200.00
2000	3973	－6.80	3477	43.74	854	6.22	478	512.82
2010	2808	－29.32	3937	13.23	1717	101.05	627	31.17

注：数据来源第三、四、五、六次全国人口普查资料。

二、各县（市区）人口文化程度

小学以上文化程度人口　2010 年，常德市各县（市区）人口中小学以上文化人口占 6 岁以上人口的比重以武陵区最高，为 98.77%。其他县（市区）高于全市平均水平（96.22%）的依次为：津市市 96.83%、鼎城区 96.43%、汉寿县 96.31%、临澧县 96.28%；在全市平均水平以下的依次为：澧县 96.00%、安乡县 95.96%、石门县 95.50%、桃源县 94.73%。

各类文化人口占总人口的比重　2010 年常德市各县（市区）常住人口中各类文化人口占 6 岁以上人口比重如下：

小学。比重最低的是武陵区为 16.13%。其他县（市区）由低到高排列：鼎城区 25.32%、津市市 26.42%、安乡县 27.30%、汉寿县 31.49%、临澧县 31.87%、澧县 34.01%、桃源县 34.77%、石门县 36.76%。

初中。比重最低的是武陵区为 33.35%。其他县（市区）由低到高依次为：石门县 37.74%、澧县 40.22%、津市市 41.88%、桃源县 42.00%、临澧县 43.60%、鼎城区 43.96%、安乡县 44.15%、汉寿县 47.36%。

高中（中专）。比重最高为武陵区 28.76%。其他县（市区）由高到低依次为：鼎城区 22.30%、津市市 20.16%、安乡县 19.63%、澧县 16.64%、石门县 15.22%、临澧县 15.20%、桃源县 14.19%、汉寿县 13.35%。

大学专科以上。比重最高为武陵区，占 20.53%，其中大学本科文化人口 48507 人，占全市大学本科文化人口的 45.50%，研究生 1790 人，占全市研究生总数的 57.59%。其他县（市区）大学专科以上人口按比重高低顺序排列：临澧县 10.75%、津市市 8.36%、石门县 5.79%、澧县 5.14%、安乡县 4.87%、鼎城区 4.86%、汉寿县 3.91%、桃源县 3.78%。见表 2－3－1－3。

表 2-3-1-3

常德市各县（市区）2010 年常住人口 6 岁以上人口文化程度统计表

单位：人、%

县（市区）		武陵区	鼎城区	安乡县	汉寿县	澧　县	临澧县	桃源县	石门县	津市市
6 岁以上人口数		595096	797675	500480	743881	778351	377084	801643	564296	239999
小学	人数	95979	201939	136635	235689	264754	120188	278751	207410	63396
	比重	16.13	25.32	27.30	31.49	34.01	31.87	34.77	36.76	26.42
初中	人数	198476	350653	220975	352302	313016	164399	336658	212967	100523
	比重	33.35	43.96	44.15	47.36	40.22	43.60	42.00	37.74	41.88
高中（中专）	人数	171131	177854	98249	99293	129486	57331	113731	85883	48391
	比重	28.76	22.30	19.63	13.35	16.64	15.20	14.19	15.22	20.16
大学专科	人数	71872	29340	19235	21532	29735	15221	22187	24031	15693
	比重	12.08	3.68	3.84	2.89	3.82	4.04	2.77	4.26	6.54
大学本科	人数	48507	9154	4978	7433	10014	5822	7913	8461	4321
	比重	8.15	1.15	0.99	1.00	1.29	1.54	0.99	1.50	1.80
研究生	人数	1790	242	212	175	213	109	157	151	59
	比重	0.30	0.03	0.04	0.02	0.03	0.03	0.02	0.03	0.02
合计	人数	587755	769182	480284	716424	747218	363670	759397	538903	232383
	比重	98.77	96.43	95.96	96.31	96.00	96.28	84.73	95.50	96.83

注：数据根据第六次人口普查资料计算整理；武陵区含常德经济技术开发区、柳叶湖旅游度假区；鼎城区含西洞庭管理区；汉寿县含西湖管理区。

每万人口中各类文化人口　2010 年，常德市各县（市区）常住人口每万人口中各类文化程度人口，按多少排列如下：

小学。石门县 3460.95 人、桃源县 3265.35 人、澧县 3208.71 人、临澧县 2998.41 人、汉寿县 2946.04 人、安乡县 2598.39 人、津市市 2526.76 人、鼎城区 2413.12 人、武陵区 1546.60 人。

初中。汉寿县 4403.67 人、安乡县 4202.29 人、鼎城区 4190.21 人、临澧县 4101.37 人、津市市 4006.53 人、桃源县 3943.69 人、澧县 3786.53 人、石门县 3553.67 人、武陵区 3198.23 人。

高中（中专）。武陵区 2757.60 人，鼎城区 2125.31 人、津市市 1928.71 人、安乡县

1868.41人、澧县1566.39人、石门县1433.09人、临澧县1430.28人、桃源县1332.27人、汉寿县1241.13人。

大学专科。武陵区1158.14人、津市市625.47人、石门县400.99人、临澧县379.73人、安乡县365.80人、澧县359.70人、鼎城区350.61人、汉寿县269.11人、桃源县259.90人。

大学本科。武陵区781.64人、津市市172.22人、临澧县145.25人、石门141.18人、澧县121.14人、鼎城区109.39人、安乡县94.67人、汉寿县92.91人、桃源县92.69人。

研究生。武陵区28.84人、安乡县4.03人、鼎城区2.89人、临澧县2.72人、澧县2.58人、石门县2.52人、津市市2.35人、汉寿县2.19人、桃源县1.84人。见表2-3-1-4。

表2-3-1-4

常德市各县（市区）2010年常住人口每万人口中各类文化人口统计表

单位：人

	武陵区	鼎城区	安乡县	汉寿县	澧县	临澧县	桃源县	石门县	津市市
小学	1546.60	2413.12	2598.39	2946.04	3202.71	2998.41	3265.35	3460.95	2526.76
初中	3198.23	4190.21	4202.29	4403.67	3786.53	4101.37	3943.69	3553.67	4006.53
高中	2757.60	2125.31	1868.41	1241.13	1566.39	1430.28	1332.27	1433.09	1928.71
大学专科	1158.14	350.61	365.80	269.14	359.70	379.73	259.90	400.99	625.47
大学本科	781.64	109.39	94.67	92.91	121.14	145.25	92.69	141.18	172.22
研究生	28.84	2.89	4.03	2.19	2.58	2.72	1.84	2.52	2.35

注：数据根据第六次全国人口普查资料整理；武陵区含常德经济技术开发区，柳叶湖旅游度假区；鼎城区含西洞庭管理区，汉寿县含西湖管理区。

三、不同年龄性别人口文化程度

不同年龄人口文化程度 2010年常德市常住人口中不同年龄人口受教育程度存在较大差别。

未上过学的人口。2010年，常德市未上过学的人口与同年龄组总人口数的比重以15—19岁年龄组最低，为0.33%。随年龄组后移，未上过学的人口比重逐步加大，50—54岁年龄组比重占1.88%，65—69岁年龄组比重超过10%，85岁及以上年龄组比重最高达47.81%。

受过初等（含小学、初中）教育人口。15—19岁年龄组中人口受初等教育的比重最低，占32.13%。随着年龄组加大，比重逐渐上升，35—39岁年龄组比重达72.9%，60—64岁年龄组比重最大，达到87.8%，然后随年龄组提高，比重逐步下滑，到85岁及以上年龄组，比重只有49.38%。

受过中等（含高中、中专）教育人口。15—19岁年龄组人口受过中等教育的比重最大，占56.47%。然后随年龄组后移，比重逐步减少，35—39岁年龄组比重17.76%，55—59岁年龄组比重降至8.59%，85岁及以上年龄组比重最低，为1.99%。

受过高等（含大学专科、大学本科、研究生）教育人口。20—24岁年龄组人口受过高等教育人口所占比重最高，达到22.9%，25—29岁年龄组比重占16.15%，30—34岁年龄组比重占10.97%，35—39岁年龄组比重占6.78%，40—44岁和45—49岁年龄组比重均为4.70%。以后各年龄组比重继续减少，到80—84岁年龄组比重降至0.79%。见表2-3-1-5。

不同性别人口文化程度　常德市女性人口文化程度总体比男性人口文化程度低，呈现两种情况：

学历越低，女性比例越高。2010年，全市未上过学的人口中，女性14.46万人，占70.94%，男性5.93万人，占29.06%，女性比男性高41.88个百分点；小学文化人口中，女性占52.13%，男性占47.87%，女性比男性高4.26个百分点。

学历越高，女性比例越低。2010年，全市初中、高中（中专）、大学专科、大学本科、研究生文化人口中，男性人口分别占51.73%、54.32%、52.25%、56.05%、60.65%，女性人口分别占48.27%、45.68%、47.75%、43.95%、39.35%，男性比女性分别高3.46、8.64、4.50、12.10、21.30个百分点。见表2-3-1-6。

表2-3-1-5

常德市2010年常住人口中各年龄组人口文化程度统计表

单位：人、%

年龄组	各年龄组人口数	文化构成						
		未上过学	小学	初中	高中（中专）	大学专科	大学本科	研究生
合计	5398505	3.78	29.73	41.68	18.18	4.61	1.97	0.06
6—9岁	182392	2.01	96.77	1.22	0.01			
10—14岁	257749	0.64	42.69	52.26	4.38	0.02		
15—19岁	362927	0.33	2.99	29.14	56.47	8.12	2.94	
20—24岁	433466	0.37	4.21	41.77	30.76	14.97	7.81	0.12
25—29岁	313466	0.40	4.36	50.80	28.29	10.89	4.99	0.27
30—34岁	369789	0.43	6.95	56.86	24.79	7.55	3.27	0.15
35—39岁	560759	0.56	11.14	61.76	19.76	4.71	1.99	0.08

续表

年龄组	各年龄组人口数	文化构成						
		未上过学	小学	初中	高中（中专）	大学专科	大学本科	研究生
40 -44	625943	0. 64	17. 12	62. 09	15. 45	3. 23	1. 42	0. 05
45—49 岁	543221	0. 73	19. 84	55. 01	19. 71	3. 30	1. 36	0. 04
50—54 岁	347721	1. 88	37. 13	39. 54	18. 06	2. 76	0. 60	0. 02
55—59 岁	407990	3. 23	55. 38	30. 50	8. 59	1. 90	0. 39	0. 01
60—64 岁	339868	5. 38	64. 76	23. 07	5. 11	1. 38	0. 29	0. 01
65—69 岁	226596	10. 11	64. 53	19. 00	4. 87	1. 10	0. 38	0. 01
70—74 岁	188617	20. 09	64. 22	11. 27	3. 00	0. 97	0. 44	0. 01
75—79 岁	131265	29. 32	59. 17	8. 59	2. 03	0. 65	0. 23	0. 01
80—84 岁	68730	38. 30	51. 80	6. 93	2. 17	0. 55	0. 23	0. 01
85 岁及以上	38006	47. 81	43. 53	5. 85	1. 99	0. 52	029	0. 01

注：数据根据第六次全国人口普查资料计算整理。

表 2 -3 -1 -6

常德市 2010 年 6 岁以上不同性别人口文化程度统计表

单位：人、%

文化程度	6 岁以上人口数	男		女	
		人数	%	人数	%
合计	5398505	2716118	50. 31	2682387	49. 69
未上过学	203889	59258	29. 06	144631	70. 94
小学	1604741	768201	47. 87	836540	52. 13
初中	2249969	1163902	51. 73	1086067	48. 27
高中（中专）	981349	533093	54. 32	448256	45. 68
大学专科	248846	130025	52. 25	118821	47. 75
大学本科	106603	59754	56. 05	46849	43. 95
研究生	3108	1885	60. 65	1223	39. 35

注：数据根据第六次全国人口普查资料计算整理。

四、在业人口文化程度

不同行业人口文化程度　2010年第六次全国人口普查常德市在常住人口中共抽查在业人口32.37万人，其中，未上过学的0.65万人，占2.01%；小学8.71万人，占26.89%；初中15.56万人，占48.08%；高中（中专）5.42万人，占16.74%；大学专科1.42万人，占4.37%；大学本科5953人，占1.84%；研究生201人，占0.06%。全市18大行业中，各类文化人口比重不尽相同。

未上过学。农林牧渔业中人数最多，比重最大，共计6137人，占未上过学总人数的94.23%，占同行业人数的3.13%。比重最低的是科学研究、技术服务、地质勘查业为0，公共管理和社会组织为0.04%。

小学。人数最多、比重最高的是农、林、牧、渔业，共计7.51万人，占全部小学文化人口的86.23%，占同行业比重38.27%。比重最低的是公共管理和社会组织只占1.38%。

初中。比重最高的是建筑业，占62.84%，其次是交通运输、仓储、邮政业占54.19%。比重最低的是农林牧渔业占9.85%。

高中（中专）。比重最高的是信息传输、计算机服务和软件业，占38.53%，其次是文化、体育和娱乐业，占36.92%。比重最低的是建筑业，占16.26%。

大学专科。比重最高的是教育和卫生、社会保障和社会福利业，分别占37.19%、37.49%；其次是公共管理和社会组织占35.44%。比重最低是农林牧渔业只占0.66%。

大学本科。比重最高的是教育，占31.57%，其次是公共管理和社会组织占24.48%。比重最低是农林牧渔业只占0.10%。

研究生。人数最多、比重最高的是教育，共计82人，占研究生总人数的40.80%，占同行业人数的1.50%。其次是科学研究、技术服务、地质勘查业，卫生、社会保险和社会福利业，公共管理和社会组织，分别占0.79%、0.72%、0.61%。比重最低是采矿业、房地产业分别为0，农林牧渔业只有7人，占0.005%。见表2-3-1-7。

不同职业人口文化程度　根据第六次全国人口普查10%抽样调查，2010年常德市职业人口分7类。在各类职业人口中受教育程度不同。

未上过学。以农林牧渔水利业生产人员所占比重最大，为3.13%。比重最小的是党政机关、群众组织、企事业单位负责人，只占0.08%。

受过初等（小学、初中）教育。所占比重最大的农林牧渔水利业生产人员，占86.34%。其次是生产、运输设备操作人员及有关人员、不便分类的其他从业人员和商业服务业人员，分别占71.92%、64.7%、60.2%。比重最低的是专业技术人员占22.85%。

受过中等（高中、中专）教育。所占比重最大的是办事人员和有关人员占31.48%，商业服务业人员占31.12%。比重最低的是农林牧渔水利业生产人员，占9.80%。

受过高等（大学专科、大学本科、研究生）教育。所占比重最高的是专业技术员、办事人员和有关人员以及党政机关、群众组织、企事业单位负责人，分别占 50.77%、41.03%、39.19%，比重最低是农林牧渔水利业生产人员，只占 0.725%。见表 2－3－1－8。

五、文盲人口

随着文化教育事业发展，常德市文盲人口逐年减少。1990 年全市有文盲人口 74.98 万，占总人口的 13.17%；2000 年 33.88 万，占总人口的 5.65%；2010 年减少到 18.31 万，占总人口的 3.19%。2010 年全市文盲人口占总人口比重分别比 1990 年、2000 年减少 9.98、2.46 个百分点。

2010 年第六次全国人口普查 10% 抽样调查常德市共调查 15 周岁及以人口 49.58 万人，其中文盲人口 18.31 万人，占 3.69%。在文盲人口中，男性 5.03 万人，女性 13.28 万人，分别占 2.02% 和 5.38%，女性文盲人口高于男性文盲人口 3.36 个百分点。各县（市区）文盲人口存在较大差异。武陵区文盲人口人数最少，比重最低，全区只有文盲人口 5904 人，占全区 15 周岁及以上人口的 1.07%。桃源县文盲人口数量最大，比重最高，全县有文盲人口 38875 人，占全县 15 岁及以上总人口的 5.28%，其中女性文盲人口 26706 人，占全县 15 周岁以上女性人口的 7.4%。见表 2－3－1－9。

表 2－3－1－7

常德市 2010 年各行业不同文化程度人口统计表

单位：人、%

行业分类	各行业人数	未上过学	小学	初中	高中（中专）	大学专科	大学本科	研究生
合计人数	323698	6513	87057	155641	54178	14155	5953	201
农林牧渔业	196158	3.13	38.27	47.99	9.85	0.66	0.10	0.005
采矿业	1244	0.40	22.51	49.68	19.13	6.35	1.93	0
制造业	39781	0.33	10.50	57.17	24.86	5.58	1.50	0.06
建筑业	11310	0.39	16.45	62.84	16.26	3.02	1.02	0.04
交通运输、仓储、邮政业	8921	0.22	9.66	54.19	29.67	5.04	1.19	0.02
信息传输、计算机服务和软件业	1443	0.21	3.74	23.42	38.53	23.98	9.98	0.14
批发和零售业	22353	0.23	9.01	48.52	32.83	7.57	1.80	0.04
住宿和餐饮业	9621	0.22	9.54	56.84	28.07	4.44	0.87	0.01
金融业	1809	0.06	1.82	15.53	33.89	33.11	15.26	0.33
房地产业	962	0.21	5.30	35.03	37.21	16.63	5.61	0

续表

行业分类	各行业人数	未上过学	小学	初中	高中（中专）	大学专科	大学本科	研究生
租赁和商务服务业	1236	0.32	5.83	34.14	33.17	17.07	9.30	0.16
科学研究、技术服务、地质勘查业	504	0	6.15	40.28	29.37	14.68	8.73	0.79
水利、环境和公共设备管理业	773	0.52	13.58	33.89	30.40	16.69	4.79	0.13
居民服务和其他服务业	5712	0.96	11.55	53.48	29.01	4.20	0.77	0.02
教育	5461	0.07	1.50	7.95	20.22	37.19	31.57	1.50
卫生、社会保障和社会福利业	3038	0.30	2.63	14.68	29.49	37.49	14.68	0.72
文化、体育和娱乐业	1151	0.17	4.87	35.62	36.92	13.73	8.60	0.09
公共管理和社会组织	5057	0.04	1.38	10.03	28.02	35.44	24.48	0.61

注：数据根据第六次全国人口普查10%抽样调查资料计算整理。

表2－3－1－8

常德市2010年各职业不同文化程度人口统计表

单位：人、%

职业分类	各职业人数	未上过学	小学	初中	高中（中专）	大学专科	大学本科	研究生
合计人数	323698	6513	87057	155641	54178	14155	5953	201
党政机关、群众组织企事业单位负责人	2633	0.08	4.03	24.53	32.17	23.43	15.23	0.53
专业技术人员	15485	0.23	4.00	18.85	26.15	31.08	18.95	0.74
办事人员和有关人员	7803	0.12	3.90	23.49	31.48	25.52	15.05	0.46
商业服务业人员	51587	0.33	9.64	50.56	31.12	6.80	1.52	0.03
农、林、牧、渔、水利业生产人员	195554	3.13	38.33	48.01	9.80	0.63	0.09	0.005
生产、运输设备操作人员及有关人员	49959	0.33	12.00	59.92	22.88	3.89	0.94	0.03
不便分类的其他从业人员	677	0.30	15.36	49.34	27.47	6.20	1.33	0

注：数据根据第六次全国人口普查10%抽样调查资料计算整理。

表2－3－1－9

常德市各县（市区）2010年15周岁及以上文盲人口统计表

单位：人、%

县（市区）	15岁及以上人口			文盲人口			文盲人口占15岁及以上人口比重		
	合计	男	女	小计	男	女	小计	男	女
常德市	4958364	2488268	2470096	183092	50264	132828	3.69	2.02	5.38
武陵区	550282	268089	282193	5904	1332	4572	1.07	0.5	1.62
鼎城区	739570	370495	369075	26062	6715	19347	3.52	1.81	5.24
安乡县	462702	234284	228418	18030	4986	13044	3.9	2.13	5.71
汉寿县	673548	337974	335574	24448	7007	17441	3.63	2.07	5.2
澧　县	710323	350806	359517	28328	6976	21352	3.99	1.99	5.94
临澧县	346730	172975	173755	12005	2770	9235	3.46	1.6	5.31
桃源县	736338	375415	360923	38875	12169	26706	5.28	3.24	7.4
石门县	516337	261799	254538	22886	6547	16339	4.43	2.5	6.42
津市市	222534	116431	106103	6554	1762	4792	2.95	1.51	4.52

注：数据来源第六次全国人口普查资料。

第二节　身体素质

一、平均预期寿命　根据第四、第五、第六次全国人口普查资料统计，常德市人口平均预期寿命不断上升。1990年，全市人口平均预期寿命为69.02岁，高于湖南省（66.93岁）2.09岁。2000年，全市人口平均预期寿73.73岁，高于全省（72.38岁）1.34岁。2010年，全市人口平均预期寿75.62岁，高于全省（74.70岁）0.92岁。在全省14个市州中，常德市人口平均预期寿命次于长沙市（76.01岁）和益阳市（75.68岁）位列第三名。2010年与1990年相比，20年间，全市人口平均预期寿命上升了6.6岁。全市男、女性人口比较，女性更长寿。2000年，全市男性人口平均预期寿命71.70岁，女性75.87岁，女性比男性高4.07岁，高于全省女性1.71岁，位列全省第三位。2010年，全市男性人口平均预期寿73.08岁，女性78.48岁，女性比男性高4.6岁，高于全省女性1岁，位列全省之首。20世纪90年代至21世纪10年代，常德市人口的医疗、饮食、环境等方面条件不断改善，人们的生存质量和健康水平明显提高。见表2－3－2－1、图2－3－2－1。

表 2－3－2－1

湖南省、常德市 1990 年、2000 年、2010 年人口平均预期寿命表

时间	1990 年“四普”	2000 年“五普”			2010 年“六普”		
区别	合计	合计	男	女	合计	男	女
湖南省	66.93	72.39	70.78	74.16	74.70	72.28	77.48
常德市	69.02	73.73	71.70	75.87	75.62	73.08	78.48

2011 年 5 月，常德市启动了开展创建“中国长寿之乡”活动。为关爱老年人的生活和健康，常德市委、市人民政府出台了相关政策。从 2012 年 1 月开始，对 80 岁至 89 岁老年人每人每月补贴生活费 50 元；对 90 岁至 99 岁老年人每人每月补贴 100 元，每年组织一次免费体检；对百岁老年人每人每月补贴 400 元，由市卫生局每年组织一次上门义诊。仅此三项，全市各级财政投入达 1200 万元。是年，市老干局、市老年保健协会牵头在全市开展老年保健知识讲座 180 多次，听课达 2 万多人，培训老年保健义务宣传员 2000 多人，并建立了高龄老人健康档案。临澧县推出“高龄老人监护”制度，澧县开展“敬老孝老之星”评选活动，发挥和弘扬中国的“孝”文化。

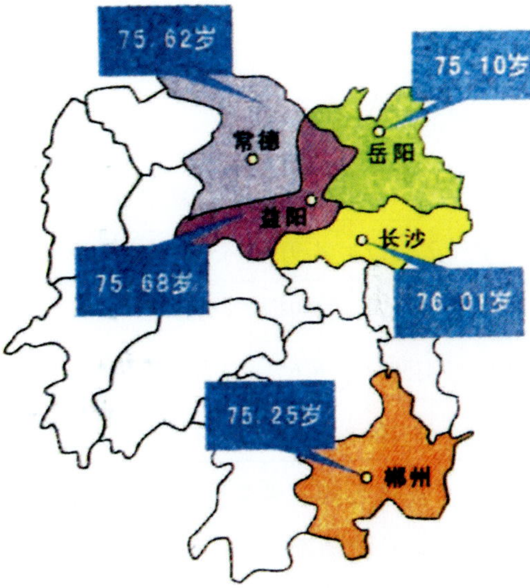

图2－3－2－1

第六次全国人口普查湖南省部分市州人口平均预期寿命示意图

2012 年，常德市百岁以上老年人已由 2010 年第六次全国人口普查时的 124 人上升到 138 人，最多的安乡县 31 人，其次是汉寿县 25 人。鼎城区十美堂镇 3 万多人口，有 5 位百岁以上老人，居全市乡镇之首。是年，常德市人民政府授予安乡县安康乡、安德乡；鼎城区十美堂镇；澧县涔南乡；桃源县盘塘镇；石门县易家渡镇；汉寿县龙谭桥乡、毓德铺镇、周文庙乡、洲口镇等 10 个乡镇“常德市长寿之乡”称号。

二、残疾人口　常德市残疾人口逐年增加。2000 年，全市残疾人口 29.76 万人，占总人口的 4.97%。2010 年全市残疾人口 41.39 万人，占总人口的 6.65%。2010 年比 2000 年增加残疾人口 11.63 万人，增长 39.0%，残疾人口占总人口比重增加 1.68 个百分点。2010 年残疾人口中以肢体残疾人口最多，为 13.01 万人，占残疾人口总数的 31.44%，比 2000 年增加 2.40 万人，增加 22.57%；其次是听力语言残疾人口 10.21 万人，占残疾人口总数的 24.68%，比 2000 年增加 5.83 万人，增加 133.01%；视力残疾人口、精神残疾人口和其他残疾人口分别为 6.61 万人、2.74 万人、5.94 万人，分别占残疾人口总数的 15.96%、6.62%、14.34%，比 2000 年分别增加 2.27 万人、0.36 万人、1.75 万人，增长 52.19%、15.24%、41.67%。智力残疾人口 2.88 万人，占残疾人口总数的 6.96%，比 2000 年减少 9700 人，减少 25.19%。残疾人口中有劳动能力的 20.70 万人，占残疾人口总数的 50%，其中已就业残疾人口 1.58 万人，占有劳动能力残疾人口总数的 76.24%。见表 2-3-2-2。

表 2-3-2-2

常德市 2000 年、2005 年、2010 年、2012 年残疾人口统计表

单位：人、%

年份	残疾人总数		残疾人分类						残疾人就业	
	数	占总人口比重	听力语言残疾	智力残疾	视力残疾	肢体残疾	精神残疾	其他残疾	有劳动能力残疾人	已就业残疾人
2000	297577	4.97	43836	38506	43401	106163	23774	41897	218586	123257
2005	297377	4.94	43459	45065	47162	74514	39916	47261	201292	192472
2010	413874	6.65	102141	28806	55053	130120	27398	59356	206940	157774
2012	414566	6.65	102158	28945	66109	130571	27470	59313	208374	158906

注：数据来源《常德统计年鉴》(2001、2006、2011、2013)。

三、出生缺陷发生率　据湖南省卫生厅统计资料显示：2010 年常德市活产婴儿 55541 人，死亡 254 人，婴儿死亡率 45‰；出生缺陷 122 人，出生缺陷发生率 220/万，其中神经管缺陷 24 人，神经管缺陷发生率 4.32/万，高于全省平均值（3.15）1.17 个万分点。据湖南省妇幼保健院在常德市的出生缺陷监测医院统计：2010 年出生婴儿 5490 人，出生缺陷 78 人，出生缺陷发生率 142.08/万，居全省第 7 位；2011 年，出生缺陷发生率 140.88/万，较 2010 年下降了 1.2 个万分点。

第三节　死亡水平

一、死亡人数及粗死亡率　常德市从 1991 年至 2012 年 22 年间，每年死亡人口在 4.1 万人至 4.5 万人之间，最多的 2012 年死亡人口 4.49 万人，最少的 2007 年死亡人口 4.12 万人，差值仅为 2491 人。人口粗死亡率始终在一个窄幅范围内波动，1991 年至 2001 年在 7.07‰至 7.60‰之间，2002 年至 2009 年降至 7‰以下，2010 年又回升至 7‰以上。见表 2-3-3-1。

表 2-3-3-1

常德市 1991—2012 年死亡人数及粗死亡率

单位：人、‰

年份	死亡人数	粗死亡率	年份	死亡人数	粗死亡率
1991	42142	7.60	2002	42009	6.97
1992	42630	7.41	2003	41176	6.82
1993	42107	7.27	2004	40767	6.73
1994	41740	7.16	2005	41205	6.81
1995	41729	7.14	2006	41462	6.83
1996	42297	7.21	2007	41091	6.77
1997	42680	7.25	2008	42070	6.85
1998	43339	7.27	2009	43045	6.95
1999	42690	7.16	2010	43157	7.03
2000	43024	7.16	2011	43582	6.98
2001	42486	7.07	2012	44896	7.20

注：数据来源《湖南省人口计划生育情况抽样调查与统计报表汇总资料》（1991—2012）。

二、死亡人口城乡差异 2010 年第六次全国人口普查统计，常德市 2009 年 11 月 1 日至 2010 年 11 月 1 日，共死亡人口 31479 人，粗死亡率 5.51‰，其中城市死亡人口 1970 人，占城市人口总数的 2.48‰；乡村死亡人口 23812 人，占乡村人口总数的 6.82‰；镇死亡人口 5697 人，占镇人口总数的 4‰。乡村人口死亡率分别比镇和城市人口死亡率高 2.82、4.34 个千分点。城市医疗保健水平明显高于镇和乡村。

三、年龄别死亡率

死亡模式 据上述死亡人口分析，在各年龄组死亡人口中存在两个明显转折点。第一个转折点是：0—4 岁年龄组死亡 299 人，死亡率稍高为 1.10‰，5—9 岁年龄组死亡人数最少，死亡率最低，共死亡 40 人，死亡率仅为 0.23‰，以后随年龄组后移至 35—39 岁年龄组，死亡人口逐年增加，但增幅很小，死亡率在 0.23—0.95‰之间；从 40—44 岁年龄组开始至 60—64 岁年龄组死亡人口逐年加大，但增幅仍然不大，死亡率在 1.4—7.98‰之间。第二个转折点是：从 65—69 岁年龄组开始，死亡人口陡增，死亡率达 12.84‰，以后各年龄组死亡率急速上升，85—89 岁年龄组死亡率为 107.83‰，100 岁及以上年龄组死亡率达 328‰。常德市人口死亡模式呈现“J”形特征。见表 2-3-3-2。

表 2 -3 -3 -2

常德市常住人口分年龄别死亡人口统计表

(2009. 11. 1—2010. 11. 1)

单位：人、‰

年龄组	死亡人数	死亡率	年龄组	死亡人数	死亡率
合计	31479	5. 51	50—54 岁	1118	3. 17
0—4 岁	299	1. 10	55—59 岁	2006	4. 80
5—9 岁	40	0. 23	60—64 岁	2602	7. 98
10—14 岁	55	0. 28	65—69 岁	2889	12. 84
15—19 岁	73	0. 29	70—74 岁	4606	24. 44
20—24 岁	125	0. 43	75—79 岁	5265	41. 05
25—29 岁	119	0. 58	80—84 岁	4931	75. 48
30—34 岁	246	0. 64	85—89 岁	3019	107. 83
35—39 岁	378	0. 95	90—94 岁	1036	164. 52
40—44 岁	611	1. 44	95—99 岁	244	147. 17
45—49 岁	727	2. 19	100 岁及以上	41	328. 00

注：数据来源第六次全国人口普查长表资料。

婴儿死亡率　第五次全国人口普查，常德市 1999 年 11 月 1 日至 2000 年 11 月 1 日死亡婴儿 1044 人，婴儿死亡率 23. 7‰。第六次全国人口普查，2009 年 11 月 1 日至 2010 年 11 月 1 日全市常住人口死亡婴儿 151 人，婴儿死亡率仅 2. 60‰。2010 年比 2000 年婴儿死亡率减少 21. 1 个百分点。常德市婴儿保健水平大幅提升。

育龄妇女死亡率　根据第五次、第六次全国人口普查，1999 年 11 月 1 日至 2000 年 11 月 1 日，常德市 15—49 岁育龄妇女死亡人数为 2031 人，死亡率为 1. 4‰；2009 年 11 月 1 日至 2010 年 11 月 1 日，全市育龄妇女死亡人数 1085 人，死亡率为 0. 7‰。2010 年与 2000 年相比，育龄妇女死亡率减少 0. 7 个千分点，减少一半。常德市妇女保健水平大幅提高。

四、死亡人口性别差异　根据第五次、第六次全国人口普查 10% 抽样调查统计，2000 年常德市男性死亡人口 18697 人，死亡率为 6. 33‰；女性死亡人口 13988 人，死亡率为 5. 06‰；男性高于女性 1. 27 千分点，死亡人口性别比为 133. 66。2010 年全市男性死亡人口 18161 人，死亡率为 6. 39‰；女性死亡人口 13318 人，死亡率为 4. 71‰；男性高于女性 1. 68 个千分点，死亡人口性别比为 136. 33。2010 年与 2000 年相比，男性人口死亡率增加了 0. 06 个千分点，女性人口死亡率降低了 0. 35 个千分点，死亡人口性别比增加 2. 67。各年龄组死亡人口性别比低于死亡总人口性别比的只有0岁年龄组、1—4岁年龄组以及75—79岁以后各年龄组。死亡人口性别比最高的是5—9岁至65—69岁共13个年龄组。常德市青少年男性死亡人口多于女性，特别是中老年男性死亡人口大大高于女性，中老年女性丧偶较多。见表2-3-3-3。

表2-3-3-3

常德市2000年、2010年各年龄组死亡人口性别比统计表

单位：人、女性=100

年龄组	2000年死亡人口			2010年死亡人口		
	男	女	性别比	男	女	性别比
合计	18697	13988	133.66	18161	13318	136.36
0岁	559	485	115.26	87	64	135.94
1—4岁	181	149	121.48	84	64	131.25
5—9岁	125	83	150.60	40	23	173.91
10—14岁	150	80	187.50	55	23	239.13
15—19岁	125	84	148.81	73	35	208.57
20—24岁	197	151	130.46	125	59	211.86
25—29岁	378	279	135.48	119	60	198.33
30—34岁	516	362	142.54	164	82	200.00
35—39岁	573	361	158.73	378	172	219.77
40—44岁	558	321	173.83	611	287	212.89
45—49岁	765	474	161.39	727	390	186.41
50—54岁	952	626	152.08	727	391	185.93
55—59岁	1179	659	178.91	1306	700	186.57
60—64岁	1839	972	189.20	1700	902	188.47
65—69岁	2477	1406	176.17	1886	1003	188.04
70—74岁	2911	1907	152.65	2811	1795	156.60
75—79岁	2682	2232	120.16	3041	2224	136.74
80—84岁	1692	1930	87.67	2472	2458	100.57

续表

年龄组	2000 年死亡人口			2010 年死亡人口		
	男	女	性别比	男	女	性别比
85—89 岁	676	1064	65. 53	1305	1714	76. 14
90—94 岁	126	288	43. 75	358	678	52. 80
95—99 岁	32	70	45. 71	75	169	44. 38
100 岁及以上	2	6	33. 33	16	25	64. 00

注：数据来源第五、第六次全国人口普查长表资料。

五、不同季节死亡人口　第五、第六次全国人口普查长表资料显示：季节变化导致常德市人口死亡季节差别，死亡人口最多的主要集中在夏季，其次是冬季。气温骤变极易诱发呼吸道病、心血管病及肠道疾病，导致人口死亡，特别是老年人口死亡上升。“五普”时，1999 年 11 月至 2000 年 10 月，全市死亡人口为 32685 人，其中死亡人口最多的月份集中在 2 月、8 月、9 月、10 月，共死亡 12591 人，占全市全年死亡人口总数的 38. 52%。“六普”时，2009 年 11 月至 2010 年 10 月，全市死亡人口为 31479 人，其中死亡人口最多的月份集中在 8 月、9 月、10 月，共死亡 8911 人，占全市全年死亡人口总数的 28. 31%。见图 2 - 3 - 3 - 1。

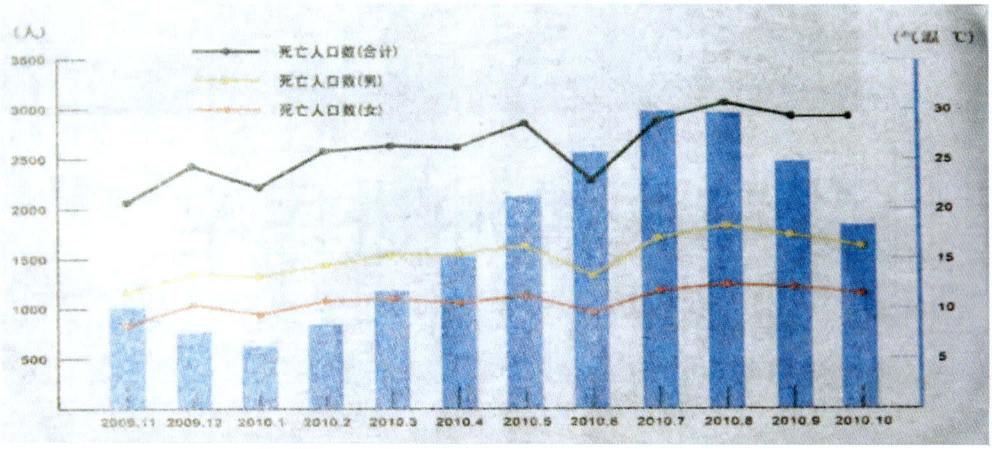

图 2 - 3 - 3 - 1　第六次全国人口普查常德市各月份死亡人口数示意图

第四章　人口流动

第一节　迁移总量

20 世纪 80 年代，随着我国农村家庭联产承包责任制推行和社会主义市场经济的建立，常德市农村富余劳动人口开始向外地、外省和城市转移，逐渐形成了一支以农民进城务工经商为主体的人口流动大军，迁移人口逐年增加。1990 年，第四次全国人口普查时，常德市离开户口所在县（市区）外出 1 年以上（“四普”流出人口统计口径）为 3.82 万人。2000 年，第五次全国人口普查时，全市离开户口所在乡镇外出半年以上流动人口 57.07 万人，常德地区以外流入人口 10.15 万人，人口迁移总量为 67.22 万人，占全市户籍人口总量的 11.35%，占常住人口总量的 12.62%。2010 年，第六次全国人口普查全市离开户口所在乡镇外出半年以上的流动人口 99.47 万人。其中流向省外人口 45.1 万人，省内流向其他市州 7.43 万人，共计流出市外人口 52.53 万人；在本市内流动人口 46.94 万人。常德市以外流入人口 7.8 万人，其中省外流入 3.28 万人。全市流出流入和在本市内流动人口总量为 107.27 万人，占全市户籍人口的 17.23%，占常住人口总量的 18.77%。全市净流出人口 44.73 万人，占全市户籍人口总量的 7.18%，占常住人口总量的 7.83%。

2010 年与 2000 年相比，全市流出人口增加 42.4 万人，增加率 86.56%；流入人口减少 2.35 万人，减少率 23.15%；人口迁移总量增加 40.05 万人，增加率 59.58%；人口迁移总量占户籍人口总量、常住人口总量的比重分别增加 5.88、6.15 个百分点。常德市是农业大市，也是劳务输出大市，吸纳外来人口的能力相对较弱。见表 2－4－1－1。

表 2－4－1－1

常德市 2000 年、2010 年迁移人口总量统计表

单位：万人、%

年份	人口迁移总量			占户籍人口比重	占常住人口比重
	合计	流出	流入		
2000	67.22	57.07	10.15	11.35	12.62
2010	107.274	99.47	7.8	17.23	18.77
比较（±）	+40.05	+42.40	−2.35	+5.88	+6.15

注：本章所有表格数据均来源第五次、第六次全国人口普查长表资料。

第二节 流出人口

一、流出人口的年龄性别构成

年龄构成 2010年，常德市跨乡镇以上流出的99.47万人中，以20—24岁至45—49岁年龄组人口最多，所占比重最大，6个年龄组共流出70.91万人，占流出人口总量的71.29%。其中，20—24岁年龄组15.00万人，占15.08%；40—44岁年龄组13.93万人，占14%；35—39岁年龄组13.20万人，占13.27%。0—4岁至15—19岁4个年龄组和45—49岁至65岁及以上4个年龄组，共8个年龄组流出人口共28.56万人，占流出人口总量的28.71%。常德市流出人口以青壮年为主。

性别构成 常德市流出人口男性多于女性。2010年全市跨乡镇以上流出人口99.47万人，其中男性52.60万人，女性46.87万人，性别比为112.22（女为100，下同）。各年龄组中，性别比较低的是25—29岁年龄组为99.85、20—24岁年龄组为103.61、30—34岁年龄组为105.24。常德市年轻女性流出较多。全市在省内流动人口性别比为103.12，流向省外人口性别比为124.33，流向省外人口性别比比省内流动人口性别比高21.2。常德市流向外省人口以男性居多。见表2-4-2-1。

表2-4-2-1

常德市2010年各年龄组外出半年以上流动人口统计表

单位：人

年龄组	合计			省内			省外		
	合计	男	女	合计	男	女	合计	男	女
合计	994703	525995	468708	543620	275990	267630	451083	250005	201078
0—4岁	21306	11255	10051	12367	6532	5835	8939	4723	4216
5—9岁	22962	120744	10888	15903	8337	7566	7059	3737	3322
10—14岁	26041	13607	12434	19990	10364	9626	6051	3243	2808
15—19岁	67108	34616	32492	40557	20181	20376	26551	14435	12116
20—24岁	150047	76354	73693	68825	32600	36225	81222	43754	37468
25—29岁	93670	46801	46869	44216	20337	23879	49454	26464	22990
30—34岁	97410	49948	47462	47035	22003	25032	50375	27945	22430
35—39岁	131990	69651	62339	62947	31088	31859	69043	38563	30480
40—44岁	139267	73808	65459	64481	33142	31339	74786	40666	34120

续表

年龄组	合计			省内			省外		
	合计	男	女	合计	男	女	合计	男	女
45—49岁	96714	54561	42153	50408	27118	23290	46306	27443	18863
50—54岁	41441	24217	17224	27787	15370	12417	13654	8847	4807
55—59岁	36711	20615	16096	27553	14988	12565	9158	5627	3531
60—64岁	25517	14402	11115	21226	11911	9315	4291	2491	1800
65岁以上	44519	24086	20433	40325	22019	18306	4194	2067	2127

二、流出空间和区域分布

流出空间　2010年，常德市在省内流动人口54.37万人，占全部流出人口总量的54.66%。其流向空间以县内跨乡镇流出为主，共42.30万人，占77.80%；市内跨县（市区）流出4.64万人，占8.53%；省内跨市（州）流出7.43万人，占13.67%。常德市在省内流出人口主要集中在县内乡镇之间，县与县、市与市之间流动规模不大。

流向区域　2010年，常德市流向省外人口45.1万人，占全部流出人口的45.34%。其中，流入人口最多的前五大区域是：广东省33.80万人，占74.94%；浙江省2.36万人，占5.23%；湖北省1.19万人，占2.66%；上海市0.97万人，占2.15%；北京市0.87万人，占1.91%。见表2-4-2-2。

表2-4-2-2

常德市2010年流往外省人口统计表

单位：人

流入地	小计	男	女	流入地	小计	男	女
合计	451083	250005	201078	河南	1824	1034	790
北京	8678	4538	4140	湖北	11902	6390	5512
天津	1625	937	688	广东	337954	186244	151710
河北	1723	1009	714	广西	5497	2996	2501
山西	1277	775	502	海南	6021	3731	2290
内蒙古	423	295	128	重庆	1086	596	490
辽宁	840	494	346	四川	3596	1914	1682
吉林	494	288	206	贵州	3759	2068	1691
黑龙江	450	283	167	云南	4306	2410	1896

续表

流入地	小计	男	女	流入地	小计	男	女
上海	9695	5134	4561	西藏	241	149	92
江苏	5978	3402	2576	陕西	1606	951	655
浙江	23535	13341	10194	甘肃	605	3921	213
安徽	1093	605	488	青海	493	280	213
福建	8042	4628	3414	宁夏	116	79	37
江西	3064	1577	1487	新疆	2930	2079	851
山东	2230	1386	844				

第三节　流入人口

一、流入人口总量　2010年，常德市跨乡镇以上流入人口55万人，除去市城区人户分离7.16万人，实际全市跨乡镇流入人口47.84万人，占全市常住人口的8.37%，其中省外流入3.28万人，占全市常住人口的0.57%。各县（市区）流入人口比重最高的是武陵区，占22.47%，其次是澧县占8.48%。其他县（市区）流入人口的比重均低于全市平均水平，依次为鼎城区（8.34%）、津市市（7.01%）、石门县（6.85%）、临澧县（6.79%）、桃源县（5.71%）、安乡县（4.87%）、汉寿县（4.86%）。见表2－4－3－1。

表2－4－3－1

常德市各县（市区）2010年跨乡镇以上流入人口统计表

单位：人、%

现住地	跨乡镇以上流入人口				流入人口占常住人口比
	合计	省内流入	市区内人户分离	省外流入	
合计	550003	445647	71582	32774	8.37
武陵区	196141	127175	56721	12245	22.47
鼎城区	82620	63592	14861	6167	8.34
安乡县	25633	24235		1398	4.87
汉寿县	38884	36799		2085	4.86
澧　县	70137	66836		3301	8.48

续表

现住地	跨乡镇以上流入人口				流入人口占常住人口比
	合计	省内流入	市区内人户分离	省外流入	
临澧县	27203	25610		1593	6.79
桃源县	48743	46341		2402	5.71
石门县	41050	38362		2688	6.85
津市市	17592	16697		895	7.01

注：武陵区、鼎城区流入人口已减去市区内人户分离人数。

二、迁移原因　2010年，常德市跨乡镇以上流入人口的迁移原因以务工经商为主，共计18.03万人，占迁入人口总量的32.77%。其次是学习培训9.95万人，占18.10%；随迁家属8.29万人，占15.07%。因婚姻嫁娶迁入3.31万人，占6.03%。其中男性7321人，占婚姻嫁娶迁入总数的22.09%；女性25825人、占77.91%；男到女方家中结婚落户的已占一定比例。见表2－4－3－2。

表2－4－3－2

常德市2010年跨乡镇以上流入人口迁移原因统计表

单位：人、%

迁移原因	迁移人数			占迁入人口比重
	合计	男	女	
合计	550003	266302	283701	100
务工经商	180259	95710	84549	32.77
工作调动	27651	17519	10132	5.03
学习培训	99547	44273	55274	18.10
随迁家属	82911	36447	46464	15.07
投亲靠友	26782	12515	14267	4.87
拆迁搬家	53966	28733	25233	9.81
寄挂户口	4175	2300	1875	0.76
婚姻嫁娶	33146	7321	25825	6.03
其他	41566	21481	20082	7.56

三、流入来源地 2010年，外省流入常德市总人口32774人。流入人口最多的前五个来源地分别是：湖北省7911人，占外省流入常德市总人口的24.14%；广东省3044人，占9.29%；河南省2548人，占7.77%；江西省2285人，占6.97%；四川省2253人，占6.87%。见表2-4-3-3。

表2-4-3-3

常德市2010年外省流入人口统计表

单位：人

流出地	小计	男	女	流出地	小计	男	女
合计	32774	16318	16456	河南	2548	1563	985
北京	317	147	170	湖北	7911	3522	4389
天津	149	71	78	广东	3044	1413	1631
河北	607	350	257	广西	1327	441	886
山西	505	324	181	海南	396	161	235
内蒙古	224	100	124	重庆	1348	695	653
辽宁	292	181	111	四川	2253	1001	1252
吉林	268	159	109	贵州	1511	636	875
黑龙江	297	170	127	云南	434	157	277
上海	263	179	84	西藏	29	6	23
江苏	644	385	259	陕西	617	318	299
浙江	1331	776	555	甘肃	303	154	149
安徽	1408	833	575	青海	99	44	55
福建	1281	686	595	宁夏	64	38	26
江西	2285	1237	1048	新疆	356	174	182
山东	663	397	266				

四、流入时间 2010年，常德市流入人口离开户口登记地时间，以6年以上的为主，共计14.47万人人，占26.30%；半年到1年、1年到2年的次之，分别为12.92万人，11.41万人，分别占23.49%、20.74%；五年至6年的最少，只有1.53万人，仅占2.78%。见表2-4-3-4。

表2－4－3－4

常德市各县（市区）2010年跨乡镇以上流入人口离开户口登记地时间统计表

单位：人

现住地	合计人数	流入时间						
		半年至一年	一年至两年	两年至三年	三年至四年	四年至五年	五年至六年	六年以上
合计	550003	129177	114060	75724	43991	27098	15286	144667
武陵区	196141	47057	47553	27615	19120	9560	5050	40186
鼎城区	84620	20663	13388	9309	4899	3648	2106	30607
安乡县	25633	8135	5239	4159	1930	1230	613	4327
汉寿县	38884	10906	8079	4455	2852	1876	1200	9516
澧　县	70137	13519	12679	9391	4421	3614	2127	24386
临澧县	27203	6798	5483	4236	1900	1160	995	6631
桃源县	48743	10190	9836	7667	4369	2643	1337	12701
石门县	41050	9550	9138	6347	3102	2350	1230	9333
津市市	17592	2359	2665	2545	1398	1017	628	6980

五、职业分类　2010年，第六次全国人口普查10%抽样调查，常德市共抽查在业外来人口2.32万人。其中以商业、服务业人员最多，共计1.03万人，占外来人口的44.46%；其次是生产、运输设备操作人员及有关人员0.5万人，占21.50%；专业技术人员和机关企事业单位负责人共0.36万人，占15.39%，常德市加大了引进人才的力度。见表2－4－3－5。

表2－4－3－5

常德市各县（市区）2010年跨乡镇以上流入人口职业统计表

单位：人

现住地	合计	国家机关党群组织企业事业单位负责人	专业技术人员	办事人员和有关人员	商业服务业	农、林、牧渔、水利业生产人员	生产、运输设备操作人员及有关人员	不便分类的其他从业人员
合　计	23167	530	3035	1400	10301	2802	4980	119
武陵区	8235	194	1146	703	4100	226	1859	7
鼎城区	3362	25	337	102	1640	494	675	89
安乡县	922	22	88	40	455	169	144	4

续表

现住地	合计	国家机关党群组织企业事业单位负责人	专业技术人员	办事人员和有关人员	商业服务业	农、林、牧渔、水利业生产人员	生产、运输设备操作人员及有关人员	不便分类的其他从业人员
汉寿县	1742	32	183	87	701	414	325	0
澧　县	2755	80	348	144	1247	444	487	5
临澧县	1159	16	125	56	468	211	343	0
桃源县	2265	91	458	97	718	437	456	8
石门县	1907	46	242	68	738	338	470	5
津市市	820	24	108	103	294	69	221	1

六、文化程度　2010 年，常德市 6 岁以上跨乡镇流入人口文化程度，以初中和高中（中专）文化人口为主，分别占流入人口总量的 34.34%、33.34%。大学专科以上人口占 16.23%，其中省外流入人口中大学专科文化人口 3480 人，大学本科文化人口 3436 人，研究生 99 人，分别占省外流入人口的 11.10%、10.96%、0.32%，均高于省内流入人口文化程度。流入人口与本市常住人口相比，文化程度所占比重与学历成正比，即：流入人口低学历人口比重低，高学历人口比重高。流入人口中未上过学、小学、初中文化人口比重与常住人口同比分别低 2.44、14.98、7.34 个百分点；流入人口中高中（中专）、大学专科、大学本科、研究生文化人口比重与常住人口同比分别高 15.16、5.00、4.51、0.08 个百分点。见表 2－4－3－6、表 2－4－3－7。

表 2－4－3－6

常德市 2010 年 6 岁以上跨乡镇以上流入人口文化程度统计表

单位：人

受教育程度	合计		省内流入人口		省外流入人口	
	人数	比重	人数	比重	人数	比重
合计	530639	100	499292	100	31347	100
未上过学	7111	1.34	6798	1.36	313	1.00
小学	78280	14.75	73924	14.81	4356	13.90
初中	182220	34.34	169260	33.90	12960	41.34
高中（中专）	176902	33.34	170199	34.09	6703	21.38

续表

受教育程度	合计		省内流入人口		省外流入人口	
	人数	比重	人数	比重	人数	比重
大学专科	51004	9.61	47524	9.52	3480	11.10
大学本科	34401	6.48	30965	6.20	3436	10.96
研究生	721	0.14	622	0.12	99	0.32

表2-4-3-7

常德市2010年常住人口与流入人口文化程度统计表

单位:%

学历	未上过学	小学	初中	高中(中专)	大学专科	大学本科	研究生
本市常住人口	3.78	29.73	41.68	18.18	4.61	1.97	0.06
流入人口	1.34	14.75	34.34	33.34	9.61	6.48	0.14
比较(+-)	-2.44	-14.98	-7.34	+15.16	+5.00	+4.51	+0.08

第五章 人口与经济社会和自然资源

第一节 人口与经济

一、人口与经济发展水平

中国改革开放政策，推动了常德市经济持续快速发展。1980 年，全市地区生产总值 24.7 亿元，经过“六五”至“十一五”6 个国民经济五年发展计划，到 2010 年，全市地区生产总值达到 1491.6 亿元。按现价计算，2010 年地区生产总值比 1980 年增加 1466.9 亿元，增加 5938.87%，年均增加 269.95%。按 1980 年可比价计算，全市 2010 年地区生产总值为 81.3 亿元，是 1980 年的 3.29 倍，比 1980 年增加 56.61 亿元，增长 229.15%，年均增长 10.42%。2012 年地区生产总值达到 2038.5 亿元，比 1980 年增加 2013.8 亿元，增加 8153.04%，年均增加 339.71%。

1988 年，常德市人均 GDP（人均国内生产总值，下同）1190 元（现价），1995 年 3723 元，2000 年 5741 元，2005 年 11811 元，2010 年 26551 元。按现价计算，2010 年是 1988 年的 22.31 倍，增加了 25361 元，增长 2131.18‰，年均增长 96.87%。按 1990 年可比价计算，2012 年全市人均 GDP14402 元，是 1988 年 1471 元的 9.79 倍，增加 12931 元，增长 879.06%，年均增长 36.63%。

常德市各县（市区）人均地区生产总值有较大差异。2010 年全市人均 GDP（现价）26551 元，武陵区（含德山开发区、柳叶湖旅游度假区）93509 元，大大高于全市平均值，其他县（市、区）均低于全市平均值，最低的汉寿县 14564 元。见表 2－5－1－1、表 2－5－1－2。

表 2－5－1－1

常德市 1988—2012 年人均地区生产总值统计表

年份	人均 GDP（元）		人均 GDP 增长速度（%）	
	现价	1990 年价	现价	1990 年价
1988	1190	1471		
1989	1311	1535	10.17	4.35
1990	1492	1529	1.81	－0.39
1991	1529	1581	2.48	3.40

续表

年份	人均 GDP（元）		人均 GDP 增长速度（%）	
	现价	1990 年价	现价	1990 年价
1992	1817	1733	18.84	9.61
1993	2296	1902	26.36	9.75
1994	2926	2102	27.44	10.52
1995	3723	2325	27.24	10.61
1996	4557	2600	22.40	11.83
1997	4744	2825	4.10	8.65
1998	5049	3053	6.43	8.07
1999	5207	3287	3.13	7.66
2000	5741	3583	10.26	9.01
2001	7221	3959	25.78	10.49
2002	7949	4343	10.08	9.70
2003	8632	4821	8.59	11.01
2004	10332	5400	19.69	12.01
2005	11811	5956	14.31	10.30
2006	13514	6605	14.42	10.90
2007	16357	7557	21.04	14.41
2008	20067	8501	22.68	12.49
2009	22496	9462	12.10	11.30
2010	26551	10691	18.03	12.99
2011	31644	12847	19.18	20.17
2012	35475	14402	12.11	12.10

注：数据来源《常德统计年鉴》（1988—2013）。

表 2－5－1－2

常德市各县（市区）2010 年人均地区生产总值统计表

单位：元

县(市区)	全市	武陵区	鼎城区	安乡县	汉寿县	澧县	临澧县	桃源县	石门县	津市市
人均 GDP	26551	93509	17457	19314	14564	18179	19546	17514	20395	25398

注：数据来源《常德统计年鉴》(2011)。

二、人口与经济发展速度

人口总量不断增加，给常德市经济发展带来了巨大压力。每年地区生产总值增加部分，有一部分被新增人口抵销，人口的增长速度与人均 GDP 增长速度形成了反比例关系，即在地区生产总值增速大体相当条件下，人口的增长速度快，则人均 GDP 增长速度慢，反之亦然。

“八五”期末与“七五”期末相比：1995 年，全市地区生产总值 217.4 亿元（现价），比 1990 年的 84.0 亿元增加 133.4 亿元，增速 158.81%；同期人口总量由 569.16 万人增加到 585.85 万人，增加 16.69 万人，增速为 2.93%；人均 GDP 由 1492 元增加到 3723 元，增加 2231 元，增速为 149.63%。同期人均 GDP 增速比地区生产总值增速低 9.28 个百分点。

“十五”期末与“九五”期末相比：2005 年全市地区生产总值 653.6 亿元（现价），比 2000 年的 342.1 亿元增加 311.5 亿元，增速为 91.06%。同期人口总量由 599.28 万人增加到 602.42 万人，增速只有 0.52%；人均 GDP 由 5741 元增加到 11811 元，增加 6070 元，增速为 105.73%；同期人均 GDP 增速比地区生产总值增速高 14.67 个百分点。

“十一五”期末与“十五”期末相比：常德市生育政策进行调整，全市人口出生率有所回升。“十一五”期末比“十五”期末增加人口 20.17 万人，人均 GDP 增速比地区生产总值增递减少 3.41 个百分点。全市地区生产总值在全省排列第三位，次于长沙市、岳阳市，人均 GDP 全省排列第五位。见表 2－5－1－3。

表 2－5－1－3

常德市 1988—2012 年地区生产总值、人口总量和人均 GDP 增长速度统计表

年份	地区生产总值		人口发展		人均 GDP		人均 GDP 与地区生产总值增长速度对比
	总量（亿元）	增长速度（现价%）	总人口（万人）	增长速度（%）	数量（元）	增长速度（现价）	
1988	65.2		551.51		1190		
1990	84.0	28.83	569.16	3.20	1492	25.38	－3.45
1995	217.4	158.81	585.85	2.93	3723	149.53	－9.28

续表

年份	地区生产总值		人口发展		人均 GDP		人均 GDP 与地区生产总值增长速度对比
	总量（亿元）	增长速度（现价%）	总人口（万人）	增长速度（%）	数量（元）	增长速度（现价）	
2000	342.1	57.36	599.28	2.29	5741	54.20	-3.16
2005	653.6	91.06	602.42	0.52	11811	105.73	14.67
2010	1491.6	128.21	622.59	3.35	26551	124.80	-3.41
2012	2038.5	38.00	623.62	0.01	35475	34.00	-3.00

注：数据根据《常德统计年鉴》（1988—2011）计算整理。

三、人均生活水平

单位从业人员　1989 年，常德市国有经济单位、城镇集体经济单位和其他经济单位共 8977 个。1991 年从业单位发展到 9320 个。以后各年份全市从业单位总体呈逐年减少之势，2008 年达到最低点，为 2882 个。以后又有所增加，到 2012 年，全市从业单位共计 3206 个。1988 年，全市单位从业人员 500774 人。1995 年，全市单位从业人员达到高峰，为 507181 人。以后随着从业单位减少，全市单位从业人员亦逐年减少，2004 年达到低谷，全市单位从业人员数 230879 人。到 2012 年，全市单位从业人员共计 387710 人。

单位从业人员劳动报酬　1988 年，常德市单位从业人员劳动报酬总额为 72107 万元，人均劳动报酬 0.15 万元（均为现价，下同）。1995 年分别为 212078 万元和 0.42 万元。2000 年分别为 262138 万元和 0.76 万元。2005 年分别为 396771 万元和 1.41 万元。2012 年分别达到 1261307 万元和 3.25 万元。2012 年与 1988 年相比，全市单位从业人员年劳动报酬总额增加 1189200 万元，年人均劳动报酬增加 3.10 万元，扣除零售商品物价和消费价格上涨等因素，2012 年单位从业人员劳动报酬（按 1988 年价）为 0.88 万元，与 1988 年的 0.15 万元相比，增加 0.73 万元，增长 487%。

离开单位仍保留关系人员生活费　据常德市统计局统计，1998 年，全市离开单位仍保留关系人员 100330 人，生活费总额为 7142 万元，人均 0.07 万元。2010 年，人员减少到 12191 人，生活费总额为 15631 万元，人均 1.26 万元。2010 年与 1998 年相比，全市离开单位仍保留关系人员减少 88139 人，年生活费总额增加 8489 万元，年人均生活费增加 1.19 万元。扣除零售商品价格和消费价格上涨等因素，2010 年，全市离开单位仍保留关系人员人均生活费（按 1988 年价）为 0.38 万元，与 1998 年相比，增加 0.31 万元，增长 442.86%。见表 2-5-1-4、表 2-5-1-5。

不同性质经济单位从业人员劳动报酬　常德市不同性质经济单位从业人员劳动报酬存在较大差别。2010 年，全市国有经济单位、城镇集体经济单位、其他经济单位在岗职工年均工资分别为 31833 元、19176 元、24942 元。国有经济单位在岗职工年均工资分别比城镇集体经济单位和其他经济单位在岗职工年均工资多12657元和6891元，高出39.76%和21.65%。见表2－5－1－6。

各县（市区）单位从业人员劳动报酬　常德市各县（市区）单位从业人员劳动报酬存在一定差异。2010年，全市单位从业人员平均劳动报酬为2.76万元。其中市直单位和武陵区为3.33万元，居全市之首。超过全市平均水平的有澧县（2.83万元）、临澧县（2.78万元）。其他县（市区）均低于全市平均水平，依次为：石门县（2.70万元）、汉寿县（2.43万元）、鼎城区（2.39万元）、安乡县（2.38万元）、桃源县（2.34万元）、津市市（2.22万元）。见表2－5－1－7。

表2－5－1－4

常德市1988—2012年单位从业人员劳动报酬统计表（当年价）

年份	单位个数（个）	单位从业人员				离开单位仍保留关系人员			
		合计人数（人）	年平均人数（人）	劳动报酬		合计人数（人）	年平均人数（人）	生活费	
				总额（万元）	人均（万元）			总额（万元）	人均（万元）
1988		500774	492505	72107	0.15				
1989	8977	471787	468017	73913	0.16				
1990	9045	479240	472001	83263	0.18				
1991	9073	488003	482165	90230	0.19				
1992	9320	493341	487541	106232	0.22				
1993	4974	496304	492020	127522	0.26				
1994	6077	503070	496029	183806	0.37				
1995	5513	507181	501037	212078	0.42				
1996	5817	498964	489770	223544	0.46				
1997	6043	492841	487521	242826	0.50				
1998	5931	381884	383183	241245	0.63	100330	98659	7142	0.07
1999	5836	369240	371342	258160	0.70	111105	108871	11025	0.10
2000	5461	338732	343808	262138	0.76	105055	105328	12853	0.12
2001	6501	264631	272827	261609	0.96	81915	85388	14841	0.17
2002	4704	255079	256670	286610	1.12	61043	63480	17505	0.28

续表

年份	单位个数（个）	单位从业人员				离开单位仍保留关系人员			
		合计人数（人）	年平均人数（人）	劳动报酬		合计人数（人）	年平均人数（人）	生活费	
				总额（万元）	人均（万元）			总额（万元）	人均（万元）
2003	4282	239635	242255	299889	1.24	41991	43033	18707	0.43
2004	4829	230879	230648	320556	1.39	34582	34915	16079	0.46
2005	5048	284416	280499	396771	1.41	30576	31181	16318	0.52
2006	4687	296875	292999	459068	1.57	20772	21233	20775	0.98
2007	4689	319230	318079	612970	1.93	19997	20007	24097	1.20
2008	2882	327565	324684	730695	2.25	16367	16320	17115	1.05
2009	3024	345652	338994	834164	2.46	14472	14383	16345	1.14
2010	3188	368127	354230	978542	2.76	12191	12351	15631	1.26
2011	3118	368791	360361	1095394	3.04				
2012	3206	387710	377811	1261307	3.35				

注：数据根据常德统计年鉴（1988—2013）计算整理，1997 年以前和 2011 年以后未统计离开单位仍保留关系人员的人数和生活费。

表 2－5－1－5

常德市 1988—2012 年商品零售价格指数和消费价格指数

年份	商品零售价格指数		消费价格指数	
	以上年为 100	以 1988 年为 100	以上年为 100	以 1988 年为 100
1988	100	100	100	100
1989	114.6	114.6	114.5	114.5
1990	100.9	115.02	101.4	116.10
1991	104.3	119.96	104.9	121.79
1992	109.1	130.87	111.1	135.30
1993	111.9	146.46	116.1	157.08
1994	125.7	163.88	128.9	202.47
1995	116.6	206.02	119.2	241.37

续表

年份	商品零售价格指数		消费价格指数	
	以上年为 100	以 1988 年为 100	以上年为 100	以 1988 年为 100
1996	105.3	216.92	107.0	258.26
1997	100.2	228.41	102.9	265.75
1998	97.7	223.16	99.5	264.41
1999	96.0	214.22	98.1	263.09
2000	99.1	205.63	100.1	263.37
2001	98.4	203.79	98.2	258.33
2002	99.7	200.52	100.6	259.88
2003	99.6	199.92	100.8	261.99
2004	102.5	199.12	104.8	274.57
2005	101.7	204.08	102.7	282.01
2006	101.0	207.56	101.5	286.20
2007	103.92	215.70	105.48	301.93
2008	103.92	224.16	106.04	320.20
2009	98.86	221.63	99.3	317.97
2010	103.0	228.26	103.2	328.19
2011	105.3	240.36	105.5	346.24
2012	101.5	243.97	102.0	353.16

注：数据根据《常德统计年鉴量》（1988—2013）计算整理。

表 2－5－1－6

常德市 2010 年不同性质经济单位从业人员平均劳动报酬统计表（当年价）

经济单位性质	单位从业人员平均劳动报酬（元）	在岗职工平均工资（元）	离开本单位保留劳动关系职工生活费（元）
国有经济单位	31155	31833	11458
城镇集体经济单位	19125	19176	4676
其他经济单位	24476	24942	21208

注：数据来源 2010 年第六次全国人口普查资料。

表 2－5－1－7

常德市各县（市区）2010 年单位从业人员和劳动报酬统计表（当年价）

地区	单位个数（个）	单位从业人员				离开单位仍保留关系人员			
		合计人数（人）	年平均人数（人）	劳动报酬		合计人数（人）	年平均人数（人）	生活费	
				总额（万元）	人均（万元）			总额（万元）	人均（万元）
全市	3188	368127	354230	978542	2.76	12191	12351	15631	1.26
市直（含武陵区）	728	121611	112672	375095	3.33	2688	2767	5683	2.05
其中：经济开发区	111	14254	13979	33068	2.37	536	576	921	1.60
鼎城区（含西洞庭）	271	45068	43235	103186	2.39	1105	1116	558	0.50
安乡县	262	27488	27989	66544	2.38	1066	1068	755	0.70
汉寿县（含西湖区）	322	29756	29478	71658	2.43	887	889	1486	1.67
澧　县	373	35162	35062	99065	2.83	2462	2466	2608	1.06
临澧县	246	17961	17625	49037	2.78	478	489	608	1.24
桃源县	439	40915	38553	90248	2.34	1263	1252	733	0.59
石门县	309	28744	28161	76055	2.70	1308	1362	1501	1.10
津市市	244	21422	21455	47661	2.22	934	962	1698	1.77

注：数据根据 2010 年第六次全国人口普查资料。

城区住户年人均可支配收入　1988 年，常德市城区（含武陵区、鼎城区城区住户）年人均可支配收入 1328 元（现价，下同）。1990 年 1512 元，1995 年 4994 元。1995 年比 1990 年增加 3482 元，增长 230.29%。2000 年 5828 元，比 1995 年增加 834 元，增长 16.70%。2005 年 9776 元，比 2000 年增加 3948 元，增长 67.74%。2010 年 16530 元，比 2005 年增加 6754 元，增长 69.09%。2012 年 20259.9 元，比 2010 年增加 3729.9 元，增长 22.56%。2012 年与 1988 年相比，增加 18931.9 元，增长 1425.59.7%。扣除零售商品价格和销售价格上涨等因素，2012 年城区住户年人均可支配收入（按 1988 年价）实际为 5360.71 元，比 1988 年增加 4032.71 元，增长 303.67%。见表 2－5－1－8。

表 2－5－1－8

常德市城区住户 1988—2012 年年人均可支配收入统计表（当年价）

年度	人均可支配收入（元）	年度	人均可支配收入（元）	年度	人均可支配收入（元）
1988	1328	1997	5175	2006	10695
1989	1416	1998	4974	2007	12453
1990	1512	1999	5631	2008	14057
1991	1694	2000	5828	2009	15294
1992	1981	2001	6244	2010	16530
1993	2517	2002	7460	2011	16529．5
1994	3794	2003	7901	2012	20259．9
1995	4994	2004	8872		
1996	5409	2005	9776		

注：数据来源《常德统计年鉴》（1988—2013）。

农村住户年人均纯收入　1988 年，常德市农民年人均纯收入 552 元（现价，下同），1990 年 751 元。1995 年 1496 元，1995 年比 1990 年增加 745 元，增长 99.20%，接近翻了一番。2000 年 2113 元，比 1995 年增加 617 元，增长 41.24%。2005 年 3229 元，比 2000 年增加 1116 元，增长 52.82%。2010 年 5635 元，比 2005 年增加 2406 元，增长 74.51%。2012 年 8023 元，比 2010 年增加 2388 元，增长 42.38%。2012 年与 1988 年相比，全市农民年人均纯收入增加 7470 元，增长 1353.26%。扣除零售商品价格和消费价格上涨等因素，2012 年，全市农民年人均纯收入（按 1988 年价）实际为 2271.77 元，比 1988 年增加 1719.7 元，增长 311.54%。见表 2－5－1－9。

常德市各县（市区）农民年人均纯收入存在一定差别。2012 年，全市农民人均纯收入为 8023 元。武陵区 12930 元，居全市之首。高于全市平均水平的有汉寿县（8270 元）、澧县（8377 元）、临澧县（8143 元）、鼎城区（8295 元）、津市市（8170 元）；在全市平均水平以下的依次为：桃源县（7683 元）、安乡县（7694 元）、石门县（6156 元）。见表 2－5－1－10。

表 2-5-1-9

常德市农村住户 1988—2012 年年人均纯收入统计表（当年价）

年度	人均纯收入（元）	年度	人均纯收入（元）	年度	人均纯收入（元）
1988	552	1997	2055	2006	3549
1989	613	1998	1980	2007	3966
1990	751	1999	2022	2008	4447
1991	750	2000	2113	2009	4909
1992	818	2001	2211	2010	5635
1993	908	2002	2341	2011	6663
1994	1259	2003	2550	2012	8023
1995	1496	2004	2953		
1996	1746	2005	3229		

注：数据来源《常德统计年鉴》（1988—2013）。

表 2-5-1-10

常德市各县（市区）农村住户 2012 年人均纯收入统计表（当年价）

单位：元

县（市区）	合计	武陵区	鼎城区	安乡县	汉寿县	澧县	临澧县	桃源县	石门县	津市市
人均纯收入	8023	12930	8295	7694	8270	8377	8143	7683	6156	8170

注：数据来源《常德统计年鉴》（2013）

人均住房面积 2000 年，常德市常住人口家庭户 1668791 户，平均每户住房 2.62 间，人均住房建筑面积 29.03 平方米。2010 年全市常住人口家庭户 1702266 户，平均每户住房 3.30 间，人均住房建筑面积 39.44 平方米。2010 年与 2000 年相比，10 年间，全市人均住房建筑面积增加 10.41 平方米。2000 年，常德市人均住房面积在 50 ㎡以上的家庭户占总户数的 15.41%，2010 年同比提高到 34.94%。但同时无房户增加，多代同堂户仍占一定比例。2000 年全市无房户 6142 户，占 0.37%；2010 年全市无房户 26479 户，占 1.56%，增加了 1.19 个百分点。2000 年，全市有 368668 户人均居住面积在 1-19 平方米，占 22.09%，2010 年仍有 153235 户，占 9.0%。2010 年，常德市有 32.51% 的家庭住房为 2000 年以后新建，36.1% 的家庭住在 20 世纪 90 年代建筑的房子。但还有 0.27% 的家庭住在 1949 年以前建筑的老房子里，有 8.57% 的家庭居住在 20 世纪 50 年至 70 年代建设的旧房子里，这些旧房、老房亟待改造。2000 年，常德市无厨房、无厕所、无自来水、无洗澡设施的“四无”住房分别占 11.58%、18.95%、70.73%、56.25%。2010 年“四无”住房分别为7.45%、13.52%、46.52%、23.87%，分别减少4.13、5.43、24.21、32.38个百分点。2010年常德市各县（市区）人均住房面积最大的是石门县，人均45.45平方米，其次是桃源县，人均43.14平方米，人均住房面积最小的是安乡县，人均32.41平方米，津市市次之，人均33.06平方米。

人均消费水平　1988年，常德市农村居民人均消费水平630元。1990年852元。1995年1665元，比1990年增加1035元，增长164.29%。2000年2364元，比1995年增加699元，增长41.98%。2005年3463元，比2000年增加1099元，增长46.49%。2010年7014元，比2005年增加3551元，增长102.54%。2010年与1988年相比，全市居民人均消费水平增加6384元，增长1013%，是1988年的11倍。扣除零售商品和消费价格上涨等因素，2010年，全市农村居民实际消费水平（按1988年价）2137元，比1988年增加1507元，增长239.21%。

1988年，常德市城镇居民人均消费水平1254元，1990年1579元。1995年5155元，比1990年增加3576元，增长226.47%。2000年5832元，比1995年增加677元，增长13.13%。2005年9984元，比2000年增加4152元，增长71.19%。2010年20508元，比2005年增加10524元，增长105.41%。2010年与1988年相比，全市城镇居民年人均消费水平增加19254元，增长1535%，是1988年的16.35倍。扣除零售商品价格和消费价格上涨等因素，2010年，全市城镇居民实际消费水平（按1988年价）为6249元，比1988年增加4995元，增长398.33%。全市城镇居民年人均消费水平增长速度要大大高于全市农村居民年人均消费水平增长速度。见表2－5－1－11。

表2－5－1－11

常德市全体居民1988—2010年消费水平统计表（当年价）

单位：元

年度	合计	农村居民	城镇居民	年度	合计	农村居民	城镇居民
1988	721	630	1254	2000	3066	2364	5832
1989	820	689	1557	2001	3625	2646	6226
1990	960	852	1579	2002	3846	2677	6708
1991	979	815	1902	2003	4143	2614	7648
1992	1063	872	2090	2004	4582	2803	8395
1993	1192	955	2439	2005	5667	3463	9984
1994	1642	1237	3668	2006	6475	3823	11400

续表

年度	合计	农村居民	城镇居民	年度	合计	农村居民	城镇居民
1995	2266	1665	5155	2007	7387	4209	13026
1996	2572	1918	5594	2008	9323	5393	16008
1997	2734	2089	5594	2009	10784	6194	18177
1998	2818	2187	5518	2010	12259	7014	20508
1999	2909	2260	5575				

注：数据来源《常德统计年鉴》（1988－2011）

城区住户主要消费品拥有量　据常德市统计局城市调查队从2003年至2012年连续10年对200户城区住户的调查，洗衣机、电冰箱、彩色电视机、空调器等家用电器已全面普及，2012年户均分别达到0.96台、0.98台、1.12台、1.35台。移动电话已成为人民普及的通信工具，2012年户均达到1.75部。家用电脑已经进入居民家庭生活，2012年户均0.73台。摩托车、助力车、家用汽车已成逐步进入百姓人家，2012年户均分别达到0.10辆、0.12辆、0.20辆。人们的消费结构明显升级，通讯、文化、交通类消费大幅上升，消费需求重点已由传统的吃、穿、温饱型向发展型、享受型的小康生活迈进。20世纪70、80年代，人们曾经引为骄傲的旧3大件（手表、自行车、缝纫机）已被新3件（手机、电脑、小汽车）所代替。见表2－5－1－12。

表2－5－1－12

常德市城区住户2003—2012年主要消费品拥有量统计表

（每年调查200户）

区分		2003年	2004年	2010年	2012年
摩托车（辆）	总量	26	26	26	19
	户均	0.13	0.13	0.13	0.10
助力车（辆）	总量	3	7	25	24
	户均	0.02	0.04	0.13	0.12
家用汽车（辆）	总量	0	2	8	40
	户均	0	0.01	0.04	0.20
洗衣机（台）	总量	185	196	186	192
	户均	0.93	0.98	0.93	0.96

续表

区 分		2003 年	2004 年	2010 年	2012 年
电冰箱（台）	总量	186	186	189	196
	户均	0.93	0.93	0.95	0.98
彩色电视机（台）	总量	257	264	225	223
	户均	1.29	1.32	1.13	1.12
家用电脑（台）	总量	51	61	79	146
	户均	0.26	0.30	0.39	0.73
空调器（台）	总量	149	176	226	269
	户均	0.75	0.88	1.13	1.35
移动电话（部）	总量	213	242	330	350
	户均	1.07	1.21	1.65	1.75

注：数据来源《常德统计年鉴》（2004—2013）。

第二节 人口与教育卫生

一、人口与教育

学校总数变化 1988 年，常德市共有各级各类学校 9484 所，2012 年减少到 1892 所，减少 80.05%。除普通高校由 2 所增加到 4 所外，其余各类学校均呈减少之势。其中，小学由 1988 年的 4838 所，减少到 2012 年的 652 所，减少 86.52%；初中由 392 所减少到 247 所，减少 36.99%；高中由 77 所减少到 49 所，减少 36.66%；中等职校由 106 所减少到 56 所，减少 47.17%。2011 年 10 月 23 日《常德晚报》头版以《被消失的学校》为题，报道了常德农村一部分小学被整合撤销后的情况：“近年来，随着农村小学生源大量减少，国家为优化教育资源整合了部分村级小学。在一些整合后被撤销的学校，昔日的喧嚣校园只留下几栋破败的校舍，墙角里无名虫不知疲倦地唱着它自己才懂的歌曲，欢歌笑语和琅琅书声早已远去，空荡荡的校园更添寂静。”

在校学生总人数变化 1988 年，常德市共有各类在校学生 119 万人，2012 年全市共有各类在校学生 74.29 万人。2012 年与 1988 年相比，在校学生人数减少 44.71 万人，减少 37.57%。其中小学和初中在校学生由 1988 年 66.27 万人、21.58 万人，分别减少到 2012 年的 26.60 万人、13.95 万人，分别减少 59.86%、35.36%。普通高中、中等职校、成人高校和普通高校在校学生人数分别由 1988 年的 4.35 万人、3.48 万人、0.44 万人、

0.24 万人，分别增加到2012 年的9.51 万人、6.24 万人、1.48 万人、3.91 万人，分别增长118.62%、79.31%、236.36%、1529.17%。常德市中等教育和高等教育有了较快发展。见表2 -5 -2 -1、表2 -5 -2 -2。

二、人口与卫生

20 世纪80、90 年代，常德市医疗卫生事业不能适应人口发展的需要。1988 年，全市卫生医疗机构859 个，每万人口中卫生技术人员30.34 人，其中医生7.29 人，每万人口拥有病床27.15 张。以后，逐年减少，到2000 年降到最低点。是年，全市卫生医疗机构减少到343 个，每万人口中卫生技术人员降至27.68 人，其中医生8.83 人，每万人口拥有病床数降至19.94 张。21 世纪10 年代初，全市医疗卫生事业仍发展不快。2006 年，全市每万人口中卫生技术人员24.01 人，其中医生11.36 人，每万人口拥有病床21.50 张。到21 世纪10 年代后期，全市医疗卫生事业有较快发展，到2012 年，每万人口中卫生技术人员36.91 人，其中医生15.87 人，分别比1988 年增加6.57 人、8.58 人，每万人口拥有病床36.28 张，比1988 年增加6.58 张。见表2 -5 -2 -3。

表2 -5 -2 -1

常德市1988—2012 年学校总数统计表

单位：所

年份	学校总数	普通高校	成人高校	中等职校	高中	初中	小学	幼儿园	特殊学校
1988	9484	3	4	106	77	392	4838	283	
1989	8193	2	4	90	65	351	4091	290	
1990	7808	2	4	98	64	345	3999	167	
1991	5271	2	4	99	61	341	3916	98	
1992	5696	2	4	106	60	329	3810	137	
1993	4821	2	4	110	61	318	3622	105	
1994	4643	2	4	103	59	302	3433	153	
1995	4888	2	4	89	55	285	3220	325	
1996	4697	2	4	88	53	274	3020	266	
1997	4335	2	3	80	53	269	2789	206	
1998	3684	2	3	84	53	273	2641	255	

续表

年份	学校总数	普通高校	成人高校	中等职校	高中	初中	小学	幼儿园	特殊学校
1999	3545	1	3	75	49	275	2495	462	
2000	3040	1	3	69	50	269	2203	444	
2001	2451	1	2	60	55	278	1908	147	
2002	2276	3	2	55	55	276	1732	155	
2003	2435	4	2	59	54	270	1588	228	
2004	2048	4	2	60	53	266	1407	256	
2005	2020	3	2	65	54	258	1223	415	
2006	1942	4	2	70	59	252	1051	504	
2007	1827	3	2	77	60	253	920	511	3
2008	1959	3	2	73	58	246	840	734	3
2009	1937	3	2	66	55	245	784	779	3
2010	1851	4	2	65	48	247	720	762	3
2011	1896	4	1	67	49	248	693	831	4
2012	1892	4	1	56	49	247	652	879	4

注：数据来源《常德统计年鉴》(1988—2013)。

表2-5-2-2

常德市1988—2012年在校学生人数统计表

单位：人

年份	在校学生总数	高校	成人高校	中等职校	高中	初中	小学	幼儿园	特殊学校
1988	1190014	2379	4411	34764	43506	215757	662650	89515	
1989	1086810	2550	4062	32314	36960	198281	536840	82059	
1990	1001959	2637	3542	34280	36551	200847	495701	87147	
1991	881455	2694	2486	33565	38610	198366	472038	95815	
1992	866757	3093	1855	36075	37726	186613	459189	104072	
1993	857467	3641	2429	39265	34311	180717	465487	105778	

续表

年份	在校学生总数	高校	成人高校	中等职校	高中	初中	小学	幼儿园	特殊学校
1994	877137	4184	3777	39724	36870	183031	477500	111587	
1995	928805	4490	3979	38834	38091	184353	505639	109221	
1996	944596	4541	1753	41348	39915	181780	541760	97184	
1997	942627	4691	3826	43731	227938	580490	80747		
1998	952238	4904	3453	44516	43264	199747	564168	71775	
1999	915593	6101	4776	40227	45969	218521	529205	63385	
2000	923676	7636	9496	40207	52448	255825	498691	58369	
2001	930205	8435	12621	39707	66119	284178	466723	52422	
2002	917836	11575	12071	46072	387361	414049	46708		
2003	901002	14059	13512	53776	99227	293786	377299	49343	
2004	873705	20237	14311	67406	111197	262200	349176	49178	
2005	834742	19135	10499	72466	120699	225862	323320	62761	
2006	809196	21872	9715	77382	120941	203119	307894	68273	
2007	794642	22502	8035	88196	116064	194510	296323	68518	494
2008	786863	29229	15768	71418	110468	184832	285390	89154	604
2009	768745	34638	12991	68907	102154	175459	278335	95811	450
2010	764783	36349	13348	69190	99672	161801	275193	108823	407
2011	765443	37716	14964	71978	96263	151290	276027	116828	377
2012	742924	39101	14784	62363	95096	139539	266020	125509	512

注：数据来源《常德统计年鉴》（1988—2013）。

表2－5－2－3

常德市1988—2012年卫生医疗机构、床位和卫生技术人员统计表

年份	卫生医疗机构（个）	床位		卫生技术人员		
		总数（张）	万人拥有数（张）	总数（人）	万人拥有数	
					总数（人）	其中医生（人）
1988	859	14975	27.15	16731	30.34	7.29

续表

年份	卫生医疗机构（个）	床位		卫生技术人员		
		总数（张）	万人拥有数（张）	总数（人）	万人拥有数	
					总数（人）	其中医生（人）
1989	756	13903	24.97	15609	28.03	8.01
1990	784	13714	24.09	15736	27.65	9.26
1991	796	13358	23.37	15892	27.80	9.00
1992	780	13279	23.18	15760	27.45	8.69
1993	679	13135	22.73	16029	27.74	8.55
1994	653	13228	22.72	16428	28.22	8.27
1995	576	13231	22.58	15985	27.29	8.09
1996	415	12638	21.43	15675	26.58	7.73
1997	381	12552	21.16	16277	27.43	8.01
1998	373	12287	20.65	16501	27.73	8.00
1999	369	12126	20.33	16638	27.91	8.32
2000	343	11948	19.94	16588	27.68	8.83
2001	344	12103	20.31	16897	28.35	9.22
2002	319	12135	20.29	15749	26.33	10.89
2003	323	11724	19.54	15551	25.91	11.34
2004	347	12170	20.25	15508	25.80	11.43
2005	358	12214	20.27	15597	25.89	11.30
2006	365	13068	21.50	14595	24.01	11.36
2007	1455	14031	22.93	17790	29.07	12.85
2008	1404	14773	24.05	18146	29.54	13.05
2009	1395	17138	27.79	20004	32.44	13.73
2010	4209	18941	30.42	21118	33.92	14.71
2011	5255	20667	33.01	22069	35.25	15.06
2012	5223	22624	36.28	23019	36.91	15.87

注：数据来源《常德统计年鉴》（1988—2013）。

第三节　人口城镇化水平

1988 年，常德地区完成了撤区建市工作，建立省辖常德市，原常德市改为武陵区，常德县改为鼎城区，两区为市辖区，从而加快了常德市城镇建设的步伐。1989 年，全市 7 县 2 区 1 市，有 31 个县辖区、205 个乡、56 个镇。1995 年，常德市撤区并乡建镇（撤销县辖区，实行乡镇合并），将全市城镇建设推向了一个新的高潮。是年，全市辖 7 县 2 区 1 市，共 201 个乡镇，其中乡 127 个，镇 84 个。以后又有一批乡逐步完成乡改镇工作，到 2010 年，全市乡 102 个、镇 106 个。与 1989 年相比，全市镇增加 46 个，增加 82.14%；乡减少 103 个，减少 50.24%。据《常德市统计年鉴》统计，按全市户籍人口计算，1988 年，全市城镇人口 80.71 万人，人口城镇化率 14.63%；1990 年，全市城镇人口 84.73 万人，人口城镇化率 14.89%；1995 年，全市城镇人口 102.46 万人，人口城镇化率 17.49%；2000 年，全市城镇人口 122.20 万人，人口城镇化率 20.39%；2005 年，全市城镇人口 137.72 万人，人口城镇化率 22.86%；2010 年，全市城镇人口 145.58 万人，人口城镇化率 23.64%。2012 年，全市城镇人口 143.50 万人，人口城镇化率 23.34%；2012 年比 1988 年人口城镇化率提高 8.71 个百分点。见表 2－5－3－1。

根据第六次全国人口普查资料，2010 年，常德市常住人口 571.46 万人，其中乡村人口 349.33 万人，城镇人口 222.13 万人，人口城镇化率 38.87%；按照同一统计口径，比 2000 年提高了 12.28 个百分点，但仍分别低于全国、全省 10.81、5.53 个百分点。常德市人口城镇化水平滞后于全国全省。

表 2－5－3－1

常德市 1988—2012 年户籍人口城镇化率统计表

年份	总人口（万人）	乡村人口（万人）	城镇人口（万人）	城镇化率（%）
1988	551.51	470.80	80.71	14.63
1990	569.16	484.43	84.73	14.89
1995	585.85	483.39	102.46	17.49
2000	599.28	473.09	122.20	20.39
2005	602.42	463.99	137.72	22.86
2010	615.94	464.38	145.58	23.64
2012	614.85	471.35	143.50	23.34

注：数据来源《常德统计年鉴》（1988、1990、1996、2001、2006、2011、2013）。

第四节　人均耕地面积

1988年，常德市共有耕地744.05万亩（49.61万公顷），人均1.35亩（0.09公顷）。1999年，全市共有耕地646.2万亩（43.08万公顷），人均1.08亩（0.072公顷）。11年时间，全市耕地总量减少97.85万亩（6.52万公顷），人均耕地减少0.27亩（0.018公顷），年均人均耕地减少0.025亩（0.0017公顷）。2000年，全市全面开展耕地普查，发动群众退废还田，开荒造地等一系列措施，全市耕地总面积上升至701.59万亩（46.773万公顷），比1999年增加了55.39万亩（3.693万公顷），人均耕地面积达到1.17亩（0.078公顷），比1999年增加0.09亩（0.006公顷）。以后全市耕地面积和人均耕地面积逐年减少，到2007年，全市人均耕地面积降低至1.13亩（0.075公顷）。2008年以后，人均耕地面积又有所回升，至2010年达到人均1.21亩（0.081公顷），与1989年持平。2012年继续保持人均1.21亩（0.081公顷）。高于全市平均水平的依次为鼎城区（含西洞庭管理区）1.57亩（0.105公顷）、临澧县1.47亩（0.098公顷）、桃源县1.46亩（0.097公顷）、安乡县1.27亩（0.085公顷）、汉寿县（含西湖管理区）1.24亩（0.083公顷）；低于全市平均值的依次为：武陵区（含常德经济开发区、柳叶湖旅游度假区）0.43亩（0.029公顷）、石门县1.06亩（0.071公顷）、津市市1.16亩（0.077公顷）、澧县1.17亩（0.078公顷）。常德市控制人口增长速度，加强耕地保护取得显著成绩。见表2－5－4－1。

表2－5－4－1

常德市1988—2012年人均耕地面积统计表

年份	总耕地面积（万亩）	人均（亩）	年份	总耕地面积（万亩）	人均（亩）	年份	总耕地面积（万亩）	人均（亩）
1988	744.05	1.35	1997	649.85	1.10	2006	691.3	1.14
1989	673.24	1.21	1998	646.9	1.09	2007	691.9	1.13
1990	670.40	1.18	1999	646.2	1.08	2008	692.7	1.13
1991	668.3	1.17	2000	701.59	1.17	2009	751.4	1.22
1992	662.49	1.16	2001	702.27	1.18	2010	752.7	1.21
1993	658.0	1.14	2002	701.53	1.17	2011	753.4	1.20
1994	690.8	1.19	2003	691.83	1.15	2012	756.9	1.21
1995	659.2	1.13	2004	688.9	1.15			
1996	656.3	1.11	2005	689.7	1.15			

注：数据来源《常德统计年鉴》（1988—2013）计算整理。

第三篇

计 划 生 育

第三篇　计划生育

自20世纪70年代开始实行计划生育，到2012年30多年来，常德市人口和计划生育工作始终保持全国全省先进位置，全市累计少出生260余万人，极大地缓解了人口对资源、环境的压力，为经济社会快速发展做出了突出贡献。湖南省原人口计生委主任李万郴曾这样评价常德："常德的人口计生工作起步早、基础好、贡献大、经验多。在全省很多地方对计划生育还在犹犹豫豫、摇摇晃晃、步履蹒跚的时候，常德已经坚定地走上了计划生育这条路，并且实行的是全省唯一的从紧的生育政策。……常德计划生育出台了很多的举措，创造了好的经验，为全省做了榜样，成绩和功劳有目共睹，历史不会忘记。"

第一章　行政管理

第一节　组织领导

一、纳入经济社会发展大局

坚持两种生产一起抓　1988年12月，常德市委书记陈彰嘉在县（市区）委书记会上发表了"要理直气壮地提倡一对夫妇只生育一个孩子"的讲话（原载1988年12月《湖南日报》），指出："严格控制人口与经济建设为中心是一致的，要坚持两种生产（经济生产和人口生产）一起抓。"常德市委、市政府始终把人口计生工作摆在与经济工作同等重要的位置。在制定经济和社会发展中长期规划、安排每年经济社会发展工作时，都将人口计划和计划生育工作列入重点内容，实行同研究、同部署、同检查、同评估。2001年开始，全市计生工作会议与经济工作会议同步召开。是年，在全市经济工作会议前，市委、市政府召开了县（市区）计划生育"三长"（计生领导小组组长、计生协会会长、计生局局长）会议。从那时起到2012年，市委、市政府将"两种生产"一齐抓，实行经济工作和人口计生工作"四同"的格局没有变。2007年9月，常德市委、常德市人民政府《关于加强新时期人口和计划生育工作统筹解决人口问题的决定》（常发〔2007〕10号）文件指出："人口问题始终是制约我市全面协调发展的重大问题，是影响经济社会发展的关键因素。人口数量既是衡量经济发展的总分母，又是估量社会问题的总乘数，出生人口素质是未来发展的总起点，人口结构是关系社会结构的总平衡，人口决策是经济社会规划决策的总约束。实现全市经济社会又好又快发展，无不与人口数量、素质、结构分布密切相关。做好人口和计划生育工作，既是落实科学发展观的举措，也是建设‘工业强市、文化名城、和谐常德’的基础工程。”要求全市各级党委政府“要切实加强对新时期人口与计划生育工作的领导。”

吴定宪（左一）在基层督导人口计生工作

把计划生育纳入各级党委、政府重大督查事项范围 每年，市县党委、政府督查部门都要定期开展计划生育专题督查，对督查的情况发出通报，对督查发现的问题发出整改通知书，限期整改。2000 年 9 月，常德市委组成 9 个督查组，由市委常委各自带队，对 9 个县市区计划生育工作进行了专题督查。

把计划生育纳入各级、各部门领导班子和领导干部政绩考核体系 每年，在制定各级各部门责任目标考核或绩效考核方案时，都把计划生育作为重要内容，不断调整考核权重，2006 年以前占 2%，以后逐步提高到 4%，2008 年达 7%。以后又有所降低，2011 年占 3.65%，2012 年占 10‰。在干部年度政绩考核和选拔任用、评先评奖中，把计划生育作为主要内容，严把计划生育“一票否决”关。2004 年，在考察鼎城区石板滩镇党委书记提拔县处级干部工作中，市委组织部和监察局对群众反映该镇当年出现一例多孩生育的情况进行了两次调查核实，并取消了其提拔资格。

二、党政一把手亲自抓、负总责

专题研究、部署人口和计划生育工作 每年，市县党委、政府定期召开党委常委会、政府常务会议、计划生育领导小组会 2—3 次，专题听取人口和计划生育情况的汇报，研究工作发展思路、目标、计划和方向，解决工作中的困难和问题。召开由市县乡三级党政主要领导和各部门主要负责人参加的高规格人口和计划生育工作会议，总结上年度，部署当年人口和计划生育工作，兑现上年度工作奖惩，严格落实计划生育“一票否决”制度。从 1988 年开始，常德市委、市政府每年都要召开人口和计划生育工作形势分析会、调度会，分析形势，剖析问题，加压鼓劲，确保年度工作目标的实现。

出台人口和计划生育工作文件 根据人口和计划生育工作新形势、新情况、新要求，及时制定纲领性、政策性文件，指导当时乃至以后一段时期人口和计划生育工作发展。从 1988 年至 2010 年，常德市以市委、市政府联合发文或市政府单独发文形式，先后就人口计生工作下发了11份纲领性、政策性文件：1988年11月，常德市委、市政府《关于进一步抓紧抓好计划生育工作的决定》（常发〔1988〕9号）。1990年3月，常德市政府批转《关于贯彻实施〈湖南省计划生育条例〉的意见》的通知（常政发〔1990〕8号）。1992年5月，常德市人民政府令（第5号）《常德市流动人口计划生育管理规定》，这是全省市级关于流动人口计划生育管理的第一份文件。1997年8月，常德市委、市政府《关于实行“村为主”管理体制全面提高计划生育工作水平的意见》（常发〔1997〕13号），这是全省市州党委政府就计划生育“村为主”工作所发的第一份文件。2001年9月，常德市委、市政府《关于加强人口与计划生育综合治理工作的通知》（常通字〔2001〕19号）。2003年11月，常德市委、市政府《关于实施人口与计划生育综合改革的意见》（常发〔2003〕11号），这是全省计划生育综合改革第一份文件；是年11月，常德市政府《关于印发常德市计划生育奖励办法的通知》（常政发〔2003〕20号）。2007年9月，常德市委、市政府《关于加强新时期人口和计划生育工作统筹解决人口问题的决定》（常发〔2007〕10号）。2010年8月，常德市委、市政府《关于推行计划生育特别扶助家庭关爱行动的意见》（常发〔2010〕18号），这是全省第一份全方位关爱独生子女伤残死亡家庭的文件；是年8月，常德市政府《关于实施优生促进计划的意见》（常政发〔2010〕14号），这是全省第一份关于加强优生工作的文件。2010年9月，常德市委、市政府《关于表彰全市人口和计划生育工作先进个人的决定》（常委〔2010〕29号）。

2007年6月，武吉海在全市计划生育工作会议上讲话

解决工作中的重点和难点问题 常德市委、市政府每年都要帮助人口计生工作解决一系列重点、难点和人财物等方面的问题。2009年，先后帮助解决了六个方面的难题：在全省率先成立了市级人口和计划生育执法监察支队，核定编制4名，解决行政执法特别是社会抚养费征收“难”问题。将市计划生育培训中心由自收自支改为全额拨款事业单位，解决计生培训干部待遇落实“难”问题。将市教育局、市广电局、市农办、市移民局纳入计划生育综合治理责任考核部门，解决综合治理协作“难”问题。将人口计生工作在区县（市）目标管理考核中的权重提高到5%以上，解决人口计生工作推动“难”问题。由市财政从计划生育事业费之外，配套“幸福工程”和“三结合”项目专项资金20万元，解决帮困配套资金“难”问题。对全市村级计生协常务副会长给予每年300—500元的补贴，解决基层协会骨干待遇落实“难”问题。

督查指导计划生育工作 2000 年，常德市实行市县领导计划生育联点督查制度，规定，凡是有联系县（市区）和乡镇的市县领导每年要深入基层开展 1—2 次计划生育工作专题督查，帮助总结经验，查找问题，制定措施，提升水平。2004 年，建立市委常委定期督查计划生育工作制度。所有市委常委每年定期下到联系县（市区），根据市计生委提供的计生工作整改通知书，开展专题督查和调研，帮助解决实际困难和难点、重点问题。历届市委、市政府主要领导率先垂范。2000—2001 年，市委书记吴定宪、市长程海波先后分别深入澧县道河乡、张公庙乡和鼎城区灌溪镇、白鹤山乡调研督查。2002—2005 年，市委书记程海波、市长陈君文先后分别深入鼎城区钱家坪乡、临澧县、鼎城区大龙站镇、蒿子港镇和汉寿县、市建设局、市计生委、澧县张公庙镇兔子口村、大堰垱镇等地督查指导。2006 年，市委书记武吉海、市长陈君文先后分别深入武陵区丹州乡和市第七医院、德园医药有限公司督查指导。2007—2008 年，市委书记武吉海、市长卿渐伟先后分别深入安乡县、武陵区护城乡高车社区、皂果社区、汉寿县蒋家嘴镇和石门县、临澧县、澧县道河乡调研指导。2009—2012 年，市委书记卿渐伟、市长陈文浩先后分别深入汉寿县罐头嘴镇、坡头镇、鼎城区石门桥镇、石公桥镇、灌溪镇、武陵区计划生育服务站、东江乡和澧县计生服务站、大堰垱镇、张公庙镇、澧南镇、澧澹乡、澧阳镇等地督查指导。调研督查期间，听取当地人口计生工作情况汇报，实地查看计生服务阵地和基础台账建设，与基层计生工作人员座谈交流，慰问计生特困家庭，帮助基层解决人财物等实际困难，提出人口计生工作新思路、新举措、新要求。见表 3 - 1 - 1 - 1。

卿渐伟（左一）、刘明（左二）在鼎城区督导人口计生工作

表 3－1－1－1

2000—2012 年市委书记、市长督查调研指导人口计生工作情况

督查时间	督查人	督查地点	督查内容
2000.9.7	吴定宪书记	澧县	查看县计生服务站和道河乡堰木村计生服务阵地建设情况，听取县、乡计生工作情况汇报
2000.8.29	程海波市长	鼎城区	查看灌溪镇计生办阵地建设情况，听取镇计生工作情况汇报，询问镇计生经费投入、工作管理、工作人员工资报酬情况
2001.4.8	吴定宪书记	澧县	督查张公庙镇春季计划生育集中宣传手术活动开展情况
2001.5.8	程海波书记	鼎城区	分析白鹤山乡计生工作落后原因，督查计生经费投入情况，走访了解是否有计生乱收费情况
2002.10.10	程海波书记	鼎城区	走访钱家坪乡陡水坡村和袁家湖村计生家庭，查看沧山乡计生学校和计生协会，了解计生工作开展情况
2002.10.11	陈君文市长	汉寿县	督查汉寿县被一票否决后计生工作整改情况
2003.9.20	程海波书记	临澧县	督查调研临澧县计生技术服务和妇幼保健两网合一情况
2003.9.25	陈君文市长	武陵公安分局、市建设局	督查调研部门计划生育综合治理开展情况
2004.10.11	程海波书记	鼎城区	督查调研大龙站镇全家坪村、郑家岭村人口计划执行、独生子女保健费落实、奖励扶助金的发放、村为主工作开展情况，为一独生子女特困家庭解决 5000 元，帮助修建房屋
2004.10.16	陈君文市长	市计生委	研究解决建立全市计划生育特困家庭常年救助机制的具体问题

续表

督查时间	督查人	督查地点	督查内容
2005.6.10	程海波书记	鼎城区	慰问计划生育特困家庭,考察蒿子港镇镇村两级阵地建设,为镇计生服务所解决资金10万元
2005.6.16	陈君文市长	澧县	考察澧县张公庙镇兔子口村计生协会和生殖健康室,慰问大堰垱镇奖励扶助对象和独女户,检查大堰垱镇计生服务所和县计生服务站,为县计生服务站解决资金10万元
2006.6.5	武吉海书记	武陵区、 市人口计生委	查看武陵区丹州乡乡村两级阵地建设,慰问奖扶对象和特困家庭,听取全市人口计生工作和计划生育协会工作的汇报
2006.7.17	陈君文市长	市第七医院、德园医药有限公司	督查调研关爱女孩行动打击“两非”工作
2007.8.3	武吉海书记	安乡县	调研督查中央、省委关于计划生育两个《决定》贯彻落实情况
2007.8.21	卿渐伟代市长	石门县 临澧县	慰问计生特困家庭、计生特困干部和考上大学的独生子女贫困新生,督查县、乡、村三级计生服务阵地建设、计生经费投入和队伍建设情况,为临澧县计生妇幼保健院解决资金10万元
2007.12.3	武吉海书记	武陵区	深入护城乡高车社区、皂果社区督查调研流动人口计划生育管理服务新机制建设
2008.5.5	武吉海书记	汉寿县	考察蒋家嘴镇镇村计划生育服务阵地,慰问计划生育困难家庭
2008.5.16	卿渐伟市长	澧县	慰问道河乡计划生育困难家庭,实地了解计生工作情况,与基层计生工作人员座谈,研究解决生育政策并轨、社会抚养费征收、流动人口管理、奖励优惠政策兑现等重点、难点问题,为县计生服务站解决设备购置资金10万元
2009.4.3	卿渐伟书记	汉寿县	考察汉寿县罐头嘴镇和坡头镇的计生服务站和计生协会,听取了有关负责人的工作汇报

续表

督查时间	督查人	督查地点	督查内容
2009.8.12	陈文浩市长	澧县	考察县计生服务站、大堰垱镇计生服务所，实地督查调研计生服务网络建设情况
2010.7.17	卿渐伟书记	鼎城区	考察区计划生育服务站、石门桥镇计划生育服务所和石门桥镇观音庵村计生服务室的建设使用情况，了解各级开展优质服务的情况，听取区人口计生工作情况汇报
2010.7.30	陈文浩市长	澧县	考察张公庙镇及幸福村，了解免费生殖健康村村行活动开展情况，座谈调研人口计生工作
2011.9.10	卿渐伟书记	鼎城区	考察石公桥镇、灌溪镇计生服务所管理使用情况和石公桥镇覃家岗村计生村务公开、灌溪镇富贵坪村计生宣传开展情况
2011.10.9	陈文浩市长	澧县	考察澧南镇、澧澹乡人口计生服务站和澧县群玉文化广场，查看计生信息化建设和免费孕前优生健康检查开展情况，召开专题座谈会
2012.8.27	卿渐伟书记	武陵区	调研武陵区人口计生暨创国优工作，察看了武陵区计划生育服务站、东江乡计划生育服务所、关天坪村计划生育的“三位一体”阵地建设情况
2012.8.15	陈文浩市长	澧县	督查张公庙镇、澧阳镇等地计划生育工作

三、目标管理责任制

1988 年 12 月，常德市委、市人民政府《关于进一步抓好计划生育工作的决定》规定：常德计划生育工作推行“四制一约三挂钩”的综合管理制度。“四制”即：市对县（市区）实行计划生育任期目标责任制；县（市区）对乡镇、乡镇对村实行计划生育工作承包制；村对户实行计划生育合同制；政府对育龄夫妇实行准生证制。“一约”即：普遍建立计划生育村规民约。“三挂钩”即：把计划生育工作任务的完成好坏与各级干部或承包者的工资挂钩；与奖金挂钩；与计划生育事业费挂钩。

1991 年“临澧会议”之后，湖南省委、省政府决定在全省实行人口和计划生育目标管理责任制，省长与地市州长签订计划生育目标管理责任书。根据省里的模式，常德市、县、乡三级全面推行这一工作制度。年初，市长与县（市区）长、县（市区）长与乡镇长、乡镇长与村委会主任层层签订计划生育目标管理责任书。责任书明确各级年度人口控制目标和计划生育工作的主要指标、计划生育事业费以及其他保障措施。同时，根据人口和计划生育工作目标制定年度考核细则，进行平时调查和年终抽样调查。依据调查结果，年末对人口和计划生育工作以及目标的完成情况进行考核评估，兑现奖罚。1995 年，常德市开始将计划生育目标管理责任制拓展到各级计划生育综合治理部门，由市（县市区）长与计划生育综合治理部门主要负责人、各级计划生育综合治理部门主要负责人与下属各单位主要负责人签订计划生育综合治理目标管理责任书，层层落实任务和责任。

莫道宏（左一）在全市计划生育工作会议上讲话

四、"一票否决"制

1982 年，常德地委、常德行署根据考核评估结果，首先在武陵区（原常德市）、澧县、石门、鼎城（原常德县）等五个县（市区），实行计划生育"一票否决"制度。当年全地区有 63 个乡（镇）一级的单位因计划生育的几项主要指标未完成，生育秩序混乱而被取消全面工作评先、评奖资格。这在全省乃至全国也属首例。1983 年，常德市普遍推广"一票否决"制度，并层层建立与之配套的计划生育目标管理责任制。1983 年至 1987 年，全市先后有 77 个单位被实行计划生育"一票否决"，取消全面工作评先、评奖资格，有 87 名乡级以上领导干部因抓计划生育不力而调离，降职使用的 12 名。

1988 年 4 月，常德地委、常德地区行政公署写给省委省政府《关于计划生育工作情况的报告》中对"一票否决权"这样定义：计划生育"一票否决权"，即其他方面工作突出，而计划生育工作未达到规定目标的单位或个人，不能评先、评奖或提职晋级。常发〔2007〕10 文件规定：凡被"一票否决"的单位，取消当年综合性荣誉称号和评先评奖资格，其党政主要负责人、分管负责人及具体工作责任人一年内不得被授予个人荣誉称号、评先评奖、晋职晋级、提拔重用和调动；连续两年被"一票否决"的单位，其党政主要负责人、分管负责人及具体工作责任人予以免职，情况严重者给予党纪政纪处分。

1988 年 6 月，湖南省委、省人民政府决定：从当年起，对地、州、市实行计划生育"一票否决"。自此，常德首创计划生育"一票否决"制度在全省、全国被推广运用。"一票否决"的实施，强化了人口计生工作的特殊地位，有如一把"尚方宝剑"，督促常德市、县、乡各级领导以极大的精力来抓人口计生工作。

临澧县是常德市被计划生育"一票否决"的第一个县级单位。1986 年，该县各项工作指标完成情况均居全市先进行列，但因计划生育工作目标没有完成，被“一票否决”，取消了评先进资格。临澧县委、县政府痛定思痛，狠抓计划生育薄弱环节，充实了计划生育的领导力量和工作队伍，分管的县领导由2名增加到4名，乡镇计生专干由55人增加到105人，并狠抓了岗位责任制的落实。1987年，该县计划生育工作跃入全市先进行列，被评为“双文明建设先进县”。

2000年，汉寿县因计划生育工作长期处于被动局面被市委、市政府实行“一票否决”；2004年西洞庭管理区人口计生工作因计划生育率比上年下降了5个百分点在全省考评评估中降类并被省、市“一票否决”；2011年，西湖管理区因生育秩序混乱，符合政策生育率仅75.52%，居全省末位，被省市“一票否决”，列入重点管理单位。全市从1988年至2012年被市、县（市区）计划生育“一票否决”的乡镇共169个，村（居委会）4739个。见表3－1－1－2。

2001年，鼎城区、澧县金罗镇改变以往年终进行计划生育工作考核评估，兑现计划生育“一票否决”制度做法，对上半年人口计划完成不力，计划生育工作出现重大失误的乡镇领导干部、联村干部、计生工作人员和村支两委干部进行严肃处理。其中鼎城区对3名副科级干部予以免职，3名一般干部给予降一级工资，3个乡镇的党委书记、乡镇长和分管领导给予警示谈话，9个乡镇的26名联村干部给予通报批评处理。澧县金罗镇对4名联村干部黄牌警告，年内确定为不合格岗，扣除奖金300元。对3名村支部书记给予免职和党内警告处分，对3名村计生专干给予撤职、行政记大过、留职察看半年的处理，对1名包庇计划生育对象的村委会成员给予撤职处理，对1名开具假证明的村会计给予通报批评、写出公开检查、罚款500元处理。另外，2名镇计生办工作人员受到党内警告或待岗半年处分。他们不等“秋后”也“算账”的做法，被市计划生育领导小组通报表彰、总结推介。

2005年开始，常德市在全省率先实行计划生育“预否决”制度，对半年人口和计划生育工作被动落后的乡镇（街道），实行“预否决”，黄牌警告，责令他们迅速整改问题，凡整改不到位的，年终实行计划生育“一票否决”。是年4月，常德市人口计生领导小组对安乡县焦圻镇、黄山头镇、下渔口镇、津市市白衣镇、汉寿县洲口镇、澧县洞市乡、桃源县深水港乡、临澧县柏枝乡等半年（计划生育考核年度为上年10月至当年9月）计划生育管理失控，生育秩序较为混乱，统计数据失实，

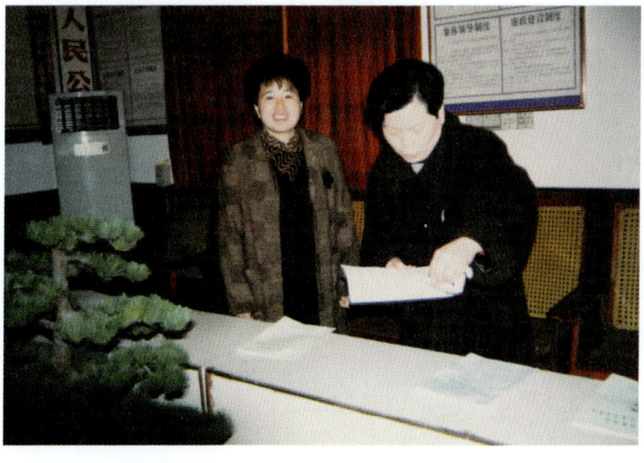

蒋祖建（右）在基层检查计生工作

计划生育工作被动的 8 个乡镇和因农村部分计划生育奖励扶助对象确认误差较大的澧县雷公塔镇实行黄牌警告。安乡县焦圻镇因整改不到位，年底被实行“一票否决”。2007 年开始，全市人口和计划生育年终考核评估增加黄牌警告类次，凡当年被黄牌警告的单位，次年市人口计生领导小组进行单独评估验收，验收不达标的，实行“一票否决”。2007 年—2012 年，全市被黄牌警告的乡镇（街道）共 39 个。

五、保旗创模

2000 年，常德市委政策研究室计划生育专题调查组《关于我市计划生育工作的调查与思考》（政研内参常党简准字〔2000〕4 号），指出：“近些年来，我市计划生育工作在全省的‘标杆’位置出现动摇并日益滑坡。从 1995 年开始，已位列长沙之后，此后的几年，湘潭、株洲、益阳、郴州等地突飞猛进，到 1999 年，我市的实际名次已经降至全省第五；药具技术服务，网络队伍建设，统计台账管理，计划生育协会等工作强项优势不再，特别是近几年，计划外超生、统计瞒报现象开始抬头。”面对常德人口计生工作出现滑坡的严峻形势，市委副书记莫道宏、市政府分管副市长张元英积极向市委市政府主要领导汇报。市委、市政府先后 3 次召开市委常委会、市政府常务会专题研究计生工作，并于 2000 年元月、3 月、7 月、8 月、10 月、12 月连续召开 6 次全市计划生育工作会议。市委书记吴定宪、市长程海波多次参会，分析形势，查找问题，加强调度，提出“保旗争先”的奋斗目标，要求用防汛抢险的劲头抓计生工作。10 月中下旬，市委组织由市委常委带队的计划生育工作督导组，分赴各县（市区）督导计划生育工作开展情况。这一年，全市计划生育工作在 4 个方面取得了较大进展：打假治乱正作风。市县（市区）计生委不间断地组织全封闭调查，一不见官，二不扰民，三不进府（不进政府机关），掌握大量真实情况，进行严肃查处和专项整治。强化责任抓落实。针对问题，市计生领导小组发出督办函 30 多件，加强整改落实。依法行政树形象。规范执法行为，清退不合理收费，提高了群众满意率。优质服务上台阶。组织了声势浩大的流动人口“十万育妇大行动”（当年流入广东打工育妇约十万人左右，根据省考核要求，必须到省驻广东流管站进行妇检和查环查孕），开展婚育行为大盘查，有效地制止了特殊人群超生行为。省考核评估结果表明：2000 年度 7 项考核评估指标中，综合治理到位率、出生性别比、出生率、政策内生育率、村为主比率居全省第一，多孩控制率居全省第二。

曹儒国（右一）在鼎城区石板滩镇指导人口计生工作

表 3－1－1－2

常德市各县（市区）1988—2010 年计划生育“一票否决”的乡（镇、街道）村（居委会）统计表

年份	武陵区		鼎城区		安乡县		汉寿县		澧　县		临澧县		桃源县		石门县		津市市	
	乡（镇街）	村（居）	乡（镇街）	村（居）	乡（镇街）	村（居）	乡（镇街）	村（居）	乡（镇街）	村（居）	乡（镇街）	村（居）	乡（镇街）	村（居）	乡（镇街）	村（居）	乡（镇街）	村（居）
1988	7	23						1	1				1					
1989	6	22											3					
1990	7	26											1					
1991	2	13															1	18
1992	2	10							2									14
1993	4	15							8				1					9
1994	3	10							4				14				2	12
1995	8	38											3		1			11
1996	7	31					7		1				1		2			5
1997	5	23											4		5			4
1998	2	14															1	7
1999		20											3	87	1			12
2000	3	20								32			1	218				19
2001		14		14		15		18	3				2	245	3			17
2002		13	2	5		20							1	181	1			20
2003		16		5		23			1				2	173	2	46		15
2004		16		3		25	1	27					4	223	3	40		16
2005		11		4		27	1	48					1	264	1	55		33
2006		12		4		29	2	30	1				1	345		70		16
2007		9	1	6		23	1	43						304	1	141		20
2008		8	1	11		20	1	43		50			1	257	1	161		12
2009		3	1	23	1	14	1	34	1	35			1	180		77		6
2010		2		18		18	1	66		33			1	208		59		4
合　计	56	369	5	93	1	214	15	369	22	150			46	2685	20	649	4	270

全市稳定低生育水平工作成效明显，总体工作水平稳中有升，在全省位置由1999年的第五位前移至第三位，顺利实现了市委、市政府“保旗争先”奋斗目标。

2005年，针对人口计生工作出现下滑退位，特别是西洞庭管理区被省“一票否决”，全市有倒旗降类的危险等不利局面，常德市委、市政府高度警醒，深刻反思，提出了“正视现实，卧薪尝胆，奋起直追，保先创模，再创辉煌”的要求和目标。市委副书记刘本之要求全市人口计生工作实现“保先创模”的目标不能有丝毫动摇，执行并轨期的生育政策不能有丝毫偏差，兑现“一票否决”制度不能有丝毫含糊。是年，常德市委、市政府先后召开了5次大型人口计生工作综合性会议，分析形势，统一思想，整顿作风，部署工作。市委书记程海波、市长陈君文等领导坚持定期不定期研究、部署、督查人口计生工作，解决难点、重点问题。从4月下旬开始，全市集中力量开展“5月计划生育月”活动，落实各类节育手术75959例，其中上环50261例、结扎8859例、人工流引产8851例，流动人口信息平台反馈率、办证率、合同签订率、孕检到位率明显提高，社会抚养费征收额到位率达到了63.9%，较好控制住了违法生育的反弹。“五一”长假期间，全市广大计生干部和协会会员放弃休息，本着“实事求是，不多报，不漏报”的原则，进村入户开展农村计划生育奖励扶助对象清查核实工作，清退了3920名不合政策的对象，确保了对象确认准确率达到100%。6月开始，组织人口计生、卫生、食品药品监督、监察、公安、工商6个部门开展了集中查处“两非”行动，共查处51起。为确保工作责任落实到位，市委、市政府建立严格的奖惩制度，决定：从2005年起，进一步加大人口和计生工作的奖惩力度。对年终考评荣获全市红旗单位的县（市区），奖励标准提高到5万元；对在省里考评升类的单位给予加分奖励；对先进个人，扩大奖励面，增加奖金额。2005年人口计生工作在全省考评中如果位居前三名，各单位可给予计生工作人员一次性奖励。同时，对被“一票否决”的单位一律严格追究，实行重点管理，取消评先评奖资格，其党政主要负责人、分管负责人和有关责任人一年内不得评先、评奖，不得调动、提拔，并追究责任。凡是今后在全省排队中类次下滑的，即使没被“一票否决”，也要追究分管负责人和主要领导的责任。是年，全市先后有9个乡镇被预否决（黄牌警告），1名处级干部、18名科级干部、15名一般干部受到责任追究，12名违法生育党员受到党纪处分。通过系列扎实有效的工作和强有力的措施，常

2010年常德市委市政府召开创建全省人口计生工作模范市动员大会

德市顺利实现了年初既定工作目标，在全省综合考评中，主要考评指标水平均比2004年有所提升，其中人口出生率和出生人口性别比继续位居全省第一，核心指标计划生育率由第五上升至第三，避孕措施落实率、社会抚养费征收到位率和独生子女保健费兑现率均由倒数第二上升至第九、第五和第十二，总分名列全省第一，继续保持先进位置。

2010年是实现“十一五”人口规划的最后一年。是年2月，常德市人口计划生育领导小组在认真分析形势，反复调研的基础上，提出了“争创全省人口和计划生育模范市”（简称创模）的奋斗目标，得到了市委、市政府的坚决支持。3月召开了全市人口计生工作暨创建全省模范市动员大会。市委副书记曹儒国主持，市委副书记、市长陈文浩作动员报告，提出了“明确目标，坚定信心，全力以赴，确保成功”的总体要求。市委书记卿渐伟在动员大会上要求全市坚定创模信心，夯实创模基础，优化创模环境，全市上下一条心，拧成一股绳，确保创模一举成功。各县（市区）长在会上做表态发言，并向市长陈文浩递交了创模责任状。会后，常德市委、市政府向省人口计生领导小组专门递交了《关于创建全省人口和计划生育模范市的报告》。是年7月和8月，省人口计生委主任李万郴先后两次听取常德市人口计生创模工作汇报，明确表示对常德创模工作给予全力帮助和支持，要求常德创模要领导重视，氛围浓厚，措施超常。为确保“创模”目标实现，常德市坚持高起点谋划部署，高密度调度督查，高态势问责追责，高投入保障环境。成立了由市委副书记、市长陈文浩任组长，市委、市人大、市政府、市政协分管领导为副组长，34个相关部门为成员的人口计生创模工作领导小组，建立了市委、市政府定期研究部署、市领导定期督查指导和“市县领导联点、乡镇干部包村、村组干部包户”的创模工作机制。市委办、市政府办印发了《常德市创建全省人口和计划生育模范市工作实施方案》《常德市创建全省人口和计划生育模范市工作问责办法（试行)》。市人口计生领导小组印发了《常德市创建全省人口计生模范市宣传工作实施方案》《常德市创建全省人口计生模范市冲刺阶段工作实施方案》，并于当年6月、7月、8月、9月召开了4次全市人口计生创模工作调度会，组织开展了市领导督查、专项督查、联点督查以及交叉督查，狠抓工作落实。在7月召开的第二次调度会上，市委副书记曹儒国指出：在创模最后冲刺阶段，全市上下要用志在必得的气魄、特色鲜明的工作、超常有力的举措抓创模，要用创文（创建文明城市）的力度抓创模，用严格的责任促创模，用铁的手腕推创模，用完善的机制保创模。经过全市各级领导和全市人民的共同努力，2010年全市人口计生工作再创新高，创模一举成功，为“十一五”画上了圆满句号。全年共出生70691人，人口自然增长率4.49‰，符合政策生育率86.66%，出生性别比110.23，村居民自治合格率79.20%，避孕措施落实率96.15%，均处于全省领先水平，完成了人口控制目标。全员人口信息化建设迎来了全国经验交流会；计生特扶家庭关爱行动受到了国家、省里的充分肯定；从当年社会抚养费中提取10%资金用于生育关怀，建立计生信息“村直报”制度等经验在全国推广、全省推介。在全省综合考评中，常德市以“三线”（党政线、基础线、综治线）考评总分全省第一的优异成绩，成功跨入全省模范市行列。鼎城区晋升“国优”，安乡县回归“省优”，临澧县、澧县、石门县保持“国优”位置，汉寿县保持“一类”位置，其他区县市保持“省优”位置；在全省专项考评中，市本级和临澧县、澧县、鼎城区、桃源县荣获全员人口信息化建设工作先进单位；在全省业务考评中，常德市夺得“六年冠”。在荣获全省人口计生模范市的同时，常德市先后被评为全国首批人口计生综合改革示范市、全国婚育新风进万家活动示范市、全省唯一的全国计生协会先进单位。市人口计生委被评为全国人口和计划生育系统先进集体。2010年成为常德市计划生育历史上荣获国家和省级荣誉最多的一年。是年10月11日《湖南日报》用头版和第八版整版篇幅以《再越巅峰》为题，全面报道了常德计生工作30年和创建全省人口和计生模范市的情况。

六、湖南省在常德召开的计划生育工作重要会议

1988年6月，湖南省委、省人民政府批转常德地委、行署《关于计划生育工作情况的报告》的通知（湘发〔1988〕10号）指出：“常德地区坚持抓好计划生育工作的做法是好的，也是切实可行的。”号召全省向常德学习。1990年7月，湖南省委计划生育领导小组发出了“学山东赶常德”的号召（湘计生领字〔1990〕第1号）。在湖南省人口与计划生育历史上，全省先后在常德召开了四次具有里程碑意义的会议：

1979年10月，湖南省委在常德地区常德县（现鼎城区）召开计划生育工作现场经验交流会，推广其把计划生育工作重点转移到“最好生一个”上来的经验。

1982年11月17日至23日。湖南省委、省政府在常德地区召开全省计划生育工作经验交流会，全省各地、州、市委书记、计生委主任参加了会议，省长刘正主持会议，省委书记毛致用讲话，会议大力推广常德地区“最好只生一个”的经验。

1991年2月3日至6日，湖南省委、省政府在临澧县召开全省专员、州长、市长、县长会议，总结推广常德市和临澧县加强基层基础建设，实行计划生育目标管理的经验。国家计生委副主任彭玉、省委书记熊清泉、省长陈邦柱、省委副书记孙文盛、杨正午、常务副省长董志文、省长助理潘贵玉出席会议，来自全省专员、州长、市长、县长共200多人参加会议。会上，董志文作了题为《加强领导、加强基础、真抓实干，把计生工作提高到一个新的水平》的主题报告，陈邦柱作了经济工作报告。熊清泉作了两种生产一起抓的报告，他指出：“计划生育已经到了非抓不可的地步，全省各级党委、政府要将计划生育当成第一要务”，并向全省发出了计划生育工作“远学山东，近学临澧”的号召。常德市委书记庞道沐作了《计生工作要立足长远坚持常抓不懈》的发言，临澧

刘昌进作计划生育工作报告

县委书记王孝忠作了《理顺思路，转轨变型，努力提高计划生育工作水平》的经验发言，临澧县望城乡、新安镇樟木村介绍了经验，印发了修梅镇党委政府、望城乡计生协会、官亭乡计生服务所计生工作的经验材料；参观了新安镇、合口镇、停弦渡镇、余市桥镇、修梅镇、望城乡以及樟木村、富强村、黄陵村、太平村、文塘村等 11 个计划生育工作现场。陈邦柱在太平村题词："两种生产一起抓，两个文明一起上"。在停弦渡镇计生办院内，彭玉、陈邦柱发表了电视讲话。会议首次提出实行计划生育目标管理责任制，将计划生育工作评估排队到县（市、区）。各地专员、州长、市长向省长陈邦柱递交了计划生育责任状。至此，湖南省计划生育工作开始实行严格的年度考核评估和"一票否决"制度。这是全省计划生育史上的一次关键会议，具有里程碑意义，此后简称"临澧会议"或"临澧四长会议"，1991 年也因此成为全省计划生育工作的转折点。是年，常德市和临澧县在 14 个地州市和 108 个县市区中均排名第一，受到了省委、省政府通报表彰。

2004 年 8 月 14 日，湖南省委、省政府在常德市举行农村部分计划生育家庭奖励扶助金发放仪式，对 9451 名年满 60 周岁的农村独生子女父母对象每人每年发放奖励扶助金 600 元。国家人口计生委副主任赵炳礼、省委副书记谢康生、省政府副省长杨泰波出席了会议。此次会议的召开，标志着常德市的计划生育逐步由"处罚多生为主"向"奖励少生为主"转变。

第二节　部门综合治理

一、组织机构

1995 年，常德市委、市政府明确了市建设局、市民政局、市劳动局、市公安局、市卫生局、市工商局、市房地产管理局等 8 家单位为市人口计生部门综合治理责任单位。其主要任务仅限于流动人口计划生育管理。1999 年，市财政局参与形成了 9 家责任单位组成的计划生育部门综合治理机制。2006 年市食品药品监督管理局，2009 年市教育局、市广播电视局（后改名为市广播电视台）、市移民局、市委农村工作部，2010 年市国土资源管理局、市中级人民法院，2011 年市国资委等职能部门纳入人口计生综合治理责任单位。至此，常德市市级人口计生部门综合治理责任单位共有 17 家。同时建立健全垂直负责体系，指导县级部门及直属单位

刘本之在计生综治工作会议上讲话

履行人口计生综合治理责任。

2002年，常德市计划生育领导小组制定了《关于市直有关单位计划生育工作责任分工的意见》（常计生领发〔2002〕11号），对有关部门计划生育工作职责进行了分工。2009年常德市人口计生领导小组《关于进一步完善人口和计划生育综合治理机制的意见》（常人口领发〔2009〕9号），建立健全了人口和计划生育综合治理相关体系。即由宣传、文化、科技、党校、教育、广电、报社为主的人口计生宣传教育体系；由政法、法院、公安、工商、建设、食品药品监管、房管等部门为主的人口计生依法行政和流动人口管理体系；由农办、民政、卫生、人力资源和社会保障、国土资源、移民等部门为主的人口计生政策推动体系；由组织、编制、财政、人力资源和社会保障、发改等部门为主的人口计生保障体系；由工会、共青团、妇联、计生协会等部门为主的生育关怀体系；由纪检监察等部门为主的人口计生监察监督体系；形成“主动履责、密切配合、齐抓共管”的综合治理体系。

二、职责分工

常德市市县两级有关责任部门，结合自身工作职责和特点，在人口计生领导小组指导下制定履行人口计生综合治理职责，并根据情况及时补充完善。主要职责：

开展计划生育审查：个人资格审查。组织部门在党政领导班子建设、领导干部提拔任用及中共党代表、人大代表、政协委员推荐等评选活动时，统战部门在民主党派和工商联领导班子配备、统一战线各类代表人物政治安排和实职安排、推荐各级人大代表、政协委员和相关表彰活动中，民政部门在村委会换届选举活动中，人社部门在国家工作人员招聘、录用和对个人进行综合性评先评优时，工商部门评比表彰先进个体工商户时，工商联系统在推荐非公有制经济代表人士的政治安排时，进行计划生育审查。单位资格审查：组织部门在先进基层组织等评选活动时，宣传部门在文明单位的创建中，农村工作部门在新农村创建示范活动中，人社部门在对单位综合性工作评先评优时，工商部门在评比表彰先进非公企业时，其他部门对单位进行综合性评比表彰时，进行计划生育审查。

实行信息共享：卫生、公安、民政、人社、教育、住建、工商等部门建立计生信息实时通报制度，按要求在规定时间内通报产前检查、妊娠分娩、户口变动、婚姻登记、务工人员、在校学生、工商执照办理等与计划生育相关的信息。

加强政策兼容：各部门结合自身职能，出台落实对计划生育家庭的优先优惠政策，推进人口计生政策与有关公共政策的兼容、整合和完善。

协同管理：组织、宣传部门将人口理论、计划生育政策和计划生育工作形势教育纳入党校领导干部主体班培训、党委中心组学习的必修内容。公安部门协同开展流动人口管理、查处“两非”及其他计划生育案件。民政部门办理收养登记时查验收养人生育状况证明。人社部门办理档案托管业务和失业登记时查验计划生育证明。住建部门负责审批项目工地的计划生育管理，督促施工单位查验工地育龄妇女流动人口婚育证明。工商部门加强广告监测，依法查处违法制作、发布有关非医学需要选择胎儿性别广告的行为。食品药品监管部门依法查处非法销售终止妊娠药品、假冒伪劣避孕药品和医疗器械的行为，组织开展避孕药具零售市场监督，严禁计划内免费药具进入市场销售。2010 年市县两级人口计生部门综合治理责任单位的职责是：

农村工作办公室　将计划生育“三位一体”建设列入新农村建设内容，保证计划生育必要阵地。将计划生育工作执行情况列入农村综合考核重要内容，明确权重不低于 5%，被计划生育“一票否决”的单位，不得参与农村综合工作评先。组织市经管局制定《村级集体经济组织征地补偿分配办法》，将“独生子女家庭增加一人份额”写入文件，督促各地严格执行。县（市区）落实对农村计划生育家庭的优先优惠政策，督促所属部门在农业结构调整和产业开发、大型农机具购置、农村沼气建设、改水改厕、扶贫救济、扶持科技示范户等方面优先帮扶计划生育家庭特别是独生子女和计划生育女孩户家庭。把计划生育作为农村先进基层组织、“新农村建设示范村”等农村创建评选活动的重要内容，实施计划生育“一票否决”制。

教育局　在初中以上学校进行人口和计划生育基础知识教育，每学期举办不少于一次的青春期性保健、生殖健康等方面的知识讲座。进行守法引导，将“合法结婚生育”列入成年宣誓内容，每位年满 18 岁的学生，公开向社会承诺保证不早婚早育。制定贯彻执行市委、市政府关于完善人口计生利益导向机制的具体措施，对独生子女和农村双女户家庭子女在报考示范性高中时，同等条件下优先录取；对品学兼优、家庭贫困的独生子女和农村双女户家庭子女优先提供奖励和救助；对就读高中、中等职业学校的特困独生子女和农村双女户家庭子女，学校应免除学费。

公安局　办理新登记上户时，查验并登记计生部门提供的生育证，每月将新登记上户名册和迁入已婚育妇名单送乡（镇、街道）计生办。进行流动人口清查时，协查并登记流动人口婚育证明，发现有妊娠迹象的对象，协查登记生育证，无相关证明的，立即告知所在地乡（镇、街道）计生办。及时打击和处理各类破坏计划生育工作的违法犯罪行为。积极参加整治“两非”工作。禁止违规为计划生育服务和管理对象及其子女更改出生日期、提供假身份证明。

民政局　每月向当地计生部门提供结婚登记名册。办理收养手续时，查验县级人口计生部门为收养人出具的生育状况证明。落实湘发〔2007〕6 号文件规定，对违法生育且没有依法承担法律责任者，不能享受民政等方面的奖励优惠政策。把计划生育手术并发症患者的对症治疗纳入大病求助保障范围。把计划生育工作纳入城市社区建设和农村村民自治内容，将计生工作执行情况作为村（居）自治先进单位评选的条件。在安排进敬老院或“托老所”的养老人员时，优先安排计划生育家庭人员。制定贯彻执行市委、市政府关于完善人口计生利益导向机制的具体措施，市、县两级民政部门每年在社会救助资金中按常政办发〔2005〕25 号文件规定安排专项资金，对实行计划生育的困难家庭，优先给予重点救助，并在同等条件下优先纳入城乡最低生活保障；对城乡计生“三无”家庭中的子女高中阶段就学，按每人每年1000元标准资助；武陵区、德山开发区、柳叶湖旅游度假区的城镇计生低保家庭、城乡计生“三无”家庭子女经过统招考取国家高等院校的按专科2000元、本科3000元标准予以助学，其他县（市区）参照执行；落实农村计生“三无”家庭中的无房、危房户“爱心房”求助工作。

财政局 按照省委、省政府要求，落实本级2010年度人口计生事业费，按预算及时拨付本级人口计生事业费和计生协会经费，督促下级人口计生事业费投入到位，采取措施制止下级人口计生事业费“空转”。根据《湖南省城镇独生子女父母奖励办法》政策性解释等文件规定，组织和督促市县两级财政安排好城镇独生子女父母奖励资金。加强财政监督，严格社会抚养费“收支两条线”管理，严禁收取社会抚养费调节基金抵减本级人口事业经费投入。

国土资源局 积极与市人口计生委等相关部门一道研究制定农村土地征用补偿费补偿方案，对独生子女家庭增加一人份额，并督促县（市区）严格落实。划分宅基地时，对农村独生子女给予照顾。办理《土地使用证》和《建房证》时，查验当地计生部门提供的计划生育证明，违法生育者在缴清社会抚养费后予以办理。

建设局 办理施工许可证时，建设行政主管部门与施工企业签订计划生育合同，并监督施工企业与每个工程项目部签订人口与计划生育责任书。施工企业进行资质年检时，对发生违反计划生育管理规定的单位，按省建设厅相关规定进行处理。查验施工工地流动人口育龄妇女婚育证明，将名册每月送当地乡（镇、街道）计生办，督促施工单位项目部每季度组织已婚育妇到当地乡（镇、街道）计生办进行一次孕检，发现有妊娠迹象而无生育证或违法怀孕对象，及时配合计生部门落实管理措施。配合查处建筑行业公众人物违法生育行为，配合做好征收社会抚养费工作，确保征收的到位率达100%。

劳动社保局 贯彻《湖南省城镇独生子女父母奖励办法》等规定，协助落实城镇独生子女父母奖励；督促用人单位保护女职工孕产期、哺乳期的合法权益；探索将计划生育手术并发症患者的对症治疗纳入居民基本保障范围。开展有组织劳务输出时，查验育龄妇女婚育证明，无证明的，造册登记并在24小时内告知当地乡（镇、街道）计生办。办理档案托管业务和失业登记时，查验育龄妇女婚育证明，无婚育证明的，24小时内告知当地计生部门。加强生育保险报销和失业保险金领取的管理。在核发失业保险金或报销分娩费用时，需出具计划生育证明，对违法生育对象，未缴清社会扶养费前，暂停发放失业保险金，不予报销分娩费用。市县两级举办一场以上针对计划生育家庭的就业专场招聘会，整合部门资源优先优惠培训计划生育家庭人员，成功推荐有就业意向的独生子女或双女户家庭子女就业。

卫生局 医疗机构在接诊孕产时，查验登记《生育证》和身份证号码，对不提供相关证明的对象，及时登记并告知当地计生部门，全面推开“妊娠信息及时通”制度。办理出生医学证明时，查验登记新生儿父母身份证，不提交身份证的，暂缓出具《出生医学证明》并即刻通知当地计生部门。查处出具假出生、假节育手术、假医学证明。落实医疗保健机构B超、染色体检测设备及操作、诊断人员和终止妊娠手术、终止妊娠药品管理制度。10月1日前，市本级查处到位两起以上典型“两非”案件，督促县（区市）各查处一起以上典型“两非”案件。对14周以上妊娠对象施行终止妊娠手术，查验人口计生部门出具的证明或有资质的医疗保健机构出具的医学诊断证明，无规范证明的不予施术，建立台账登记并即刻告知当地计生部门。督促有实施人工辅助生殖技术资格的医疗机构在实施人工辅助生殖技术时，查验登记受术者生育证明、身份证和人口计生部门与卫生部门共同指定的医疗机构出具的不孕症诊断证明，无证明或证明不齐全的不得施术。落实湖南省卫生厅、省财政厅关于印发《湖南省农村孕产妇住院分娩补助指导方案（试行）》的通知精神，不符合国家计划生育政策违法生育不予报销分娩补助。结合我市实际，制定完善人口计生利益导向机制的具体措施，并督促县（市区）卫生部门抓好落实。卫生监督机构在为育龄妇女办理流动人口《餐饮服务许可证》和《健康证》时，核查婚育证明，无婚育证明的，建立台账登记并在一个月内告知当地计生部门。

人口计生委（局）　履行人口计生领导小组办公室职责，做好人口计生综合治理的组织协调工作，协助有关部门加强综合治理新机制建设，构建“大综治”格局。根据《湖南省城镇独生子女父母奖励办法》规定，做好城镇独生子女父母奖励相关工作。搞好农村部分计划生育家庭奖励扶助和计划生育家庭特别扶助等工作。落实计划生育技术服务机构B超、染色体检测设备及操作、诊断人员和终止妊娠手术、终止妊娠药品等长效管理制度，每年10月1日前，查处和督促相关部门查处一起以上典型“两非”案件和一起以上非法销售终止妊娠药品案件。县级计划生育服务机构在接诊孕产妇时，查验登记身份证号码，对不提供身份证对象及时登记并告知当地计生部门，全面推开“妊娠信息实时通”制度。在办理出生医学证明时，查验登记新生儿父母身份证，不提交身份证的，暂缓出具《出生医学证明》并即刻告知当地计生部门。对医疗机构或计生服务机构在孕妇产前检查时未提供《生育证》和身份证的对象建立登记台账，对违法怀孕对象及时采取补救措施。市县两级人口计生部门每年按常政发〔2005〕25号文件规定安排专项资金，用于计划生育困难家庭的救助，及时向有关部门提供计生困难家庭救助名单，督促资金发放到位。

广电局　开展《人口计划生育条例》《省政府194号令》《湖南省城镇独生子女父母奖励办法》和《湖南省征收社会抚养费实施办法》等专项宣传，保证宣传不少于规定的时间。免费开展人口和计划生育公益性宣传。及时报道人口计生工作动态、先进经验和典型，以先进的人口文化引导育龄群众生育观念和生育行为的转变。在报道与人口计生有关的新闻前，应及时与当地人口计生部门联络并将情况核实清楚。

房管局　办理房屋产权证时，查验登记流动人口购房主的婚育证明。办理出租直管公有住房（门面）时，查验流动人口承租人婚育证明，与承租人签订计划生育合同，每月将直管公有住房（门面）承租人花名册送当地乡计生办；发现承租人违反计划生育合同，建立台账登记并在24小时内通知当地计生部门，配合落实管理措施。督促住宅小区物业管理部门配合当地做好计划生育工作，住宅小区物业管理公司设立一名计划生育兼职信息员，协助做好流动人口计生管理和服务。制定贯彻执行市委、市政府关于完善人口计生利益导向机制具体措施，计生家庭特别是计生特困家庭购买经济适用房、求租廉租房时予以优先优惠。

人民法院 指导督促县级人民法院加大强制征收社会抚养费力度，全市受理强制征收社会扶养费案件335起以上（武陵区25起，津市市10起，西湖、西洞庭管理区、德山开发区、柳叶湖度假区各5起，其他区县各40起），征收到位率65%以上。依法受理农村集体经济组织分配集体经济收益、征地补偿案件并执行到位，依法维护独生子女家庭多分一人份额的权益。积极配合查处非医学需要鉴定胎儿性别和选择性别终止妊娠案件，对申请强制执行的典型“两非”案件，依法执行到位。依法审理计划生育行政案件，对人口与计划生育部门申请执行的非诉计生行政案件依法进行证据保全、财产保全和强制执行。

药监局 药品批发企业销售终止妊娠药品实行专人、专柜、专账管理。药品批发企业在销售终止妊娠药品时，查验采购人员身份证、获准施术单位《医疗机构执业许可证》或《计划生育技术服务机构执业许可证》副本、采购证明。禁止药品企业销售终止妊娠药品，禁止药品生产、批发企业将终止妊娠药品销售给未获得施行终止妊娠手术资格的机构和个人。加强避孕药具零售市场管理，严禁“国免”计划生育药具上市销售。依法查处假冒伪劣避孕药具药品、医疗器械。规范促排卵药品的销售管理，依法查处不凭处方零售促排卵药品的行为。

工商局 审批（年审）流动人口育龄妇女营业执照时，核查登记婚育证明，无婚育证明的，30日内将名册送当地乡计生办。指导个体劳动者协会、私营企业协会配合计划生育协会组织开展“关注母亲、关爱女孩、救助计划生育特困家庭”活动，对独生子女特别是女孩户初办工商执照时给予优惠，重点帮助计划生育纯女户发展私营经济。审批和监管涉及计划生育技术的广告时，查验其是否经省人口计生部门审核同意。抓好计生药具零售市场管理，对销售假冒伪劣避孕药具的单位和个人予以查处。

移民局 执行大中型水库移民后期扶持政策时，严格落实计划生育政策，违法生育者缴清社会抚养费后予以扶持。在安排到户的移民生产开发项目时，对独生子女家庭和农村两女户家庭给予倾斜。移民建房对独生子女家庭给予照顾。将搬迁、安置的移民名单及时送当地计生部门。

三、措施推进

签订责任书 1995年开始，常德市市长与市建工局、市民政局、市公安局、市劳动局、市卫生局、市房地产管理局、市工商局、市计生委等8家单位签订了“计划生育综合治理工作目标管理责任书”。责任书明确了上述8家单位在综合治理流动人口计生工作中的职责和责任、检查考评办法等。从此，市长与部门负责人签订责任书的形式一直延续，部门不断增加，内容随人口计生工作发展年年变换。

述职报告 2003 年 8 月，常德市委副书记、市计生领导小组组长刘本之组织了第一次计生综合治理单位述职报告会。市直 9 家计生部门综合治理责任单位一把手参会，并在会上发表了述职报告。报告本单位履行计生综合治理所做工作、存在问题和今后工作的意见。自此，形成了市直人口计生部门综合治理责任单位每年进行述职报告的制度。2006 年 4 月，常德市人口计生领导小组在澧县召开全市人口和计划生育综合治理工作会议，回顾总结新世纪来计划生育综合治理工作，推广澧县“一四三”（即建全一个横向到边、纵向到底的网络，建立宣传教育、管理服务、政策推动、监督保障四大体系，完善考核评估、奖惩激励、协调指导三项机制）的计划生育综合治理模式。

督促检查 常德市各级人口计生委又是各级人口计生领导小组办公室，对本级人口计生综合治理责任单位具有联系协调，督促检查的职责。2008 年 3 月，市人口计生委下发了《关于建立人口计生综合治理有关制度的通知》，市、县、乡三级人口计生委（局、办）普遍建了人口计生综合治理的三项制度，即：专题研究制度、定期督查制度、考核奖惩制度。市对县（市区）人口计生综合治理的考核，分市人口计生领导小组考核和市人口计生委考核两部分组成，前者占 60%，后者占 40%、加权评估排队；县（市区）亦对乡（镇、街道）人口计生综合治理工作情况进行评估排队。2010 年市本级综合治理考核，市教育局、市公安局、市民政局、市建设局、市卫生局、市工商局、市移民局等 7 家单位得满分。2010 年常德市市县（市区）人口计生综合治理检查成绩统计表见 3－1－2－1。

2010 年 8 月，市委、市政府召开全市人口计生综合治理部门述职会

垂直负责 2001 年 9 月，常德市委、市政府印发《关于加强人口与计划生育综合治理工作的通知》（常通字〔2001〕19 号），明确各级人口计生综合治理部门职责，建立计划生育综合治理垂直管理体系，要求各计生综治部门落实分管领导和专（兼）职干部，定期对下属单位进行垂直指导、垂直检查、垂直监督。凡下属单位出现问题，追究上一级主管部门的责任。

考评奖惩 1999 年，常德市委、市政府开始对市直综合治理责任单位进行考核评估，实行奖惩。当年，市建工局被评为人口计生综合治理红旗单位，市财政局被评为先进单位。2003 年，市劳动和社会保障局因没有认真履行计划生育综合治理责任被“一票否决”。1999 年至 2014 年常德市人口和计划生育部门综合治理责任单位考核评估结果见表 3－1－2－2。

表 3－1－2－1

常德市市县（市区）2010 年人口计生综合治理检查成绩统计表

单位	农村工作部	教育局	公安局	民政局	国土局	建设局	劳动社保局	卫生局	人口计生委(局)	广电台	房管局	法院	药监局	工商局	移民局	平均成绩
市本级	90	100	100	100	90	100	98	100	98	96	95	99	97	100	100	97. 53
武陵区	96	100	100	100	96	100	100	100	98			95		100		98. 64
鼎城区	100	100	100	100	100	100	100	100	100	100	100	98	100	100	100	99. 87
安乡县	100	100	100	100	100	100	100	100	96	100	100	100	100	100	100	99. 23
汉寿县	100	100	100	100	97	100	100	97	98	100	100	98	100	100	100	99. 33
澧　县	96	100	100	99	100	100	100	97	100	100	100	100	100	99	100	99. 73
临澧县	100	100	100	100	99	100	100	96	99	100	97	99	99	100	99	99. 40
桃源县	100	100	96	100	96	100	100	99	97	100	100	100	100	100	100	99. 20
石门县	100	97	100	100	99	100	100	96	100	100	100	100	99	100	100	99. 40
津市市	100	100	98	100	100	100	100	100	98	100	100	100	100	100	100	99. 73
西　湖	100	100	100	100	100	100	90	100	100	100	100			100	100	99. 42
西洞庭	100	100	98	100	100	100	100	100	100	95				100	100	97. 50
德　山			95					95	100					100		94. 50
柳叶湖			94					95								
部门平均成绩	98. 50	99. 75	98. 64	99. 92	98. 08	100. 00	99. 00	98. 21	98. 77	99. 18	99. 20	98. 90	99. 44	99. 92	99. 91	99. 16

表 3－1－2－2

常德市 1999—2014 年人口和计划生育部门综合治理责任单位考评结果

年度	考评结果				备注
	红旗单位	先进单位	合格单位	否决单位	
1999	市建工局	市财政局			
2000	市建工局 市民政局	市财政局、市劳动局、市公安局	市卫生局、市工商局、市房地产管理局、市计生委		
2001	市建设局 市民政局	市劳动保障局、市公安局、市财政局			市建设局第一次纳入计生综合治理考核，市建工局退出综合治理部门考核
2002	市建设局 市卫生局	市公安局、市财政局、市民政局、市房管局	市劳动保障局、市计生委		
2003	市建设局 市财政局 市卫生局	市房管局、市工商局	市公安局、市民政局、市计生委	市劳动保障局	市工商局第一次纳入计生综合治理考核 市计生委未参加评比
2004	市建设局 市财政局	市房管局、市卫生局、市劳动保障局	市公安局、市民政局、市工商局		
2005	市财政局 市建设局 市公安局 市民政局 市房管局	市人口计生委、市卫生局、市工商局、市劳动保障局			
2006		市建设局、市财政局、市人口计生委、市民政局、市公安局、市工商局	市劳动保障局、市房管局、市卫生局、市药监局		市药监局第一次纳入计生综合治理部门考核
2007	市建设局	市卫生局、市财政局、市民政局、市劳动保障局、市公安局、市人口计生委、市房管局、市药监局	市工商局		

续表

年度	考评结果				备注
	红旗单位	先进单位	合格单位	否决单位	
2008		市财政局、市公安局、市民政局、市建设局、市房管局、市卫生局、市劳动保障局、市人口计生委、市工商局、市药监局			
2009	市财政局 市民政局 市劳动保障局	市建设局、市教育局、市卫生局、市人口计生委、市公安局、市药监局、市房管局、市移民开发局			市教育局、市移民开发局、市广播电视局、市委农村工作部第一次纳入计生综合治理考核
2010	市人口计生委、市财政局 市民政局 市教育局 市卫生局 市中级人民法院	市工商局、市移民开发局、市建设局、市药监局、市房管局、市广播电视台、市委农村工作部、市公安局、市国土资源局、市劳动保障局			市国土资源局、中级人民法院第一次纳入计生综合治理考核
2011		市工商局、市财政局、市教育局、市卫生局、市中级人民法院	市房管局、市移民局、市住建局、市人社局、市国土资源局、市广播电视台、市公安局、市委农村部、市人口计生委、市药监局、市国资委、市民政局		
2012		市工商局、市人社局、市财政局、市卫生局、市教育局、市公安局、市房管局、市人口计生委	市民政局、市移民局、市住建局、市广播电视台、市委农村部、市国资委、市药监局、市中级人民法院、市国土资源局		

续表

年度	考评结果				备注
	红旗单位	先进单位	合格单位	否决单位	
2013		市委组织部、市委宣传部、市委统战部、市财政局、市人社局、市教育局、市民政局、市住建局、市工商局、市移民局			市委组织部、市委宣传部、市委统战部、市工商联第一次纳入计生综合治理考核。市广播电视台退出考核
2014		市委组织部、市委统战部、市教育局、市公安局、市民政局、市财政局、市人社局、市人口计生委、市移民局、市工商联			

第三节　实施“三三金桥工程”

1993 年 9 月，湖南省计划生育领导小组提出了一个旨在提高全省计划生育工作水平的“三三金桥工程”。其主要内容：坚持“三加强”，开展“三结合”，实现“三为主”，在计划生育工作中架起三座金色桥梁（密切党群干群关系的桥梁、引导农民致富的桥梁、建设文明家庭的桥梁）。坚持“三加强”，就是加强基层基础工作，加强人口计划管理，加强法制管理。开展“三结合”，就是把计划生育工作与发展市场经济相结合，与引导农民致富相结合，与建设文明家庭相结合。实现“三为主”就是通过“三加强”“三结合”提高工作水平，使计划生育工作基本实现以宣传教育为主，以避孕为主，以经常工作为主的工作目标。省委、省政府要求：实施“三三金桥工程”是一项计划生育综合性工作，党政领导要挂帅，计生部门要牵头，各有关部门要通力协作，大家齐心协力，共同唱好这台戏。要经过三五年的努力，达到三个“大多数”：自愿接受国家生育政策的群众是育龄群众中的大多数；按计划怀孕的妇女是怀孕妇女中的大多数；主动承担经常性管理工作的村是村总数的大多数。

是年 10 月，常德市委、市政府和市计划生育领导小组听取省里关于“三三金桥工程”会议精神汇报，研究贯彻落实办法，制定常德实施的方案。要求全面实施“三三金桥工程”，不断拓宽计划生育工作领域，实现“三为主”；今后一段时间乃至“九五”时期全市计划生育工作要以实现“三三金桥工程”为主线，拉开宣传声势，总结试点成果，扩大实施范围，把计划生育工作推上一个新的台阶。

一、办点示范

1993 年 10 月至 12 月，常德市计生委在鼎城区灌溪镇开展试点。市区计生委制定详细的试点方案，开展各种形式的宣传活动，层层召开会议发动。灌溪镇的镇村干部转变了过去单纯抓计划生育的思想观念和工作方法，把抓计划生育和家庭发展经济结合起来；让先富裕起来的计划生育户明确了自己的责任，不仅帮助贫困户发展生产，而且帮助他们落实好计划生育；使广大群众认识到只有少生才能快富，多生孩子不如多生财，生孩子养老不如生财养老。市区计生委帮助镇计生办建立起高标准的计生服务所，完善了宣传服务和基层基础工作网络。开展“少生快富奔小康先进村”“双学双比”“五好家庭”“遵纪守法户”等评比竞赛活动；广泛开展农村计划生育帮带活动、发展计生社会保障、开办敬老院等社会养老事业，总结推广了一批少生快富的先进典型。灌溪试点经验及时在全区、全市推广。

二、部门联动

1993 年 11 月，常德市副市长刘昌进主持召开了市农村办、市妇联、市卫生局、市计生委主要负责人参加的联席会议，就实施“三三金桥工程”，开展部门联动进行了部署。四家部门单位结合本职工作，就实施“三三金桥工程”明确各自职责，制定试点和活动方案。市农村办把发展农村经济与计划生育相结合，市妇联开展“双学双比”等活动帮助妇女实行计划生育，市卫生局在发展农村医疗卫生事业中建立健全计划生育服务网络，市计生委加强协作联系作了发言。会议就共同推进“三三金桥工程”实施提出了各自的意见和建议。这是常德市开展计划生育以来第一次计划生育部门工作会议，开始了部门综合治理计划生育工作。

杨光宏（右）部署计生工作

三、总结推广

1994 年 3 月，常德市计生领导小组召开全市“三三金桥工程”经验交流会。武陵区计生委介绍了“抓好‘三三金桥工程’试点，架起致富的金色桥梁”经验；鼎城区灌溪镇党委、政府介绍了“发展经济控制人口，引导群众少生快富奔小康”经验；安乡县计生委介绍了“实行利益导向，开展定向服务，不断把‘三三金桥工程’试点工作引向深入”经验；汉寿县围堤湖乡党委、政府介绍了“开展三大服务，架起三座金桥，依靠投入增强群众计划生育内在动力”经验；桃源县计生委介绍了

“实施‘三三金桥工程’，探索计生管理新路”经验；石门县新关镇党委、政府介绍了“两种生产一起抓，当好致富引路人”经验；津市市计生委介绍了“咬定国策不放松，架设金桥奔小康”经验；澧县盐井镇党委政府介绍了“唱好少生快富歌，架起文明幸福桥”经验。

1995年11月28日至29日，常德市委、市政府在临澧县召开了全市实施“三三金桥工程”现场经验交流会。市计生领导小组全体成员、县（市区）农场计生领导小组组长和农村办、妇联、卫生局、计生委主要负责人共150多人参加了会议。会上，临澧县政府以及临澧县计生委、农村办、妇联、卫生局、九里乡、修梅乡赵家村等介绍了实施“三三金桥工程”工作的经验。市计生委在会上发言，决心主动联起手，精心架“金桥”。与会代表参观了临澧县望城乡、太平开发区、合口镇等单位少生快富的先进典型以及村组计生阵地建设。市政府副市长刘昌进作了工作报告。市委副书记王孝忠讲话，他要求全市各级统一认识，开阔思路，坚定信心，振奋精神，明确任务，坚定不移地实施“三三金桥工程”，不断提高全市计划生育工作水平。

四、活动效果

实施“三三金桥工程”，作为常德市“八五”期末和“九五”期间计划生育工作活动的主线，为推动全市计划生育工作上水平起到了促进作用。

基层队伍、基本设施、基础管理得到了加强。乡村从事经常性工作队伍和群众工作队伍普遍建立起来，形成了乡、村、组三级农村计划生育基层工作网络；乡（镇）计划生育“四位一体”工作机构、村“三位一体”阵地普遍建立。建立了基层规章制度，规范了工作程序，完善了基础业务管理办法。人口计划管理上，努力把好年度计划制定关、生育指标发放关、执行计划考核关，稳定了全市低生育水平，实行了依法规范群众生育行为和计生部门的行政行为。

“三结合”出现了讲实效、求创新、能持久的好局面。以扎扎实实为群众的生产、生活、生育服务为“黏合剂”，把少生、快富、文明三者有机结合，改变了广大群众的生育观和计生工作人员的形象，沟通了党群、干群关系。

“三为主”初显成效。全市计划生育工作基本实现了以宣传教育为主，以避孕为主，以经常工作为主的工作目标。2003年9月，为纪念国家计生委“三为主”方针实施20周年，《中国人口报》在头版头条显著位置刊登长篇通讯《三为主的“民”牌之路》，全面介绍了常德市实施计划生育“三为主”的经验。

推进了“两个转变”。在实施“三三金桥工程”同时，常德市按照湖南省委、省政府要求，从2000年开始实施“东进战略”，即全市计生工作向全国先进行列的东部地区看齐，尽快赶上东部地区水平，实行工作思路和工作方法的转变，即由孤立地就计划生育抓计划生育，向与经济社会发展相结合，采取综合措施解决人口问题转变；由以行政制约为主，逐步向建立利益导向与社会制约相结合，宣传教育、综合服务、科学管理相统一的机制转变。全市计生工作在工作思路、工作方法上开始实现质的转变。

第四节　流动人口管理

20世纪80年代，随着城乡经济体制的改革，由农村富余劳动力进城为主而形成的务工经商潮，促使常德市流动人口逐年增加。1988年，全市有流动人口15万多人，其中90%以上属于育龄人口，务工、经商和躲生者鱼龙混杂，形成了众多的“超生游击队”。澧县计划生育领导小组分析当年全县计划外出生和流产引产数据时发现，流动人口计外出生和流产引产分别占全县总数的78%、45%，3个多胎出生全系再婚流动人口造成。该县澧澹乡政策外超生17人，全部是流动人口所致，其中11人是流入超生，6人是流出超生。流动人口计划生育管理已经成为全市计生工作的一大难题。

一、管理责任

20世纪80年代人口流动大潮刚刚兴起之时，常德市实行以户籍地管理为主，由各流出地负责，采取乡村干部联点包户的办法，加强与流动人口联系，掌握新婚、怀孕、生育、节育等信息，动员其按时返乡落实环情孕情检查和各项节育手术。进入20世纪90年代中期，随着流动人口数量日益增多，流动频率增快，管理难度不断增大，常德市开始实行条块结合，明确要求既要加强流出地乡村管理责任，也要加强流入地相关部门责任。

20世纪70、80年代，人们的生育意愿与生育政策有较大差距，常德市推行计划生育难度很大，躲生超生现象比较普遍

1999年，国家计生委出台《流动人口计划生育工作管理办法》，明确指出：流动人口计划生育工作由户籍地人民政府与现居地人民政府共同管理，以现居地管理为主。2001年，常德市委、市政府出台《关于加强人口与计划生育综合治理工作的通知》（常通字〔2001〕19号），明确流动人口划生育6条管理原则，即以现居地管理为主的原则，谁用工谁负责的原则，谁出租谁负责的原则，谁管理谁负责的原则，以村为主管理的原则，部门协调管理的原则。

2003年，常德市委、市政府下发《关于实施人口与计划生育综合改革的意见》，进一步明确把人口计生工作纳入社区建设，建立“单位负责、属地管理、居民自治、社区服务”的管理体制。落实流动人口属地化管理，强化现居住地的责任。落实机关、企事业单位法定代表人责任制，按照“谁管理谁负责”的原则，管理好在岗干部职工和流入人员的计划生育。物业管理部门、用工单位按照“谁管理谁负责、谁用工谁负责、谁出租谁负责”的原则，管理好租住、购房人员和外来务工人员的计划生育。破产、改制企业下岗职工由其现居住地的社区（居委会）管理。

2007 年，常德市委、市政府在《关于加强新时期人口和计划生育工作统筹解决人口问题的决定》中，要求流入地按照“属地化管理、市民化服务”的原则，将流动人口计划生育管理和服务纳入经常性工作范围，提供与户籍人口同等的免费服务，流入人口计划生育情况纳入流入地目标管理内容，实行以流入地为主的目标管理双向考核。流出地要配合流入地，做好对外出人员的婚育知识宣传培训、免费办理婚育证明等工作。

二、部门协同

1989 年 8 月，常德市人民政府办公室批转了常德市计生委、市公安局、市工商局《关于加强流动人口计划生育管理的意见》（常政办发〔1989〕17 号），这是常德市部门综合治理流动人口计划生育第一份规范性文件。文件要求各级公安、工商和计生部门树立全局观念，通力合作，发挥其职能作用，加大宣传力度，实行条块结合、健全制度、严格管理，人口流动到哪里，那里的公安、工商、计生部门就要把他们的计划生育管起来。

1992 年 5 月 23 日《常德市流动人口计划生育管理规定》（常德市人民政府第 5 号令）经市人民政府第 5 次常务会议审议通过，市长蔡长松签发。该政府令共 26 条，对流动人口计划生育管理部门职责、管理办法进行具体规定。这在全省是第一例。

1993 年 3 月，常德市委、市政府在临澧县召开全市第一次流动人口计划生育管理经验交流会，各县（市区）长、计生协会会长、计生委主任及政策法规科股（室）负责人参加了会议。与会代表参观了该县佘市镇总庙村，县城关镇第一市场、城关镇派出所管理流动人口计划生育的情况。临澧县计生委、城关镇、工商局、个体劳动者协会、第一市场管理所以及鼎城区计生委、津市市新洲镇党委政府、安乡县下渔口镇、武陵区城东办事处、澧县城关镇、石门县城关镇、汉寿县蒋家嘴镇介绍了加强流动人口计划生育管理的经验。会上各县（市区）长表态发言并与市政府签订了流动人口计划生育管理责任书。市委副书记彭孟芝、市人大常委会副主任何星甫参加会议并讲话，市长吴定宪到会作总结讲话。

2001 年，常德市委、市政府《关于加强人口与计划生育综合治理工作的通知》中，明确要求完善综合治理网络，抓好流动人口管理。成立由政府牵头，公安、计划生育、工商、劳动和社保、民政、卫生、财政、建设、房地产管理等部门为成员单位的人口与计划生育综合治理工作领导小组。按照“现居地管理为主”原则，明确公安、计划生育、工商、劳动和社保、卫生、建设、房地产管理等部门职责，共同抓好流动人口的宣传教育、办证验证、孕情监测和生殖健康服务。

2008 年，常德市以武陵区为试点，加强计生与公安、房产等部门协作，在社区增设流动人口计生专干，明确综治专干为流动人口计生兼干，治安巡逻员为流动人口计生信息员，在物业小区设立计划生育信息员；定期开展清查服务活动，实行“一站式”管理服务；建立起了“部门配合、社区负责、物业协助、流口参与”的流入人口管理服务机制。是年，在 69 个社区中设立了 207 名流动人口计生专干、兼干、协管员，在 199 个物业小区中明确了兼职信息员。

2011 年，常德市政府出台《流动人口服务和管理办法》，将计划生育作为流动人口服务管理的主要内容，加强计生、公安、工商、住建、房管等部门协作，齐抓共管。市县成立了流动人口服务管理中心，每个乡镇明确了 1 名流动人口服务管理员，城区每 500 名流动人口集居地设立了 1 名流动人口协管员。加强清查登记，规范房屋出租管理，建立融治安管理、劳动用工、计划生育、卫生管理于一体的出租业主流动人口管理责任制，基本形成了以房管人、以证管人、以业管人的机制。

三、监管平台

1996 年 8 月，常德市计划生育领导小组印发《加强流动人口计划生育管理的意见》（常计生领字〔1996〕02 号），要求进一步建立健全流动人口计划生育管理台账。村级要分组、分类造出流动人口花名册，实行《村级流动人口计划生育报告单》；乡镇据《报告单》填写《流动人口计划生育管理卡》，并输入计算机进行管理。

常德市人口计生委召开流动人口计划生育“一盘棋”工作会

2006 年 12 月，湖南省人口计生委加快 WIS 建设和应用，规范基层流动人口计划生育信息登记上报工作，下发《关于启用村级流动人口计划生育信息报告单的通知》（湘人口办函〔2006〕19 号）。2007 年 1 月 1 日正式启用《湖南省流入育龄妇女计划生育信息报告单》《湖南省流入育龄妇女计划生育变动信息报告单》和《湖南省流出育龄妇女计划生育信息报告单》。

2009 年 9 月，湖南省委办公厅、省人民政府办公厅下发《关于全面构建流动人口计划生育工作“一盘棋”格局的意见》（湘办〔2009〕54 号）。常德市于 2010 年 3 月，完成了与国家人口宏观管理与决策信息系统（PADIS）平台的对接和全省流动人口“一盘棋”（HNWIS）监管平台的对接，实现全市所有乡镇智能客户端和市县流动人口“一盘棋”监管平台的开通和运用，完成了流动人口相关数据统计和信息交流。是年，全市在国家 PADIS 平台为跨省流动人口反馈各种信息 4683 条，在省 HNWIS 平台提交信息

7190 条，信息入库率、信息匹配率和入粤育龄妇女信息匹配率高于全省平均水平。2010 年 3 月常德市流动人口服务管理“一盘棋”监管平台有关数据统计见表 3－1－4－1、表 3－1－4－2。

四、区域协作

2007 年 12 月 18 日，常德市人口计生委主任张卫星与广东省深圳市福田区人口计生委主任蔡转弯在常德签订了常德市与深圳市福田区流动人口计划生育管理服务区域协作协议。协议坚持以人为本的科学发展观，坚持“以现居住地和户籍所在地人民政府共同管理”的原则，积极探索区域协作新路子，提高管理的有效率，扩大服务的覆盖面，降低行政成本，增强流动人口违法生育的控制力。协议规定双方的工作职责、工作目标等。常德市人口计生委聘任安乡县人口计生局鄢丙松为常德市驻深圳福田区流动人口计划生育服务管理区域协作联络组组长。协作双方经过积极工作，于 2008 年 4 月，摸清了常德市流入福田区已婚育妇共 2399 人，其中无孩已婚育妇 464 人、一孩已婚育妇 1611 人、二孩及以上已婚育妇 324 人，并分类建立档册。继与福田区签订协作协议之后，2008 年和 2009 年，常德市人口计生委又先后与常德籍流动人口较多的深圳市龙岗区、罗湖区签订协议，实行信息互通、资源互用、管理互动、服务互补。当年，“三区”共为 4.1 万名常德籍流动人口异地代办“流动人口婚育证明”73 本，核实计划生育信息 316 条，提供政策咨询 109 人次、维权服务 45 人次，查环查孕 842 次，落实长效节育措施 22 例、补救措施 9 例，异地征收社会抚养费 2 例，征收社会抚养费 7 万元，直接节约行政成本 30 余万元。之后，常德市人口计生委又先后与广东省江门市、河北省邯郸市、福建省福清市、江苏省无锡市等地签订了流动人口区协作协议，扩大协作地域，扩充协作内容，完善了“信息互通、服务互补、管理互助、责任共担”的流动人口区域协作机制。到 2012 年协作单位达到 21 个，协作内容从信息交流拓展到异地办证、便民维权、落实节育措施、征收社会抚养费、查处“两非”行为等。是年，全市通过区域协作，共办理相关计生证件 6302 个，落实节育手术 1037 例，征收社会抚养费 39.2 万元，查处典型“两非”案件 3 起。2011 年 3 月，泛珠（珠江流域）流动人口服务管理区域协作研讨会在常德市召开。来自福建、江西等 12 个省市区的人口计生委主任、

常德市人口计生委与深圳市罗湖区人口计生局签订流动人口计划生育管理服务区域协作协议

流管处处长参加了会议，国家人口计生委流动人口计划生育服务管理司副司长闫宏到会讲话，湖南省人口计生委介绍流动人口计划生育管理“一盘棋”经验，常德市电子演示了流动人口计划生育区域协作信息化建设情况。

五、跟踪服务

《流动人口婚育证明》的申领和查验　1991年，国家《流动人口计划生育管理办法》规定，流动已婚育龄人口离开常住地户口所在地乡（镇）必须申领《流动人口计划生育证明》。该证由各省市（区）自行制定，由流动已婚育龄人口本人外出前到乡镇计生办申领，每年核发一次，工本费5元/本。1998年，《流动人口计划生育证明》改为全国统一格式的《流动人口婚育证明》，流出育龄人口本人外出前到乡镇计生办申领，每三年核发一次。《流动人口婚育证明》内容包括：姓名、性别、年龄、婚姻状况、居民身份证号码、生育状况、落实节育措施状况、计划生育奖惩情况等。2005年工本费被取消，改为免费办理，个人申领改为个人办理和直系亲属代办。2009年国务院颁布实施《流动人口计划生育工作条例》，将办理《流动人口婚育证明》对象改为流动成年育龄妇女。流动人口到达现居住地后，由现居住地的乡（镇）人民政府、街道办事处进行验证登记，并出具《流动人口计划生育验证证明》。2005年常德市开始建立流动人口数据库。当年流出人口675809人（其中流出省外536402人），办理《流动人口婚育证明》653154人，占96.7%；流入人口61724人（其中省外流入39571人）持有《流动人口婚育证明》57421人，占93%。2008年，全市流出人口597735人（其中流出省外500949人），申领《流动人口婚育证明》455116人，占76.2%；流入人口24595人（其中省外流入5405人），持有《流动人口婚育证明》7483人，占30.4%。2009年全市流出人口677045人（其中流出省外550262人），办理《流动人口婚育证明》481038人，占71.1%；流入人口25865人（其中省外流入6342人），持有《流动人口婚育证明》8053人，占31.1%。

流动已婚育妇的生殖健康监测　这是控制流动人口计划外出生最直接、最有效的办法。常德市人口计生领导小组规定：外出已婚育妇必须落实可靠的节育措施，每半年回原户籍地进行一次生殖健康监测；流出外省的每半年寄回当地县级计生部门或湖南省驻外省流动人口计生部门管理站出具的妇检证明；在省内流动的凭当地乡级计生部门的妇检证明。每年的元旦、春节和重要节日是流动人口返乡的高潮，各地县乡计生部门在此期间，走访流动人口，为她们查环查孕，落实节育措施。2000年，常德市开展流动人口“十万育妇大行动”，对外出已婚育妇发出妇检催办函15万封，收到妇检证明1.3万份，入粤人员妇检到位率由10%提高到70%。全市流动人口计划外生育的现象，呈逐年减少趋势。2000年，全市流动人口违法生育达3000多人，到2005年只有321人，2008年和2009年分别仅有58人、76人。对流入人口中的已婚育龄妇女，则和常住户一样，定期开展查环查孕。2008年，全市对流入已婚育妇开展查环查孕5590人次，落实节育措施3442例，当年流入人口出生256人，其中政策内生育253人，占98.8%。2009年，查环查孕6711人，落实节育措施 2543 例，出生 153 人，其中政策内出生 145 人，占 94.8%。2005 年、2008 年、2009 年各县（市区）流动人口生育情况见表 3－1－4－3。

六、关怀关爱

2007 年 2 月，常德市人口计生委下发了《关于开展全市流动人口计划生育“关怀关爱”专项行动的通知》（常人口函〔2007〕1 号）。活动主题：“关怀关爱，促进和谐”，活动内容：关怀进城务工人员，关爱留守家庭及子女。

2008 年春节，常德市遭受了 50 年不遇的冰雪大灾。全市各级人口计生部门和计生协会在全市流动人口及其亲友中开展了“战胜灾害—关怀在你身边”为主题内容的“亲情呼唤热线”电话卡发放工作，帮助流动人口及家庭在节日期间互道平安、亲情沟通，并将发放电话卡与多种形式的走访慰问，物质帮扶、精神慰藉等活动相结合。全市共免费为流动人口发放 LC 卡 2000 张，合计金额 50000 元。见表 3－1－4－4。流动人口“亲情呼唤热线”电话卡的发放，拉开了 2008 年常德市流动人口计划生育“关怀关爱”行动的序幕。

宣传教育　为营造流动人口“关怀关爱”行动的氛围，全市出动宣传车辆 180 多台次，文艺宣传队 26 支，巡回演出 172 场次，书写标语 1 万多条，办宣传板报 6012 期，印发《致外出育龄群众的一封信》16 万多份。临澧县、桃源县在县级计生网、电视台开设了“关怀关爱行动”专栏。石门县组织了 12 支文艺表演队，编排了多个节目，巧妙地将流动人口计划生育政策寓意在相声、小品等群众喜闻乐见的节目中，在全县各个乡镇巡回表演。每到一处，群众奔走相告，争先恐后前来观看，场场爆满，群众在欣赏喜爱的节目时又受到了教育。

临澧县人口计生局开展为流动人口服务活动

走访慰问　桃源县共有 40 个乡镇 428 个村为返乡流动人口召开了茶话座谈会，向他们宣传流动人口计划生育政策，关注他们的生产、生活、生育状况，走访慰问了流动人口困难家庭。该县共发放慰问金 36420 元，发放衣服 223 件，大米 7012 公斤，猪肉 1728 公斤。武陵区开展了流动人口关怀关爱“四进”活动，即流动人口关怀关爱进社区、进农村、进工地、进市场，共走访慰问流动人口特困家庭 53 户，发放慰问金 6300 元。活动期间，全市共为流动人口困难家庭发放慰问金及衣服、大米、猪肉等生活物质折合人民币共计 36.8628 万元。

扶贫帮困　常德市各级人口计生部门把对流动人口家庭的关怀关爱体现到了具体行动

上。鼎城区唐家铺乡新堰村3组覃仕玉老人家里，老伴治病负债2万余元，儿媳均在外打工，孙儿入学，生活特别困难。覃仕玉老人既要照顾老伴和孙儿，又要管理近十亩的责任田。面对春耕物资和孙儿的学费，覃仕玉老人一筹莫展。乡计生办了解情况后，想方设法送上了800元慰问金，覃仕玉老人感动得老泪纵横。临澧县四新岗镇对流动人口计生贫困家庭子女上学除按规定减免学杂费外，还为8名特困的流动人口计生家庭减免了就餐费用。行动期间，全市共为流动人口解决实际问题2252个。

依法维权 益阳籍女工张艳青在汉寿县蒋家嘴银阳纺织有限公司务工不慎因公负伤住进了医院，银阳纺织有限公司未能积极主动支付相关费用。汉寿县人口计生局工会主席周琪岗了解到情况后，亲自到医院看望了张艳青，并与银阳纺织有限公司协调此事，为张艳青落实了医疗、生活等相关费用，维护了流动人口的合法权益。

澧县人口计生局、计生协开展“生育关怀进校园，关爱留守儿童”活动

“关怀关爱”行动，使流动人口及其家庭进一步了解了流动人口计划生育的权力和义务，提高了实行计划生育的自觉性，进一步密切了党群干群关系，树立了计生干部的良好形象。当年，在活动中全市共办理流动人口婚育证明36754本，签订管理合同113507人份，免费“三查一治”122526人，落实避孕节育措施11305例。2008年10月16日，《中国人口报》以“亲情服务拴住育龄妇女的心”，介绍了安乡县人口计生局建设“情感联系工作制”，加强流动人口计生服务管理，推行“三情”（亲情、友情、感情）、“三关照”（关照外出育龄妇女、关照留守儿童、关照留守老人）亲情服务，倾情打造“温馨计生”“人本计生”“和谐计生”，形成“情感联络、温馨关怀、组织帮带、合力解难”的流动人口计生服务管理新格局的经验。

表 3-1-4-1 常德市2010年3月流动人口服务管理“一盘棋”监管平台有关数据统计表

单位：人、条

单位	流动人口信息采集情况						省内流入信息匹配情况			信息督办情况				重要信息反馈情况		
	流入人口			流出人口			应匹配信息数	已匹配信息数	信息匹配率%	督办信息数	督办已处理数	督办未处理数	督办到位率%	应反馈信息数	及时反馈信息数	反馈及时率%
	应采集数	已采集数	相差数	应采集数	已采集数	相差数										
常德市	29456	23232	−6224	703004	717234	14230	4554	4251	93.35	0	0	0	−	8353	6268	75.04
武陵区	16045	13306	−2739	12061	8396	−3665	3445	3256	94.51	33	11	22	33.33	476	317	66.60
鼎城区	7861	5208	−2653	79476	86554	7078	711	655	92.12	78	44	34	56.41	992	650	65.52
安乡县	476	398	−78	76334	81494	5160	33	29	87.88	185	169	16	91.35	1859	1426	76.71
汉寿县	781	356	−425	89933	88765	−1168	56	48	85.71	8	5	3	62.50	1731	1410	81.46
澧县	729	473	−256	119753	120686	933	11	11	100	56	37	19	66.07	1139	1053	92.45
临澧县	1443	1370	−73	49835	50476	641	145	118	81.38	309	251	58	81.23	528	255	48.30
桃源县	728	694	−34	164102	168039	3937	38	35	92.11	58	50	8	86.62	641	511	79.72
石门县	566	688	122	86129	86145	16	33	29	87.88	136	111	25	81.62	520	343	65.96
津市市	396	318	−78	20666	21654	988	18	14	77.78	103	60	43	58.25	359	238	66.30
西洞庭区	392	389	−3	2678	2941	263	64	56	87.5	0	0	0	−	49	49	100.00
西湖区	39	32	−7	2037	2084	47	0	0	−	4	4	0	100.00	59	16	27.12

注：数据来源湖南省人口计生委统计通报。

表 3-1-4-2

常德市 2010 年度全员流动人口基本情况统计表

单位：人

地区	跨省流动人口															
	流入人口								流出人口							
	总数	其中							总数	其中						
		男性	15 周岁以下	女性	15 周岁以下	流动原因				男性	15 周岁以下	女性	15 周岁以下	流动原因		
						务工经商	随同流动	其他						务工经商	随同流动	其他
甲	1	2	3	4	5	6	7	8	9	10	11	12	13	14	15	16
合计	8322	3859	171	4463	133	6714	596	1012	636570	278424	2526	358146	2111	523556	16146	96868
武陵区	4118	1885	72	2233	59	3665	304	149	7726	2277	27	5449	17	7227	167	332
鼎城区	1469	538	31	931	14	1411	49	9	63712	24232	558	39480	554	62289	1179	244
安乡县	676	370	10	306	17	162	42	472	55839	25036	708	30803	537	45661	2060	8118
汉寿县	320	171	5	146	5	289	18	13	71926	31356	55	40570	33	64732	5035	2159
澧县	430	218	21	212	8	325	105		119733	58439	419	61294	314	117471	2194	68
临澧县	317	191		126		315	2		42127	16724		25403		41354	736	37
桃源县	438	213	19	225	13	96		342	167781	75236	405	92545	344	81695	363	85723
石门县	360	155	11	205	13	315	24	21	83741	34698	194	49043	187	80363	3258	120
津市市	138	89	1	49		88	49	1	20499	9259	144	11240	112	19397	1068	34
西洞庭区	40	19	1	21	4	32	3	5	2035	943	14	1092	12	1919	83	33
西湖区	16	10		6		16			1451	224	2	1227	1	1448	3	

续表

地区	省内流动人口															
	流入人口								流出人口							
	总数	其中							总数	其中						
		男性	15周岁以下	女性	15周岁以下	流动原因				男性	15周岁以下	女性	15周岁以下	流动原因		
						务工经商	随同流动	其他						务工经商	随同流动	其他
甲	17	18	19	20	21	22	23	24	25	26	27	28	29	30	31	32
合计	35906	16580	955	19326	879	28312	4833	2761	175630	86406	1786	89224	1690	151563	8113	15954
武陵区	23587	10684	343	12903	356	18693	3175	1719	4507	2219	55	2288	38	3898	212	397
鼎城区	6658	3088	496	3570	421	5739	918	1	33619	13760	556	19859	559	32064	1192	363
安乡县	566	314	10	252	12	250	26	290	32839	16112	646	16727	586	26027	2124	4688
汉寿县	430	219	15	211	14	388	28	14	33728	19035	17	14693	14	30357	2363	1008
澧县	1057	487	9	570	6	1021	25	11	21190	10885	100	10305	76	20471	651	68
临澧县	628	353	1	275	2	617	11		7755	2939	2	4816		7474	194	87
桃源县	910	518	31	392	19	231		679	21437	10557	209	10880	194	11773	116	9248
石门县	746	252	8	494	7	720	24	2	10282	5844	51	4438	31	9972	253	57
津市市	594	300	1	294	2	73	521		8153	3973	115	4180	131	7512	638	3
西洞庭区	602	302	41	300	39	453	104	45	1116	584	28	532	48	1031	50	35
西湖区	128	63		65	1	127	1		1004	498	7	506	13	984	20	

表 3-1-4-3

常德市2005年、2008年、2009年各县（市区）流动人口生育情况统计表

单位：人、%

单位	流入人口出生									流出人口出生								
	2005年出生			2008年出生			2009年出生			2005年出生			2008年出生			2009年出生		
	合计	政策内生育		合计	政策内生育		合计	政策内生育		合计	政策内生育		合计	政策内生育		合计	政策内生育	
		数	%		数	%		数	%		数	%		数	%		数	%
武陵区	275	275	100	118	118	100	46	46	100	12	11	91.7	47	47	100	5	5	100
鼎城区	231	226	97.8	14	14	100				125	115	92.0	21	21	100			
安乡县	12	11	91.7	23	23	100	9	7	77.8	116	109	94.0	102	92	90.2	121	114	94.2
汉寿县	81	66	81.5	9	7	77.8	6	6	100	100	90	90.0	51	48	94.1			
澧县	41	38	92.7	6	6	100	4	4	100	221	193	87.3	44	44	100	30	30	100
临澧县	30	30	100	1	1	100				237	234	89.7	12	12	100	96	90	93.8
桃源县	67	64	95.5	42	42	100	6	6	100	1789	1600	89.4	311	282	90.7	24	20	83.3
石门县	26	26	100	17	16	94.1	76	70	92.1	576	499	86.6	192	176	91.7	395	336	85.1
津市市	111	111	100	16	16	100	3	3	100	59	53	89.8	29	29	100	19	19	100
西湖																		
西洞庭	34	34	100	4	4	100	3	3	100	26	25	96.2	1	1	100	3	3	100
德山	15	14	93.3	6	6	100				25	25	100	4	4	100			
合计	923	895	97.0	256	253	98.8	153	145	94.8	3275	2954	90.2	814	756	92.9	693	617	89.0

表 3－1－4－4

常德市 2008 年“亲情呼唤热线”电话卡发放统计表

单位：张、元

发放单位	发放数量	发放金额	发放单位	发放数量	发放金额
武陵区	450	13500	石门县	100	2000
鼎城区	400	12000	津市市	100	2000
安乡县	100	2000	西湖管理区	50	1500
汉寿县	150	3000	西洞庭管理区	50	1500
澧　县	200	4000	德山开发区	50	1500
临澧县	200	4000	合计	2000	50000
桃源县	150	3000			

七、服务管理

2010 年 9 月，常德市人口和计划生育领导小组印发了《常德市流动人口计划生育服务管理基层工作规范》，明确了流动人口计划生育服务管理的基本要求、工作目标、工作职责、工作任务、保障措施。

基本要求 树立以人为本的理念，坚持服务管理并重，寓管理于服务之中；实行流动人口与户籍人口同等对待，做到同宣传、同服务、同管理、同考核；营造宣传教育氛围，深入宣传计划生育方针政策，广泛普及避孕节育、优生优育、生殖健康科普知识、引导流动人口树立新型观念；坚持分类指导，推动体制创新，建立和完善流动人口计划生育“统筹管理、服务均等、信息共享、区域协作、双向考核”新机制和“统一管理、优质服务”的新体制；坚持依法行政，建立健全流动人口计划生育法规、规章和工作制度，落实户籍地和现居住地责任，促进服务质量和工作水平的提高；加强流动人口信息化建设，实施流动人口信息化服务管理。

工作目标 全员流动人口信息采集率和录入、流出已婚育龄妇女办证率、信息反馈及时率、准确率、流动育龄妇女信息匹配率、流入已婚育龄妇女孕检到位率、婚育证明查验率等均达 100%，流动已婚育龄妇女避孕节育措施落实到位率 93% 以上，符合政策生育率逐年上升。

工作职责 县级主要负责将流动人口纳入人口和计划生育目标管理，强化流动人口计划生育信息管理平台的应用、监管，加强业务指导和人员培训，组织开展流动人口服务管理专项活动和区域协作、部门协作、边界协作。乡级主要负责落实流动人口计划生育法律法规和规章制度，开展经常性宣传咨询等服务，做好全员流动人口信息的汇总、录入、上报和信息通报、反馈，及时办理和查验婚育证明，组织开展流动人口生殖健康检查和避孕节育措施落实工作，依法落实流动人口计划生育奖励和优惠政策。村级主要负责全员流动人口信息的采集、核实和登记，协助乡（镇、街道）开展孕情、环情检查，做好药具发放和随访服务工作，开展“关怀关爱”等便民利民系列活动。

工作任务　开展计生政策、知识宣传、咨询服务，开展流动人口信息采集、建档、录入、更新，办理、查验《流动人口婚育证明》，提供流动人口生殖健康、避孕节育技术服务，为流入人口异地办理《一孩生育证》，兑现流动人口计划生育奖励扶助政策，维护合法权益。

保障措施　加强阵地建设，县（市区）政务中心设立流动人口服务窗口；乡（镇、街道）要设立流动人口服务管理办公室；社区设立人口计生便民服务岗，要有流动人口计划生育服务管理内容和相关程序的流程图。加强队伍建设，县（市区）人口计生局设立流动人口管理站并有单独的办公室，配齐相关人员（流管站长1名，流管员1－2名，其中熟悉计算机操作的人员不少于1名）；乡（镇、街道）要有1名专门从事流动人口工作的流管员；社区按流入人口规模配备相应数量的流动人口计划生育专干、兼干（原则上流入人口500人以上的社区应配备1名专职流管员）。小区（村民小组）要配备流动人口计划生育信息员，企业和市场要配备流动人口计划生育协管员。加强经费保障，县级人民政府按照与户籍人口人均计划生育经费同等投入水平，将流入人口计划生育服务管理经费纳入财政预算；乡（镇、街道）提供流动人口服务管理必要的工作经费。建立本市内跨县流动人口计划生育技术服务经费统一结算和补助制度。加强综合治理，明确有关部门对流动人口计划生育服务管理责任，签订目标管理责任状，形成齐抓共管，综合治理的合力机制。

八、QQ群服务管理

2012年，安乡县根据流动人口的集中性、年轻化、具备网络技能等特点，利用互联网优势，建立“流动人口亲情服务QQ群”，在线掌握流动人口信息，宣传计生政策，开展政策咨询、证件办理以及“留守儿童”“空巢老人”、两地分居夫妇亲情温情视频服务等，以服务促管理，提升流动人口服务管理水平。当年全县已建立45个QQ群，发展成员11240人，累计完成了1.5万多条流出地址信息变更，开展政策咨询服务2566人次，为195名对象办理《流动人口婚育证明》，23名意外妊娠和126名已婚育妇在现居地落实了补救措施或长效节育措施，为1021名留守儿童、825名空巢老人、359名兄弟姐妹、164对两地分居夫妻进行了亲情视频。

第五节　综合改革

2002年，常德市被湖南省计生委确定为全省农村试点市，开启人口与计划生育综合改革试点。常德市委、市政府出台了《关于实施人口与计划生育综合改革的意见》，采取全面启动，重点突破，稳步推进的办法，不断创新工作机制。2010年，常德市被国家人口计生委评为全国首批、全省唯一人口和计划生育综合改革示范市。

一、综合改革的背景

常德市人口和计划生育工作在改革中不断创新发展，人口得到有效控制，保持了低生育水平。但是，随着改革开放的深入发展，社会主义市场经济的建立和依法治国方略的实施，新的时期，新的形势，人口与计划生育工作面临许多新情况、新困难。由于计划生育特殊人群日益增多，造成了“脱管”的危险。全市 2002 年流动人口已达 60 万人，占总人口的9.71%（不包含县内流动人口），每年 80% 左右的违法生育是流动人口“脱管”造成的。全市国有企业“两个置换”的职工达 15 万人，形成了“脱管”的又一大群体。加上非婚、再婚人群的增多，原有的以户籍为主管理的体制已不适应。人们生活水平不断提高，育龄群众要求提供多层次、高质量服务，而计划生育服务体系网络尚未健全，服务范围多限于节育手术，特别是乡镇服务所服务水平低，难以满足群众需求。队伍素质偏低，全市县乡管理人员，大专以上文化程度的仅占 34.53 %；县乡计生技术服务员中，取得执业资格仅占 65.78%。保障机制不健全，2002 年，城市干部职工的养老保障机制才开始形成，大量国有、集体企业改制，原来执行比较到位的优惠政策已无着落；农村的养老基本停留在家庭养老上，计划生育利益导向机制因经费紧缺等原因难以落实。随着工作水平的不断提高和《社会抚养费征收管理条例》的贯彻实施，加上农村税费改革的推进，原来以征收社会抚养费为主的计生经费投入机制已不适应，经费投入渠道改变，必须尽快建立新的投入机制。新修订的《湖南省人口与计划生育条例》颁布以后，常德处于生育政策与全省统一的过渡期，人们潜在的生育愿望与政策不适应，带来更大的工作难度。

二、综合改革的内容

2003 年，常德市委、市政府出台的《关于实施人口与计划生育综合改革的意见》，提出了综合改革六大内容。即建立起“依法管理、村（居）民自治、优质服务、政策推动、综合治理”的管理机制；建立起以乡（镇）、村（居）为主体的宣传教育、优质服务、科学管理相统一的工作运行机制；建立起具有较高科技含量和服务质量，计生卫生优势互补的计划生育优质服务体系；建立起与生产力发展水平相适应的计划生育利益导向机制和社会保障制度；建立起完备的计划生育政策法规和管理制度体系；全面提高人口与计划生育工作质量和群众满意程度。

改革管理体制　全面推行村（居）民自治，切实强化村级计划生育管理，开展“模范村、先进村、合格村”创建活动，全面推行村（居）民自治，依靠村（居）党支部、村委会、计划生育协会、党团员等力量，动员、引导广大群众实行计划生育自我教育、自我管理、自我服务、自我监督；强化城市社区计划生育管理服务，把人口与计划生育工作与社区建设紧密结合起来，建立“单位负责、属地管理、居民自治、社区服务”的管理体制；实行垂直负责制，强化综合治理部门责任，扩大部门参与面，推行年度述职、单独考核的管理办法，进一步形成齐抓共管、综合治理的良好局面；以社会抚养费征收为突破口，强化依法管理，成立计划生育行政执法机构，与法院组建计划生育合议庭，规范执法主体，规范执法程序，规范执法管理，加强执法监督，落实“七不准、八严禁”规定，严格依法行政、文明执法。

万成贞（左三）在澧县指导人口计生工作

改革服务体系　加强县站、乡所、村室等计生服务阵地的提质改造，建成50个乡镇中心服务所，广泛开展创建计划生育示范服务站所和“四优一满意”活动；建立完善以县站为龙头、乡所为主体、村室为依托、服务车为纽带的计划生育技术服务网络；整合计生卫生资源，稳步推进“两网合一”，实行卫生、计生工作双赢发展；全面实施避孕节育措施知情选择、出生缺陷干预、生殖道感染防治三大工程，建立人口和计划生育一体化服务体系；深入开展计划生育宣传教育进村、婚育新风进万家活动，创建社会主义新型生育文化；加强计划生育信息化建设，缩减环情孕情监测对象范围和次数，改进服务方式。

改革利益导向机制和社会保障制度　出台实施《常德市计划生育奖励办法》，落实独生子女保健费、独生子女家庭多分一人分集体经济收益和征地补偿费等法定奖励政策和部门计划生育优先优惠政策；逐步实施农村部分计划生育家庭奖励扶助制度、计划生育特别扶助制度、节育手术并发症扶助制度；建立县级“生育关怀基金”，开展“生育关怀行动”，实行市直单位对口救助计生困难家庭和计生助学制度；协调部门的力量，对计划生育家庭在扶贫帮困、项目安排、科技传授、信息服务、养老保障、子女教育、就医就业等方面给予优先优惠；建立有利于计划生育的社会保障制度，拓展子女安康保险、节育手术安全保险、城镇女职工生育保险和独生子女养老保险，形成全方位、多层次、多元化的利益导向机制。

改革队伍管理机制　深化计划生育队伍人事制度改革，实行竞争上岗、岗位责任、绩效考评、末位淘汰等“四制”管理，形成能上能下、能进能出、优胜劣汰的用人管理机制；推行计划生育队伍内部分配制度改革，拉开分配档次，向关键岗位和优秀人员倾斜；加强计生队伍培训教育，提高整体素质。2004年10月以前，所有计生技术人员全部取得卫生部门颁发的执业许可证，县站有1—2名高级职称人员，中心所有1名中级职称人员；2005年，乡镇以上计生工作人员的大专以上文化学历提高到50%，2007年达到80%；规范计划生育机构和人员编制管理，实行乡村计划生育工作人员基本工资县乡统筹发放制度；建立“85”激励机制，对连续担任县级计生局局长8年以上，所在县（市区）连续保持全省计划生育工作先进位置，或连续担任县级计生局局长5年以上，所在县（市区）连续保持全省或全市计划生育工作模范位置的，解决副县级待遇。

改革考评监督机制　按照“突出重点、注重实效、简便易行”的原则，改革考评办法。实行党政线、基层线、综治线等“三线”考评和分类考评；实行考评全程公开，建立监督、举报制度，推行“大随机、小分队、长流水、不断线”检查方式；大力“打假治水”，确保考核公开、公平、公正；严格兑现计划生育“一票否决”制，实行离职审计、追踪奖惩和责任追究制度。

改革经费投入保障机制　顺应农村税费体制改革和中央加大对民生投入的形势，在全面落实计划生育转移支付的同时，按照一定比例，逐年加大各级财政对计划生育事业经费投入力度；实行社会抚养费“收支两条线”管理，建立以财政投入为主，以社会抚养费征收为辅的投入机制；到2010年，市本级计划生育经费投入达到人均3.5元、县级达到人均10元，乡镇达到人均9元。

2006年至2009年，国家人口计生委先后印发《全面深化综合改革建立和完善工作新机制的指导意见的通知》《关于进一步深化综合改革创新体制机制的指导意见》，湖南省人口计生委提出了创新八大机制，打造“八大计生”（即创新依法管理的机制，打造阳光计生；创新村民自制机制，打造民主计生；创新优质服务的机制，打造温馨计生；创新利益导向机制，打造甘霖计生；创新综合治理的机制，打造合力计生；创新求真务实机制，打造诚信计生；创新特殊人群管理机制，打造公平计生；创新信息化管理机制，打造数字计生）的要求。为此，常德市按照“强基固本求实效，创新发展上水平”的总体思路，围绕建立完善“统筹协调、科学管理、优质服务、利益导向、群众自治、人财保障”的长效工作机制，大力推进综合改革，实现了人口计生工作“三个转变”。即由行政管理为主向优质服务为主转变、由制约惩罚为主向奖励扶助为主转变、由就计划生育抓计划生育向统筹解决人口问题转变。

2006年，常德市探索创新了“六个一”流动人口服务管理模式（即流动已婚育龄妇女外出前办好一本婚育证明、签订一份管理合同、落实一项有效节育措施、进行一次健康检查、留下一个详细地址和电话号码、找准一个亲属担保人）。桃源县探索创新了“治扶救关”妥善解决节育手术并发症信访问题模式（即尽心治疗、热心扶持、倾心救助、贴心关爱）。安乡县探索创新了“一二三四五”计划生育村（居）民自治模式（即建好一支队伍；扣住宣传发动、建章立制两个环节；签好《生殖健康监测协议》《避孕节育措施落实协议》和《流出已婚育龄妇女管理协议》三份协议；坚持党的领导、以人为本、权责对等和依法推行四项原则；开展宣传教育、政策咨询、避孕节育、贫困母亲救助和流动人口管理五种服务）。澧县探索创新了“一四三”的计划生育综合治理模式（即健全一个横向到边、纵向到底的计生综治网络；建立宣传教育、管理服务、政策推动、监督保障四大体系；完善考核评估、奖惩激励、协调指导三项机制）。

2007 年，常德市定为“机制创新年”，探索创新了“六依靠”社会抚养费征收方式。(即依靠宣传造势抓征收、依靠村级组织抓征收、依靠专业队伍抓征收、依靠综合措施抓征收、依靠强制执行抓征收、依靠信息平台抓征收)；探索创新了流动人口区域协作方式(在深圳市福田区设立流动人口区域协作办公室，派出 2 名工作人员，与流入地计生部门共同建立流动人口计划生育合同管理制度、互动服务机制、信息通报制度、违法生育联合查处等制度)；探索创新了“生育关怀”方式（举办了“生育关怀，亲情牵手，救助独生子女贫困家庭”大型电视募捐晚会，开展了计生助学活动，启动了“生殖健康村村行”活动)。

2008 年，常德市重点探索创新了流动人口服务管理机制。在加强与深圳市福田区协作，建立完善信息互通、资源互用、管理互动、服务互补的区域协作机制同时，加强了“两干两员”建设。即在社区增设流动人口计生专干，明确综治专干为流动人口计生兼干，治安巡逻员为流动人口计生信息员，在物业小区设立计划生育兼职信息员，建立起“政府指导、部门配合、物业协助、业主参与”的齐抓共管机制。安乡县组织 12 家部门单位开展“三关三情，温馨计生”（即关心流出已婚育妇，用乡情感召人；关爱留守学生儿童，用亲情感化人；关照困难监护老人，用温情感动人）活动，建立了流动人口计生关爱服务机制。

2009 年，常德市围绕流动人口服务管理、社会抚养费征收、整治“两非”行为等重点、难点，进行改革创新。在流动人口服务管理方面，将区域协作范围拓展到深圳市福田区、罗湖区、龙岗区等地；协调公安、工商、税务、房管、劳动保障、计生、卫生、教育等部门，在鼎城区桥南市场试点，探索以房管人、信息共享、服务均等、优质便捷的综合管理服务机制；以临澧县为试点，推进了省内流动人口“一盘棋”；在社会抚养费征收方面，探索了“三包、一上门、一挂钩”办法，即乡镇干部协助执法人员包违法生育对象、包案件质量、包征收效果，村组干部上门宣传计生政策，动员当事人主动缴纳，征收到位情况与乡村干部经济利益挂钩的办法，形成征收合力；在整治“两非”方面，开展了“六进”，即进社区、进校园、进厂矿、进市场、进乡村、进农户为主要内容的婚育新风进万家活动，加强预防制度管理，查处“两非”案件，探索了“打防结合、综合治理”机制；另外，创新了市直单位对口救助计生困难家庭长效机制。

2010 年，常德市重点推行了四项改革：推行了计生特扶家庭关爱行动，对计生特扶家庭增加生活费，定期慰问、关怀；建立生育关怀资金长效机制，决定从当年社会抚养费中提取 10% 资金专款用于生育关怀；以临澧县为试点探索建立计生信息“村直报”制度；实施妊娠分娩信息“实时通”管理。

2011 年，常德市在信息化建设、优质服务、生育关怀机制创新上实现新突破。在信息化建设上，建立了全员人口信息库，推行了计生信息部门“实时通”和“村直报”制度；在优质服务上，全面实施了优生促进计划，在鼎城区开展了全国免费孕前优生健康检查试点；在生育关怀上，全面落实计生特扶家庭关爱行动，建立生育关怀资金筹集、管理、使用、监督机制。

2012 年，常德市继续加大计生信息村直报、实时通制度的完善推广以及计生特扶家庭关爱行动、优生促进计划的全面实施。石门县探索柔性执法维稳拓展可持续发展之路。汉寿县探索了高层倡导、部门联动关爱独生子女死亡家庭机制，安乡县创新了流动人口 QQ 群服务管理方式，武陵区实行了计生卫生两网合一、三级服务等。

三、综合改革的方法

全面启动　常德市委、市政府高度重视，把这项工作纳入全市社会经济体制综合改革的总体规划，要求各级党委、政府把人口与计划生育综合改革摆在重要议事日程，周密部署，精心实施，全面启动。市委书记程海波专程考察了临澧县的计划生育综合改革，对全面推进综合改革提出了具体指导意见，要求全市计划生育工作不断创新，加大综合改革力度，提高执法和管理能力。市计划生育领导小组负责全市人口与计划生育综合改革的组织、协调、督查、评估。各县（市区）党委、政府也指定了相应机构，组织开展综合改革。2002 年底，常德市召开了人口与计划生育综合改革实施动员大会。

重点突破　常德市以推行村（居）民自治为切入点，突破利益导向机制建立为难点，达到整体推进目的。针对各地基础和不同情况，市对各县（市区）改革方案实施具体指导，每个县确定了 1—2 个不同课题，重点突破，创造经验。临澧县以优质服务上水平为重点，安乡县以实行村民自治为重点，武陵区以城市社区计划生育管理为重点，汉寿县以村为主和依法行政为重点，石门县以探索全方位、多层次实行计划生育利益导向、政策推动为重点，桃源县以规范依法行政为重点，澧县以计划生育队伍的管理和改革为重点，鼎城区以综合治理为重点。

典型引路　常德市把工作基础好，改革创新意识强的临澧、澧县、安乡县、桃源县作为改革重点，进行重点指导，重点宣传，总结经验，典型引导。

稳步推进　常德市综合改革分五个阶段进行：2002 年底前为统一思想、宣传发动阶段。利用多种宣传形式，大力宣传综合改革的必要性和重要性，营造综合改革的浓厚氛围。2003 年为全面启动阶段。市里制订综合改革实施意见，全面启动。2004 年至 2005 年为全面实施阶段。各县（区市）根据市里要求，结合本地实际，制定出综合改革切实可行的实施方案，并全面实施。2006 年为总结完善阶段。2007 年开始进入提质提速阶段，市综合改革领导小组对各县（区市）综合改革进行评估验收，总结推广成功经验。

四、综合改革的成效

争先创优的氛围　临澧、澧县、安乡等一批老先进继续保持全省领先位置，率先迈进全国优质服务先进县。石门、武陵、津市、桃源等一批工作基础扎实的单位，在稳定低生育水平的同时，积极进取，进行管理和服务诸方面改革，形成了各自工作特色，也先后跨入了全国优质服务先进行列。鼎城、汉寿两个全省计划生育一类县不甘落后，奋起直追，积极改革工作思路和方法，大力推行依法行政，稳定生育秩序，工作有了明显进展。汉寿县在2000年被省降类、被市否决以后，痛定思痛，积极转变工作指导思想和作风，严厉整顿生育秩序，下移工作重心，夯实基层基础，稳定了生育秩序，扭转了被动局面，逐步走上了优质服务轨道。鼎城区多次作为全国、全省试点单位，在流动人口服务管理、优质服务、生育关怀等方面取得明显成效，成功跨入全国、全省优质服务先进行列。

低生育水平的稳定　群众生育观念得到根本性改变，晚婚晚育、少生优生成为广大育龄群众的自觉行为，“低出生、低死亡、低增长”的低生育水平一直保持稳定。特别是2008年生育政策与全省并轨后，全市没有出现大的生育秩序混乱、补偿性生育堆积问题，实行了平稳并轨。

整体工作的突破　工作重心得到下移。全市普遍强化了村级计划生育工作责任，规范了村级计划生育阵地，加强了计生协会整建，充分发挥计生协会主力军作用，实行了计划生育群众自我教育、自我管理、自我服务，计生村（居）民自治率由2003年的31.73%提高到了2012年的79.65%。难题破解得到突破。全市流动人口服务管理形成了“信息共享、部门联动、区域协作”为主的“一盘棋”机制，流动人口违法生育明显减少；社会抚养费征收管理形成了“党政负责、计生为主、乡村协助、部门配合、收支两线、专款专用”机制，2012年，常德市社会抚养费征收到位率达到60.81%，征收准确率达到91.15%，征收程序规范率达到99%，法院立案强制征收达到235件，无重大违法行政行为。优质服务提质增效。服务意识不断增强，服务条件不断改善，服务内容不断拓展，服务方式不断创新，服务效果不断增强，群众对计划生育满意度不断提升，2012年，达到95.76%，位居全省前列。计生惠民稳步推进。逐步建立完善了“奖励扶助、优先优惠、关怀救助、养老保障”“四位一体”的计划生育利益导向政策体系，计划生育家庭政治上光荣、经济上实惠、生活上保障。

2010年，常德市被评为全国人口和计划生育综合改革示范单位，张卫星（右二）出席全国人口和计划生育工作会议在主席台领奖

第二章 依法治理

第一节 生育政策

自实行计划生育始，常德市一直实行有别于湖南全省的从紧生育政策，其间几经微调，直至2008年，依照法制统一精神，与全省生育政策并轨。

一、从紧生育政策

1972年，常德地区响应中央提出的“一个不少、两个正好、三个多了”的号召，普遍要求，并未全面执行。

1978年，常德地区根据中央关于“认真控制人口增长速度，在这个问题上决不可掉以轻心”的要求，要求“一对夫妇生育子女数最好一个，最多两个，生育间隔3年以上”。常德开始执行从紧的生育政策。

1979年2月，常德地委副书记雷恭政在鼎城区（原常德县）区社党委书记会议上提倡一对夫妇“最好只生一个”。是年年底，常德地区按照中共十一届四中全会提出的“最好只生一个和晚婚、婚育、少生优生”的基本要求，把计划生育工作重点转到“最好只生一个”上来。

1980年9月，常德地委发文要求各级党组织坚决贯彻中共中央《关于控制我国人口增长问题致全体共产党员、共青团员的公开信》，大力提倡一对夫妇只生一个孩子。

从1981年至1984年，常德地区各县（市）先后制定了关于计划生育的有关政策规定，二胎照顾面控制在10%左右。

1984年，中共中央中办发〔1984〕7号文件，正式提出“计划生育是我国的基本国策”，继续提倡一对夫妇只生一个孩子，农村可以在二孩生育上“开小口”。湖南省人民政府下发了《关于二胎生育的暂行规定》（湘政发〔1984〕42号），对二胎生育作出了暂行规定：

国家（包括集体所有制单位）干部、职工和城镇居民符合下列条件之一者，可以有计划地安排生育第二胎，或再准生一个。

（一）第一个孩子为非遗传性残疾，不能成长为正常劳动力，或因有严重生理缺陷的；

（二）婚后五年不孕，经县以上医院确诊为不孕症，带养一个孩子后怀孕要求生育一个的；

（三）再婚夫妇属于下列情况者：

1. 一方只有一个孩子，另一方系初婚或未生育过的；

2. 再婚前各有一个孩子，均依法判随前婚配偶，新组合的家庭身边无子女的；

3. 一方为有两个孩子的丧偶者，另一方系初婚或未生育过的；

（四）独生子与独生女结婚的（含带养的）；

（五）夫妇双方均系归侨或台湾、港澳同胞，只有一个孩子的；

农村村民除执行以上各条外，凡符合下列条件之一者，可以有计划地安排生育二胎；

（一）男到有女无儿家结婚落户的（如女家姐妹数人，只限照顾一人）；

（二）夫妇一方两代均系独生子女的（不分亲生或带养）；

（三）兄弟多人（含两人）只有一人有生育条件，又只生一个孩子，其他兄弟已丧失生育条件的；

（四）居住在边远山区方园五华里的单家独户；

（五）烈士的独生子女或二等乙级以上残废军人；

（六）夫妇一方系非遗传性残疾，或因公（工）致残，丧失劳动能力，只生一个女孩的；

（七）兄弟多人（含两人）均系只生一个女孩的（只限照顾兄弟中的一人）；

（八）独子只生一个女孩的。

该规定还明确二胎生育间隔必须 4 年以上；除上述条件以外的个别特别情况，经县（市）以上计生委查证核实，慎重研究，可以批准生二胎。常德地委行署，坚决贯彻执行省政府 42 号文件精神，从 1984 年至 1989 年始终执行以上二胎生育的规定，并将二胎照顾面控制在 10% 左右，没有放开农村独女户生育二孩政策口子。

1990 年 1 月，《湖南省计划生育条例》颁布实施，《条例》第十七条规定：夫妻双方系农民，只有一个女孩，确有实际困难要求生育第二个孩子的，按省人民政府的规定执行。按照此规定，全省放开了农村独女户生育二胎的口子，但同时授权省政府可批准一些地方不开此口子。

常德市委、市政府为保持生育政策稳定，报请省人民政府同意，常德市不放开农村独女户生育二孩的口子，实行有别于全省的一孩生育政策。是年 5 月，常德市人民政府批转了常德市计生委《关于贯彻实施〈湖南省计划生育条例〉的意见》（常政发〔1990〕8 号）。《意见》对常德市生育二孩的条件进行了规定：

（一）经县级计划生育技术指导组鉴定，第一个孩子有非遗传性残疾或其他严重生理缺陷不能成长为正常劳动力的；

（二）婚后五年以上不孕，经县级以上医疗机构确诊为不孕症，按照有关规定收养一个孩子后又怀孕的；

（三）一方再婚前只有一个孩子，另一方无子女的；

（四）夫妻双方均系独生子女只有一个孩子的；

（五）夫妻双方均系归国华侨或在我省定居的台湾、香港、澳门同胞只有一个孩子的；

（六）夫妻一方两代系独生子女只有一个孩子的；

（七）夫妻一方系烈士的独生子女或二等乙级以上残废军人只有一个孩子的；

（八）男到独女家结婚落户只有一个孩子的；

（九）同胞兄弟二人或二人以上均系农民，只有一人有生育能力，且只有一个孩子，其他兄弟未收养孩子的；

（十）夫妻一方系非遗传性残疾，或因公（工）致残，丧失劳动能力，只有一个女孩的；

（十一）独子只有一个女孩的；

（十二）兄弟数人（含两人）均系只有一个女孩的（只限照顾兄弟中一人）；

（十三）男到有女无儿户结婚落户只有一个女孩的（如女家有姐妹数人，只限照顾一人）。

夫妻双方系国家工作人员（含招聘干部，下同）、企事业单位职工、城镇居民，符合上列条件中第（一）、（二）、（三）、（四）项之一者，经过批准，可以生育第二个孩子。

夫妻中女方是国家工作人员、企事业单位职工、城镇居民，男方是农民的，适用上列条件第（一）、（二）、（三）、（四）、（五）项规定。女方是农民，男方是国家工作人员、企事业单位职工、城镇居民的，适用上列条件第（一）、（二）、（三）、（四）、（五）、（六）、（七）项规定。

符合上述条件要求生育第二个孩子的，生育间隔必须在 4 年以上，生育妇女的年龄必须在 28 周岁以上。由乡（镇）人民政府或街道办事处报县级计划生育管理部门批准，领取《准生证》后方可生育。

《意见》对农村的独女户没有完全放开生育二孩，规定只有符合上述第（十）、（十一）、（十二）、（十三）条的农村独女户经过批准才能生育二孩。

《意见》规定鼎城区许家桥乡、桃源县青林乡、枫树乡和汉寿县毛家滩乡四个少数民族乡，从 1990 年起，可以有计划有步骤地安排少数民族夫妇生育第二个孩子。

1994 年 7 月《湖南省人民政府令》（第三十五号）规定，生育二孩妇女的年龄超过 29 周岁的，生育间隔缩短为 3 年。2007 年根据新修改后的《湖南省人口和计划生育条例》，取消了符合法定条件再生育子女的生育间隔。

二、过渡性生育政策

2002 年 11 月，湖南省人大常委会拟修改《湖南省人口与计划生育条例》（以下简称《条例》），全省统一执行农村独女户可以生育二孩的政策。在《条例》修改征求意见时，常德市委、市政府慎重讨论研究，广泛深入调查，多方征求意见，建议对计划生育政策作出部分微调，实行过渡性生育政策，有计划、有步骤与全省生育政策并轨。常德市人民政府向省人大常委会报送了《关于〈湖南省人口和计划生育条例〉有关修订意见的请示》（常政〔2002〕136 号），恳请省人大常委会在《湖南省人口与计划生育条例》中授权省人民政府对常德计划生育政策作出过渡性政策规定，并提出了常德实行过渡性生育政策的四条理由：“政策不变，再坚持数年，可以在很大程度上与全省政策自然过渡。常德已经执行了将近一代人的农村独女户不全部开口子的政策，1979 年提倡一对夫妇只生育一个孩子，1984 年独生子女开始大量出现，至今已有 20 多年；这期间出生的孩子已逐步进入婚育期，他们组成家庭符合独生子和独生女结婚可生育二孩的条件；从 1996 年开始，自然过渡的现象就已经出现，全市二孩率逐年提高，且每年以 2 个多百分点上升，至 2006 年即可稳定在 30% 左右，至此和全省当年二孩率仅低 12 个百分点左右；经测算，常德制订过渡政策，适当扩大二孩面，到 2010 年，可以达到与全省生育水平大体相当的目标。同步执行新《条例》的规定，将出现短期人口高峰。据测算和调查，如果放开农村独女户生育二孩政策，全市近两年 19 万育龄期独生女户，90% 以上要求在近两年内生育，除开 3 万—4 万不再打算生育的对象，补偿性生育以 15 万人计算，三年之内，每年补偿性生育新增 5 万人，加上政策并轨每年多生 7000 人以上，每年新增出生人口 5.7 万人；如果用 5 年时间安排补偿性生育，每年也将新增出生人口 3.7 万人；这一极不正常的人口增长曲线，将给教育等社会事业带来难以克服的困难，也会对常德的经济发展和社会稳定产生诸多不利影响。同步执行新《条例》的规定，后遗症难以处理。全市将近 4.8 万独女结扎户，大部分可以吻合复孕，其吻合复孕经费政府和群众都难以负担；如果吻合复孕失败，将给育龄群众的身心健康带来更大的危害。同步执行新《条例》的政策，可能带来生育秩序的混乱。生育政策突然“松”和突然“紧”都不利于稳定；如果立即过渡，群众感到计划生育政策松了许多；过去因为超生受过处罚的群众不服气，遵守法规的群众以为自己吃了亏，一些手术后遗症者更有怨气，这样会造成常德育龄群众思想情绪大的波动，不利于生育政策的稳定和低生育水平的稳定。”

2002 年，常德市举办学习贯彻《湖南省人口与计划生育条例》培训班

2002 年 11 月 29 日，湖南省第九届人民代表大会常务委员会第三十二次会议通过了《湖南省人口与计划生育条例》。《条例》第十六条第（一）款第（一）项规定：夫妻双方系农村居民，只有一个子女且为女孩的，可以要求再生育一个子女。同时规定省人民政府可就此款项的实施作出具体规定。

翌年 1 月，湖南省人民政府作出了《关于实施〈湖南省人口与计划生育条例〉第十六条有关规定的批复》（湘政函〔2003〕6 号），同意常德市从 2003 年 1 月 1 日至 2007 年 12

月31日5年时间内，在实施《条例》第十六条第一款第（一项）时，执行如下过渡性规定。即失妻双方系农村居民，只有一个子女且为女孩，具备下列条件之一的，可以要求再生育一个子女：夫妻一方系非遗传性残疾或者因公（工）致残，丧失劳动能力的；夫妻一方系独生子女的；夫妻一方兄弟姐妹均只有一个子女且为女孩的；男到有女无儿户结婚落户只有一个女孩的。随即，常德市计生委向各县（市区）下发通知，执行以上过渡性生育政策，并对其中第三条做了解释：即“夫妻一方兄弟姐妹均只有一个子女且为女孩的”应包括以下三种情况：兄弟数人（含2人）均只有一个女孩的（限照顾其中1人）；男方有姐妹无兄弟只有一个子女且为女孩的；女方有姐妹无兄弟均只有一个子女且为女孩的（限照顾其中一人），可以要求再生育一个孩子。

三、与全省生育政策并轨

2008年开始，常德生育政策与全省生育政策实行并轨，全部放开农村独女户生育二孩的口子。即“夫妇双方系农民，只有一个子女且为女孩的，经过批准可以生育第二个孩子”。从1978年至2007年常德市实施了30年之久有别于全省的从紧生育政策终止。

过渡性生育政策使常德市的生育政策与全省生育政策自然接轨，人口出生平稳过渡，避免了常德出现大的人口出生堆积和短期人口高峰，实现了2010年以后达到与全省生育水平大体相当的目标。见表3－2－1－1。

表3－2－1－1

湖南省、常德市2003年、2008年、2010年出生人口统计表

单位：万人、%

年份	出生人数		出生率		自然增长率	
	湖南省	常德市	湖南省	常德市	湖南省	常德市
2003	75.3	5.40	11．33	8．93	4．49	2．11
2008	85.93	6.41	12.54	10.54	5.73	3.75
2012	96.21	6.88	13.47	11.02	6.33	4.29

注：数据来源湖南省人口和计划生育抽样调查与统计报表汇总资料（2003年、2008年、2010年）。

四、生育政策调整完善

2013年12月30日，中共中央、国务院印发了《关于调整完善生育政策的意见》（中发〔2013〕15号）。2014年3月28日，湖南省第十二届人民代表大会常务委员会第八次会议审议了省人民政府《关于提请审议实施“单独两孩”政策的决议》，并作出了《关于调整完善生育政策的决议》，决定正式实施“单独两孩”政策。2014年4月24日，湖南省人口计生委下发《关于印发〈“单独两孩”政策实施办法〉的通知》，对独生子女进行了界定：独生子女是指父母生育或合法收养的唯一子女，即没有同父同母、同父异母的兄弟姐妹（含父母收养的兄弟姐妹和与父母有抚养关系的继兄弟姐妹），或曾有兄弟姐妹但兄弟姐妹均于他们生育（或收养）子女前死亡。符合以下情形之一的，可以视为独生子女：有同父异母、同母异父的兄弟姐妹，但符合湘人口发〔2009〕22号文件规定，父母生育一个子女离异后，与其共同生活的父或母未再婚也未再生（或收养）子女，独自承担全部抚养费用，另一方合法生育一个子女的；由社会福利机构抚养成人且没有兄弟姐妹的；与无子女收养人有事实收养关系的唯一子女，且收养人符合《收养法》规定的收养条件，仅未办理收养登记手续的。同时规定，父母生育一个子女且有事实收养关系的子女，该父母生育及收养的子女均不属独生子女。随即常德市全面推行"单独两孩"生育政策。

武陵区朱胜君、祝璇夫妇领取常德市首本单独两孩《再生育证》

第二节 生育管理

1990年《湖南省计划生育条例》颁布实施以前，符合政策生育一孩的，必须取得乡镇计生办核发的准生证。对于符合政策生育二孩的，属农村户口生育对象须所在村组群众座谈，村党支部同意，乡镇计生办核发；属国家工作人员企事业单位的对象，须经所在单位座谈，单位领导同意，报所在乡镇计生办核发。一孩系病残儿，须经县级病残鉴定小组鉴定，鉴定结论符合生育条件，方可核发准生证。

《湖南省计划生育条例》颁布实施以后，生育对象提出申请后，经由乡镇计生办、民政办、公安派出所三家共同核准。民政办把好结婚证关，公安把好年龄关，计生办把好生育政策关，俗称准生证"三家会审"，以堵死准生证发放漏洞。"三家会审"无误后，由乡镇（街道）人民政府审批发放一孩准生证，县级计划生育主管部门审批发放二孩准生证。

2000年前后，生育秩序保持较好的临澧等地，将一孩准生证改为计划生育服务证，生育对象凭证住院分娩，接受产后生殖健康监测和服务。2000年，根据国家、省里要求，准生证统一更名为生育证。

对准生证和生育证的监管机制在工作实践中日益完善。1995年实行部门综合治理以后，医疗机构在接诊孕产时，必须查验准生证（生育证）和身份证，不能提交证件的，暂缓出具出生医学证明，并即刻告之当地计生部门核查处理。不能提供生育证和出生医学证明的，公安部门不得为其办理户口证；教育部门凭户口证接受适龄儿童义务教育。

2003 年，湖南计生委制发了《湖南省生育证管理办法》，对生育证办理程序进行了明确规定。2009 年以后，随着依法行政的推行，生育证办理程序不断规范简化。统一规范了一孩生育证、再生育生育证的办理程序。2011 年 3 月，新修订的《湖南省生育证管理办法》出台，至此，全市生育证办理程序得以统一和规范，形成了“本人申请、群众评议、逐级调查、集体审批、张榜公示、社会监督”的再生育审批制度。

一、一孩生育证办理

乡镇人民政府、街道办事处计划生育办公室为一孩生育证发证机关。

女方系常德市国家工作人员、事业单位职工、国有企业、国有控股企业职工的，在女方工作单位所在地办理；女方系常德市内其他单位职工、城镇无业居民或农村居民、市内婚嫁的，在婚入地办理；女方系常德市内其他单位职工、城镇无业居民或农村居民，婚嫁市外并申请在我市办证的，在女方户籍地办理；女方系常德市以外地方嫁入的，在婚入地办理；男女双方均系流动人口，在现居住地居住或工作 1 个月以上且已怀孕，需要办理一孩生育证的，户籍地或现居住地均可办理，根据当事人的申请，实行首接责任制，由受理一方服务到底。婚入地在农村原则上指男方户口所在地（男到女家落户除外），在城市区原则上指男方工作单位（国家机关、事业单位、国有企业、国有控股企业）、现居住地或户口所在地。

夫妻合法结婚且无子女，包括无亲生子女、养子女、有抚养关系的继子女的且愿意生育的均应申请办理一孩生育证。

夫妻在孕期内到所在单位或村（居）民委员会办理登记，向村（居）计生专干领取《湖南省一孩生育登记表》，如实填写相关申请登记事项。夫妻双方所在单位或村（居）民委员会签署意见后，由单位或村（居）计生专干在3 个工作日内向发证机关递交《湖南省一孩生育登记表》以及申请人提供结婚证（属再婚的还需提供离婚协议书或离婚判决书、调解书）原件及复印件，户口簿、夫妻双方居民身份证及其复印件，1 寸免冠近照 2 张。发证机关应在收到申请 5 个工作日内核定递交材料的真实性，并签发生育证。对难以确定真实性的材料，应进行调查核实，不能签发生育证的，书面出具《〈一孩生育证〉不予办理通知书》。生育证签发后，通知申请人取回或由单位及村（居）计生专干送证上门。

流动人口在现居住地申请办理一孩生育证的，应在发证机关指导下填写登记表，提交相关材料。办证过程按照现居住地 1 个工作日内受理、初审、网上提交；户籍地 5 个工作日内核准，现居住地在收到户籍地反馈信息后 4 个工作日内制证发证。常德市以外流入人口在本市申请办理一孩生育证的，现居住地应当通过客户端外部接口向户籍地发送一孩生育服务登记网络化协查信息，在收到确认信息后，在 4 个工作日内制证发证。对于不符合发证条件的，应书面出具《〈一孩生育证〉不予办理通知书》。

长期、多次、多地跨省流动人口或常德市内空挂户，如果难以取得婚育情况证明，或者户籍地逾期未回复的，可由夫妻出具《申办〈一孩生育证〉承诺书》，办证机关应当予以办理。对于通过承诺办理的个案，承诺书应每月集中到县（市区）人口计生部门汇总，上传到统一的信息系统，以便基层查询。

村（居）专干应在发证机关决定后3个工作日内将生育证及结婚证、户口簿、居民身份证或未签发生育证的理由告知文书送交申请办证的夫妻。

持证人在约定期限内未生育的，应在当年的12月31日前凭当年度有效孕情检查证明到原发证机关办理延期使用手续。发证机关须在5个工作日内作出是否允许的决定：可延期的，应当及时办理延期手续；不可延期的，应书面说明理由。在延期有效期满仍未生育的，持证者须到原发证机关重新核发生育证，原生育证由发证机关收回销毁。

二、《再生育证》审批

已婚育龄夫妻认为符合《湖南省人口与计划生育条例》（以下简称《条例》）第十五条、第十六条、第十七条规定的再生育条件之一，要求再生育的，应当在怀孕前向女方所在单位（无单位的到户籍所在村或居委会）领取《再生育审批表》，女方无单位又无本地户籍因婚嫁居住男方的，向男方所在单位（无单位的到户籍所在村或居委会）领取《再生育审批表》。计划生育专干应向其宣传《条例》有关规定，说明填写方法。夫妻双方按要求填写审批表，并请双方所在单位，无单位的在村（居）委会签署意见。签署意见的内容：证明申请人的身份是农村居民还是城镇居民、申请人婚育情况和女方生育一孩后的孕育情况（女方属初育，证明婚后孕检情况），夫妻所在单位或村（居）委会分属两个县级行政区域的，还需配偶所在地的乡镇人民政府、街道办事处计生办签署意见并盖章后，再向女方工作单位所在地或户口所在地（婚入地）的乡镇人民政府、街道办事处（以下简称初审机构）提交下列申请材料：按要求签署了意见的《再生育审批表》；结婚证（属再婚的还需要提供离婚证及离婚协议书或离婚判决书、调解书）原件及复印件；户口簿、夫妻双方居民身份证原件及其复印件，免冠近照各2张；符合再生育条件的其他证明材料。如属农村居民，需提供申请人或父母承包责任田的证明、确定农村居民身份的时间。如第一孩（胎）为残疾需提供市级病残儿鉴定书和染色体检测结果等。

除上述材料之外，初审机构不得要求申请人提交与申请事项无关的其他材料。复印件经审查与原件无异后，将原件退还申请人，并在复印件上加盖“经审查与原件无异”条形印章，核对人签名。申请人应当如实提供申请材料，反映真实情况，并对申请材料实质内容的真实性负责。

初审机构接到申请材料后，应当根据下列情形分别作出处理：申请依法不属于本行政机关职权范围的，应当即时作出不予受理的书面决定，并告知申请人向有管辖权的行政机关提交申请；申请材料存在可以当场更正错误的，应当允许申请人当场更正；申请材料不齐全或者不符合法定形式的，应当场告知申请人需要补正的全部内容，逾期不告知的，自收到申请材料之日起即为受理；申请材料齐全、符合法定形式，或者申请人按照要求提交全部补正申请材料的，应当受理申请，并给申请人出具受理再生育申请决定书。

初审机构应当自决定受理申请之日起 15 日内，指派 2 名以上工作人员调查核实申请人的婚育史，在审批表内签署意见，加盖乡镇人民政府或者街道办事处专用章，将全部材料报送县级人口计生部门（以下简称审批机关）。审批机关收到上报材料 10 日内，由本机关政策法规工作机构审核材料后提出审核意见，符合条件的通知双方所在单位村（居）委会张榜公示，在公示后 5 日内，未收到举报或异议反馈信息的上报审批小组。对群众提出异议的，经审批机关负责人批准，可延长 10 日期限，并书面告知申请人需要延长许可期限及其理由，同时组织 2 名以上工作人员在 5 日内调查核实。

经审批小组审定符合条件的，签署“同意发放再生育证”的意见，统计机构填写《再生育证》和《给符合法定生育条件夫妻的告知书》，委托乡镇人民政府或者街道办事处计生办送达给申请人。不符合条件的，说明其理由，作出《不准予行政许可决定书》，委托乡镇人民政府或者街道办事处计生办送达申请人（应使用《行政许可文书送达回执》）。

审批机关作出准予再生育的决定，应当予以公开，允许公民查阅。公民查阅在政策法规机构或者其他专门场所进行。

批准副科级以上干部和计划生育工作人员再生育的，报市级人口计生部门统计机构备案；批准副处以上干部再生育的，报省人口计生部门统计机构备案。

《再生育证》有效期为一年（自然年度），被许可人在许可有效期内有下列原因之一未生育，需要办理延期手续的，应当在当年的 12 月 1 日前向签发再生育证的行政机关提出申请。填写《〈再生育证〉有效期延续审批表》，并提交相关的证明材料：符合法定生育条件怀孕 14 周以上的妇女，属医学需要作性别选择终止妊娠，经省卫生行政部门批准的产前诊断中心出具的《湖南省医学需要鉴定胎儿性别意见书》后已引产的，提交《湖南省医学需要鉴定胎儿性别意见书》和引产证明；胎儿患有严重遗传性疾病或严重缺陷，经省、市妇幼保健机构出具的《湖南省产前诊断证明书》后已引产的，提交《湖南省产前诊断证明书》和引产证明；孕妇患有严重疾病，继续妊娠将危及孕妇生命安全，县以上医疗保健机构出具《疾病诊断证明》后已引产的，提交《疾病诊断证明》和引产证明；因突发事件、意外伤害等特殊情况可能危及孕妇生命安全，经 2 名以上医师确认签字后引产的，提供医师签字证明和引产证明；死胎提交病历和 B 超单、新生儿死亡证明：医院内死亡的提交医院出具的死亡证，医院外死亡的应在 48 小时内报告乡镇人民政府或者街道办事处计生办核实，属正常死亡的提交乡镇人民政府或者街道办事处计生办出具的死亡证明；合法妊娠 14 周以下流产的，提供流产证明；已孕尚未生育的，提供已孕证明；未孕的提供一年内孕检的无孕证明。

审批机关应当在生育证有效期届满前作出是否准予延期的决定；逾期未作决定的，视为准予延期。

第三节 执法规范

一、执法主体

随着《湖南省计划生育条例》《中华人民共和国人口与计划生育法》《流动人口计划生育工作管理办法》《计划生育技术服务管理条例》《计划生育统计工作管理办法》《计划生育系统统计调查管理办法》《湖南省生育证管理办法》等一系列计划生育法律法规和规范性文件的先后出台，执法主体逐步明确。

1990 年《湖南省计划生育条例》规定：征收计划外生育费，由乡（镇）人民政府或街道办事处决定并组织实施，行政处罚由县级以上计划生育部门决定并组织实施。当事人对征收计划外生育费决定不服的，必须先执行征收决定，并在接到征收决定通知之日起 15 日内向县级人民政府计划生育管理部门申请复议；当事人对罚款决定不服，可在接到罚款决定通知之日起 15 日内向作出罚款决定的上一级机关申请复议和提起行政诉讼。

2002 年《湖南省人口与计划生育条例》规定：违法生育子女的，县级人民政府计划生育行政部门或者受其委托的乡（镇）人民政府、街道办事处按规定征收社会抚养费，对其他违法行为，由县级以上人民政府计划生育行政部门或者卫生行政部门依据职权责令改正，给予警告、没收违法所得，并处以罚款，情节严重的，由原发证机关吊销执业证书。2007 年修改后的《湖南省人口与计划生育条例》维持上述规定。

常德市各县（市区）行政执法主体分三种情况：由县级统一执法的有西洞庭管理区；受市人口计生委委托执法的有常德经济开发区、柳叶湖旅游度假区；县级人口计生委委托乡（镇）人民政府执法的有武陵区、汉寿县、临澧县、石门县、西湖管理区；两种执法主体并存的有鼎城区、桃源县、澧县、津市市、安乡县。

二、处置突发事件

1989 年以前，国家对人口和计划生育还没有立法，司法机关不介入计划生育工作，也无法受理相关案件。常德的计划生育靠宣传教育、政治思想工作和强有力的行政手段推行。对计划外怀孕者，在反复耐心做思想工作不通的情况下，采取行政手段落实补救措施，强制“大肚子”流引产成了基层计生部门和计生工作人员的艰巨任务。对计划外生育者的处罚，除对国家公职人员和党团员中的计划外生育者给予经济和行政处分，直至开除党籍公职外，对大多数群众的计划外生育行为实行经济处罚，处罚标准根据各地规定也不统一，而且有很大随意性。对不主动交清罚款者则采取强制兑现措施，以家庭财产抵交罚款。工作中出现过牵猪拉牛，拆房子，抬柜子，甚至关押计生对象等过激行为，干群关系一度比较紧张，计划生育被称“天下第一难事”。

1990 年 1 月，湖南省第一部关于计划生育的地方性法规《湖南省计划生育条例》颁布实施，常德的人口和计划生育工作开始向依法治理转变。但在 90 年代初期，计划生育的法制还不健全，群众法制观念不强，计生部门和工作人员习惯使用行政手段。常德的计划生育曾发生了一些突发事件。

1990 年 7 月 21 日晚上 8 点，武陵区城东办事处楠竹山居委会刘某（常德市酒厂工人），因对其妻被做工作后主动配合区计生服务站做引产手术不服，从生产岗位（正上晚班）跑出，将该厂厂长打成重伤后，持一柄杀猪刀窜至武陵区计生服务站欲行凶杀人，被闻讯守候的武陵区城北派出所民警当场抓获。刘某因故意打人行凶，被判处劳动教养 2 年。此事在全市引起轰动，常德市委、市政府要求各级领导和计生工作人员在执法中要加强自我安全保护，公安部门要给予配合保驾护航。

1993 年 8 月，桃源县三阳港镇管家州村已婚育龄妇女游某因夫妻关系不和，赌气外出打工近一年未寄回孕检证明。1994 年 8 月，镇村两级计生工作人员在她家搬走 10 把椅子，督促其寄回孕检证明。当年 10 月，游某回家，夫妻关系仍未改善，游某绝食卧床 2 天后服毒自杀，其夫发现后用板车拖往三阳港中心医院抢救无效死亡。在运尸回家途中，一些群众以游某被计划生育处罚后服毒自杀为由，将尸体拖往三阳港镇政府院内闹事，聚集了不明真相的群众 200 多人，游某的亲属砸坏了镇政府办公室门窗，并试图火烧办公楼。桃源县委、县政府领导火速赶往现场控制局面，县公安、法院介入处置。经大量说服教育工作，事态得以平息。

1994 年 5 月 21 日，津市市保河堤镇计生办发现该镇樟树村十组村民向某之妻计外超生一男孩，便将向某带到镇计生办询问导致超生原因，向他宣读《条例》，宣传政策，商定处罚办法等。5 月 22 日上午 10 时许，向某乘室内无人之机，用皮带自缢，经多方抢救无效死亡。事件发生后，向某的亲属及围观群众数百余人砸毁镇计生办财物多件，围攻镇政府，使镇政府停止办公一天。津市市委、市政府调集各有关部门负责人和公安干警、武警官兵 70 多人维持秩序，进行耐心宣传教育和思想工作，经多方协商，补偿死者家属优抚费及丧葬费 48000 余元，事件得以平息。

20 世纪 90 年代中后期，计划生育工作进入行政干预与依法治理并行阶段，计划生育的群体性事件基本制止。

三、执法行为规范

执行“七个不准”和“八个严禁” 1995 年 7 月 10 日，国家计生委下发了《国家计划生育委员会关于印发计划生育行政执法中坚持“七个不准”的通知》（国计生政字〔1995〕138 号），确立了计划生育行政执法必须遵循的基本行为准则：不准非法关押、殴打、侮辱违反计划生育规定的人员及其家属；不准毁坏违反计划生育规定人员家庭的财产、庄稼、房屋；不准不经法定程序将违反计划生育规定人员的财产抵缴计划外生育费；不准乱设收费项目、乱罚款；不准因当事人违反计划生育规定而株连其亲友、邻居及其他群众，不准对揭发、举报的群众打击报复；不准以保证完成人口计划为由而不允许合法的生育；不准组织对未婚女青年孕检。为保护计划生育干部的积极性，国家计生委将该通知的密级确定为“机密”，要求不公开广播、张贴，以口头传达的形式传达到各级计划生育工作部门和每一名计生工作人员。

是年8月，常德市计生委下发了《关于贯彻执行国家计生委“七个不准”的几条具体措施意见的通知》，要求全市各级计生委（办）必须组织全体工作人员认真学习传达贯彻“七个不准”，提高认识，深刻领会贯彻执行“七个不准”的重要意义，人人清楚明白，个个自觉遵守，做到严格执法、文明执法、按程序执法、不得有任何违法行为发生；要加强对贯彻执行“七个不准”的监督检查，对违反“七不准”的人和事进行严肃查处；将贯彻执行“七不准”情况列入单位目标管理考核内容，凡发生重大恶性案件的，其单位和单位负责人及直接责任人不能评先评奖，并对该地区计划生育工作实行“一票否决”。

1999年5月，湖南省计生委根据国家计生委的要求，下发了《关于做好“七个不准”解密工作，进一步提高计划生育行政执行水平的通知》（湘计生政字〔1999〕4号），要求在各级计生部门的政务公开和村（居）委会的村务公开栏中公布，主动接受群众监督，但仍不在公开发行的报刊上刊登。常德市计生委要求各级计生部门认真贯彻省计生委通知精神，加强对计划生育工作人员特别是基层行政执法人员法制教育，进一步清理规范文件，建立完善计划生育行政审判联络室制度，加强与公安、法院等司法机关的联系，依法处理拒缴计划外生育费或罚款，妨碍计划生育工作人员依法执行公务等违法事件，杜绝因制止处理管理相对人的违法行为而引发的违法行政行为。

2007年6月，常德市人口计生委根据国家人口计生委纠风工作领导小组的要求，将人口和计划生育群众工作纪律向社会公开，要求各县、乡、村于6月30日前在政务公开栏中公开张贴人口和计划生育工作纪律：不非法关押群众；不打骂侮辱群众；不损坏群众财产；不违规收费罚款；不强迫群众手术；不违背服务承诺；不刁难群众办事；不借机以权谋私。要求全市人口计生系统所有工作人员必须严格遵守以上群众纪律，改进作风，依法行政，维护群众合法权益，树立良好的人口计生工作形象。

常德市计生委、常德市计生协会举行全市人口和计生法律法规知识竞赛

2008年，湖南省人口计生委印发人口和计划生育工作纪律，要求全省计生工作做到“八个严禁”：即严禁以办“学习班”为名限制群众人身自由，或者以其他形式留宿群众；严禁损坏违反计划生育规定人员的家庭财产；严禁未经法定程序将违反计划生育规定人员

的财物抵缴社会抚养费；严禁组织对未婚女青年进行孕检；严禁乱收费、乱罚款、乱收押金；严禁因当事人违反计划生育规定而株连其亲属及其他群众；严禁对揭发、举报人口计生工作问题的群众打击报复；严禁大月份引产。

在“七个不准”“八个严禁”执行初期，全市计划生育工作人员，特别是行政执法人员普遍感到不适，认为捆住了执法手脚，“老办法不能用，新办法不管用”，计划生育工作出现了节育措施难落实、社会抚养费难征收等问题。2008 年，全市应落实节育手术 71129 例，实际只落实 57996 例。社会抚养费征收到位率 49.33%，比全省低 7.03 个百分点。针对这一情况，常德市一方面加强计生队伍依法行政培训教育，开展人口计生文明执法、公正执法、依法行政示范乡镇创建和行政执法案卷集中评审等活动，提升执法能力。另一方面，加强乡镇党政领导责任，依靠乡村干部和司法力量，加大宣传教育和依法强制执行力度，提高依法行政水平。

示范窗口和示范乡镇（街道）创建　2006 年，湖南省开展依法办事示范窗口单位创建活动。常德市先后有桃源县人口计生局（2006—2007 年），鼎城区人口计生局（2008—2009 年），石门楚江镇人口计生办（2010—2011 年），汉寿县龙阳镇计生办、澧县澧澹乡计生办（2012—2013 年）先后被评为湖南省第二批、第三批、第四批、第五批全省依法办事示范窗口单位。2011 年，国家人口计生委下发了《关于开展全国人口和计划生育依法行政示范乡镇（街道）创建活动的通知》（人口政法〔2011〕48 号），常德市制定了具体创建实施方案，明确了依法行政示范乡镇（街道）的六条标准：文件合法，规范性文件合格率达到 100%；普法深入，群众对人口计生法律法规和政策的知晓率达到 90% 以上；执法规范，杜绝发生粗暴执法、乱收费、乱罚款等侵犯公民人身权、财产权的案件；服务便民，群众满意率达到 90% 以上；奖励落实，兑现及时率达到 100%；保障有力，按照《常德市人口计生行政执法文书基本格式》《常德市人口计生行政处罚（征收）案卷评审考核办法》《常德市人口计生系统“阳光计生行动”五项监督制度》，规范行政行为。通过层层考核验收，是年，澧县大堰垱镇、安乡县安丰乡、桃源县漆河镇被评全国第一批人口和计划生育依法行政示范乡（镇）。2012 年，武陵区护城乡、鼎城区丁家港乡、汉寿县崔家桥镇、临澧县安福镇、石门县夹山镇、津市市金鱼岭街道等 6 个乡镇被评为全国第二批人口和计划生育依法行政示范乡（镇）。

日常监控　2011 年 11 月 13 日，市人口计生领导小组制定印发了《常德市人口计生依法行政依法执业日常监控考核试行办法》（常人口领办发〔2011〕2 号），对制定下发文件违法；不做违法怀孕对象思想工作任其违法生育，以图多征收社会抚养费；使用未取得行政执法证的人员执法，行政执法程序违法，或适用实体法律、法规、规章错误，损害公民合法权益；使用禁用宣传标语、口号；违反人口计生群众工作纪律，以办“学习班”等名义非法限制对象及其亲属人身自由、打骂侮辱群众、损坏群众财产或未经法定程序将对象及其亲属财物抵缴社会抚养费；变卖、转让、出租、承包或变相承包县乡服务站所或其科室；因违法行政，或违反技术常规致人死亡或重大技术服务事故发生，或引发其他计划生育恶性案件等9类情况实施日常监控。2012年，津市市汪家桥街道对辖区内一违法生育对象拒不上报出生，被举报到市人口计生委。市人口计生委对这一对象上报出生情况纳入日常监控，后因反复督促仍拒不上报，是年年底，市委、市政府对该街道实施了计划生育“黄牌警告”。

行政处罚（征收）案卷评审　2010年开始，市人口计生委每年都对各县（市区）人口计生系统的行政处罚（征收）案卷随机抽取样本进行集中评审。评审前制定了具体的评审细则，对随机抽取的案卷样本，市人口计生委抽调专门人员对每份案卷进行逐一评审，量化打分，并聘请市政府法制办有关人员、市行风监督员、市政协委员全程参与评审，指出每份案卷存在的不足。

四、合同管理

20世纪90年代中后期，桃源县计生委开始探讨实行计划生育合同管理的新机制，分8类情况与育龄妇女签订合同：与未婚女青年从20周岁起签订晚婚合同；与已婚育龄妇女签订每季度进行一次生殖健康监测合同；与外出未婚青年签订定期联络合同；与外出已婚育龄女签订半年寄回孕检证明或回乡孕检合同；与流入人口签订计生合同；与已婚青年签订晚育合同；与要求并符合生育二孩条件的签订生育间隔合同；与所有已婚育妇签订落实节育措施合同。1996年，桃源县被湖南省计生委选定为推行计生全程合同管理试点县。桃源的做法和经验在1997年3月《湖南人口报》头版头条刊出后，《中国人口报》《湖南日报》进行了报道，全国8个省、市近600人前往参观。

1997年4月，常德市计生委在桃源县召开全市计划生育政策法规工作会议，总结推广桃源县实行计生全程合同管理的做法。要求加强合同的规范管理，做到内容规范，不与法律法规相抵触，充分体现合同双方的权利和义务；文本规范，逐步由各地各式各样文本向全市统一，以后全省统一。会议经过充分座谈讨论和筛造，依照法律法规精神，向全市推广了三种合同管理办法：与外出已婚育妇在外出前签订定期孕检和寄回孕检证明合同、与流入人口签订定期孕检的合同、与要求再生育妇女在领取再生育证之前签订长效节育措施合同。各地在实践中坚持比较好的是与外出已婚育龄妇女签订计划生育合同。在签订这类合同时，一般应有直系亲属或村干部担保，并交纳一定的合同保证金。

第四节　社会抚养费征收管理

1989年以前向计划外生育对象收取超生罚款。1990年《湖南省计划生育条例》颁布实施后改为计划外生育费。2000年3月，中央8号文件明确规定实行征收社会抚养费制度。同年，财政部、国家计生委联合下发文件，要求各地将计划外生育费改为“社会抚养费”。2001年《人口与计划生育法》将“社会抚养费”予以法定明确。

一、征收标准

1989年以前收取计划外生育者罚款，常德市没有统一标准，由各县（市区）根据各自情况确定，一般在1000元至2000元不等。

1990年以后按《湖南省计划生育条例》的规定执行：提前生育第二孩的，征收计划外生育费200—500元；超生一个孩子的，国家工作人员、企业事业单位职工按本人年工资的1.5倍征收；城乡私营企业主、个体工商户按本人上年度纯收入1.5倍征收，本人纯收入不到2000元的，按2000元计征；城镇居民中的无业人员，按本市城镇居民上年度人均收入的1.5倍征收；农民按本村上年度人均纯收入的2倍征收；继续超生的按超生第一个孩子征收的金额加倍征收；不足法定婚龄生育第一个孩子的，按超生一个孩子的规定征收计划外生育费；生育第二个孩子仍不足法定婚龄的，按超生第一个孩子征收金额加倍征收。

2002年以后，按照修订后的《湖南省人口与计划生育条例》规定征收：符合再生育一个子女的条件未取得生育证生育的，按上年度总收入的30%征收；提前再生育子女的，每提前一年按照上年度总收入的40%征收；违法多生育一个子女、非婚生育和非法收养子女的，按照上年度总收入的2倍征收，每再多生育（含非婚生育、非法收养）一个子女的，依次增加三倍征收。

2007年以后，按照再次修改后的《湖南省人口与计划生育条例》规定征收：符合再生育一个子女的条件，未取得生育证的按上年度总收入的30%征收；符合法定结婚条件，未办理结婚证生育的按上年度总收入的2倍征收；不足法定婚龄生育第一个子女、非法收养子女的，按上年度总收入的3倍征收；符合收养条件，未办收养证收养子女按上年度总收入2倍征收；违法多生育一个子女的，按上年度总收入2—3倍征收；有严重情节违法多生育一个子女的，按2—8倍征收。

2010年5月，常德市人口计生委根据《湖南省规范行政裁量权办法》和人口与计划生育的法律法规，制定了《常德市计划生育行政处罚（征收）和终止妊娠保证金收取裁量权基准》（常人口发〔2010〕11号），规定了社会抚养费征收裁量权基准：符合再生育一个子女条件未取得生育证生育的，按上年度总收入的30%征收。违法多生育或非法收养一个子女的，未办结婚证生育的按上年度总收入2倍征收。违法多生育子女后没及时报告超过2年的，国家工作人员或企事业单位职工违法生育或非法收养一个子女的，拒不缴纳终止妊娠保证金又不终止妊娠导致违法生育的按上年度总收入3倍征收。违法生育前后藏匿、转移财产的；所在村民委员会土地纳入征地规划后违法多生育一个子女的；行政事业单位、人民团体或国有企业领导干部违法生育或非法收养一个子女的；在违法生育或非法收养案件调查过程中，当事人辱骂、围攻、殴打工作人员、拒不配合调查取证，但违法生育或违法收养事实成立的；采取非法手段骗取再生育证违法生育的；违法生育后，为逃避法律责任将婴儿送养他人，贩卖（残害）婴儿或婴儿下落不明的；人大代表、政协委员、村（居）民委员会成员违法生育或违法收养一个子女的按上年度总收入4倍征收。实际收入明显高于当地人均收入，但无法核实其具体收入的按人均收入的4倍征收。重婚生育或与配偶之外的人生育的按上年度总收入6倍征收。违法生育（收养）一个孩子后继续违法生育（收养）的按违法多生育（收养）一个子女征收标准依次增加3倍征收。符合法定再生育条件，施行非医学需要选择性别终止妊娠或者谎报婴儿死亡、遗弃（买卖、残害）婴幼儿后违法生育的，均按违法多生育子女征收标准的2倍征收。

二、征收程序

社会抚养费征收程序随着人口和计划生育法律法规的修改、补充和完善而不断规范。2007年《湖南省人口与计划生育条例》修改后，省人口计生委对执法程序作出了规定：县级人口计生部门或受委托乡镇人民政府、街道办事处对违法生育（含非婚生育、下同）、非法收养的当事人按下列程序征收社会抚养费：经群众举报或人口计生部门发现违法生育或非法收养的，应当即立案，填写立案报告，主管领导审批并指定2个以上具有行政执法资格的工作人员进行调查。调查人员对被调查人的违法生育或非法收养事实进行调查取证，形成证据链，确认违法生育或非法收养事实；对取得一定证据证明当事人违法生育，但当事人拒不承认的，经县级人口计生部门集体研究同意，可书面责令当事人在限期内作出亲子鉴定；确定被调查人违法生育或非法收养的事实后，对其双方上年度收入进行调查取证。填写《征收社会抚养费审批表》，提出征收标准的建议。县级人口计生部门委托乡镇人民政府或者街道办事处征收社会抚养费的，乡镇人民政府或者街道办事处应当由分管领导牵头，与计生办工作人员集体研究，提出征收倍数建议，报县级人口计生部门决定。没有委托的，由案件承办人员提出建议。县级人口计生部门成立“社会抚养费征收标准审批领导小组”，主要负责人任组长，分管政法工作的领导和纪检组长任副组长，政策法规股长和工作人员为成员。

拟按照2至3倍标准征收社会抚养费的，由县级人口计生部门分管领导审批，报主要负责人同意后，在《征收社会抚养费审批表》上签署意见、签名并加盖人口计生部门印章；拟按照4倍以上标准征收社会抚养费的，由“社会抚养费征收标准审批领导小组”集体研究决定后（有会议记录），组长在《征收社会抚养费审批表》上签署意见、签名并加盖人口计生部门印章。

按4倍以上标准征收社会抚养费的，《征收社会抚养费审批表》复印件报市级人口计生部门备案，具体由政策法规机构受理。市级人口计生部门应当对县级人口计生部门作出的征收决定的合法性和合理性进行审查，认为征收决定违反有关规定或者畸轻畸重的，应当责令县级人口计生部门重新作出征收决定。

已审批确认社会抚养费征收标准后，县级人口计生部门制作《征收社会抚养费告知书》和送达回执单，委托乡镇人民政府、街道办事处计生办工作人员送达。三个工作日内当事人未提出申辩、陈述或要求听证的，县级人口计生部门制作《征收社会抚养费决定书》和送达回执单，委托乡镇人民政府或者街道办事处计生办工作人员送达。当事人在三个工作日内提出申辩、陈述或要求听证的，应当根据审批权限，由乡镇人民政府或者街道办事处计生办将陈述、申辩情况记录在案，报告县级人口计生部门；当事人要求听证的，报告县级人口计生部门，由县级人口计生部门依法组织听证，听证应当制作笔录；笔录应当交当事人审核无误后签字或者盖章。县级人口计生部门听取当事人陈述、申辩和听证结论，决定是否征收社会抚养费和是否变更征收金额。决定征收的，制作《征收社会抚养费决定书》和送达回执单，委托乡镇人民政府、街道办事处计生办工作人员送达。当事人确有困难，不能一次性缴纳社会抚养费的，在接到《征收社会抚养费决定书》三十日内，向乡镇人民政府、街道办事处计生办提出要求分期缴纳的书面申请。乡镇人民政府、街道办事处计生办调查核实后报送县级人口计生部门审查（由政策法规机构受理）。符合分期缴纳条件的，县级计生部门制作《分期缴纳社会抚养费决定书》，不符合分期缴纳条件的，制作《不同意分期缴纳社会抚养费决定书》，委托乡镇人民政府、街道办事处计生办工作人员送达。

常德市人口计生委召开再生育审批和社会抚养费征收案件评审会

在规定时间内收缴社会抚养费，开具《湖南省非税收入一般缴款书》，并附《湖南省非税收入缴款通知单（计划生育专用）》。当事人收到征收决定书后，六十天内不申请行政复议，不提起行政诉讼又拒不缴纳的，自起诉期限届满之日起一百八十天内申请人民法院强制执行。

已足额缴纳了社会抚养费，填写《计划生育行政执法结案书》，案卷整理归档。没有足额缴纳社会抚养费即结案的，结案无效。被征收当事人违法生育和非法收养情况、应征收社会抚养费标准及金额、已征收到位情况等，要在所在村（居）委会或单位予以公开。

三、征收措施

1989 年以前，常德市超生罚款由乡镇干部到超生家庭收取。不能当即交纳的，干部多次上门催交。无现款交纳的，以家庭实物抵交。对个别拒不交纳的，乡镇采取强制手段收缴实物等。

1990 年，《湖南省计划生育条例》颁布实施后，常德市开展了以整顿生育秩序为中心“五清理两落实”，即“清理节育措施、清理计划外怀孕、清理超生处罚、清理早婚早育和非法结婚生育、清理生育领域的不正之风，落实生育政策、落实人口计划指标”。各县（市区）成立了“五清理两落实”领导小组，由县委、县政府分管领导负责，全市抽调了 5000 多名干部，对 1980 年以来的抢生超生、早婚早育、非婚生育及落实节育措施情况进行了认真清理。全市共清查出违反计划生育人员 68019 人，其中非婚生育 3411 人，早婚早育 6924 人，超生二胎 41250 人，超生多胎 1356 人，应罚金额 2236.6 万元，兑现 1774.3 万元，兑现率 80%。安乡县组织 1000 多干部，由县领导带队，集中 20 天时间到各乡、村开展“五清两落实”工作，共查出超生 10812 万人，补交计划外生育费 204.9 万元，另有 1492 人落实补救措施，2175 名早婚和非法结婚者补办了登记手续，24 起计划生育领域不正之风和 33 起破坏计划生育的事件得到了查处。县委书记洪明祥在全省计划生育工作会议上介绍了安乡县“五清两落实”的经验。

1995 年，石门县计生委和县人民法院成立了计划生育联合执法室，联合办理计划生育案件，该县历年遗留下来的超生后拒不交纳计划外生育费的 10 多个“钉子户”案件得到了解决。当年全县计划外生育处罚件件到位，结案率达 100%。皂市镇覃某某 1994 年计划外生育二孩，一直拒不缴纳计划外生育费。联合执法室工作人员找其谈话，与执法人员发生冲突，唆使 100 余名不明真相群众起哄、谩骂、攻击执法人员。县人民法院随即采取强制手段拘留了包括覃某某夫妇在内的妨碍执行公务的有关人员 15 人，处罚 22 人。最高人民法院内刊、《常德日服》《石门晚报》进行了专题报道，予以充分肯定，在社会上引起强烈反响。市计生委及时宣传和推广石门的做法，各县（市区）联合执法室相继成立，有力推动社会抚养费征收。

2000 年，常德市广泛开展“四查四到位”活动：即一查党政一把手亲自抓负总责、人口与计划生育目标管理责任制执行情况，促进“责任到位”；二查避孕节育措施、生殖保健、优生优育、计划生育药具管理等工作的开展情况，促进“措施到位”；三查财政投入和乡镇统筹费的到位情况，促进计划生育经费“投入到位”；四查党员、干部、群众违反计划生育和破坏计划生育的违法行为，促进法律“责任到位”。全市继 1990 年之后又一次开展社会抚养费集中整治活动。全市共清理出 1990 年至 1999 年违法生育人员 46259 人，应征金额 18679.57 万元，已征 15715.68 万元，到位率 84.13%。此后，市计生委每年都要集中一段时间开展社会抚养费征收。

汉寿县人口计生局、汉寿县人民法院成立非诉行政案件执行局。

2002 年 5 月，常德市计生委下发了《关于加强社会抚养费征收力度认真整顿生育秩序的通知》（常计生函〔2002〕23 号），决定 7 月、8 月、9 月三个月集中开展社会抚养费征收执法行动，要求各县（市区）高度重视，加强领导，督促检查，严格标准，分段结账。市计生委实行半月一调度，及时通报工作进度。当年全市违法生育 2501 人，应征金额 1732 万元，已征金额 815 万元，到位率 47%。

2004 年 6 月，桃源县人民法院对该县三阳港镇一拒缴社会抚养费的违法生育对象判处有期徒刑 6 个月，成为常德市因计划生育入刑第一案。

2009 年，市人口计生领导小组在桃源召开了社会抚养费征收工作专门会议，并组织专项调查，下发了《关于全市社会抚养费征收专项调查情况的通报》（常人口领办函〔2009〕3 号）。

2010 年，常德市人口计生领导小组提出要采取有力措施，努力提高社会抚养费征收到位率，要求各级各部门全力配合人口计生部门搞好征收工作，打造公平计生。各地加强宣传力度，大力营造违法生育者要足额缴纳社会抚养费的浓厚氛围。市县两级人民法院被纳入市县两级人口和计划生育部门综合治理单位，加强了征收力度，对拒不执行行政处罚的个人，申请人民法院依法强制征收。津市市新州镇嘉山社区王某、李家铺乡庙巷村徐某、灵泉镇鹿山村朱某违法生育后拒不缴纳社会抚养费，阻挠工作人员正常执法，在当地产生了较大的负面影响。津市市司法机关对其采取强制执行措施，对 3 名当事人实行司法拘留各 15 天。是年，市人口和计划生育行政执法监察支队成立，除西湖、西洞庭外，9 个县（市区）人口和计划生育行政执法监察大队全部成立，共配备行政执法事业编 53 名，实有 56 人，开展人口计生执法，配合基层搞好社会抚养费征收。是年，全市申请法院强制征收 247 件，应征社会抚养金额 23325 万元，已征收 18410 万元，到位率 78.9%，临澧县、澧县到位率分别达到 85.17%、84.98%。见表 3－2－4－1。

进入 21 世纪 10 年代后叶，常德市人口计生委在行政执法中开始倡导刚柔并举，维稳拓展的人性化征收社会抚养办法。坚持依法管理，细化操作，避免行政侵权；坚持关口前移，优质服务，避免意外妊娠和大月份引产；坚持分类化解，避免越级上访。将严格依法行政，加强信访维稳和落实节育措施，强化社会抚养征收等工作有机结合，探索一条既推动工作，又维护人民群众合法权益，稳定社会大局人口计生可持续发展之路。石门县从 2007 年开始在人口计生执法中实行刚柔并举，柔性执法，取得了较好的成果，全县连续 5 年实现了“三无”，即无因违法行政导致的行政复议、行政诉讼案件和群体性事件，无强制大月份引产导致的孕妇死亡致残事件，无越级上访、重复上访和赴省进京上访的良好局面，2012 年获湖南省第二届人口计生工作创新奖。

四、使用管理

1990 年以前，对违规生育对象在经济上处罚方式是收取计划生育超生罚款。收取罚款的额度没有统一规定，乡镇的自由裁量权很大，也有很大的随意性，往往根据计划外生育者的家庭经济情况确定罚款数额。对无力缴纳罚款的对象，收缴其家庭财产抵押。所收罚款没有统一管理办法，主要由乡镇用于计划生育聘用人员的工资。所收缴的罚没财产用于村和乡镇公用，或拍卖换取现金，用于计划生育开支。

1990年，《湖南省计划生育条例》颁布实施，对违法生育者征收“计划外生育费”，仍然由乡镇政府征收，纳入乡镇财政管理。主要用于计划生育公务支出。包括补助计生工作人员工资补助、独生子女保健费发放、妇检以及计生办设备设施添置等。县级财政不对乡镇计划外生育费统筹。

2003年6月，湖南省人民政府办公厅转发省财政厅、省计生委《湖南省社会抚养费征收管理实施意见》的通知。按照省里的规定，常德市加大监管力度，严格执行“收支两条线”制度。2010年常德市财政局和市计生委联合下发了《常德市计划生育专项经费管理办法》，规范了社会抚养费的使用、管理、监督，规范使用征收票据。全市统一使用国家财政部监制的《湖南省非税收入一般缴款书》专用票据，并严格执行票据领用、保管、缴销、审核制度。严格收支两条线，实行征缴分离，全部纳入县级财政管理。委托乡镇征收的以乡镇为单位上缴县级非税收入汇缴结算户，县级财政每月将收缴的社会抚养费由非税收入汇缴结算户解缴同级国库，再由县级财政定期拨入计生部门。支出项目按照社会抚养费使用范围设立科目，主要用于计生利益导向和计生公共服务。2010年，市人口计生领导小组下发《关于从社会抚养费中提取10%比例资金作为生育关怀基金的通知》（常人口领发〔2010〕8号），明确各县（市区）每年从当年所征收社会抚养费中提取10%比例用于县级生育关怀基金。每年进行一次专项审计，严防不当收支情况发生。全市各村、社区在计生公示牌中公布社会抚养费征收个案，广泛接受群众监督。

表3-2-4-1

常德市2010年社会抚养费征收统计表

单位	违法生育数	立案数	立案应征金额（万元）	立案已征金额（万元）	征收到位率（%）
武陵区	385	379	1473.761	1190.050	80.75%
鼎城区	2791	2791	2851.770	1891.820	66.34%
安乡县	1165	1165	1853.293	1360.600	73.42%
汉寿县	4997	4997	5978.669	4716.286	78.89%
澧　县	3318	3318	4313.400	3665.354	84.98%
临澧县	724	724	806.446	686.859	85.17%
桃源县	3821	3821	2974.945	2428.021	81.62%
石门县	1769	1769	1678.580	1363.960	81.26%
津市市	514	514	877.000	706.690	80.58%
西湖管理区	99	99	148.839	113.559	76.30%
西洞庭管理区	26	26	43.799	31.505	71.93%

单位	违法生育数	立案数	立案应征金额（万元）	立案已征金额（万元）	征收到位率（%）
德山开发区	50	50	130.570	106.650	81.68%
柳叶湖度假区	114	114	193.967	149.239	76.94%
全　市	19773	19767	23325.040	18410.590	78.93%

第五节　专项整治

一、出生人口性别比偏高问题治理

2002 年 1 月，鼎城区武陵镇卫生院职工熊某私自利用 B 超给政策外怀孕三孩的育妇曹某进行胎儿性别鉴定，曹于当年 3 月违法超生三孩。根据群众举报，市计生委责成鼎城区计生局立案调查属实。鼎城区计生领导小组对武陵镇卫生院予以通报批评，并处罚款 10000 元。对具体责任人熊某通报批评，并处罚款 5000 元，停止护师执业一年。市计生领导小组将此事通报全市。这是常德市查处的第一例非法鉴别胎儿性别的案件。

2005 年 3 月，《湖南省禁止非医学需要鉴定胎儿性别和选择性别终止妊娠规定》（省政府 194 号令）（简称治理“两非”）颁布施行。这是湖南省第一部专门对治理出生人口性别比偏高问题的规章。是年 3 月 31 日，湖南省人民政府召开全省集中整治“两非”联合执法行动电视电话会，对开展专项集中整治非医学需要鉴定胎儿性别和非医学需要选择性别终止妊娠行为联合执法行动进行动员和部署。是年 4 月，常德市政府召开集中整治“两非”联合执法行动动员大会。常德市人口和计划生育领导小组印发了《常德市集中整治非法鉴定胎儿性别和选择性别终止妊娠行为联合执法行动方案》（常人口领发〔2005〕2 号），成立了由市人民政府分管副市长张元英任组长，市人民政府副秘书长陈智慧、市人口计生委主任张卫星、市卫生局局长郑家火为副组长，政府其他相关职能部门主要负责人为成员的综合治理出生人口性别比偏高问题领导小组，加强对联合执法行动的领导。同时开展宣传发动，形成整治“两非”的舆论氛围；所有医疗保健机构、个体诊所、药品批发及零售企业、药店、计生服务机构等贴出了醒目的“禁止非医学需要鉴定胎儿性别和选择性别终止妊娠”的标语；实行有奖举报，公布举报电话，举报内容经查属实，每例给予 2000 元的奖励，并为举报者保密；广泛开展调查摸底，掌握案例线索；各有关部门各司其职，开展整治行动。全市共上街宣传 206 次，出动宣传车 303 辆次，宣传牌 491 块，印发宣传资料 10 万余份，张贴广告 6240 份，悬挂标语 4301 条，刊播消息 230 条，培训 8381 人次，编发简报 16 期，投入经费 22.9 万元。基本查清了全市出生人口性别比构成、B 超和染色体检测设备的使用管理、药品经营批发企业销售管理情况。依法查处了一批“两非”案件，共对 52 起“两非”案件进行了立案调查处理。但因未查出典型“两非”案件，常德市受到了省人口计生委的严厉批评。

2005 年 9 月，常德市人口计生委、市卫生局、市药监局制定下发了《常德市防治出生人口性别比偏高有关管理制度和程序》（常人口发〔2005〕24 号）。该文件规范了有关防治出生人口性别比偏高的八项制度和程序：孕妇全程服务责任制，规定了县、乡、村三级对孕妇实行全程服务的职责及奖励和责任追究的办法；妊娠 14 周以上超声检查管理制度，要求加强 B 超管理，严格检查申请程序，严禁透露胎儿性别；妊娠 14 周以上终止妊娠手术管理制度，实行妊娠 14 周以上终止妊娠手术获准制度，凭证实行手术；药品批发企业销售终止妊娠药品管理制度，实行凭证采购，专人、专区、专账管理；终止妊娠药品的使用管理制度，禁止未获准资质的人员使用终止妊娠药品；医学需要鉴定胎儿性别审批程序，审批主体市母婴保健医学鉴定组织必须按审批依据、审批条件、按程序办理；举报奖励制度，对违反上述规定的人和事经举报查实由各级人口计生行政部门给予 300 元至 2000 元奖励；综合管理和考核制度，各级各相关责任单位执行上述规定情况纳入年度目标管理考核。

2005 年 4 月常德市召开整治“两非”动员大会

2006 年，常德市集中整治“两非”联合执法行动办公室认真总结教训，加大工作力度：加大宣传造势力度，在新闻媒体开辟宣传专栏，采取系列报道、人物专访、言论评论、公布有奖举报电话、刊播公益广告、开通咨询热线等方式，营造男女平等、关爱女孩、严惩“两非”行为的社会舆论环境；加大有奖举报力度，对举报查实的一般性两非案件，给予举报者 300—2000 元的奖励。对举报查实的典型“两非”案件，分别给予举报人和办案人员 1 万元奖励；加大集中查处力度，成立由市人口计生委、市卫生局、市食品药品监督管理局、市公安局、市工商局组成集中查处“两非”行动办公室，各抽调 1 名骨干集中办公，配备必要的办案设备和经

2006 年 12 月湖南省人口计划生育综合治理出生人口性别比偏高问题工作会议在常德市召开

费，集中在4－6月查处“两非”案件；加大考评奖惩力度，将整治“两非”工作纳入各县（市区）和相关综治部门年度人口和计划生育目标管理责任制考核内容，明确要求市人口计生、卫生部门以及各县（市区）必须查处一例典型案件，对查处典型案件的县（市区），年度目标管理考核奖励总分1分，对于没有查处典型案件的市直有关部门，取消评先资格。是年，全市查处“两非”案件42件，其中典型“两非”案件6起，41名责任人受到了经济和行政处罚。鼎城区周家店镇卫生院B超诊断工作人员林某，因进行非医学需要的胎儿性别鉴定，被吊销医师执业证书，解除聘用合同，罚款1万元，在全区卫生系统通报批评。市人口计生领导小组对查处了典型“两非”案件的武陵区、鼎城区、桃源县、石门县、澧县安乡县各奖励2万元。2006年12月，湖南省人口计生委在常德市召开了整治“两非”工作经验交流会，常德市人口计生委作了题为《狠抓规范管理推动案件突破》的经验发言。

2007年至2008年，常德市查处“两非”案件有了新的突破，分别查处典型“两非”案件12例和10例。2009年是查处“两非”案件最多的一年，达17例。2010年查处10例。从2006年至2010年，全市共查处“两非”典型案件55例，相关责任人受到了处罚。汉寿县红十字医疗门诊部袁某非法鉴定胎儿性别被罚款2万元，没收非法所得224元，责令停止执业；鼎城区草坪镇卫生院周某非法鉴定胎儿性别被罚款2万元、党内严重警告、罢免区人大代表资格；澧县澧澹乡张某进行选择性别人工终止妊娠，罚款3000元，不批准其再生育；石门县周某、常德市第四人民医院周某、临澧县朱某、桃源县王某、津市市张某、安乡县吴某非法鉴定胎儿性别，各罚款2万元；安乡县德源医药有限公司马某非法销售终止妊娠药品，罚款2340元，没收违法所得468元；津市市保河堤镇七星村卫生室刁某非法为他人施行计划生育手术，罚款1万元。

2009年4月，常德市委办公室、常德市人民政府办公室下发了《关于建立健全综合治理出生人口性别比偏高问题长效工作机制的意见》（常办发〔2009〕1号），要求各级各部门要继续高度关注出生人口性别比偏高问题，把综合治理出生人口性别比偏高工作纳入“小康常德”“和谐常德”的总体部署，作为综合治理人口问题的重要工作内容，在全面总结集中整治“两非”联合执法专项行动成果经验的基础上，综合运用法律、经济、教育、行政等手段常抓不懈；要加强宣传教育，倡导男女平等的先进理念，营造关爱女孩舆论氛围，完善关爱女孩的政策体系；要加强对孕妇全程管理责任制落实、B超使用管理、妊娠14周以上终止妊娠手术管理、终止妊娠药品管理；要建立健全党政领导负责、部门协同管理、群众广泛参与的长效工作机制，确保出生人口性别比逐步恢复到正常值范围，为经济社会的可持续发展营造良好的人口环境。

2009年12月，常德市人民政府下发了《关于表彰全市综合治理出生人口性别比偏高工作先进单位的通报》（常政函〔2009〕22号），表彰了21个全市综合治理出生人口性别比偏高工作先进单位：鼎城区人民政府、武陵区人民政府、桃源县人民政府、临澧县人民政府、安乡县人民政府、市监察局、市公安局、市财政局、市卫生局、市药监局、市工商局、市人口计生委、市妇联、市卫生监督局、临澧县药监局、鼎城区人口计生委、汉寿县人口计生委、临澧县人口计生委、石门县人口计生委、澧县人口计生委、津市市人口计生委。

2012年，汉寿县、安乡县、澧县等地利用流动人口区域协作机制，先后与广东省揭阳市、惠州市、湖北省松滋市等地协作，联合查处了3起典型“两非”案件，开辟了整治“两非”工作新局面。

二、党员、干部和社会公众人物违法生育专项治理

2007年8月至12月，常德市开展了为期4个月的党员干部和社会公众人物违法生育专项治理行动。市成立了专项治理行动领导小组，市委副书记曹儒国任组长，副市长张元英任副组长，市委办、市人大教科文卫委、市政府办、市政协文教卫体委、市监察局、市人口计生委以及宣传、经委、教育、公安、人事、劳动保障、税务、工商联等部门领导为成员。各地也成立相应的领导小组，明确党政领导和相关部门的职责。是年9月29日，常德市召开了专项治理党员干部和社会公众人物违法生育工作会议。常德市人口计生领导小组制定“专项治理实施方案”。市政府副市长张元英作动员讲话，指出：对那些花费金钱买着生，利用关系骗着生，跑到外地躲着生，无视纪律强行生的，党和政府是绝不能容许的，政治待遇上要撤销他们的荣誉、经济上要严格处罚，谁不奉公守法，谁就没有资格成为社会的楷模。动员大会第2天，张元英又发表电视讲话，市县两级电视台在黄金时段播发。各级利用一切宣传媒体进行宣传，全市书写宣传标语12187条，大型横幅431条，印发小册子45631本，营造了良好氛围，专项治理行动家喻户晓，同时严把对外宣传关口。

为彻底澄清党员干部和社会公众人物违法生育的底子，常德市深入发动，统一清查方法和步骤，把1990年至2007年生育二孩以上对象和收养对象全部进行登记，建立台账，对照《湖南省人口与计划生育条例》逐一进行甄别，层层审核把关；设立举报电话和举报箱，收到举报信息58条。经过认真清查，全市共清查出党员干部和社会公众人物违法生育420名。

搞好清查的同时，常德市人口计生委严把审核关，督促相关部门落实计划生育“一票否决”制度。首先是严把人大代表、政协委员候选人计划生育审核关，在当年换届选举中，有85名市县人大代表候选人和30名县政协委员候选人因有违法生育行为未当选。同时对非公有制经济代表人士和魅力德高评选入围候选人严把计划生育审核关，分别查出11名和5名候选人有违法生育行为，被取消评选资格。随后市专项治理领导小组在曹儒国带领下，到各县（市区）进行专项督查，针对清查情况督办落实。到2008年1月止，全市专项治理工作中清查出党员干部违法生育的272人，社会抚养费征收面达到98.4%，征收到位率达88.28%；应给予党纪处分249人，实施处分240人；应给予政纪处分157人，处分144人。社会公众人物违法生育148人，其中人大代表83人，全部被取消代表资格；

政协委员36人，有30人取消政协委员资格。鼎城区九建公司总经理、先玉网具公司董事长陈某于1980年结婚，1983年10月计划外生育第二个孩子，1990年至2003年，陈某先后与3名女青年结婚，于1990年、1991年、2001年、2003年违法生育4个小孩。针对陈某严重违法生育的事实，鼎城区人口计生局进行了大量的调查取证，在事实面前，陈某不得不承认自己违法生育行为。区人口计生局据此作出了征收社会抚养费的决定，合计征收陈某社会抚养费22万元。在政协换届时，取消了陈某区政协委员候选人的资格。临澧县人口计生局接到举报，县机关有一干部超生，没有清查出来。接到举报后，专案组立即行动，走访调查群众100余人次，最后查实，该干部原有家庭，生育一子；1998年与一有夫之妇同居，1999年6月非婚生育一女，寄养在该县官亭乡桃树村，对外称是捡到的孩子，后双方先后与原配偶离婚，2000年1月，两人办理结婚登记；2004年把未婚生育的孩子接到身边共同生活。由于专案组掌握了大量证据，该干部最终承认小孩是他所生，临澧县按有关规定进行了严肃处理。

专项治理结束后，随即建立了对党员干部和社会公众人物违法生育监督管理的长效机制。2007年8月31日，中组部、国家人口计生委等11部委《关于加强人口和计划生育工作若干政策措施的通知》规定："各有关部门要遵守人口和计划生育法律法规和政策作为提拔任用干部、推荐各级中国共产党代表大会代表、人民代表大会代表、政协委员、青联委员候选人、工商联执委，评选各类劳动模范和先进个人的一项基本要求。"常德市各级各有关部门严格遵守上述规定。在上述活动中，有关单位及时将候选人名单送交人口计生部门审核把关。2008年1月，常德市委组织部将十一届全国人大代表和省十一届人大代表候选人名单送市人口计生委审核，查明常德向都集团董事长向某于1999年8月违法生育一个孩子；益丰大药房董事长高某于2004年5月违法生育一个孩子；2人被取消全国和全省人大代表候选人资格。2009年11月，市全民创业工作领导小组办公室将2009年度全市"十佳创业优秀企业"和"十佳创业优秀人物"名单送市人口计生委审核，查实澧县天源置业纺织公司董事长姚某于2002年违法生育二孩，取消了其候选企业资格。2010年，市人口计生委收到此类信函36份，对300多名相关人员计划生育情况进行审核。其中查明汉寿县王某、帅某于2001年5月违法生育一个孩子，取消其"2009年度全市建设学习型城市工作先进集体"和"学习之星"候选人资格；查明黄某、李某、伍某三人有违法生育行为，取消其"常德市十大杰出贡献经济人物评选活动"候选人资格；查明湖南常德水表制造有限公司董事长李某于2000年违法生育一个孩子、汉风集团有限公司董事长黄某于1999年违法生育一个孩子，取消2人常德市"十佳"优秀企业家评选资格；查明临澧县九里乡邓某其父违法生育且未缴纳社会抚养费，取消邓某常德市2010年度"点燃希望"助学行动中救助资格；查实文某、谢某、陈某、杨某有违法生育行为，取消他们2009年度"支持新农村建设功臣"候选人资格；查明邹某、覃某有违法生育行为，取消他们"支持新农村建设先进个人"评选资格；查实中国人民财产保险股份有限公司汉寿支公司、汉寿县大南湖乡金盆岭村、周文庙乡陈军堤村、株木山村、鼎城区武陵镇花船庙社区、石公桥镇高堰岗村、斗姆湖镇花园村、澧县涔南乡伍家村、桃源县漳江镇二里岗居委会、茶庵铺镇松阳坪村、德山经济开发区德山镇河家坪村年度内均有违法生育情况，取消了上述单位文明标兵单位和文明社区、文明村镇评选资格。1990 年至 2007 年党员、干部和社会公众人物违法生育专项治理行动情况统计表见表 3－2－5－1。

三、乱收费、乱罚款执法行为专项整治

20 世纪 90 年代以前，计划生育处于暴风骤雨阶段，乱收费、乱罚款、乱执法行为较为普遍。随着 1990 年《湖南省计划生育条例》颁布实施，计划生育行政执法行为不断规范。但是，由于基层计划生育经费投入严重不足，不少地方仍然存在“三乱”行为。主要表现在：在办理准生证、流动人口婚育证明、出具计划生育证明等时，违规收取办证费、盖章费等；在签订各种计划生育合同时，违规收取押金（后称合同保证金）；在落实节育手术时，采取以罚代术等手段，违规收取计划外怀孕罚款、结扎保证金等；在征收超生罚款、社会抚养费时，不按法定程序、不按法定标准乱执法等等，影响了党群、干群关系和计生队伍形象。

2000 年 5 月，市计生委开展计划生育乱收费问题全面清理，对省明察暗访组发现的澧县计划生育乱收费问题进行重点解剖，责成澧县迅速整改。是年 7 月，市计划生育领导小组下发《关于严禁计划生育乱收费有关问题的通知》（常计生领发〔2000〕10 号），对计生系统的收费项目和标准再次予以明确，规定取消除外出已婚育龄妇女孕检合同保证金以外的任何计划生育押金、保证金，重申计划生育行政事业性收费、征收和处罚必须严格按规定标准执行，按照规定程序办理，对违规违法乱收费的单位和个人实行责任追究制。

2001 年 8 月，常德市人大常委会副主任邹鸿翔带队检查，在桃源县发现计划生育办证搭车收费现象，当即进行了严肃批评，并通报全市，责成桃源县立案查处。市减负办先后对澧县、汉寿县、安乡县、临澧县等地进行了计生“三乱”行为重点监管。市计生领导小组将整治计划生育“三乱”行为纳入人口计生责任目标管理考核内容，作为计划生育“一票否决”重要条件，严格实行责任追究。市委、市政府在计划生育目标管理考核中，拿出 5 分专门考核“七个不准”执行和“三乱”治理工作情况，明确规定，凡出现违反“七个不准”或“三乱”行为的，实行计划生育“一票否决”。从 2000 年至 2003 年先后有安乡县下渔口镇、汉寿县东岳庙乡等 13 个乡镇因计划生育乱收费被市委、市政府“一票否决”，其党委、政府主要领导、分管领导被追责，计生办主要负责人和相关责任人受到纪律处分。

2002 年，湖南省人口计生委连续印发 42 号和 53 号文件，决定在全省计划生育系统开展全面停止收取、全面清理、全面退还计划生育合同保证金行动。常德市计生委成立了由主任刘兴国为组长、分管领导李培兰为副组长的专门工作领导小组，并在 8 月全面展开了停止收取、全面清理并逐步退还计划生育合同保证金工作。但是由于历年收取的合同保证金数额较大，且不少地方管理不规范，被违法挪用，退还金额缺口较大、难度较大。特别是少数地方以本地工作难度较大为由，不仅拒绝清退过去收取、挪用的计划生育合同保证金，而且还在继续收取，违法挪用，严重影响了计划生育队伍形象，影响了计划生育工作的正常开展。常德市计生委于2003年4月再次下发紧急通知（常计生发〔2003〕12号），要求全市坚决停止收取并全面清理、逐步退还计划生育合同保证金，切实减轻农民负担，维护社会大局稳定。《通知》指出，任何单位和个人不得再收取计划生育合同保证金，已经收取的必须全面清理，规范管理，逐步退还。对已经挪用的计划生育合同保证金，在10万元以下的乡镇，必须在2003年8月31日前还清；挪用金额在10万元以上20万元以下的乡镇，必须在2004年8月31日前还清；挪用金额在20万元以上30万元以下的乡镇，必须在2005年8月31日前还清；挪用金额在30万元以上的乡镇，三年内确实无力偿还的，应专项上报市计生委，经审核后报省计生委备案。挪用乡镇要制定退还计划，确保及时退还到位。《通知》还指出，停止收取计划生育合同保证金不是否定计划生育合同管理制度，要求以清退行动为契机，进一步完善计划生育合同管理制度。合同保证金停止收取后，可以在签订合同时，约定合同双方当事人违法合同约定，向对方当事人支付不超过800元的违约金。《通知》规定，市计生委把清退计划生育合同保证金作为2003年计生政策法规、财务资产和纪检监察业务考核内容，对继续顶风收取、挪用保证金行为的，坚决实行计划生育“一票否决”。截止到2003年8月11日，全市累计收取计划生育合同保证金1998万元，其中已经退还1127万元，违约转罚款169万元，剩余702万元，制订计划两年内全部退完。到2006年，全市计划生育合同保证金基本清退完毕。

第六节　执法监督

一、内部监督

1990年，《湖南省计划生育条例》实施，常德市各级计生部门开始设置机构，组建执法队伍。但已经习惯了行政管理的计生队伍，一时很难适应依法管理的要求，行政违法案件时有发生。各级领导、执法监督部门和公检法机关，考虑到计划生育工作的难度，一般采取理解和包容的态度，协助计生部门做好善后处理工作，未做过多的责任追究。

1990年11月，常德市鼎城区断港头乡发生了一起对计划外生育二孩对象拆屋的事件。该对象陈某某为此多次上访市人大常委会、法院等单位，市区计生委认真调查，做好工作，乡计生办赔偿了陈某某的损失，陈某某也按标准交纳了计划外生育费。这是《条例》实施后常德第一例，也是最后一例因计划生育的拆屋事件。

1993年3月，常德市武陵区城北街道办事处前进诊所，私自为计划外怀孕人员接生，造成计划外出生。武陵区计生委调查了解情况后随即下发了处罚通知书，因执法程序有错，执法文书不规范等问题，市农工民主党提交了复议申请书，并准备提起行政诉讼。市

表 3-2-5-1

常德市1990—2007年党员、干部和社会公众人物违法生育专项治理行动统计表

年度	党员干部公众人物违法生育人数	专项治理中发现人数	其中原处理未到位人数	违法生育当时的身份情况相关资格取消情况																
				干部人数	科级干部人数	社会公众人物	其中人大代表人数	乡级人大代表	县级人大代表	市级人大代表	其中政协委员人数	县级政协委员	市级政协委员	取消人大代表人数	取消乡级人大代表人数	取消县级人大代表人数	取消市级人大代表人数	取消政协委员人数	取消县级政协委员人数	取消市级政协委员人数
1990	83	6	67	13		29	19	15	4		2	2		19	15	4		2	2	
1991	31		26	5		13	7	6	1		4	4		7		7		2	2	
1992	15	2	12	5		8	3	3			1	1		3	3			1	1	
1993	14		11	4		6	5	4	1					5	4	1				
1994	15	1	8	5		6	4	1	3		2	2		7	3	4		2	2	
1995	21	1	16	4		9	5	3	1		1	1		2		1	1	1	1	
1996	6		4	1		8	4	1	1	1	1	1		4	1	1	2	1	1	
1997	9		9			8	3		2	2	4	4		6	3	2	1	2	2	
1998	8		9	3	1	5	1	1		1	1	1		1	1			1	1	
1999	23	1	9	5		9	4	3	1		3	1	2	4	3	1		3	1	2
2000	13		11	6	1	3	2		2		2	2		2		2		2	2	
2001	23	1	7	8		8	3	1	1	1	2	1	1	6	4	1	1	2	1	1
2002	26		19	10		3	4	3	1		2	1	1	1		1		2	1	1
2003	23	2	14	6		5	2	1	1		2	2		2	1	1		2	2	
2004	36	1	30	12		11	8	5	2	1	2	2		8	5	2	1	2	2	
2005	38		24	9		12	5	2	2	1	2	2		5	2	2	1	2	2	
2006	24	1	18	10		4	3		2	1	1	1		2		1	1	1	1	
2007	12	1	1	2		1	1			1	4	2	2	1			1	2		2
合计	420	17	295	108	2	148	83	49	25	9	36	30	6	85	45	31	9	30	24	6

计生委专门召开会议进行分析研究，在行政复议阶段妥善处理，避免了行政诉讼案件的发生。是年，市计生委受理行政复议案件 13 件，办理结果维持 12 件，变更 1 件。市计生委首次出席市政府法制工作表彰会，被评为先进单位。

为使基层计生干部尽快适应以行政管理为主转变为依法管理为主的要求，常德市计生系统加强了对干部的法制教育，举办各种类型和形式的法制学习班，并用典型案例教育干部。抓队伍清理整顿，对一些文化偏低，法律意识淡薄，不适应做计生工作的人员予以调离辞退。《条例》开始实施的 1990 年至 1992 年 3 年间，全市共调离辞退 150 多人。抓改进工作作风，坚持以“宣传教育为主”方针，提倡以理服人，以情感人，克服简单粗暴行为。抓执法监督，执定了 4 项执法监督制度：定期汇报制度、重大问题请求报告制度、例会制度、检查制度。1996 年开始，全市计生系统开始贯彻执行“持证上岗、亮证执法”制度，加强培训学习、增强素质和执法能力，严把办证关。当年全市办理行政执法证 476 人。

1997 年以后，国家《行政诉讼法》《国家赔偿法》等法律法规相继出台，常德市计生系统开始建立计划生育行政执法责任制。1998 年，各县（市区）均建立计划生育行政执法责任制，明确了责任人，规范了执法程序和执法范围，实行了群众监督与专门考核相结合的执法监督机制。是年，市计生委发文对执法文书和执法程序作出了明确的规范性要求。

2000 年 5 月，常德市计生委制定下发了计划生育行政执法责任制，开始了对行政执法中的违法案件进行查处。2001 年 2 月 8 日至 3 月 27 日，汉寿县阳南塘乡计生办在开展计划生育工作中，先后将 30 多名违法怀孕者或其家属带到乡计生办办学习班，时间短的 1 至 2 天，长的达 42 天。由此引发了该乡二房湾村伞冲组村民刘某和陈家山村袁家湾组村民袁某服毒自杀。市县有关部门介入调查，并作出了严肃处理：给予乡党委书记留党察看两年、乡长行政记大过、副乡长开除党籍行政撤职、计生办主任开除党籍行政撤职、计生办工作人员曾某党内警告处分，乡党委、政府向县委政府写出了书面检查，县委、县政府及分管负责人向市委、市政府写出了书面检查。

2005 年 9 月，常德市人口计生委为进一步加强全市计生系统的法制建设，维护公民、法人和其他组织的合法权益，制定了《常德市人口计生委行政执法责任制及行政执法过错责任追究制》（常人口发〔2005〕21 号）《常德市人口计生委行政执法有关程序与制度》（常人口发〔2005〕22 号）。2009 年 2 月对上述两个文件进行修改完善，将行政执法的职权与职责落实到各科室（站）及全体工作人员，实行行政执法公开制，首问负责制，重大事件集体讨论制，行政执法法定时间制等，实行奖罚和责任追究。2010 年 3 月，常德市人口计生委《关于推行行政处罚自由裁量权基准制度工作的实施方案》（常人口发〔2010〕6 号）进一步规范了行政处罚自由裁量权，确保行政执法机关合法、合理行政，杜绝了违法裁量、随意裁量、滥用自由裁量权的现象。

2010 年，常德市人口计生委机关开展了“深化行政责任制推进机关效能建设年”活动。为加强行政效能监察工作，制定了各项规章制度，明确了单位、个人的职责与责任。制定了《市人口计生委领导班子集体决策重大问题议事规则实施意见》，对需要集体研究的问题作了明确规定。制定了《市人口计生委推行行政责任制加强行政效能监察若干制度》。制度包括行政处罚和听证制度、首问负责制度、一次性告知制度、限时办结制度、服务承诺制度、政务公开制度、谈话告诫制度等。服务承诺在《常德日报》上公布，并公布了举报电话。制定了《市人口计生委行政执法依据、有关程序与制度》，公布了市人口计生委行政执法有关法律法规及制度。制定了《市人口计生委行政执法责任制及行政执法过错责任追究制》，规定了各执法科室站的执法责任及执法过错应承担的责任，并在《常德日报》上公布。制定了《市人口计生委科室站个人行政责任制、行政效能工作考评办法》，成立了考评工作领导小组，明确了考评办法、考评内容等，全面开展建设人民满意机关的活动。

二、群众监督

2006 年 4 月，常德市人口和计划生育领导小组下发了《关于开展计划生育便民维权活动的意见》（常人口领发〔2006〕3 号），要求全市人口计生部门及其工作人员努力提高依法行政能力和优质服务水平，畅通监督渠道，转变工作作风，防止行政侵权和行政腐败，真正把人口和计划生育法律法规赋予群众的权利交给群众，把人口和计生部门应对群众尽到的义务和职责告诉群众，把计划生育办事条件和办事程序交给群众，尊重群众在计生工作中的主人翁地位。同时制定了《常德市计划生育便民维权措施二十一条》，就简化生育（服务）证办理（审批）程序、落实贯彻优惠政策、提供国家规定的基本项目的免费计划生育技术服务、维护公民在接受行政处理过程中的合法权益作出了规定，并开通便民维权热线电话。

2009 年 4 月，常德市人口计生委下发了《关于建立市民网上诉求快速处理制度的通知》（常人口函〔2009〕11 号），决定建立市民网上诉求快速处理制度，畅通网络民意表达渠道，提高市民网上对人口计生工作合理诉求的办理效率。坚持科室在线、处理及时、信息公开，对常德政府网站“市民留言”和“市长信箱”栏目中对人口和计生工作合理诉求快速处理。

2010 年，常德市人口计生委向社会公布了《常德市人口和计划生育委员会公开承诺书》，作出了十项承诺：认真贯彻执行人口和计划生育的各项法律法规，做到有法必依，执法必严。严格落实独生子女保健费等法律法规明确规定的奖励政策和农村部分计划生育家庭奖励扶助、计划生育家庭特别扶助制度，确保奖扶金发放到位率 100%，保障计划生育家庭的各项合法权益。免费为育龄群众提供优生优育、避孕节育、生殖健康等咨询服务；免费为省定目标人群提供染色体 G 显带分析、孕中期 B 超检查和孕中期二联酶标检测筛查；免费为育龄群众发放避孕药具。搞好政务公开，对现行生育政策，再生育审批、病残儿医学鉴定、《流动人口婚育证明》等办事程序，以及人口出生、社会抚养费征收、独生子女保健费发放、“两扶”对象等计划生育事务，在醒目的位置进行公开，接受群众监督，打造阳光计生。监督计生执法机构依法依程序征收社会抚养费，加大对党员、干部和社会公众人物等特殊群体违法生育的查处力度。落实整治“两非”长效机制，严查典型“两非”案件，保持合理的出生人口性别比。不断完善流动人口一盘棋工作，督促各乡镇及时为流动人口免费办理《流动人口婚育证明》，为流入已婚育龄妇女提供免费避孕节育等服务。继续开展生育关怀行动，从征收的社会扶养费中提取10%比例资金作为生育关怀基金，专款用于帮扶独生子女发生意外的家庭，开展群众生殖健康服务、独生子女困难家庭助学、关爱女孩、帮扶基层计划生育工作者。深入开展婚育新风进万家活动和关爱女孩行动，多形式、多渠道向育龄群众免费发放计划生育宣传品，帮助他们树立科学、文明、进步的婚育观。认真接待群众来电来信来访，做到有访必接，有件必复，妥善处理好反映的热点、难点问题。对群众举报的乱罚款、乱收费、乱摊派行为，坚决严肃查处。严格执行计划生育群众工作纪律和检查考评工作纪律，在抽样调查中不增加基层负担，不干扰群众生活。

为兑现承诺，促进文明执法，是年6月10日至15日，8月9日至13日，常德市人口计生委2次组织兑现承诺，开展文明执法的检查督导活动。全市1353名计生工作人员和259个单位开展自清自查。发放征求意见评分表22883份（其中县级1868份、乡级21015份），收集意见和建议2300余条。

三、人大政协监督

《中华人民共和国人口与计划生育法》《湖南省人口与计划生育条例》颁布实施以后，常德市人大常委会每年定期开展1—2次贯彻执行计划生育法律法规的检查、视察和监督活动。市人口计生委主任定期向市人大常委会汇报“一法一条例”贯彻落实情况、履职情况、人口计生工作开展情况、计生经费预算编制和执行情况，接受评议和监督。2003年7月，市人大常委会专门对《人口与计划生育法》《湖南省人口与计划生育条例》的执行情况进行了专题视察。2004年4月和10月，市人大常委会对各县（区市）和有关部门贯彻实施《人口与计划生育法》情况进行了检查。2005年9月，市人大常委会主任莫道宏带领市人大部分领导到市人口计生委视察工作，要求人口计生工作积极适应新形势，研究新对策，解决新问题，取得新成绩。2008年9月，市人大常委会对全市贯彻实施

2008年张卫星在市人大常委会议上接受市人大对人口计生工作的评议

《人口与计划生育法》《湖南省人口与计划生育条例》情况进行了执法检查。2012 年 5 月 -6 月，市人大常委会对全市人口计生工作进行咨询评议。活动分两阶段进行：5 月下旬至 6 月上旬，组织力量深入各县（市区），采取听取汇报、座谈了解、到乡村现场查看等形式，开展评议调查。6 月 27 日召开市五届人大常委会第三十一次会议进行咨询评议。会上，市人口计生委主任张卫星和市人大常委会评议调查组分别报告了 2008 年以来全市人口计生工作开展情况和评议调查情况。市人大常委会就人口计生政策、流动人口服务管理、社会抚养费征收、乡村计生队伍建设、计生经费投入以及人口计生政策与相关部门政策不兼容等热点、难点问题，向市人口计生委主任张卫星进行专题询问，并对人口计生工作进行了现场评议和测评。市人大常委会在充分肯定人口计生工作取得显著成绩的同时，指出还存在国策意识在淡化、计生法规执行难、激励机制欠引力、保障措施不到位等问题和困难，并提出了四条针对性整改意见：要加大宣传教育力度，增强国策意识；要加大综合治理力度，推进依法行政；要加大奖励扶助力度，强化利益导向；要加大队伍建设力度，提升服务水平。根据市人大常委会的意见，市人口计生委加强整改落实，并将整改落实情况在 10 月召开的市五届人大常委会第三十三次会议上进行了专题汇报。

常德市政协委员会一直把人口计生工作作为关注的重点。2004 年 9 月，市政协组织部分政协委员，先后两次到市计生委进行出生人口性别比问题调研。2005 年 1 月，市政协在四届三次全会上，对出生人口性别比升高问题进行了重点讨论，提出了防治意见。是年 9 月，市政协副主席文承保带领部分市政协委员到市人口计生委就“十一五”规划（草案）中的人口计生工作部分开展调研，为准确制定“十一五”人口规划出谋划策。

每年在“两会”（人大代表会和政协会议）期间，市人大和市政协都组织人大代表和政协委员对人口计生工作建言献策，提出建议和提案。从 1988 年市人大、市政协一届一次会议到 2010 年五届三次会议，市人大代表和政协委员关于计划生育的建议和提案达 60 多件。如市政协四届二次会议江菊英委员第 266 号提案《关于实行人口属地化规划管理，必须按属地化明确计划生育责任》；市人大四届五次会议曾宪妮代表第 89 号建议《关于加强全市人口与计划生育工作的建议》；市政协五届一次会议宋立明、陈兰委员第 334 号提案《关于加强社会抚养费征收的几点建议》；市政协五届二次会议田大春委员第 321 号提案《关于早婚早育问题》；市政协五届三次会议车立平委员第 195 号提案《关于加强出生缺陷干预，提高出生人口素质》等。市人口计生委对人大代表和政协委员的建议和提案都予以专题研究，及时回复，件件落实。

四、审计监督。依据《中华人民共和国审计法》，常德市审计局对市本级及各县（市区）人口计生委财务管理和社会抚养费的征收情况进行现场审计。2010 年 4 月至 11 月，市审计局组织力量先后对鼎城区、澧县、石门县、临澧县、汉寿县等 5 个区县 2008 年至 2009 年社会抚养费征、管、用情况进行了审计。《审计报告》称：近两年来，常德市社会扶养费的征收、管理和使用情况有所改善。各级党委、政府高度重视社会抚养费征收工作，加大了部门间的配合力度，审计调查的 5 个区县人民法院两年来共强制征收社会抚养费案件 177 例，征收 166.77 万元，征收到位率 60.54%。各地公安、卫生等部门也严把相关证件发放关口，积极支持计划生育行政执法，有效维护执法环境，有力地维护了计划生育基本国策的严肃性和公正性，促进社会抚养费征收。2009 年全市征收数比 2007 年增加 3269.07 万元，增长 102.57%。社会抚养费的“收支两条线”管理逐步规范，用于计划生育利益导向的比重逐年加大。审计还发现全市 2009 年有 2.55% 的违法生育当事人逃避了社会抚养费的征收，同时征收到位率还偏低，有的被抽查单位不足 45%。2008 年、2009 年全市社会抚养费征收在全省计划生育责任目标评估考核名次仅为第 13 名和 11 名，均未能达到全省社会抚养费征收的平均到位率。在管理上也还存在少报违法生育对象，空转、截留、违规使用社会抚养费等问题。

五、社会监督。依法行政的不断推进，特别是《中华人民共和国政府信息公开条例》颁布实施后，常德市逐步加大了计划生育政务公开、村务公开、党务公开力度，全面接受社会群众监督。在公开形式上，主要有：网站公开。以政府网站、计生网站为平台，将领导机构、部门设置、单位职责、政策法规、科普知识、政务动态、人事任免、办事指南等信息进行了全面公开。专栏公开。在机关事业单位设立计生政务公开专栏、政务公开橱窗，将机构设置、办事程序、计生政策法规、四费支出、人事任免等信息及时公开。信访公开。积极处理政府“12345”热线反映的问题，设立计生服务热线电话“12356”。通过处理来信来访，及时公开各种政策法规和政务信息，受理群众咨询投诉，维护群众合法权益，消除群众误解。2006 年开始，张卫星主任每年应邀做客常德行风热线、政府网《嘉宾访谈》、信访热线，就广大群众关注的有关“生育政策、收养子女、奖励扶助、超生处罚”等热点问题，进行在线交流，及时答疑释惑。村务公开。2009 年，常德市每个村居制作了统一标准、统一内容、统一形式的室外计生村务公开栏，将生育证发放、计划生育奖励政策兑现、社会抚养费征收等计生村务面向社会、面向群众进行公开，接受群众监督。2011 年，常德市一律师事务所律师雷某，因对病残儿鉴定结果有异议，向市人口计生委提出公开常德市病残儿鉴定专家和鉴定通过人员具体情况的申请。市人口计生委根据《中华人民共和国政府信息公开条例》第十四条第四款“行政机关不得公开涉及国家秘密、商业秘密、个人隐私的政府信息”和国家人口计生委关于印发《人口计生委政府信息公开规定（试行）》的通知（国人口发〔2008〕39 号）第十条第一款第二项“属于个人隐私或者公开后可能对个人隐私造成不当侵害的政府信息不予公开”、以及国家人口计生委办公厅《关于进一步推行人口和计划生育政务公开的实施意见》第三条第一项第五点“对个人隐私或者公开后可能对个人隐私权造成不当侵害的相关信息属于免于公开的内容”等相关规定，没有同意公开，但将国家《病残儿医学鉴定管理办法》（2002 年国家计生委 7 号令）和病残儿医学鉴定程序，在常德市人口计生委网站、各级计生政务公开栏上实行了公开。

第三章　利益导向

第一节　计划生育优先优惠政策

一、晚婚晚育的奖励

1990 年《湖南省计划生育条例》规定：男女双方按法定婚龄推迟 3 周岁以上结婚为晚婚；已婚妇女 24 周岁以上生育第一个孩子为晚育。国家工作人员、企事业单位职工晚婚的，除国家规定的婚假外增加婚假 12 天；晚育的，除国家规定的产假外增加产假 30 天；在产假期间领取独生子女证的另增加产假 30 天。增加的假期视为出勤，工资、奖金照发。农民晚婚晚育的，可免去一年的义务工。城镇居民晚婚晚育的，由镇人民政府或街道办事处给予优待。2003 年《湖南省人口与计划生育条例》和 2007 年修订的《条例》重新规定了上述奖励条款，并增加优惠待遇：职工晚育的，男方享受护理假 15 天，护理假按出勤对待。农村居民晚育的，减免本人当年村内集体生产公益事业所筹资金。2003 年常德市人民政府制定的《常德市计划生育奖励办法》（常政发〔2003〕20 号）规定：实行晚婚的农村居民、城镇无业居民可由户籍所在地乡（镇）人民政府、街道办事处一次性给予 100—200 元的奖励。

二、独生子女保健费

常德市发放独生子女保健费始于 1982 年，开始只在有工作单位的家庭实行，没有建立必要的兑现检查制度。具体标准为干部职工独生子女在满 14 周岁以前，每年发给不少于 40 元的保健费。

1990 年，独生子女保健费开始提高标准，奖励对象由干部职工扩展到所有城乡居民。《湖南省计划生育条例》规定：有生育能力的夫妻只有一个未满 14 周岁的子女，终身不再生育并领取独生子女证的，从领证之月起到子女 14 周岁止，每月发给不低于 5 元的独生子女保健费。2003 年《湖南省人口与计划生育条例》和《常德市计划生育奖励办法》将独生子女保健费标准提高到每人每月 5 至 20 元。2013 年，《常德市计划生育奖励扶助办法》将独生子女保健费提高到每人每月 10 至 20 元。所需经费，夫妻双方均有工作单位的，由双方工作单位各负担一半；一方有工作单位，另一方没有工作单位的，由有工作单位一方支付全额；夫妻双方均无工作单位的，由户籍所在地乡（镇）人民政府或者街道办事处支付，所需费用由各级计划生育经费分担。

从开展计划生育起至 21 世纪 10 年代中叶，常德市独生子女保健费在党政机关、企事业单位基本得到落实，城镇无业居民一部分未得到落实。农村的独生子女保健费，在 2002

年国家税费体制改革以前，大部分得到落实。税费体制改革以后，由于缺乏资金来源，大部分没有落实。

2009 年 11 月至 12 月，常德市人口计生委对全市独生子女保健费落实情况进行一次全面摸底调查。到 2009 年 10 月底止，全市只有一个子女家庭 92 万户，有 0—14 周岁独生子女 41.96 万户，已领取《独生子女父母光荣证》的 16.33 万户，0—14 周岁独生子女领证率 38.9%。其中，双方有工作单位的（即国家机关、事业单位、国有企业和国有控制企业的工作人员）22.21 万户，占 13.53%；夫妻一方有工作单位的 1.37 万户，占 8.39%；夫妻双方均无工作单位的 12.75 万户，占 78.08%。领取《独生子女证》的 16.33 万户中，落实了保健费的 5.89 万户，占已领证户的 36.08%，占全市 0—14 周岁独子女家庭的 14.05%。独生子女保健费全部到位的单位有：西洞庭管理区和德山开发区；兑现率超过 50% 的单位有：贺家山原种场（94.36%）、桃源县（90.18%）、武陵区（69.76%）、汉寿县（59.83%）；兑现率低于 15% 的单位有：安乡县（14.66%）、临澧县（13.79%）、石门县（9.95%）、鼎城区（8.11%）、柳叶湖度假区（6.78%）、澧县（2.46%）。“调查报告”称，导致全市 0—14 周岁独生子女家庭《独生子女父母光荣证》领证率低的主要原因：育龄群众的生育意愿与国家生育政策仍有差距，一部分群众不甘心只生一个，采取等待观望态度，等待有机会再生育；基层计生经费短缺，基层计生部门担心领证越多，开支越大，办证积极性不高，甚至不予广泛宣传和主动办理；各单位兑现保健费只取下限，每人每年 60 元的保健费对群众缺少吸引力。报告分析：全市已领取《独生子女父母光荣证》的 0—14 周岁独生子女家庭 16.34 万户，如果全部按下限兑现保健费，每年需 980.4 万元，其中城镇纯居民户 12.75 万户，各级计生事业费需支出独生子女保健费 765 万元。2008 年开始，独生子女保健费列入各级财政预算。2009 年，省级安排常德市独生子女保健费 336 万，市级配套 108 万元，合计 444 万元。但当年全市兑现保健费总额为 353. 67 万元，只占省市下拨经费的 80.38%。由于县乡计生经费紧缺，不但没有安排独生子女保健费配套资金，而且挪用挤占省市专项资金。除武陵区、桃源县兑现保健费总额超过省市下拨专项资金总数外，其余县（市区）均存在挪用挤占现象，其中鼎城区省市下拨 75.8 万元，兑现 5.54 万元，澧县省市下拨 72.3 万元，兑现 3.55 万元。

2005 年，常德市把独生子女保健费兑现情况纳入年度人口和计划生育责任目标管理考核内容，重点考核兑现率。2010 年，增加考核领证率。2011 年，湖南省决定，将独生子女保健费纳入计划生育奖励扶助范围，实行统一确认对象，统一配套资金，统一打卡发放。在资金配套上，省里负责每人每月 2 元，市县负责每人每月 3 元（其中省直管县负责 3 元，非直管县市州负责 1 元、县负责 2 元）。《常德市人口和计划生育工作考核评估方案》要求，各地发放独生子女保健费不低于每月人均 5 元，有条件的地方按每人每月 10 元的标准发放。是年，常德市除西湖管理区按照每人每月 10 元标准发放外，其他县（市区）均按照每人每月 5 月标准发放。全市除党政机关、企事业单位独生子女保健费全面落实外，还确认了城镇纯居民和农村居民独生子女保健费发放对象 90860 人，由各级财政配套发放保健费 545 万余元。至此，独生子女保健费城乡基本实行全覆盖。2012 年，除西湖管理区继续按照每人每月 10 元标准发放，临澧县按照每人每月 8 元标准发放外，其他县（市区）均按照每人每月 5 月标准发放。全市城镇纯居民和农村居民独生子女保健费发放对象增加到 103420 名，各级财政配套发放保健费 646.64 万余元。2012 年全市城镇纯居民和农村居民独生子女保健费发放情况见表 3－3－1－1。

表 3－3－1－1

常德市 2012 年独生子女保健费发放情况统计表

单位	发放人数（人）	发放标准（元/月）	资金总额（万元）
常德市	103420		646.64
武陵区	10650	5	63.9
鼎城区	19411	5	116.47
安乡县	20666	5	124
汉寿县	5934	5	35.6
澧　县	10933	5	65.6
临澧县	6700	8	64.3
桃源县	9257	5	55.54
石门县	12009	5	72.05
津市市	5475	5	32.85
西洞庭管理区	2048	5	12.29
西湖管理区	337	10	4.04

三、城镇独生子女父母奖励

增发 5%退休金　20 世纪 70 年代，湖南省制定了对独生子女父母退休时增发本人基本工资 5%退休金的奖励政策（按 100%发给退休金的不再增发）。1990 年 1 月 1 日起，湖南省颁布实施的第一部《湖南省计划生育条例》，以及 2003 年修改的《湖南省人口与计划生育条例》进行了具体规定。常德市各级国家机关、事业单位和 1997 年 12 月 31 日前退休的企业职工独生子女父母享受了这一优待奖励政策。但 1998 年 1 月 1 日后企业退休和置换身份的独生子女父母只有部分享受此项政策待遇。为了落实这一政策，2003 年，常德市政府出台的《常德市计划生育奖励办法》规定，参加了社会养老保险的单位，由养老机构支付，未参加社会养老保险的，仍然由原单位发放。企业破产时，应增发其退休金的投保经费，确保增发的退休金列入养老保险。

随着国家基本养老保障制度的改革，劳动保障部门从2003年1月1日起，企业职工退休待遇按新老办法对比的计发方式，同时取消了在基本养老统筹金中列支企业独生子女父母退休后增发5%的基本养老金政策。为此，企业退休独生子女父母意见很大，多次上访要求享受增发5%退休金的待遇。2004年，常德市计生委、市劳动和社会保障局联合开展了专题调研，并向市政府、省计生委、省劳动和社会保障厅作了专题汇报。

2007年再次修改的《湖南省人口与计划生育条例》将此政策修改为“城镇居民中的独生子女父母，以及符合国家和省规定条件的农村居民中的独生子女父母或者生育两个女孩的父母，达到国家和省人民政府规定的年龄时，由人民政府发给奖励扶助金”。2010年湖南省劳动和社会保障厅《关于企业职工基本养老金计发办法过渡期间退休独生子女父母享受增发待遇问题的复函》（湘劳社函〔2010〕4号）这样解释：“在1998年至2002年城镇企业职工基本养老保险制度计发办法改革过渡期间，企业退休人员基本养老金计发办法为‘新老办法对比计算’的办法，……新老办法对比，新办法高于老办法，老办法中包含加发的5%的待遇，以新办法计算金额计发基本养老金，实际也已享受加发5%的待遇。”

2010年1月，湖南省人事厅《关于做好机关事业单位独生子女奖励政策衔接工作的通知》（湘人发〔2010〕3号）规定：从2009年10月22日起，停止办理审批全省机关事业单位独生子女父母退休人员增发本人基本工资5%退休费，已经办理的，应重新办理退休费计发手续，增发部分在以后的一次性奖励中扣除。常德市严格执行了这一规定。

一次性奖励5000元 2009年10月22日，湖南省人民政府下发了《湖南省城镇独生子女父母奖励办法》（湘政发〔2009〕34号），决定将城镇独生子女父母奖励由退休后增加工资改为一次性给予奖励，将奖励面由国家干部职工扩展到城镇所有居民。

奖励范围。城镇独生子女父母奖励对象必须同时符合以下条件：夫妻双方或一方为城镇居民；持有效《独生子女证》或《独生子女父母光荣证》或终生未生育子女也未收养子女；城镇职工达到国家规定退休条件并办理了正式退休手续，其他城镇居民男性年满60周岁，女性年满55周岁；属于城镇职工的，必须是2003年1月1日以后退休，且未享受独生子女父母增发本人基本工资百分之五退休金待遇。

奖励标准。对符合城镇独生子女父母奖励条件的，每人一次性奖励5000元。2003年1月1日至2009年10月22日，企业转制、改制、破产过程中，已享受独生子女父母奖励但不足5000元的，待达到规定年龄后，按标准补发不足部分。

资金保障及发放方式。国家机关、事业单位、国有企业和国有控股企业独生子女父母奖励金，由所在单位筹资发放；其他城镇独生子女父母奖励金由各级政府筹集，乡镇、街道办事处人口计生办根据批准确认的奖励对象名单发放。

奖励工作试点。2010年9月，湖南省在24个县（市区）开展城镇独生子女父母奖励制度试点工作，常德市武陵区（含德山经济技术开发区、柳叶湖旅游度假区）和鼎城区纳入了先行试点单位。常德市人口计生委、市公安局、市财政局、市劳动和社会保障局、市国资委、市国家税务局、市地方税务局、市直工交企业产权改革办等 8 家单位联合制定了《常德市城镇独生子女父母奖励制度试点工作实施方案》（常人口发〔2010〕26 号）；成立了由副市长万成贞任组长、市政府副秘书长陈智慧、市财政局局长卢武福、市人口计生委主任张卫星为副组长、市有关部门负责人参加的试点工作领导小组。经过相关部门紧密配合，通力协作，各试点区周密部署，精心组织，如期完成了试点单位城镇独生子女父母奖励对象的申报登记、评议审核、调查确认、信息录入和资金发放工作。共确认 2010 年度试点区城镇独生子女父母奖励对象 11233 人，其中武陵区 9801 人（含德山经济开发区 1145 人，柳叶湖旅游度假区 10 人），鼎城区 1432 人，共按省定奖励标准发放奖励资金 5611.76 万元。

2010 年 9 月，武陵区、鼎城区在开展城镇独生子女父母奖励试点中，出现了政策覆盖范围外的群体上访问题。上访群众主要是湖南省养老制度改革过渡期间（1998 年—2002 年）企业独生子女父母退休职工。他们反映的突出问题是认为省政府《湖南省城镇独生子女父母奖励办法》规定的奖励范围第 10 条“属于城镇职工的，必须是 2003 年 1 月 1 日以后退休且未享受独生子女父母增发本人基本工资百分之五退休金待遇”条款不合理，否认了他们作为独生子女父母实行计划生育的贡献，应该纳入这一奖励的范围。

常德市是湖南省最早对国有企业进行改制的市州之一，大部分国有企业相当多的职工在养老保险制度改革过渡期间提前退休，因此，他们成了要求兑现城镇独生子女父母奖励的主要群体。从 2010 年 9 月至 12 月底，到市人口计生委上访的群众达 2000 多人次，分属 100 多家原国有企业。市委、市政府和市人口计生委一方面做好上访群众的解释说服工作，一方面积极向上级反映情况，省人口计生委也就此问题向省政府汇报，开展了积极的调研活动，拟定修改完善该政策。

每人每年 960 元奖励　2014 年 8 月 1 日，湖南省人民政府印发《湖南省完善城镇独生子女父母奖励办法若干规定》（湘政发〔2014〕27 号），规定从 2014 年 1 月 1 日，符合三种条件的城镇独生子女父母，每人每月可领取奖励金 80 元，直至亡故。即：（1）本省城镇居民且未在外省市区享受同类奖励的人员，包括本省国家机关、事业单位、国有企业和国有控股企业的职工；具有本省城镇居民户口的其他所有制单位职工和无工作单位居民；在达到奖励年龄的 5 年前将户口迁入本省、连续居住 5 年以上、在本省缴纳养老保险 5 年以上且在本省已领取养老金的城镇居民；户口迁出本省但在本省领取退休费或养老金的职工；执行城镇居民生育政策、没有享受国家农村部分计划生育家庭奖励扶助政策的人员。（2）持有《独生子女证》或《独生子女父母光荣证》等有效证明的独生子女父母，或持有《无子女证明》的终身未生育也未收养子女的人员。（3）符合国家法定退休条件并办理正式退休手续的职工，或男性年满 60 周岁、女性年满 55 周岁的其他城镇居民。

原应享受而未享受或未完全享受增发本人基本工资 5% 退休金或一次性奖励 5000 元的城镇独生子女父母，在新规定实施时仍健在的，可以选择一次性 5000 元或每人每月 80 元的奖励方式。

2014 年 9 月 17 日，湖南省卫生计生委、省财政厅、省人力资源社会保障厅、省国资委联合制定了《湖南省城镇独生子女父母奖励制度政策解释及操作办法》（湘人口发〔2014〕12 号）。是年 9 月 19 日，湖南省政府召开全面实施城镇独生子女父母奖励制度电视电话会议，正式启动城镇独生子女父母奖励新制度。

是年 9 月 24 日，常德市先后召开城镇独生子女父母奖励工作会议和相关部门协调会，举办县（市区）人口计生局分管副局长、奖扶办主任、政法股长和部分街道计生专干参加的全市城镇独生子女父母奖励制度政策解释及操作办法培训班。9 月 25 日，常德市人口和计划生育领导小组印发了《关于贯彻落实〈湖南省完善城镇独生子女父母奖励办法若干规定〉的通知》，全面启动落实该制度。为确保这一制度迅速落实到位，全市采取在媒体开办宣讲专栏，在各级计生部门设立政策咨询室和咨询电话，印发政策宣传通告等办法，加大政策宣传力度，确保城镇奖励政策家喻户晓。明确计生、人社、公安、财政、国资等部门责任，建立政府牵头、部门协作、整体联动机制。制定了详细实施方案和操作流程，加强调度督查，促进了工作有序推进。是年，全市共确认奖励对象 10. 3 万名，发放奖金 9888 万元。

四、农村独生子女多分一人份额政策

2002 年《湖南省人口与计划生育条例》第 4 章第 26 条第 4 款规定：农村分配集体收益对独生子女家庭增加一份额。2007 年修改的《湖南省人口与计划生育条例》第 25 条规定："农村集体经济组织分配集体经济收益、征地补偿费时，对独生子女家庭增加一人份额"。

在此政策执行过程中，不少地方对征地拆迁补偿费等集体收益分配存在很多分歧和纠纷，独生子女家庭未多得一人份而上诉至法庭。2010 年，湖南省高级人民法院印发了《关于审理独生子女家庭征地补偿费分配纠纷案件的指导意见的通知》（湘高法发〔2010〕6 号）规定：依法领取《独生子女父母光荣证》的独生子女家庭，对农村集体经济组织在分配征地补偿费时，要求多分一份额而向人民法院起诉的，属于人民法院受理的民事案件的范围。征地补偿费包括土地费、安置补助费、青苗和地上附着物补偿费。农村集体经济组织以征地补偿费分配方案系经民主议定程序决定为由，对独生子女家庭请求多分一份额予以抗辩的，不予支持。

2010 年，鼎城区大龙站镇富贵坡村 6 组在分配本组因修建高速公路被征收所得征地补偿款时，未按法律及政策规定给独生子女增加一人份额。该组独生子女家庭邹中勇夫妇依法向鼎城区人民法院提请诉讼，鼎城区人民法院最后依法判令大龙站镇富贵坡村 6 组向原告邹中勇一家支付增加一人份额的土地补偿款 19000 元，富贵坡村村委会承担连带给付责任。该案成为常德市落实独生子女家庭多分一人份集体经济收益政策的第一案。

为全面落实这一政策，2010 年年初，常德市委召开常委会进行了专门研究决定：将独生子女保健费兑现、分配集体经济利益和征地补偿费时对独生子女家庭增加一人份额的政策落实问题纳入人口计生目标管理考核，加大考核分值；将农村工作部、国土资源局纳入人口计生综合治理部门，明确责任。2010年，常德市委农村工作部，常德市农村工作办公室出台了《关于在农村集体土地征地补偿费分配中落实计划生育政策的指导意见》，规定：在农村集体土地征地补偿费分配中，对于领取了《独生子女父母光荣证》的家庭，按照《湖南省人口与计划生育条例》的规定，给予多享受一人份额的优惠。其中：夫妻双方和其独生子女户口均在本集体经济组织的，增加1人份额；夫妻只一方户口且独生子女户口在本集体经济组织的，增加2/3人份额；夫妻只一方户口在本集体经济组织而独生子女户口不在本集体经济组织的，增加1/3人份额。是年，全市1624个独生子女家庭享受了多分一人份额征地补偿费的政策。2012年，全市累计有5127个独生子女家庭享受了多分一人份额集体经济利益的政策。

五、其他优先优惠政策

1990年，《湖南省计划生育条例》规定：独生子女入托、入园、入学、招生、招工、就医，在同等条件下给予优先；单位在分配住房时应给予照顾；农村在划分责任田、宅基地和扶持生产等方面给予照顾。

2002年，《湖南省人口与计划生育条例》及2007年修改案中规定：农村在划分宅基地、扶持生产、介绍就业等方面，对独生子女及其父母应给予照顾；农村贫困家庭独生子女接受义务教育期间，有条件的地方可以减免杂费；符合再生育条件，自愿不再生育的，是农村居民的按照不低于所在乡（镇）上年度农村居民人均纯收入的标准发给奖金，是城市居民的按照不低于所在市、县上年度城镇居民人均可支配收入的标准发给奖金。此奖励措施只在部分地区得到兑现。

2003年，常德市人民政府印发了《常德市计划生育奖励办法》，规定：城镇女职工住院合法生育第一个孩子并领取《独生子女父母光荣证》的，所需住院分娩费，参加生育保险前，由所在单位支付；参加生育保险后，其个人负担部分由所在单位支付；对实行计划生育的农民家庭，给予在发展经济方面资金、技术、培训等方面的支持；农村分配集体收益时，独生子女增加一人份额；在实行承包土地小调整时优先安排土地；在集体兴办的社会保障事业中，优先安排独生子女户；各级政府及有关部门在建整扶贫实行定点联系扶助时，优先考虑计划生育贫困户；实行计划生育的家庭优先获得扶贫助学资金，优先推荐大专以上毕业的独生子女就业；农村贫困线以下和城市享受低保的贫困家庭独生子女接受义务教育期间，其小学和初中阶段杂费全免；对放弃再生育的家庭给予一次性奖励，确有困难的，农村不得低于1000元，城镇不得低于3000元；独生子女因伤残而不能成长为正常劳力的，民政、残联等部门在社会救济、扶助、基本生活保障方面给予优先照顾。

2007年，常德市委、市政府下发的《关于加强新时期人口和计划生育工作统筹解决人口问题的决定》（常发〔2007〕10号）中规定：各级各部门在制定惠民政策时，要对计划生育家庭特别是计划生育女孩家庭优先优惠。

教育部门　对独生子女和农村双女户家庭子女在报考本市范围内的省级示范性高中时，同等条件下优先录取；对品学兼优、家庭贫困的独生子女和农村双女家庭子女优先提供奖励和救助；对就读高中、中等职业学校的特困独生子女和农村双女户家庭子女，可由学校免除学费。

卫生部门　对参加农村合作医疗的独生子女和农村双女户子女报销医药费时，在同等条件下提高 5% 的报销比例。

民政部门　对计划生育特困家庭实行重点救助，在同等条件下优先纳入城乡最低生活保障；城乡计划生育“三无”（无生活来源、无自理能力、无住房）家庭中的子女高中阶段就学，按每人每年 1000 元的标准进行资助；城区（武陵区、德山开发区、柳叶湖旅游度假区）的城镇计生低保家庭、城乡计划生育“三无”家庭的子女经过统招考取国家高等学校按专科 2000 元、本科 3000 元的标准予以助学，其他县（市区）参照执行；农村计划生育“三无”家庭中的无房、危房户可申请“爱心房”救助；事业单位在面向社会公开招考工作人员时，给独生子女及农村双女户家庭子女在总分中加 1 分（百分制），并在同等条件下优先录用。

国土资源部门　对计划生育特困家庭建房时，减免 5% 的收费；房产部门在计划生育特困家庭购买经济适用房、求租廉租房时予以优先，并减免 10% 的规费。

农村办、水利、爱卫部门　在沼气建设、改水改厕等方面，优先计划生育家庭，并给予 10—20% 左右的优惠；扶贫、农业、科技等部门在扶贫救济、新技术推广、承担科技项目、科技示范户建设等方面，给予计划生育家庭优先。

妇联、团委、工会　在开展“春蕾计划”“妇女培训和再就业”等活动时，优先安排计划生育家庭。

劳动部门　在技能培训、就业安排等方面优先安排计划生育对象，在非工种限制条件下，积极向用人单位推荐招（聘）用女性。

市委、市政府《决定》下发之后，各县（市区）也都结合本地的工作实际，制定了相应的配套文件，出台了更加具体的奖励优惠措施。武陵区开展民政求助时推行计划生育家庭优先。鼎城区在实施农村新型合作医疗普惠政策时，独生子女家庭提高 5% 的报销比例。汉寿县对计划生育住房困难的家庭在购买经济房、租赁廉租房时予以优先优惠；凭计生部门证明对困难的独生子女义务教育阶段给予寄宿生活补助，高中和职业中专阶段免除学费。临澧县实行计生优惠“一卡通”政策，明确独生女孩家庭凭“一卡通”在升学、经商、务工、就业、就医等 11 个方面享有优惠待遇。石门县出台了以政府投入为主导的教育、医疗、技能、生活、生产、意外事故等六项帮扶政策。桃源县出台独生子女在中考中加 2 分的优惠政策。

第二节　农村部分计划生育家庭的奖励扶助

一、试点

2004年，国家人口计生委、财政部联合召开全国农村部分计划生育家庭奖励扶助制度试点工作会议，常德市被确定为全国9个、全省唯一的全国农村部分计划生育家庭奖励扶助制度试点单位。按照国办发〔2004〕21号文件和国家人口计生委、财政部联合下发的《农村部分计划生育家庭实行奖励扶助制度试点方案（试点）》要求，全市开展了奖励扶助试点工作。成立试点工作领导小组，市政府市长陈君文任组长，市委副书记刘本之、市政府常务副市长陈文浩、副市长张元英任副组长，市人口计生委、市财政局等相关部门负责人共同组成；制定了《常德市农村部分计划生育家庭奖励扶助制度试点的实施方案》。

奖励扶助对象确认条件　根据国办发〔2004〕21号文件精神，结合湖南省计划生育相关法规、政策及常德市推行计划生育的历史状况，确定了常德市农村部分计划生育家庭奖励扶助的条件，并报国家人口计生委确认：本人及配偶均为常德市农村居民户口；1933年1月1日以后出生，其生育行为没有违反计划生育法规、规章和规范性文件（有关依照的法律、法规、规章和规范性文件是：1990年《湖南省计划生育条例》、1994年湖南省人民政府关于《实施〈湖南省计划生育条例〉若干规定》、中共湖南省委湘发〔1987〕36号文件、湖南省人民政府湘政发〔1984〕42号文件、常德市人民政府常政发〔1990〕8号文件）；按照政策曾经生育一个子女现存一个子女或子女死亡现无子女；曾经按政策生育两个女孩现存一个女孩或子女死亡现无子女；在2004年1月1日前年满60岁。

奖励扶助对象确认程序　在试点中，常德市规范了奖励扶助对象确认的“十五道程序”：调查摸底、本人申请、村计生协会理事会评议、村民代表大会或村民议事会审议、村委会初审、村组公示、村委会申报、见面调查、群众座谈、乡级审核、第二轮公示、上报资料、县级审批、第三轮公示、下文批复。

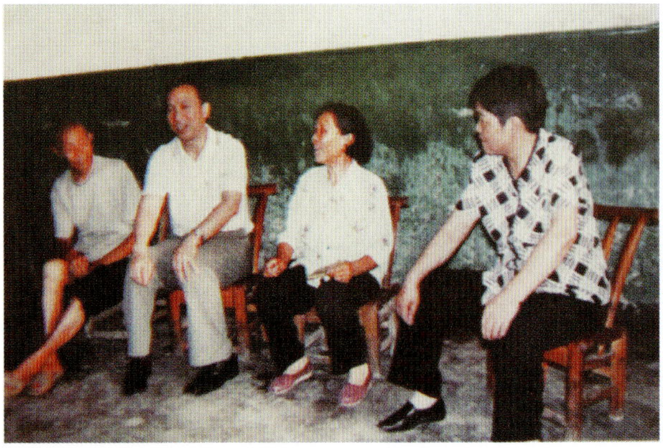

2005年陈君文（左二）、张元英（右一）在澧县大堰垱镇水泗村与奖励扶助对象亲切交谈

奖励扶助对象信息管理　常德市人口计生委出台了《常德市农村部分计划生育家庭奖励扶助对象个案登记与信息管理办法》。制定了一套完整的电子表格，建立了预备期数据库，登记对象为50—59岁实行了计划生育且符合奖励扶助条件的农村居民。奖励扶助期数据库录入受助对象的

基本情况和联系方式等。确保个案信息及时、准确、无虚报、无遗漏、无差错、无延误。

扶助奖励资金发放标准、资金来源和运行方式 根据全国统一标准，奖励扶助对象确认和资金发放以个人为单位。2004 年首批发放标准为每人每年 600 元，直至亡故为止。奖励扶助资金由中央财政和地方财政各负担 50%；地方财政的 50% 由省地县三级按 7∶1∶2 的比例分担。2004 年常德市首批确认的奖励扶助对象 9451 人，所需资金 567.06 万元，其中中央财政下拨配套资金 283.53 万元。

常德市选择了具有网络优势、服务优势和品牌优势的市邮政储蓄作为奖励扶助资金代发机构。奖励扶助金实行“全封闭式”运行方式，常德市财政局设立了“奖励扶助金财政专户”，市邮政局邮政储蓄所开设了“奖励扶助金代发专户”，并为每个受助对象开设奖励扶助金个人账户，发放“一折一卡”（即储蓄存折和奖励扶助金发放卡），单独设立密码。奖励扶助金下拨到市财政局后，直接进入“奖励扶助金财政专户”，市人口计生委到市财政局办理拨款手续，通过“奖励扶助金财政专户”直接划拨到市邮政储蓄所“奖励扶助金代发专户”，奖励扶助对象或委托人凭《农村计划生育家庭奖励扶助证》、本人身份证或委托人身份证、邮政储蓄存折或储蓄卡到当地邮政储蓄所核对密码，领取奖励扶助金。

奖励扶助金首发式 2004 年 8 月 14 日，常德市农村部分计划生育家庭奖励扶助金首发式在常德市工人文化宫举行。国家人口计生委副主任赵炳礼、湖南省委副书记谢康生、省政府副省长杨泰波、省人口计生委主任李万郴、市政府领导和省有关部门的 32 位部厅级领导和 800 名干部群众代表参加，108 名受奖代表上台领取了光荣证和奖励扶助金存折。国家人口计生委、省、市领导发表热情洋溢的讲话，3 名群众代表登台发言，情真意切，感人肺腑。常德原地委副书记、常德市首届计生协会名誉会长、湖南省首届人口奖获得者雷恭政十分动情地说：“新一届党中央、国务院在想方设法解决农民增收问题的同时，又对农村部分计划生育家庭给予奖励扶助，解决老有所养的问题，这非常符合我的心意，这一政策让我放心了、顺心了、安心了。”当年响应党的号召实行计划生育，如今受到奖励扶助的老党员代新洲说：“当初本没有想到现在有这么好的政策，党和政府还惦记着实行计划生育的家庭，没有忘记曾经为计划生育工作做出过贡献的群众，我从内心表示感谢。”在县乡举行的首发仪式上，不少老人热泪双流，有的甚至下跪感谢党的好政策。群众反映：实行奖励扶助真正体现了“利为民所谋，权为民所用，情为民所系”的人本思想，老百姓盛称这项工作是“亲民工程”“爱民工程”，对党和政府感谢之情，溢于言表。

从 2005 年开始，全市受奖励扶助对象逐年增加，2010 年全市获奖励扶助人数达到 37654 人，占全省获奖励扶助总人数的 21%。2004 年至 2012 年连续 9 年，常德市获奖励扶助共计 249278 人次，共发放奖励扶助资金 18623.67 万元。见表 3-3-2-1。

二、政策调整

奖励扶助对象的政策调整 常德作为全国奖扶试点单位后，湖南省于次年在全省推广。其后，省里先后于2005年1月26日、2006年3月10日、2008年12月9日下发有关对象认定的政策性解释和补充规定。在省2006年3月10日的补充规定中，对“常德市曾经合法生育两个女孩的夫妻是否纳入奖励扶助范围的问题”给予了明确。从2006年起对曾经生育过两个女孩，现存两个女孩的夫妻，符合1979年5月26日下发的《湖南省革命委员会关于计划生育工作若干问题的试行规定》（湘革发〔1979〕58号）及其以后各时期省政府明确的常德市的生育政策规定，没有违反计划生育法规和政策规定生育的，可纳入奖励扶助范围。

2004年湖南省农村部分计划生育家庭奖励扶助制度试点工作新闻发布会在常德市召开

奖励扶助金标准的动态调整　从2004年试点开始至2008年，常德执行国家每人每年600元的标准。2009年至2011年，根据国家人口计生委、财政部《关于实施三项制度的通知》（国人口发〔2008〕83号）调整为每人每年720元。2012年起，根据国家财政部、国家人口计生委下发的《关于调整农村部分计划生育家庭奖励扶助和计划生育家庭特别扶助标准的通知》（财教〔2011〕623号），每人每月不低于80元，即每人每年960元。

三、检查考核

常德市人口计生委开展对奖励扶助工作的检查考核，及时查处工作中出现的问题，确保奖励扶助工作准确、及时、无差错。2005年，澧县雷公塔镇在奖扶工作中政策把关不严，将7名不符合条件人员列入奖扶范围。市人口计生领导小组对该镇人口计生工作实行黄牌警告，给相关责任人严肃处理，并收回错发的7名对象的奖励扶助光荣证和银行存折，追缴已发的奖励扶助金。

2006年到2009年，湖南省人民政府连续4年将奖励扶助与以后开始的计划生育家庭特别扶助工作以及对符合再生育条件的再生育夫妇施行出生缺陷干预3项工作纳入全省为民办实事8项工作的重要内容，要求达到3个100%，并实行严格的检查考核。根据省为民办实事考核办公室、湖南省统计局关于为民办实事指标解释及计算方法，经常德市统计局对市人口计生委为民办实事三项工作的评估考核，连续4年，常德市的农村部分计划生育家庭奖励扶助、计划生育家庭特别扶助和出生缺陷干扰三项工作到位率均达100%。

表 3 -3 -2 -1

常德市 2004—2012 年农村部分计划生育家庭奖励扶助情况统计表

年份	奖励扶助人数（人）	标准（元）	合计金额（万元）
2004	9442	600	556.52
2005	8588	600	515.28
2006	14322	600	859.32
2007	17100	600	1026.00
2008	20270	600	1216.20
2009	29936	720	2155.39
2010	37654	720	2711.09
2011	48536	720	3494.59
2012	63430	960	6089.28
合计	249278		18623.67

注：数据来源常德市人口计生委奖扶办统计报表。

第三节　计划生育家庭其他扶助救助

一、计划生育家庭特别扶助制度

制度提出和名称统一　2005 年 6 月，常德市人民政府办公室下发了《常德市农村独生子女特困家庭救助办法》（常政办发〔2005〕25 号），开始探讨农村独生子女死亡、伤残家庭的救助办法。2006 年，根据常德的实践，湖南省开始对全省独生子女伤残死亡家庭进行特别扶助。2007 年 8 月，国家人口计生委、财政部下发了《全国独生子女伤残死亡家庭扶助制度试点方案的通知》（国人口发〔2007〕78 号）。通知指出：独生子女伤残死亡家庭是我国实行计划生育政策以来形成的特殊群体，是社会广泛关注的群体；建立和实施独生子女伤残死亡家庭扶助制度，是人口和计划生育政策的完善和发展；实施这项制度，有利于缓解独生子女伤残死亡家庭的实际困难，使他们精神上获得慰藉，生活上得到帮助；通过率先解决独生子女伤残死亡家庭的特殊困难，更好地体现社会公平。随及湖南省人口计生委、省财政厅印发了《湖南省独生子女伤残死亡家庭扶助制度试点工作的实施方案》（湘人口发〔2007〕34 号）。2009 年 1 月，湖南省人口计生委、省财政厅根据国家人口计生委、财政部的通知精神，下发了湘人口发〔2009〕2 号文件，将“独生子女伤残死亡家庭扶助制度”更名为“计划生育家庭特别扶助制度”，并与“农村部分计划生育家庭奖励扶助制度”统称为“两扶”制度。

扶助条件　特别扶助对象应同时符合以下条件：1933 年 1 月 1 日以后出生，女方年满 49 周岁；只生育一个子女或合法收养一个子女，现无存活子女或独生子女依法鉴定为残废（伤病残达到三级以上）。上述符合条件的对象，由政府发放计划生育家庭特别扶助金。因丧偶或离婚的单亲家庭男方或女方须年满 49 周岁领取扶助金。扶助对象再生育或合法收养子女后，中止领取扶助金。对于独生子女伤病残死亡，而女方尚未达到 49 周岁的家庭，由各级政府、非政府组织为其提供精神抚慰，经济救助和医学咨询指导等服务，帮助有再生育意愿的家庭实现再生育。

扶助标准　独生子女死亡之后未再生育或合法收养子女的夫妻，由政府给予每人每月不低于 100 元（全年 1200 元，2012 年提高到每月 135 元，全年 1620 元）的扶助金，直到亡故为止；独生子女伤病残后未再生育或收养子女的夫妻，由政府给予每人每月不低于 80 元（全年 960 元，2012 年提高至每 110 元，全年 1320 元）的扶助金，直到亡故或子女康复为止。2013 年 12 月 18 日，国家卫生计生委、民政部 、财政部、人力资源社会保障部、住房城乡建设部等 5 部门印发《关于进一步做好计划生育特殊困难家庭扶助工作的通知》，决定自 2014 年起，将女方年满 49 周岁的独生子女伤残、死亡家庭夫妻的特别扶助金标准分别提高到：城镇每人每月 270 元、340 元，农村每人每月 150 元、170 元，并建立动态增长机制。

确认程序　本人提出申请。村（居）委会和乡（镇）人民政府（街道办事处）进行资格初审。县级人口计生委审批。市级和省级人口计生行政部门备案。

资金来源、管理和运作方式　计划生育家庭特别扶助资金来源、管理和发放形式，与农村部分计划生育家庭奖励扶助资金的来源、管理和发放形式完全相同。

制度运行情况　2006 年至 2007 年常德市对全市首批 4282 名符合计划生育家庭特别扶助政策的，每人每年按 600 元给予扶助，发放资金 256.92 万元。2008 年至 2010 扶助资金提高到 1200 元和 960 元。2010 年，常德确认享受计划生育家庭特别扶助对象 4913 人，在全省所占比例最大，达 21.9%。从 2006 年至 2012 年，连续 7 年全市对 29173 名符合计划生育特别扶助的家庭实行特别扶助，共计发放特别扶助资金 3270.53 万元，其中独生子女伤残家庭 10275 户，扶助资金 1012.25 万元，独生子女死亡家庭 18898 户，扶助资金 2258.28 万元。见表 3－3－3－1。

表 3－3－3－1

常德市 2006—2012 年计划生育家庭特别扶助情况统计表

年份	特别扶助人数（人）	独生子女残疾家庭			独生子女死亡家庭			总金额（万元）
		人数（人）	扶助标准（元）	金额（万元）	人数（人）	扶助标准（元）	金额（万元）	
2006	866	268	600	16.08	598	600	35.88	51.96
2007	3416	1194	600	71.64	2222	600	133.32	204.96
2008	4084	1435	960	138.76	2649	1200	317.88	455.64
2009	4509	1588	960	152.45	2921	1200	350.52	502.97
2010	4913	1625	960	156.00	3288	1200	394.56	550.56
2011	5402	1985	960	190.56	3417	1200	410.04	600.6
2012	5983	2180	1320	287.76	3803	1620	616.08	903.84
合计	29173	10275		1012.25	18898		2258.28	3270.53

注：数据来源常德市人口计生委奖扶办统计报表。

二、独生子女患病特困家庭医疗救助

2009 年 12 月，常德市人口计生委、市民政局联合下发了《关于对独生子女患病特困家庭进行医疗救助的通知》（常人口发〔2009〕28 号）。从 2008 年开始至 2012 年连续三年对全市 5074 户独生子女特困家庭进行了救助，共支出救助资金 371.71 万元。见表 3－3－3－2。

表 3－3－3－2

常德市 2008—2012 年对独生子女特困家庭救助统计表

单位：户、万元

年份	求助数	救助资金
2008	20	1.00
2009	50	10.00
2010	50	10.00
2011	2139	131.41
2012	3015	219.30
合计	5074	371.71

注：数据来源常德市人口计生委奖扶办统计报表。

2009年12月，常德市委办公室、市政府办公室下发《关于开展“生育关怀—对口帮扶救助计划生育贫困家庭”活动的通知》（常办〔2009〕58号）。常德市市直机关和中央、省驻常单位广泛开展“生育关怀—对口帮扶救助计划生育贫困家庭”活动，与各县（市区）年人均收入低于800元和因天灾、人祸导致生活特别困难的计划生育家庭结成帮扶对子，开展生活救助、生产扶持、政策倾斜，在一至两年内帮助其脱贫致富。常德市110家市直机关和中央、省驻常副处级以上单位与全市233户计划生育贫困家庭实行对口帮扶救助。见表3-3-3-3。

表3-3-3-3

常德市市直单位和中央、省驻常单位2010年对口帮扶救助计生贫困户统计表

共233户

单位	户数	单位	户数	单位	户数
武陵区	8	澧县	24	津市市	17
鼎城区	19	临澧县	30	德山开发区	11
汉寿县	25	石门县	21	西湖管理区	5
安乡县	24	安乡县	24	西洞庭管理区	11

三、计划生育特别扶助家庭关爱行动

2010年8月，常德市委、市人民政府下发了《关于推行计划生育特别扶助家庭关爱行动的意见》（常发〔2010〕18号）。以创建全省“人口和计划生育工作模范市”为契机，以突出解决计划生育特别扶助家庭生产、生活、养老和精神压力等方面的困难和问题为重点，努力构建和完善“政府主导、部门配合，社会参与”的利益导向工作机制，关心帮扶为国家做出过牺牲和贡献的独生子女伤残、死亡和特困计划生育家庭。

开展关爱行动的背景　独生子女比率高，计生特扶家庭数量多。长期以来的工作积累和推行的一孩生育政策，常德市独生子女比率已经高达68%，因而独生子女伤残死亡的特扶对象在全省所占比例最大；2010年，全市确认计生特扶对象4913人，占全省总数的21.9%，其中独生子女伤残对象1625人，独生子女死亡对象3288人。抵御风险能力低，计生特扶家庭困难多。广大独生子女家庭为国家做出了巨大贡献和牺牲，特别是独生子女伤残死亡家庭，由于缺乏劳动力、子女残疾需要长期治疗、风险抵御能力低等原因，生产、生活、生理、心理等方面均出现很多问题，成为特殊的弱势群体；尽管国家对其实行了生活特别扶助和“生育关怀”，但没有解决风险保障问题和心理生理健康服务，仍然是最需政府关爱、帮扶的特殊弱势群体；据调查，常德市4913名计生特扶对象中，既无子女又无配偶的对象1644名，无住房寄居亲友家的559名；2009年计生特扶对象人均纯收入仅1920元，符合或基本符合城乡低保条件1785名，符合或基本符合五保户条件1432名。群众需求愿望大，计生特扶家庭上访多。为了生计，为了更好地生活，不少计生困难

家庭，特别是独生子女伤残死亡的家庭，纷纷走上信访之路；据统计，全市各级计生信访中，有近60%的是请求解决生产、生活、生理、心理困难的计生家庭，已经影响了社会的稳定、和谐；2010年5月，全国700户独生子女死亡家庭的父母联名上书国家人口计生委和国务院信访局，希望政府对独生子女伤残死亡家庭给予更多关爱，其中常德市就有1户。

开展关爱行动的内容　全面增加生活补助。在及时足额按照独生子女伤残对象960元/人·年、独生子女死亡对象1200元/人·年的标准发放特别扶助金的基础上，为特别扶助对象增加600元/人·年的生活补助。

优惠纳入社会保障。将农村计划生育特别扶助对象全部纳入"新型农村基本养老保险"参保范围，给予未满60周岁的对象每人每年200元缴费补助，已满60周岁的对象按每人每年360元标准增加基础养老金；原国有企业置换身份人员中距法定正常退休年龄5年以内的特扶对象优先纳入城镇职工基本养老保险"助保工程"，助保对象可申请本人应缴保险费额度的50%借款；将农村计划生育特别扶助对象全部纳入"新型农村合作医疗"参合范围，对象个人缴费部分由政府代缴，并在报销住院费用时不设起付线、对补助后的自付住院费用（含起付费用）再给予10%的补助；将城镇计划生育特别扶助对象全部纳入城镇基本医疗保险参保范围，对象个人缴费部分由政府代缴，在报销住院费用时不设起付线、提高10%的报销比例；符合城乡低保户和五保户条件的计划生育家庭特别扶助对象纳入民政救助范围，做到"应保尽保"；对计划生育家庭特别扶助对象因灾害、病残等原因导致家庭条件困难的，应及时给予生活救助、大病救助、临时救助。

优先享受公益服务。由政府出资兴办的养老服务机构在接纳特扶对象时，属于无偿接纳对象的应优先接纳，属于有偿接纳对象的给予每人不低于10%的费用减免；计划生育家庭特别扶助对象在购买、租赁国家经济适用住房、廉租房、国有直管公房时，予以优先并适当减免相关费用；农村计划生育特别扶助对象中符合农村危房改造试点补助条件的应予以优先纳入。

关心帮扶家庭成员。特别扶助对象的残疾独生子女，优先享受《常德市残疾人扶助办法》规定的就医、就业、生产、生活等方面的救助；特扶对象的伤残、死亡独生子女的子女属于独生子女的，在接受九年义务教育、中等职业教育、普通高中教育时，优先纳入资助范围；在参加失业人员职业技能培训、农村劳动力转移就业职业技能培训后，除按规定享受职业技能培训补贴、职业技能鉴定补贴、职业介绍补贴之外，还可另外享受额外补贴优待。

重点突出人文关怀。各级计划生育技术服务机构每年为计划生育家庭特别扶助对象开展一次免费身体健康检查；设立免费咨询电话、开办免费咨询门诊，组织专家上门走访，开展心理辅导；各级政府和相关部门、工会、共青团、妇联和计生协会等群团组织、特扶对象所属单位、村（社区）居委会建立节假日走访慰问制度。2010年，全市各级政府为全市4913名特别扶助对象增加生活补助294.78万元，为他们代缴新型农村养老保险费和增加补助 20.56 万元，代缴新型农村合作医疗保费 11.52 万元，代缴城镇居民医疗保险保费 14.06 万元。

开展关爱行动的成效 缓解了社会难点热点问题。对计划生育特别扶助对象进行全面帮扶和关爱，突出解决特别扶助对象及其家庭在生产、生活、养老和精神压力等方面的实际困难和问题，及时有效地缓解了社会矛盾，促进社会稳定，推进和谐计生建设，全市计生困难家庭信访量大幅下降。

完善了计划生育利益导向政策体系。实行计生特扶家庭关爱行动，让独生子女伤残死亡家庭精神上得到慰藉，生活上得到改善，生产上得到帮助，充分体现国家以人为本的人口计生工作理念，进一步丰富计划生育利益导向政策体系，完善计生保障机制。

彰显了计划生育人本理念和基本国策地位。将计生特扶对象优先优惠纳入社会养老和医疗保障制度范围，有助于落实他们目前急需解决的医疗保障、养老保障等首要问题，彰显了计划生育以人为本的理念和基本国策的上位原则。

促进了群众生育观念和生育行为的转变。计生特扶家庭关爱行动，让广大群众感受到了计划生育的优越性，解决了“生多生少一个样，计划生育吃亏”的问题，从内因上促进了群众生育观念和生育行为的转变，全市低生育水平保持稳定。

四、计划生育手术并发症扶助

计划生育手术并发症患者是计划生育工作中又一特殊困难群体。2010 年前，常德市对于计划生育手术并发症患者实行临时补助。2010 年，国家、湖南省和常德市均出台了《计划生育并发症患者扶助制度试行方案》（湘人口发〔2010〕4 号、常人口领发〔2010〕6 号）。是年，澧县被确定为全国全省试点县。经过认真调查清理，组织专家鉴定，确定并发症等级，进行社会公示。并对其中 89 名因并发症贫困对象全部纳入城乡低保，对其中 2 名患病严重对象，作为大病救助对象予以了扶持。

2011 年，在澧县试点成功后，常德市人口计生领导小组根据国家和省要求，决定在全市推行计划生育手术并发症患者扶助制度。2012 年，全市确定手术并发症患者 782 人，共发放生活扶助费 96.48 万元。

第四章　宣传教育

第一节　基础知识宣传教育

一、人口理论基础知识宣传教育

20 世纪 70 年代末，常德市开始了对全民的马克思人口理论基础知识的宣传教育，旨在教育群众知晓人口理论基本知识，树立“人均”意识和“晚婚晚育”“少生优生”科学文明的生育观念。1990 年 4 月，市计生宣传指导站站长肖良堂主编了《人口与计划生育基础知识通俗读本》，该书作为基层计划生育基础知识教育的讲课提纲和广大群众学习人口理论基本知识的课本，全市印发 5 万多册，发至村。1991 年，常德市人口理论基础知识宣传教育进入全面铺开阶段，按照国家和省的要求，提出了“普及、巩固、提高”的六字标准，开展“四前”教育：即在发放结婚证前、发放准生证前、生殖健康监测前和落实避孕节育措施前，采取理论宣传、算账对比等不同方法开展对不同层次育龄人群的人口理论基础知识和计划生育基本知识的宣传教育。是年，临澧县、鼎城区被评为全国计划生育宣传工作先进单位。安乡县依托县乡村组阵地网络，深入开展“大面积、全方位、高要求”的人口理论基础知识的宣传教育，每户都张贴一张宣传挂图，写一条永久性宣传标语。

1992 年，常德市计生委、计生协会编印了计划生育工作人员基础知识《百题解》，该书融人口理论与人口知识、计划生育政策法规知识、计划生育统计基础知识、计划生育科普知识、基层计划生育协会知识为一体，成为全市计划生育工作人员的必读课本。副市长刘昌进为该书作序，要求全市每位计生工作人员能熟读熟记，熟练运用。

是年 12 月，安乡县被评为全国计划生育宣传教育工作先进单位，湖南省计生委以安乡县为现场，召开了“全省人口与计划生育基础知识教育经济交流会”。是月，由汪国志、陈亚芬、张可、华梅桂、游祖玺等人合编的《新婚必读》计划生育学校通俗读本出版，共发行 4 万册至乡镇计划生育学校。

1993 年 7 月，常德市计生委在桃源县召开全市人口与计划生育基础知识宣传教育研讨会，参观了陬市镇和该镇指防、长乐两村人口和计划生育基础知识宣传教育的情况。省计生委宣传中心领导李传才到会指导。到 1994 年底，全市应接受人口理论和计划生育基础知识宣传教育培训的约 255.09 万人，受训 217.06 万人，参学率达 85.09%；全市 100% 的乡（镇）、96% 的村开展了人口理论和计划生育基础知识宣传教育。是年 12 月，国家计生委宣教司党小清专题考察常德市计划生育宣传教育工作，给予了很高的评价。

1996 年 5 月，常德市委宣传部、市委组织部、市计生委、市广播电视局、市文化局联合下发了《关于进一步加强计划生育宣传教育的意见》（常计生发〔1996〕15 号）。同意在市委党校开办的“县级干部进修班”“乡镇党委书记岗位职务培训班”“市直机关科长培训班”等干部进修班开设《人口与计划生育》专题讲座，开始了对干部人口理论的教育培训。是年，市计生委主任彭淑华为上述三个班学员讲课，宣传普及人口理论与人口知识。各县（市区）委党校亦按市里要求，开设了《人口与计划生育》专题讲座，并长期坚持下去。市计生委主要领导和负责宣传工作领导郑景阳、彭淑华、刘兴国、张卫星、李培兰、肖耀明均成为常德市委党校的客座教授。2010 年，市人口计生委与市委宣传部协商，在干部理论考试中增加了人口计生相关知识试题，人口理论正式纳入全员理论考试。

1996 年，人口理论首次纳入常德市委常委中心组理论学习的重要内容，每年学习一次，请相关领导和人口学专家进行人口理论、人口发展研讨和人口与计划生育法律法规的学习辅导。2001 年 10 月，省计生委副主任陈耀之作了“党中央三代领导人的人口思想继承和发展了马克思主义人口理论”的学习辅导；2002 年 10 月，省计生委政策法规处处长张斌就《中华人民共和国人口与计划生育法》作了辅导发言；2003 年 6 月，省计生委副主任詹鸣作了“任重道远的人口与计划生育事业”——从职能机构更名看未来发展趋势的辅导报告；2004 年 6 月，湖南省党校教授唐娅辉作了“人口与可持续发展研究”的辅导；2005 年 8 月，市人口计生委政策法规科科长覃祖运作了“国务院第 428 号令和省政府第 194 号令及我国人口安全问题”的学习发言；2008 年 6 月，市人口计生委副主任李培兰作了《湖南省人口与计划生育条例》专题辅导；2009 年 6 月，中国人民大学人口与发展研究中心副主任、人口学博士刘爽作了“贯彻科学发展观，统筹解决人口问题”的辅导报告；2010 年 6 月，国防科技大学人文与社会科学学院教授易金务作了《21 世纪国家人口发展战略》专题辅导报告；2011 年 5 月，西南财经大学人口研究所所长杨成钢教授结合学习贯彻胡锦涛总书记 4 月 26 日在中共中央政治局第 28 次集体学习上的讲话精神，进行了题为《社会管理创新与人口计生综合改革》的讲课；2012 年 6 月，南开大学原新教授作了关于《我国人口形势与全面做好人口工作》的辅导报告。

津市市一中开展人口知识辩论赛

二、计划生育基础知识宣传教育

20 世纪 90 年代，计划生育基础知识宣传教育主要以《湖南省计划生育条例》和避孕节育、优生优育优教的宣传普及为主。1996 年湖南省计生委编发了“育龄群众应知应会 50 题”和“应知应会 20 问”。常德市及各县（市区）自行翻印“50 题”5 万多份，在各级人口学校和其他公共场所张贴，下发“20 问”70 多万份，分送到广大育龄群众家庭。从 1997 年开始，省人口计生委每年数万册计生宣传品被送进千家万户，向群众进行宣传，帮助群众接受计划生育政策法规和计划生育科普知识教育。

1993 年年初，常德市计生委开始组织全面读书竞赛活动，宣传和普及计划生育基本知识。是年，湖南省委宣传部和省计生委联合组织“春旺杯”三优知识竞赛活动，常德市有 8 万多人参加竞赛，仅石门县回收试卷 10000 多份。1997 年，常德市计生委成功举办了“恩威杯”生殖生理健康知识竞赛，全市共发放“恩威杯”生殖生理健康知识测试读本 11554 册，回收 10403 册，回收率 90.03%；通过报省和国家计生委评卷，常德市有 6 人获全国三等奖，8 人获优秀奖，市计生委宣传科获“优秀组织奖”。1998 年，常德市组织全市“计划生育应知应会”知识竞赛，对 10 个县（市）的 155 名村组干部和育龄群众进行测试，平均得分 90 分以上。1999 年，常德市开展婚育新风进万家活动“人口与计划生育读书知识竞赛”，翻印试题 20 万份，并在《常德日报》连续 4 期刊登试题和参考答案供群众学习。

进入 21 世纪，随着计划生育基础知识的普及和大众传媒工具的发展，计划生育基础知识的宣传教育融入整个计划生育宣传教育工作中，报刊、电视、电台、网络等各种计划生育宣传教育的专题、栏目都融会了计划生育的基础知识。2009 年，常德市改革和加大了人口计生宣传教育工作的考核评比办法，采取了用电话调查方式考核育龄群众对计生基础知识的知晓率，全市购买省人口计生委宣传中心折页 691748 份，喷绘 170 份，各地自行翻印 200 多万份。2010 年，调查内容根据省人口计生委提出的 20 道题，结合本市工作特点，采用“20 +1”题，开展对群众计生基础知识的调查了解。“20 +1”题进村入户，发放到每个育龄群众家庭，入户率达到 100%。是年 7 月，各县（市区）全部进行一次电话调查，取得了良好效果。

2010 年常德市人口和计划生育宣传教育工作
电话调查“20 +1”题

（一）从优生的角度来讲，女性最佳的生育年龄是多少岁？（答：24—29 岁）

（二）违法多生育子女的人，是否可以录用、招聘为国家工作人员？（答：不可以）

（三）紧急避孕药可以常吃吗？（答：不可以）

（四）符合再生育条件的夫妇生育第二个孩子时，是否需要生育时间的间隔？（答：不需要）

（五）夫妻双方均系独生子女，可以生育几个孩子？（答：两个）

（六）患有肝、肾、心血管疾病的妇女可以选择短效口服避孕药来避孕吗？（答：不可以）

（七）独生子女保健费的标准是每月多少元？（答：5—20 元）

（八）农村集体经济组织分配集体经济收益、征地补偿费时，是否应该对独生子女家庭增加一人份额？（答：应该）

（九）怀孕的妇女通过 B 超检查了解胎儿的性别是否违法？（答：违法）

（十）违法多生育一个子女的夫妇，应该按照该夫妇上年度总收入的多少倍征收社会抚养费？（答：2—6 倍）

（十一）冒名顶替参加孕情检查的人，是否可以处以罚款？（答：可以）

（十二）对不符合法定生育条件怀孕又拒不终止妊娠的人，乡镇人民政府或街道办事处是否可以收取终止妊娠保证金？（答：可以）

（十三）夫妻双方均为再婚，再婚前各有一个子女，再婚后是否可以再生育一个子女？（答：不可以）

（十四）领回的避孕药具应放在阴凉干燥、儿童不易接触的地方保管，对吗？（答：对）

（十五）已婚育龄妇女上环的最佳时间是月经干净后 3 到 7 天。对吗？（答：对）

（十六）符合再生育条件，但没有取得生育证生育的夫妇，要按照该夫妇上年度收入的 30% 征收社会抚养费。这种说法对吗？（答：对）

（十七）安全期避孕是否安全？（答：并不安全）

（十八）某夫妇把自己的子女送给他人收养，该夫妇能否再生育子女？（答：不能）

（十九）哺乳期间的妇女是否适合选用口服避孕药来避孕？（答：不适合）

（二十）已婚育龄妇女上环后一周内不做过重的体力劳动，两周内不宜房事和盆浴，要保持外阴清洁。以上说法对吗？（答：对）

（二十一）2009 年，常德市被评为全国人口计生综合改革示范市，2010 年，将争创全省人口计生模范市。以上说法对吗？（答：对）

三、青少年青春期健康教育

常德市青少年青春期健康教育起步于 20 世纪 90 年代末期，各地自行开始在一部分学校进行试点，开设青春期健康教育课。澧县从 1988 年开始进行青春期健康教育，在澧县一中，芷江职中已有一套成熟完整的教育模式。

2008 年 5 月，共青团常德市委、常德市人口计生委下发了《常德市青少年青春期健康教育实施方案》（常团联〔2008〕8 号），正式启动了常德市青少年青春期健康教育。其具体措施：由市电视台开设电台专栏，即“守护青春”专题电台节目，安排专门的节目主持人、专家讲座。常德市青少年服务台负责开通 12355 青春期健康咨询热线和少女意外妊娠援助通道。实施青春期健康教育“三个走进”，即进学校、进社会、进企业。建立一支青春期健康教育讲师团队伍。开设一堂宣传婚育新风的主题班会。

是年 11 月 27 日，市人口计生委聘请原省人口计生委副巡视员、省湘雅医院“生殖与遗传”专科医院邹雁宾教授在常德市职业技术学院为来自全市各大专院校500多名师生进行了“生命基础知识”讲座，正式拉开了全市青少年青春期健康教育的序幕。石门县聘请了专业人员先后对全县55所中学进行了青春期教育巡回讲课。

四、理论研讨

2001年1月，常德市计生委下发了《关于组织开展“世纪人口大论谈”系列活动的通知》。全市自上而下，全面开展“世纪人口大论谈”活动，市、县、乡、村层层开展人口问题大讨论，领导谈、专家谈、群众谈。有24位党政领导在报刊、电视等媒体上谈新世纪人口计生工作，有34位各界人士、专家学者撰写论文34篇在会上进行交流。市计生协会会长郑景阳撰写的《发挥计生协作用，稳定低生育水平》，市计生委主任刘兴国撰写的《实践“三个代表”重要思想，建设新型生育文化》、理论工作者刘国伟发表的《道德、法律、社会保障与人口老龄化》等论文受到社会普遍关注。

2006年，常德市人口计生委主任张卫星、副主任陈顺明、张锦祥、朱超珍、张业新、纪检组长肖耀明、协会专职副会长廖建华带领机关干部，按照村（居）民自治、社会抚养费征收、优质服务、流动人口管理、依法行政、规范化管理和发挥基层协会作用等7个课题开展调研、撰写论文。各县（市区）亦派员参加，全市共写出论文16篇，就人口计生工作各个方面提出了有价值的意见和建议。

2007年8月10日，湖南省人口计生委开展了第一次计划生育综合改革征文评选活动。常德市人口计生委选送了13篇论文，临澧县人口计生局徐达顺、刘松林《关于临澧县“两网合一”的调查报告》获一等奖；市人口计生委邹立新《社会抚养费征收工作之“五难”与对策》、桃源县人口计生局刘晓明《浅谈人口信息资源的开发利用》获二等奖；常德市人口计生委办公室获组织奖。

2008年11月，常德市人口计生委在全市计生系统开展了解放思想大研讨活动，就新时期如何改进作风、优质服务、创新人口计生工作的服务、管理和考核机制开展了大讨论。

2009年3月至11月，湖南省人口计生委组织开展了第二次计划生育综合改革征文评选活动，常德市人口计生系统选送了11篇论文。武陵区人口计生局《依托建设部门，推进建筑市场流动人口计生管理》、汉寿县人口计生局《践行科学发展观，建设和谐计生浅析》获二等奖。常德市人口计生委办公室获组织奖。

2011年5月，湖南省人口计生委与省军区政治部联合举办了湖南省首届人口计生军地共建征文活动。常德市人口计生委曹学美、彭曼撰写的《互通共享，努力构建军地人口计生工作“一盘棋”》获一等奖，武陵区人口计生局《关于军民共建人口计生工作的思考》获二等奖，安乡县人口计生局《军地共建计生工作的几点思考》获三等奖。

第二节　社会宣传

一、阵地宣传

宣传阵地　1988年以前，常德市除县级计划生育服务站室内布置有计划生育宣传栏、宣传窗外，基层还没有计划生育的宣传阵地。1990年，临澧县等地开始在乡镇建立计划生育“四位一体”服务阵地，其中就包括计划生育学校这一宣传阵地。1991年以后随着计划生育“四三二一”（即乡镇“四位一体”、村居“三位一体”、组级“两位一体”，户一个档案袋）服务阵地的建立健全，基层计划生育宣传教育阵地逐步规范。几经换代，由纸张张贴到框架式宣传栏，由手写到喷绘制作，宣传阵地的质量不断提高，宣传内容基本统一。2000年，临澧县341个村（居）委会计生阵地宣传品率先实行全县统一。2003年，全市开展了计划生育宣传阵地“三个一”建设，即城区宣传一条街（在各县城中心地段竖起大型计划生育公益宣传画，建立计划生育宣传走廊），国、省道宣传一条路（在所有国道、省道两旁书写高质量的计划生育民墙宣传标语），社区婚育文化宣传一个园地（在各城镇社区建立一个计划生育宣传橱窗，向社会、向大众及时传播计划生育知识和动态），受到了省计生委的充分肯定，并在全省总结推介。2006年7月至2007年2月，根据湖南省人口计生委的统一安排，对过去纸张宣传品进行改革，将室内宣传转移到室外，以便更多的群众观看，真正发挥宣传品的作用。常德市首批完成了对市县新农村建设点村和交通便利、工作基础好的857个村（居）委会人口和计划生育宣传阵地外移工作，全部安装由全省统一设计、耐用材质做成的宣传橱窗，宣传画面用塑料喷绘完成，防雨防晒无须玻璃遮护，便于管理维护。2009年，湖南省开展了规范村（居）务公开、打造“阳光计生”工作，将阵地外移和村（居）务公开进行了资源整合，要求各村（居）在主要交通路口、群众聚集地带建立固定性、永久性的公开栏2块，一块用于宣传政策，另一块用于公布动态信息，宣传栏由省人口计生委统一制作并下发。2010年，全市所有村（居）规范了人口和计划生育村（居）务公开。

标语口号、绘画和多媒体广告宣传　20世纪80年代到90年代初期，书写计划生育的标语口号，是常德市计划生育宣传教育的重要形式。基层利用公路两侧田坎、房屋墙体等用涂料、石灰刷写标语或用纸张书写标语张贴等形式宣传计划生育。基层也自行创作了一些标语口号，其中不乏言辞过激，或非理性、人性化标语。据此，市计生委选择了以下40条标语，作为宣传范本。

振兴中华　匹夫有责　控制人口从我做起

推行计划生育有理　落实基本国策光荣

控制人口增长　促进社会进步

人多地少是基本国情　计划生育是基本国策

当计划生育的促进派　做只生一个的带头人
控制人口兴国富民　计划生育家庭幸福
抓生产不忘计划生育　夺丰收必有人均观念
国家要强盛　生育要计划
建设精神文明　更新生育观念
人口警钟天天敲　计划生育时时抓
家事国事天下事　计划生育是大事
计划生育给家庭带来幸福　控制人口为国家做出贡献
计划生育　人人有责
人人参与户户知晓　计划生育强国之宝
要给后代多创精神物质财富　不给后代留下沉重人口包袱
计划用钱全家福　计划生育合家乐
人人都做好公民　计划生育当先进
朋友，您实行计划生育了吗？
同心同德把生产搞上去　群策群力使人口降下来
两种生产同步进行　经济发展突飞猛进
两种生产一齐抓　振兴中华靠大家
贫困山区要变样　生儿育女要算账
谁家要想快致富　少生孩子是条路
扶贫计生双抓紧　穷县才能早脱贫
勤劳致富带头　计划生育争先
生活要小康　人口要下降
棉花生长要打杈　人口生育要计划
做执行法规的模范　当计划生育的标兵
党员干部走在前　计划生育就不难
破多子多福旧观念　树优生优教新风尚
优生优育少生娃　勤劳致富把家发
少生优生　幸福一生
少生优生优育　利国利民利家
夫妻只育一枝花　聪明娃娃人人夸
早婚早育危害大　晚婚晚育好处多
先创业后成家　晚婚晚育传佳话
晚婚晚育恩恩爱爱　优生优教欢欢乐乐
近亲结婚忧患多　少生优生负担少

珍惜土地　控制人口

全社会都要关心支持计划生育工作

20 世纪 90 年代后期，标语口号的宣传制作逐步规范和统一，并开始运用宣传画等温馨的个性化计生宣传手段。2001 年，常德市计生委要求各县（市区）进一步强化计生宣传教育首位意识，打造计生宣传亮点，形成全市“八点三线”亮丽的计生宣传景观：除鼎城区外，8 个县（市区）在各自城区主要街道竖起一幅喷绘宣传画；207 国道沿线、桃源县境内的 1841 省道、安乡县沙河口至石龟山近 80 里路段等三线均构建了宣传走廊，独立悬挂大型永久固定性标语 300 余块。全市各乡镇在集镇主要路段竖起一幅横跨公路的宣传标语，营造了良好的计生宣传氛围。以后每年全市都要新增和更换一批宣传喷绘和宣传标语。2008 年，临澧县在圆盘路至火车站路段，耗资 5 万元，建立了 20 多条标语、100 多块宣传展牌组成的长约 2 公里的计生宣传一条街。石门县斥资 2 万元创办了《石门之家》计生宣传长廊。2010 年，经请示市政府同意，委托武陵区人口计生局，在常德大道建立了两块巨幅宣传牌。市人口计生委斥资 7 万元在办公室楼顶竖了一块 21 米 ×8 米计划生育巨幅宣传画，每年更换一次宣传内容。

广告宣传起始于桃源县。2001 年桃源县政府将县城东侧一条 5 公里街道，划为人口与计划生育宣传一条街。街道两旁 100 块价值 30 万元的灯箱式广告，长年不断地更换计划生育的宣传内容。2009 年，开始运用多媒体广告宣传人口计生工作。常德市人口计生委与常德元享广告公司合作，在武陵区 20 个高档居民小区建立“新视线”社区多媒体信息便民服务台，以明亮的灯箱 24 小时滚动播出的广告为载体，穿插播放人口计生政策和计生知识，让人口计生宣传寓教于娱乐休闲之中。

二、专题宣传

宣传手术月活动　20 世纪 80 年代和 90 年初期，常德市每年开展 4 次计划生育宣传手术月活动。此后根据妇女怀孕生育规律，从 20 世纪 90 年代后期改为每两季节进行一次，在 2—3 月和 9—10 月份开展 2 次春、秋季计划生育宣传手术月活动。“三月毛毛不过年”（指育龄妇女在 3 月份以前计划外孕的，要在当年底以前计划外出生），全市要全面动员，加大宣传、澄清底子，集中人力、财力、物力落实各项节育手术。进入 21 世纪，随着计生工作水平的提高，集中宣传手术活动逐步被经常性宣传教育和经常工作所替代。

节日宣传　每年的“5·29”协会活动日、“7·11”世界人口、“10·28”男性健康日、“12·1”世界艾滋病日，常德市人口计生委都要组织各县（市区）开展专项节日宣传活动。1999 年 12 月 12 日是“世界 60 亿人口日”。市计生委联合武陵区计生局在市区主要街道开展了计划生育宣传咨询活动，各有关单位张挂大幅横幅标语 120 多幅，宣传展牌 650 块。各地也举办了各有特色的宣传活动。临澧县当天组织了 800 人的游行方阵，举办了千人报告会，展出了 80 块标语牌。每年元旦、春节期间，各地利用流动人口返乡过节的机会，采取发慰问信，走访返乡人员等形式，进行集中宣传。

2005年1月6日，中国大陆总人口已达13亿（不包括香港、澳门特别行政区和台湾省）。常德市人口计生委联合市委宣传部、市统计局开展了中国13亿人口日宣传周活动。是日，市计生领导小组组织收看全国13亿人口日电视大会，参会人员有市领导、市人口计生领导小组成员、市委宣传部、市统计局等部门有关人员共计100多人。1月8日召开全市电视电话大会，市委副书记刘本之在大会作了报告，市政府副市长张元英专门撰文《挑战与希望》在当日《常德日报》发表。随后全市开展了一系列宣传活动：媒体宣传。市电视台在宣传周每天滚动播出宣传标语，进行专访，常德电台连续播出市编《宣传提纲》；《常德日报》分期刊载人口与社会、经济等系列专稿近3个月。发放资料。常德市计生委将国家出版的《宣传提纲》编印成系列宣传单（1套6张）共60万份分发群众，全市刷新标语2126条，全市副科（局）以上单位在宣传周内连续打出盾牌宣传标语。巡回宣传。全市共出动宣传车49台次，在城区、县城和农村墟场巡回宣传。民俗宣传。各地出动78支计生业余文艺宣传队在村落和社区粉墨登场。咨询服务。进行了9场大型咨询服务活动，发放宣传品及价值13.2万元计生服务用品。

2008年7月5日，在“世界人口日”到来之前，市人口计生委举办了“婚育道德与家庭幸福”演讲赛。7月6日在城区步行街举行了“改革开放30周年常德市人口和计划生育事业成就展”启动仪式，市人口计生领导小组全体成员参加，市人口计生委和各县（市区）人口计生局和9家计生综合治理部门均参与布展，现场发放资料4000多份，接受咨询300多人次。

《公开信》发表纪念宣传　1990年，鼎城区被评为全国宣传贯彻《公开信》先进单位。1990年9月、2000年9月、2010年9月，《中共中央关于控制我国人口增长问题致全体共产党员共青团员的公开信》发表10周年、20周年、30周年，常德市均开展大型纪念活动。2010年9月为纪念《公开信》发表30周年，常德市开展了系列宣传活动：召开了纪念大会，会上重温了《公开信》，表彰了88名人口计生先进人物、模范共产党员、共青团员；市委书记卿渐伟发表热情洋溢讲话；市委宣传部将《公开信》纳入三季度干部理论学习范围；组织9台计生服务车在城区游行，宣传《公开信》；新闻媒体开展纪念《公开信》发表30周年系列报道；对200余名计生贫困的老党（团）员进行走访；举行第三次集体婚礼；编辑出版专辑《沅澧遍开国策花》回顾总结常德人口计生工作30年。

2010年常德市召开纪念《公开信》发表30周年大会

三、文化艺术宣传

常德市举办第三届集体婚礼

文艺作品宣传　1991 年，常德市计生委、市计生协会和市文学艺术联合会共同组织，市委常委、宣传部部长彭孟芝、市计生委主任郑景阳任编委会主任，曾辉、雷学柱任主编，出版了大型报告文学集《国策颂》，热情讴歌全市 87 名计生先进典型人物。9 月 12 日《国策颂》首发式在常德芷园宾馆举行，彭孟芝出席大会并讲话，河南省中原农民出版社编辑部派专人前来祝贺。

1992 年，常德市计生委派员参与国家计生委大型画册《功在当代，利在子孙》的编辑工作，常德市计生委、鼎城区、临澧县、澧县计生委的工作照被选入画册。

1996 年，常德市委宣传部组织编写的通讯集《96，常德抗洪英雄谱》收录了桃源县车湖垸乡计生专干游鹏在抗洪抢险后不幸以身殉职的先进事迹。

2003 年 10 月，常德市计生委、市计生协会联合编写《国策情深》一书，讴歌和赞颂了全市 39 名在“两为两争”活动中为计生协会的发展和壮大做出贡献的会员及志愿者。

2008 年，桃源县启动了“新家庭农家书屋”活动，并花费 3 万元制作了 25 万个图文并茂宣传计划生育的茶杯，发放到群众手中。

2009 年 3 月，根据国家人口计生委和湖南省人口计生委的安排，常德市人口计生委在鼎城区灌溪镇富贵坪村进行建立“新家庭文化屋”的试点。按照有关要求，该村对外围宣传阵地进行全新布置，书写 28 幅宣传标语，组建了 50 人的计生文艺宣传队，建设起了高规格的农村文化大院和农家书屋，成为全市新家庭文化屋建设的榜样。是年，根据市委、市政府的安排，市人口计生委拨出专款 10 万元，从中国人口出版社购进 10 万元计生知识科普读物，在全市建起 558 家新农村书屋，每家书屋有成套的计生文化宣传品。

2011 年 5 月，常德市人口计生委、市计生协会在市城区步行街举办大型计生书画、摄影展，开展计生政策咨询和义诊服务活动，隆重纪念全国第 13 个“5·29”协会活动日，共有 3300 余名群众到现场观摩咨询，市委副书记、市政府副市长宋冬春、市人大常委会主任曹儒国、市政府副市长万成贞等领导莅临现场观摩指导。

文艺演出宣传　1993 年上半年，为宣传人口的严峻形势，使人们牢固树立“计划生育基本国策必须常抓不懈”的思想，常德市计生委与市演出公司配合，邀请浙江省杭州市曲艺团来常德巡回演出大型滑稽歌舞音乐会“人口爆炸”，演出 42 场，观众达 5 万多人。

常德市本土计划生育文艺宣传，起源于 20 世纪 90 年代初期，桃源、石门、澧县、临澧等地基层协会会员和民间艺人为宣传计划生育，将传统的文艺形式如渔鼓、大鼓、三句半、演唱、快板、顺口溜、腰鼓等注入计划生育的内容，利用群众的红白喜事等机会进行上门宣传。临澧县计生协会老年艺术团全部由中老年妇女组成，把健身舞蹈与计生宣传融为一体，在20世纪90年代中期已唱红了临澧县城。

1999年，湖南省计生委组织首届人口与计生文艺调演，常德市计生委经过层层筛选，推荐鼎城区计生委选送的常德丝弦“猜嫁妆”代表常德市参加全省演出。该剧描写了一对新婚夫妇坚持晚婚晚育计划生育的先进事迹。是年9月20日，该剧在全省大型人口和计划生育文艺晚会——P1CC杯“生命之源”文艺晚会上夺魁，获演出一等奖，奖金1.5万元。2006年，该剧荣获第十一届中华人口文化奖（中华杯）银奖。

2001年，常德市计生委要求组建100支计生文艺宣传队，加大文艺宣传力度。各地计生文艺宣传队如雨后春笋般涌现。是年，全市有计生文艺宣传队139支。2002年，常德市计生委、市计生协会和市群众艺术馆联合创作的《常德演唱——计划生育文艺专集》出版发行。该集收录了各地创作的计生文艺作品33件，有曲艺、小戏、小品、配乐诗朗诵等，虽不是“阳春白雪”那样高雅，但“下里巴人”作品贴近群众生活，受到基层欢迎。市委书记程海波、市长陈君文和市委、市政府分管领导欣然为《常德演唱》题词。程海波题词是：“让婚育新风吹遍沅澧大地。”市计生委主任刘兴国为该书作序：“为新型生育文化而歌。”

安乡县民间艺人采用渔鼓表演唱《生男生女一个样》

2006年，常德市约70%的乡镇、20%的村（居）委会都有一支业余计生文艺宣传队，他们采用多种民间艺术形式，演身边的人，唱身边的事，自编、自导、自演计生文艺节目100多个，演出520多场次，观众达80多万人次。武陵区利用诗墙公园、滨湖公园等地的激情广场，将编导的计划生育节目搬上舞台，融入群众自娱自乐的活动中，收到了很好的宣传效果。临澧县杉板乡彭家河村精心编排的澧水号子——“计划生育好”，传唱一时。是年5月29日，常德市人口计生委、市计划生育协会联合在市电视台演播厅举办了常德市“新女孩”才艺电视大奖赛，展示女孩风采，营造了关爱女孩的良好氛围。

常德市人口计生委、计生协会举办新女孩才艺展

2007 年 7 月 8 日，常德市委宣传部、市人口计生委、市文化局、市计生协会在市城区商业步行街举办了首届“武陵欢歌”广场文艺表演活动。整个活动由“武陵欢歌”独生子女才艺表演、宣传贯彻中央《决定》万人签名活动、计划生育宣传服务车市区巡回宣传三部分组成。“武陵欢歌”独生子女才艺表演围绕“展现幸福家庭、创建和谐社会”为主题，表演集歌舞、小品、音乐剧、民族乐器等于一体；庆祝中央《决定》颁布万人签名活动群众踊跃参与，参与签名的前 1000 名群众还获得了由市人口计生委派发的宣传资料、计生药具和纪念品；宣传车队一幅幅精美的图画，一条条温馨的标语、新颖的创意，令过往群众驻足观看。

2008 年 7 月，湖南省人口计生委举办第二届计生文艺会演——《现代女子·生命之舟》演出，由黄士元编剧、高杰作曲、章宏导演、鼎城区丝弦艺术团演出的花鼓表演唱《乡里婆婆甩洋腔》获全省创作二等奖；常德市人口计生委获得全省组织一等奖。

2009 年 9 月 22 日，常德市人口计生委、市计生协会与常德阳光物业公司联合举办以婚育新风进社区为主题的“国庆颂——阳光物业第五届社区人口文化节”活动，共演出 26 个节目，全部由阳光物业的业主表演，其中有 14 个节目由社区独生子女演出，葫芦丝、拉丁舞、英语朗诵、爵士舞等形式多样的表演，将当代独生子女风采展现得惟妙惟肖，特别是阳光幼儿园独生子女表演的“阳光宝贝”和弓舞“我练功夫迎国庆”将演出推向高潮。演出中穿插了计生知识趣味猜谜，开展计生咨询，发放宣传资料 2000 多份、避孕药具 100 多盒。

2009 年 9 月，常德市人口计生委、计生协会举办社区人口文化节

2009 年 10 月 23 日，常德市人口计生委、计生协会在诗墙公园举办了“武陵欢歌——常德市纪念《湖南省人口与计划生育条例》颁布 20 周年文艺会演”。桃源县人口计生局选送的方言小品《计生家庭宣传队》获金奖；临澧县人口计生局选送的湘北大鼓《男女平等颂新风》、汉寿县人口计生局选送的《诚信计生唱龙阳》获银奖；由武陵区、柳叶湖度

假区、石门县、鼎城区人口计生局选送的少儿舞蹈《孩子的梦》、肚皮舞《东方女神》、锣鼓《郎是苞谷梗，妹是豌豆藤》、常德丝弦《乡里婆婆甩洋腔》分别获铜奖。

电影宣传　最早宣传计划生育的电影是20世纪70年代的《甜蜜的事业》，这是一部宣传婚育新风，移风易俗的喜剧片，曾在常德市城乡广为放映。2002年，常德市计生委组织各县（市区）普遍开展了计生科普电影下乡活动，全市共放映32场，2.67万人观看。2006年，常德市文明办、市人口计生委、市妇联下发《关于组织收看关爱女孩主题电影〈美丽的音符〉的通知》（常人口发〔2006〕　号），2007年1月，全市组织广大干部群众及学生8万多人观看了电影《美丽的音符》。从2010年开始，市人口计生委利用送电影下乡，与市农村数字影院公司签署了放映合同，在播放正片前加放由国家计生委和国家广电局合制的计生宣传教育片《怎样生一个健康的宝宝》《农村生育与致富》等，全市每年放映1000多场次、观众约50万人次。

常德市人口计生委、计生协会举办武陵欢歌计生文艺演出。

第三节　新闻媒体宣传

一、媒体专栏宣传

根据常德市委宣传部、市委组织部、市计生委、市广电局、市文化局（常计生字〔1996〕15号）文件要求，从1996年开始，常德市三大主流媒体《常德日报》《常德电视台》《常德人民广播电台》均开辟了《人口与计划生育》专栏节目，实行对人口计生有偿宣传。主要宣传报道全市人口计生法律法规知识、基层计生工作经验、典型人物介绍、计生科普知识等，内容由市人口计生委提供，三大媒体负责编辑、刊登或播出。

《常德日报》“人口与计划生育”专栏　每月2期，全年24期，每期字数1000字以上，到2010年每期字数扩充到3000字。从1996年至2012年该栏目从未间断，17年共刊登480多期。见表3－4－3－1

表 3 -4 -3 -1

《常德日报》2006 年 10 月—2007 年 8 月人口计生专栏刊登表

刊登日期	标　　题
10. 14	群星村计生协“三结合”建和谐村庄
10. 25	计生会员架起爱民桥
11. 22	全面实施“四大”工程积极推进新农村建设
11. 29	桃源“四关怀”惠及计生家庭
12. 09	满山尽挂黄金果
12. 30	武陵区计生阵地焕然一新
01. 10	特殊战线洒国策情怀
01. 23	“甘露计生”惠澧州
02. 13	中央《决定》学习宣传摘要之一
02. 23	中央《决定》学习宣传摘要之二
03. 14	中央《决定》学习宣传摘要之三
03. 20	中央《决定》学习宣传摘要之四
04. 10	中央《决定》学习宣传摘要之五
04. 20	学习宣传贯彻中央《决定》开创人口计生工作新局面
05. 01	桃源宣传《决定》到田间地头
05. 23	建立人口计生长效工作新机制
06. 13	省委、省政府《决定》解读之一
06. 19	省委、省政府《决定》解读之二
07. 11	计划生育药具工作管理办法（试行）摘要
07. 25	避孕药具知识
08. 15	桃源计生信息化建设步入快车道
08. 22	我市查处典型“两非”案件频传捷报

《常德电视台》“人口与计生”专栏　每月 2 次，每次 6 分钟，全年 144 分钟专栏节目时间，宣传人口和计生工作。1996 年至 2012 年 17 年间，累计宣传人口计生工作 41 小时。从 2008 年开始在公益广告时间，通过打飞字、口号、动画等宣传形式宣传人口计生工作。见表 3 -4 -3 -2。

表 3－4－3－2

常德电视台《人口与计划生育》2006 年 10 月—2007 年 8 月节目表

播出时间	标题	备注
10.13	社区里的爱心超市	津市市
10.27	齐抓共管看澧州	澧县
11.17	光明巷社区的贴心协会	武陵区
12.1	少生快富奔小康	桃源县
12.8	太平飞歌	临澧县
12.22	爱心铺就成功路	安乡县
1.26	好医生郭庆鼎	安乡县
2.9	兑现承诺，温暖人心	鼎城区
2.23	计生专干朱佰玲	武陵区
2.27	润物细无声	汉寿县
3.9	陈大爷的计生缘	澧县
3.23	甜蜜的事业，执着的追求	石门县
4.13	安全卫士	临澧县
4.27	计生新政暖人心	澧县
5.11	夏日婚情	津市市
5.25	村民自治进农家	桃源县
6.8	青山幽静育新苗	鼎城区
6.29	从被动落后到争先创优	安乡县
7.13	甘为国策献青春	汉寿县
7.27	深山里的计生人	澧县
8.10	下磨山人的幸福生活	石门县
8.24	温情一片筑和谐	津市市

常德人民广播电台“人口和计划生育”专栏　2005 年改为“人口健康之声”，每月 2 次，每次 5 分钟，全年共 120 分钟。其内容除宣传人口计生政策法律法规之外，侧重宣传计生科普知识。从 1996 年至 2012 年，共用 34 小时宣传人口计生工作。见表 3－4－3－3。

表 3－4－3－3

常德广播电台《人口健康之声》2006 年 10 月—2007 年 8 月专栏播出表

播出时间	播出内容	播出长度
10. 15	《独生子女父母光荣证》办证程序	6′28″
	什么情况下不能发给《独生子女父母光荣证》	
	领取《独生子女父母光荣证》的夫妻可享受以下优待	
	凡具有下列情形之一的农村独生子女特困家庭，可以享受政府特困补助	
10. 31	影响孕期睡眠质量的因素	5′05″
	改善孕妇睡眠的方法	
11. 16	孕妇体重标准知多少	5′13″
	高龄初产妇孕期应注意的事项	
	高龄产妇可能出现的不良状况	
11. 30	孕妇应穿哪种内裤	5′04″
	怀孕前的营养准备	
12. 15	新婚及未生育夫妇对避孕方法的选择	5′07″
	产后妇女及配偶对避孕方法的选择	
	已生育一个子女的夫妇对避孕方法的选择	
12. 31	患有某些疾病的夫妇对避孕方法的选择	5′14″
1. 15	妊娠期糖尿病的发病原因及主要症状	5′20″
	妊娠期糖尿病的预防	
	妊娠期糖尿病对胎儿的影响	
	心理疲劳是“性问题”的根源	
1. 31	关于生育行为合法性的问题	5′15″
	一孩《生育证》发放程序	
	办理《生育证》需提供的条件	
	孕期感冒该怎么办?	
2. 15	怎样才能从根本上解决人口性别比升高的问题?	5′17″
	为解决出生人口性别比升高的问题，应当建立哪些有利于女孩家庭的社会经济政策和社会保障制度?	
	为了使妇女的生命健康权不受侵犯，应当禁止哪些行为?	

续表

播出时间	播出内容	播出长度
2.28	不孕不育的现状	5′09″
	不孕不育乱投医的危害	
3.15	结婚前应该注意的问题	5′15″
3.30	婚后的计划受孕	
4.16	清醒认识全面加强我国人口和计划生育工作的重要性和紧迫性	
	大力提高人口素质	
4.30	综合治理出生人口性别比偏高问题	5′05″
	不断完善流动人口管理服务体系	
5.15	切实加强人口和计划生育事业保障制度	5′07″
	进一步加强对人口和计划生育工作的领导	
5.30	怎样使你秀发更美	5′02″
	染发过敏是怎么回事?	
6.15	矮个子女子怎样穿着打扮?	5′06″
	女孩穿高跟鞋有何害处?	
	有的姑娘牙齿黄怎么办?	
6.30	怎样使身体更健美	5′11″
	怎样减肥	
7.16	高龄孕妇应注意些什么问题?	5′05″
	慢性肾病患者结婚前的注意事项	
7.31	由于运动失当引发的几种妇科疾病	6′05″
	在哪里能领到免费的避孕药具?	
	如何辨别劣质避孕药具?	
8.15	盛夏，经期妇女须防受凉	5′
8.31	女性怀孕后搞好优生应注意的事项	5′08″

二、新闻报道

本地新闻宣传　常德市三大主流媒体，对常德人口计生工作的动态、重要新闻，都要在头版重要位置或黄金时段刊登和播出，并进行跟踪报道。2009 年 3 月 5 日《常德日报》在《改革开放辉煌 30 年》专刊中专门刊登了题为《基本国策润泽沅澧》的专版，专门讲述了常德市人口和计划生育工作历史、成就以及展望。从 2010 年开始，常德政府网、常德民生报、常德晚报、潇湘晨报、常德尚一网、湖南红网常德分站等所有新闻媒体均加入人口计生工作的宣传报道，做到人口计生工作报刊有文、电视有影、电台有声，实行无缝覆盖。

省级宣传报道　湖南省级报刊电视等媒体对常德人口计生工作有多次大型报道：1986 年，《湖南人口报》用三个版面刊登了长篇通讯《来自洞庭之滨的喜讯——常德地区计划生育成果》，全面报道了 20 世纪 70 年代至 80 年代常德计生工作的成绩。2007 年 10 月 12 日，《湖南日报》用 A3 版整版篇幅，以《“国策”之花艳洞庭——常德创新人口计生工作带来的昭示》为题，对常德市人口计生工作进行了全方位报道。2010 年 10 月 11 日《湖南日报》用头版和 8 版整版刊登长篇通讯《再越巅峰——写在〈公开信〉发表 30 周年暨常德市创建人口计生模范市之际》，全面报道了常德市人口计生工作过去和现在、成就与希望。

2009 年，湖南省人口计生委宣教中心拍摄了专门讲述常德市人口计生成就的专题片《沅澧遍开计生花》，在“湖南经视”“省幸福人家网”和“常德电视台”公共频道专栏中播出。2010 年 8 月，拍制了常德市人口计生工作 30 年和争创全省计生模范市的专题片《国策路漫漫，求索谱新篇》的专题汇报片，在湖南经视专栏中滚动播出。

国家级宣传报道　从 1990 年至 2012 年，《人民日报》《中国人口报》《人口与计划生育》《人生》等报纸杂志经常从不同侧面刊登了有关常德市人口计生工作的重要文章。

1990 年 4 月 20 日《中国人口报》头版头条刊登由市计委主任郑景阳撰写的《实施最有力的领导，做好扎实的基层工作》；2 月 8 日《中国人口报》刊载了郑景阳撰写的《农村乡镇建设计生服务所势在必行》；3 月 8 日《中国人口报》刊载了由郑景阳撰写的“《车之两轮　鸟之两翼》——计生委与计生协互助合作的体会”；4 月，由郑景阳、汪国志撰写的《实现计划生育孕前型管理的重要途径——35 个乡镇计划生育服务所的调查》，由省计生委报送北京后刊载在全国《计划生育情况》第 45 期，并由党中央办公厅批转全国；8 月 9 日《中国人口报》登载了由郑景阳撰写的《谈提高群众实行计划生育的自觉性》论文。

1994 年 1 月 3 日《中国人口报》刊载了由郑景阳撰写的《在大力发展经济的同时继续抓紧抓好计划生育》。

2001 年 6 月《人生》杂志刊载了常德市计生协会会长郑景阳撰写的《发挥计生协会作用　稳定低生育水平》。

2002年9月市计生委主任刘兴国撰写的介绍常德坚持“以人为本，便民服务”的新闻报道被《人民日报》刊用，实现了《人民日报》宣传常德计划生育零的突破。

2003年8月19日《中国人口报》头版头条《“三为主”的民牌之路》，报道常德市开展计生工作“三为主”的经验。

2004年8月18日《中国人口报》头版《党心民意交融共振》，介绍了常德市农村部分计划生育家庭奖励扶助金首发式情况。

2006年6月12日《中国人口报》2版《职能部门配合人口计生“无缝隙”》，介绍澧县人口计生综合治理网络不断扩大，综合治理工作不断走向规范。

2007年12月24日《中国人口报》2版《育龄群众持卡便捷“喜刷刷”》，报道武陵区避孕药具发放“一卡通”。

2008年10月16日《中国人口报》2版《“亲情服务”拴住育龄妇女的心》，报道安乡县建立“情感联系工作制”，加强流动人口计生服务管理；11月5日《中国人口报》头版《常德生殖健康普查行千村》，报道常德市投入400多万元，开展生殖健康免费检测服务；11月7日《中国人口报》《“四大法宝”奏和谐》，介绍了汉寿县大南湖乡金盆岭村计生协会开展与计生对象结成生育、生产、生活、生殖帮扶“对子”的做法；12月17日《中国人口报》头版《常德为“一票否决”注入新内容》，介绍常德计生“一票否决”制度的产生、发展和更新。

2009年4月29日《中国人口报》头版《流动人口计生工作“手拉手”》，介绍常德市与深圳市三城区签订区域协作协议；8月19日《中国人口报》2版《多措并举打造温馨家园》，肯定了武陵区流动人口计生服务管理取得的成效；9月8日《中国人口报》头版《石门县完善计生优质服务体系》，宣传石门县用新的模式，新的举措提升优质服务水平；9月25《中国人口报》头版《“一票否决”制的破茧化蝶》，介绍“一票否决”首创地澧县人口计生工作；9月28日《中国人口报》2版《“三帮三扶”送温暖》，报道安乡县整合社会资源将生育关怀行动落到实处；10月15日《中国人口报》头版《构筑“温暖家园”》讲述澧县建立县乡村三级关爱留守儿童网络的事迹。

2010年1月27日《中国人口报》头版《常德市人口计生宣传彰显“渗透力”》，报道常德市人口计生宣传全方面、针对性、精品化渗透的经验；是日2版《全力打造群众满意的服务机构》，讲述桃源县提升服务能力和服务水平；8月30日《中国人口报》头版《为关爱插上一双有力的翅膀》，报道常德市创新“生育关怀行动”；10月15日《中国人口报》头版《桃源县坚持“四结合”宣传文明执法》；10月21日《中国人口报》头版《常德市实施计生特扶家庭关爱行动》；12月28日《中国人口报》头版刊登了《临澧大力推进人口计生信息化建设》；是年《人口与计划生育》第12期《统筹解决计划生育特别扶助家庭困难——浅析计划生育利益导向常德模式》。

2011年4月14日《中国人口报》头版《常德市规范生育关怀资金管理》；5月16日

《中国人口报》头版《建立优生促进工程长效机制》，大篇幅总结推介了常德市开展优生促进工作经验；9月15日《中国人口报》头版刊登了《津市市切实加强计生优质服务工作》。

2012年5月4日《中国人口报》头版《武陵区加强安置小区人口计生工作》；5月31日《中国人口报》头版《澧县“心桥”服务平台暖人心》；6月4日《中国人口报》头版《常德市全面启动免费孕前优生健康检查》；8月31日《中国人口报》基层版《大山深处计生人》；8月7日《中国人口报》第3版《桃源县加强计生软硬件建设》。

第四节　婚育新风进万家活动

1999年3月，常德市计生委下发了《常德市开展“婚育新风进万家”活动方案》（常计生发〔1999〕04号）。是年6月，常德市委宣传部、市计生委、共青团常德市委、常德市妇联印发《关于在全市广泛开展婚育新风进万家活动的通知》（常计生发〔1999〕10号）。常德市全面深入开展婚育新风进万家活动。

一、活动的阶段和内容

津市市举办关爱女孩行动知识竞赛

活动阶段　常德市婚育新风进万家活动经历了四个阶段。第一阶段是1999年至2000年，为试点阶段，常德市在武陵区进行试点，各县（市区）选择5个乡级单位进行试点。第二阶段是“十五”时期（2001年至2005年），为总结推广阶段。第三阶段“十一五”时期，（2006年至2010年），为广泛深入开展阶段。第四阶段“十二五”期间（2011年至2015年）为全面推进阶段。

活动内容　活动的第一阶段为试点阶段。第二、第三阶段，婚育新风进万家活动的主要内容是在全市特别是广大农村，大力宣传晚婚晚育、少生优生、生男生女一样好、女儿也是传后人、男女平等和计划生育丈夫有责等新型婚育观念，普及计划生育和生殖保健知识；在城市和经济比较发达的农村，加强优育优教、增强自我生殖保健能力、提高生活质量和讲求健康生活方式的宣传，满足人们多层次的需求。

进入第四阶段，活动内容主要是面向基层、面向大众、面向家庭，以统筹解决人口问题的倡导和科学、文明、进步婚育观念的传播为重点，努力建设以“婚育文明、性别平等；计划生育、优生优育；生殖健康、家庭幸福”为主要内容的家庭人口文化。

二、活动的组织领导及各自职责

按照国家和湖南省的模式，在活动初级阶段，由常德市委宣传部牵头，市计生委、共青团常德市委、市妇联四家单位共同参与，并成立了活动指导委员会，负责指导、部署和总结表彰。

2001 年，活动进入第二阶段，常德市参与婚育新风进万家的单位由 4 家增加到 10 家，增加了市文明办、市教育局、市民政局、市文化局、市广播电视局、市总工会等 6 家单位。

2012 年，常德市委宣传部等 12 家部门联合下发了《关于全面推进婚育新风进万家活动的意见》（常人口发〔2012〕9 号），对全市“十二五”期间婚育新风进万家活动进行了安排和部署，同时进一步明确了各部门职责：

党委宣传部门　把婚育新风进万家活动纳入本部门总体工作规划和年度工作计划；把指导家庭人口文化建设，列入文化、科技、卫生“三下乡”重要内容；协调报刊、广播、电视和互联网、手机等媒体，做好相关的宣传报道工作。

精神文明建设部门　把婚育风进万家活动纳入精神文明建设总体规划，纳入创文明城市、文明社区活动，并作为评选“十星级文明户“的标准。

人口计生部门　协助党委宣传部门和精神文明建设部门，制定婚育新风进万家活动年度工作方案并组织实施；指导家庭人口文化建设，落实活动项目，组织示范单位开展工作；开展计划生育和生殖健康咨询服务工作；协调有关部门在基层开展婚育新风进万家活动。

教育部门　学校教育与家庭教育和社会教育相结合，利用相关课程和教育活动，引导青少年了解我国的人口国情；正确开展青春期健康教育，提高青少年生殖健康自我保健能力，增强青少年的身心健康。

民政部门　在民生工程和社区建设中，开展家庭人口文化建设；发展社会福利，提供社会保障和社区服务；优先照顾和扶持实行计划生育的家庭，做好老年人服务和养老保障工作。

文化广电新闻出版部门　把家庭人口文化建设列入文化建设总体规划，组织相关的文化指导、文艺创作和文化活动，组织创作、编排、演出群众喜闻乐见的文艺节目，组织文艺团体、文化馆（站）送戏下乡；在实施全国文化信息资源共享工程中，为城乡家庭提供相关的基本公共服务；组织出版以婚育新风为题材的图书、音像制品和出版物。

卫生部门　开展计划生育、优生优育、生殖健康、妇幼保健和性别平等的宣传教育、咨询与技术服务；做好预防出生缺陷、性病、艾滋病的宣传和干预；查处非医学需要的胎儿性别鉴定和选择性别的人工终止妊娠行为，提高群众生殖健康水平。

广电台　组织制作以婚育新风和家庭发展为题材的电影、电视剧、专题片、科普片等文化产品和宣传品；办好广播电视中人口和计划生育专题栏目，组织对婚育新风进万家活动的重点宣传。

工会　把婚育新风进万家活动纳入工会组织的宣传教育工作，发挥工人文化宫、俱乐部、报刊、网络等宣传教育阵地作用，推进职工书屋建设，倡导婚育新风，在职工中普及家庭人口文化。

共青团　把婚育新风进万家活动纳入共青团组织的宣传工作，教育广大团员、青年自觉实行晚婚晚育、计划生育、优生优育，普及新型家庭人口文化。

妇联　把婚育新风进万家活动纳入妇联组织的宣传工作，结合基层妇女工作，组织妇女积极参与婚育新风进万家活动，与“双学双比”“巾帼建功”“五好文明家庭”等活动有机结合起来。

计生协会　发挥基层计划生育协会的组织作用，动员协会会员和群众广泛参与婚育新风进万家活动；与“生育关怀行动”相结合，在计划生育、生殖健康等方面开展各种形式的群众自我管理、自我教育和自我服务。

三、活动平台

常德市实行“五个结合”，为婚育新风进万家活动搭建平台。

与计生专栏宣传结合　常德市三大主流媒体在《人口与计划生育》专栏中定期播出新型生育文化内容。市电台开播的“人口健康之声”专门为听众解答人口计生方面知识。2009年，市电视台公共频道“人口与计划生育”专栏节目，由原来每月二期增至四期，每月有一期新型生育文化专题片。

与室外社会宣传相结合　新型生育文化的宣传标语和宣传画随处可见，起到潜移默化的宣传效果。2012年活动指导委员会下发的《关于全面推进婚育新风进万家活动意见》，要求县、乡两级分别在人口集聚地或主要交通路口竖立具有所有权的大型宣传牌，县级宣传牌要求在100平方米左右，乡级要求在50平方米左右。

与大型宣传活动结合　从2006年开始至2012年常德市每年都要进行一、两次婚育新风的大型宣传活动，如“新女孩才艺大赛”“独生子女家庭风采展示”“婚育道德与家庭幸福演讲赛”“社区人口文化节”“激情广场文艺汇演”“集体婚礼”等。2008年至2010年，市人口计生委与市青年联合会连续举办了三届常德市集体婚礼，每届有99人参加。

与地方节日相结合　桃源县利用桃花节，澧县利用葡萄节，石门利用柑橘节，在旅游景点悬挂标语，组织各种宣传活动，在游人密集处宣传婚育新风。同时把计划生育宣传融入群众喜闻乐见的民俗表演中，大力宣传婚育新风尚，观众从寓教于乐中接受婚育新风的宣传教育。

与人口文化建设相结合　2003年，常德市开始实施了计划生育宣传教育“百、千、万”工程，打造生育文化基地。到2004年，全市有婚育文化中心60个，婚育文化大院546个，婚育文化长廊4800个。2012年2月，市人口计生领导小组同意建设新型婚育文化广场。经过市人口计生委与市规划局、市风景园林绿化管理局三家联合选址，公开招标等环节，市人口计生委投资 80 余万元。2013 年 7 月 11 日，常德市首个人口文化广场在武陵区建成，副市长陈华出席开园仪式。人口文化广场位于市城区洞庭大道柏园桥东北角的绿地，占地 1.5 万平方米。整个广场通过 7 座雕塑、8 块宣传栏、14 块花岗岩标牌、13 块草地牌等丰富多彩的艺术表现形式，集中反映了人类不同阶段的美好历程，让群众在潜移默化中，树立科学、文明、进步的新型婚育观念，打造出一道融计生宣传教育、婚育文化为一体的亮丽人口文化风景线。先后有国家、省级人口计生系统领导及全国其他兄弟单位参观考察，还被常德市列为迎接全国文明城市复查的现场。是年 12 月，由市人口计生委投资 60 万元的桃花婚育文化园在桃花源旅游管理区桃林花海建成。该园以“爱在桃花源”为主题，共有孕育、性别平衡、珍爱一生、关爱女孩、老有所乐等 8 个雕塑。在表现内容上做到通俗易懂，借此发挥人口计划生育宣传的先导作用，引导人们树立科学、文明、进步的婚育观念，促进人们生命、生育、生活质量的提高，并倡导树立人与自然相和谐的观念。

2014 年，常德市人口计生领导小组下发《关于进一步加强人口文化建设的意见》（常人口领发〔2014〕5 号）。按照“一年一小步、三年一大步”的战略部署，2014 年确定为人口文化“建设年”，2015 年为“推进年”，2016 年为“提高年”。全市重点实施“五个一”人口文化建设工程，把握一种人口舆论导向，建设一批人口文化阵地，创作一批人口文化作品，培育一批人口文化家庭，形成一批人口文化品牌。通过开展“人口文化乐民”“人口文化育民”“人口文化惠民”“人口文化富民”等一系列具体行动，推进全市人口文化建设，繁荣和发展人口事业和产业，使越来越多的人口文化产品不断满足群众需求，丰富群众生活。

四、考核和表彰

2001 年，常德市人口计生领导小组制定了《常德市婚育新风进万家活动工作规范及考核评估办法》，将婚育新风进万家活动开展情况纳入各级政府和相关部门目标管理考核，作为评先评优重要依据。

2003 年，临澧县被列为全国婚育新风进万家活动示范县。

2005 年，中共中央宣传部等 10 家单位下发《关于表彰 2001—2005 年全国婚育新风进万家活动先进集体和先进个人的决定》（国人口发〔2005〕75 号），石门县被评为全国婚育新风进万家活动先进县；鼎城区石门桥镇、汉寿县毓德铺镇、桃源县枫树维回乡、武陵区三岔路办事处、安乡县安裕乡、澧县张公庙镇被评为先进乡镇；津市一中、临澧县停弦渡镇恒璋瓷业有限公司、鼎城区妇联被评为先进单位。

2006 年，常德市委宣传部在对宣传思想工作先进单位审核时，有 2 个单位因婚育新风进万家活动开展不到位而被否决。

2010 年，中共中央宣传部等 13 家全国婚育新风进万家责任单位联合下发《关于确定北京市海淀区等 84 个市（地、州、区）为全国婚育新风进万家活动第四阶段（2011 年—

2015 年）示范市（地、州、区）的决定》（人口宣教〔2010〕67 号），常德市被确定为全国婚育新风进万家示范市。

2012 年 8 月 15 日，常德市人口和计划生育领导小组在市电视台举办了全市婚育新风进万家活动“三个十佳”（十佳婚育文明家庭、十佳自强女孩、十佳婚育新风倡导者）颁奖晚会。是年年底，常德市委、市政府表彰奖励了 10 个婚育新风进万家活动示范乡镇（街道）。

十佳婚育文明家庭：

童金平　女　武陵区河洑镇雷坛岗村
龙金香　女　鼎城区尧天坪镇马头山村
叶秀松　男　汉寿县龙阳镇纽口河村
舒国斌　男　桃源县茶庵铺镇松阳坪村
曹子云　男　临澧县官亭乡彭市村
杨春平　男　石门县磨市镇横铺村
刘珍斌　男　澧县澧澹乡夹堤社区
宋长青　男　安乡县安生乡星港村
黄轩萍　女　津市市三洲驿街道后湖社区
程丛生　女　桃花源旅游管理区桃花源镇茶庄村

十佳自强女孩：

杨　阳　女　武陵区东江乡新坡社区
彭舒屏　女　鼎城区周家店镇白合寺村
王　静　女　汉寿县蒋家嘴镇金架坝村
徐凯玉　女　桃源县热市镇太平寺村
宋金灵　女　石门县夹山镇栗山村
万其其　女　临澧县合口镇大兴街社区
陈　晓　女　澧县张公庙镇白合村
皮赵蕾　女　安乡县官垱镇穆安村
石　静　女　津市市金鱼岭街道文家湾社区
李雅兰　女　常德经济开发区石门桥镇李保冲村

十佳婚育新风倡导者：

贾丽华　女　武陵区东郊乡唐家溶社区
黄士元　男　鼎城区文化局
易介辉　男　汉寿县崔家桥镇花山口村
鲁胡子　男　桃源县牛车河乡三龙村
颜云初　男　临澧县望城乡杨岗村

匡元珍　女　石门县易家渡镇军垱桥村

何亚军　男　澧县永丰乡

潘能震　男　安乡县安生乡

李　梅　女　津市市嘉山工业新区明道社区

汤传金　男　贺家山原种场乐兴分场三队

十个示范乡镇：

武陵区丹洲乡、鼎城区周家店镇、汉寿县罐头嘴镇、桃源县漆河镇、临澧县新安镇、石门县楚江镇、澧县官垸乡、安乡县安丰乡、津市市棠华乡、桃花源旅游管理区（筹）桃仙岭街道

2014年，市人口计生领导小组下发《“新常德·新人口”人口文化建设系列评选活动方案》（常人口领发〔2014〕6号）。决定评选先进人口家庭30个，优秀人口文化作品70个，其中表演类作品10个，摄影类、书画类、文学类3类各20个，精品人口文化阵地10个。通过层层宣传发动、逐级申报、市级评选等环节，确定陈章春等30户家庭为“先进人口文化家庭”，“姐妹夜话”等19幅为“优秀人口文化摄影作品”，“母子·优生优育”等20幅为“优秀人口文化书画作品”，“流动棋盘上的为与味”等17篇为“优秀人口文化文学作品”，“生儿生女一样好”等8个为“优秀人口文化民俗曲艺表演作品”，武陵区城南街道方家巷“计划生育宣传长廊”等9个为“精品人口文化阵地”。

第五章 人口计划与统计信息

第一节 人口计划与目标管理

一、人口计划

人口计划是国民经济和社会发展计划的重要组成部分，分长期人口计划、中期人口计划和短期人口计划（即年度人口计划）。人口计划的制定受人口基数、生育政策和社会经济等诸多因素的影响。

中期人口计划 根据国家、省、市五年国民经济发展计划而制定，从“七五”到“十五”，常德市都制定了五年人口发展计划。“十一五”，常德市根据全国第五次人口普查有关数据，结合1990年至1998年常德市9年人口出生清查结果、2004年人口基数运用实际生育率、孩次递进率、总和生育率等进行预测，制定出“十一五”人口计划。

2010年，湖南省对常德市人口与计划生育目标管理考核评估结果：年末总人口615.39万人；人口出生数7.07万人，出生率11.52‰；死亡人数4.32万人；死亡率7.03‰；自然增长人数3.43万人，自然增长率5.60‰。与常德市“十一五”人口计划相差无几。但与第六次全国人口普查常德市2010年年末户籍人口622.59万人相比，差距较大，其主要原因是第五次人口普查和“十五”期间常德市人口基数统计与常德市实际人口数存在较大差距。常德市“十二五”人口计划以2009年人口基数和相同的办法推测制定。

年度人口计划 年度人口计划，是常德市对各县（市区）进行人口和计划生育责任目标管理考核最主要、最基本的依据。从20世纪80年代初期开始，常德市每年都要制定年度人口和计划生育责任目标。根据各个时期人口计生工作的重点和要求，目标内容每年都有所变化，指标要求也不完全相同。

二、目标管理考核

从20世纪80年代初期开始，常德市对县（市区）的人口计生工作开始实行目标管理考核。进入21世纪以后，常德市人口计生工作实行层级考核和跨一级考核。市本级负责对县（市区）（含管理区、度假区、开发区、原种场）、市直计生综合治理部门和乡镇（街道）人口计生工作考核。

考核方式和内容

单线综合考核。1988年以前，常德市主要根据各地计划生育报表考核各县（市区）、农场人口计划生育的执行情况，包括出生率、政策内生育率、多孩生育率、自然增长率等。1988年开始实行抽样检查数据对统计报表加权修正认定各地人口和计划生育的主要数据进行考核评估，开展评先评奖活动。1990 年以后，考核内容增加了财政对计划生育事业费投入，流动人口管理和避孕节育措施落实情况等内容，但仍实行单线综合考核。

双线定性定量考核。1999 年，湖南省人口计生委改革人口与计划生育目标管理考核评估办法，实行双线考核评估。常德市随即实行人口计生工作定性和定量双线考核。定性考核，分值占总分的 30%。主要考核人口和计生工作的社会环境、党政领导负总责的情况，包括党政一把手亲自抓、负总责、分管领导以主要精力抓人口计生工作，帮助解决实际问题和困难；兑现计划生育“一票否决”制度；党委中心学习组人口理论学习；党校开设人口理论课；宣传新闻媒体宣传人口计生工作；部门综合治理；计生事业费按标准财政投入；计生队伍建设等方面情况。主要是采取听汇报、查资料、延伸基层调查等形式进行。定量考核，分值占总分的 70%。主要考核基层基础工作和人口计生指标的完成情况。包括：基础阵地网络建设，队伍建设及人员工资到位情况，人口出生率、政策内生育率、多孩率、节育措施落实率、社会抚养费征收到位率、计划生育村为主比率、统计准确率、出生人口性别比、一孩生育比率等主要指标完成情况以及人口计生调查环境、群众对人口计生工作的满意度。采取随机抽调调查员，随机选取样本点，不打通知直接进村入户，全封闭式进行。

三线考核。2007 年，根据湖南省人口与计生目标管理考核评估办法，常德市将部门综合治理人口计生工作从党政领导线的考核中分离出来，实行党政领导线、基层基础工作线、部门综合治理线三线考核。考核分值比重为 3：5：2，2008 年起改为 4：4：2。考核方式仍为定量调查和定性调查两种。定性调查主要考核党政领导线和部门综治线，定量调查考核基层基础工作。考核内容也有所调整，2011 年的党政领导线增加了人口计生工作在绩效考核中所占分值不能低于 5%；落实“农村独生子女家庭在分配集体经济收益、征地补偿费时多分一人份额和在划分宅基地、扶持生产、介绍就业等方面给予照顾”政策；在公务员招考名额中明确部分指标用于定向考录乡镇计生办主任；县级成立社会抚养费征收等人口计生行政执法机构等。将基层基础工作线中的符合政策生育率、整治“两非”工作效果、群众满意度等效果指标调整到党政领导线考核，只保留了宣传先导、依法管理、村（居）民自治、优质服务、政策推动、流动人口服务管理、诚信统计等七大内容。部门综治线主要考核领导重视、队伍建设、台账建设、垂直管理、政策兼容等基础工作和职能履责情况。

考核评估办法

实行三线考核前，年度计划生育考核评估工作采取平时抽样调查结合年终抽样调查综合考核评估的办法进行，以平时调查为主。平时调查得分占全年总分的 60%—80%，年终调查评估得分占全年总分的 40%—20%。实行三线考核后，常德市对县（市区）考核评估分为“三线”“四类”。整个考核评估内容分为三大项 7 小项，将每条都具体化、标准化，具备可操作性。每一条都占有相应比分，根据完成情况实行扣减。最后根据评估所有量化指标结果，参考公安、民政、统计等部门及全国“流动人口信息交换平台”“奖励扶助信息平台”等人口计生信息数据，经过对比分析、现状分析、发展变化趋势分析，加权修正各单位的工作效果指标和工作过程定量指标，评出红旗、先进、合格、“一票否决”四个类型，给予评先评奖。对市直计生综治部门的考核评估，由省检情况、市检本级情况和市检县（市区）情况三部分综合而成，分红旗、先进、合格、不合格等类型，2011 年改分先进、合格、不合格等类型。对乡（镇、街道）的考核评估，按照“统一标准、自报类型、市级抽查、综合评估”的办法进行，分红旗（模范）、先进、合格、黄牌警告、重点管理（一票否决）五种类型进行了考核评估、兑现奖惩。

设立门槛指标和高压线。2011—2012 年，常德市在对县（市区）考评中，设置了模范单位评选门槛指标，规定：没有完成性别比治理工作任务或没有建立出生实名制的县（市区），在评定人口和计划生育工作模范单位时实行“一票否决”。设置考核评估“高压线”，规定县（市区）在人口和计划生育工作中有下列情况之一的，每起扣总分 2 分，并在当年评估类型基础上再下降一个类型：年度内被取消国家计划生育优质服务先进单位称号的；省级考核中被评定为合格及不合格的；违法行政或违反技术常规，导致死人或其他重大恶性案件的；因群体性上访处置不当造成重大负面影响的；有强行向调查员索要现场取证材料，向调查队员送礼品、现金和有价证券，转移、藏匿调查期内生育对象，提供假材料、假文件，篡改全员人口信息数据、统计报表资料，为调查组安排食宿、休闲活动并支付费用等五种严重干扰调查情况的。

鼓励改革创新和争先创优。从 2000 年开始，常德市在对县（市区）计划生育考核评估中实行加扣分制，鼓励各地创先争优、创新发展。2001 年规定，省对县（市区）考核中，升类的在市评估中加总分 3 分，降类的扣总分 2 分，出现统计质量问题按市级扣分标准 2 倍扣分，无统计质量问题奖该县（市区）2 分，为全国、全省、全市计划生育工作会议创造经验现场的分别加总分 1 分、0. 5 分、0. 2 分。2007 年常德市出台《人口和计划生育工作奖惩办法》，加大奖扣分力度，规定：在省对县（市区）、管理区的考核中升类的单位，考核评估加总分 5 分；在省级抽样调查中，无统计质量或 WIS 数据质量问题的加总分 1 分；首创首推、效果显著、社会公认的人口和计划生育创新工作或做法，每起加总分 2 分；查实“两非”典型案件并处理到位的，每起加总分 0. 5 分；人口计生工作在《人民日报》《中国人口报》《湖南日报》头版作专题宣传报道的，每篇加被报道单位年度总分 0. 5 分；人口计生工作在中央电视台“新闻联播”，湖南电视台“新闻联播”中专题宣传报道 15 秒以上的，每次加被报道单位总分 1 分；每个单位总加分不超过 5 分；在省对县（市区）、管理区的考核中降类的单位，每降一个类别扣总分 5 分；有证据表明被查单位或所辖样本点发生严重干扰的，每起扣被查单位总分 2 分；样本点所在乡（镇、街道）瞒报、虚报出生问题严重或篡改 WIS 数据、统计报表资料的，每起扣被查单位总分 2 分；调查人员收受礼品礼金，隐匿、伪造、篡改调查资料，泄露调查机密的，取消其市人口计生工作调查员资格，全市通报批评，并扣该调查员所在单位年度总分 1 分；单个样本点当年生育对象或家庭成员见面率低于 50% 的，酌情扣被查单位总分 0.5—1 分，并适当下调年度符合政策生育率；经查基本属实的人口计生重大事件，在全省造成严重负面影响的，每起扣发生单位的总分 1—2 分；在本市造成严重负面影响的，每起扣发生单位的总分 0.5—1 分。2010 年开始，增加年度内成功创建国家计划生育优质服务先进单位的县（市区）加总分 5 分。2011 年和 2012 年，常德市单设“创新奖”，加大特色创新力度，成功创建“全国计划生育优质服务先进单位”的津市市、武陵区和在全省首推首创了高层倡导部门联动关爱“失独家庭”经验的汉寿县分别获此殊荣。

考核评估结果

常德市在湖南省考核评估中结果　从 1988 年至 2014 年，常德市在湖南省人口和计划生育目标管理考核评估中连续 27 年被评为先进。其中 1988 年至 1995 年连续 8 年评估排队独占鳌头，均被评为全省第一名；1996 年排名第二，次于长沙市；1997 年以后湖南省考核评估只分类，不排名次，常德市连续 18 年位居全省先进行列，其中 2010 年、2014 年被评为全省人口和计划生育工作模范单位。1988 年至 2014 年常德市在湖南省考核评估中情况见表 3－5－1－1。

表 3－5－1－1

常德市 1988—2014 年人口与计划生育工作在全省考核评估中情况统计表

年份	考核评估排队结果	备注
1988	全省计划生育工作先进集体	全省唯一受表彰地州市
1989	全省计划生育工作先进集体	排名第一
1990	全省计划生育工作先进集体	排名第一
1991	全省计划生育工作红旗单位	排名第一
1992	全省计划生育工作红旗单位	排名第一
1993	全省计划生育工作红旗单位	排名第一
1994	全省计划生育工作红旗单位	排名第一
1995	全省计划生育工作红旗单位	排名第一
1996	全省计划生育工作红旗单位	排名第二、第一名长沙市
1997	全省计划生育工作红旗单位	开始不排名次
1998	全省人口与计划生育目标管理先进单位	当年未评红旗单位
1999	全省人口与计划生育工作红旗单位	
2000	全省人口与计划生育工作红旗单位	

续表

年份	考核评估排队结果	备注
2001	全省人口与计划生育目标管理先进单位	当年未评红旗单位
2002	全省人口与计划生育目标管理先进单位	开始评模范市州
2003	全省人口与计划生育目标管理先进单位	
2004	全省人口和计划生育工作先进单位	
2005	全省人口和计划生育目标管理先进单位	
2006	全省人口和计划生育目标管理达标单位	当年未评先进单位
2007	全省人口和计划生育目标管理先进单位	
2008	全省人口和计划生育目标管理先进单位	
2009	全省人口和计划生育工作先进单位	
2010	全省人口和计划生育工作模范单位	
2011	全省人口和计划生育工作目标管理市级先进单位	
2012	全省人口和计划生育工作先进单位	
2013	全省人口和计划生育工作先进单位	
2014	全省人口和计划生育工作模范单位	

各县（市区）在湖南省考核评估中结果　1988 年，鼎城区、澧县被评为湖南省人口与计划生育工作先进集体（当年全省只评 4 个先进县市区）。

1990 年，湖南省委、省政府开始对各县（市区）的计划生育工作进行百分制考核评估。首次考核评估将 1989 年和 1990 年全省各县（市区）两年计划生育工作进行排队。常德市 9 个县（市区）在全省 109 个县（市区）排名为：临澧县第 1 名、澧县第 3 名、石门县第 4 名、桃源县第 5 名、武陵区第 6 名、安乡县第 8 名、津市市第 14 名、鼎城区第 15 名、汉寿县第 29 名。

1991 年至 1997 年，湖南省继续对县（市区）进行评估排队。1991 年至 1995 年考核评估结果资料缺失，据可靠回忆，1991 年至 1997 年常德市所辖 9 个县（市区）均连续 7 年被评为一类地区，其中临澧县连续 9 年（含 1989 年、1990 年，1997 年只分类不排名）全省排名第一（9 连冠）。

1998 年至 2010 年，湖南省对县（市区）继续评估排队的基础上评选优质服务试点合格单位、先进单位和模范单位。武陵区、安乡县（2009 年除外）、澧县、临澧县、石门县、津市市、桃源县（1998 年除外）连续 13 年被评全省优质服务先进单位或模范单位。

鼎城区于2005年进入优质服务先进单位。2002年，西湖管理区、西洞庭管理区被纳入全省考核评估。2004年，西洞庭管理区因政策内生育率不达标被列入省重点管理单位。西湖管理区于2005年、西洞庭管理区于2007年进入优质服务先进单位。2010年，常德市除汉寿县被评为一类单位外，10个县（市区）被评为全省优质服务先进单位。

2011年至2014年，湖南省对县（市区）取消排队，评选人口计生工作模范单位、先进单位和合格单位。鼎城区、安乡县、澧县、临澧县、桃源县、石门县、西洞庭管理区连续4年被评为模范单位。见表3－5－1－2。

常德市对各县（市区）考核评估结果　1988年至2014年，常德市连续27年对各县（市区）、农场、开发区、度假区进行考核评估。临澧县连续27年被评为红旗单位和先进单位。安乡县从1991年起连续24年，澧县从1991年起至2011年连续23年被评为红旗单位和先进单位。见表3－5－1－3

常德市对各乡（镇）考核评估结果　2000年至2014年，常德市连续15年对全市各乡（镇）人口计生工作进行了考核评估，共评选表彰红旗乡（镇、街道）221个（次），其中武陵区21个（次）、鼎城区22个（次）、安乡县25个（次）、汉寿县15个（次）、澧县34个（次）、临澧县36个（次）、桃源县23个（次）、石门县25个（次）、津市市24个（次）。被“一票否决”乡（镇、街道）57个（次），其中，武陵区1个，鼎城区12个（次）、安乡县7个、汉寿县16个（次）、澧县3个、桃源县10个（次）、石门县1个、津市市1个、西洞庭管理区1个、西湖管理区4个、德山开发区1个。黄牌警告乡（镇）40个，其中，武陵区3个、鼎城区6个、安乡县2个、汉寿县6个、澧县5个、临澧县1个、桃源县4个、石门县3个、津市市4个、西湖管理区3个。见表3－5－1－4。

2011年，市人大副主任文承保（右）、市政协副主席韦绍斌（左）通报全市人口计生工作情况

表 3-5-1-2

常德市各县（市区）1988—2014 年人口与计划生育工作在省考核评估中排名情况统计表

年份	武陵区	鼎城区	安乡县	汉寿县	澧县	临澧县	桃源县	石门县	津市市	西湖管理区	西洞庭管理区	备注
1988		先进集体			先进集体							当年全省评选4个县级先进集体
1989 1990	一类市区第6名	一类市区第15名	一类县第8名	一类县第25名	一类县第3名	一类县第1名	一类县第5名	一类县第4名	一类市区第14名			
1991	一类单位	一类单位	一类单位	一类单位	一类单位	一类县第1名	一类单位	一类单位	一类单位			1991年至1995年考核评估资料缺失，除临澧县外，其他县（市区）在全省一类地区排名不详
1992	一类单位	一类单位	一类单位	一类单位	一类单位	一类县第1名	一类单位	一类单位	一类单位			
1993	一类单位	一类单位	一类单位	一类单位	一类单位	一类县第1名	一类单位	一类单位	一类单位			
1994	一类单位	一类单位	一类单位	一类单位	一类单位	一类县第1名	一类单位	一类单位	一类单位			
1995	一类单位	一类单位	一类单位	一类单位	一类单位	一类县第1名	一类单位	一类单位	一类单位			
1996	一类市区第11名	一类市区第24名	一类县第2名	一类县第23名	一类县第4名	一类县第1名	一类县第15名	一类县第9名	一类市区第7名			
1997	一类单位	一类单位	一类单位	一类单位	一类单位	一类单位	一类单位	一类单位	一类单位			只分类不排名
1998	优质服务试点合格区	一类县（市区）第26名	优质服务先进县	一类县（市区）第27名	优质服务试点合格县	模范县	一类县（市区）第6名	优质服务试点合格县	优质服务试点合格县			
1999	优秀服务试点合格区	一类县（市区）第24名	优质服务先进县	一类县（市区）第35名	模范县	模范县	优质服务试点合格县	优质服务试点合格县	优质服务试点合格县			
2000	优质服务先进单位	一类单位	优质服务先进单位	二类单位	模范县	模范县	优秀服务试点县	优质服务先进单位	优质服务先进单位			从2000年开始只分类、不排名
2001	优质服务先进单位	一类单位	优质服务先进单位	二类单位	模范县	模范县	模范县	优质服务先进单位	优质服务先进单位			
2002	优质服务先进单位	一类单位	优质服务先进单位	一类单位	模范县	模范县	优质服务先进单位	优质服务先进单位	优质服务先进单位	一类单位	一类单位	2002年西湖、西洞庭列入省考核评估
2003	模范区	一类单位	优质服务先进单位	一类单位	模范县	模范县	优质服务先进单位	模范县	优质服务先进单位	一类单位	一类单位	
2004	优质服务先进单位	优质服务先进单位	优质服务先进单位	二类单位	优质服务先进单位	优质服务先进单位	优质服务先进单位	一类单位	优质服务先进单位	一类单位		
2005	优质服务先进单位	优质服务先进单位	优质服务先进单位	一类单位	优质服务先进单位	优质服务先进单位	优质服务先进单位	优质服务先进单位	优质服务先进单位	优质服务先进单位	二类单位	
2006	优质服务先进单位	优质服务先进单位	优质服务先进单位	一类单位	优质服务先进单位	优质服务先进单位	优质服务先进单位	优质服务先进单位	优质服务先进单位	优质服务先进单位	一类单位	
2007	优质服务先进单位	优质服务先进单位	优质服务先进单位	二类单位	优质服务先进单位	优质服务先进单位	优质服务先进单位	优质服务先进单位	优质服务先进单位	优质服务先进单位	优质服务先进单位	
2008	优质服务先进单位	优质服务先进单位	优质服务先进单位	二类单位	优质服务先进单位	优质服务先进单位	优质服务先进单位	优质服务先进单位	优质服务先进单位	优质服务先进单位	优质服务先进单位	
2009	优质服务先进单位	优质服务先进单位	一类单位	一类单位	优质服务先进单位	优质服务先进单位	优质服务先进单位	优质服务先进单位	优质服务先进单位	优质服务先进单位	优质服务先进单位	
2010	优质服务先进单位	优质服务先进单位	优质服务先进单位	一类单位	优质服务先进单位	优质服务先进单位	优质服务先进单位	优质服务先进单位	优质服务先进单位	优质服务先进单位	优质服务先进单位	
2011	先进单位	模范单位	模范单位	合格单位	模范单位	模范单位	模范单位	模范单位	模范单位	重点管理单位	模范单位	
2012	先进单位	模范单位	模范单位	先进单位	模范单位	模范单位	模范单位	模范单位 第二届创新奖	模范单位	合格单位	模范单位	
2013	先进单位	模范单位	模范单位	先进单位	模范单位	模范单位	模范单位	模范单位	先进单位	合格单位	模范单位	
2014	先进单位	模范单位	模范单位	先进单位	模范单位	模范单位	模范单位	模范单位	模范单位	先进单位	模范单位	

表 3-5-1-3

常德市1989—2014年对各县（市区）人口与计划生育工作考核评估结果统计表

年份	武陵区	鼎城区	安乡县	汉寿县	澧县	临澧县	桃源县	石门县	津市市	西湖管理区	西洞庭管理区	贺家山原种场	东山峰农场	德山经济开发区	柳叶湖旅游度假区
1989	红旗单位					红旗单位	先进单位	先进单位			先进单位		先进单位		
1991	红旗单位	先进单位	先进单位		红旗单位	红旗单位		先进单位	先进单位	先进单位	红旗单位	先进单位	红旗单位		
1992	红旗单位	先进单位	红旗单位	先进单位	先进单位	红旗单位	先进单位	先进单位	先进单位	先进单位	先进单位	先进单位	红旗单位		
1994	红旗单位		红旗单位	先进单位	先进单位	红旗单位	先进单位	先进单位	先进单位	先进单位	红旗单位	先进单位		先进单位	
1995	先进单位	先进单位	红旗单位	先进单位	红旗单位	红旗单位	先进单位	先进单位	先进单位	先进单位	红旗单位	先进单位	先进单位	先进单位	
1996	先进单位	先进单位	红旗单位	先进单位	先进单位	红旗单位	先进单位	先进单位	先进单位						
1999	先进单位		红旗单位		先进单位	红旗单位	先进单位	先进单位		红旗单位				先进单位	
2000	红旗单位	合格单位	红旗单位	否决单位	红旗单位	红旗单位	先进单位	先进单位	先进单位	红旗单位	合格单位	先进单位	否决单位	先进单位	先进单位
2001	红旗单位	先进单位	先进单位	进步奖	先进单位	红旗单位	红旗单位	先进单位	先进单位	红旗单位	红旗单位	先进单位		先进单位	先进单位
2002	先进单位	先进单位	先进单位	升类奖	红旗单位	红旗单位	合格单位	先进单位	先进单位	先进单位	红旗单位	先进单位		红旗单位	先进单位
2003	红旗单位	先进单位	先进单位	先进单位	先进单位	红旗单位	先进单位	红旗单位	先进单位	先进单位	红旗单位	先进单位		先进单位	先进单位
2004	先进单位	红旗单位	先进单位	合格单位	先进单位	红旗单位	先进单位	合格单位	先进单位	合格单位	否决单位	红旗单位		红旗单位	先进单位
2005	红旗单位	红旗单位	先进单位	先进单位	红旗单位	红旗单位	先进单位	红旗单位	先进单位	先进单位	先进单位	先进单位		先进单位	先进单位
2006	先进单位	先进单位	先进单位	先进单位	红旗单位	红旗单位	先进单位	先进单位	先进单位	先进单位	先进单位	红旗单位		先进单位	先进单位
2007	先进单位	先进单位	先进单位	合格单位	红旗单位	红旗单位	先进单位	先进单位	先进单位	先进单位	红旗单位	先进单位		先进单位	先进单位
2008	先进单位	先进单位	红旗单位	进步奖	红旗单位	红旗单位	先进单位	先进单位	先进单位	先进单位	先进单位	先进单位		先进单位	先进单位
2009	先进单位	先进单位	红旗单位	先进单位	红旗单位	红旗单位	先进单位	红旗单位	先进单位	先进单位	先进单位	先进单位		红旗单位	先进单位
2010	先进单位	先进单位	红旗单位	合格单位	先进单位	红旗单位	合格单位	红旗单位	先进单位	先进单位	先进单位	红旗单位		先进单位	先进单位
2011	合格单位	合格单位	先进单位	合格单位	先进单位	先进单位	合格单位	先进单位	创新奖	否决单位	合格单位	合格单位		合格单位	合格单位
2012	合格单位 创新奖	合格单位	先进单位	合格单位 创新奖	合格单位	先进单位	合格单位	合格单位	合格单位	合格单位	先进单位	合格单位		合格单位	先进单位
2013	先进单位	先进单位	模范单位	先进单位	模范单位	模范单位	模范单位	先进单位	先进单位	合格单位	先进单位	先进单位		先进单位	先进单位
2014	先进单位	模范单位	模范单位	先进单位	模范单位	模范单位	先进单位	先进单位	先进单位	先进单位	先进单位	先进单位		先进单位	先进单位

注：1. 东山峰农场于2001年划归石门县管辖，德山开发区和柳叶湖旅游度假区分别于1994年、2000年由市单列考核评估。
2. 1988年、1990年、1997年、1998年考核评估资料缺失。

表 3-5-1-4

常德市2000—2014年对乡（镇、街道）人口与计划生育工作考核评估结果统计表

年份	武陵区			鼎城区			安乡县			汉寿县		
	红旗	黄牌警告	一票否决	红旗	黄牌警告	一票否决	红旗	黄牌警告	一票否决	红旗	黄牌警告	一票否决
2000	南坪岗乡 三岔路办事处		芦荻山乡	灌溪镇		石门桥镇 镇德桥镇 大龙站镇 周家店镇	官垱镇 三岔河镇 大鲸港镇		下渔口镇	围堤湖乡		东岳庙乡 岩汪湖镇 株木山乡
2001	护城乡 城西街道			灌溪镇		石板滩乡	官垱镇 安生乡		安全乡	坡头镇		阳南塘乡
2002	三岔路街道			灌溪镇		谢家铺镇	官垱镇		陈家咀镇			株木山乡 月明潭乡
2003	护城乡 三岔路街道			草坪镇 灌溪镇		双桥坪乡	安康乡 官垱镇		安宏乡	坡头镇		株木山乡 崔家桥镇 洲口镇
2004	丹洲乡			蒿子港镇			城关镇			沧港镇		西竺山乡
2005	护城乡			草坪镇		黑山咀乡	城关镇		焦圻镇	沧港镇		鸭子港乡
2006	东江乡			镇德桥镇		黄珠洲乡	大鲸港镇		安福乡	洋淘湖镇		大南湖乡
2007	护城乡			灌溪镇		石公桥镇	官垱镇	安尤乡		沧港镇	文蔚乡	丰家铺乡
2008	东郊乡			逆江坪乡	黄珠洲乡	镇德桥镇	三岔河镇 安生乡			洋淘湖镇	沧港镇	大南湖乡
2009	城南街道		湖南文理学院芙蓉学院	蒿子港镇	沧山乡	周家店镇	安福乡 安凝乡	安裕乡	安丰乡	罐头咀镇	新兴乡	百禄桥镇
2010	城东街道	丹洲乡		灌溪镇 唐家铺乡	韩公渡镇		陈家咀镇 安凝乡			罐头咀镇		酉港镇
2011	护城乡	芦荻山		石公桥镇 草坪镇	牛鼻滩镇		三岔河镇 安凝乡			沧港镇	洋淘湖	
2012	城南街道 河洑镇	城北街道	市规划建筑设计院	灌溪镇 丁家港乡	尧天坪镇		三岔河镇			坡头镇	洲口镇	
2013	城东街道 护城乡			蒿子港镇 唐家铺乡	黑山咀乡		三岔河镇 安裕乡			大南湖乡	月明潭乡	
2014	长庚街道 府坪街道			蒿子港镇 草坪乡 灌溪镇			安裕乡 安福乡			毛家滩乡 沧港镇		

年份	澧县			临澧县			桃源县			石门县			津市市		
	红旗	黄牌警告	一票否决	红旗	黄牌警告	一票否决	红旗	黄牌警告	一票否决	红旗	黄牌警告	一票否决	红旗	黄牌警告	一票否决
2000	中武乡 宜万乡 道河乡 张公庙镇			城关镇 柏枝乡 余市镇 停弦渡镇			郝坪乡 泥窝潭乡		九溪乡	二都乡 楚江镇			三洲驿 办事处		
2001	张公庙镇 中武乡 盐井镇			城关镇 新安镇 太浮镇 合口镇 九里乡			木塘垸乡 深水港乡 马宗岭乡 漳江镇			二都乡 蒙泉镇			新洲镇 襄阳街 办事处		
2002	盐井镇 张公庙镇			城关镇 新安镇 停弦渡镇			木塘垸乡		观音寺乡	二都乡			灵泉乡		白衣镇
2003	官垸乡 张公庙镇 盐井镇			合口镇 停弦渡镇 城关镇 新安镇			三阳港镇 木塘垸乡		西安镇 双溪口镇	蒙泉镇 二都乡			三洲驿 办事处 灵泉乡		
2004	道河乡		涔南乡	望城乡			桃花源镇		观音寺镇	楚江镇			渡口镇		
2005	道河乡 盐井镇			文家乡 合口镇			郑家驿乡		西安镇	楚江镇 夹山镇		子良乡	三洲驿办事处		
2006	道河乡 官垸乡			九里乡			漆河镇		寺坪乡	皂市镇			金鱼岭办事处		
2007	张公庙镇 道河乡	澧东乡		新安镇 九里乡	安福镇		太平桥乡	茶庵铺镇		楚江镇	新关镇		金鱼岭办事处	白衣镇	
2008	澧南乡 官垸乡	如东乡		合口镇 杨板乡			泥窝潭乡		钟家铺乡	夹山镇	白云乡		三洲驿办事处		
2009	大堰垱镇 澧南乡	太青乡	永丰乡	安福镇 新安镇			芦花潭乡	黄甲铺乡	理公港镇	楚江镇 新关镇			三洲驿办事处	李家铺乡	
2010	张公庙镇 道河乡	中武乡		安福镇 新安镇			郑家驿乡		凌津滩镇	楚江镇 新关镇			渡口镇		
2011	官垸乡 澧南镇			安福镇 新安镇			芦花潭乡	西安镇		楚江镇 维新镇			三洲驿 保河堤镇		
2012	大堰垱镇 道河乡	王家厂镇		安福镇 新安镇			深水港乡	龙潭镇		楚江镇 维新镇	二都乡		三洲驿 渡口镇	金鱼岭 办事处	
2013	张公庙镇 澧南镇			合口镇 余市镇			陬市镇 郑家驿乡			楚江镇 维新镇			金鱼岭办事处	江家桥 办事处	
2014	澧阳街道 官垸乡 车溪乡			合口镇 余市镇			漳江镇 牯牛山乡 牛车河乡			楚江镇 维新镇			白衣镇 三洲驿办事处		

注：1、常德经济技术开发区所辖乡镇街道没有全市计划生育红旗单位，2010年德山镇被“黄牌警告”。
2、市没有对贺家山原种场、柳叶湖旅游度假区的下属单位进行单独考核。
3、西洞庭管理区没有全市乡级计划生红旗单位，金凤办事处2004年被“一票否决”，西洲乡2013年、2014年连续两年被“黄牌警告”。
4、西湖管理区没有全市乡级计划生育红旗单位，东洲办事处、裕民办事处2004年被“一票否决”；2007年下窑办事处被“黄牌警告”，鼎港办事处被“一票否决”。2011年西洲乡被“黄牌警告”，东洲乡被“一票否决”。2012年东洲乡被“黄牌警告”，2014年西洲乡被“黄牌警告”。

全国人口与计划生育工作先进县（市区）

1984 年，常德地区被评为全国计划生育首批三个红旗地市之一（除常德地区外，还有山东省烟台地区、河北省张家口市），所辖 10 个县（市区）（含慈利县）全部被评为全国计划生育工作先进单位，有“十面红旗飘洞庭”之美誉。从 1990 年以后，常德市有临澧县、澧县、安乡县先后被评为全国计划生育先进集体。2003 年，国家人口计生委开始评选全国计划生育优质服务先进县（市区），到 2012 年全市先后有临澧县、澧县、安乡县、石门县、鼎城区、津市市、武陵区共 7 个县（市区）成为国优县。

临澧县：

1990 年国务院授予全国计划生育先进集体。

1993 年国务院授予全国计划生育模范集体。

1996 年国务院授予全国计划生育先进集体。

2003 年至 2012 年连续 10 年被国家人口计生委评为全国计划生育优质服务先进县。

澧县：

1993 年国务院授予全国计划生育先进集体。

2004 年至 2012 年连续 9 年被国家人口计生委评为全国计划生育优质服务先进县。

安乡县：

1994 年国务院授予全国计划生育先进集体。

2008 年至 2012 年连续 5 年被国家人口计生委评为全国计划生育优质服务先进县。

石门县：

2009 年至 2012 年连续 4 年被国家人口计生委评为全国计划生育优质服务先进县。

鼎城区：

2010 年至 2012 年连续 3 年被国家人口计生委评为全国计划生育优质服务先进县（区）。

津市市：

2011 年至 2012 年被国家人口计生委评为全国计划生育优质服务先进县（市）。

武陵区：

2012 年被国家人口计生委评为全国计划生育优质服务先进县（区）。

三、业务工作考核

1998 年、2011 年常德市人口计生委 2 次被国家人力资源和社会保障部、国家人口计生委评为全国人口计生系统先进集体。

从 2006 年起湖南省人口计生委开展人口计生系统业务工作评先活动。2006 年至 2012 年，常德市人口计生委连续 7 年被评为全省人口计生系统综合业务先进单位，市计生协会从 2007 年至 2012 年连续 6 年保持全省计生协会业务工作先进单位。

常德市人口计生委从 1993 年开始计生业务先进评选活动，每年评选出综合业务先进单位和单项业务工作先进单位。2002 年至 2012 年全市人口计生综合业务先进单位评选情况见表 3－5－1－5。

表 3－5－1－5

常德市 2002—2012 年人口计生综合业务先进单位名录

年度	综合业务工作先进单位
2002	澧县、临澧县、桃源县
2003	澧县、桃源县、临澧县
2004	澧县、桃源县、临澧县、贺家山原种场、德山开发区
2005	临澧县、鼎城区、澧县、德山开发区、贺家山原种场
2006	澧县、临澧县、鼎城区、贺家山原种场
2007	澧县、临澧县、桃源县、德山开发区
2008	临澧县、汉寿县、鼎城区、澧县、贺家山原种场
2009	澧县、临澧县、桃源县、西洞庭管理区、柳叶湖度假区
2010	未评选综合业务先进单位
2011	安乡县、鼎城区、澧县、津市市、西洞庭管理区、柳叶湖度假区
2012	安乡县、桃源县、武陵区、临澧县、西湖管理区、德山开发区

第二节　人口与计划生育统计

常德市人口和计划生育统计经历了手工台账、系统软件、网络平台三个发展阶段，统计对象由育龄群众逐步拓展到全员人口，统计内容由育龄群众的出生、死亡、新婚、孕情、节育措施信息等逐步拓展到全员人口基本信息，统计手段由纸质填报汇总逐步拓展到计算机网络汇总。

一、手工台账统计

1991 年以前，常德市人口与计划生育统计还没有统一的台账管理，村（居）委会只有一份当年的人口出生花名册，各级只有一份统计报表，分月报表、季报表和年度报表三种。主要报告出生人数、出生率；计划内生育人数、计生率；死亡人数、死亡率和自然增长数、自然增长率。报表由乡级起报，逐级上报到市，然后由市汇总上报到省。

1992 年 3 月，常德市计生委在汉寿县西港镇召开全市计划生育统计台账启用推广现场会，全市正式统一启用“常德市计划生育统计台帐”。该统计台账为手工统计台账，内容以 6 表 4 册合订一本。6 表是：准生证发放登记表、新增孕妇登记表、人口出生登记表、节育手术登记表、女性新婚登记表、死亡登记表。4册是：已婚无孩育龄妇女花名册、一孩育龄妇女花名册、二孩以上未绝育育龄妇女花名册、已婚绝育妇女花名册。6表4册共47个项目121个栏目，统一规范，内容全面，融为一体，易于操作，便于管理，克服了以往台账杂乱、内容不齐、项目不统一、不便管理和查看等诸多弊端。台账由乡（镇）、村（居）各保存一本，每月召开村级计生专干例会时，由村级专干将台账所记录的新增计划生育事件过录到乡（镇）台账上，乡（镇）计生办审核无误后再汇总逐级上报。

1996年，常德市计生委要求各乡（镇）开始建立育龄妇女档册。为减轻村级计生专干负担，精简统计内容，是年，村级实行计划生育月报告单制度，由村级填报当月该村发生的计划生育变更信息，包括出生、怀孕、新婚、流引产、节育措施等，通过月报告单上报给乡级计生办，既记载了历史状况，也明晰了当前情况。实行月报告单初期计生统计台帐继续使用。

2002年，湖南省计生委在桃源县进行全省计划生育村级专干手册（一册通）的试点，后经修改完善后，翌年在全省村级普遍应用。计生专干手册内容与统计台账内容大体相同。包含出生、死亡、新婚、节育措施、怀孕、随访和流动人口等情况，具有较强的科学性和逻辑性。同时统计台账废止，计生专干手册一直沿用。与计生专干手册同时启用的季度孕情监测登记簿（妇检登记本）记录各类已婚育妇孕情环情检查和妇科病查治以及流动人口的孕情监测情况，以便跟踪服务。2004年，湖南省WIS系统（即育龄妇女信息管理系统）启用，先后对月报告单进行了4次改版。常德市人口和计划生育统计进入系统软件统计阶段。2003年开始实行网络平台统计。

二、统计调查

抽样调查　20世纪80年代中后叶，常德市计划生育工作已经抓得很紧，人口计划是刚性计划，哪个单位也不能突破，否则实行计划生育“一票否决”。一些地方开始出现虚报瞒报，统计报表已不能客观反映计划生育的真实情况。

1986年，常德市在全国首创计划生育封闭式检查方法。采用随机、分层、整群、等比，按照一定人口规模确定调查样本点，实行封闭式的手段调查人口计生工作。1989年抽样调查工作模式正式确定，以抽样调查结果加权修正各级计生统计数据，并作为年终评估依据。是年1月13日至25日，市计生委组织100多人调查队伍，抽取调查样本点53个村（居）委会，占全市村级单位总数的1.08%，调查了63963人，占全市总人口数的1.05%。调查结果显示：被调查53个村（居）委会上报出生人数没有误差的只有12个，只占22.6%，41个村（居）委会均有误差，占77.4%。53个村（居）委会1988年上报出生887人，实际出生1095人，少报出生208人，统计误差为19%，按此推算，全市全年漏报瞒报出生2万多人。桃源县陬市镇芦池州村、石门县新关镇大水井村、澧里永丰乡梅家港村、洞市乡陆家村、汉寿县坡头镇牛广村、鼎城区周家店镇九岑村、安乡县安福乡周福村、津市市保河堤镇云台村等8个单位漏统出生154人，统计水分为51%。其中汉寿县坡头镇牛广村，当年计划出生 21 人，上报出生 32 人，实际出生 52 人，超计划指标 140%，统计水分为 93.8%。经过调查分析，找出了造成统计失真的主要原因是：怕“一票否决”有意瞒报、基层组织网络不健全造成漏报、为躲上缴提留有意少报。安乡县安康乡永安村党支部书记对调查人员说，多报一人，就要多出 20 多个义务工，我们的方法是“三不报一少报”，即五保户不报，老干部老党员不报、残疾人不报，出生人口少报。该村 1700 多人，当年只上报 1500 多人，少报 200 多人，其中少报出生 8 人。这次抽样调查，还发现全市早婚早育、抢生超生、工作发展不平衡、节育措施不落实等计生工作的严重问题。市政府副市长颜永盛在调查总结报告上批示：计划生育抽样调查队既是工作调查队，又是计生宣传队、群众思想工作队，要常年坚持下去。

常德市开展计划生育抽样调查的做法，得到湖南省人口计生委的充分肯定。1990 年，湖南省开始使用抽样调查方法考核评估各地（市州）人口计生工作，全国各地慕名到常德参观考察的人员每年数以万计。半年和年终进行计划生育抽样调查已成为省、市、县三级考核评估人口计生工作的常规手段。

2000 年，常德市计生委进一步改进抽样调查作风，提出抽样调查“三不”纪律，不进府、不见官、不扰民，自带干粮，自理住宿，自备交通工具，保证调查客观、公正、公平、有效。

21 世纪初期，常德市人口和计划生育抽样调查有了新的发展。市县两级建立了专门的调查人员库，采用大随机、小分队、长流水、不断线、多方式、全方位的调查方法。除每年半年和年终大规模的随机抽样调查外，组织调查小分队，常年进行不间断的调查。调查方式也由单纯的抽样调查发展为定性调查（工作过程调查）和定量调查（工作结果调查），实行专项调查、举报调查、电话调查等多种方式相结合的全方位的调查。

九年出生人口清查　为澄清 1990 年至 1998 年全市出生人口底子，常德市计生委于 1999 年 3 月在桃源县浯溪河乡进行了 9 年出生人口清查试点工作，随即在全市展开。

清查结果表明：常德市 1990 年至 1998 年 9 年期内出生人口 632158 人，出生率 12.16‰，其中出生男孩 333379 人，出生女孩 298779 人，出生性别经为 111.58；政策内出生 555206 人，政策内出生率 87.83%；出生一孩 532324 人，一孩生育率 84.21%；出生二孩 96382 人，二孩生育率 15.25%；出生多孩 3452 人，多孩生育率 0.55%；出生人数与同期统计报表相比多 53996 人，漏统率为 9.33%；与同期抽样调查的认定结果（717166 人）相比，少 85008 人。见表 3－5－2－1、表 3－5－2－2。

打假治假　面对 20 世纪 90 年代计划生育工作出现的急功近利、弄虚作假、虚报漏报等严重问题，1999 年湖南省计生委下发了《关于在计划生育工作中坚持打假治假、求真务实的意见》（湘计生政发〔1999〕1 号）。2004 年 2 月，市计生委主任刘兴国在全市计划生育业务工作会议上提出：“宁要低指标的真工作，也不要掺水分的假红旗。”常德市人口计生系统采取了一系列打假治假的措施。

建立群众举报机制。市县乡三级层层设置举报电话。市县计生委举报电话通过报纸、电台、电视台向社会公开，乡级计生办举报电话以公告形式张贴到村组。建立举报信息员制度，市县按五万分之一和万分之一选聘一批坚持原则、敢于批评、实事求是的各界人士为计生信息员，并实行有奖举报。

全面实行计划生育政务公开和村务公开，接受群众监督。公开内容：《流动人口计划生育工作管理办法》《湖南省计划生育条例》和《实施〈湖南省计划生育条例〉若干规定》中有关生育政策、落实节育措施、奖励与优待、限制与处罚问题的规定；生育指标发放及生育情况，违反规定计划外生育当事人姓名、违法事实及性质、应征（或罚款）金额和已征（或罚款）金额；独生子女病残儿和手术后遗症鉴定结果；收养、送养婴儿情况；计划生育经费（含计划生育费和乡统筹返回款、村提留款、村企业税后利润提成等）收支情况；实行计划生育的优惠政策、兑现落实等 7 个方面的情况。

改进考核评估办法。发挥考核评估工作的导向作用，减少考核评估过程中所产生的负面影响。根据各地计生工作的实际，坚持"三个不一"，设置考核指标不一、采取考核时间不一、提出考核要求不一；坚持"四个区别"，区别不同工作基础，区别不同工作层次，区别不同工作责任，区别进行不同奖罚。

加大奖惩力度。在计划生育责任目标管理考核中，明确规定，无统计质量问题给予奖分，出现统计质量问题加倍扣分。对出现重大瞒报、虚报人口出生问题的，实行计划生育"一票否决"，严厉查处相关责任人。常德市计生委先后查处了 2002 年安乡县城关镇重统 266 名出生案；2003 年安乡县黄山头镇计生办"放水养鱼"滥批二胎 27 人案；2005 年查处汉寿县毓德铺向省人口计生委抽样调查组报送假材料案；2006 年查处了澧县涔南乡计划生育工作失控，2004 年和 2005 年两年政策外生育二孩 63 人，多孩 5 人的严重问题；2006 年西湖管理区东洲办事处一队调查样本点出现围追堵截、现场干扰、支走调查对象等严重违反调查纪律行为。上述责任单位均被实行计划生育"一票否决"，相关责任人受到了撤职、开除、诫勉、警告等党纪政纪处分和经济处罚。

设立"求实奖"。1992 年，常德市计生委下发《关于设立计划生育统计"求实奖"的实施办法》（常计生字〔1992〕22 号）。决定在全市开展计生统计求实、创优、争先达标活动，对统计工作务实求真的单位给予免检、考核评估加分和物质奖励。1993 年，临澧县连续 2 年抽样调查误差率均在 1% 以下，连续 3 年在省考核评估中名列全省之首。经市计生委申报，省计生委批准，临澧县计划生育工作免检 3 年。临澧县成为常德市唯一被免检单位。是年，国家计生委授予临澧县全国计划生育信息管理"求是奖"。以后省计生委取消了免检制度。

降低考评标准。2009 年，湖南省人口计生委在全面调查研究的基础上，决定调低符合政策生育率考评标准，解绑松压，轻装上阵，把工作着力点和注意力引导到真抓实干、求真务实上来。是年，常德市根据省里考核标准，结合工作实际，将县（市区）符合政策生育率考评标准由2008年的95%调低到91%，并要求各县（市区）整体下调乡镇考核标准。为确保统计质量，形成讲实话、报实数、求实效的良好导向，是年3月份，常德市开展了乡村计生工作人员、育龄妇女、人口出生、节育措施落实、社会抚养费征收、利益导向机制建设和村级计生责任落实等“七项清理”活动。8—10月份，又以推进流动人口计划生育省内“一盘棋”，开展全员人口信息采集工作为契机，对人口出生、流动人口、节育措施、社会抚养费征收等底子进行了再清查。通过两次清查，澄清了底子，甩掉了虚高指标包袱，全市政策内生育率核心指标回归到了87.36%。但安乡县一直坚持不降低考核标准，导致基层包袱过重，在省检中发现虚报政策内生育、瞒报政策外生育窝案，被省委、省政府从“优质服务先进单位”降为一类单位。2010年，常德市再次下调符合政策生育率考评标准至88.6%，首次降到90%以下。降低考核标准不是降低考核要求，针对不少地方放松计划生育工作要求等情况，2011年—2012年，常德市又将政策内生育率提高到了90.5%和90%。

第三节　信息化建设

常德市人口计生信息化建设自1994年开始，大致历经了四个阶段：起步阶段。从1994年开始，市县乡逐级配备计算机。发展阶段。从1997年开始，市、县、乡全面应用《湖南省育龄妇女档卡管理软件》，实行育龄群众个案管理和点对点数据信息传递。定型阶段。从2001年开始，建设市、县局域网，建立市、县WIS系统（育龄妇女管理系统），实行点对点联网信息化管理。升级阶段。从2009年开始，全面建设全员人口信息库，实行流动人口服务管理“一盘棋”，打造“数字计生”。2011年1月，常德市人口计生领导小组在临澧县召开了全市人口计生信息化建设现场会，总结推介临澧经验，部署全市人口计生信息化工作。全市逐步建起了“一库（全员人口信息库）、两网（内网和外网）、三平台（市县两级人口计生部门OA协同办公平台、人口计生数据综合管理中心平台、人口宏观决策分析平台）、四联动（市县乡村四级联动）、五系统”（全员人口数据信息管理系统、全员人口信息村级直报系统、计划生育综合治理部门信息实时通系统、计划生育优质服务信息管理系统、社会抚养费征缴信息管理系统），基本实现了“工作流”向“信息流”的转变。

陈文浩（中）在澧县指导人口计生信息化工作

表 3—5—2—1

常德市1990—1998年清查出生人口与报表出生人口统计表

年度	出生总数			一孩						二孩						多孩数		
				计划内			计划外			计划内			计划外					
	报表数	清查数	比较数	报表数	清查数	比较数	报表数	清查数	比较数	报表数	清查数	比较数	报表数	清查数	比较数	报表数	清查数	比较数
1990	81174	102170	20996	65449	68736	3287	162	5191	5029	5828	7253	1425	9480	19536	10056	255	1454	1199
1991	70747	80189	9442	60082	61553	1471	321	2999	2678	4465	4087	−378	5833	10935	5102	46	615	569
1992	66387	72392	6005	57807	58672	865	643	2014	1371	3552	3744	192	4326	7608	3282	59	354	295
1993	59816	70268	10452	54339	58918	4579	32	1517	1485	3400	3681	281	2023	5877	3854	22	275	253
1994	63172	64775	1603	57556	54623	−2933	398	2093	1695	4008	4130	122	1192	3727	2535	18	202	184
1995	62882	65248	2366	57071	56031	−1040	196	1636	1440	4452	4530	78	1147	2868	1721	16	183	167
1996	63560	62331	−1229	58103	54410	−3693	195	1156	961	4255	4384	129	985	2218	1233	22	163	141
1997	56451	59809	3358	51070	52939	1869	290	889	599	4387	4433	46	687	1414	727	18	134	116
1998	53973	54976	1003	48498	48337	−161	221	610	389	4562	4745	183	671	1212	541	18	72	54
合计	578162	632158	53996	509975	514219	4224	2458	18105	15647	38909	40987	2078	26344	55395	29051	474	3452	2978

表 3-5—2-2

常德市各县（市区）1990年—1998年清查出生人口与历年报表出生人口统计表

单位	出生总数			一孩						二孩						多孩数		
				计划内			计划外			计划内			计划外					
	报表数	清查数	比较数	报表数	清查数	比较数	报表数	清查数	比较数	报表数	清查数	比较数	报表数	清查数	比较数	报表数	清查数	比较数
常德市	578162	632158	53996	509975	514219	4244	2458	18105	15647	38909	40987	2078	26344	55395	29051	474	3452	2978
武陵区	41506	57142	15636	38274	48872	10598	44	2167	2123	1870	1966	96	1303	3989	2686	15	148	133
鼎城区	89989	94940	4951	78285	73854	−4431	58	774	716	6049	9231	3182	5566	10675	5109	31	406	375
津市市	23798	26487	2689	21489	21870	381	11	509	498	1495	1445	−50	800	2585	1785	3	78	75
安乡县	52813	56866	4053	47650	49520	1870	158	743	585	2719	2719	0	2258	3685	1427	28	199	171
汉寿县	83360	86165	2805	71263	64655	−6608	147	392	245	4532	5046	514	7127	14332	7205	291	1740	1449
澧县	91478	100173	8695	83440	83994	554	385	5565	5180	5475	4650	−825	2148	5749	3601	30	215	185
临澧县	38284	43729	5445	34032	37646	3614	8	350	342	3620	4357	737	620	1325	705	2	51	49
桃源县	88989	96513	7524	75551	75736	185	841	3845	3004	8072	7463	−609	4467	9004	4537	58	465	
石门县	67945	70143	2198	59991	58072	−1919	806	3760	2954	5077	4110	−967	2055	4051	1996	16	150	

一、硬件建设

1994年，常德市计生委为计划统计科配备第一台计算机，对计划生育抽样调查数据首次实行电脑录入、计算、汇总。1995年，临澧县6个乡镇配备计算机，成为全市第一批配备电脑的乡镇，时任国家计生委计划统计司司长张二力进行了现场考察并给予充分肯定。1996年，湖南省计生委分三年给全省每个乡（镇）计生办下拨5000元用于购买计算机，常德市采取市、县、乡各级财政补助一点的办法将计算机配备到乡镇计生办。到2000年，全市241个乡级单位计生办全部配齐了计算机并开始运行。是年，市计生委首次建立专用计算机机房和计算机培训中心，配备专用服务器，购置打印、复印等设备和培训计算机30台。此后，先后为委领导、各科室站配备办公电脑和打印、复印、传真、电话一体机等设备，建起了机关打印室，配置了电脑、速印机、扫描仪、复印件等设备。2003年，以抗击“非典”为契机，所有乡镇（街道）计生办开通宽带，注册了电子邮箱。2009年，结合基层党建远程教育，将计算机配备逐步拓展到村居。2010年，推行计划生育信息实时通报系统，为相关计生综治部门配备专用计算机。2011年全市计划生育信息化建设工作会议后，各级加大信息化硬件建设力度。市本级投资300万元对中心机房、多媒体会议室进行提质改造，建立了内网和外网，建设了Wifi和电子显示屏，配备了专用手机。到2012年，市人口计生委做到了一人一台电脑、一人一台专用手机。各县市区、乡镇（街道）投入2000万余元，进行了全面更新改造。石门县按照多媒体会议室建设标准的要求，投资70多万元对原计划生育服务站进行全面改造，布局能容纳130人的大型会议室；临澧县本级投入40多万元用于会议室的改造和各股室的信息化办公设备的添置；澧县投入6万元建成了县人口计生局多媒体会议室。津市市所有乡街对计算机机房进行了改造提质，更换了11台高配置计算机。全市8个区县市投资352.16万元，为3516个村级计生工作人员购置了“村直报”手机终端系统。

二、队伍建设

常德市的计划生育信息化建设工作主要由市、县人口计生部门计划统计科（股）负责。1994年，常德市计生委统计科彭治纲成为全市第一名计算机操作员，负责电子报表统计、汇总和抽样调查信息录入、处理工作。2002年，常德市计生委成立计划生育信息中心，由计划统计科干部钟卫军兼任主任，外聘4名临时工作人员，负责全市计划生育系统计算机维护、操作培训和对外打印、复印等业务。2007年，因人员调整、机构改革等原因该中心被取消。2003年和2006年，市计生委采取公开招聘的方式，先后招录了两名本科毕业的计算机专业人员，专门从事信息化工作。2011年3月，常德市人口计生委成立市人口发展研究信息中心，负责全市计划生育信息化建设，但由于人员配备不到位等原因，全市计划生育信息化建设一直归口计划统计科负责。各县（市区）人口计生局也配备了1—2名计算机操作员。1996年乡镇（街道）全面配备计算机后，计生办配备了专门微机员。2009年—2012年，部分村居、计生综治部门配备专用计算机、手机后，计生专干兼任计算机操作员，从而形成了市、县、乡、村（部门）四级计生信息化队伍。为全面提高队伍素质，常德市采取送出去学习、请上来培训、走下去指导以及开展技能竞赛等形式，加强业务培训教育。到 2011 年，常德市市、县、乡人口计生系统共有计算机操作员 434 名，平均年龄约 34 岁。通过多年培训和实践，94% 以上的操作员业务熟练，获得了劳动部门颁发的计算机一级以上等级证书，实行了持证上岗。

三、软件开发应用

统计管理　1994 年，常德市计生委开始应用电子文档进行计划生育月、季、年度报表处理和抽样调查信息处理，对人口出生、新婚、孕情、节育措施、死亡等计划生育信息进行统计、汇总处理。随着工作的开展，常德市先后实行了药具、科技、流动人口服务管理、人事管理、财务、奖励扶助、社会抚养费征收等工作月、季度、半年和年度统计报表计算机管理。

个案管理　1997 年，湖南省计生委信息中心开发了《育龄妇女档卡管理软件》。常德市组织各县（市区）按照摸底造册、数据录入、数据校核三个步骤，于 1999 年完成了全市育龄妇女个案信息录入工作，并通过计算机的逻辑校核功能将错误信息进行校正。以后每月进行了一次信息变更，然后各乡镇通过计算机将出生名册拷贝后逐级上报到市。由市审核后上报到省。

网络管理　2001 年，常德市着手建设市级 WIS 系统（育龄妇女管理系统），开展了筹建准备、数据清理、全面培训等一系列准备工作。2003 年，市、县点对点联网信息管理启动运转。2004 年，常德市在桃源县试点，开展县级版本 WIS 系统（县乡点对点联网信息管理）建设，并在全市推广。是年，湖南省人口计生委将《育龄妇女挡卡管理软件》改造升级为《育龄妇女账卡网络管理软件》，并实行了省、市、县、乡四级计算机联网。乡镇通过直线传输上传数据包，包括每月人口出生花名册季度、年度报表。到 2008 年，常德市共有 512 台计算机与省 WIS 数据中心连接，其中，村级有联网计算机 87 台，全面取消手工统计台账和纸质报表。与此同时，全市“流动人口信息交换平台”“奖励扶助信息平台”建立并与全省全国联网；市县乡三级计生部门建立健全了计算机办公系统，市人口计生委有办公计算机 63 台，实行了无纸化信息管理。

全员人口信息管理　2009 年，湖南省人口计生委将《育龄妇女账卡网络管理软件》再次升级为《湖南省全员人口信息综合管理系统》，将过去单纯的育龄妇女信息扩充为以家庭为单位的全员人口信息。常德市计生系统历时 2 年开展大量摸底调查、数据录入、数据清查等系统工作，于 2010 年全面建成了全员人口信息管理系统。该系统分为省市县三级应用平台和乡（镇）智能客户端 2 个板块，并实行了全省大联网。该系统主要有工作交流、工作监控、工作督办、业务处理、统计报表、数据分析、信息查询、数据质量评测、系统管理等。依据该系统，常德市开发应用了五大服务管理系统。

全员流动人口信息管理系统。2009 年 5 月，根据全省统一部署，常德市以临澧县为试点，开始建立全员流动人口信息管理系统，推进流动人口计划生育工作省内“一盘棋”。7月9日，常德市在临澧召开流动人口计划生育工作“一盘棋”暨信息化建设现场会，决定整合人口计生、公安、卫生、民政、房产等部门的有关人口资源，全面建立全员流动人口信息管理系统，实现数据共享、信息互通，不断壮大流动人口计划生育服务管理综合治理格局。是年，常德市共采集全员流动人口信息 72.83 万条，比采集前多 2.51 万条，录入全员流动人口信息 66.3 万条；全市共采集、录入已婚育龄妇女信息 137.7 万条，比采集、录入前多 6.7 万条，已婚育龄妇女占全员人口的比例为 22.5%。2010 年，该系统与全国流动人口信息交换平台对接。2012 年，全市全员流动人口信息系统共录入流动人口 153.3 万人，其中流出人口 141 万人、流入人口 12.3 万人。通过该系统，开展了三大流动人口管理服务。在线办证服务。主要是为省内流动人口在线办理《婚育证明》、一孩《生育服务证》。信息交换服务。及时将全员流动人口的流向、节育状况、生育情况、孕情环情监测、政策外怀孕等信息与流入地、户籍地进行交换、匹配。跟踪管理服务。2012 年，全市流出人口信息反馈率达 93.15%，流入人口信息反馈及时率达 85.13%，省内流入人口信息匹配率达 96.18%。通过信息交换互动，全市掌握并上报了 972 例流动人口出生，处理了怀孕、生育、避孕节育、管理关系移交信息 5 万余条。广东省调阅常德市流动人口信息 2.4 万余条，提交定位信息 2.2 万余条。“委托”管理服务。依托流动人口计划生育信息网络平台，与全国 20 多个流动人口区域协作地区协作，将流出人员的生殖健康检测、节育手术落实、生育证和婚育证明办理等诸多服务，“委托”他们办理，降低服务成本，方便育龄群众，提高工作效率，实行了双赢。

全员人口信息村级直报系统。2009 年，临澧县与省电信系统集成公司合作研发全员人口信息村级直报系统，将计生综合业务应用系统管理权限延伸到村、系统用户设定到村、系统网络连接到村。该系统是利用中国电信 3G 无线网络和成熟的通信技术，将信息采集手机终端配备村级专干，村级专干在第一时间内将其辖区范围内全员人口信息变更信息、个案情况，通过短消息方式上传至全员人口信息直报管理平台进行信息录入、汇总和统计，分手机版和电脑版。该系统具备七大功能。数据上报录入功能。包含了村级报告单中的婚姻状况、妊娠情况、生育情况、信息注销、终止妊娠、避孕节育、人口死亡、流出人

2011 年常德市人口计生信息化建设会议在临澧县召开

口和流入人口等9大类87个子项信息的上报录入功能。数据审核驳回功能。乡镇计生办对于村专干上报的各类数据审核合格的可自动生成相关格式录入，对于不合格的数据予以驳回。数据查询功能。系统根据姓名、身份证号码或上报时间等项目查询相应的个案信息。数据导出功能。对于已审核通过的数据，可以导出成相应的电子表格，用于打印存底，取代手工报表。数据汇总功能。对于上报的各类数据，能够分项目进行汇总，自动生成报表。数据分析功能。对于汇总出来的报表，根据相应项目，提供了图表式分析。用户管理功能。可以对用户进行增加、修改、删除等操作。2011年，该系统在全市全面推广应用，整体运行。截止到2012年5月，全市通过终端设备上报各类计生信息30多万条，其中上报生育信息5.11万条，婚姻信息8.12万条，妊娠信息3.35万条，避孕节育信息1.98万条，流出人口信息16.18万条。通过系统的特殊信息反馈功能，及时处理了近千例违法怀孕、违法生育的案例。

计划生育信息部门实时通报系统。2010年，常德市全面推广应用湖南省妊娠分娩实时通报系统。市县两级共投入150多万元为全市所有具备资质的医疗机构和县级计生服务站配置了240台专用电脑，为县乡两级计生人员配置了260台专用电信手机，启用了573个专用电信账号，明确专人专责，实时查验、录入、通报计划生育相关信息。截止9月底，通过“实时通”系统，全市共实时查验、录入和反馈妊娠分娩信息4.57万余条，落实违法怀孕补救措施292例，补报出生3535人，补录全员人口2337人。2011年，常德市在公安、房管、住建、民政、工商、移民、人社等部门推行计生信息实时通报制度，制订《人口计生综合治理信息实时通报工作制度》，界定部门职责，明确了实时通报的方式和时限。到2012年，计生信息部门实时通报系统得到全面应用和运行。是年，卫生、计生部门共实时录入通报产前检查、妊娠分娩、人工流产等信息13.2万多条，其他部门共实时录入通报计生信息7万多条。通过“实时通”，自动识别疑似违法怀孕信息2655条、“两非”线索7194条、应补充出生信息1724条、未建档妊娠信息9033条。

计划生育优质服务信息管理系统。主要有伤病残儿医学鉴定信息管理，计划生育奖励扶助、特别扶助、手术并发症扶助、独生子女保健费对象信息管理，计生干部职工信息管理，免费孕前优生健康检查信息管理，免费生殖健康检查信息管理等系统。这些系统主要由国家或省级人口计生部门研发，常德市推广应用。

社会抚养费征缴信息管理系统。2010年，常德市以桃源县为试点，研发“社会抚养费征管理信息系统”。该系统完全兼顾了社会抚养费征收管理从征收对象申报、立案、审批、征收决定等法律文书下达、征收入库监管、结案、归档等一般流程。通过对该系统的运用，有效防止了违法行政，提高了统计质量，提高了工作效率，降低了执法成本。2011年，该系统在全市全面推广应用。

2010年9月10日，国家全员人口信息建设经验交流会在常德市召开。会议主要任务是全面贯彻落实国家人口计生委《关于加强推进人口计生信息化建设指导意见》，回顾总结交流全国各地人口和计划生育信息化建设的经验。湖南省政府副省长徐明华为大会致辞，国家人口计生委副主任江帆到会讲话。北京、天津、内蒙古、湖南、陕西等 17 个省（市区）人口计生委分管领导参会，湖南、湖北、江苏、西藏、陕西等省（区）介绍了经验。常德市委副书记、市长陈文浩、副市长万成贞等领导参加了会议。是年，常德市及澧县、临澧县、桃源县获全省全员人口信息化建设工作先进单位称号。

常德市人口计生委网站首页

四、人口计生网站建设

2005 年，常德市人口计生委建立了常德市人口计生网站，面向社会宣传人口计生工作，公布人口计生动态、实行信息公开，包括市人口计生委行政审批项目、办事服务项目及政务公开等。网站托管在市政府信息办，由市人口计生委统计科、办公室负责信息发布、更新。首页网址：www. cdjsw. com. cn。2010 年，各县（市区）开始建立人口计生网站，到 2012 年，除石门县外，其他县（市区）均建立了人口计生网站。

第六章　科技和药具

第一节　科技管理

常德市的计划生育科技工作始于20世纪60年代，管理以卫生部门为主。进入80年代中后期，随着县、乡、村计划生育服务网络的不断建立健全，计划生育科技工作管理以各级计划生育部门为主。

一、管理机构

1984年5月，成立常德地区计划生育药具技术站，主管全地区计划生育技术和药具工作。随后各县（市区）亦成立了计划生育药具技术站。2001年，根据国家《计划生育技术服务管理条例》要求，市计生委成立了科学技术科，负责全市计划生育科技管理工作。随后，各县（市区）计生委也相应成立了科学技术股。

二、依法执业

1990年《湖南省计划生育条例》规定：施行节育手术的单位必须具备规定的条件，节育手术技术人员必须持有《湖南省计划生育节育手术人员合格证》。常德市县级计划生育服务站从建站开始，服务站和技术人员均取得县级卫生部门颁发的相关证照。乡（镇）计划生育服务所，在建所初期还未取得相应的许可证。在计划生育特定的历史条件下，乡（镇）计划生育服务所只能是无证执业，节育技术人员凭医疗专业学历，经过短期培训学习，开始从事计划生育的宣传咨询、上环、流产等手术。后经县级计划生育部门考核，逐步取得了《湖南省计划生育节育技术人员合格证》。《合格证》分为上环、流产、引产、结扎等4种计划生育手术，具备哪种手术资质就发哪种《合格证》，从事相应的节育手术。

在20世纪90年代初期，常德广大农村仍缺医少药，基层卫生、计生技术服务的条件、设备相对简陋。1991年和1993年全市有8个乡镇计生服务所和卫生院先后发生了8起节育手术死亡病例。

1993年10月，湖南省计生委下发《关于加强节育手术质量管理的紧急通知》（湘计生科字〔1993〕04号），重申“凡没有输血、输液、输氧和剖腹探查等抢救条件的单位或节育手术点，不得开展引产手术”。

1995年，国家计生委下发《计划生育技术服务工作管理办法》（国计生科字〔1995〕40号）。常德市计生委开始给符合条件的县乡计划生育服务站所颁发《计划生育节育技术执业许可证》，要求所有从业技术人员必须取得《湖南省计划生育节育技术人员合格证》。到1997年，常德市所有县乡计划生育服务站所全部取得了常德市计生委颁发的《计划生育节育技术执业许可证》。

2001 年，《国家计划生育技术服务条例》颁布实施。是年，常德市对各级计划生育技术服务机构、人员、项目、能力和水平等方面进行调查摸底。调查反映，全市 532 名计划生育技术服务人员，取得执业资格的 278 名，占 53.2%。同时，部分县乡计划生育技术服务技术人员因未办理服务许可证，存在无执业资格问题。根据此情况，常德市决定采取保留一批、淘汰一批、招聘一批的办法，逐步解决计划生育技术服务人员执业资格问题，即对 278 名已经取得执业资格的乡镇计生技术服务员予以留用；对 180 名无学历、但技术熟练、从未出现过手术事故的人员，由计生部门发给计划生育手术合格证，卫生部门办理乡村医生资格证暂时留用，加强培训教育，考取执业资格证书；对 65 名政治、业务素质低，无执业资格证的乡镇计生技术人员予以淘汰。2002 年，国家计生委统一印制了《计划生育服务机构执业许可证》和《计划生育技术服务人员合格证》。常德市县乡计划生育服务站所开始新一轮核证工作，计划生育技术服务人员开始了《合格证》考试考核。到 2010 年全市 9 个县级计划生育服务站、204 个乡级计划生育服务所均颁布发了《计划生育服务机构执业许可证》，并严格规定了执业范围：有执业医师的县级计划生育服务站才能开展计划生育的 4 种手术以及吻合术、不孕症治疗等，有执业医师的乡级计划生育服务所只能开展人工流产以下手术，禁止引产手术。全市县乡两级计划生育技术服务人员 605 人，取得合格证 412，占 68%，其中县级计划生育服务站技术人员 189 人，取得《合格证》106 人。国家《执业医师法》颁布实施后，常德市县乡两级计划生育技术服务人员分三种情况开展技术服务工作。取得《计划生育技术服务人员合格证》，无执业医师、执业助理医师资质的只能从事计划生育技术咨询指导、查环查孕、避孕药具服务等工作。取得《计划生育技术服务人员合格证》，具备执业助理医师资质的，除可从事前三项服务工作外，还可从事宫内节育器放置术、取出术和皮下埋植剂埋植术。具备执业医师资质的，才能开展人工流产术、引产术、男性输精管绝育术、女性输卵管绝育术。2012 年常德市县乡计划生育服务站所技术服务人员资质情况统计表见表 3－6－1－1、表 3－6－1－2。

表3－6－1－1

常德市2012年县级计划生育服务站技术服务人员资质情况统计表

单位：人

单位	总人数	取得技术服务人员合格证	取得执业资质				
			执业医师	执业助理医师	执业护师	执业药师	其他
常德市	189	106	82	21	68	0	9
武陵区	18		6	2	9	0	1
鼎城区	15	7	5	2	8	0	0
安乡县	15	3	4	4	5	0	1
汉寿县	15	5	8	1	4	0	0
澧　县	16	12	9	0	4	0	1
临澧县	37	22	16	5	12	0	0
石门县	52	44	24	3	19	0	6
桃源县	15	10	9	1	5	0	0
津市市	6	3	1	3	2	0	0

注：数据来源常德市人口计生委科技统计报表。

表3－6－1－2

常德市2012年乡级计划生育服务所技术服务人员资质情况统计表

单位：人

单位	乡级服务所个数	技术服务人员总数	取得合格证人数	取得执业资质				
				执业医师	执业助理医师	执业护师	药师	其他
常德市	204	416	306	63	217	3	0	21
武陵区	3	4	4	0	2	0	0	0
鼎城区	35	71	45	15	31	0	0	0
安乡县	19	50	10	1	22	0	0	0
汉寿县	29	44	28	7	18	1	0	0
澧　县	32	59	38	6	31	0	0	2
临澧县	17	42	39	4	18	2	0	0

续表

单位	乡级服务所个数	技术服务人员总数	取得合格证人数	取得执业资质				
				执业医师	执业助理医师	执业护师	药师	其他
石门县	21	58	57	13	28	0	0	17
桃源县	39	69	68	12	56	0	0	0
津市市	7	12	11	1	9	0	0	2
西　湖管理区	1	4	3	1	2	0	0	0
西洞庭管理区	1	3	3	3	0	0	0	0

注：数据来源常德市人口计生委科技报表。

三、医学鉴定管理

病残儿医学鉴定管理　2001 年前，常德市病残儿医学鉴定管理由市县计生部门分管领导，药具技术站为主组织。2001 年和 2002 年，《国家计划生育技术服务条例》和《病残儿医学鉴定管理办法》颁布实施后，由科技科为主负责，纪检监察加强监督。2012 年，市人口计生委制定了《常德市 2012 年市级病残儿医学鉴定管理工作方案》，成立了由市人口计生委主要负责人为组长的病残儿医学鉴定领导小组。领导小组下设专家、资料、维序、检测、后勤、外调、纪检组，明确职责，各司其职。印发了《常德市病残儿医学鉴定工作责任追究办法》和《常德市病残儿鉴定工作廉政禁令》，建立了“主要领导负责、专家封闭管理、对象编号送检、纪检全程监督、严格责任追究”的病残儿医学鉴定管理防控机制。当年市级鉴定 185 例，没有一例违纪违规行为发生。

节育手术并发病鉴定管理　根据 1990 年国家计生委印发的《节育并发症鉴定办法（试行）》规定，常德市县级成立了计划生育手术并发症技术鉴定小组，鉴定小组办公室设在计划生育服务站。2011 年，国家人口计生委印发《计划生育手术并发症鉴定管理办法（试行）》和《湖南省计划生育手术并发症人员扶助制度实施方案》后，常德市加大了计划生育手术并发症鉴定监督管理力度，将跟踪随访及扶助人员后续管理作为科技管理的重中之重和科技业务考核主要内容，实行计划生育手术并发症鉴定工作组织权和鉴定权分设制度，建立组织者与鉴定者问责机制，坚持分级、分人负责、谁经办谁负责、谁主管谁负责、谁签字谁负责的原则，市县人口计生部门对鉴定的组织调查负责、技术鉴定小组对鉴定结论质量负责，确保扶助工作公平、公正的顺利进行。是年，全市参加经县乡初步调查审核符合鉴定的对象有 652 人，过去已鉴定并有等级不需要鉴定直接进入扶助的人员有 147 人。通过了县级鉴定并符合扶助标准的有 530 人，其中达二级标准的有 19 人、三级有 455 人、四级有 56 人。2012 年，在进一步完善资料档案的基础上，严格按照新的鉴定标准，开展了对四级手术并发症人员的复鉴和新报人员的鉴定。全市纳入手术并发症扶助的有782人，达二级标准的有22人、三级的有760人。

四、科技队伍管理

管理体制　2002年开始，常德市实行县乡服务站所与行政机构分设，选聘政治素质高、业务强的医学骨干担任独立法人，实行技术服务站所长负责制。建立技术人员全员竞聘、以岗定人、绩效挂钩、能进能出机制，先后公开招聘引进了4名副主任医师、13名主治医师和医师、43名具有执业资格的医技人员。

技术执业和质量监督管理　坚持定期督查与不定期抽查相结合，严格查处违法执业、超范围执业以及诊疗活动不规范等行为，从源头上减少计划生育手术并发症和技术事故发生。

队伍能力建设　全面实施了国家“三千人才工程”、湖南省“站所骨干千人培训工程”和常德市“乡镇计生中心所技术骨干工程”，采取送出去免费进修、请上来培训、走下去指导和以会代训、技术比武等办法，对全市技术人员全面培训教育，提升服务能力和服务质量。

第二节　服务网络建设

1983年，常德市开始计划生育服务网络建设，通过历年发展壮大，建成了以县站为龙头，中心所为支柱，乡所为基础，村室为依托、流动服务车为纽带的计划生育技术服务网络。

一、县（市区）计划生育服务站

计划生育实行之初，各种节育手术主要靠卫生系统完成。1982年，国家计生委发文要求各地建立县以上计划生育宣传技术指导站。1983年，鼎城区（原常德县）建立全省全市第一个县级计划生育宣传技术指导站。1985年，临澧县、澧县、安乡县、石门县、桃源县、汉寿县计划生育宣传技术指导站相继建立。1986年，武陵区、津市市计划生育宣传技术指导站成立，至此常德市完成了县级计划生育服务网络的初建。1993年，县级计划生育宣传技术指导站统一更名为计划生育服务站。2004年，西湖农场和西洞庭农场成立管理区，计划生育列入全省考核评估，是年，两管理区亦建立了计划生育服务站。

1995年，湖南省计生委开始在县乡两级计划生育服务站所进行第一次升级改造。增添设备、规范工作流程，积极创建全省计划生育甲级服务站所。是年，临澧县计划生育服务站成为全省第一批甲级站。1997年，桃源县计划生育服务站、安乡县计划生育服务站被评为全省第二批甲级站。1998年，鼎城区计划生育服务站、澧县计划生育服务站、石门县计划生育服务站成为全省第三批甲级服务站。2001年，汉寿计划生育服务站被评为全省最后一批（第五批）甲级站。

2002 年，湖南省开展全省计划生育示范服务站所评选活动。按照“高起点，高标准，适度规模”的要求，常德市各县（市区）计划生育服务站开始了第二次升级改造。是年，临澧县计划生育服务站被评为全省示范站。到 2003 年，桃源、澧县、临澧、津市、安乡、鼎城、汉寿 7 个县（市区）均完成了服务站的改建扩建。

2004 年，湖南省人口计生委召开了全省计划生育科技大会，全面推进以技术服务为重点的计划生育优质服务。决定在全省县、乡两级计划生育服务机构中开展“四优一满意”（环境优美、技术优良、管理优秀、服务优质、群众满意）创建活动。常德市人口计生委下发了《关于计划生育技术服务机构创建“四优一满意”的通知》（常计生发〔2004〕20 号），将“四优一满意”创建活动纳入全市人口和计划生育目标管理考核评估重要内容。各县（市区）积极行动，开始了县级计划生育服务站第三次升级改造。鼎城区、津市市、汉寿县、武陵区首批建立了只有三甲医院才具有的整体层流手术室和遗传优生检测室。2007 年，市人口计生委下发《关于规范计划生育服务机构的通知》（常人口发〔2007〕18 号）。要求全市所有计划生育服务机构做到“建设规划、外观形象、内外标志、人员服装、宣传模式”五统一，以展现人口计生系统以人为本、亲切温馨、优质服务的内涵。2008 年，湖南人口计生委下发了《湖南省计划生育服务站所技术服务质量管理评估体系（试行）》（湘人口发〔2008〕10 号），各县（市区）计划生育服务站按照省市规定和管理评估体系要求开展计划生育技术服务。2009 年，安乡县、石门县、临澧县、澧县、桃源县服务站被评为全省第一批“四优一满意”计划生育服务站。2010 年，鼎城区、汉寿县计划生育服务站被评为全省第二批“四优一满意”计划生育服务站。是年，国家人口计生委开展全国计划生育优质服务示范站评选活动，临澧县、安乡县、石门县、澧县计划生育服务站成为全国示范站。2011 年、2012 年津市市计划生育服务站、武陵区计划生育服务站先后被评为全省第三、四批“四优一满意”计划生育服务站。

21 世纪初期，临澧县、石门县积极探索计生、妇幼保健两网合一，取得双赢效果，图为临澧县计生妇幼保健服务大楼

“十一五”期间，是常德市各县（市区）计划生育服务站建设力度最大时期。全市用于县级计划生育服务站基本建设投资 1075 万元。其中国家补助金额 382 万元，自筹资金 693 万元；设备投资 972 万元，其中，国家补助金额 231 万元，省级补助金额 162 万元；自筹资金 596 万元，购置万元以上设备 132 件。到 2012 年全市县级计划生育服务站共有

业务用房建筑面积20575平方米，总价值3098万元；拥有万元以上技术设备184件，总价值1087.34万元；万元以上宣传设备12件，总价值16万元；车辆15台，总价值318万元。见表3-6-2-1。

常德市各县（市区）计划生育服务站在创建初期均属县级计生部门管理的独立核算全额拨款的事业单位。2001年10月，临澧县率先将县计划生育服务站与县妇幼保健院合并为临澧县计划生育和妇幼保健站，实行“两网合一”，实现了资源共享、优势互补，形成合力。合并后的县计划生育妇幼保健站隶属县计划生育部门管理，机构级别、管理形式、拨款方式不变，乡村两级亦实行计生和妇幼保健人员合并。2003年，石门县按照临澧模式亦实行计划生育服务站和妇幼保健站合并，成立石门县计划生育和妇幼保健站，隶属于县计生部门管理。同年，武陵区计划生育服务站和常德市第7人民医院妇产科实行社区卫生资源整合，在医院加挂计划生育服务站的牌子，负责完成武陵区计划生育各项手术任务，武陵区计生局对其实行业务指导。

二、乡镇计划生育服务所

20世纪80年代至90年代初期，常德市计划生育技术手段和措施滞后，全市每年节育手术在20万例左右，其中流引产5万—6万例。实行大量流引产以保当年人口计划是计划生育工作大量而艰巨任务。当时全市计生系统还没有独立的技术服务网络和技术人员，县级计生服务站建立后，面对大量手术任务，也难以胜任，大多数手术任务只能靠基层卫生院来完成，给计划生育工作带来了诸多困难。汉寿县丰家铺乡关山村，1980年至1989年共有男性结扎26例，由于乡卫生院医生做假手术，只结扎一侧输精管的有18例，扎后复孕率达69%，其中多胎3例。面对如此现状，基层党委、政府和计生部门开始寻求解决办法。1985年，桃源县三阳港镇和临澧县官亭乡，在乡镇党委、政府支持下，将乡镇闲置的公房粉刷一新，添置了计生手术设备，聘请了2名技术人员，办起了全市第一批乡镇计划生育宣传技术指导站，取得了良好社会效益和经济效益，每年为乡镇节约手术费1万多元，减少干部家属护送工日2000多个。三阳港镇和官停乡的做法被一些地方借鉴，全市有少部分乡镇开始探索成立计划生育宣传技术指导站。

1988年，常德市计生委领导班子反复认真思考这样一个问题：大量流引产不仅造成经费困难和对妇女身心健康影响，而且严重影响了党群干群关系，计划生育工作应该做在妇女怀孕之前。带着这个问题，东赴山东，北上辽宁，西进四川，求师取经，开阔眼界。1989年4月11日至6月11日，市计生委主任郑景阳带领市计生委综合科长汪国志，历时2个月，行程近万公里，对全市已建立的35个乡镇计划生育宣传技术指导站进行了深入调查，写出了专题调查报告《实现计划生育孕前型管理的重要途径——35个乡镇计划生育服务所的调查》。调查情况表明，建设乡镇计划生育服务所势在必行。报告称：“乡镇服务所根据自己的技术、设备情况，积极主动开展工作。绝大多数单位以妇查和上环等孕前服务为重点，部分单位开展流产手术，少数医疗设备齐全，技术力量较强的单位

表 3-6-2-1

常德市各县（市区）2012年计划生育服务站现状统计表

单位	人员情况(人)		服务设施					万元以上设备配备情况						“十一五”期间基本建设投资			“十一五”期间设备投资				
			业务用房面积（平方米）				房屋总价值(万元)	技术服务		宣传培训		车辆		总份额(万元)	其中		总价值(万元)	其中			
	人员编制	其中技术人员	合计	技术服务	药具管理	宣传培训		件数(件)	总价值(万元)	件数(件)	总价值(万元)	台数(台)	总价值(万元)		国家补助(万元)	自筹(万元)		国家补助(万元)	省级补助(万元)	自筹(万元)	万元以上设备件数(件)
常德市	232	199	20575	14221	1862	2145	3098	184	1087	12	16	15	318	1075	382	693	972	231	146	579	132
武陵区	18	17	1300	1000	150	100	260	5	30	3	5	1	20	50		50	100	21		79	10
鼎城区	19	13	2600	1800	300	400	600	26	198	3	3	1	15	110	70	40	76	21		55	12
安乡县	19	13	2350	1500	100	300	267	18	45			1	22	88		88	71	21	30	20	13
汉寿县	24	20	2723	2603	0	120	400	15	50	1	1	1	20	400	70	330	42	21	10	11	6
澧县	22	17	2900	1800	400	400	400	13	45			2	40	120	80	40	70	21	40	9	13
临澧县	49	40	1250	800	100	250	226	28	213	1	1	1	29	20		20	156	21		135	13
桃源县	15	14	2250	1600	500	100	147	25	150	3	3	2	43	125	70	55	121	21	45	55	15
石门县	52	52	3002	1210	180	315	168	32	271			3	72	112	60	52	214	21	30	163	28
津市市	8	7	1200	1000	100	100	500	10	50	1	3	1	25				50	21		29	10
西湖管理区	3	3	500	454	16	30	65	6	17			1	15	25	16	9	36	21	3.7	11.41	6
西洞庭管理区	3	3	500	454	16	30	65	6	17			1	15	25	16	9	36	21	3.7	11.41	6

注:数据来源常德市人口计生委科技统计报表。

开展了结扎手术，乡镇计划生育服务所显示出良好的发展前景。”“服务所作为计划生育的专业服务场所，服务所人员既是计划生育的宣传员和节育手术的技术员，又是育龄妇女的服务员和掌握孕情的信息员。乡镇服务所已逐步成为进行计划生育宣传教育的课堂，技术服务的场所，信息服务中心和党委政府指挥计划生育的参谋部。”

1990 年至 1992 年，常德市连续三次召开了全市乡镇计划生育宣传技术指导站建设和计划生育孕前型管理现场经验交流会，全市乡镇计划生育宣传技术指导逐步建立。常德市创建乡镇计划生育服务所的经验受到国家和湖南省计生委的肯定。此后，市计生委着手制定乡镇计划生育服务机构建设标准和规范，并分四批对已建乡镇计划生育服务机构进行验收。第一批于 1990 年 4 月，验收合格单位 37 个；第二批于 1990 年 11 月，验收合格单位 59 个；第三批于 1991 年 10 月，验收合格单位 98 个；第四批于 1993 年 4 月，验收合格单位 59 个。至此，全市 267 个乡镇验收合格的乡镇计划生育宣传技术指导站 253 个，占乡镇总数的 94.75%，武陵、鼎城、津市、澧县、临澧 5 区县 100% 的乡镇建立了计划生育宣传技术指导站。到 1995 年全市除桃源县马鬃岭乡实行乡卫生院与乡计生服务所合并外，其他所有乡镇均建立独立的计划生育宣传技术指导站。由于撤区并乡以及少数乡镇因条件限制，计划生育服务机构被撤销、合并等原因，到 2010 年，除鼎城区蒿子港镇、黑山嘴乡、汉寿县三和乡、石门县罗坪乡以及桃源县马崇岭乡外，全市共有乡镇计划生育服务所 204 个（含西湖、西洞庭）。

1990 年 10 月常德市首次召开计划生育孕前型管理经验交流会

在建立乡镇计划生育宣传技术指导站的同时，常德市计生委及时提出要将乡镇计划生育办公室、计划生育学校、计划生育技术指导站和计划生育协会融为一体，简称乡镇计划生育“四位一体”。1992 年，安乡县在抓乡镇“四位一体”建设时，在村建立计划生育妇检室，作为乡镇在村进行查环查孕、妇科检查的阵地，并与村计划生育学校、计划生育协会融为“三位一体”；在村民小组建立协会小组和会员活动室“二位一体”；在育龄夫妇家中建立计划生育档案（有计生宣传资料和家庭育妇情况）。基层计划生育“四三二一”工作网络在安乡县正式确立。常德市计生委及时发现总结和推广安乡的做法。“四三二一”阵地建设模式作为常德市计划生育基层工作经验被全省推广。进入 21 世纪，常德市将村级计生阵地建设纳入全市新农村建设的重要内容。

2001 年，国家《计划生育技术服务条例》颁布实施。根据《条例》规定，全国计划生育技术服务机构统一名称。市县两级称计划生育服务站，乡级称计划生育服务所，村级为计划生育服务室。2002 年，常德市委组织部（常组通〔2002〕2 号）、（常组通〔2002〕31 号）文件规定乡镇计划生育服务所为乡镇计划生育全额拨款事业单位。

2008 年 5 月 21 日上午，中共中央政治局常委李长春在湖南省委书记张春贤、省长周强等陪同下，到常德市武陵区芦荻山乡芦山村考察新农村建设情况时，仔细观看、询问了计划生育工作情况。走进村生殖健康服务室，李长春饶有兴趣地来到 B 超检查室观看技术人员进行操作，并仔细询问 B 超检查内容。随后，他和计生人员亲切交谈。当听到基层计生人员工资由财政打卡发放，对一孩家庭有很多优惠政策，在农村推行奖励扶助政策，一孩生育率能达到 90% 左右等情况时，他非常高兴，连连夸奖能够取得这样的成绩不容易，是常德市各级党委、政府高度重视和广大计生人员辛勤工作的结果。他还叮嘱在场的同志，一定要把奖励扶助优惠政策宣传好、落实好，让更多群众得到实惠。接着，李长春又与在场等候检查的育龄群众亲切交谈。在考察过程中，李长春对武陵区在新农村建设“三室一场”（生殖健康服务室、卫生室、远程教育及图书室、群众文化体育活动场）的做法和开展计生优质服务、计生宣传文化亮点建设等工作给予充分肯定。

安乡县安裕乡“四位一体”服务阵地

常德市乡镇计划生育服务所经过“八五”时期创建、“九五”时期争创甲级服务所和“十五”时期争创全省示范所等活动，已初具规模。“十一五”时期全市乡镇计划生育服务所基本建设投资共计 4523 万元，其中国家基层计划生育服务体系基建项目投资 739 万元、省补助 68 万元、自筹资金 3716 万元；同期乡镇计划生育服务所设备投资 455. 53 万元，其中国家补助 254. 8 万元、省级补助 51. 82 万元、乡自筹 138. 91 万元；购买万元以上设备 60 件。到 2010 年，常德市 204 个乡镇计划生育服务所共有业务用房 64540 平方米，站平 324 平方米；拥有万元以上设备 76 件，价值 936 万元。经省人口计生委考核验收，2003 年桃源陬市镇、临澧县新安镇计划生育服务所、澧县大堰垱计划生育服务所获省计划生育示范服务所称号。2009—2012 年，全市共有 99 所乡镇计划生育服务所被评为全省“四优一满意”服务所。

鼎城区（24 所）：2009 年第一批：丁家港乡、灌溪镇、双桥坪乡、逆江坪乡；2010 年第二批：十美堂镇、周家店镇、石门桥镇、唐家铺乡、蔡家岗镇、石公桥镇、黄土店镇、中河口镇、黄珠洲乡、镇德桥镇、牛鼻滩镇、石板滩镇、许家桥乡、大龙站镇、草坪镇、尧天坪镇、钱家坪乡、韩公渡镇、蒿子港镇，2012 年第四批：谢家铺镇。

汉寿县（6 所）：2009 年第一批：东岳庙乡、沧港镇、坡头镇、西港镇、蒋家嘴镇、罐头嘴镇。

安乡县（7 所）：2009 年第一批：三岔河镇、安裕乡、安生乡、安全乡、陈家嘴镇、安凝乡；2010 年第二批：安福乡。

临澧县（12 所）：2009 年第一批：合口镇、修梅镇、望城乡、太浮镇；2010 年第二批：新安镇、杨板乡、九里乡、杉板乡、官亭乡、佘市镇、四新岗镇；2011 年第三批：柏枝乡。

澧县（19 所）：2009 年第一批：大堰垱镇、涧市乡、金罗镇、王家厂镇、道河乡、方石坪乡；2010 年第二批：澧澹乡、澧南镇、杨家坊乡、雷公塔镇、澧阳镇、复兴厂镇、甘溪滩镇、中武乡、码头铺镇、太青乡、永丰乡、官垸乡；2011 年第三批：张公庙镇。

桃源县（7 所）：2009 年第一批：陬市镇、漆河镇；2010 年第二批：芦花潭乡；2011 年第三批：三阳镇；2012 年第四批：理公港镇、凌津滩镇、深水港镇。

石门县（16 所）：2009 年第一批：新关镇、新铺乡、三圣乡、夹山镇、楚江镇、壶瓶山镇、蒙泉镇、太平乡、子良乡、白云乡、皂市镇、易家渡镇、二都乡；2010 年第二批：所街乡、雁池乡、维新镇。

津市市（6 所）：2011 年第三批：白衣镇、李家铺乡、棠华乡、灵泉镇、保河堤镇、渡口镇。

武陵区（2 所）：2012 年第四批：丹洲乡、芦荻山乡。

2010 年，国家人口计生委开展全国计划生育优质服务示范站（所）评选活动，常德市安乡县安生乡、三岔河镇、下渔口镇，澧县大堰垱镇、王家厂镇、道河乡，临澧县合口镇、望城乡，石门县蒙泉镇、壶瓶山镇、夹山镇、新关镇、易家渡镇等 13 个乡镇计划生育服务所被评为全国计划生育优质服务示范所。

三、乡镇计划生育中心服务所

2002 年，常德市计生委在乡镇普遍建立计划生育服务所的基础上，提出建立乡镇计划生育中心服务所。各县（市区）根据地理位置、人口分布、交通条件、经济状况和技术力量，规划建设 30 所中心服务所，并于 2005 年基本建成。2007 年，国家对农村基层计划生育服务体系基建项目投资，湖南省发展和改革委员会、省人口和计划生育委员会共同研究确定，将常德市乡镇计划生育中心服务所从 30 个扩展到 52 个（含西湖管理区和西洞庭管理区计划生育服务所）。其中新建 26 个，改扩建 26 个，共计投资 2950 万元。其中，中央投资 834 万元，市级配套资金 390 万元，县级配套资金 661 万元，其他资金 1065 万元。2009 年，全市乡镇计划生育中心服务所扩建项目全部完成，到 2012 年全市 50 所（不含西湖和西洞庭）中心服务所建设达到了较高水平。共有业务用房 28980 平方米，站均 580 平方米；万元以上技术服务设备 70 件，价值 1336 万元。2012 年全市乡镇计划生育中心服务所情况统计见表 3－6－2－2。

表 3-6-2-2

常德市2012年乡镇计划生育中心服务所统计表

序号	名称	辖区人口数(万人)	覆盖面积(平方公里)	人员情况(人)		业务用房建筑面积(平方米)	服务机构房屋总价值(万元)	万元以上技术服务设备						“十一五”期间设备投资				
				人员编制	其中技术人员			件数(件)	总价值(万元)	总额(万元)	其中			总额(万元)	其中			
											国家补助金额(万元)	省级补助(万元)	自筹(万元)		国家补助金额(万元)	省级补助(万元)	自筹(万元)	万元以上设备件数
1	武陵区丹洲乡中心服务所	2.8	37.3	4	2	570	53	4	8	53	16	10	27	13.45	5	3.45	5	
2	鼎城区草坪镇中心服务所	2.5	40	4	2	500	45	2	3	70	15		55	9	5		4	1
3	鼎城区石门桥站中心服务所	4.5	101	7	2	544	70	3	5	71	16		55	7	5		2	
4	鼎城区双桥坪镇中心服务所	2.22	75.3	4	1	500	50	2	4	70	17		53	5	5			
5	鼎城区黄土店镇中心服务所	2.47	73.2	4	2	500	70	1	1.5	70	17		53	7	5		2	1
6	鼎城区石公桥镇中心服务所	4.32	138.3	5	2	510	48	2	5	71	16		55	5	5			
7	鼎城区蒿子港镇中心服务所	3.11	44.16	5	2	573.4	80	2	5	70	15		55	5	5			1
8	鼎城区雷公庙镇中心服务所	1.59	57.6	5	1	271.2	70	2	3	70	16		54	5	5			
9	澧县甘溪滩镇中心服务所	2.20	110	2	2	600	60	1	1.47	60	15		4	9.95	5	3.45	1.50	1
10	澧县闸口乡中心服务所	2.71	70	1	1	800	96.7	1	1.47	96.7	15		81.7	9.05	5	3.45	0.60	1
11	澧县大堰垱镇中心服务所	3.87	55	3	3	800	61	2	2.57	35	16		19	10.25	5	3.45	1.80	1
12	澧县小渡口镇中心服务所	4.00	81.67	2	2	600	71	1	1.47	71	16		55	9.05	5	3.45	0.60	1
13	澧县雷公塔镇中心服务所	2.28	46	2	2	600	62	1	1.47	62	16		46	9.05	5	3.45	0.60	1
14	澧县澧南镇中心服务所	2.75	46.46	2	2	600	72	1	1.16	72	17		55	9.64	5	3.14	1.50	1
15	临澧县望城乡中心服务所	1.87	53.36	5	3	500	73.2	1	1.9	40	15		25	5	5			1
16	临澧县修梅镇中心服务所	2.2	75.15	5	3	610	40	1	1.9	35	15		20	5	5			1
17	临澧县新安镇中心服务所	4.64	57.32	8	4	750	60	2	4.41	60	15		55	5	5			2
18	临澧县四新岗镇中心服务所	2.12	94.04	5	3	600	73	2	4.41	70	17		53	5	5			2
19	临澧县佘市镇中心服务所	2.1	72.5	5	3	530	106	2	4.41	106	15		91	5	5			2
20	临澧县官亭乡中心服务所	2.35	74	5	3	590	80	2	4.41	80	15		65	5	5			2
21	临澧县柏枝乡中心服务所	3.05	105	5	3	637	60	2	4.41	60	15		45	5	5			2
22	桃源县桃花源镇中心服务所	3.2	107	3	3	698	70	1	1.9	70	17		22	5	5			
23	桃源县理公港镇中心服务所	1.9	98.26	2	2	400	52	1	1.9	60	15		45	5	5			
24	桃源县漆河镇中心服务所	5.75	163	5	5	678	78	1	1.9	80	15		63	5	5			
25	桃源县三阳镇中心服务所	2.44	94.6	2	2	800	60	3	5.9	62	15		47	5.9	5		0.9	3
26	桃源县凌津滩镇中心服务所	1.8	150	1	1	588	65	1	1.9	70	17		33	5	5			
27	桃源县陬市镇中心服务所	5.7	104.6	5	5	402	92	1	1.9	36	15		21	5	5			
28	桃源县观音寺镇中心服务所	2.4	225	1	1	450	68	1	1.9	68	15		53	5	5			

续表

序号	名称	辖区人口数(万人)	覆盖面积(平方公里)	人员情况(人)		业务用房建筑面积(平方米)	服务机构房屋总价值(万元)	万元以上技术服务设备		“十一五”期间基本建设投资				“十一五”期间设备投资				
				人员编制	其中技术人员			件数(件)	总价值(万元)	总额(万元)	其中 国家补助金额(万元)	省级补助(万元)	自筹(万元)	总额(万元)	其中 国家补助金额(万元)	省级补助(万元)	自筹(万元)	万元以上设备件数
29	桃源县泥窝潭乡中心服务所	1.85	930	1	1	280	61	1	1.9	61	15		46	5	5			1
30	汉寿酉港镇中心服务所	4.1	91.3	2	2	700	75	1	1.9	51	20		31	5	5			1
31	汉寿坡头镇中心服务所	2.6	42.1	2	2	800	55	1	1.9	48	15		33	5	5			1
32	汉寿罐头咀镇中心服务所	3.2	71	1	1	600	48	3	4.9	48	15		33	10	5		5	3
33	汉寿蒋家咀镇中心服务所	1.6	67.5	2	3	800	75	3	1.9	72	18		51	10	5			3
34	汉寿县岩咀乡中心服务所	2.1	62.8	1	1	600	50	1	1.9	18	15		33	5	5			1
35	汉寿县三和乡中心服务所	2	18.8	2	2	600	52	1	1.9	18	15		33	5	5			1
36	汉寿县聂家桥乡中心服务所	1.9	18.2	1	1	700	52	1	1.9	48	16		32	5	5			1
37	汉寿县东岳庙乡中心服务所	2.3	66.4	1	1	600	75	1	1.9	72	18		54	5	5			1
38	津市市白衣镇中心服务所	2.39	17.4	4	2	700	30	3	5	30	15		15	5	5			2
39	津市市保河堤镇中心服务所	2.43	51.5	6	2	548	55	3	5	45	15		30	5	5			
40	津市市棠华乡中心服务所	1.96	51.5	4	2	560	50	3	5	50	17		33	7	5		2	2
41	石门县磨市镇中心服务所	3.5	110	5	2	620	80	1	1.9	56	17		39	5	5			1
42	石门县维新镇中心服务所	2.1	239	4	2	640	65	1	1.9	67	15		52	5	5			1
43	石门县太平镇中心服务所	2.8	360	5	2	798	67	1	1.9	58	17		41	7	5		2	1
44	石门县蒙泉镇中心服务所	6.7	232	9	4	1000	100	1	1.9	65	15		50	9	5		4	1
45	石门县东山峰中心服务所	0.5	51	3	0	410	40			40	17		23	5	5			1
46	安乡县三岔河镇中心服务所	2.71	50.155	3	2	350	55			55	5	10	40					
47	安乡县安生乡中心服务所	2.03	40.422	2	2	480	70			70	5	11	54					
48	安乡县安丰乡中心服务所	3.44	80.296	2	1	320	50	1	1.8	50	5	12	33					
49	安乡县安裕乡中心服务所	2.7	64.343	3	3	320	50	1	1.8	50	5	13	32					
50	安乡县下渔口镇中心服务所	3.78	80.284	3	2	350	50			50	5	12	33					

四、村计划生育服务室

常德市自 20 世纪 90 年代初开始建立村计划生育妇检室，主要功能是宣传计划生育药具科技知识，开展环情孕情检查。进入 90 年代后期，增加了妇科病查治功能，村计划生育妇检室更名为生殖健康服务室。生殖健康服务室是计划生育技术服务网络的网底，常德市各级计生部门高度重视，明确要有牌子、有简易检查桌、有电源、有洗手设施、有垃圾桶、有计划生育药具科技知识宣传挂图等“六有”建设标准，并将其建设情况纳入计划生育目标管理考核的主要内容和抽样调查的必查内容。2000 年，村生殖健康服务室统一更名为计生服务室。2001 年开始实行农村税费改革体制，部分村居为了消赤减债，将村计生服务室在内的村部等公共资产卖掉，村居开展环情孕情检查只能“借屋躲雨”，在村支部书记或村计生专干家里进行。为此，市计生委在广泛调研的基础上，明确要求各村居全面恢复计划生育服务室。2011 年，全市实施计生服务阵地“百乡千村”工程，全市投入 3200 余万元，对乡村计生服务阵地进行了全面改造提质，改善计生服务条件。是年，有 151 个乡服务所、1195 个村居服务室完成了改造。

五、计划生育流动服务车

1998 年，国家计生委开始为县级计划生育服务站配备计划生育流动服务车，到 2000 年常德市 9 个县（市区）均配备了 1 台计划生育服务车。2005 年，澧县、桃源、石门、西湖、西洞庭各配备或增添了 1 台，全市共有 13 台计划生育服务车。2010 年，澧县、桃源县、石门县、西湖管理区、西洞庭管理区又各增加 1 台计划生育服务车。服务车价值 25 万元左右，内装备有计划生育妇科检查和节育手术的全套设备，可进行妇科检查和各种计划生育手术。根据国家财政部、国家税务总局的通知（财贸〔2010〕78 号），计划生育流动服务车免征车辆购置税。服务车在交通不便的农村，特别是边远山区就好比是一个流动的计划生育服务站，每年为数十万群众送服务上门，深受广大群众的欢迎。仅 2008 年，全市计划生育服务车下乡为群众服务 47.10 万人，其中落实避孕技术服务 14.99 万人，生殖保健服务 6.03 万人，宣传咨询服务 16.32 万人，接送手术对象及病人 605 人次。

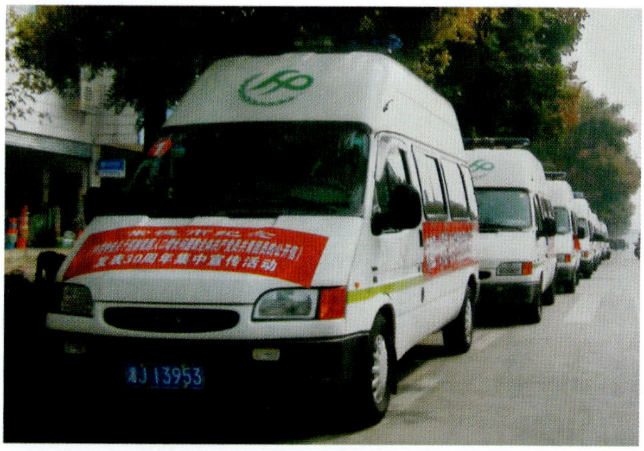

常德市各县（市区）计划生育服务车开展集中宣传活动

第三节　节育措施

一、药具避孕

避孕就是避免受孕，按照育龄夫妇的意愿，采取适当的措施来调节生育，以达到在一定时期内阻止受孕的目的。避孕药具是指育龄人群为了避免怀孕而采用的药物及器具的统称。自开展计划生育以来，全国避孕药具实行免费发放。常德市选取供群众使用的避孕药具有：

口服避孕药　短效口服避孕药是国内使用最早、早广、最成熟的一类避孕药。复方炔诺酮片（口服避孕片 1 号）、复方醋酸甲地孕酮片（口服避孕 2 号）、复方炔雌醇片（口服避孕片 0 号）、复方左炔诺孕酮片、复方左炔诺孕酮滴丸、三相避孕片。2007 年，复方炔雌醇片（口服避孕片 0 号）和复方左炔诺孕酮滴丸在常德市停用。

长效口服避孕药有左炔诺孕酮炔雌醚片。

速效口服避孕药（探亲避孕药）有左炔诺孕酮片、醋酸甲地孕酮片、双炔失碳酯片（53 号探亲片）、炔诺酮滴丸。

紧急避孕药有左炔诺孕酮片（毓婷）。是用于避孕方法失误或无防护性交后具有补救作用的避孕药。

口服避孕药的辅助用药有炔雌醇片、复方颠茄维 B6 片。主要用于治疗用激素类避孕药期间出现的阴道不规则出血和类早孕反应。

注射用避孕药　长效注射用避孕药有迪波—盖斯通、狄波—普维拉两种。该药于 2009 年在常德市已停止使用。

短效注射用避孕药有复方甲地孕酮注射液、复方庚酸炔诺酮注射液、复方己酸羟孕酮注射液三种，均用于深部肌肉注射。以上三种避孕针剂于 2009 年常德市停止使用。

皮下埋植避孕药（皮下埋植剂）　有左炔诺孕酮硅胶棒埋植剂，分 1 型（6 根型）和Ⅱ型（2 根型），能达到长期避孕效果。常德市于 20 世纪 90 年代后期在澧县开始实验，21 世纪初期在全市推广，且只用Ⅱ型（2 根型）。

外用避孕药具　主要有任苯醇醚栓（妻之爱、爱侣）、任苯醇醚胶冻（乐乐迷胶冻）、任苯醇醚药膜（乐乐迷、双乐迷药膜）、男用避孕套。

除以上国家免费供应的避孕药具外，市场零售避孕药具有：短效口服避孕药妈富隆、毓定偶；紧急避孕药安婷、惠婷；女用避孕套等较先进、副作用少、使用要求较高的避孕药具。

二、节育手术

20 世纪 70 年代开展计划生育以来，常德市节育手术的方法不断改进和创新，手术质量不断提高，但节育手术种类仍以 5 种节育手术为主没有改变。

放置宫内节育器　宫内节育器（IUD）是一种安全、有效、经济、可逆、长期稳定的避孕工具。其种类很多，按其材料性能可分为惰性宫内节育器和活性宫内节育器两大类。惰性宫内节育器的带器妊娠率高，自1990起逐步停止生产，被活性宫内节育器所取代。活性宫内节育器主要有以下13种：TCU200C宫内节育器、TCU220C三球头宫内节育器、TCU380A宫内节育器、含铜宫腔形宫内节育器、母体乐Cn375宫内节育器、活性元宫形宫内节育器、芙蓉200C宫内节育器、花式宫内节育器、高支撑165系列（OCU）宫内节育器、活性Y型宫内节育器、VCU宫内节育器、含药铜宫腔型宫内节育器、固定式铜宫内节育器。宫内节育器使用年限一般为8年。

流产手术　包括人工流产和药物流产。人工流产是对怀孕14周以内的妇女实施的终止妊娠术，含负压吸宫和钳刮手术，是计划生育节育手术中采用最大量的补救措施，一般在乡级计生服务所进行，县级计生服务站和卫生部门亦可施术。2005年以后，紧急避孕药（毓婷）上市后，对于避孕失败和无防护性交后，72小时之内可在医生指导下进行药物避孕。

引产手术　分为中期引产和大月份引产，在计划生育工作开创时期和早期，大月份引产比较普遍。1995年以后，禁止乡级计生服务所进行大月份引产，这种手术只能在县级计生服务站和县以上医院进行。随着计划生育工作水平的不断提高，大月份引产逐步减少，2000年以后禁止对大月份孕妇施术。

绝育术　包括男性输精管绝育术和女性输卵管绝育术。1991年，国家、湖南省计生委在安乡县进行女性输卵管银夹术试点。1992年，输卵管银夹术开始在全国推广。1993年6月，全国输卵管银夹术培训班在桃源县举办，来自全国5省区及本省53人参加了培训和临床实际操作。随后，输卵管银夹术在常德少数地方推广运用。常德市绝育术一般以女性为主，男性绝育术只占10%左右，且大多集中在桃源县等地。

皮下埋植术　40岁以下需要长期避孕的妇女，只要身体健康，均可采用此种方法避孕，尤其适合于使用节育环容易失败的妇女、不能按时服用避孕药的妇女以及对做绝育手术有顾虑的妇女使用。常德市从1997年开始推行。

除以上5种节育手术外，还有宫内节育器取出术和吻合术等。吻合术包括输精管吻合术、输卵管吻合术。该手术在20世纪80年代在常德市实验成功后，只对独生子女死亡要求再生育且具备再生育条件的夫妇和绝育后不适者经过审查批准后施术，每年全市仅几十例。

三、节育措施的落实

“三为主”方针的落实　1983年5月，国家计生委在山东省荣成县召开全国计划生育工作会议，总结推广荣成县实行计划生育工作“三为主”的经验（宣传教育与经济制约，以宣传教育为主；避孕节育与流引产，以避孕节育为主；经常工作与突击活动，以经常工作为主）。常德市努力推进计划生育工作“三为主”方针，避孕节育措施的落实经历了三个阶段。

突击活动为主阶段（1990 年以前）。常德市每年春、夏、秋、冬四季进行 4 次大的计划生育“宣传手术月”活动。各地组织基层干部和计生工作人员开展以上环、结扎、流引产为主要内容的计划生育突击活动，“大战 3 月、6 月、9 月”，落实计划生育各种手术，特别是要进行大量流引产，甚至大月份引产，以保当年人口计划完成。一部分群众怀有消积抵触情绪，“大战三六九，你来我就走”，一些计划外怀孕者纷纷外逃躲生。突击活动效果并不好，节育措施落实率也不高。

突击活动与经常工作相结合阶段（1990 年—2000 年）。基层计划生育服务阵地和技术队伍的建立，为经常性工作和孕前型管理提供了极为有利条件。常德市各级计生服务技术人员在坚持每年 3—4 次集中查环查孕活动的基础上，经常巡回乡里，开展计划生育宣传、咨询，及时落实避孕节育措施。

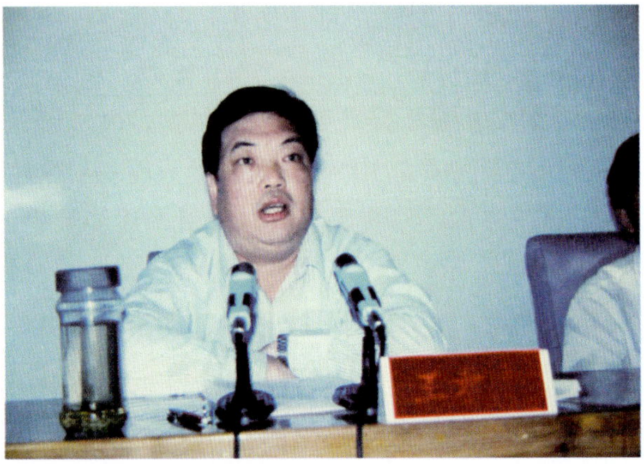

王孝忠作计划生育宣传手术月动员报告

以经常工作为主，集中突击活动为辅阶段（2000 年开始）。随着计划生育工作水平提高，计划生育基本国策逐步被大多数群众接受并成为自觉行动，技术服务水平和质量提高，生殖健康成为大多数育龄群众特别是育龄妇女的追求。进入 21 世纪，常德市计生委将每年集中查环查孕、生殖健康监测由 3—4 次减少到 1—2 次，避孕节育措施落实实现了以经常工作为主。到 2006 年，全市基本取消了集中突击活动。

计划生育手术总量　从 20 世纪 80 年代至 21 世纪 10 年代，常德市每年节育手术总量呈逐步减少趋势。1994 年以前，常德市每年节育手术总量均在 10 万例以上。1995 年至 2005 年节育手术全市每年在 7 万—9 万例左右，到 2006 年降到了 6 万例左右，2012 年降至 5 万例以下。1989 年与 2012 年相比，节育手术总量由 21.25 万例减少到 5 万例，减少 16.25 万例，减少 76.47%；其中流引产从 69779 例减少到 7924 例，减少 53518 例，减少 76.70%。引产由 1991 年 13761 例减少到 2012 年 725 例，减少 13036 例，减少 94.73%。见表 3－6－3－1。

避孕节育措施落实率　节育率指已落实节育措施人数占已婚育龄夫妇总数的比率。常德市从 1991 年至 2012 年，全市节育率均在 90% 以上。见表 3－6－3－2。综合节育措施落实率指已落实各种综合节育措施人数占应落实节育措施总人数的比率。常德市综合节育措施落实率呈逐年提高趋势：2006 年 84.97%、2007 年 89.88%、2008 年 91.46%、2009 年

91.27%、2012 年 96.15%。长效避孕节育措施落实率指已落实长效避孕节育措施占应落实长效避孕节育措施人数的比率。常德市长效避孕节育措施落实率呈逐年下降趋势。2011 年，湖南省开始对农村地区进行考核，常德市为 76.6%，低于全省平均水平 2.42 个百分点；2012 年为 61.45%，低于全省平均水平 0.64 个百分点。

表 3－6－3－2

常德市 1991—2012 年节育率统计表

单位:%

年度	节育率	年度	节育率	年度	节育率
1991	91.19	1999	92.52	2007	93.27
1992	90.66	2000	90.83	2008	93.08
1993	91.83	2001	91.08	2009	92.95
1994	92.12	2002	91.02	2010	90.97
1995	92.84	2003	90.86	2011	90.72
1996	93.60	2004	92. 78	2012	91.55
1997	92.19	2005	93.90		
1998	91.58	2006	93.60		

注：数据来源湖南省人口和计划生育抽样调查资料汇编。

四、免费节育手术服务

常德市自开展计划生育以来，节育手术所需经费均由县乡两级计划生育部门负责，国家、省、市计划生育部门给予补贴。2002 年 5 月，常德市计生委、市财政局、市卫生局、市物价局联合下发了《关于贯彻落实省计生委、省财政厅、省卫生厅、省物价局〈关于对实行计划生育的育龄夫妻免费提供避孕节育技术服务的通知〉的通知》（常计生发〔2002〕12 号），明确了免费节育手术经费有关事项：经费分担比例。环情、孕情监测以外的其他四项节育手术免费服务项目所需经费，按人均 1.07 元的标准，由省、市、县、乡四级分级负担。其中省负担 15%，市负担 10%，县、乡原则上负担 25% 和 50%，省、市负担经费按照各县市区农村人口数量拨付。经费结算方式。县内由受术对象持所在乡镇计生办开出的手术服务介绍信，到县、乡计生技术服务站所或医院接受节育手术，乡镇财政按月按标准向施术单位支付。跨县或到市以上地方实施节育手术的，由个人先垫付手术费，回原籍地乡镇计生办按标准报销。严格管理监督。从 2002 年 6 月 1 日起，各地计生技术服务机构、医院不得直接向实施节育手术的农村育龄夫妻收取节育手术费用。严肃查处弄虚作假、虚报冒领、挤占挪用避孕节育技术服务经费行为。2002 年 8 月，常德市计划生育领导小组对农村免费节育手术工作进行了专项督查。

表 3-6-3-1

常德市1989年-2012年计划生育手术统计表

单位：例

年度	合计	输精管绝育术	输卵管绝育术	宫内节育放置术	宫内节育器取出术	皮下埋植剂放置术	人工流引
1989	212548	4176	35540	97609	5444		69779
1990	199278	3987	32789	96784	4879		60839
1991	176540	3721	22541	91316	4277		54685
1992	167803	4500	33493	83994	6571		39245
1993	166548	5864	33987	79834	5876		40987
1994	122282	3856	22765	56743	4356		34562
1995	92813	567	9126	61824	3455		17841
1996	92622	517	7939	65427	3424		15315
1997	81916	345	4625	58714	3824		14408
1998	69690	254	3663	48930	4315	204	12324
1999	62289	216	3196	42337	4322	392	11826
2000	57770	170	2966	39052	5001	311	10270
2001	75207	341	5254	52301	4934	407	11970
2002	67786	198	4201	44521	8688	264	9914
2003	111643	437	9616	72437	18708	359	10086
2004	81130	253	6067	52413	13831	278	8288
2005	76857	362	8497	50261	8089	797	8851
2006	68092	251	7322	45618	6368	748	7785
2007	65166	211	7433	44611	5889	285	6737
2008	62038	127	5766	32429	5341	268	8472
2009	80116	469	12746	51353	5912	124	8151
2010	60910	45	5531	40390	4849	99	8337
2011	62190	51	9419	42408	4383	128	5801
2012	49767	48	3284	33583	4737	221	7924

注：数据来源常德市人口计生委科技统计报表。

第四节　药具工作

20 世纪 70 至 80 年代，计划生育避孕药具开始推广使用，进入 90 年代以后，计划生育药具工作得到快速发展。常德市使用药具避孕的人数由 1988 年的 84520 人增加到 2012 年的 147951 人，药具避孕占综合节育措施的比例由 8.5% 提高到 13.4%。

一、药具基础建设

药具仓储建设　1984 年 5 月，常德市计划生育药具站成立后，市计生委在人民东路水巷口原办公楼一楼划出 57 平方米作为药具仓库。随后，各县（市区）相继开始计划生育药具仓储建设。1988 年湖南省计划生育药具工作澧县会议以后，常德市大力加强计划生育药具基础设施和业务建设，规范药具仓储管理，药具仓库的规范化建设获得迅速发展。1989 年，市计生委在武陵区青年东路 54 号新办公地址首先修建了一栋 1076 平方米 4 层药具仓库。各县（市区）药具站保证有 40 平方米左右的仓库，乡（镇）有 10 平方米药具室，村有药具包。市县两级药具仓库的设施逐年完善，恒温除湿机、灭火器、防盗防暴等设施一应俱全；分区堆放、挂卡标示，坚持先进先出，保证库房温湿度，确保药具质量和群众用药安全。

药具台账管理　常德市计划生育药具站建站后，开始探索药具台账的管理，逐步形成一套规范的台账管理办法：市、县两级建立总账，分户册，乡级建立总账、分户账和用药具人员花名册，村级建立药具随访卡。1994 年，湖南省计生委在安乡县召开全省药具工作会议，推广常德市药具工作规范管理的经验，统一了全省药具账、表、册。2008 年，市、县药具站实行计算机管理，账表册取消，乡村两级药具台账管理办法一直沿用。

药具人员管理　常德市市级药具站从 1984 年建站起，人员编制从 6 名增加到 2012 年 11 名，常年保持 5 名工作人员。县级药具站配有 2—5 名工作人员；乡级有一名专（兼）职药具管理员；村级由计生专干兼任药具管理员和投药员。

人员培训。常德市药具管理人员实行上岗证制。从事药具管理的县乡人员，必须经过市级严格培训，村级必须经过县级培训取得合格证书，才能从事药具管理工作。2003 年，全市共换发合格证 1200 多本。以后每年市县两级都要进行 1—2 次专业培训，新进人员必须具备中专以上医学学历。“十一五”期间，全市计划生育药具系统深入开展“比目标、看进步；比管理、看规范；比服务、看满意；比创新、看特色；比效益、看发展”为主要内容的“五比五看”活动，进一步推动了药具工作的规范化管理。2010 年，常德市计划生育药具系统开展“三基”（基本理论、基本知识、基本技能）岗位练兵和知识竞赛活动。在市级决赛中，安乡县代表队获一等奖、临澧县代表队获优胜奖。是年 10 月，在全省总决赛中，常德市代表队获三等奖，安乡县安德乡药具管理员贺溶获优秀选手奖。

对村级药具管理员的要求。常德市特别注重对村级药具管理员培训，要求做到：三清

(应使用药具对象清，药具进、发、存数量清，药具使用效果清)、“三懂”（懂避孕节育知识、药具性能、使用方法和副作用处理)、“三会”（会宣传、会管理、会指导)、“三到户”（宣传到户、送药具到户、随访到户)。1988 年是常德市使用药具鼎盛时期，是年全市有 6 万多人使用口服避孕药，仅澧县就有 1 万多人。澧县计生委加大村级药具管理员的培训力度，帮助她们做到“三清、三懂、三会、三到户”，药具管理收到了良好的效果。是年，湖南省计生委在澧县召开了全省药具工作会议，推广澧县的经验。2004 年，常德市开展了第一次先进村级药具管理员评选活动，评选了 20 名先进村级药具管理员，2010 年开展了“十佳”计生药具技术员评选活动。

常德市 2004 年先进村级计划生育药具管理员

汤长英　武陵区护城乡皂果村药具员
贾丽华　武陵区东郊乡唐家溶村药具员
范桂芝　鼎城区草坪镇兴隆街村药具员
刘桂英　鼎城区镇德桥镇张家桥村药具员
邱赛兰　汉寿县大南湖乡偏山村药具员
罗秋斌　汉寿县坡头镇群英村药具员
廖　惠　津市市李家铺乡双堰村药具员
雷月清　津市市渡口镇枫树村药具员
曹润珍　安乡县下渔口镇和兴村药具员
王建芳　安乡县三岔河镇长明村药具员
蔡碧蓉　临澧县合口镇龙池村药具员
苏宏莲　临澧县新安镇金坑村药具员
向际珍　澧县澧澹乡大巷口居委会药具员
彭信菊　澧县宜万乡仙鹤村药具员
姜金彩　桃源县黄石镇金洪村药具员
黄桂仙　桃源县陬市镇高湾村药具员
田春娥　石门县易家渡镇双河村药具员
涂枚英　石门县楚江镇永固居委会药具员
徐伏莲　西洞庭管理区龙泉办事处大桥村药具员
张金花　西湖管理区下窖办事处药具员

常德市 2010 年“十佳”药具技术人员

谢显英　武陵区丹洲乡计生技术员
袁云卉　鼎城区丁家港镇计生技术员
甘元国　汉寿县坡头镇计生药具员

王丽媛　桃源县漆河镇计生技术员
欧碧霞　临澧县四新岗镇计生技术员
占桂兰　石门县楚江镇中渡社区计生药具员
张玉梅　澧且大堰垱镇计生技术员
罗先云　安乡县安凝乡计生技术员
卜梅兰　津市市白衣镇计生技术员
张小平　德山开发区蒿草湖居委会计生药具员

二、药具管理

计划管理　常德市计划生育药具采用年度计划订购制度。每年8月由县计划生育部门按照群众实际需求，以乡为起报单位，逐级上报下年度需求计划至省市计划生育药具管理部门，每季度，按照计划及时从各生产厂家和供应站采购、调拨和供应。

制度管理　常德市先后制定了计划生育避孕药具计划编报、统计、调拨管理、仓储和质量管理、发放管理、财务管理、宣传培训、监督管理、工作规范等规章制度，明确计划生育避孕药具机构、人员和职责，规范工作要求，形成了标准统一、程序规范、运转科学、廉洁高效的运行机制。

质量管理　坚持药具入库检测，核查品名、批号、数量、厂家、包装完整程度；坚持每日对药具库房的温湿度检测，定时通风，检测在库药具的质量；严格检查出库药具，确保出库药具无损坏、无霉变、无失效。

信息化管理　“十五”期间，常德市加大药具信息网络化建设力度。2001年，市、县药具站装备了电脑及配套设施，开通宽带网络，配备计算机操作人员。2005年年末，实现了与国家、省联网，全面取消手工报表，实行了药具购入、调出、存货的信息化管理，做到了计划报表、工作交流网络化。

监督管理　为防止计划生育免费药具进入市场，规范市场行为，2000年4月，常德市计生委、市公安局、市卫生局、市工商局、市物价局、市药品监督管理局和市技术监督局联合下发了《关于开展计划生育药具技术市场清理的通知》（常计生发〔2000〕12号），进行了全市药具市场大清理。要求计划生育药具零售市场必须统一管理、统一价格、统一供应、统一供货渠道，所有零售点必须证照齐全并领取计划生育部门统一制作的《计划生育药具零售点》标志。2009年，常德市计划生育领导小组将避孕药具零售市场管理、依法查处假冒伪劣药品任务纳入市药监局、市工商局人口和计划生育综合治理考核范围。是年8月，由常德市工商部门、市食品药监部门牵头，组织各地各部门开展了计划生育药械专项整治行动，重点整治挤占、挪用、截留、贪污药具专项经费，免费药具流入市场销售、串货换货，收受药具生产企业回扣、贿赂，因管理不善导致药具变质、损毁、过期、积压、浪费，虚报药具需求计划和统计报表套取药具和经费五大违纪违规行为。2010年，常德市人口计生委印发了《常德市计划生育药具系统廉政风险防范管理工作方案》，加强药具监督管理，查找药具工作廉政风险点和落实防控措施中存在的问题和薄弱环节，提升药具工作廉政风险防控管理工作水平和药具管理服务的规范化程度。2011 年 8 月，市人口计生委对全市计划生育药具工作进行了一次专项监督检查，没有发现药具管理不当、“国免”药具上市流通、截留挪用贪污药具经费等违纪违规行为。

考评管理　1992 年，常德市开始计划生育药具工作业务考核。市药具站每年年初与各县（市区）药具站签订《药具工作目标管理责任书》，年终组织考核评比，并通报表彰，奖罚兑现。1995 年，药具工作开始实行“双线考核”，在继续开展单项业务考核的同时，将药具工作纳入人口计生责任目标管理考核内容，主要包括：落实药具避孕措施及时率、药具应用率、使用药具有效率、药具措施占综合节育措施比例、药具计划发放率、药具随访率等。

创先争优　常德市计划生育药具工作一直处于全省领先位置。1988 年、1994 年、2011 年湖南省先后三次在澧县、安乡召开计划生育药具工作会议，总结推介常德市药具工作经验。2001 年，省计生委下发《关于开展计划生育“先进（模范）药具站”创建活动的通知》（湘计生财发〔2001〕1 号），部署开展计划生育“先进（模范）药具站”创建活动。是年，常德市药具技术站荣获全省首批模范药具站称号。2005 年，获全国人口和计划生育系统药具工作先进集体称号。“十一五”期间，在全省计划生育药具系统“五比五看”活动中，常德市药具技术站、临澧县药具站获评首批先进单位。

三、药具发放方式和渠道

发放方式　从 1988 年开始，常德市计划生育药具由生产厂家根据省、市的年度计划直接调拨到市，然后逐级发放；市每季度送药具到县（市区）；县（市区）每月送药具到乡（镇）；乡（镇）每月对村（居）发放一次；村（居）每月向使用药具对象送药具上门一次。村级发放实行三定：定人、定时、定量。对流入一个月以上的流动人口中的育龄人群实行免费供应避孕药具，并单独造册汇总上报。1998 年，随着农村进城务工人员的增多，在继续保留传统的发放方式的同时，开始把药具发放的重点放在城区，在流动人口相对密集的居住地、聚集地、活动场所，采取设立免费领取点、橱窗、安装磁卡式智能发放机等形式，解决流动人口等特殊人

桃源县药具站开展“春暖桃花节　药具服务零距离”活动，工作人员送药具到田间地头

群药具发放难、领取难的问题。2010 年，常德市在鼎城区武陵镇和桥南商贸城首批安装了 10 台药具智能机，育龄群众通过刷卡就能领取到免费药具。2011 年，拓展到武陵区、津市市等地。到 2012 年，形成了“多点分布、送领结合、卡网结合、委托发放、社区服务、自助服务”等计划生育药具综合发放模式。

发放渠道　常德市计划生育避孕药具始终实行国家免费供应为主渠道的供应方法。遵循的基本原则是，免费发放，满足需求，减少浪费。随着国家市场经济的建立，避孕药具供应经历了三个阶段。

双轨制。1988 年开始，实行避孕药具以计划发放为主和市场供应为辅的双轨制运行体制。由市、县药具站直接调拨部分避孕药具进入市场零售药店，供群众选购，回收经费再用于购买药具。1992 年双轨制取消，避孕药具全部恢复计划供应。

名优特新药具的销售。1993 年开始，除国家免费计划发放的避孕药具外，市场上出现了大批名优特新计划生育避孕药具。为适应市场经济发展的需求，常德市药具站成立了“常德市计划生育服务中心”，一方面担任计划生育药具免费计划发放任务，一方面销售名优特新计划生育避孕药具。各县（市区）药具站亦开展了此项工作。2002 年，常德市计划生育服务中心终止营运，名优特新药具供应全部实行市场化操作。

社会营销。2007 年，鉴于药具有价销售市场管理日益混乱，质量价格参差不齐。湖南省计划生育药具物资站要求各地计生药具系统根据社会需求，规范计划生育药具零售市场。由于此项工作涉及面广，常德市计划生育药具系统没有相应机构和经费，无法包揽社会营销。

四、知情选择

节育措施知情选择　20 世纪 80 年代至 90 年代初期，常德市计划生育避孕节育措施坚持“一孩夫妇以上环为主，二孩夫妇以结扎为主”。在考核计划生育节育措施指标时，有的地方还考核一孩夫妇上环率、二孩夫妇结扎率。避孕药具的使用多限于不能结扎上环、无孩夫妇中不愿生育或没有生育计划者。到 20 世纪 90 年代后期，一些计划生育工作比较先进的地区，如临澧县、澧县等地开始在考核节育措施指标上实行松绑，只要每对没有生育计划的已婚育龄夫妇落实一项有效的节育措施就不扣分。这为避孕药具的广泛使用和节育措施的知情选择提供了可能条件，节育措施知情选择开始在全市推行。各县（市

安乡县计划生育药具站制作的避孕药县知情选择台历，供育龄群众学习选择

区）在“知情选择”活动中，一方面加大避孕药具和避孕方法等科普知识的宣传教育，另一方面加强对育龄人群的随访服务。基层计生技术人员与每对育龄夫妇开展一次深度咨询服务，利用模具、展牌和药具样品面对面传授避孕节育方法。育龄群众在详细了解避孕节育措施种类及适应症后，根据自己身体条件和生育情况，签订一份自愿选择同意书，落实一项免费节育措施，并及时开展术后随访，根据不同情况作出相应处理。2001 年，国务院颁布的《计划生育技术服务管理条例》明确要求推行避孕节育技术服务知情选择。常德市及时宣传部署，要求正确对待，防止“知情选择”变为“放任自流”。

避孕药具知情选择　1988 年，湖南省计生委在澧县召开了全省第一次药具工作现场会，会议总结推广澧县药具工作经验，并提出在节育措施和避孕药具使用上要给群众一定的选择权。1998 年，湖南省计生委在临澧县召开全省药具工作会议，推广临澧县计划生育优质服务和“知情选择”的经验。

2008 年，常德市人口计生委下发了《常德市避孕药具知情选择服务试点工作方案》（常人口发〔2008〕5 号），成立了市人口计生委主任张卫星，副主任张锦祥为正副组长的试点工作领导小组，确定在临澧县、澧县、安乡县、桃源县全面开展避孕药具知情选择试点。建立“以宣传教育为先导，以自我选择为核心，以优质服务为保障，以群众满意为宗旨”的计划生育避孕药具知情选择服务工作机制。通过试点，逐步达到以下目标：使用药具人数占综合节育措施人数的比率达 10% 以上；避孕药具应用率、有效率达 98%；计划生育服务人员全面掌握各种避孕方法及有关知识；100% 的育龄群众至少了解 5 种计划生育避孕方法并能知道在何处得到；100% 的服务对象对计划生育避孕药具优质服务满意；避孕药具发送率、随访率、正确使用率均达 100%。在试点工作中，自始至终牢牢抓住三个重要环节：

广泛宣传，充分知情。由常德市人口计生委副主任张锦祥等编写的《避孕药具知情选择 100 问》下发至群众手中。加大对药具知识的广泛宣传培训，让育龄群众充分了解避孕保护理念，各种避孕药具的适应症与禁忌症等；让药具服务人员掌握各种药具使用方法及负反应处理，了解服务对象的思想动态、生育意愿、健康状况、生育史、月经史、避孕节育史及其需求，达到育龄群众与药具服务人员相互沟通，双向知情。

尊重权利，适时指导。一方面育龄群众在充分知情基础上自主选择一种适合自身特点的安全有效的药具避孕方法；另一方面药具服务人员根据服务对象基本情况，有针对性提供一些意见和建议，帮助其作出避孕药具知情选择。

落实措施，跟踪随访。药具服务人员在规定时间内按照育龄群众所选择的方法，提供避孕药具服务，并按不同的访视要求，定期或不定期通过上门、约定、书面、电话等不同形式对服务对象跟踪随访，加强指导，防止意外妊娠，确保药具避孕的有效性。

2009 年，在试点成功基础上，常德市全面开展了避孕药具的知情选择。使用药具人数逐年增加。2005 年全市使用药具 98381 人，2010 年 143260 人，2012 年达 162149 人，

2012 年比 2005 年增加 63768 人，增加 64.82%。药具应用率：1991 年 32.18%，1995 年达到 73.02%，2000 年上升到 78.98%。药具避孕有效率始终稳定在 98% 以上。

使用避孕药具以避孕套为最多，并呈逐年增长趋势。2005 年，全市使用避孕套 76092 人，2010 年增加到 148326 人，分别占使用药具总人数的 77.3%、91.48%，2010 年比 2005 年增加了 72234 人，增加了 94.93%。其次是使用外用避孕药的占了一定比例，2005 年 5516 人，2010 年 6827 人，分别占当年使用药具总人数的 5.6%、4.8%。短效口服避孕药占有较大比例，但成逐年减少之势，2005 年 12260 人，2012 年 7427 人，分别占当年使用药具总人数的 12.5%、5.2%。使用长效口服避孕药、避孕针的人数，在 2000 年以前占有少量比例，以后逐年减少，到 2012 年只有极少数人使用。见表 3 -6 -4 -1。

药具避孕措施占综合节育措施的比率。常德市药具避孕措施占综合节育措施的比率逐年提高：2005 年 8.46%、2006 年 8.80%、2007 年 9.58%、2008 年 10.81%、2009 年 11.79%、2010 年 12.08%、2011 年 12.47%、2012 年达到 13.43%。

表 3 -6 -4 -1

常德市 2005—2012 年计划生育避孕药具使用人数统计表

单位：人

计划生育避孕药具品名＼年度	2005	2006	2007	2008	2009	2010	2012
复方左炔诺孕酮片	785	1077	1433	1546	1202	1013	1079
复方炔诺酮片	4196	2708	2282	2172	2057	185	1634
左炔诺孕酮炔雌醇(三湘)片	2650	4648	4424	4204	4329	4219	3068
复方醋酸甲地孕酮片	4629	4335	3852	3596	2558	2300	1578
复方炔雌醇片(口服避孕片 0 号)	61	0	0	0	0	0	0
复方左炔诺孕酮滴丸	257	690	0	0	0	0	0
左炔诺孕酮片	7	0	0	27	5	0	81
炔诺酮滴丸	0	6	0	0	0	0	15
醋酸甲地孕酮片	0	0	0	0	0	0	0
双炔失碳酯片	15	8	0	0	0	0	0
左炔诺孕酮片(敏婷)	5	22	0	0	0	0	0
左炔诺孕酮炔雌醚片	3745	0	0	0	0	0	0
复方甲地孕酮注射液	0	0	0	0	0	2	2
复方庚酸炔诺酮注射液	0	446	399	79	0	0	0
复方己酸羟孕酮注射液	180	9	0	0	0	1	0
狄波普维栓	43	94	46	0	0	0	0
壬苯醇醚栓	347	726	670	482	827	660	992
壬苯醇醚凝胶	3	189	208	199	263	213	152

续表

计划生育避孕药具品名＼年度	2005	2006	2007	2008	2009	2010	2012
壬苯醇醚膜	2268	2772	3005	3439	4020	3471	3531
左炔诺孕酮硅胶棒(皮埋)	2898	2894	3482	3311	2875	2483	1685
避孕套	76092	87066	96422	109276	126356	127041	148326
合计	98381	107721	116239	128641	145996	143260	162149

注：数据来源常德市人口计生委药具统计报表。

第五节　优质服务

20 世纪 80 年代和 90 年代初期，常德市开始开展计划生育优质服务。到 20 世纪 90 年代中期，常德市全面转变计划生育方式方法，围绕“生育、节育、不育”这个中心和“新高低优好（即生育观念新、计划生育率高、出生人流比低、子女生育优、党群关系好）”工作目标，开展优质服务，实现了由行政管理为主向优质服务为主转变。1998 年，湖南省在临澧县召开全省计划生育优质服务工作会议，总结推介常德市、临澧县成功经验。进入 21 世纪，常德市围绕人的全面发展，进一步加大优质服务工作力度，实施避孕节育优质服务工程、出生缺陷干预工程和生殖道感染干预工程，不断满足群众避孕节育、优生优育、生殖健康等需求。

一、上门随访服务

20 世纪 80 年代和 90 年代初期，常德市各级计生部门对使用避孕药具的对象和接受手术的对象普遍开展上门随访服务。对使用避孕药具对象送药具上门，督促其按时服用药具，了解药具的使用情况，帮助进行副反应的处理，并及时填写随访卡。药具随访服务由村级药具员完成，随访率要求达到 95% 以上。对接受计划生育手术对象的随访一般由乡镇计划生育技术人员和村级专干完成，主要是做好术后思想工作，了解术后身体恢复情况，并由村委会和计生协会出面帮助解决其家庭生产生活上的困难。

基层计生技术服务人员开展咨询服务

二、“三查一治”服务

从 20 世纪 90 年代中期开始，常

德市一些基层计划生育技术服务机构和技术服务人员，在每年3—4次的计划生育集中宣传手术活动中，携带全市统一配备的便携式B超，为广大已婚育龄妇女查环查孕的同时，开展妇科疾病的检查和治疗。为吸引广大育龄妇女积极自觉地参加“三查一治”，农村普遍采取给参加妇女免除一个义务工、发一条毛巾、一袋洗衣粉等小型纪念品。此举在广大农村受到了育龄妇女的热烈欢迎和积极参与。市计生委及时总结基层工作经验，广泛开展育龄群众对计划生育服务现状和服务需求的调查，经过认真分析研究，于1995年提出：计划生育技术服务要突出鲜明的计划生育特色，积极拓宽服务领域，努力为广大育龄妇女提供与生育节育不育有关的各项技术服务，并具体制定了常德市生殖保健全程服务流程图。1996年临澧县被国家计生委确定为全国55个计划生育优质服务试点县之一。1997年，常德市计划生育领导小组印发《常德市计划生育优质服务实施方案》（常计生领发〔1997〕05）号，计划生育优质服务在全市进入实施阶段。

1998年，常德市计生委经过总结分析，把计划生育技术服务内容概括为“三育”服务和生殖保健服务，计划生育技术服务领域得以拓展，以“三查一治”为主要内容开展生育、节育、不育和生殖保健等系列计划生育技术服务。当年，全市县乡计划生育服务机构结合查环查孕，进行妇科病检查和治疗3万多例。津市市计划生育服务站只有6名技术人员，她们在完成4种节育手术任务的同时，依靠科技手段，积极探索计划生育技术服务的新路子，专攻不孕不育症治疗和妇科疑难病的治疗，取得了好的效果。是年，省、市、县三级计生委共同出资，给每个县站乡所配备了红外光治疗仪、B超仪等较先进的治疗检查设备，为计划生育技术服务拓展服务项目，开展优质服务增加了后劲。

三、“生殖健康村村行”活动

2007年5月，常德市人口计生领导小组下发《常德市“生殖健康村村行”活动工作规范（试行）》（常人口领办函〔2007〕3号）和《常德市“生殖健康村村行”活动方案》（常人口领发〔2007〕7号），同时转发了省人口计生委关于全面开展《计划生育/生殖健康服务三湘行》活动方案。决定从当年起至2009年，开展为期三年的“生殖健康村村行”活动，为全市所有育龄妇女开展新一轮以生殖系统疾病普查为重点的上门服务活动。成立了由市政府副市长张元英为组长，市人口计生委、市药监局、市卫生局领导参加的领导小组，召开了市级动员大会。确定活动经费由市县乡三级负责原则，市级投入80万元用

2007年常德市召开“生殖健康村村行”动员大会

于普查所需电子阴道镜、红外线乳透仪、宣传品购置和计划生育流动服务车燃油费；县级承担辅助设备配备，表格、档卡等活动资料印制和人员工资津贴；乡级负责辖区内活动所需经费。全市共组织 11 个普查小分队，100 多名技术人员和专家参加了普查活动。到 2009 年 9 月 30 日，全市累计为 3897 个村（居）的 48.12 万名已婚育龄妇女开展了免费生殖健康普查，检查出疾病 29.4 万余人（发现可疑癌前病变 107 例），为其中 3.8 万人开展了免费治疗。同时，全面建立《育龄妇女生殖健康档案》和跟踪随访服务制度，做到育龄妇女避孕节育、生殖健康底子清楚，服务经常，基本形成了计划生育、生殖健康良性互动、协调发展的工作局面，成为农村已婚育龄妇女初级生殖保健服务和计生特色服务品牌。常德市人大常委会“农民健康行”组委会对“生殖健康村村行”活动给予很高评价，各新闻媒体对此进行了跟踪报道。

四、便民利民服务

进入 21 世纪，常德市计生部门坚持以人为本，开展了系列便民利民服务，打造满意计生。加强了计生政务、村务公开，开通了“12356”计生热线电话；建立了诉求快速处理机制，明确专人专责，快速处理群众来信来访；推行了“网上咨询”“网上办证”“网上诊疗”，开通了计生服务“直通车”，实行“零距离”服务，各项服务直达群众；制作了《便民服务联系卡》发到育龄妇女手中，公布计生人员联系电话，郑重承诺“政策不懂你问我、证件办理你找我、生殖保健你靠我”。

五、创建全国计划生育优质服务先进县

2002 年，国家计生委开始在全国开展计划生育优质服务先进县（市、区）（以下简称国优）创建活动，通过引导、示范、推广，把全国人口与计划生育工作提高到新的水平。常德市积极行动，强化措施，在全市广泛开展创建全国计划生育优质服务先进县活动，取得明显效果。2002 年，临澧县成为首批“国优”单位，此后，澧县、安乡等地先后加入“国优”行列。到 2012 年，9 个县市区中，除桃源县、汉寿县外，均成功创建“国优”。

基层开展“男性健康日”宣传服务活动，避孕药具走进建筑工地

投入保障　2008 年，市人口计生委出台了《关于进一步加强县乡计划生育服务站所建设的意见》，明文规定，从 2008 年起，市、县下拨计生事业费用于服务网络建设的比例不低于 30% 和 50%。在中心所国债项目建设中，市对每个建设项目新建补贴 10 万元，改扩建补贴 5 万元，市级累计投入达 348 万元；各县级也加大了对服

务站所建设的力度，鼎城、石门、临澧等地根据各自建设情况，对建设乡镇补助 5 万—15 万元，澧县等地根据乡镇新建、改扩建的不同，每平方米分别补助 400 元、200 元。据不完全统计，“十一五”期间，全市投入服务网络建设经费已突破 5400 余万元。同时，加大奖励力度，凡被国家命名为全国计划生育优质服务先进县的县（市区），由市级事业费奖励 10 万元；凡通过省“四优一满意”服务站所验收的服务机构，县站奖励 5 万元，中心所奖励 2 万元，普通所奖励 1 万元。从 2008 年至 2012 年全市累计为各基层单位发放奖金 144 万元。

考核奖惩　设立县乡年度计生工作评估分类定性门坎指标：凡县站和 50% 的乡所未达“四优一满意”标准的县（市区）不得推荐“国优”，乡所未达到“四优一满意”标准的不能评为市红旗单位，获准手术项目占辖区手术量在 50% 以下者不能评为先进，阵地建设达不到基本建设标准的实行“黄牌警告”，村级服务室不达标不能评为市计生村民自治“模范村”。设立县乡年度计生工作评估考核奖励指标：凡创优成功的单位分别在人口计生目标考核中给予 1—5 分的加分奖励，凡获“四优一满意”标准的县站在当年计生科技业务工作考核中给予 5 分的加分奖励。

重点支持　2008 年开始，常德市采取择优重点支持的办法，从有意愿申报“国优”的单位中每年选择一个最具申报条件的单位，予以重点督导，并从人力、物力上予以支持，对其他单位帮助分析工作中存在的差距，提出整改办法。从而既保证了创优工作的顺利开展，又保证了创优的质量。

六、计划生育产业开发

1999 年，根据湖南省计划生育科技大会精神，常德市各县（市区）计划生育服务站和乡镇计划生育服务所在开展优质服务中合理创收，在创收中进一步扩大服务项目，走“以事业带产业，以产业促事业”发展之路。当年，全市 9 个县（市区）服务站实现业务收入 291 万元，鼎城区、汉寿县服务站分别创收 40 万元、42 万元。2001 年，桃源县、澧县计划生育服务站拓展待产接生业务，实现业务收入过 100 万元。2002 年在全市计划生育队伍建设会议上，副市长张元英明确提出要求建设好高素质的产业开发队伍，拓展服务领域，全面实施避孕节育知情选择、出生缺陷干预和生殖道感染干预三大工程，逐步形成以生殖保健服务为主体，融信息开发、宣传教育服务和农业产业综合开发为一体的产业体系，努力提高经济效益和社会效益。2004 年，桃源县、临澧县、澧县、石门县、安乡县、汉寿县 6 个县级站年收入过 100 万，其中，桃源县、临澧县、石门县、澧县 4 个站年收入超过 200 万元。临澧新安镇、桃源县陬市镇计划生育服务所成为全市首批年收入过 10 万元的服务所。到 2012 年，全市 9 个县（市区）计划生育服务站除开展了计划生育四大节育手术外，均开展了生殖健康检查、出生缺陷干预检查、孕期保健检查、待产接生等服务项目，年收入均过 200 万元，最多的石门县过 1000 万元。

第六节 优生优育

20 世纪 90 年代，随着广大群众生育观念的转变，优生优育工作逐步全面开展。2007 年，常德市委、市政府出台《关于加强新时期人口和计划生育工作统筹解决人口问题的决定》，人口计生工作的重心逐步转移到优生优育，提高出生人口素质，统筹解决人口问题上。

一、优生

20 世纪 50 年代，优生的主要措施为新法接生、禁止近亲结婚。进入 80 年代，开始开展孕妇围产期保健和遗传优生检测工作。从“九五”期间开始，常德市开始实施出生缺陷干预工程，形成了宣传倡导、健康促进、优生咨询、高危人群指导、孕前实验室筛查和营养素补充的出生缺陷干预服务体系。2010 年 8 月，常德市人民政府下发了《关于实施优生促进计划的意见》（常政发〔2010〕14 号），以下简称《意见》。成立了由政府分管领导为主任，卫生、人口计生、残联、科技、财政等部门为成员的优生促进委员会，开始全面实施以“免费宣传教育、免费婚前检查、免费孕前优生检测、免费产前筛查诊断、免费叶酸补充、免费新生儿疾病筛查和出生缺陷儿童康复等为主要内容的优生促进计划，加快建立起出生缺陷三级预防体系。该《意见》明确了实施优生促进计划的重大意义和坚持政府主导、全民动员、预防为主、重点推进、注重实效的原则。要求到 2015 年全市已婚育龄群众出生缺陷主要预防知识知晓率达到 80% 以上，婚前医学检查和孕前优生健康检查率均达到 50% 以上，免费增补小剂量叶酸片发放到位率达 90% 以上，优生遗传检测（产前筛查）率达 90% 以上，出生缺陷发生率低于全国平均水平的工作目标。文件还规定了实施优生促进计划的主要任务，各相关部门的职责、经费保证以及年度考核等。2011 年，常德市开始全面实施优生促进计划。

优生知识宣传教育 全市各级普遍建立新婚学校、孕妇学校，大力宣传普及优生优育、出生缺陷干预知识，动员开展婚前健康检查和产前筛查。县乡设立专门的咨询服务室，开展优生咨询服务，重点做好高危人群的监测指导，有效降低出生缺陷发生风险。2007—2009 年，全市共免费发放《优生手册》6 万余份、《出生缺陷干预检测宣传单》近 3 万份，接受优生咨询 1. 1 万人次，出生缺陷预防知识培训率达 98% 以上、知晓率达 95% 以上。2011 年，市人口计生委编印了《优生促进知识读本》5 万本，免费发放到新婚夫妇和已孕妇女手中，印发宣传挂图 1200 套，张贴到县乡计划生育服务机构。开展了为期 2 个月的“倡导婚育新风，关注优生优育”有奖知识竞赛活动。竞答试题和学习资料刊登在《常德晚报》、市县政府和相关部门网站等媒体上，全市有 6. 3 万名育龄群众参与，答题准确率达 96. 7%，230 名群众获奖。是年 10 月，常德市人口计生委举办“优生促进知识培训班”，来自全市人口计生、卫生、民政等部门的行政管理人员及专业技术人员近 300 人参加了此次培训。邀请了湖南省计生科研所所长、研究员倪斌，省计生科研所研究员、临床遗传学资深专家吴嵩龄，省妇幼保健院院长王华等专家授课。参加培训人员系统地学习优生促进技术服务规范管理、出生缺陷与出生缺陷干预策略、遗传优生基本概念与原理、叶酸代谢与出生缺陷等八大课程。2012 年开始，举办了“十百千”（即市本级举办 10 场、县级举办 100 场、乡级举办 1000 场）优生优育知识讲座。是年 7 月 10 日，市人口计生委、市计生协会在市工人文化宫隆重举行“7・11”世界人口日暨优生促进宣讲活动，700 多名已孕、待孕妇女及热心市民前往听课，活动现场开设了咨询、义诊等活动。同时，在“5・29”计生协会员活动日、“7・11”世界人口日、“12・8”男性生殖健康日等期间，常德市各级计生部门都举办了优生优育知识咨询服务活动。常德市各县乡计生服务站所技术人员在开展计生咨询、计生手术、生殖健康监测和妇科病查治工作中，向育龄群众开展健康教育和遗传优生咨询，教育育龄妇女杜绝近亲婚配、合理营养、避免接触放射线和有毒有害物质，预防感染、谨慎用药、戒烟戒酒，积极、主动、有效、经济地开展出生缺陷一级干预。从 2000 年开始，全市取消了生育二孩的间隔年龄要求，帮助育龄妇女选择最佳生育年龄。

婚前医学检查　婚前医学检查是针对影响生育的严重遗传性疾病、特定传染病、有关精神病等进行预防出生缺陷和减少先天疾病的技术干预措施。在 2002 年以前，常德市婚前医学检查工作由政府主导，多部门合作，卫生、计生、民政、团委、妇联等有关部门充分发挥各自优势，高密度、广覆盖的宣传教育，全市婚检率一直巩固在 50% 左右。2003 年，国家新的“婚姻登记管理条例”颁发实行后，常德市婚检率开始逐年下降，2009 年，全市婚检率只有 0.18%，仅高于湘西自治州（0.03%），低于全省水平（7.25%）。

2011 年常德市人口计生委举办优生促进业务知识培训班

2009 年 8 月，湖南省人民政府办公厅下发了《关于在全省免费开展婚前医学检查的通知》（湘政办发〔2009〕59 号）。2010 年，常德市开展免费婚检工作。是年，全市婚前医学检查率上升到 4.87%，仅高于湘西自治州（0.86%），仍远远低于全省平均水平（39.19%）。2011 年，全市婚前医学检查提高到 61.03%。

营养素补充　为加强出生缺陷的干预，降低神经管缺陷发生率，提高出生人口素质，国家从 21 世纪初开始对准备怀孕的农村妇女实施免费增补叶酸。2001 年在桃源县进行试点，2002 年全市全面推开。2010 年常德市产妇 51320 人，服用叶酸 25757 人，服用率达

40.45%，全省排名第11位，低于全省叶酸服用率（58.24%）；服用叶酸依从人数17363人，依从率83.65%，全省排名第二位，高于全省依从率（72.21%）。2011年，全市叶酸服用率达96.13%。

推广“福施福”。2000年—2002年，桃源县承担了国家、湖南省计生委出生缺陷干预工程——“福施福”引入性实验课题。作为实物投放观察点，2年全县投放1万例。所有服用人员食欲普遍增强，出生婴儿体重明显提高，体格健壮，出生缺陷发生率明显降低，无神经管畸形婴儿出生。该课题研究取得成功后，常德市各县（市区）普遍推广，共投放“福施福”29万多例。

产前筛查　1993年，湖南省计生委开始为常德市各县（市区）计划生育服务站配备遗传优生检测设备，给每个县级站补助3.6万元，县级配套1.23万元。县级站同时开始建设遗传优生检测试验室，培训技术人员。到1995年，全市9个县（市区）遗传优生检测设备配齐，试验室建成，技术人员到位。1996年常德市启动遗传优生检测，开全省全国之先河。由于受设备人员的限制，主要只对符合条件生育二孩的夫妇进行染色体G显带分析，胎儿影像监测和四项病毒检查（TORCH）。由于没有专项资金，检测实行收费，加之操作比较复杂，开展的难度较大。做得较好的有澧县、桃源、临澧等地。2001年至2004年常德市遗传优生检测情况见表3－6－5－1。

孕中期B超检查和孕中期二联酶标检查。2004年，常德市人口计生委加大了科技投入，采取市级补助的办法，帮助各县（市区）计生服务站配备酶标仪和数字B超，酶标仪每台市级补助3万元，数字B超每台补助10万元。是年底，各县（市区）计生服务站配备了酶标仪，澧县、汉寿、桃源、鼎城计生服务站还配备了数字B超，全市启动了以孕中期B超检查和孕中期BHCG＋AFP二联酶标检测以及染色体G显带分析三项指标为主要内容的产前筛查。

2007年—2009年，市政府连续三年将出生缺陷干预免费检测服务纳入为民办实事工程，要求对符合条件生育二孩的夫妇免费实施出生缺陷干预三项检查均达100%。期间全市人口计生系统共开展病原体检测4.61万人次、染色体显G带分析6593例、孕中期B超检查1.93万例、孕中期二联酶标筛查7797例，检测出阳性病例519例，实施终止妊娠证实57例。

2008年，常德市人口计生委下发了《常德市出生缺陷干预实施方案》（常人口发〔2008〕8号），优生促进工程进入了免费实行出生缺陷二级干预阶段。2008年至2010年常德市出生缺陷二级干预免费检测7559对，染色体G带分析6197例（阳性结果53例），孕中期B超检查4556例（阳性结果13例），孕中期二联酶标检测筛查1675例（阳性结果558例），并做了对症处理。见表3－6－5－2。

2011年，全市产前和新生儿筛查率达到75.19%。2012年，全市有2173对夫妇享受到了计生系统的免费产前筛查服务，其中染色体G显带分析1318例，孕中期B超检查

1726 例，孕中期二联酶标检测筛查 1052 例。

免费孕前优生健康检查　2008 年 8 月，湖南省人口计生委、湖南省财政厅根据《国家人口计生委、财政部关于开展国家免费孕前优生健康检查试点工作的通知》（国人口发〔2010〕29 号）精神，下发了《湖南省免费孕前优生健康健康检查项目试点工作方案》的通知（湘人口发〔2010〕28 号）。常德市鼎城区被列为 2011 年全省第二批项目试点单位。

2011 年，鼎城区正式启动国家免费孕前优生健康检查试点项目。全区 6344 名待孕、已孕的对象参加了孕前健康教育、病史询问、孕前医学检查和咨询指导，覆盖率达 98%。检查出无脑胎儿 1 例，先天性畸形并完全心内膜缺损胎儿 1 例，其他高危对象 476 例。

2012 年 4 月，常德市在鼎城区召开孕前优生健康检查现场经验推介会。是年，常德市全面启动国家免费孕前优生健康检查项目。全市共有应检查目标人群 83582 人，实施检查 83471 人，完成 99. 87%，共查出高风险人数 7571 人，并进行了相应对症处理。检查费用按中央、省级财政 70%、省管县财政 30%（非省管县按市县各 15%）比例分担的原则，共花费资金 1600. 36 万元，其中中央、省财政下发资金 800. 18 万元，市县两级配套资金 800. 18 万元。

二、优育

常德市开展优育工作主要为提倡母乳喂养，实施免疫防病和健康检查等婴幼儿保健。进入 20 世纪 90 年代，开始推行人口早期教育。常德市计生部门在开展“五期”教育中的孕产期、育儿期均增设了人口早期教育内容。进入 21 世纪，常德市更是加大了人口早期教育力度，发动（社区）、村组开辟孕妇学校、0—3 岁婴幼儿活动室、少儿艺术团、特长班，开展胎教、启蒙教育服务。武陵区光明巷社区计生协会依托社区免费提供的 400 平方米场地，办起了小金凤舞蹈培训班、七彩书画室、旭舟教育服务中心、蓝梦英语奥数培训中心、婴幼活动室，满足群众优教需求，受到群众好评。2003 年，常德市计生委药具技术站医生陈亚芬出版了胎教知识读本《胎教优生每日一页》。2010 年，临澧县、石门县、武陵区建成人口早期教育中心，加强对人口早期教育的宣传，普及婴幼儿抚养和家庭教育的科学知识，强化独生子女社会行为教育和培养。

表 3-6-5-1

常德市2001—2004年遗传优生检测情况统计表

单位：人

年份	胎儿影像监测				细胞遗传				血清免疫反应											
	总人数	异常人数	检出率	异常符合率	外周血总人数	异常总人数	染色体G带		检测总人数	异常总人数	巨细胞病毒		风疹病毒		弓形体		单纯疱疹病毒		乙肝	
							检测人数	异常人数			人数	异常数	人数	异常数	人数	异常数	人数	异常数	人数	异常数
2001	809	10	1.2	100	119	2	174	2	36374	624	7281	84	7279	67	7280	111	7277	51	7257	404
2002	2224	28	1.25	100	503	6	496	5	34356	904	6890	70	6214	64	6290	173	6890	88	7472	509
2003	1454	13	0.89	100	189	5	189	5	20244	391	3954	45	3591	37	3955	49	3951	20	4433	241
2004	8132	25	0.39	100	386		386		41323	395	8634	23	8634	23	8634	34	8634	14	6787	301

注：数据来源市人口计生委科技统计报表。

表 3-6-5-2

常德市2008 — 2010 年出生缺陷二级干预免费检测统计表

单位：人

单位	检测对数	免费检测项目及结果统计（例）								
		染色体 G 带分析			孕中期 B 超检查			孕中期 BHCG+AFP 二联酶标检测筛查		
		检测例数	阳性结果	阴性结果	检测例数	阳性结果	阴性结果	检测例数	阳性结果	阴性结果
常德市	7559	6197	53	6144	4556	13	4543	1675	558	1117
武陵区	224	145	0	145	72	0	72	39	13	26
鼎城区	715	1076	0	1076	478	3	475	238	45	193
安乡县	594	449	0	449	386	4	382	121	20	101
汉寿县	1141	716	1	715	366	0	366	150	42	108
澧县	1308	564	7	557	1060	1	1059	405	109	296
临澧县	814	851	4	847	642	2	640	198	96	102
桃源县	1320	1403	35	1368	584	0	584	228	74	154
石门县	1091	551	2	549	670	0	670	214	129	85
津市市	236	208	2	206	196	3	193	41	16	25
西湖管理区	89	102	0	102	28	0	28	18	5	12
西洞庭管理区	20	37	2	35	19	0	19	17	9	8

注：数据来源市人口计生委科技统计报表。

第七章　计划生育经费

1990年以前，常德市计划生育经费以财政投入为主，多渠道筹措资金的模式逐步形成，但经费仍严重不足。1991年，湖南省委、省人民政府将各级财政对人口和计划生育事业费的投入纳入人口和计划生育目标管理考核内容。是年，省开始对各市州财政人口和计划生育事业费投入进行考核评估排队。1994年起，省、市对各县（市区）财政人口和计划生育事业费投入进行考核评估排队。2001年起，财政投入纳入人口计生“一票否决”内容，明确规定：凡财政对人口和计划生育的经费投入未按省定标准投入，到位金额不足90%的实行人口计生工作“一票否决”。至此，常德市以财政投入为主体的计划生育事业费得到稳步增长，其筹措渠道、拨款方式、使用范围和管理体制进一步完善和规范。

第一节　事业费来源

一、财政投入

上级财政拨款　1987年开始，中央和湖南省财政开始对常德市（原常德地区）计划生育给予专项经费补助，是年上级财政拨款33.28万元，以后逐年增加。1988年56.2万元，1991年85万元，1996年216.9万元，2001年309.4万元。到2004年上级财政对常德市计划生育拨款达到1172万元，2012年达到8730.40万元。主要补助项目有：目标管理奖励经费、计划生育免费手术补助经费、服务网络建设经费、计划生育特困家庭补助经费、计划生育救灾扶贫经费、避孕药具工作经费、独生子女父母奖励经费、奖励扶助配套资金、“三结合”项目经费、独生子女保健费、免费孕前优生健康检查配套经费、手术并发症病患者治疗经费和生活补助，以及中央补助地方专项经费等。从2004年至2012年9年间，中央和湖南省财政给常德市人口和计划生育下拨专项经费共计34807.8万元。年均下拨3867.53万元。见表3－7－1－1。

表3－7－1－1

常德市2004—2012年接受上级财政人口和计划生育专项拨款统计表

单位：万元

年份	中央财政	湖南省财政	合计
2004	521	651	1172
2005	471.53	697.41	1168.94
2006	656.04	800.88	1456.92

续表

年份	中央财政	湖南省财政	合计
2007	922.82	1053.78	1976.60
2008	1214.09	1519.99	2734.08
2009	1745.81	2426.28	4172.09
2010	2059.3	5844.1	7903.4
2011	未分中央和省财政		5493.37
2012	未分中央和省财政		8730.40
合计	未分中央和省财政		34807.80

地方财政投入 “七五”期间（1986—1990年），地方财政对计划生育事业经费投入没有明确规定，根据各地计生工作和财力状况量力而行。

“八五”期间（1991—1995年），湖南省委、省政府要求全省人口和计划生育财政投入达到人均2元，由省市县三级财政分级负责。具体增加比例是：由1990年全省人均1.01元，每年按人均0.2元递增，省市县按3：2：5比例负担。常德市本级人口和计划生育财政投入到1995年人均达到0.20，县（市区）人均达到1.25元。

“九五”期间（1996—2000年），按照湖南省委、省政府要求，人口和计划生育财政投入要继续逐步增加，期末达到人均5元标准。

“十五”期间（2001—2005年）。根据湖南省计生委、省财政厅（湘计生财发〔2001〕3号）通知精神，2002年3月，常德市计生委、市财政局下发《关于确保“十五”期间计划生育事业费投入的通知》（常计生发〔2002〕7号），要求到期末人均投入达到10元。其中市本级：在2001年人均0.55元的基础上，每年人均增加0.1元以上，到2005年人均投入不低于0.95元；县（市区）级：在2001年人均2.65元的基础上，每年人均增加0.1元以上，到2005年人均投入不低于3.05元；乡（镇）级：用于计划生育事业的投入年人均达到4.5元。

“十一五”期间（2006—2010年），根据《中共中央国务院关于全面加强人口和计划生育工作统筹解决人口问题的决定》（中发〔2006〕22号）关于到“十一五”期末各级财政投入人口和计划生育事业费人均30元的要求和《湖南省财政厅、湖南省人口计生委关于印发〈湖南省“十一五”期间计划生育经费投入标准〉的通知》（湘人口发〔2007〕9号）精神，市本级在2005年人均0.95元的基础上，每年人均增加0.51元，到2010年达到人均3.5元；县（市区）在2005年人均3.05元的基础上，每年人均增加1.39元，到2010年达到人均10元；乡（镇）用于人口和计划生育事业费人均达9元。

市级财政投入。1986年，常德市（原常德地区）本级财政投入人口和计划生育事业费4.12万元，人均不足0.01元；1987年投入5.59万元，人均0.01元；到1990年投入11万元，人均0.02元。当年全省人均投入达到1.01元，常德市全市共计投入424.25万元，人均0.76元。人均低于全省0.25元。

1991年，常德市本级财政投入人口和计划生育事业费15万元，人均0.03元。1992年投入20.29万元，人均0.04元。是年2月，常德市人民政府召开了全市第一次计划生育财务基建工作会议，要求认真贯彻落实省委、省政府指示精神，加强人口和计划生育财政投入。市本级财政人口和计划生育投入每年按人均0.04元递增，并要求各县（市区）财政每年按0.1元递增，到“八五”期末实现全市人均2元目标。到1995年，市本级财政投入117.2万元，人均0.2元，达到了省要求的“八五”期末市级财政投入的增长速度和标准。

1996年，常德市本级财政投入人口和计划生育事业费148万元，人均0.25元，以后每年按人均0.06元递增。到2000年，市本级财政投入270万元，人均达到0.45元。

2001年，常德市本级财政投入人口和计划生育事业费338万元，人均0.56元，以后每年按人均0.1元递增。到2005年，市本级财政投入539.8万元，人均0.95元，完成了省要求的“十五”期末市财政投入的增长速度和人均标准。

2006年，常德市本级财政投入人口计生事业费702万元，人均1.15元。到2010年，市本级财政投入2339.77万元，人均达到3.79元，超过了全省“十一五”期末市级财政投入的标准。

从1996年到2012年，常德市本级财政投入人口和计生事业费共计15367万元。17年间，市本级财政投入从人均0.25元，增加到3.87元，年人均递增0.23元，高于同期全市社会经济增长速度和其他社会事业投入的增长速度。见表3－7－1－2。

表3－7－1－2

常德市1996—2012年本级财政投入人口和计划生育事业费统计表

年度	投入金额（万元）	人均（元）	年度	投入金额（万元）	人均（元）
1996	148	0.25	2005	539	0.95
1997	183	0.31	2006	702	1.15
1998	220	0.37	2007	1194	1.98
1999	253	0.43	2008	1528	2.52
2000	270	0.45	2009	1858	3.00
2001	338	0.56	2010	2339	3.79
2002	394	0.66	2011	2034	3.28

续表

年度	投入金额（万元）	人均（元）	年度	投入金额（万元）	人均（元）
2003	453	0.76	2012	2398	3.87
2004	516	0.86	合计	15367	

注：数据来源常德市人口计生委财务报表。

县级财政投入。常德市县（市区）财政投入是全市人口和计划生育财政投入的主体。1986年，各县（市区）投入160万元，人均0.30元；1987年投入214万元，人均0.39元。1991年以后，根据省市要求，每年按人均0.1元递增。到1994年，全市县级投入688万元，人均达到1.18元，基本实现了省市要求的县级财政投入增长速度和标准。

从1995年至2000年，常德市各县（市区）人口和计划生育财政投入按省市要求继续增加，到1998年，各县（市区）财政投入1283万元，人均2.14元，1999年投入1551万元，人均2.60元。但在此期间，常德市各县（市区）计划生育财政投入虽逐年增加，但计划生育仍然欠帐较多。到2000年，全市9个县（市区）计生委全部欠账，总额高达412万元。为应付省市考核评估，个别县（市区）虚报计划生育财政投入，从1995年至1998年，全市县级虚报财政投入共计513.2万元。汉寿县从1995年至1997年连续三年搞财政投入空转，总额达203万，被省通报批评，并列为全省三个重点管理单位之一。经常德市计生领导小组的严肃调查处理，虚报财政投入之风得以制止，虚报的财政投入得到追补。见表3-7-1-3。

表3-7-1-3

常德市各县（市区）1995—1998年虚报人口和计划生育财政投入情况

单位：万元

单位	1995年	1996年	1997年	1998年	合计
全　市	147.6	107.5	202.2	55.9	513.2
武陵区		2.6			2.6
鼎城区	12	18	0.7		30.7
汉寿县	45	49	109		203
安乡县	32	6	5		43
澧　县	16	22	47	55.9	140.9
临澧县	8				8
石门县	3.2				3.2
桃源县	20	3.4	34		57.4
津市市	11.4	6.5	6.5		24.4

注：数据来源常德市人口计生委调查统计。

2002 年，常德市各县（市区）财政对人口和计划生育事业费投入 1679 万元，人均 2.81 元；2005 年财政投入 2410 万元，人均 4.0 元；2010 年财政投入 6666 万元，人均 10.8 元；2012 年财政投入 17836 万元，人均 28.8 元。从 2005 年至 2012 年，常德市县级财政投入人口和计生事业费共计 58911 万元（含上级拨款）。见表 3－7－1－4。

表 3－7－1－4

常德市 2005—2012 年县级财政人口和计生事业费投入情况统计表

单位：万元

年份	2005	2006	2007	2008	2009	2010	2011	2012	合计
金额	2410	2549	3864	4607	5693	6666	15286	15286	58911

注：数据来源常德市人口计生委财务报表。

乡（镇）财政投入。从乡统筹费中提取计划生育经费。这是 20 世纪 90 年代常德市乡（镇）计划生育经费的主要来源。1991 年，国务院颁布的《农民承担费用和劳务管理条例》规定："乡统筹费用于安排乡村两级办学、计划生育等民办公助事业"。湖南省人民政府要求："从农民不超过年纯收入 5% 的费用负担中拿出 10% 用于计划生育。"常德市各地按照国务院和省政府的要求，在乡统筹中提取 10% 作为计划生育经费，解决和缓解了乡（镇）计划生育经费不足的困难。但各地执行过程中，此项经费往往不能全部到位，一般每个乡（镇）年人均提取 1—2 元不等。

从财政转移支付资金中划拨计划生育经费。2001 年，国家实行农村"费改税"，从乡统筹中提取计划生育经费被取消。2002 年，常德市开始从中央、省、市财政转移支付资金中划拨乡（镇）计划生育经费。是年 8 月，常德市农村税费改革领导小组办公室、市财政局、市计生委联合下发《关于在农村税收中确保中央和省市转移支付资金适当比例用于计划生育事业的通知》（常农税费改办〔2002〕9 号），明确了资金分配比例和用途：在分解中央和省市转移支付资金时，必须确保计划生育经费比例达到转移支付总额 6.24% 以上，全市共计 1415 万元，主要用于乡（镇）计划生育的两个确保：即确保乡（镇）计生办服务所事业编制人员工资及其个人基本医疗保险金、基本养老保险金，确保农民计划生育免费手术中乡（镇）应负担部分。

2005 年，全市乡（镇）人口和计生事业费 2474 万元（含上级拨款，下同），人均 4.1 元；2006 年 2568 万元，人均 4.2 元；2007 年 2417 万元，人均 3.97 元；2008 年 2532 万元，人均 4.12 元；2009 年 2562 万元，人均 4.18 元；2010 年 13604 万元，人均 22.1 元；2011 年 5177 万元，人均 8.34 元；2012 年 5802 万元，人均 9.37 元。

人均财政投入。1990 年，常德市全市人口和计划生育财政投入共计 424.25 万元，人均 0.76 元，位列全省倒数第二名。1998 年全市财政投入 1503 万元，人均 2.53 元，达到全省人均投入标准。2005 年全市财政投入 6715.35 万元，人均 11.04 元。2010 年全市财政投入22610.98万元，人均36.77元。2012年全市财政投入26037万元，人均42.03元。见表3－7－1－5。

表3－7－1－5

常德市2005—2012年人均人口和计划生育财政投入统计表

单位：万元、元

年度	2005	2006	207	2008	2009	2010	2011	2012
总投入	6716	5820	7476	8666	10114	22611	22499	26037
人均	11.04	9.56	12.26	14.12	16.53	36.77	36.23	42.03

注：数据来源常德市人口计生委财务报表。

二、事业收费投入

主要包括缴入财政专户的社会抚养费和县乡计划生育服务站所业务性收入。

1982年，常德市各地按照当时当地计划生育政策规定，开始对违反计划生育政策超生子女的夫妇征收超生子女费和计划外生育费，成为计划生育初创时期基层计划生育经费的重要来源。1992年3月，国家《计划外生育费管理办法》颁布布实施。1995年，湖南省《计划外生育费管理实施办法》（湘价费字〔1995〕56号）出台。常德市对全市计划外生育费进行多次清理整顿，逐步建立了“乡收县管乡用，财政监督”的管理体制。

2002年9月，国家《社会抚养费征收管理办法》颁布实施，规定所收经费全部缴入财政专户列入计划生育事业收入，主要用于计划生育的奖励扶助和征收成本开支。

2005年，常德市人口计生事业收入2435.68万元，其中缴入财政专户的社会抚养费1200.38万元，县乡服务站所收入1235.30万元。2006年，全市人口计生事业收入1938.15万元，2007年2469万元，2008年3251.97万元，2009年达到7575.6万元，2010年全市人口计生事业收入减少到473.2万元。2011年476.5万元，2012年753.18万元。

三、经营性收入和其他收入

主要包括单位门面出租、承包等收入。2005年常德市计生系统经营性收入和其他收入共计84.88万元，2006年567万元，2007年157万元，2008年312.06万元，2009年128.16万元，2010年56.85万元，6年共计创收1305.95万元，全部用于改善计划生育工作条件。从2011年开始，市本级已无经营性收入和其他事业性收入。

第二节　事业费支出

20世纪90年代，常德市计划生育经费，特别是基层计划生育经费严重不足，处于负债运行状态。据不完全统计，2000年全市县级计生部门欠账400多万元，乡镇计生办欠卫生部门手术费、人员工资等高达1000多万元。2001年，农村税费改革中，经过消赤减债，县乡两级计生部门还清了债务。进入 21 世纪，各级财政加大了对计划生育的投入，全市计划生育经费得以保障。

2004 年以前，常德市人口和计划生育事业费支出范围主要包括：计划生育手术减免费、避孕药具费、基层专干费、独生子女保健费、宣传服务站建设费和计划生育抽样调查等其他计生经费。所占比例较大的是基层专干费、宣传服务站建设费、手术减免费等，1990 年三项开支占全部开支的 48.94%。1996 年三项开支占全部开支的 54.2%。2004 年以后，农村部分计划生育家庭奖励扶助、计划生育特别扶助、城镇独生子女父母奖励等计划生育利益导向机制不断完善，对个人和家庭补助性支出占了人口和计划生育事业费支出的很大比例。2005 年，计划生育家庭奖励补助支出 972.02 万元，占全市全年人口计生事业费支出的 10.5%。见表 3－7－2－1。

表 3－7－2－1

常德市 1990 年、1996 年、2005 年人口计划生育事业费支出统计表

单位；万元、%

年度	支出总金额	各项支出	手术减免费	避孕药具费	基层专干费	独生子女保健费	宣传服务站经费	干部培训费	对个人家庭补助支出	其他计生事业费
1990	424.25	金额	76.72	41.69	68.45	17.52	42.41	2.28		155.20
		%	18.10	9.83	16.13	4.13	14.71	0.54		36.58
1996	1468.4	金额	114.00	17.46	314.30	28.30	506.80			487.60
		%	7.80	1.20	21.40	1.90	34.50			33.20
2005	9236.0	金额	624.52	27.00	1353.05		2459.10	168.99	972.02	3340.62
		%	6.76	0.30	14.65		26.62	1.82	10.52	36.16

2006 年以后，常德市人口和计划生育经费支出中，对个人和家庭补助支出继续持续增加，是年，支出 2003 万元，占全部支出的 20.50%；2008 年支出 3399 万元，占全部支出的 22.58%；2010 年支出 5419 万元，占全部支出的 19.49%；2012 年支出 11738 万元，占全部支出 32.95%。见表 3－7－2－2。

表 3-7-2-2

常德市 2006—2012 年人口和计划生育经费收支情况统计表

年份			2006	2007	2008	2009	2010	2011	2012
总收入（万元）			8325	10101	12233	17818	23141	23010	26804
总支出	总计（万元）		9773	12074	15055	21961	27809	31231	35629
	工资福利支出	合计（万元）	2826	3334	3564	3897	4394	5468	5924
		%	28.92	27.62	23.67	17.75	15.80	17.51	16.63
	商品服务支出	合计（万元）	4366	4701	7130	12295	15767	14005	17198
		%	44.67	38.94	47.36	55.99	56.70	44.84	48.27
	对个人和家庭补助支出	合计（万元）	2003	2883	3399	4367	5419	11063	11738
		%	20.50	23.88	22.58	19.89	19.49	35.43	32.95
	基本建设支出	合计（万元）	238	344	745	1134	2082	80	123
		%	2.44	2.85	4.95	5.16	7.49	0.26	0.35
	其他资本性支出	合计（万元）	44	133	217	267	147	614	644
		%	0.45	1.10	1.44	1.22	0.53	1.97	1.81
	其他支出	合计（万元）	296	676					
		%	3.03	5.60					

注：数据来源常德市人口计生委财务报表。

2007 年开始，市县计划生育经费投入使用实行包干制度，包括基本支出（人员经费）和项目支出（专项经费）。基本支出只包含机关经费，项目支出包括机关专项经费和下拨基层专项经费。各级计划生育经费的使用坚持三个倾斜，即向基层倾斜、向育龄群众倾斜，向计生家庭倾斜。上级补助基层计生事业费，全额下拨，不截留、不挪用。本级财政投入的计生事业费除保证机关正常运转外，全额下拨基层，重点用于计划生育服务网络建设、奖励扶助、计划生育免费节育手术、生殖健康、优生促进等基本技术服务和生育关怀等。2006 年上级补助常德市计生事业经费 1456 万元，除补助市本级的 69 万元外，其余全额下拨。从 2007 年起，新增经费保证 70% 以上用于基层。2012 年，市本级财政投入计生事业费 2398 万元，其中下拨基层专项经费 1176.35 万元，占到 49%。用于奖励扶助、特别扶助、计划生育免费基本技术服务、独生子女保健费等利益导向经费1016.86万元，计划生育网络建设经费107.49万元，计划生育流动人口管理经费25万元。

第三节 事业费管理

一、预算管理

计划生育事业经费一直实行年初预算、年终决算管理，确保收支平衡。1998年，常德市计生委成为市级财政部门加强专项资金管理改革的试点单位，对计划生育事业费进行细化的预算编制探索。

1999—2001年，常德市计生委再次成为市级部门预算改革的试点单位之一。按照量入为出，收支平衡的原则，从上年11月份开始，先由各科室列出次年的主要开支项目，财务资产管理科对各科室的经费项目进行初步审核，编制单位综合预算，提交委党组审核通过，然后将立项和计划向财政部门汇报，由财政部门整体把关政策和开支范围、标准等，再报请市政府、市人大审查批准。

2002年起，常德市计生委作为全市首批试点单位，开始实行部门预算编制细化管理。根据工作重点，将事业费开支细化到每一类、每一项、每一款，确保使用的计划性、可行性、有效性。其编制程序由下而上。每年7月、8月份开始编制次年预算，各业务科室根据工作要求申报项目和金额，由财务汇总编制初步方案，经委办公会议研究确定上报方案。由市财政局报市人大审核通过。

预算经市人大审核通过后，严格按照预算编制执行，不得随意更改或突破预算。凡预算中列支的项目须事先按程序和规定报告后方可支出。确有特殊情况需要变更的，由科室（站办）书面报告分管领导，经委党组集体研究，按程序在调整预算期内报市财政、市人大批准后调项支出。

二、制度管理

常德市各级人口计生委根据财经纪律要求，对计划生育事业经费制定落实了一系列管理使用制度，做到“五个坚持”。即坚持民主理财，年初部门预算的编制、5000元以上的经费开支、对基层单位的补助经费等重大经费收支问题一律报请党组集体研究决定；坚持财务公开，一月一报账，一季度一公开，实行透明化和公开化；坚持经费支出申报和审批程序，严格执行部门预算，在报销上实行严格的“一支笔”审批；坚持国库集中支付，2004年市人口计生委开始实行国库集中支付制度，每笔经费开支，都报送国库集中支付局审核把关，网上申报、网上审批、网上支付；坚持规范预算外资金收入的管理，严格实行预算外资金“收支两条线”，杜绝“坐收坐支”行为。2003年，常德市财政局、市计生委下发《常德市乡镇计划生育经费管理办法》，首次对乡镇计划生育经费管理予以规范。2006年，市计生委会同市财政局制订了《常德市人口和计划生育专项资金管理办法》，对专项资金的来源、使用范围、预算编制的申报、监督与管理作了明确规定，2009 年又对该办法进行了修订。

三、监督管理

公开监督　市、县、乡、村层层设立计划生育政务、村务公开栏，把奖励扶助、特别扶助、免费孕前优生健康检查、独生子女保健费、节育手术、避孕药具、社会抚养费征收等项目的政策、标准、对象、金额等全面公开公示，接受社会监督。

部门监督　从 20 世纪 90 年代开始，省人口计生部门每年都要对市、县计生经费投入、管理、使用情况进行一次监督检查。监督检查情况纳入人口计生责任目标管理考评。2002 年，桃源县因计划生育经费投入不到位，在省考评中从模范单位降为优质服务先进单位，市委、市政府取消其计划生育评先资格。从 2000 年开始，市人口计生委与财政部门联合定期对县乡计生经费的投入、管理、使用情况进行专项督查。督查突出以奖励扶助、特别扶助、孕前优生健康检查、避孕药具、计划生育事业费补助等项目经费为重点，严格检查资金配套、拨付、使用、管理情况。对督查中发现的问题，全市通报，现场交办，限期整改。

审计监督　在历届市县计生部门主要负责人离任或届中，财政、审计部门都要定期对人口计生经费使用管理情况进行离任审计、经济责任审计等。2006 年，湖南省审计厅对常德市本级和部分县级人口计生经费进行了专项审计。2008 年，市监察局对县级单位社会抚养费征收管理情况进行了专项审查。2012 年，市审计局对市人口计生委 2009—2011 年财政收支及 2011 年部门预算执行情况进行了报送审计，认为市本级计生事业费编制合理，管理规范，使用合理。

人大监督　每年市、县、乡人大都要对计划生育事业费的预算编制、管理使用情况进行审查、评议监督，确保专款专用、合理使用。

常德市人口计生委严格经费管理的做法，得到了湖南省人口计生委、省财政厅的肯定。2009 年 6 月，市人口计生委和市财政局在全省财政教科文系统作了《确保投入到位，强化经费管理》的经验。

第四节　市人口计生委机关基本建设

1983 年以前，常德市计生委（原常德地区计划生育办公室）在位于武陵区（原常德市）高山街常德市（原常德地区）卫生局院内办公。

1983 年年底，常德市计生委（原常德地区计划生育办公室）与常德市（原地区）血吸虫防治办公室（简称血防办）共同出资 40 多万元，购买常德市（原地区）林业局位于武陵区（原常德市）人民东路北胜巷 1 号办公院子。该院子占地 0.173 公顷（2.6 亩），长 47.7 米、宽 34.3 米，总建筑面积 1936.56 平方米。其中，一栋四层土木结构的办公楼

1386.56 平方米，一栋二层宿舍楼 493 平方米，一栋平房 57 平方米。

1984 年年初，常德市计生委（地区计生委）与常德市（原地区）血防办同时搬入人民东路北胜巷 1 号院内合署办公。因场地窄小，两家办公比较拥挤，1985 年血防办迁出，市（原地区）计生委在此院内独家办公。

位于常德市人民东路北胜巷 1 号的原常德市计生委办公楼

1986 年，湖南省计划委员会、省计划生育委员会下发《关于将地方计划生育部门建设项目纳入各级政府基建投资计划的通知》（湘计生〔1986〕85 号）。翌年 9 月，常德市（原地区）计划委员会下达了《关于常德地市计划生育服务中心工程计划任务书的批复》（常计综字〔1987〕217 号），同意新建常德地市计划生育服务中心，选址武陵区（原常德市）东郊乡楠竹山村。同年 12 月，武陵区（原常德市）人民政府下达基本建设征用土地通知单（政征知字〔1987〕53 号），常德市（原地区）计生委出资 5 万元，购买武陵区（原常德市）东郊乡楠竹山村（青年东路 54 号）土地 0.793 公顷（11.9 亩）。其中道路控制占地 0.127 公顷（1.9 亩），实际用地 0.666 公顷（10 亩）。是年，出资 10 万元用于新址的“三通一平”（通电、通水、通路、平整地面）和围墙建设。

2001 年常德市计划生育培训中心落成

1989 年 6 月，常德市计划委员会下达《关于新建常德市计划生育药具仓库的通知》（常德社字〔1989〕150 号），同意修建常德市计划生育药具仓库。常德市计生委自筹资金 40 万元，于 1990 年 8 月在青年东路 54 号楠竹山村新院内建成一栋四层 1076 平方米的计划生育药具仓库。从 1991 年至 1993 年，由湖南省财政拨款 10 万元、省计生委补助 8 万元、市财政拨款 20 万、市计生委自筹 20 万元，共计 58 万元对北胜巷 1 号老院内宿舍楼（鉴定为危房）进行改造，修建了一栋五层一个单元 10 套住房；在青年东路 54 号新院内修建了一栋五层一个单元和一栋四层一个单元共 18 套住房，解决市计生委干部住房困难。

1994 年 6 月，常德市计生委借用市计划生育药具仓库用房，迁址常德市武陵区青年东路 54 号办公。

1998 年 8 月，常德市计划委员会下达了修建常德市计划生育培训中心综合楼的施工计划，经过招投标，是年底开工。2001 年 9 月，常德市培训中心及配套工程全部竣工。新建成培训中心综合楼共 6 层，总建筑面积 32000 平方米，总造价 576 万元（其中：湖南省计生委自 1993 年至 1999 年共拨款 150 万元，市计生委自筹资金 290 万元，欠款 278 万元），2002 年至 2004 年市计生委连续 3 年每年还款 100 万元，到 2004 年还清债务。综合楼建成后，主要用作市计划生育干部培训，同时对外开放，招租经营餐饮和住宿，称为“金山大酒店”。2008 年，对外停止住宿业务，保留对外承包餐饮，投资 80 万元，对住宿部分楼层进行办公用房改造。2010 年终止餐饮业务，投资 50 万元，全部改建为办公业务用房。

第八章 计划生育协会工作

第一节 主体活动

一、宣传服务

常德市计生协会自1986年成立以来，始终把宣传服务作为主要工作，发挥自身具有的组织广泛优势，地理时空网络优势、感情亲情优势、底子清情况明优势以及人才和技术优势，建立帮扶制度、民主管理和民主监督制度以及定期活动制度，在计划生育工作中发挥着带头、宣传、服务、监督和交流的重要作用。全市各级计生协会还把经常活动和集中活动结合起来，利用各种节日，如春节、元宵节、“三八”妇女节、“母亲节”、“5·29”协会活动日、“7·11”世界人口日等开展集中宣传服务活动。

2003年，常德市计生协会编辑出版了《国策情深》一书，宣传推介了全市39位辛勤耕耘、无私奉献的计生协会优秀会员。该书在序言中称：“计生协会广大会员争当执行计生政策的排头兵，发挥着宣传、教育、引导群众实行计划生育的带头作用；当好勤劳致富的领头雁，发挥着带领群众少生快富的示范作用；争做帮困解难的热心人，发挥着开展帮扶活动的服务作用；充当调解矛盾的权威者，发挥着密切党群干群的纽带作用；做好计生工作的评判者，发挥着督促干部严格执行政策法规的监督作用。涌现了一大批无私奉献可歌可泣的志愿者。”

2010年常德市计生协会举办庆祝中国计生协会成立30周年纪念活动

乔家岗的致富带头人。1988年，鼎城区镇德桥镇乔家岗村的刘建英瞄准商机，找对了路子，把自家的五亩水田改成鱼塘，很快富裕起来了，1989年她被选为村计生协会常务副会长。富起来了的刘建英意识到，只有乡亲们富起来了，解决了老有所养问题，生育观念才能更新，计生工作才能做好。她经常走村串户，宣传计生政策，帮助育龄妇女落实节育措施。在谈天说地中帮助计生贫困户出点子，找准致富路子，并慷慨解囊，帮助他们发家致富。八组计划生育户张德军、吴小艳夫妇想办股份制大米加工厂缺少资金，刘建英送去1万元垫底资金。5组鄢运平想承包村里10亩鱼塘，但苦于无承包资金，刘建英拿着鄢运平《独生子女父母光荣证》到处申请汇报，终于将2.8万元无息贷款送到了他手中。10年期间，刘建英帮助本村10多户计生困难户，使他们都发家致富，过上了好日子，全村计划生育工作实现了10年“三无一好”。

无私的竹篓会长。1989年秋天，老教师李伯桃退休后回到桃源县寺坪乡大洋溪村老家。1990年，李伯桃被村民一致推选为村计生协会会长。上任后，面对全村计划生育工作的混乱局面，望着漫山遍野的竹林，李伯桃决心利用本地资源，带领群众走少生快富之路。他积极与有关单位联系，签订供销合同，发动广大会员和育龄群众编织竹篓。他自己带头先学，再手把手地教协会会员编织竹篓技术。当年这个村出现了13个竹篓大户，年收入超过5000元，全村计生工作也上了一个新台阶。李伯桃被群众称为“竹篓会长”。2000年7月15日，是李伯桃70岁生日，在广东打工的女儿给他寄来2万元做生日宴，亲友们劝他风风光光过个生日。李伯桃生日这天，乡里、县里领导和全村老少都来向李伯桃祝贺生日，李伯桃将2万元分送给全村78位五保老人和计生贫困家庭。

计生义务宣传员。老教师刘协胜，教书育人40年，1992年退休回到桃源县龙潭镇落家坪村安度晚年。2001年，70岁的他被全村群众一致推选为村计划生育协会会长。落家坪村地处龙潭山区，交通不便，文化生活缺乏，生育观念陈旧。刘协胜上任后大力开展计划生育宣传，不仅利用会议、标语、黑板报进行宣传，而且注重收集全村群众中计划生育的先进典型，编成群众喜闻乐见的民间喜剧，如《婆媳相骂》《十送打工妻》《找伢儿》《恩怨母子情》等十多个节目，召集村里10多个爱说爱唱爱跳的男女青年，组建了村计生文艺宣传队，自导自演，利用集镇墟场和民间红白喜事进行演出。2年共演出80多场次，受教育群众达6300多人次。

永远的“汪老会长”。1995年，澧县大坪乡东岳村已年过六旬的汪学年从多年村党支部书记的位子上退下来又接过了村计生协会常务副会长的担子。他有4个儿子均只生一个女儿。作为党支部书记，他动员大儿媳、二儿媳带头结扎。按政策三儿媳、四儿媳可以照顾其中一人生育二胎，可那年村里一个独生子女父母因车祸去世，汪学年收养了这个可怜的孩子，三儿媳、四儿媳因此失去了生育二胎的条件。乡村两级仍想照顾他家再生育一个孩子，汪学年谢绝了领导的好意，一心扑在计生工作上，在村计生协会常务副会长位子上一干就是5年。他带领村计生协会广泛开展计生政策法规和避孕节育知识宣传，开展“生育、生活、生产”服务，全村连续5年实现了计划生育“三无一好”。1999年一个寒冷的冬夜，村里一位五保老人病重，汪学年披上大衣消失在漫漫夜色中。他将老人送进医院，又自己掏50元钱买了补品，老人感动得热泪盈眶，拉着汪学年的手说：“谁说我没儿子，共产党的干部比儿子还亲。”从医院回去的路上，汪学军从5米高的高坡一头栽进路边的水塘里，老会长永远离开了他热爱的计生事业。

不幸者的爱心。临澧县官亭乡竹马村计生协会员唐植淑是一个不幸者。1990年她带头实行计划生育，主动接受计生手术中留下了严重手术并发症。但她又是幸运的，在她病重治疗期间，党和政府给了她无微不至的关怀。2000年在县工商、税务、计生等部门的关心下，帮助她办起了便民商店，每年纯收入在6000元以上，解除了她一家生活困难。唐植淑没有因为自己的不幸而忘记自己作为一个协会会员的责任。邻居的儿童江学强、何森两位小朋友因家庭困难和父母的不幸而辍学。唐植淑拖着病体，多次自费跑乡里，上县城反映情况，得到了有关部门支持和救助，使他们能继续学业。1998年湖南省遭受百年不遇特大洪水灾害，使得许多人无家可归。唐植淑坐不住了，毫不犹豫拿出自己辛辛苦苦赚来的500元钱，专程跑到县里，把钱寄到湖南电视台，并在附言栏里写道：我是一个不幸的人，但又是幸运的，500元钱不多，是我的一片心意，请把我的心意转给灾区人民。

1994年常德市计生协会“双先”表彰会代表合影

流动人口的贴心人。安乡县官当镇安官村是一个2000多人的大村，每年外出打工的育龄群众较多，成了计划生育管理上的一大难题。村计生协会会长张家国为化解这个难题，舍得感情投资，从关心流动人口、关怀流动人口家庭，关爱留守儿童入手，建立了一套流动人口计生管理办法：包括建立外地流动人口计生协会小组；签订流动人口计生合同；每年给外出流动人口写一封慰问信；经常走访流动人口家庭，解决他们生产生活上困难，解除他们的后顾之忧等，与流动人口建立起亲密的人际关系。八组潘志华夫妇外出打工，10岁小孩由爷爷奶奶照看。2001年8月，小孩不小心摔成骨折，爷爷奶奶一筹莫展。张会长知道后立即将孩子送到县人民医院治疗，并为其垫付了2000元医药费。等潘志华夫妇从外地赶回，孩子已转危为安，夫妇俩深为感动。该村流动人口连续多年无人违反计划生育。

育龄妇女知心人。2002年8月，《湖南日报》《常德日报》《常德晚报》等多家新闻媒体对汉寿县罐头嘴农场计生协会会员贺银秀老大妈甘当育龄夫妇知心人、义务做好计生工作的事迹进行了报道。该农场是一个围湖造田、移民而建的镇属农场，集聚着从外地迁来的300多人。人虽不多，但人心不齐，加上单位小，没有专门的计生专干。10多年来，贺银秀凭着对计生工作的热爱，对育龄妇女的热心，靠朴素的话语、火热的心肠、热情的帮扶，在群众中形成了极强的亲和力，使该农场10年无一例计外出生和早婚早育。

在澧县有着“葡萄大王”美誉的王先荣，是常德市基层计生协会理事中的首位全国党代表。2006年，他建立了全国最大的葡萄种植资源圃，并取得多项技术成果，为葡萄种植技术推广及产业化做出了重要贡献。他常说：一花独放不是春，百花盛开春满园。2004年他在自己的葡萄基地成立了计生协会组织，重点扶持独生子女和计划生育家庭户，4年间他为100多人传授种植技术，其中16人成了葡萄种植大户，并成了他的合作伙伴。

2009 年“5·29”协会活动日期间，常德市计生协会组织了“我是计生协会员”演讲赛。从村级到市级，层层开展演讲选拔，展示了计生协会员的风采和开展宣传服务的先进事迹。“5·29”协会活动日这天，市计生协会在市委党校进行了市级演讲比赛。桃源县郝坪乡计生协会会员李娟获得一等奖；武陵区计生协会员胡文中、鼎城区计生协会员李莎获二等奖；临澧县计生协会员胡宏英、西洞庭管理区计生协会员刘婷婷、柳叶湖度假区计生协会员屠志英获三等奖。

二、“三结合”项目

1991 年 2 月，鼎城区蔡家岗乡成为中国计生协会第一批乡镇宣传项目示范单位，受赠一套计划生育宣传教育设备。

1993 年 2 月，中国计生协会开始在全国各地创办“三结合”（帮助妇女发展生产、计划生育和妇幼保健相结合）项目点。同时，湖南省计生协会、省财政厅、省工商局、省税务局、省计生委五家单位联合出台了《关于计划生育协会举办经济实体的有关问题的规定》（湘计生协办〔1993〕03 号），对各级计生协会创办经济实体在审批、管理、纳税、财政投入等方面给予了优惠。是年，常德市各级计生协会开始因地制宜，靠山吃山，靠水吃水，发挥各自优势，创办了一批投资小、风险少、见效快的经济实体。

1995 年 12 月，石门县被中国幸福工程组委会定为“三结合”项目点，无息贷款 10 万元。采取“小额贷款，直接到人、滚动运作、劳动脱贫”的办法，为山区贫困母亲治穷、治愚、治病，共救助贫困母亲 50 户，200 多人受益，90% 以上脱贫。

1997 年开始，湖南省计生委每年从计生事业费中拨 50 万元，支持省计生协会开展“三结合”（计划生育与发展农村经济相结合、与帮助农民勤劳致富奔小康相结合、与建立文明幸福家庭相结合）项目。常德市先后有石门县夹山镇南山村、新关镇竹元塝村、澧县张公庙镇兔子口村成为省计生协会“三结合”项目点，共投资 20 万元开展柑橘生产、葡萄种植等项目。

2006 年在澧县“三结合”项目点葡萄基地，小朋友们高兴的采着葡萄

进入 21 世纪，国家、省、市计生协会进一步加大了“三结合”项目的投入。2008 年 4 月 11 日，常德市“幸福工程——救助贫困母亲行动”以临澧县青阳村为现场正式启动。市政府副市长万成贞参加启动仪式并讲话，市计生协会长洪明祥、各县（市区）计生协会长、秘书长、市妇联和临澧县委、县政府有关领导参加。仪式上，临澧县十位计划生育贫困母亲分别领取了幸福工程项目牌和项目扶助金 5000 元。与此同时，市计生协

会另投放了13万元给桃源、鼎城、津市项目点，对29位计划生育贫困母亲进行了资助。从2005年至2012年，国家、省、市三级在常德市共办项目点41个，总投资153.5万元。其中国家幸福工程组委会在常德市项目点1个，投资10万元；湖南省计生协会在常德市办项目点36个，投资119万元；常德市计生协会自办项目点4个，投资15.5万元。据常德市计生协会统计报表统计，到2010年，全市县、乡、村三级计生协会创办经营性实体885个，年纯收入800多万元。见表3－8－1－1。

三、计生系列保险

1990年5月，常德市计生委与中国人民保险公司常德市中心支公司联合下发《关于开展计划生育养老保险的通知》（常保字〔1990〕15号）。这是常德市计生系列保险的第一份文件。要求各县（市区）计生委、保险分公司共同开办“独生子女父母养老保险”，同时开办“母婴平安保险”“少儿两全保险”“计划生育手术平安保险”等保险业务，解除一部分育龄群众实行计划生育的后顾之忧。

常德市计生协举行演讲赛

1991年12月，常德市计生委、市计生协会和市人寿保险公司召开第一次全市计生保险工作会议。要求各级计生协会加强对计生保险工作的领导，加大计生养老保险力度，在资金筹措上，要采取“三个一点”，即财政投一点、超生子女费挤一点、个人出一点的办法解决。这是常德市计生委、市计生协会提出开展计划生育利益导向的第一次会议。会后，常德市计生保险形成了高潮，投保人数增加，保险险种拓展，增加了“计划生育专干养老保险”“母婴平安保险”“计划生育专干意外伤害事故保险”等，计生保险拓展成计生系列保险。安乡县、澧县、临澧县采取“三个一点”办法，加大了计生养老保险的力度，取得较好的成效。1992年，全市计生系列保险参保人数达23826人，保费收入303.9万元。其中安乡县办理“计生养老保险”675份，保险费收入20.4万元；武陵区办理“少儿两金保险”4321人份，保费收入108.7万元。

1993年，常德市计生协会和市人寿保险支公司要求各县（市区）计生协会设立保险代办站，协助人寿保险公司做好宣传发动、组织投保、筹集资金、收缴保费、搞好理赔等工作。是年，全市9个县（市区）计生协会陆续成立了计生保险代办站。

1997年，常德市委办公室、市人民政府办公室常办通字〔1997〕71号文件提出：“要大力开展计划生育系列保险、解决群众实行计划生育的后顾之忧，以巩固计划生育工作成果。”

表 3-8-1-1

常德市计生协会 2005—2012 年“三结合”项目点统计表

项目主办单位	时间	项目单位	项目名称	投入资金（万元）
国家幸福工程组委会	2005 年	石门县	救助贫困母亲	10
湖南省计生协会	2005 年	临澧县陈二乡响水村	种养殖	3
		石门县罗坪乡岩报村	种植	8
	2006 年	安乡县安康乡安民村	葡萄种植	3
		澧县澧阳镇朱家岗村	葡萄种植	5
		桃源县枫树乡	葡萄种植	3
		鼎城区沧山乡彭家桥村	种养殖	4
	2007 年	安乡县安尤乡南豆刂村	甲鱼养殖	3
		桃源县茶庵铺镇	大叶茶种植	3
		武陵区芦山乡缪子坪村	种养殖	3
		鼎城区唐家铺镇仙人村	种植	3
		澧县澧澹乡任家岗村	种植	3
	2008 年	临澧县杨板乡青阳村	种养殖	4
		石门县三圣乡北岔村	种植	3
		桃源县陬市镇李家岗村	养殖	3
		鼎城区草坪镇	种养殖	3
		鼎城区黄土店镇上街村	种养殖	3
		澧县宜万乡洪桥村	种植	3
	2009 年	澧县涔南乡新坪村	种植	3
		桃源县郝坪乡金坪村	养殖	3
		鼎城区沧山乡彭家桥村	养殖	3
	2010 年	安乡县安生乡腰港村	种植	3
		桃源县佘家坪乡六角垭村	种植	3
		武陵区芦山乡伍家坪村	养殖	3
		鼎城区唐家铺镇东湖山村	种植	3
	2011 年	鼎城区尧天坪镇	苗木种植	3
		鼎城区沧山乡彭家桥村	生态养殖	3
		澧县火连坡镇金山村	楠竹开发	3
		桃源县陬市镇冯家垱村	养殖	3
		石门县蒙泉镇保宁桥村	水产养殖	3

续表

项目主办单位	时间	项目单位	项目名称	投入资金（万元）
湖南省计生协会	2011 年	津市市襄阳街道荷花社区	蔬菜种植	3
	2012 年	鼎城区钱家坪乡	千亩楠竹低改	3
		鼎城区唐家铺乡	200 亩油茶品改	3
		澧县宜万乡福新村	柑橘高产	3
		临澧县杨板乡洒泗村	无公害优质高产蜜柚	3
		临澧县修梅镇赵家村	种植	3
		津市李家铺乡梁家坪村	生猪养殖	3
常德市计生协会	2008	鼎城区中河口镇	种植	4.5
		临澧县杨板乡青阳村	种植	5
		桃源县盘塘镇朱家岗村	种植	3
		石门县楚江镇	种植	3

1998 年，常德市委办公室、市人民政府办公室下发了《关于成立常德市计划生育保险工作领导小组的通知》（常办通字〔1998〕58 号），成立了常德市计划生育保险工作领导小组，市委副书记莫道宏任组长，市政府副市长刘春林、市计生协会会长郑景阳任副组长。

进入 21 世纪，常德市计划生育系列保险处于低谷时期，从 2000 年至 2004 年，全市每年计生系列保险保费收入在 150 万元左右。

2005 年，太平洋人寿保险公司常德中心支公司加入常德市计生系列保险代理行列，改变了过去由中国人寿保险公司常德支公司一家代理的局面。保险市场的竞争，带来常德市计生系列保险的回升。2007 年至 2012 年，常德市计生系列保险每年保费收入在 500 万元以上，6 年共完成保险总额 3878.59 万元，理赔人数 5955 人，理赔金额 1598.83 万元，理赔率 41.22%。见表 3－8－1－2。

表 3－8－1－2

常德市 2007—2012 年计生系列保险统计表

年度	完成保险总额（万元）	理赔人数（人）	理赔金额（万元）	理赔率（%）
2007	577.67	491	202.37	35.02
2008	603.07	924	292.20	48.40
2009	647.22	1278	279.60	43.02
2010	503.40	906	170.27	33.70

续表

年度	完成保险总额（万元）	理赔人数（人）	理赔金额（万元）	理赔率（%）
2011	742	1225	313.44	42.24
2012	805.23	1131	340.95	42.34
合　计	3878.59	5955	1598.83	41.22

注：数据来源常德市计生协会统计报表。

四、计划生育村（居）民自治

村（社区）为主　常德市计划生育“村（社区）为主”经过了一个渐进的历程。20世纪90年代初期，以《湖南省计划生育条例》颁布实施和全省“临澧会议”为标志，常德市大部分地方计划生育工作逐步结束大轰大擂，暴风骤雨式的突击性阶段，开始加大规范化、法制化力度，进入和风细雨的经常性阶段。1991年底，临澧等地开始探索在计划生育工作中发挥村一级作用，提出“下移工作重心，以村为主”开展计划生育工作。首先以九里乡万岗村为现场，推广了村为主“五三”工作模式。即建立三支队伍（管理、专职、协会队伍）、实行三包责任制（村支委包组、村民小组长包户、党员团员协会会员包人）、落实“三为主”工作方针（坚持以宣传教育、避孕节育和经常工作为主），开展三项服务（生育、生活、生产服务）、实现“三无一好”（无早婚早育、无计划外生育、无大月份引产、党群干群关系好），形成了常德市计划生育“村为主”工作雏形。随后，安乡等地以村级计生阵地建设为突破口，率先将计生工作网络延伸到村、到组、到户，形成了完整的“四三二一”基层工作网络，拉开了推行“村（社区）为主”工作序幕。这是常德市计划生育工作以“村（社区）为主”的起始阶段。

1997年2月，湖南省计生委、省计生协会召开“东安会议”，提出计划生育要以“村（社区）为主”。是年4月，常德市计划生育领导小组下发《关于在全市范围内推行计划生育“以村（社区）为主”工作格局的实施意见》（常计生领发〔1997〕02号），提出了实现计划生育“以村（社区）为主”的六条标准。是年5月，常德市委、市政府召开全市计划生育“村为主”工作会议，总结交流临澧县柏枝乡等9个乡镇实现“村（社区）为主”的经验，提出“把工作重心下移到村，以村组为重点，在村组求发展”的工作要求，并印发了《关于实行“村为主”管理体制全面提高计划生育工作水平的意见》（常发〔1997〕13号）。会后，各县（市区）制定具体实施方案，加大“村（社区）为主”工作力度。澧县召开了高规格的“村（社区）为主”工作会议，出台了《关于加强计划生育“村（社区）为主”工作的意见》。桃源县大力推行计划生育合同管理，明确村委会和育龄群众双方权利义务，既念紧箍咒，又念服务经，使“村（社区）为主”工作落到实处。石门县加强村级计生阵地建设，做到“宣传教育、避孕节育、生殖健康”村为主。武陵区护城乡依靠经济优势，以村（社区）为主全面落实独生子女保健费和独生子女增加一份宅基地等优惠政策，调动群众实行计划生育的自觉性，“村（社区）为主”工作水平不断提高，该乡西郊村连续18年实现了“三无一好”。鼎城区以整顿村级班子为着力点，全面推进“村（社区）为主”工作，是年，全区共调整了293个计划生育工作不力的村（社区）领导班子。这是常德市计划生育“村（社区）为主”工作的发展阶段。

2000年2月，常德市计生委为进一步发挥计生协会优势，决定将全市计划生育“村（社区）为主”业务工作交由市计生协会办公室负责。计划生育“村（社区）为主”工作明确了业务主管部门。

2001年6月，常德市计生委、市计生协会在安乡县召开全市计划生育“村（社区）为主”工作现场会，参观交流了安乡县、武陵区西园小区等10个单位计划生育“村（社区）为主”经验。市委副书记莫道宏出席会议并讲话，市政府副市长张元英作了《创新标准、加快进程，努力提高计划生育“村（社区）为主”工作水平》报告。提出抓计划生育“村（社区）为主”就是抓违法生育的控制，抓经常性工作，抓工作思路和工作方法的转变，抓工作水平的提高，要求全市各地进一步统一思想认识，创新标准，加快计划生育“村（社区）为主”工作步伐。会议上明确了“村（社区）为主”“六有三无一好”新标准：即有一个坚强有力的村支两委班子和一个合格村专职干部；有一支活动经常的计生协会队伍；有一本《计划生育村民自治章程》；有一个适用的村级服务阵地；有一份有效的计划生育管理合同；有一套计划生育优惠政策；无计划外生育、早婚早育、大月份引产；无违法乱纪行为和非法婚姻；无漏报统计信息；党群干群关系好。是年，常德市计生委下发《关于深入开展计划生育“村（社区）为主”，争创先进村（社区）活动的实施方案》（常计生发〔2001〕27号）。翌年1月，市计生委、市计生协会召开全市计划生育“村（社区）为主”流动现场会，参观了武陵区红庙街社区、鼎城区陡惠渠居委会、桃源县回维村、汉寿县大南湖乡、临澧县梅溪村、石门县荷花社区、澧县兔子口村、津市市文化社区等19个村（居）现场。从2001年至2004年连续4年，常德市计生委、市计生协每年开展了100个计划生育红旗村（社区）的评选表彰活动。常德市“村（社区）为主”工作取得了明显进展：低生育水平保持稳定；计划生育率保持在96%以上；孕前型管理格局基本形成；全市绝大多数地方取消了计划生育突击性活动，30%左右的乡镇开展了避孕节育

2001年6月常德市计生委、计生协会在安乡县召开计划生育“村为主”工作现场会

措施“知情选择”，人流比逐年下降；党群干群关系更加密切，基本制止了因计划生育引发的群体性事件，计划生育工作满意度不断提高。

村（居）民自治　计划生育村（居）民自治是指广大群众依据宪法、村（居）民委员会组织法和人口与计划生育法律法规，通过民主选举、民主决策等民主管理、民主监督的形式，依法对村（居）民生育、节育和接受生殖保健服务等行为进行自我管理、自我教育、自我服务的一种计划生育工作机制，是计划生育“村（社区）为主”的高级形式。

1995 年，临澧县柏枝乡分管计生工作的副乡长匡业俊在该乡提出和试行计划生育村民自治，得到了时任湖南省计生委主任彭对喜和省计生协会的充分肯定。1996 年，临澧县民政局、计生委共同研制了《计划生育村（居）民自治章程》在柏枝乡试行，几经修改后在全县推行，引来了各地参观学习。2001 年，临澧县计生协会在开展“两为两争”活动中，在全县推行计划生育村（居）民自治，并确定了 8 个村（居）民自治示范村。是年 8 月，8 个示范村（居）计生协会长联名向全县 300 个村发出了“争当计划生育村（居）民自治排头兵”的倡议书，得到了全县各村（居）的普遍响应，计划生育村（居）民自治在临澧县全面展开。

2003 年 2 月，常德市委、市政府在临澧县召开了第一次计划生育村（居）民自治工作现场会，参观了临澧县城关镇朝阳社区、停弦渡镇山洲村、杉板乡彭家河村、新安镇新冯村等现场。湖南省计生委副主任詹鸣到会讲话，对常德市下移工作重心，改进工作思路，狠抓村（居）民自治给予了肯定。市政府副市长张元英作了题为“推行村（居）民自治，夯实计划生育综合改革基础”的讲话，提出了衡量计划生育村（居）民自治的三条标准。市计生协会长郑景阳在会上发表讲话，号召全市计生协会在计划生育村（居）民自治中发挥主力军作用。是年 10 月，湖南省计生委、省计生协会在怀化市召开全省计生村（居）民自治现场经验座谈会，提出实行计划生育综合改革，建立“依法管理、村（居）民自治、优质服务、政策推动、综合治理”工作新机制。在会上，常德市计生协会介绍了《加大协会参与力度，推进计生村（居）民自治》的经验。是年年底，常德市将计划生育村（居）民自治纳入全市计划生育年终考核评估，分值占 7%。

2005 年 12 月，常德市人口计生领导小组在安乡县召开了由各县（市区）人口计生领导小组组长、协会会长、人口计生局长以及协会常务副会长、秘书长参加的全市计划生育协会工作会议，总结推介安乡县“一二三四五”（即建好一支计生协会队伍，扣住宣传发动、建章立制两个环节，签好生殖健康监测、避孕节育措施落实、流出已婚育龄妇女管理三份协议，坚持党的领导、以人为本、权责对等、依法推行四项原则，开展流动人口对接、生育对象上门、政策执行监督、弱势群众救助、少生快富帮扶五种服务）经验，形成“村委搭戏台，协会唱主角，群众做主人”的计划生育村（居）民自治模式。会议明确了计划生育村（居）民自治具体标准：在工作形式上，村支两委班子坚强有力，能充分发挥计生协会主力军作用；村（居）计生协会组织健全，制度健全，阵地巩固；协会议事规则和办事程序坚持民主公开的原则；有完善可操作的村规民约，与村（居）民有生育、节育、奖惩等方面的文字协议；有协会开展活动、搞好服务必要的资金保障和良好的工作环境。在工作效果上，要达到“六无”，即无违法生育，无大月份引产，无非婚早育现象，无虐待老人、妇女、儿童现象，无可以预防的新生儿出生缺陷，无严重计生民事纠纷。提出了基层协会在计生村（居）民自治工作中的四大任务：动员群众、宣传群众、组织群众开展计划生育自治；协助村（居）支两委依法制定《计划生育村（居）民自治章程》和村规民约；协助村（居）支两委全方位调动群众自觉履行《计划生育村（居）民自治章程》和村规民约；开展计划生育民主参与、民主决策、民主管理、民主监督，维护群众合法权益，落实优惠政策，推进基层“三个文明”建设。

2006 年 11 月，湖南省人口计生委、省计生协会召开“浏阳会议”，全省全面推行计划生育村（居）民自治。根据“浏阳会议”精神，是年 11 月下旬，常德市开展了计划生育村（居）民自治大调查、大研讨活动。市人口计生委主任张卫星、市计生协会会长洪明祥带队，分别深入临澧、安乡、武陵、鼎城、石门等 5 个区县的 10 个乡镇（街道）、20 个村（居）开展专题调研。对全市 4428 个村（居）的经济条件、班子状况、工作基础进行了摸底，实行分类造册。调研结束后，又立即召开了县（市区）人口计生局长和计生协会常务副会长、市人口计生委和计生协会骨干参加的专题研讨会，理清思路，找准症结、研究对策。

2007 年 4 月，常德市人口和计划生育领导小组下发《关于全面推进计划生育村（居）民自治的意见》（常人口领发〔2007〕5 号），以下简称《意见》。对全市推进计划生育村（居）民自治的指导思想、工作目标、基本原则、工作制度、标准、操作程序、保障措施等进行了具体明确规定。《意见》要求全面推行“两委（村支两委）抓导向、协会唱主角、村民搞自治、计生上水平”的工作模式，分类实施，开展活动，提升水平；明确提出 2008 年全市 30% 以上的村（居）达到合格村标准，合格村中要有 50% 以上的村（居）成为先进村（居），先进村（居）中要有 15% 以上的村（居）成为模范村（居）。2009 年全市 60% 以上的村（居）成为合格村（居）。2010 年 85% 以上的村成为合格村（居）；要求建立健全民主决策制度、民主管理制度、民主监督制度和推行村（居）计生专干民主选举制度；制定了计划生育村（居）自治合格村（居）、先进村（居）、模范村（居）标准；规范了操作程序，包括宣传发动、制定章程、签订合同、组织实施、评估验收 5 个步骤；进一步明确计生协会是推行村（居）民自治的有效组织载体和依靠力量，要充分发挥其在村（居）民自治中的主力军作用。

2007 年 9 月，常德市人口计生领导小组在临澧县召开第二次全市计划生育村（居）自治工作会议。会议要求进一步深化认识，突出《计划生育村居民自治章程》制定实施、调动群众参与积极性、发挥计生协会主力军作用等重点，规范运作，全面推进计划生育村（居）民自治。会后，全市各地掀起了推进计划生育村（居）民自治工作高潮。在制定实施《计划生育村（居）民自治章程》中实行“三稿四步骤”，严格按照五个程序进行规范运作：市、县人口计生部门在坚持合法性、民主性、权利与义务一致性、实效性原则的基础上，制定《章程》蓝本，下发各村，供参考借鉴。各村依据有关法律、法规和《章程》蓝本，结合本村实际，制定出本村《章程》讨论稿。将《章程》讨论稿印发给各户征求修改意见，形成修改稿。召开村民会议或村民代表会议，对《章程》进行表决通过，形成正式稿，印发全体村（居）民，并报乡镇人民政府备案。根据《章程》规定，村（居）委会与村（居）民签订《计划生育合同》或协议书，明确双方的权利与义务，年终严格兑现奖惩。做到《章程》制定“四个到位”，即征求意见重民意到位、充分讨论重民议到位、规章制度重民情到位、履行程序重民决到位，确保了《章程》的合法性、认同性、适应性、对等性、可操作性。是年10月中旬，鼎城区中河口镇乐安村召开《计划生育村（居）民自治章程》听证表决会，会上，广大群众表现出了高度的责任感和强烈的民主决策意识，对《章程》逐条、逐句地进行了讨论、表决。听证表决会开了约3个小时，场面十分热烈，效果十分明显。会后，市人口计生委和市计生协会迅速发出通知，要求全市各地借鉴学习乐安村经验，严格按程序依法制定《计划生育村（居）民自治章程》，做到一村一策，各具特色。

2008年4月，常德市召开计生村（居）民自治流动现场会，各县（市区）计生协会会长、秘书长对每个县（市区）精心培植的2个村进行了现场观摩，交流学习。2009年2月，在全省计划生育村（居）民自治工作会议上，常德市计生协会作了题为《发挥作用，唱好主角，大力推进计划生育村（居）民自治》经验介绍。常德市“四三”工作经验，即搞好“三同”（与计划生育工作同研究、同部署、同考核），落实“三有”（有目标、有阵地、有重点），突出“三抓”（抓典型推动、抓平衡发展、抓督查推动），打造“三高”（高标准、高地位、高素质），得到与会人员好评。随后，全省各市州纷纷前来考察学习。是年9月，常德市计生协会再次召开全市计生居民自治流动现场会，参观了武陵区庆丰社区、体育东路社区、光明巷社区、津市市城隍庙社区、文家湾社区居民自治现场。

常德市人口计生委、计生协会召开全市村（居）民自治工作会议

2010年3月，湖南省计生协会在组织对基层计生协会评估认定工作进行验收的同时，进行全省计生村（居）民自治工作观摩交流活动，临澧县九里乡同心村被列为全省观摩现场。该村组织计生协会文艺宣传队，利用节假日开展各种文艺活动以及对计生家

庭从各方面给予优先，凡独生子女户规划建房给予2000—3000元补贴，全村累计补贴达38000元等做法受到了与会人员一致好评。

2012年3月，常德市人口计生领导小组在西洞庭管理区召开全市人口计生基层群众自治工作会议。正式启动全市人口计生基层群众自治百村（居）示范活动。副市长万成贞出席会议并作讲话，市计生协会会长洪明祥对基层群众自治工作提出了具体要求。

2007年起，常德市将计划生育村（居）民自治考核权重由原来占人口和计划生育工作考核评估分值的7%提高到12%。是年，湖南省将村（居）自治合格率纳入县级人口和计划生育工作考核评估。当年考评结果：武陵区91.44%、鼎城区90.45%、安乡县84.59%、汉寿县46.57%、澧县82.51%、临澧县94.69%、桃源县86.03%、石门县88.67%、津市市86.32%、西湖管理区92.86%、西洞庭管理区93.33%。2010年，湖南省同时对市、县两级计生村（居）民自治率进行考核。常德市村（居）民自治合格率达79.20%，高于全省平均水平（64.75%）14.45个百分点，居全省第二位，仅次于长沙市（88.78%）。2011年常德市村（居）民自治合格率达到81.16%，比全省平均水平高15.24个百分点，居第一位。是年5月，省计生协会在常德市召开流动现场会，推广了澧县计生协会内务管理工作和桃源县计生协会村（居）民自治工作经验。2012年，全市村（居）自治合格率达79.65%，居全省第二位。见表3－8－1－3。

表3－8－1－3

常德市2010年计划生育村（居）民自治合格率统计表

单位:%

单位	常德市	武陵区	鼎城区	安乡县	汉寿县	澧县	临澧县	桃源县	石门县	津市市	西湖管理区	西洞庭管理区
合格率	79.20	94.74	76.53	89.66	41.11	77.40	96.76	83.18	85.09	92.31	100	96.67

注：数据来源湖南省人口和计划生育目标管理考核评估资料汇编。

在开展计划生育村（居）民自治工作中，常德市从2007年开始，开展创建计划生育村（居）民自治模范村（居）、先进村（居）、合格村（居）评选活动。市人口计生领导小组严格按照标准考评验收，市委、市政府对计划生育村（居）民自治模范村（居），在市委经济工作会议和全市计划生育工作会议上授牌表彰，分别奖励1000元（2010年增加到2000元，2011年—2012年取消奖励）。到2012年，连续6年共表彰了224个计划生育村（居）民自治模范村（居）。对这些计划生育村（居）民自治模范村（居），市计划生育协会实行跟踪管理，不搞终身制。对授予称号后，放松工作要求，疏于服务和管理，出现违法生育，群众满意率下降的村（居），取消其荣誉称号追回所授奖牌。2009年3月，市人口计生领导小组办公室下发《关于取消武陵区丹洲乡高泗村等13个村（居）“全市计划生育村（民）民自治模范村（居）”荣誉称号的通报》（常人口领办发〔2009〕1号）。被取消荣誉称号的村（居）是：武陵区丹洲乡高泗村、护城乡皂果社区；鼎城区唐家铺乡仙人塘村；汉寿县洋淘湖镇常新村、大南湖乡金盆岭村；桃源县理公港镇观音桥村、三阳港镇白栗坪村；澧县澧澹乡夹堤村；津市市三洲驿街道桥北社区、汪家桥街道城东社区；安乡县安生乡中心村、安德乡竹丰村、大鲸港镇丰凝港村。

在抓好典型引路的同时，常德市还重点抓好后进村（居）的转化，要求后进村（居）创建工作要做到“五定”：定年度创建村（居）的对象，而且把创建单位报市里备案；定年度创建标准；定责任人，县乡两级分管领导各抓一个创建村（居）；定基本投入；定奖惩兑现。对创建村（居）的支书、主任实行绩效挂钩。如果创建村具有“五有”：即有符合要求的《章程》、服务阵地、兑现公开栏、合同及完整的相关资料，可视创建村（居）实行了后进转化。否则，将按年初方案给予考核扣分和对创建责任人进行追究。澧县整顿后进村（居）实行“六帮助”，即帮助配齐配强“班子”、帮助确定自治目标、帮助落实包保责任、帮助整顿生育秩序、帮助筹措活动经费，帮助设立奖惩办法，取得了较好的效果。

2007 年至 2012 年常德市计划生育村（居）民自治模范村（居）名单

（共 224 个）

武陵区（22 个）：

河洑镇青林村、三星村；护城乡高车村、西郊村、仙源村；东郊乡唐家溶居委会、和平村；东江乡新坡村；芦荻山乡罗家岗村；城东街道楠沙社区、新东街社区；城西街道滨湖社区、光明巷居委会；城北街道光荣路居委会、建民巷社区；城南街道青阳阁社区；南坪岗乡高峰村；丹洲乡明月村、义渡村、坪湖村、楠木村；三岔路街道北站社区。

鼎城区（26 个）

武陵镇临江居委会、郭家铺村；中河口镇北洲村；谢家铺镇桥头村、建新村、下陈家村；蔡家岗镇小溪村；花岩溪管理处花岩溪村；唐家铺乡金泉山村、龙虎口村；石门桥镇何家堤村；草坪镇陡惠渠社区、花叶港村、连三桥村；逆江坪乡黄殿溪村；钱家坪乡陡水坡村；镇德桥镇乔家岗村、文化村；灌溪镇中心村、富贵村；蒿子港镇光复村；石公桥镇东陂堰村；石门桥镇湾堤村；黑山嘴乡白泥村；长茅岭乡万新村；许家桥乡中堰村。

汉寿县（15 个）

龙阳镇城东居委会、环城社区、陈家塔村、大西湖村、赵家湖村；岩汪湖镇雷神庵村；罐头嘴镇周家湖村；洋淘湖镇红星村；蒋家嘴镇风阳冲村、南区居委会；大南湖乡东向湖村；鸭子港乡鸭子港村；毛家滩乡荷花村；酉港镇大洲村；东岳庙乡李家村。

安乡县（34 个）

安全乡马家渡村；安生乡腰港村；安凝乡东堤村、姚家村、望槐村、新兴保村、天福村、自治局村；官当镇安官渡村、兴隆村、新建村；安裕乡又新村、槐西村、同庆村、新河口村；三岔河镇长明村、沙嘴村；安福乡双合村、杨林潭村；安丰乡永镇村、中河口村；安康乡永德村、正安村；陈家嘴镇三湖村、双喜村、南山村；大鲸港镇丰凝港村；黄山头镇木豆村；安障乡车家铺村、福昌桥村；焦圻镇永兴村；安德乡竹丰村；安昌乡金家垱村；下渔口镇保安村。

澧县（37个）

澧阳镇白米村、皇山村；澧南镇乔家河村、徐湖村、回龙村；金罗镇联盟村、卫星村、星园村、张顺桥村；小渡口镇大围村、恒兴村；张公庙镇护国村、高路铺村、幸福村；方石坪镇枞扬村；官垸乡幸福桥村；大堰垱镇青云村、澧临村；大坪乡玉成社区；宜万乡万花村；如东乡鲁家村；涔南乡新村；复兴厂镇天河村；王家厂镇江西村；金罗镇新颜村；道河乡白马村、天子山社区；中武乡筒车村；洞市乡昌家村；太青乡狮象村、太青村；梦溪镇八根松村；雷公塔镇千官村；澧澹乡蔡津村；盐井乡张家杨村；双龙乡曾家村；杨家坊乡观音村。

临澧县（25个）

柏枝乡九里村；佘市桥镇湖堰村、佘市村、罗家村；合口镇龙池村、回龙村、三合村、坪水村、白鹤社区；新安镇龙凤村、古城村、沙堤村、白岩村；杉板乡彭家河村、牛山村、川岗村；杨板乡仙女村、澧阳村、龚家岗村；九里乡同心村、万岗村；安福镇总庙村、梅溪村；陈二乡朱伦村；四新岗镇青林村。

石门县（23个）

雁池乡重福桥村；三圣乡株木岗村；维新镇上坪村；新关镇竹园榜村、深坪村；楚江镇中渡居委会、黄泥村、宝塔居委会、红土居委会、双红社区、二天门社区、双新社区；磨市镇中心村；壶瓶山镇神景洞村；夹山镇枣峰村；皂市镇刘家棚村；太平镇梅子桠村；二都乡新坪村、竹园塔社区；白云乡鹤山村；蒙泉镇岩巴老村、福龙庵村；新铺乡土桥铺村。

桃源县（22个）

青林乡青林村；漳江镇纺城社区、宝洞峪村；茶庵铺镇高坪村；郑家驿乡沅溪村、四台村；枫树乡维回村、苏家堆村、新屋港村；盘塘镇六房湾村；杨溪桥乡稻罗坪村；马鬃岭镇竹湾村；佘家坪乡龙潮寺村、筒家坝村；桃花源镇联岩村、桃花村；太平桥乡金凤山村；观音寺镇刘家坪村；牛车河镇龙桥村；黄石镇新湾村；双溪口乡洞湾村；郝坪乡郭家垭村。

津市市（12个）

三洲驿街道柏枝林居委会、三洲街社区；汪家桥街道澹津社区；金鱼岭街道湖桥居委会、文化湾社区；襄阳街道汤家湖居委会、盐矿社区；灵泉镇汉泗村；渡口镇新湖村；灵泉镇关桥村；保河堤镇桥头社区；渡口镇金盆村。

西洞庭管理区（5 个）

祝丰镇中洲村、龙洲村、团结村、东郊村；望洲办事处百芷湖村。

德山开发区（2 个）

德山街道龙甲山居委会、龙虎桥社区。

贺家山原种场（1 个）

大洲分场。

从 2010 年开始，国家人口计生委、中国计生协会开始评选全国人口和计划生育基层群众自治示范村（居）。常德市连续 3 年有 19 个村（居）被评为全国人口和计划生育基层群众自治示范村（居）。

2010 年（6 个）：临澧县九里乡同心村、澧县官垸乡幸福村、鼎城区灌溪镇富贵村、武陵区城西街道光明巷社区、桃源县枫树乡苏家堆村、安乡县安康乡永德村。

2011 年（7 个）：鼎城区草坪镇陡惠渠居委会、安乡县陈家嘴镇双喜村、汉寿县周文庙乡陈军堤村、津市市李家铺乡利兴村、临澧县安福镇总庙村、石门县楚江镇黄泥岗社区、桃源县陬市镇土地坡村。

2012 年（6 个）：武陵区护城乡高车社区、鼎城区长茅岭乡万新村、鼎城区黑山嘴乡白泥洲村、汉寿县沧港镇菱东村、桃源县双溪口乡洞湾村、临澧县合口镇白鹤社区。

从 2012 年开始，湖南省人口计生委、湖南省计生协会开展了全省人口和计划生育村（居）民自治示范村评选活动。是年，常德市有 16 个村（居）被评为全省示范村（居）：武陵区护城乡高车社区、三岔路街道办事处北站社区、鼎城区长茅岭乡万新村、黑山嘴乡白泥洲村、石公桥镇建新村、汉寿县沧港镇菱东村、桃源县双溪口乡洞湾村、临澧县合口镇白鹤社区、临澧县新安镇双楼村、石门县新铺乡羊子垭村、澧县张公庙镇高路铺村、澧县大堰垱镇澧临村、安乡县官当镇兴隆村、安乡县黄山头镇木刬村、安乡县安昌乡金家垱村、津市市白衣镇永兴村。

五、生育关怀行动

2007 年 3 月，常德市人口和计划生育领导小组下发《关于全面启动“生育关怀行动”的意见》（常人口领发〔2007〕3 号），成立了以市政府副市长张元英（2008 年后为万成贞）为组长，洪明祥、陈智慧、张卫星为副组长，市直有关部门领导参加的常德市“生育关怀行动”领导小组。常德市“生育关怀行动”正式启动。

生育关怀行动的主要任务

关怀困难的计划生育家庭。尤其是独生子女伤残及死亡的家庭、独生子女参军家庭，对这些家庭的主要成员遇到意外情况或难以克服的困难时，要积极开展救助活动，帮助他们排忧解难，在经济、精神、生育等方面给予援助。

关怀育龄群众生殖健康。尤其要关怀响应号召采取避孕措施的育龄群众，从医疗、精神物质等方面给予必要的援助。要为育龄群众提供所需要的生殖保健知识和咨询服务，对与生育相关的生殖健康问题，要及时帮助解决。

关怀独生子女。尤其要关心独生子女家庭教育，注重培养他们责任意识、首先意识、勤俭意识和正确的荣辱观，促进其全面发展。要帮助家长根据独生子女特点，探索并掌握适宜的教育方法，共同做好独生子女的教育工作。

关怀女孩健康成长。尤其要维护女孩的生存权和发展权，要继续广泛开展“关爱女孩行动”，促进解决重男轻女、慢待女孩等社会问题。在农村，要动员基层组织和志愿者，共同为女孩创造良好的生存环境和发展环境。

关怀基层计划生育工作者。尤其要帮助因公受伤、遭受意外的基层计划生育工作人员和计划生育协会会员，帮助他们解决工作、生活等方面存在的实际困难，维护他们的合法权益。

生育关怀行动的资金筹措

社会募捐。2007 年 5 月，常德市委办公室、市人民政府办公室发出《关于召开全市“生育关怀活动”现场募捐活动动员会议的通知》（常办发电〔2007〕41 号），常德市人口和计划生育领导小组下发《关于开展“生育关怀行动”募捐活动的通知》（常人口领发〔2007〕6 号）。5 月 25 日晚，常德市以“生育传承希望、关怀相伴和谐”为主题的“生育关怀行动”现场募捐活动在市广播电视局演播大厅举行。市委书记武吉海，市委副书记、代市长卿渐伟等领导出席活动并现场带头捐款，市直及中央、省驻常德 220 个单位参加了活动，现场共募捐“生育关怀活动”资金 127 万余元。这是市计生协会第一批“生育关怀资金”。随后，各县（市区）也先后举办募捐活动。是年，全市共募集资金 300 余万元。2009 年，全市各级计生协会再次开展募捐活动，共募集“生育关怀”资金 110 万元，其中汉寿县 38.5 万元、津市市 3.65 万元、临澧县 4.41 万元、澧县 6.5 万元、石门县 5.8 万元、桃源县 25 万余元、鼎城区 6 万余元。

常德市计生协会举办计生助学活动

财政拨款。常德市委、市政府研究同意，从 2008 年起每年给市计生协会拨付“生育关怀行动”专项资金 20 万元，从 2010 年开始增加到 30 万元，到 2012 年共计拨付“生育关怀资金”130 万元。

从社会抚养费中提取。2010 年 5 月，常德市人口计生领导小组下发《关于从社会抚养费中提取 10% 比例资金作为生育关怀基金的通知》（常人口领发〔2010〕8 号），决定从 2011 年起，各县（市区）从当年度征收的社会抚养费中，提取 10% 作为县级生育关怀资金，并下发了《常德市生育关怀资金管理办法》（常人口领发〔2011〕1号），对资金使用范围、救助方式、救助标准、发放程序及责任追究作了明确规定。是年底，全市各县（市区）已划拨到账生育关怀资金874.2万元，2012年划拨到账992.5万元。

生育关怀行动的主要方式

开展助学活动。2007年8月，常德市计生协会举行“计划生育协会伴学子飞翔”——2007年全市农村独生子女贫困大学新生助学金发放仪式，对全市2007年考入大学一本的100名农村独生子女贫困学生每人给予2000元的资助。到2012年，助学活动已进行6次，600名贫困大学生得到了资助，共计发放助学金120万元。

实行对口帮扶。2009年12月，常德市委办公室、市人民政府办公室下发《关于开展“生育关怀——对口帮扶救助计划生育贫困家庭”活动的通知》（常办〔2009〕58号）。常德市开启了第一次对口帮扶活动，形成了生育关怀的合力。158家市直和中央、省驻常副处级以上单位对233户计划生育特困家庭实施了各种形式的对口帮扶救助，帮扶资金26.78万元，送去生活用品、药品等物资折合人民币5.23万元。

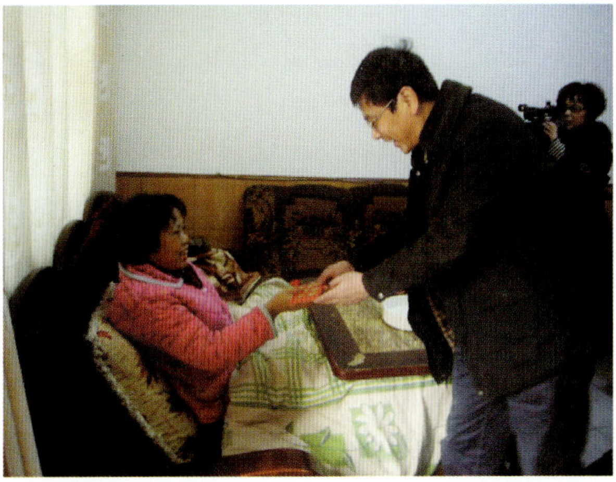

车向东（右一）在临澧县安福镇慰问计生特困家庭

重点帮扶救困。对全市独生子女贫困家庭和计划生育干部职工中困难家庭以及计划生育手术后遗症对象，市县两级计生协会均已建册，每年根据不同情况，坚持“量力而行，尽力而为，抓住重点，群众满意”的原则，实施重点帮扶救困。2012年，全市共对6015个计生困难家庭进行了帮扶救困，发放帮扶资金704万元。

2006年11月，湖南省计生协会在常德市召开“生育关怀行动”现场汇报会。省政府副省长甘霖、省计生协会会长董志文、副会长张芙蓉、张斌、李新吾、各市州计生协会会长、常务副会长参加了会议。常德市委书记武吉海、副书记曹儒国等领导到会致词或讲话。与会人员参观了桃源县枫树乡苏家堆村、枫树乡计生协会、三尖饲料联合基地、武陵区护城乡皂果社区、武陵区芦山乡芦山村、鼎城区灌溪镇大垱村、石板滩镇荷花堰村、毛粟岗村、临澧县太平工业区等现场。市委、市政府、市计生委、市计生协会、津市市和临澧县计生协会、汉寿县崔家桥乡计生协会分别作了大会发言。常德市委、市政府全力支持“生育关怀行动”、拓宽服务领域、创新服务方式、搭建服务平台、提升服务能力的经验得到了会议的肯定。

第二节 活动载体

一、“两为两争”活动

2001年7月，常德市计生委、市计生协会下发《关于开展〈我为国策做贡献，我为协会添光彩，争创先进协会，争当优秀会员〉活动的实施方案》（简称“两为两争”活动，下同）（常计生发〔2001〕24号）。《方案》指出：开展“两为两争”活动是在新世纪实现全市计划生育工作和协会工作新发展的一项重要举措。成立了“两为两争”活动领导小组，由市委副书记莫道宏、副市长张元英担任活动的顾问，郑景阳担任领导小组组长。决定在安乡县先行试点，取得经验，再在全市推开。

2001年8月，常德市计生领导小组在安乡县召开全市开展“两为两争”活动动员大会，各县（市区）计生领导小组组长、计生委主任、计生协会会长参加会议。安乡县计生协会会长唐斌介绍了开展“两为两争”活动的初步做法。市政府副市长张元英作了动员讲话，要求各级计生协会在“两为两争”活动中大显身手，在计划生育村（居）民自治中发挥主力军作用。市计生协会长郑景阳对“两为两争”活动作了统一部署。“两为两争”活动作为一项群众性创建活动和全市计生协会活动的主要载体，在21世纪初期近10年时间持久深入地开展。

常德市各级计生协会紧密联系本地实际，实施“一地一品”战略，创造性开展工作，形成了各自的工作特色。澧县计生协会由于县委政府的高度重视，认真解决村级计生协会活动经费、人员工资待遇及老有所养等方面的实际困难，创建了澧县特色的计生群众工作机制。石门县计生协会把“奉献者行动”融入“两为两争”活动，全面实施“六个一”工程，即每个乡培养一个典型村，办好一个“三结合”项目点，组织一支文艺队；县、乡两级计生协会会长各扶持一个贫困初中生；县、乡、村三级协会理事各扶持一个独生子女户脱贫致富。临澧县计生协会在“两为两争”活动中开展“六建”活动：健全活动制度、建立计划生育村（居）民自治章程、建立一套计生激励措施、建设一批少生快富群体、建立一支计生文艺宣传队、建好一个村协会实体，使“两为两争”活动更加具体化、制度化、经常化。安乡县计生协会在“两为两争”活动中开展“五个服务小组”活动，把优质服务送到千家万户，该县47名老科协理事集体申请参加计生协会，沿省道1804线建立20个科技扶贫点。

2003年3月，常德市计划生育领导小组下发《关于深入开展“两为两争”活动进一步做好计生协会工作的意见》（常计生领发〔2003〕5号），要求全市各级计生委、计生协会进一步统一思想，切实加强对“两为两争”活动的领导，加强基层协会建设，广泛开展比、学、赶、帮活动，充分发挥计生协会会员的作用，开展“双百”（百佳计生协组织、百佳计生协会长）评选活动，把“两为两争”活动进一步引向深入。

二、“双五好”活动

2009年3月，常德市计生协会下发《在全市广泛开展争创“双五好”活动的通知》（常计生协发〔2009〕2号），并在石门县召开全市计生协会现场会，号召全市各级计生协会广泛开展争创五好协会和五好会员的活动，使“两为两争”活动进一步制度化、规范化。推广石门县计生协会开展争创五好协会和五好会员的经验，全面启动“双五好”活动。

“五好协会”创建标准　会长履责好。主持制定并实施年度工作规划；亲自主持和参与计生协会举办的各项活动，有号召力、凝聚力；健全组织，完善制度，提高素质；有创新精神，能突出工作重点、破解难点；活动经费有保障；能改善环境，提高地位。组织建设好。班子配齐配强；会员队伍结构合理；定期组织培训；有规范、实用的活动阵地。自治推行好。乡镇要求做到：制度完善、管理规范、指导到位；村（居）要求做到：村（居）民自治章程制定民主参与、程序到位、合理合法、符合实际；实行合同管理，合同签订到位；注重实效，兑现奖惩；发挥民主监督作用，维护群众合法权益。活动开展好。计生宣传活动经常，形式多样，内容丰富，阵地巩固；广泛开展“生育关怀行动”，积极参与奖扶救助、计生系列保险等活动；围绕“5·29”、“7·11”等重大节日，开展好有特色、有影响的专项活动。工作实绩好。乡（镇）、街道要做到：协会工作目标任务全面完成；年度符合政策生育率达92%以上；社会抚养费征收到位率达80%以上；年度综合考核评估名列县级先进单位；村（居）民自治先进村（居）达到30%以上。村（居）要做到：协会工作目标任务全面完成；年度考核期内无早婚早育、无大月份引产，连续两年期内无违法生育；当年无计划生育信访案件。

“五好会员”基本要求　遵守《章程》好；参与活动好；宣传服务好；作用发挥好；联户带创好。

第三节　先进典型

一、中国计生协会表彰的先进集体

1988年全国计生协会先进集体：

鼎城区蔡家岗乡计生协会

1990年全国计生协会先进集体：

临澧县计生协会

1995年全国计生协会模范集体：

临澧县计生协会

1995年全国计生协会先进集体：

常德市计生协会

澧县计生协会
安乡县安昌乡计生协会
2000 年全国计生协会先进集体：
安乡县官当镇安官村计生协会
2003 年全国计生协会先进集体：
澧县计生协会
桃源县龙潭镇计生协会
临澧县新安镇新冯村计生协会
安乡县安裕乡安庆村计生协会
武陵区护城乡张家台村计生协会
2010 年全国计生协会先进集体：
常德市计生协会
澧县澧阳镇计生协会
汉寿县大南湖乡金盆岭村计生协会
临澧县九里乡同心村计生协会
桃源县枫树乡苏家堆村计生协会
西湖管理区西洲办事处九狮村计生协会
津市市三洲驿街道柏枝林社区计生协会
鼎城区石门桥镇兴达纺织有限公司计生协会

二、湖南省计生协会表彰的先进集体

1989 年全省计生协会先进集体：
鼎城区蔡家岗计生协会
鼎城区灌溪乡计生协会
1991 年全省计生协会先进集体：
临澧县望城乡计生协会
石门县新关镇计生协会
汉寿县毛家滩乡计生协会
鼎城区许家桥乡计生协会
常德棉纺织厂计生协会
1992 年全省计生协会先进集体：
鼎城区石公桥镇计生协会
常德纺织机械厂计生协会
津市市汪家桥街道计生协会
汉寿县大南湖乡计生协会

安乡县安全乡计生协会
澧县计生协会
临澧县计生协会
桃源县漆河镇计生协会
西湖农场一分场计生协会
西洞庭农场二分场二站计生协会
1994 年全省计生协会先进集体：
临澧县计生协会
澧县道河乡计生协会
安乡县安昌乡计生协会
石门县阳泉乡计生协会
鼎城区灌溪镇计生协会
鼎城区德山街道办事处计生协会
桃源县青林乡计生协会
津市市灵泉乡计生协会
汉寿县围堤湖乡计生协会
武陵区护城乡西郊村计生协会
2000 年全省计生协会先进集体：
澧县计生协会
鼎城区灌溪镇计生协会
桃源县兴隆街乡计生协会
武陵区护城乡张家台村计生协会
安乡县官当镇安官村计生协会
2003 年全省先进计生协会：
临澧县计生协会
澧县张公庙镇计生协会
桃源县枫树乡计生协会
武陵区护城乡岩坪村计生协会
安乡县安裕乡安庆村计生协会
鼎城区石板滩镇毛粟岗村计生协会
石门县蒙泉镇琏珠岗村计生协会
2006 年全省计生协会先进集体：
临澧县计生协会
澧县澧阳镇计生协会

安乡县安裕乡计生协会

安乡县安康乡大洲村计生协会

汉寿县大南湖乡偏山村计生协会

鼎城区蒿子港镇太岳村计生协会

安乡县凯斯机械有限公司计生协会

2010 年全省计生协会先进集体：

常德市计生协会

临澧县计生协会

石门县楚江镇计生协会

武陵区护城乡计生协会

澧县王家厂镇计生协会

鼎城区蒿子港镇计生协会

安乡县三岔河镇长明村计生协会

桃源县枫树乡回维村计生协会

澧县大堰垱镇青云村计生协会

鼎城区石门桥镇兴达纺织有限公司计协会

三、受常德市委、市政府表彰的计生协会红旗单位、先进单位和合格单位：

从 2007 年开始，常德市委、市政府在考核各县（市区）人口和计生工作时，对县级计生协会实行单列表彰。

2007 年红旗单位：武陵区　安乡县　澧县

先进单位：桃源县　贺家山原种场

2008 年红旗单位：鼎城区　临澧县　石门县　澧县

先进单位：武陵区　汉寿县　桃源县　安乡县　津市市　西湖管理区　西洞庭管理区　德山开发区　柳叶湖旅游度假区　贺家山原种场

2009 年红旗单位：鼎城区　石门县　澧县　津市市

先进单位：武陵区　汉寿县　桃源县　临澧县　安乡县　西湖管理区　西洞庭管理区　德山开发区　贺家山原种场

2010 年红旗单位：澧县　安乡县　西洞庭管理区

先进单位：临澧县　津市市　汉寿县　贺家山原种场

2011 年先进单位：澧县　桃源县　津市市　西洞庭管理区

合格单位：武陵区　鼎城区　汉寿县　临澧县　石门县　安乡县　德山开发区　柳叶湖旅游度假区　西湖管理区　贺家山原种场

2012 年先进单位：鼎城区　临澧县　澧县　安乡县

合格单位：武陵区　汉寿县　桃源县　石门县　津市市　德山开发区　柳叶湖旅游度

假区　西湖管理区　西洞庭管理区　贺家山原种场　桃花源旅游管理区（筹）

2013 年先进单位：武陵区　澧县　桃源县　鼎城区　德山开发区

合格单位：安乡县　西洞庭管理区　石门县　津市　临澧县　汉寿县　西湖管理区　贺家山原种场　桃花源旅游管理区（筹）　柳叶湖旅游度假区

2014 年模范单位：澧县　武陵区　鼎城区　津市市

先进单位：桃源县　安乡县　临澧县　西洞庭管理区　汉寿县　石门县　西湖管理区　德山开发区　柳叶湖旅游度假区　贺家山原种场　桃花源旅游管理区

第四篇《

计划生育战线人物

第四篇　计划生育战线人物

本篇收录时间：1988 年至 2012 年。收录范围和人数："人物传略"收录因公殉职人员和已故的"湖南人口奖"获得者、湖南省"十佳计划生育协会会长"共 4 名。编排以逝世时间先后为序。"人物简介"收录健在的计划生育战线全国人大代表、中国共产党全国代表大会代表、全国"三八红旗手"，全国计划生育优秀工作者，国家希望工程全国组委会表彰的"救助贫困母亲爱心使者"，常德籍中国计生协会理事，中国计生协会代表大会代表，国家计生委"计划生育工作特别贡献奖"获得者，"湖南人口奖"获得者，湖南省一等功获得者，"湖南省人民满意公仆"，湖南省"十佳计生委主任"，计生战线的中共常德市委委员，湖南省计生协会理事等 18 名。编排以出生时间先后为序。"人物名录"收录有记载的受国家人事部、国家人口计生委、中国计生协会表彰奖励的计生工作先进个人，湖南省委、省政府、省人事厅、省人口计生委、省计生协会表彰奖励的计生工作先进个人共 229 名。编排按国家级、省级表彰的时间先后为序。

第一章　人物传略

邓真秋　男（1962 年 7 月—1995 年 8 月），石门县人，汉族，高中文化，中共党员。1985 年任石门县皂市镇鸡爪山村经济合作社主任，1988 年招聘为皂市镇计生助理专干，1991 年转为国家合同制职工，任皂市镇计生专干。任职 5 年，该镇计生工作年年被评为市、县先进单位。个人年年被评为计生工作先进个人，1994 年受到石门县委、县政府通令嘉奖。1995 年 8 月 19 日，邓真秋带领镇计生办工作人员到该镇廖家坪村一名政策外怀孕三胎的对象家中做工作，说服其落实补救措施。该对象拒不认错，态度十分蛮横，不仅当众撕碎了镇政府关于要求落实补救措施的决定，而且对镇计生办几位做其女方工作的女工作人员持刀行凶，砍伤了其中一名。邓真秋见状，一个箭步冲上去，大声喝道："不得行凶！"抓住歹徒的尖刀。在其右手指一断一伤，鲜血直淌的情况下，仍抓住刀不放。这时，另一名歹徒从背后死死地卡住邓真秋的脖子，尖刀刺进了他的右腹。经医院抢救无效，因公殉职，时年 33 岁。皂市镇党委、镇政府为其召开了追悼大会，数千名群众为"基本国策"献身的勇士送行。随后，石门县计生系统开展了向邓真秋学习的活动。

游　鹏　男（1962 年 1 月—1996 年 8 月），桃源县人，汉族，高中文化，中共党员。1996 年 8 月 20 日，完成抗洪抢险任务后因病逝世，生前为桃源县车湖垸乡计生办主任。1978 年 3 月，调车湖垸乡计生办工作。8 年时间里，跑遍了全乡所有村、组，很少休星期天和节假日，连续 7 年没有回家过春节，都是在乡计生办值班。车湖垸乡计生工作后进面貌得到改变，计划内生育率、一孩出生率、节育措施落实率分别由 1988 年的 92.14%、80%、87.1% 提高到 1996 年的 99.1%、93.5%、100%。个人先后 7 次被评为乡、区、县先进工作者。在 1993 年全乡手术活动中，四坪村计生工作被动，于是首先做好自己妹妹、妹夫的工作，带头落实节育措施，几天时间，该村 47 对已婚育妇全部落实了节育手术。在工作中关心他人胜过关心自己，每次乡里开会，总是提前 2—3 个小时骑车到路远的村去把村专干接来，开完会又送他们回去。8 年如一日，接送村专干 200 多人次。1996 年 6 月，带领计生办的工作人员开展更换乡村新台账的工作，印发资料，还举办村专干培训班，连续工作 40 多个日日夜夜，直到全乡的台账更换完毕，才稍休息一下。

1996 年 7 月，一场特大洪水袭击桃源县，车湖垸乡遭受溃垸之灾。游鹏刚刚整理完台账，不顾自己病重，主动要求参加抗洪抢险，得知乡政府机关院内已经进水，立即划一条小木船赶到乡政府，把 50 多本新换的台账和其他计划生育资料转移到了安全地带。没有休息片刻，马上找到乡抗洪抢险指挥部，向领导请求新的任务，与洪水搏战了 7 天 7 夜。接着又和村干部一起到处奔波，联系种子，指导抢种抢插，帮助黄土村抢插晚稻 4 公顷，抢种玉米、粟谷等 70 多公顷，还逐户走访了全村 29 个房屋全倒户。因劳累过度，是年 8 月 20 日病逝，终年 34 岁。为了弘扬一个普通共产党员无怨无悔默默无闻的奉献精神，常德市委授予其“优秀共产党员”光荣称号。桃源县向全县人民发出了“向游鹏同志学习”的号召，专门召开了游鹏事迹报告会，同时将《游鹏同志事迹报告会》制成实况录像片，作为全县党员培训的必看教材。

雷恭政　男（1927.1—2012.5），鼎城区人，汉族，高中文化，中共党员。曾任常德县、安乡县委书记、常德地委副书记，1991 年离休，2012 年 5 月因病逝世，终年 85 岁。1973 年在常德县工作时，发现全县粮食总产量及各项农副产品的数量都有增加，而人均粮食及肉蛋等产品的占有量却反而减少了，其原因是人口增长失控。依据此情况，组织全县干部认真开展调查研究，普遍引导群众算人均土地账、人均粮食账、生活水平增长幅度账。大力进行思想发动，层层选拔骨干建立计划生育队伍，树立先进典型，建立责任制度及乡规民约等等。两年时间大见成效，有力地控制了人口的盲目增长。常德县成为 20 世纪

70年代全省唯一的计生工作先进县，出席了全国计划生育表彰会。1978年调任常德地委副书记分管农村工作和计生工作，运用常德县典型经验，大力组织在全地区学习和推广，普遍开展少生优生活动，切实加强领导，严格责任制度，狠抓平衡发展。全区10个县市很快成为全省计生工作先进单位，被誉为“十面红旗飘洞庭”。湖南省委、省政府在常德地区召开经验交流会，并号召全省学常德赶常德，有力地推动了全省计生工作。1991年离休后，被推举为常德市计生协会第一、第二届理事会名誉会长和湖南省计生协副会长。1995年荣获首届“湖南人口奖”（荣誉奖），2010年常德市委、市人民政府授予“对人口计生工作有突出贡献的领导干部”称号。

唐　斌　男（1942年3月—2010年3月），安乡县人，汉族，大专文化，中共党员。1985年任安乡县政府办公室主任，1987年任安乡县委宣传部部长，1992年任县政协副主席，1995年8月改任县委调研员。1990年开始主管全县的计生工作，1992年任县计生协会会长。2002年退休，2010年3月因病逝世，终年69岁。主管全县计划生育工作，他将办公桌“搬”到县计生委，长期以来，坚持不懈地深入基层，真抓实干，一两年内就改变了安乡县计生工作在常德市的落后地位。在基层工作网络建设上创立了“四三二一”的计生工作体系受到了湖南省和常德市主管部门的肯定并在全省推广。在工作中，注意提高基层干部的责任心和自治能力，提高计生工作队伍的思想素质和工作素质，安乡县较早地实现了计划生育“村为主”和进入全国全省优质服务试点县行列。主管全县计生工作12年，全县连续12年被评为全省、全市计划生育工作先进单位、红旗单位，1994年被评为全国计生工作先进集体，2000年被评为全省计划生育工作优质服务先进单位。个人2002年被评为湖南省“十佳计划生育协会会长”。

第二章　人物简介

张群英　女，生于1936年3月，桃源县人，汉族，大专文化，中共党员。1963年7月从事计生工作，先后担任常德地区计生办副主任、常德行署计生处副处长、常德地区计生委副主任、计生协会常务副会长。1991年9月聘为市计生协会顾问。从事计生工作30多年来，一心扑在工作上，面对“天下第一难事”，勇挑重担，经常深入基层调查研究，积极争取党委和政府重视与部门支持，提出“抓领导、领导抓”和“抓两头，带中间”的工作思路。1986年兼任市计生协会常务副会长，狠抓协会组织建设、完善工作网络，发展会员，协调各方面关系，充分发挥“五老”（老干部、老教师、老工人、老共产党员、老计划生育积极分子）在协会工作中作用。在建立和健全市、县两级计生协会的基础上，深入鼎城区蔡家岗乡办点，创建了湖南省第一个乡级计生协会。1990年11月出席中国计生协会第三次代表大会，受到党和国家领导人的接见。2010年，常德市委、市政府授予“无私奉献的人口计生工作者”称号。

陈隆财　男，生于1936年12月，临澧县人，汉族，高中文化，中共党员。1981年任临澧县政府副县长，分管计划生育工作。1985年任县人大常委会副主任，1987年当选为县计生协会会长，此后连选连任，一直在计生协会长岗位上工作了30多年。在他努力下，临澧县各级党政领导对计生协会工作组织上高看厚爱，工作上真抓实干，经费上努力倾斜，全县计生协会组织健全，活动经常，成效明显。1994年在湖南省率先推行计划生育“村为主”“村民自治”。30多年来，临澧县计生协会多次被评为国家、省、市计生协会工作先进单位。个人多次被评为国家、省、市计生协先进个人，1990年12月当选中国计生协会第三届理事会理事（1990年12月至1995年12月）。2010年，常德市委、市政府授予“无私奉献的人口计生工作者”称号。

于乾萍 女，生于1937年6月，临澧县人，汉族，大专文化，中共党员。1983年从临澧县人民医院调到县计生委工作。1996年退休。曾任副主任医师，县计生服务站站长。从事计生工作期间，为已婚育群众排忧解难，受到群众的尊重。平均每年下乡160天以上，做手术近万例，未发生手术事故。个人多次受到省市县的表彰，1991年获国家计生委授予的“计划生育工作特别贡献奖”。

郑景阳 男，生于1939年7月，鼎城区人，汉族，大专文化，中共党员。1988年任常德市计生委主任、党组书记，1995年10月任常德市政府助理巡视员，1998年任市计生协会第三届理事会会长，2005年和2012年聘任为第四、五届市计生协会名誉会长。20世纪70年代任常德县黄土店区区委书记时，认真抓计生工作，该区成为湖南省计生工作的一面红旗。1979年全省第一次计划生育工作现场会在该区召开。20世纪80年代任常德县委副书记分管计生工作时，常德县计生工作一直保持全省、市领先位置，1986年出席全国计划生育“双先”表彰大会，并介绍经验。任常德市计生委主任期间，坚持深入基层调查研究，努力实践创新，完善了乡（镇）、村、组、户“四三二一”计生工作网络，1991年迎来全省计生工作“临澧四长会议”的召开，全面推广常德的网络建设和做法。同时，积极投身人口计生理论和实践的探索，提出了新时期计划生育“新高低优好”五字工作要求，撰写数十万字的论文、经验总结和调查报告，在省级以上报告刊发表的有30篇，共计10多万字。1998年编著出版了《岁月无悔——常德计划生育工作随笔》专辑，18万字。个人多次被评为国家、省、市先进个人。1995年获首届“湖南人口奖”（工作奖），2010年，常德市委、市政府授予“对人口计生工作有突出贡献的领导干部”称号。

洪明祥 男，生于1943年9月，澧县人，汉族，大专文化，中共党员。2005年5月任常德市计生协会第四届理事会会长。2012年5月连任常德市计生协会第五届理事会会长。担任会长后，积极争取各级党委政府的重视，计生协人员编制增加，职能增强，地位不断提高。经常深入基层调查研究，突出抓好了计生村居民自治、生育关怀行动、宣传服务活动等，创造的从社会抚养费中提取10%，建立了市县生育关怀基金，大力开展计生助学活动，对口帮扶活动和重点帮扶救困活动等经验在全国、全省推介。市计生协会工作连续

多年被评全省先进，2010 年被评为全国先进。个人于 2010 年被幸福工程全国组委会授予“幸福工程——救助贫困母亲爱心使者”名誉称号。

傅烈元　男，生于 1947 年，汉寿县人，大专文化、中共党员。1985 年调汉寿县计生服务站工作。担任站长期间，以身作则，吃苦耐劳，累计做各种节育手术 1 万多例，从未发生技术事故和差错。县站在市场竞争日益激烈的情况，业务收入每年增幅在 20% 以上，2003 年增幅达 46%，不仅保障县站干部职工的工资及福利待遇，还投入近 100 万元用于县站基础设施建设和器械更新，完善服务功能，2001 年通过湖南省计生委甲级站验收。个人于 1995 年获国家计生委“万例手术无事故”先进个人，2002 年被评为湖南省“十佳服务站长”，2003 年被评为全国计划生育科技工作先进个人，荣获第四届“湖南人口奖”（科技奖），2010 年，常德市委、市政府授予“无私奉献的人口计生工作者”称号。

何福珍　女，生于 1948 年 7 月，鼎城区人，汉族，大专文化，中共党员。1990 年至 1996 年任鼎城区计生委主任、党组书记。1991 年任鼎城区委常委、兼任计生委主任。1998 年任鼎城区人大常委会副主任、区计生协会会长。任区计生委主任 6 年，每年下乡、村调查 160 天以上，全区少生 9 万人左右，1991 年被评为全国计划生育宣传工作先进单位，连续六年被省政府评为全省计划生育先进单位。担任区计生协会会长后，全区计生协组织不断发展壮大，在推进计生村居民自治、诚信计生等方面做出突出贡献。个人被评为全国“三八红旗手”，全国优秀妇女干部，多次被常德市委、市政府记功、记大功，浮动升级奖励，2010 年荣获湖南省人口计生工作先进个人称号，荣立三等功。

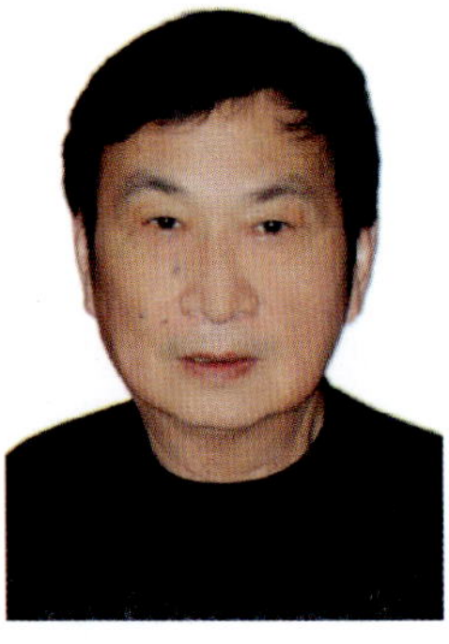

刘兴国　男，生于 1949 年 3 月，临澧县人，汉族，大学本科文化，中共党员。1995 年任临澧县委副书记，分管计划生育工作，2000 年调任常德市计生委主任、党组书记。2002 年当选常德市委第四届委员会候补委员和湖南省第十届人大代表。在临澧县分管计生工作期间，临澧县计生工作一直保持全国、全省领先地位。在任市计生委主任期间，大力推行计划生育综合改革，改革计生考核评估办法，建立计生综治垂直管理体系，改革干部队伍考核奖励机制，积极推进农村部分计划生育家庭奖励扶助等一系列计生优惠优先政策。全市人口计生工作年年被评为湖南省红旗和先进单位。个人 2002 年被评为湖南省

“十佳计生委主任”，荣立一等功。2010 年常德市委、市政府授予“无私奉献的人口计生工作者”称号。

胡祖明　男，生于 1950 年，澧县人，汉族，大学文化，中共党员。1989 年 11 月任澧县计生委主任，2004 年 12 月卸任，享受副处级待遇。在担任县计生委主任期间，全县生育率低于全国 1.8 个百分点，低于湖南省 1.61 个百分点，全县有 3000 多对符合再生育政策的一孩夫妇自愿放弃再生育，一孩生育率保持在 80% 左右，多孩率下降至 0.7% 以下。1992 年起，澧县连续被省、市评为计生工作先进单位或红旗单位，2 次被评为全国计生工作先进单位，1994 年被评为湖南省计生模范县，2004 年被评为全国计生优质服务先进县。个人 1999 年 12 月受中国计生协会的邀请，在中国计生协会第四届理事会第五次会议上做典型发言，2001 年荣获第三届“湖南人口奖”（工作奖）。

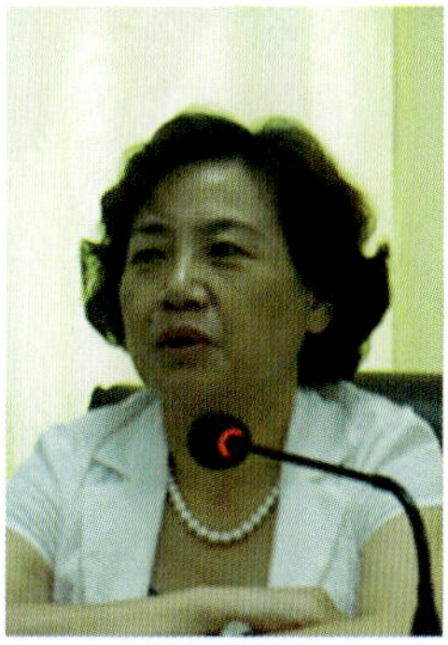

彭淑华　女，生于 1952 年 1 月，湖南省益阳市人，汉族，大学文化，中共党员。1986 年 1 月调任常德市计生委副主任，1996 年任市计生委主任、党组书记，2000 年 5 月调任湖南省计生委工作，先后任财务资产管理处处长、助理巡视员。在市计生委工作期间，坚持用理论指导实践，经常深入基层调查研究，撰写了大量有分析、有建议的文章和论文，得到了国家和省计生委领导及专家的好评，为指导全市计生工作发挥了重要作用。常德市年年获全省计生工作先进单位或红旗单位，1998 年市计生委被评为全国计生系统先进单位，1999 年个人获“湖南省人民满意公仆”称号。

于乾政　男，生于 1952 年 9 月，临澧县人，汉族，大学文化，中共党员。1984 年 1 月调任临澧县计生委工作，1986 年 8 月任县计生委副主任，1987 年 11 月任县计生协会副会长，1993 年 3 月任县计生委党组书记、副主任，1994 年 9 月任县计生委主任、党组书记，2003 年任临澧县委副调研员，协助分管人口计生工作。在县计生委工作期间，临澧计生工作加强孕前管理，推进“三为主”和计生村民自治、计生优质服务、计生信息、计算机管理等方面走在常德市的前列，为湖南省提供了很好的经验。临澧县连续 9 年在全省评估排队中名列第一，4 次受到国家计生委表彰。个人先后被评为常德市优秀共产党员、市计生工作标兵、市先进工作者，先后四次荣立二等功、2000 年被评为全国计划生育优秀工

作者。

黎卫平　女，生于1954年5月，临澧县人，汉族，大专文化，中共党员。1990年5月任县计生委主任，1994年5月和2002年5月，先后任临澧县委常委、临澧县委副书记，分管人口计生工作，2007年11月任县人大常委会主任。从事人口计生工作18年，对人口计生工作有着深厚感情，工作思路清晰，作风踏实，敢于创新。临澧县人口计生工作长期保持全市、全省、全国领先位置，1991年2月全省计生工作四长会议在临澧县召开，1993年临澧县被国务院表彰为全国计划生育工作先进县。个人1993年被授予全省“巾帼建功事业标兵”称号，1994年被评为全国计划生育“县主任百杰”和全国“三八红旗手”，1999年获第二届“湖南人口奖”（工作奖），2010年，常德市委、市政府授予“对人口计生工作有突出贡献的领导干部”称号。

曹儒国　男，生于1954年，鼎城区人，汉族，大学文化，中共党员。2001年任中共常德市委副书记，其中2002年10月至2006年9月兼任市纪委书记，2011年任常德市人大常委会主任、党组书记。2001年和2006年先后两次分管常德市人口计生工作，对人口计生工作逢会必讲，每次下基层必督查、过问。2001年，提出设立“全市重视计划生育工作最佳领导奖”，每年表彰奖励一批县、乡党政主要领导。2006年，在他的提议下，市委明确县（市区）委副书记主抓人口计生工作。2007年提议将人口计生工作在县（市区）目标管理考核中的分值由2%提高到了4%，2008年提高到7%，并提出了“夯实基础、创新机制、统筹发展、保先创模”的总体工作思路。亲自协调组织、人事、编制、财政和计生等部门出台了《关于进一步加强计划生育队伍建设的若干规定》，规范计生机构、编制，解决计生干部政治、经济待遇偏低的问题，在全省率先实行了乡镇计生人员工资县统筹，按月打卡发放，率先建立县乡计生部门主要负责人“85”激励机制；协调解决了计生协会的机构性质、工作经费和人员待遇问题。常德市人口计生工作连续多年保持全国、全省先进位置，2010年被评为全省计生模范市、全国计生综合改革示范市、全国婚育新风进万家活动示范市、全国计生协会工作先进单位。个人2010年获第五届“湖南人口奖”（工作奖）。

张桂华 女，生于1957年8月，桃源县人，汉族，中专文化，中共党员。1981年，先后在杜坪乡、钟家铺乡担任计生专干，1994年4月调任县计生委副主任。在乡、镇担任计生专干期间，把计生工作的方针、政策、优生优育、避孕节育知识送到田间地头，送到家家户户。从1985年起，开始尝试孕前管理为育龄群众提供优质服务，拓展服务领域，为育龄妇女查治疾病。在钟家铺乡的6年时间里，为育龄妇女孕检7000多人次，做节育手术1700多例，综合节育措施落实率达98%以上。所在的乡连续6年被评为计生先进单位；个人年年被评为省、市、县的先进个人。1990年被国家人事部授予“全国计划生育劳动模范”光荣称号，1993年当选为中国共产党第十四次全国代表大会代表。

张卫星 男，生于1957年11月，河北省唐县人，汉族，大学文化，中共党员。2005年1月，任常德市人口计生委党组书记、主任，2006年9月和2011年9月先后当选为中共常德市第五届、第六届委员会候补委员，2013年1月增补为常德市第六届委员会委员。主政常德市人口计生委工作10年，坚持抓基层夯基础，抓改革破难题，抓服务创特色，抓统筹促发展。全市人口计生工作连年保持全省先进位置，2010年荣获全省模范单位，被评为全国首批人口计生综合改革示范市、全国第四批婚育新风进万家活动示范市。市人口计生委被评为全国人口计生系统先进集体、全市文明标兵单位、全省计生业务工作先进单位、全市目标管理红旗单位。本人多次被市委、市政府记功、嘉奖。

车向东 男，生于1960年1月，安乡县人，汉族，大学文化，中共党员。2007年2月任常德市人口计生委党组副书记、副主任、常德市计生协会常务副会长（正处级）。2011年10月，当选为湖南省计生协会第七届理事会理事。在任期间，市、县计生协会编制增加，职能增强，纳入行政机构性质的群众团体序列，全市计生基层群众自治、生育关怀等工作经验在全省推介，常德市计生协会连续7年被评为全省计生协会工作先进单位。2010年，常德市计生协会被评为全国计生协会先进单位。

陆桂云 女，生于1963年9月，武陵区人，汉族，大专文化，中共党员。1991年任武陵区护城乡张家台村计生专干，1988年2月调任护城乡计生办主任，2013年退休。在乡、村计生工作岗位上工作了22年。在担任张家台村计生专干期间，提出了建立党员联户责任制度，成立计生协会帮扶小组，开展评选模范计生家庭获得很好的效果。担任乡计生专干后，经常深入村组开展调查研究，手把手指导村（居）计生专干业务，进村入户宣传、服务群众，并利用休息时间找育妇谈心，了解群众 对计生工作的需求。个人于2005年被评为湖南省人口计生工作先进个人，荣立一等功；2008年获全省人口计生“十佳”新闻人物荣誉奖；2010年评为全省人口计生工作先进个人、荣立三等功。

赵克蓉 女，生于1964年，澧县人，汉族，中共党员。1986年担任澧县复兴厂镇计生专干，1989年任复兴厂镇党委委员，1995年任澧县闸口乡党委书记，后调任津市市委常委、组织部部长，常德市总工会党组书记、常务副主席。在担任复兴厂镇计生专干及分管计生工作期间，善于做深入细致的思想工作，用真心换得民心，取得群众的信任。担任乡镇党委书记期间，对人口计生工作高看厚爱，紧紧抓住不放，所在乡镇计生工作始终处于全县的领先位置。1986年个人被评为全省计生工作先进个人，当选为第七届全国人民代表大会代表。

第三章　人物名录

第一节　全国计划生育工作先进个人

1988年全国计生工作先进个人：路志英　李道明　覃正梅　杨腊枝　钟斗争　李国安　徐宁英　陈金保　王孝勇　严钦恒　黄忠群　毛海波　彭信梅　戴元瑛　刘清玉　邓宏发　樊孝琪　蒋祖建　向昭元　唐耿泽　唐凤玲　杜腊珍　敬清玉　周如新　李炳成

赵富贵　男，鼎城区计生委副主任，1989年全国计生工作先进个人，1993年获中国当代人口科学研究者称号。

胡定汉　男，武陵区干部，1992年全国城市优秀计生工作者。

刘双玲　女，津市市计生委副主任、妇产科医师，1992年全国城市优秀计生工作者、1995年全国计划生育万例手术无事故先进个人。

郭庆鼎　女，安乡县计生服务站医生、站长。1994年、2006年全国计生科技工作先进个人，1995年全国计生万例手术无事故先进个人。

彭惠英　女，武陵区计生服务站妇产科主治医师，1995年全国计生万例手术无事故先进个人。

吴岳琼　女，武陵区计生服务站妇产科医师，1995年全国计生万例手术无事故先进个人。

王连喜　女，武陵区计生服务站妇产科主治医师，1995年全国计生万例手术无事故先进个人。

郭小云　女，鼎城区计生服务站妇产科医师，1995年全国计生万例手术无事故先进个人。

方小玲　女，鼎城区计生服务站妇产科医师，1995年全国计生万例手术无事故先进个人。

高桃仙　女，鼎城区计生服务站妇产科护师，1995年全国计生万例手术无事故先进个人。

注：

①“人物名录”与“人物传略”和“人物简介”中人物不重复。

②同一人物在“人物名录”中不重复。

③1988年全国计生工作先进个人、1995年中国计生协会先进个人、1988年全省计生工作先进个人，因资料记录不祥，只登记姓名而无单位和职务。

李仙桃　女，鼎城区丁家港乡计生服务站节育技术员，1995 年全国计生万例手术无事故先进个人。

洪光玉　女，津市市计生服务站妇产科医师，1995 年全国计生万例手术无事故先进个人。

潘竟兰　女，安乡县计生服务站妇产科主治医师，1995 年全国计生万例手术无事故先进个人。

李福珍　女，安乡县计生服务站妇产科医师，1995 年全国计生万例手术无事故先进个人。

蔡惠安　女，安乡县计生服务站妇产科医师，1995 年全国计生万例手术无事故先进个人。

黄忠群　女，安乡县计生服务站妇产科医师，1995 年全国计生万例手术无事故先进个人。

颜美英　女，安乡县陈家咀乡计生服务站妇产科医士，1995 年全国计生万例手术无事故先进个人。

朱昌美　女，汉寿县计生服务站妇产科医师，1995 年全国计生万例手术无事故先进个人。

景圣奎　女，澧县计生服务站妇产科医师，1995 年全国计生万例手术无事故先进个人。

曾庆秀　女，澧县计生服务站妇产科副主任医师，1995 年全国计生万例手术无事故先进个人。

李腊梅　女，临澧县计生服务站主治医师，1995 年全国计生万例手术无事故先进个人、1996 年全国计生科技工作先进个人。

米大容　女，石门县计生服务站主治医师，1995 年全国计生万例手术无事故先进个人。

鄢孝林　男，临澧县计生委副主任，1997 年全国计生求实奖。

胡建平　男，澧县中武乡计生办主任，2000 年全国计生优秀工作者。

张运武　男，澧县计生委副主任，2001 年全国婚育新风进万家活动先进个人。

陈　哲　男，澧县计生委宣传股长，2001 年全国婚育新风进万家活动先进个人。

彭治纲　男，常德市计生委统计科副科长，2003 年全国防治“非典”工作先进个人。

杨　立　女，桃源县计生局统计股长，2003 年全国防治“非典”工作先进个人。

覃祖运　男，常德市计生委政策法规科长，2003 年全国人口计生法制建设先进个人。

黄　功　男，桃源县计生服务站站长，2003 年全国人口计生科技工作先进个人。

郑国清　男，常德市人口计生委监察室主任，2004 年全国人口计生系统纪检监察工作先进个人。

邹建平　男，临澧县人口计生委纪检组长，2004 年全国人口计生系统纪检监察工作先进个人。

道　欣　男，常德市人口计生委宣传科科长，2005 的全国婚育新风进万家活动先进个人。

蒯同英　女，武陵区人口计生局副局长，2005 的全国婚育新风进万家活动先进个人。

戴　慧　女，澧县计生协会秘书长，2005 的全国婚育新风进万家活动先进个人，2010 年中国计生协会先进个人。

刘枝英　女，桃源县人口计生局干部，2005 年全国婚育新风进万家活动先进个人。

余功蓉　女，临澧县人口计生局干部，2005 年全国婚育新风进万家活动先进个人。

曾志鸿　男，汉寿县人口计生局宣传股长，2005 年全国婚育新风进万家活动先进个人。

何又平　女，临澧县卫生和妇幼保健院医生，2006 年全国人口计生科技工作先进个人。

杨淑香　女，澧县太青乡计生服务所医生，2006 年全国人口计生科技工作先进个人。

张　英　女，鼎城区镇德桥镇计生服务所医生，2006 年全国人口计生科技工作先进个人。

张丙兰　女，津市市灵泉乡计生服务所医生，2006 年全国人口计生科技工作先进个人。

周　臻　女，石门县楚江镇计生服务所医生，2006 年全国人口计生科技工作先进个人。

金　慧　女，桃源县青林乡计生服务所医生，2006 年全国人口计生科技工作先进个人。

张锦祥　男，常德市人口计生委副主任，2006 年全国人口计生科技工作先进个人。

朱超珍　男，常德市人口计生委副主任，2006 年全国部分农村计生家庭奖扶工作先进个人。

任　一　男，常德市人口计生委统计科科长，2006 年全国部分农村计生家庭奖扶工作先进个人。

李　志　男，常德市财政局科长，2006 年全国部分农村计生家庭奖扶工作先进个人。

傅冬立　男，汉寿县人口计生局副局长，2006 年全国部分农村计生家庭奖扶工作先进个人。

彭耀忠　男，临澧县人口计生局局长，2009 年全国军民共建人口计生工作先进个人。2010 年湖南省计划生育先进个人。

鄢丙松　男，安乡县人口计生局流管站站长，2009 年全国流动人口计生工作先进个人。

杨金华 女，桃源县计生服务站医生，2010 年全国计生科技大练兵活动先进个人。

第二节 中国计划生育协会工作先进个人

1995 年中国计生协会先进个人：颜秀英（女） 李正西 陈本松 黎洪章 吴珍保 曾长胜 刘祖喜 周春秀（女）

彭信梅 女，澧县计生协会会长，2000 年中国计生协会先进个人。

华梅桂 女，常德市计生协会副秘书长，2000 年中国计生协会先进个人。

蔡圣岗 男，石门县计生协会会长，2000 年中国计生协会先进个人。

刘年芳 女，鼎城区石板滩乡毛粟岗村计生专干，2000 年中国计生协会先进个人

熊春香 女，汉寿县计生协会常务副会长，2003 中国计生协会先进个人。

杜登银 女，石门县计生协会常务副会长，2003 中国计生协会先进个人

刘晓明 男，桃源县计生协会秘书长，2003 中国计生协会先进个人，2010 年湖南省计生协会先进个人。

帅先凤 女，常德市第一人民医院计生协会秘书长，2003 中国计生协会先进个人。

何名兰 女，安乡县三岔河镇计生办主任、计生协会秘书长，2003 年中国计生协会先进志愿者，2005 年湖南省计生工作先进个人，婚育新风进万家先进个人。

刘艳玲 女，津市市襄阳街道襄阳社区计生协会常务理事，2003 年中国计生协会先进志愿者。

贺银秀 女，汉寿县罐头嘴镇农场计生协会会员，2003 年中国计生协会先进志愿者。

阳尚东 男，澧县张公庙镇计生协会常务副会长，2003 年中国计生协会先进志愿者。

蔡代福 男，临澧县杉板乡彭家河村计生协会会长，2003 年中国计生协会先进志愿者。

郑友泉 男，鼎城区石板滩镇毛粟岗村计生协会会长，2003 年中国计生协会先进志愿者。

于明泽 男，石门县蒙泉镇计生协会歌舞团团长，2003 年中国计生协会先进志愿者。

阮雪菊 女，安乡县安康乡大洲村计生专干，2005 年中国计生协会先进个人。

孙克珍 女，武陵区计生协会会长，2007 年中国计生协会先进个人。

肖明富 男，鼎城区计生协会秘书长，2010 年中国计生协会先进个人。

李光前 男，汉寿县军山铺镇计生协会秘书长，2010 年中国计生协会先进个人。

刘中秋 男，桃源县计生协会会长，2010 年中国计生协会先进个人，2011 年湖南省“十佳计生协会会长”。

第三节　湖南省计划生育工作先进个人

1988 年湖南省计生工作先进个人：周南山　陶珍妹　侯忠献　粟长云　卢促成　杨万早　程千保　郭云峰　崔年青　颜美英　任祖寿　汤波　陈克文　王运桂　徐泽波　卓志华　柴从云　龚琼兆　梅耀坤　廖其林　朱宏春　周明亮　孟春秀　刘登友　戴竹青　刘大元

曲家协　男，澧县计生委干部，1988 年湖南省计生信访工作先进个人。

聂冬年　女，鼎城区周家店镇计生服务所医生，1990 年湖南省计生工作先进个人。

王与春　男，澧县澧阳镇计生协会常务副会长，1991 年湖南省计生工作先进个人。

田朝珍　女，澧县澧阳镇副镇长，1994 年湖南省计生工作先进个人。

黄金华　男，桃源县计生委主任，1997 年湖南省计生工作先进个人，二等功。

刘荣华　男，安乡县计生委副主任，1997 年湖南省计生工作先进个人，二等功。

王金川　女，桃源县三阳港镇白岩寺村计生专干，1999 年湖南省“村级计生专干标兵”。

刘五妹　女，汉寿县聂家桥乡雷家村计生专干，1999 年湖南省“村级计生专干标兵”。

陶珍妹　女，武陵区护城乡西郊村计生专干，1999 年湖南省村级模范专干。

岳锡枝　女，鼎城区斗姆湖镇烟坪村计生专干，1999 年湖南省村级模范专干。

徐先珍　女，津市市阳由乡阳由村计生专干，1999 年湖南省村级模范专干。

李珍珠　女，安乡县安丰乡出口洲村计生专干，1999 年湖南省村级模范专干。

何双富　女，汉寿县毛家滩乡田庄村计生专干，1999 年湖南省村级模范专干。

苏宏莲　女，临澧县新安镇金坑村计生专干，1999 年湖南省村级模范专干。

占春英　女，石门县新关镇竹元榜村计生专干，1999 年湖南省村级模范专干。

舒青云　女，石门县壶瓶山镇四方村计生专干，1999 年湖南省村级模范专干。

陈菊珍　女，临澧县计生委副主任，2000 年湖南省“三八红旗手”。

敬鼎杰　男，桃源县计生委副主任，2002 年湖南省“十佳计生局长助手”，三等功。

张子安　女，桃源县陬市镇计生服务所所长，2002 年湖南省“十佳计生服务所所长”，三等功。

黄金花　女，鼎城区罐溪镇窑顶村计生专干，2002 年湖南省“十佳村级计生专干”。

鲁湖波　男，桃源县计生局宣传股长，2005 年湖南省婚育新风进万家活动先进个人。

向际生　男，澧县大坪乡计生协会副会长，2005 年湖南省婚育新风进万家活动先进个人。

罗金云　女，桃源县漳江镇草堰角村计生专干，2005 年湖南省优秀村级计生专干。

田国群　女，临澧县安福镇九娣村计生专干，2005 年湖南省优秀村级计生专干。

谌作凤　女，临澧县修梅镇凉水井村计生专干，2005 年湖南省优秀村级计生专干。

邹进华　女，临澧县九里乡泉水村计生专干，2005 年湖南省优秀村级计生专干。

宋淑双　女，澧县澧阳镇群星村计生专干，2005 年湖南省优秀村级计生专干。

羿保兰　女，澧县道何乡新建村计生专干，2005 年湖南省优秀村级计生专干。

张惠银　女，澧县大坪乡团结村计生专干，2005 年湖南省优秀村级计生专干。

文　琼　女，澧县盐井镇观山凸村计生专干，2005 年湖南省优秀村级计生专干。

陈三英　女，安乡县大鲸港镇丰凝社区计生专干，2005 年湖南省优秀村级计生专干。

甘元国　女，汉寿县坡头镇计生服务所医生，2005 年湖南省人口计生工作先进个人。

黄宜平　男，临澧县计生局统计股长，2005 年湖南省人口计生工作先进个人。

肖玉清　男，桃源县漳江镇计生协会会长，2010 年湖南省计生工作先进个人，二等功。

葛梅元　女，鼎城区人口计生局副局长，2010 年湖南省计生工作先进个人，二等功。

刘　强　男，石门县人口计生局党组成员，2010 年湖南省计生工作先进个人，三等功。

赵红英　女，鼎城区尧天坪镇计生服务所主治医师，2010 年湖南省计生工作先进个人，三等功。

万贤珍　女，津市市新洲镇杉堰村计生专干，2010 年湖南省计生工作先进个人，三等功。

王庆玲　女，临澧县新安镇计生服务所主治医师，2010 年湖南省计生工作先进个人，三等功。

刮冬梅　女，安乡县安康乡永德村计生专干，2010 年湖南省计生工作先进个人，三等功。

羿宝林　男，澧县公安局副科级干部，2010 年湖南省计生工作先进个人，三等功。

唐立荣　女，桃源县钟家铺乡青年村计生专干，2010 年湖南省计生工作先进个人，三等功。

聂其云　男，武陵区东郊乡退休干部，2010 年湖南省计划生育模范共产党员。

叶秀松　男，汉寿县龙阳镇纽口河村计生协会副会长，2010 年湖南省计划生育模范共产党员。

张佑荣　男，石门县楚江镇政府退休干部，2010 年湖南省计划生育模范共产党员。

向德元　女，安乡县深柳镇政府民政干部，2010 年湖南省计划生育模范共产党员。

芦芳明　男，石门县人口计生局局长，2011 年湖南省“十佳人口计生局长”。

蒋志英　女，澧县计生服务站站长，2011 年湖南省“十佳计生服务站站长”。

卜凌波　男，鼎城区十美堂镇计生办主任，2011 年湖南省“十佳乡镇计生办主任”。

雷雪梅　女，津市市保河堤镇计生服务所所长，2011年湖南省“十佳计生服务所所长”。

赵纯英　女，汉寿县龙阳镇西区居委会计生专干，2011年湖南省“十佳村级计生专干”。

金　林　女，临澧县太浮镇计生信息员，2011年湖南省“十佳计生信息员”。

第四节　湖南省计划生育协会工作先进个人

刘春樵　男，鼎城区蔡家岗乡计生协会名誉会长，1991年湖南省计生协会先进工作者。

王禹春　男，澧县澧阳乡计生协会常务理事，1991年湖南省计生协会先进工作者。

聂金福　男，桃源县漆河镇计生协会会长，1991年湖南省计生协会先进工作者。

周南山　男，武陵区计生协会会长，1992年湖南省计生协会先进工作者。

邓鸿章　男，安乡县下渔口镇计生协会会长，1992年湖南省计生协会先进工作者。

王禹春　男，澧县澧阳乡计生协会常务副会长，1992年湖南省计生协会先进工作者。

覃正林　男，石门县新关镇计生协会常务副会长，1992年湖南省计生协会先进工作者。

郑传权　男，男，临澧县峰火乡计生协会副会长，1992年湖南省计生协会先进工作者。

李伊白　男，贺家山农场计生协会名誉会长，1992年湖南省计生协会先进工作者。

吴菊翠　女，东山峰农场计生协会会长，1992年湖南省计生协会先进工作者。

陈正思　男，鼎城区计生协会会长，1994年湖南省计生协会先进工作者。

陈玉堂　男，石门县计生协会副秘书长，1994年湖南省计生协会先进工作者。

陈家栋　男，临澧县九里乡泉水村计生协会会长，1994年湖南省计生协会先进工作者。

赵　英　男，常德市计生协会常务理事，1994年湖南省计生协会先进工作者。

计谷山　男，安乡县安丰乡东南洲村党支部书记，1999年湖南省计生协会先进个人。

李再忠　男，澧县双龙乡计生协会会长，2000年湖南省计生协会先进工作者。

黄斌芝　女，津市市襄阳街文化居委会计生协会会员，2000年湖南省计生协会模范志愿者。

黄阳生　男，汉寿县百禄桥镇计生协会理事，2000年湖南省计生协会模范志愿者。

李焕章　男，石门县所街乡黄虎峪村计生协会会长，2000年湖南省计生协会模范志愿者。

胡银秀　女，临澧县望城乡宋玉村计生协会会长，2000年湖南省计生协会模范志愿者。

张凤梅　女，武陵区城东街道红卫居委会计生协会会长，2003 年湖南省计生协会优秀会员。

朱方举　男，津市市棠华乡临东村计生协会常务副会长，2003 年湖南省计生协会优秀会员。

王业好　男，鼎城区石门桥镇计生协会常务副会长，2003 年湖南省计生协会优秀会员。

许谷山　男，安乡县安丰乡东南州村计生协会会长，2003 年湖南省计生协会优秀会员。

殷桂生　男，澧县中武乡中武村计生协会会长，2003 年湖南省计生协会优秀会员。

裴祖元　男，临澧县新安镇新冯居委会计生协会名誉会长，2003 年湖南省计生协会优秀会员。

刘协胜　男，桃源县龙潭镇落家坪村计生协会会长，2003 年湖南省计生协会优秀会员。

蔡国栋　男，汉寿县东岳庙乡计生协会会长，2003 年湖南省计生协会优秀会员。

陈　熙　男，石门县磨市镇计生协会秘书长，2003 年湖南省计生协会优秀会员。

裴成科　男，汉寿县东岳庙乡计生协会秘书长，2006 年湖南省计生协会优秀会员。

伍登科　男，鼎城区蔡家岗镇计生协会秘书长，2006 年湖南省计生协会优秀会员。

肖玉清　男，桃源县漳江镇计生协会会长，2006 年湖南省计生协会优秀会员。

刘　军　男，桃源县陬市镇计生协会秘书长，2006 年湖南省计生协会优秀会员。

陈本德　男，澧县车溪乡计生协会常务副会长，2006 年湖南省计生协会优秀会员。

刘厚菊　女，津市市三洲驿街道护市社区计生协会秘书长，2006 年湖南省计生协会优秀会员。

熊　魁　男，汉寿县龙阳镇计生协会秘书长，2010 年湖南省计生协会先进个人。

刘晓明　男，桃源县计生协会秘书长，2010 年湖南省计生协会先进个人。

姚　英　女，贺家山原种场新合分厂计生协会秘书长，2010 年湖南省计生协会先进个人。

熊云秀　女，安乡县安全乡沙滩口村计生协会会员，2010 年湖南省计生协会先进个人。

王承宗　男，临澧县九里乡同心村计生协会会长，2010 年湖南省计生协会先进个人。

董九富　男，武陵区河洑镇青林村计生协会会长，2010 年湖南省计生协会先进个人。

张　萍　女，津市市三洲驿街道柏枝林社区计生协会会长，2010 年湖南省计生协会先进个人。

谢妹华　女，西湖管理 区新港办事处九狮村计生协会秘书长，2010 年湖南省计生协会先进个人。

杨昌玉　男，石门县计生协会会长，2010年湖南省计生协会先进个人。

周　华　男，石门县二都乡新坪村计生协会秘书长，2010年湖南省计生协会先进个人。

黄道华　男，澧县计生协会会长，2010年湖南省计生协会先进个人。

附　录

附　录

附录 1

中共湖南省委　湖南省人民政府批转常德地委行署《关于计划生育工作情况的报告》的通知

（湘发〔1988〕10 号）

1988 年 6 月 3 日

各地、州、市、县委，各行政公署，自治州、市、县人民政府、省直机关各单位：

现将常德地委和行署《关于计划生育工作情况的报告》转发给你们。省委、省政府认为，常德地区坚持抓紧抓好计划生育工作的做法是好的，也是切实可行的。望各地结合自己的实际，认真学习推广。近几年来，我省各地计划生育工作发展很不平衡，一些地方人口出生率和自然增长率大幅度回升，望各级党政领导务必引起高度重视。省委、省政府从今年起，对地、州、市实行“一票否决权”。各地在学习推广常德经验时，要继续贯彻落实省委、省政府一九八七年关于继续抓紧抓好计划生育工作的意见（湘发〔1987〕20 号），创造性地进行工作，下决心把目前的人口增长速度降下来，把计划生育工作提高到一个新水平。

关于计划生育工作情况的报告

省委、省政府：

我区全面推开计划生育工作，始于一九七二年。十六年来，尽管这一工作难度很大，但我们始终常抓不懈。按一九七一年人口自然增长率推算，全区累计少出生一百四十五万人。特别是一九八三年以来，我们根据农业生产责任制的普遍推行和改革开放中所出现的新情况、新问题，及时采取了一些措施，使计划生育工作一直处于稳定状态，人口出生率一直控制在千分之十四以内，自然增长率控制在千分之七左右，五年累计少出生六十八点三万人。由此，带来经济和社会发展的良性循环。从一九七二年到现在，全区人均耕地一直保持在一点二亩的水平，以农业人口计算，人均粮食由一九八二年的一千一百八十七斤上升到一九八七年的一千三百零八斤，人平纯收入由二百七十一元上升到五百三十八点五元。我区的计划生育工作，之所以能取得良好的效果，主要是抓了以下三个方面的工作：

一、实行“一票否决”，把计划生育工作摆在十分重要的位置上。

计划生育工作难度大，稍有放松，人口出生率就会回升。过去，对于这个特点，我们部分县、乡党政领导并没完全认识到，抓计划生育常常紧一阵，松一阵。针对这一情况，一九八二年，地委、行署首先在常德、澧县等五个县、市，试行计划生育“一票否决”，即其他方面工作突出，而计划生育工作未达到规定目标的单位或个人，不能评先进、评奖或提职晋级。一九八三年，我们又在全区普遍推行这一做法，并层层建立了与之配套的计划生育目标管理责任制，实行上级对下级，单位对个人的“双轨”奖罚制。一九八二年，全区有六十三个乡（镇）一级的单位，因计划生育的几项主要指标未完成，而被取消评先进、评奖资格。一九八三年至一九八七年，又先后有七十七个在评比中被一票否决。全区乡级以上领导干部，因抓计划生育不力而调离工作的八十七名，降职使用的十二名。

“一票否决”的实行，强化了计划生育工作的特殊地位。地、县、乡党政领导都以极大的精力来抓计划生育工作。石门县委常委、副县长一九八七年到基层抓计划生育工作一百七十四天，人平十三天，真正做到了人口与经济两项指标同时下达，同时检查，同时验收评比。临澧县一九八六年其他方面的工作指标完成情况，均居全区先进行列，但因计划生育工作目标没有完成，被取消了评先进资格。之后，他们针对自己的弱点，充实了计划生育的领导力量和工作队伍，分管的县级领导由二名增加到四名，乡镇计划生育办专职干部由五十人增加到一百 0 五人，并狠抓了岗位责任制的落实。去年，该县的计划生育工作进入了全区先进行列，被评为“双文明先进县”。

二、严格执行生育政策，把实际生育水平控制在计划指标以内。

计划生育，贵在落实。我区始终把提倡一对夫妇只生一个孩子，作为计划生育的主要政策，坚定不移地贯彻推行，把执行人口计划与执行生育政策统一起来，把一年一度人口计划落实到各单位和个人。来年指标，先年落实，每年进行两次到村入户的检查。同时，把二孩控制指标与当年人口计划挂起钩来。对照顾生育二孩对象，根据当年人口计划由群众民主评议。当年没有指标的第二年再照顾。

为确保人口计划和计划生育基本政策的落实，我们对只生一孩夫妇及家庭普遍实行了优惠政策。一九八五年起，对农村独生子女户，优先安排住宅基地，优先提供贷款和生产资料，优先安排进乡村企业，并实行减免义务工、减少提留款、如数发放独生子女保健费，办理独生子女“两全”保险等鼓励措施。对五保户供养实行统筹，以解除群众的后顾之忧。同时，教育广大党、团员响应党的号召，带头只生一个孩子。到一九八七年止的三年中，全区有三万多名党员自愿终身只生一个孩子。党、团员的模范作用，以及独生子女家庭率先致富的样板，影响了周围一大片育龄夫妇，逐步形成了只生一个孩子光荣的社会新风。至一九八七年，全区一孩夫妇达三十四点六万，占已婚育龄夫妇的百分之三十三点一。其中，二十点一万对夫妇自愿终身只生一个孩子，独生子女领证率达百分之十九点二四。

我们把杜绝多胎生育，作为实现人口计划的一个重要内容，发现多胎怀孕的，由所在村的党政一把手逐级上报，并确定专人包干负责，做多胎怀孕对象的工作。凡多孩生育的，除经济处罚外，还普遍实行不予招工、招干、招聘，不批住宅地，不办建房手续，不批钢材、木料指标和砍伐证，不办户口迁移，不发个体营业执照，不准进乡、村企业，不发困难补助，不予贷款等“九个不准”，并且坚决兑现，使广大群众感到这是一项硬政策，任何人没有权力生育多胎。

狠抓以结扎为重点的各项节育措施的落实，对杜绝多孩生育，起着重要的作用。一九八０年，全区对已生二孩的夫妇实行结扎的二万八千例。但由于二孩基数大，这一年多孩率仍高达百分之八点二一。一九八二和一九八三两年间，全区共做结扎手术十三万一千多例，多孩率下降到百分之一点三六。以后的四年中，全区年平均落实结扎手术仍在二万二千例以上。到一九八七年，全区二孩以上夫妇结扎率上升到百分之八十九点零四，而多孩率下降到了百分之零点二五，有七个县市基本上制止了多孩出生。

经过艰苦的努力，全区人口逐步走上了有计划、按比例增长的轨道。一九八三年以来，省政府下达我区的五年平均人口出生率，自然增长率、人口出生总数三项控制指标分别为千分之十五、千分之八点一、四十五点八万。五年中，全区实际人口年平均出生率为千分之十二点六六，自然增长率为千分之一点零三，累计出生三十八点零九万人，均超额完成省下达的人口控制指标。

三、建设一支过硬的计划生育工作队伍，把突击活动与经常工作结合起来。

一九八０年以前，我区的计划生育工作主要靠突击，除县、乡干部外，全区每年都聘请临时工作人员七千五百多人，平均每乡达二十多人。这种做法，在计划生育工作的初期阶段，曾起过积极的作用，但也有不足之处，主要是工作难以持久深入。

计划生育从根本上来说，是一项群众工作，需要依靠大家来做，要逐步走向经常化、规范化、制度化。从一九八０年开始，我们把建立一支计划生育工作队伍，作为抓计划生育的一件大事。经过七年的艰苦工作，全区目前已普遍建立起三支强有力的工作队伍。一是计划生育管理队伍。各区、乡（镇）都成立了计划生育办公室，由上一级指定党政领导成员中最适合做这项工作的同志分管计划生育，并担任计划生育办公室主任，另配计划生育助理员和二至三人专抓计划生育工作。村一级，除一名党支部或村委会主要干部主管外，都配有一名计划生育专干。组一级设计划生育宣传员或信息员。这样由上到下，形成了计划生育工作的网络，进行严格的经常性的管理。二是计划生育技术服务队伍。一九八三年起，全区各县、市相继建立起计划生育服务站，医疗技术人员共七十人。这些服务站，都具备技术服务的房屋设施、医疗器械和较强的技术力量，能承担全区百分之二十以上的节育手术，并把计划生育的宣传、药具发放和培训结合起来，既方便群众，也促进了计划生育工作的开展。三是群众工作队伍。一九八六年以来，我们在村一级建立了计划生育协会，把村里的退休干部、老教师、老工人、老党员、老模范组织起来，登门入户做节育对象的思想工作，利用各种形式宣传计划生育，开展群众性的自我管理、自我教育。同时，我们对计划生育干部在政治上关心爱护，经济上给予优待。一九八一年以来，全区受地、县一级表彰奖励的有四百五十六人（次），加入党组织的有二百一十七人。有三名计划生育干部进入县级领导班子，二百零三名担任了区、乡（镇）领导，干部提拔面占百分之二十五点六，各级的党代会、人代会，我们都注意推荐计划生育的优秀代表参加。从一九八六年一月起，我们对全区乡（镇）以上的计划生育干部，全部实行每月七至九元的固定岗位津贴。去年三月，我们又进一步作出规定：区、乡计划生育工作连续三年被评为县（市）先进单位的，其分管领导和计划生育助理员分别上浮一级工资；从事计划生育工作五年以上，且工作成绩显著的助理员，享受副乡级干部待遇；对村专干的报酬由乡一级统筹，达到村主要干部报酬的百分之七十以上，一般年报酬在二百至五百元之间。

为使各级计划生育干部有职有权，能主动地、创造性地开展工作，我们授予分管这项工作的领导和计划生育工作部门以开展计划生育活动的建议权、干部的调配权、“一票否决”的监督权、计划生育工作的检查评比权和计划生育经费的管理审批权。与此同时，把计划生育干部的责、权、利结合起来，把执行计划生育目标管理的好坏，与乡干部的工资和奖金挂钩，与村干部的报酬挂钩。出现一个多孩出生的，包村的乡干部扣奖金五十元，村主要干部扣报酬百分之十至百分之十五；对分管的领导和计划生育助理员，则以乡为单位计算，六项主要指标有一项没达到的扣除奖金的百分之五至百分之十。从而逐步把竞争机制引进计划生育工作领域。

计划生育工作队伍的建立，使我区计划生育工作的突击活动与经常工作互为补充，互相结合，既从紧从严控制了人口增长，又密切了党群关系。目前，全区有百分之五十的村可以不需要上级派人突击，而能独立地开展计划生育工作，有百分之三十的乡不再靠突击活动，而自觉地进行经常性的计划生育宣传和落实节育措施。

中共常德地委、常德地区行署

一九八八年四月二十日

附录2

中共常德市委　常德市人民政府
关于进一步抓紧抓好计划生育工作的决定

（常发〔1988〕9号）

1988年11月26日

实行计划生育是我国的一项基本国策。是促进我市经济、科技、社会协调发展的根本性措施；是致富人民，造福后代的一件大事。为了经受住新的人口生育高峰的考验，实现在本世纪末把我市总人口控制在680万以内的目标，特作如下决定：

一、坚定不移地稳定我市现行生育政策，把实际生育水平严格控制在计划指标之内

稳定现行生育政策是我市计划生育工作的一条基本经验。鉴于目前计划生育工作面临的严峻形势，市委、市政府经过慎重研究，决定在一个较长的时间内，稳定我市现行生育政策。即普遍提倡一对夫妇只生育一个孩子；在农村，除按省政府（1984）42号文件规定的条件，允许某些确有实际困难的群众生育两个孩子外，各地不得再开新的口子；在安排二胎生育时，必须从严掌握，把生育二胎指标控制在年度计划出生人数的12%以内，如有困难，可以劝说部分群众推迟生育二胎，以保证人口计划的完成；批准生育二胎的权限在各区、县（市）和农场计生委（办）。其他任何单位和个人无权批准；各地要严格二胎审批手续，加强对病残儿鉴定的管理，堵塞漏洞，清扫死角。

要坚决杜绝多胎生育，特别要加强对流动人口的生育管理。各地要健全多胎孕情报告制度，对报告不及时，工作不力而造成多胎生育的要追究所在单位的领导和当事人的责任。对经多次教育仍坚持超生的，除按规定征收超生子女费外，还要在招工、招干、审批住宅基地、办理户口迁移、发放营业执照、困难补助和进乡、村企业等方面予以限制。

二、层层推行计划生育目标管理责任制，继续实行计划生育“一票否决权”

从明年起，在全市农村普遍推行“四制一约三挂钩”的综合管理制度。“四制”即：市对区、县（市）实行计划生育任期目标责任制；区、县、（市）对乡（镇），乡（镇）对村实行计划生育工作承包制。“一约”即：普遍建立计划生育村规民约。“三挂钩”即：把计划生育工作任务完成的好坏与各级干部或承包者的工资挂钩；与奖金挂钩；与计划生育事业费挂钩。以制度保证计划生育工作的落实。同时，逐步完善各项配套措施，使社会经济发展的各项政策有利于计划生育的开展。对于各区、县（市）计划生育工作，市委、市政府在年终时将根据抽样调查和考核结果，按合同兑现奖罚。凡没有达到评先目标的，不能评为全面工作和精神文明建设先进单位，主管领导和党政一把手不能评为先进个人；没有达到起码要求，人口回升比较严重的，除不能评先评奖外，对有关人员应给予必要的处罚；对不执行现行生育政策，乱开口子、管理混乱、长期完不成人口计划的单位，要限期扭转局面，仍达不到要求的，要追究主要领导和主管领导的责任。各项指标完成得较好，控制人口成绩显著的，要给予一定的奖励。同时，要把计划生育工作作为考核领导干部政绩和职务升降的重要依据。

三、切实加强计划生育专业队伍建设，进一步健全基层工作网络

各级党委、政府要充实、加强计划生育部门，使之成为功能全、效率高的职能机构。区、县（市）计划生育委员会的力量要与任务相适应，人员不足的要抓紧配齐，保持相对稳定。乡（镇）一级建立健全计划生育办公室，配备一名计划生育助理，并安排二至三人专抓计划生育工作。乡（镇）专干已经缺额的，要从省人事厅下达的乡（镇）聘用干部指标中优先解决。乡（镇）计划生育专干异动须事先征得区、（市）计划生育部门的同意。村民委员会要承担计划生育工作任务，并有专人抓计划生育工作，其报酬由乡（镇）统筹，不得低于村主任报酬的70%。

市委、市政府重申原地委、行署〔87〕7号文件规定：“区、乡计划生育专干和分管计划生育的领导所在区、乡的计划生育工作连续三年被评为县、市的先进，经区、乡党委集体讨论，报劳动人事部门审核批准，其工资上浮一级”。“从事计划生育五年以上，工作做出显著成绩，而又需要继续担任区、乡计划生育专干的，经同级党委讨论，上级组织人事部门考核批准，享受副乡长待遇。各级各部门必须认真落实上述规定。计划生育专干要努力学习，不断提高政治、业务素质和工作水平，安心本职工作。

计划生育工作需要依靠科技进步，努力提高服务水平。要求在二三年内普遍建立起宣传教育、技术服务、技术培训、药具供应四位一体的县级计划生育服务站。

大力发展基层计划生育协会。今冬明春重点要建好乡村两级协会，通过多种形式充分发挥其作用。要适当增加市、县两级协会的编制和经费，以加强与基层协会的联系和指导。

四、适当增加计划生育经费，保证工作正常开展

当前正值人口生育高峰，手术量激增，加上调价等因素，经费缺口越来越大。各区、县（市）要认真落实今年六月省计委、省财政厅、省计生委联合发出的《全省计划生育财务、基建工作会议纪要》精神，努力解决我市计划生育经费包干基数低、欠账多的问题。各级财政部门要按规定的比例，给足计划生育事业费，并积极筹措资金，力争用两年时间把我市计划生育经费提高到人均0.6元的水平。计划生育节育手术费的分配，要有利于控制人口的增长。手术收费标准必须经当地物价部门核准。乡（镇）计划生育专干已列入乡（镇）行政编，其工资、福利应从地方列支。

五、继续加强对计划生育工作的领导，认真落实综合治理措施

各级党委、政府要层层统一和深化思想认识，强化人均意识，真正把计划生育与经济工作放在同重要地位，坚持“两种生产”一起抓。在年度工作安排、阶段工作部署、年终工作总结中，保证计划生育工作的应有地位，一年大抓几次。各级党政一把手要高度重视计划生育工作，关键时期要亲自上马，加强领导。各级都要安排强有力的领导力量分管这项工作，其他领导成员也要抓计划生育工作。要教育各级干部、广大党、团员带头实行计划生育，作好群众的表率。对于违反计划生育政策的，要视其情节给予纪律处分。

各部门在各级党委、政府统一领导下，密切配合、齐抓共管。各级计划生育委员会实行委员制，由宣传、农业、计委、财政、公安、民政、卫生、人事、工商等部门和工会、共青团、妇联等群众团体的负责同志担任兼职委员（已成立领导小组的可不实行委员制）。各部门要以计划生育工作为已任。认真履行职责，努力多做贡献。

要立足长远，狠抓当前。今冬明春各地要集中领导，集中力量，开展一次大规模的宣传教育活动，进一步造成计划生育的大气候。通过普遍教育，清查计划外生育和早婚早育，落实节育措施，推动全市计划生育工作深入开展。

此件发乡（镇）以上单位

附录3

常德市人民政府
批转《关于贯彻实施〈湖南省计划生育条例〉的意见》的通知

（常政发〔1990〕8号）

1990年5月30日

各区、县（市）人民政府，市直有关单位：

市人民政府同意市计划生育委员会《关于贯彻实施〈湖南省计划生育条例〉的意见》，现批转给你们，望认真贯彻执行。

关于贯彻实施《湖南省计划生育条例》的意见

市人民政府：

为了保证《湖南省计划生育条例》（以下简称《条例》）的正确贯彻实施，稳定我市生育政策，现就有关问题提出如下意见：

一、审批生育二孩的条件及办法。根据《条例》第十六、十七、十八条及省人民政府的有关规定，夫妻双方系农民，符合下列条件之一者，经批准，可以生育第二个孩子。

（一）经县级计划生育技术指导组鉴定，第一个孩子有非遗传性残疾或其他严重生理缺陷不能成长为正常劳动力的；

（二）婚后五年以上不孕，经县级以上医疗机构确认为不孕症，按照有关规定收养一个孩子后又怀孕的；

（三）一方再婚前只有一个孩子，另一方无子女的；

（四）夫妻双方均系独生子女只有一个孩子的；

（五）夫妻双方均系归国华侨或在我省定居的台湾、香港、澳门同胞只有一个孩子的；

（六）夫妻一方两代系独生子女只有一个孩子的；

（七）夫妻一方系烈士的独生子女或二等乙级以上残废军人只有一个孩子的；

（八）男到独女家结婚落户只有一个孩子的；

（九）同胞兄弟二人或二人以上均系农民，只有一人有生育能力，且只有一个孩子，其他兄弟未收养孩子的；

（十）夫妻一方系非遗传性残疾，或因公（工）致残，丧失劳动能力，只有一个女孩的；

（十一）独子只有一个女孩的；

（十二）兄弟数人（含两人）均系只有一个女孩的（只限照顾兄弟中一人）；

（十三）男到有女无儿户结婚落户只有一人女孩的（如女家有姐妹数人，只限照顾一人）。

夫妻双方系国家工作人员（含招聘干部，下同），企事业单位职工、城镇居民，符合上列条件中第（一）、（二）、（三）、（四）、（五）项之一者，经过批准，可以生育第二个孩子。

夫妻中女方是是国家工作人员、企事业单位职工、城镇居民，男方是农民的，适用上列条件中第（一）、（二）、（三）、（四）、（五）项，女方是农民，男方是国家工作人员，企事业单位职工、城镇居民的，适用上列条件第（一）、（二）、（三）、（四）、（五）、（六）、（七）项规定。

符合上述条件要求生育第二个孩子的，生育间隔必须在4年以上，生育妇女的年龄必须在28周岁以上。由乡（镇）人民政府或街道办事处报县级计划生育管理部门批准，领取《准生证》后方可生育。

上述条件中的“独生子女”、“独子”、“独女”均指无同胞兄弟姐妹的独子或独女。夫妻双方均未生育而抱养的一个孩子，在生育政策上可按“独生子女”对待，但在审批中必须从严掌握。

二、民族乡中少数民族夫妇生育二孩的原则。按照《条例》第十九条规定，鼎城区许家桥乡、桃源县青林乡、枫树乡和汉寿县毛家滩乡，从1990年起，可以有计划有步骤地安排少数民族夫妇生育第二个孩子。此规定仅限户籍在少数民族乡，且居住在该少数民族乡的少数民族夫妇。在少数民族乡的暂住户、流动户以及居住在民族乡的汉族夫妇和散居在非少数民族乡的少数民族夫妇均不在此列。

民族乡在安排少数民族夫妇生育第二胎时，应有计划有步骤地进行。要组织干部摸清本乡少数民族情况，逐户逐人登记造册。按间隔年限等有关规定作好安排少数民族夫妇生育二孩的规划，上报县级计划生育管理部门审批后，发放《准生证》并张榜公布。

要按照规定条件搞好民族甄别，原则上按历史沿革和成立民族乡时确定的民族为准，不准弄虚作假，突击更改民族。

民族乡在1989年12月31日前按省、市、县有关政策作出的一切处罚决定仍然有效。已经征收的超生子女费不退回，尚未征收完的应继续兑现。一孩夫妇已经结扎的一般不再施行吻合手术。对自愿终身只生育一孩的育龄夫妇应予表扬和奖励，具体奖励办法由县人民政府制定。

三、1990年1月1日前下达的二孩生育指标的处置。

1989年以前（含1989年）按省人民政府〔1984〕42号文件审批下达的生育二孩指标

尚未生育的，允许在1990年内生育；1990年12月31日前怀孕而未生育，其指标在1991年9月30日前仍然有效，但必须换发1991年的《准生证》。

凡1990年12月31日前未生育怀孕者，如符合第一条所列十三项条件之一者，其指标仍然有效，但必须换发新的《准生证》，如不符合，其指标在1990年底废止。

今后必须严格按条件审批发放生育二孩指标，禁止为不符合条件的人突击补办生育二孩的《准生证》。

四、计划外生育的限制与处罚。对1989年12月31日前计划外生育者，必须按各地原来的规定征收计划外生育费。对1990年1月1日以后计划外生育者，各地要严格按《条例》规定征收计划外生育费和罚款。

国家工作人员、企事业单位职工违反《条例》规定计划外生育者，除按《条例》规定征收计划外生育费外，还应按以下规定从严处罚：1. 三年内夫妇双方不得参加评先、评奖、提职、提级；2. 受到撤职处分的，三年内不恢复原职务；3. 受降级处分的，三年内不恢复原工资和职务级别；4. 受到开除处分的，五年内不得重新录用；5. 因超生子女而造成家庭经济困难和住房困难，不予补助和照顾；6. 孕检、医药、接生和住院费用自理，产褥期不发给工资；7. 超生子女在10周岁以前不享受家属统筹医疗、合作医疗或直系家属劳保医疗待遇，不供应国家平价口粮。

计划生育工作涉及面广，工作难度大，各级政府要切实加强领导，把人口规划和年度计划的执行情况作为考核各级政府主要领导和分管领导政绩的重要内容之一，实行计划生育“一票否决”。经过抽样调查考核，凡没有达到评先标准的，不能评为精神文明建设先进单位和双文明建设先进单位，政府主要领导和分管领导不能评为先进个人。连续三年完不成年度人口计划，工作没有明显进步的，政府主要领导和分管领导不能提职晋升，并可就地免职降级；已经调动的，要实行追踪审计，离职奖惩。要按照市委〔1988〕9号文件，健全、充实乡镇计划生育办公室，配备一定数量的工作人员。要关心、支持基层计划生育干部开展工作，落实好他们的各项待遇。各级财政部门要积极筹措资金，逐步增加计划生育事业经费。

以上意见，如无不妥，请批转各单位执行。

常德市计划生育委员会

一九九O年五月十九日

附录4

中共常德市委　常德市人民政府关于实行“村为主”管理体制全面提高计划生育工作水平的意见

（常发〔1997〕13号）

1997年8月4日

各区、县（市）党委和人民政府，市直各单位：

为了认真落实中央、省关于进一步抓紧抓好计划生育工作，促进其“两个转变”的指示精神，全面实施我市“九五”时期计划生育工作发展规划，市委、市政府决定在全市范围内全面推行计划生育“村为主”管理体制，现提出如下意见：

一、实施“村为主”的重要意义

“村为主”就是村党支部、村民委员会在乡（镇）党委、政府的领导和指导下，依据《中华人民共和国村民委员会组织法》在组织村民发展经济的同时，自觉承担抓好本村计划生育工作的责任，带领群众少生快富奔小康。实行“村为主”的管理体制，是计划生育工作深入发展的迫切需要，强化了村一级在计划生育工作中的主体地位和作用，有利于人口计划的全面完成，促进计划生育工作任务的落实；有利于实现工作思路和工作方法的转变，提高计划生育工作水平；有利于调动人民群众自我教育、自我管理、自我服务和民主参与、民主监督的积极性；有利于密切党群关系、干群关系，形成“干部做好工作，群众乐意接受”的良好局面。各级各部门都要充分认识实行计划生育工作“村为主”的重要意义，切实担负起组织实施“村为主”工作的责任。

二、实施“村为主”的内容与目标

计划生育“村为主”可概括为“九个为主”，即组织领导、宣传教育、落实人口计划、落实节育措施、优质服务、流动人口管理、扶贫帮困、落实利益导向机制和婚姻管理村为主。实行“村为主”要达到如下六条标准：1. 村党支部和村委会班子战斗力强，能主动承担本村计划生育工作的责任。2. 村组两级计划生育组织网络健全，工作人员职责明确，报酬落实；活动阵地规范、适用。3. 能完成计划生育各项任务，日常管理规范，在年度内无计划外出生。4. 村组干部、党员、团员和协会会员能带头实行计划生育，群众自我教育、自我管理、自我服务意识强。5. 建立利益导向机制，开展生产、生育、生活优质服务，为独生子女家庭落实一项以上计划生育优惠政策。6. 提倡农村文明新风，干部依法办事、群众依法生育、党群、干群关系融洽。

计划生育“村为主”的目标：按照我市“九五”计划生育发规划要求，1997年60%

以上，1998 年 80% 以上，2000 年 100% 的村实行“村为主”管理体制。

三、实施“村为主”的方法与措施

1. 建立健全基层计划生育工作网络。

要完善村组两级“村为主”工作机构。村成立由村支部书记为组长，村主任、计生协会会长、村会计和村专干为成员的村计划生育领导小组；村民小组配齐指导员和协会小组组长；村计划生育专干是党员的，任党支部副书记，不是党员的，任村民委员会副主任。对上述人员应定职定责，落实报酬。

加强乡、村、组三级计划生育工作阵地建设，充实村“三位一体”（计划生育工作指导室、协会活动室、计划生育学校）的内容，达到规范适用的标准，充分发挥管理与服务功能。组“两位一体”（计划生育宣传室、协会活动室），做到内容简洁明了，贴近群众；乡“四位一体”要逐步配齐 B 超、电脑、红外线治疗仪、电化宣教设备，全方位地开展宣传指导综合服务。

2. 加强宣传教育

要在广大群众中深入宣传计划生育“村为主”工作的内涵，做到人人知晓，个个参与，增强计划生育自治意识，调动群众民主管理本村计划生育事务、自觉实行计划生育、晚婚晚育、优生优育的积极性。

要以建设少生、快富、文明幸福家庭为主题开展家政教育。向群众系统地传授种养技术、生活小常识、人际关系、人口与计划生育基础知识以及晚婚晚育、优生优育、生殖保健等方面的知识。

要进行新时期人口与计划生育形势的宣传和国策理论、政策法规的教育，树立全民人口忧患意识。计划生育的应知应会接受率要达 90% 以上。

要大力开展依法行政宣传教育。村组干部和党员要严格按程序规定进行计划生育管理和服务，不得发生违法乱纪行为。

3. 建立利益导向机制

对自觉实行计划生育，积极参与计划生育“村为主”工作的育龄群众，要创造条件，落实好如下优惠政策：

①按时参加生殖健康检测和计划生育学习的，抵减当年义务工 4 个。

②给领取了独生子女证、14 周岁以内的独生子女每人每年落实 60 元的保健费（可抵义务工）。

③每年免费为独生子女计划免疫接种和进行一次健康检查。

④在同等条件下，优先安排独生子女上学、招工；给困难户独生子女适当减免学杂费。

⑤实行晚婚晚育的新婚妇女免除一年义务工，（女年满 23 周岁结婚为晚婚，24 周岁生育第一个孩子为晚育）

⑥乡（镇）、村在发包田土、山林、水面或开发家庭致富项目时，要优先考虑独生子女户。

⑦乡（镇）村办企业在招收工作人员时，要优先安排独生子女家庭劳动力。

⑧对农村独生子女户发展个体私营经济，有关部门要优先办理证照，手续从简、收费从优。

⑨各区、县（市）每年要安排部分扶贫资金作为村计生协会开展“三结合”项目的启动资金。

4. 兴办村级经济实体，增强“村为主”的经济基础

要充分挖掘本地经济潜力，开发本地资源，组织计生协会会员和计划生育积极分子，以股份的形式发展村办种养业、加工业、运输业等多形式的经济实体，壮大集体经济实力，为“村为主”工作服务。区县（市）、乡（镇）党委政府和有关部门要资助一定的资金、技术，采取切实可行的措施，扶助村级经济的发展。

5. 全面推行优质服务

计划生育工作人员要围绕避孕节育、优生优育、生殖保健这三项任务，不断强化服务意识、提高服务质量，按照计划生育公开办事制度，生殖健康全程服务要求，切实为育龄群众提供政策服务、宣传服务和安全、有效、及时的技术服务，认真履行承诺，兑现服务合同。各级党委、政府要发动社会各方面力量为计划生育家庭开展全方位的生产、生育、生活等方面的服务，通过优质服务，密切党群干群关系。

6. 坚持人口计划目标管理责任制

要坚持计划生育工作既要抓紧，又要抓好的原则，一方面加强利益导向，一方面严格执行生育政策，强化人口计划目标管理责任制，坚持“一票否决”制度，保证完成人口计划生育各项指标，无计外出生，无早婚早育和非法婚姻，无统计水分。

四、切实加强对“村为主”工作的领导

实行“村为主”是计划生育工作机制的转变，绝不是减轻了县乡两级计划生育工作的责任。相反，实行“村为主”，县、乡两级计划生育工作的任务更重、责任更大、要求更高。因此，必须加强对“村为主”工作的领导。

1. 各区县（市）党委和人民政府要把计划生育“村为主”工作摆在重要议事日程，党政一把手要亲自抓、责总责，分管领导具体抓，做到统筹兼顾，精心组织，搞好协调。要迅速制定本地“村为主”工作规划和实施细则，澄清村级工作底子、办点示范，对村级班子不强的地方，督促整改。县级领导、县直有关部门要在所联系的乡（镇）具体指导一个村，在人、财、物等方面提供帮助，搞好以“村为主”工作。县计生委要进行业务指导和调查研究，掌握情况，当好参谋，按照“村为主”标准，严格进行考核，如实申报验收，确保“村为主”工作落到实处。

2. 乡（镇）党委、政府要加强对计划生育“村为主”工作的具体领导。要加强对后

进村的指导和整顿，促使这些村的领导班子把计划生育工作的担子挑起来，尽快改变后进村落后面貌，早日实现“村为主”工作目标。要加强对村级计划生育工作的指导，重点帮助村一级抓好基础管理，落实好村组干部和党员、协会会员、组指导员的责任，切实以“村为主”开展工作，要特别注意调动群众自主参与的积极性，使群众真正成为计划生育的主人。要完善乡（镇）“四位一体”服务功能，充分发挥其在“村为主”工作中的指导、管理、服务作用。要认真组织开展计划生育“村为主”模范乡、示范村、少生快富模范家庭、“村为主”示范户、合格户的评选活动，充分发挥先进单位、积极分子的示范带头作用，形成“村为主”的浓厚气氛。

3. 各有关部门要明确在“村为主”工作中的职责，形成齐抓共管的合力。要把参与和实施“村为主”工作情况纳入部门岗位责任制。各级各部门都要建立计划生育“村为主”工作联系点，联系点要达到“村为主”工作标准。宣传部门要加大“村为主”工作宣传力度；组织、人事部门要把“村为主”工作情况作为考核、提拔县、乡领导干部的一项重要内容；农村工作部门要在农业发展基金、扶贫资金中安排一定的比例，扶持计划生育户脱贫致富；编制部门要按照上级有关精神，落实好县、乡计划生育工作机构及人员编制；妇女工作部门开展的“双学双比”活动，要与计划生育“村为主”工作紧密结合起来；卫生部门要组织实施独生子女免疫接种和健康检查；民政部门要严格婚姻管理、大力发展社会福利事业和农村养老保险。市计划生育领导小组每年要对实施“村为主”情况进行一次考核验收，严格实行奖惩。

4. 建立激励机制，稳定计划生育干部队伍。对从事计划生育工作连续 5 年以上，工作做出显著成绩，而又需要继续担任区县（市）、乡（镇）街道办事处计生委（办）主任的，经同级党委、政府讨论，上级人事部门批准，可按每人每月 30 元的标准增发津贴；对成绩突出的，按德才兼备的原则，该重用的要重用，该提拔的要提拔。对“村为主”工作成绩突出的村党支部书记、村专干，在转干、提拔、养老保险和奖励上予以优先。

（此件发至乡镇）

附录 5

中共常德市委　常德市人民政府
关于加强人口与计划生育综合治理工作的通　　知

（常通字〔2001〕19 号）

2001 年 9 月 11 日

各区、县、（市）委、人民政府，市直各单位：

随着市场经济的发展和户籍管理制度的改革，计划生育工作出现了许多新情况和新问题，特别是流动人口、下岗职工、早婚、无证结婚、再婚、无业人员等特殊人群的计划生育管理面临新的困难，给稳定低生育水平带来了影响。为了认真贯彻落实《中共中央、国务院关于加强人口与计划生育工作稳定低生育水平的决定》（中发〔2000〕8 号）文件精神，加强我市人口与计划生育综合治理工作，促进计划生育事业的稳步健康发展，现将有关要求通知如下：

一、完善综合治理网络，抓好流动人口管理

1. 各级要成立人口与计划生育综合治理工作领导小组。由政府牵头，公安、计划生育、工商、劳动和社保、民政、卫生、财政、建设、房地产管理等部门为成员单位，负责组织、协调人口与计划生育综合治理工作。领导小组下设办公室，其人员由公安、计划生育、工商、劳动和社保、卫生、建设、房地产管理等部门组成，负责流动人口的办证、验证。各部门、单位要明确一名领导分管，一名专干专抓。要完善人口与计划生育群众工作队伍，有单独院落的企事业单位和社区要建立计划生育协会组织。

2. 坚持以“现居住地管理为主”的原则，将城镇人口与计划生育管理和服务全面纳入社区建设。把计划生育宣传和创建新型生育文化作为社区文化建设的重要内容；把计划生育技术和生殖健康服务纳入社区卫生服务范畴；把流动人口的计划生育管理纳入社区治安等整个社区建设体系，坚持综合治理，共享社区资源。

3. 坚持“谁用工谁负责”的原则、实行企事业单位法人人口与计划生育工作责任制。凡国有、集体、个体私营、外资、合资企事业的法人代表应对所在单位的人口与计划生育工作负总责。

4. 坚持“谁出租谁负责”“谁管理谁负责”的原则，实行房产业主人口与计划生育工作责任制。各房地产部门、各门面出租单位和私有房屋业主，对租房人员的计划生育负全责。居民小区物业管理在进行物业管理的同时，负责小区居民及流动人口的计划生育管理。对开发小区的流动人口与计划生育工作，已建立社区的由社区组织、开发商负责，以社区组织为主；未建立社区组织的由开发商、所在街道办事处、居委会负责，以开发商为主。对租住房屋的流动人口，要登记审查其计划生育状况，督促进行孕情监测。

5. 坚持“村为主”原则，规范农村外出流动人口计划生育管理。外出人口办理《流动人口婚育证明》时，必须签好合同。常年（一年以上）在外的流动人口，签订合同时，要有家属或党员、干部负责联系，外出人员向联系人担保，保证每半年寄回一次流入地的有效孕检证明。合同签订后，由流动人口户籍所在地乡镇（街道）计生办或村（居）委会按合同收取合同保证金。保证金存储在指定金融单位，存折由缴纳人保管，存折密码由计生办或村（居）委会掌握，实行一人一存单，一人一账户，一年一结算，合同一年一兑现。外出人员中止外出后，凭计生办开具同意取款证明及密码到相关金融单位支取，计生办不得收取现金，严禁以任何形式挪用保证金。

6. 加强部门协调，实行统一管理。各级人口与计划生育综合治理工作领导小组办公室每季度召开一次联合办公例会，对各相关职能部门履行职责的情况进行一次调度；定期或不定期对用人单位、房屋出租户进行调查监管，联合执法。由计划生育部门牵头，宣传、广播、电视、文化、卫生等部门配合，统一对流动人口进行宣传教育，开展孕情监测和生殖健康服务。

二、明确部门责任，实行齐抓共管

7. 明确人口与计划生育的执法责任。公安、工商、民政、劳动和社保、建设、房地产管理、卫生行政部门及各类医疗机构要严格依照有关法律法规办理、查验计划生育方面的各种证明证件；公安部门要依法打击妨碍执行计划生育公务的人和事；卫生、计划生育部门对非医学原因进行胎儿性别鉴定、性别选择性终止妊娠及非法施行计划生育手术的现象要加大查处力度；计划、统计部门要与计划生育部门共同做好人口调查及人口计划编制工作，依法查处人口与计划生育统计中的瞒报、虚报、篡改数据等违法行为。

8. 明确政策保障部门的责任。纪检监察部门要对违反计划生育政策的党员、干部和在计划生育工作中弄虚作假，且造成恶劣影响的有关责任人，严肃查处。司法部门要加大宣传普及计划生育法规的力度，切实维护计划生育工作人员和计划生育家庭的合法权益。组织人事部门在评先、记功、表彰、奖励、晋级、提拔、录用公务员等工作中要严格执行计划生育“一票否决”制度。编制部门在机构改革中，要按照“机构合理、结构合法、队伍稳定、精干高效”的原则落实计划生育部门机构编制。

9. 发挥舆论和政策导向的作用。宣传部门要组织“婚育新风进万家”活动。文化部门要积极创作人口与计划生育方面的文艺节目、文艺作品。电视台、电台、报社要开辟人口与计划生育专题栏目，大力推广人口与计划生育科普知识。教育部门要加强大、中学学生的人口理论、人口与计划生育知识的宣传教育。科技、民族事务、国土资源、农业等部门要根据各自职能，落实计划生育户的各项优惠政策，在项目安排、技术推广、人员培训、资金安排等方面给予优先和优惠，尽快帮助自觉实行计划生育的贫困户脱贫致富。各级工会、共青团、妇联和计划生育协会等群团组织，要充分发挥群众优势，深入开展生育、生活、生产服务，帮助广大育龄群众排忧解难，发家致富。

三、加强领导，严格考核奖惩

10. 区县（市）计划生育领导小组每年要召开两次以上专题会议，研究人口与计划生育综合治理工作，保证人力、物力、财力投入到位，解决工作中的实际困难。各级政府每年要和各职能部门签订人口与计划生育综合治理目标管理责任书，每半年进行一次专题检查督导，年终进行考核评估，其结果纳入领导干部政绩和奖惩的重要内容。

11. 各职能部门要层层签订人口与计划生育综合治理目标管理责任制，把工作责任指标量化落实到人，实行定性考核和定量考核相结合、平时督查和年终检查相结合的办法，对本部门、本系统下属单位严格考核评估。要建立职能部门人口与计划生育综合治理工作垂直负责制，凡下属单位出现问题，要追究相应上级主管部门的责任。

12. 严格兑现“一票否决”和责任追究制度。建立任期内逐年考核、离任时进行审核、对工作失职追究责任的制度。对完不成人口与计划生育综合治理工作任务的单位，严格实行计划生育“一票否决”。对管理不力，造成计划外生育的机关、团体和国有、集体、外资、私有等企事业单位及其他组织，严格按国家《流动人口计划生育工作管理办法》和《湖南省计划生育条例》规定，追究法定代表人或主要负责人及专职工作人员的责任，给予经济处罚和行政处罚。与已婚育龄流动人口形成劳动关系的用人单位和个人拒不履行流动人口计划生育管理职责或履行不力的，由区县（市）计划生育委员会给予警告，并处以一定数额的罚款。公安、工商、劳动和社保、卫生、建设、房地产管理部门的工作人员在审批成年流动人口有关证件时，不查验流动人口婚育证明或明知无婚育证明而予以批准的，要依法给予行政处分。

13. 实施表彰奖励。各级政府每年召开一次人口与计划生育综合治理工作会议，总结经验，表彰先进。

附录6

中共常德市委　常德市人民政府
关于实施人口与计划生育综合改革的意见

（常发〔2003〕11号）

2003年11月17日

为贯彻落实《中华人民共和国人口与计划生育法》《中共中央国务院关于加强人口与计划生育工作稳定低生育水平的决定》（以下简称《人口与计划生育法》《决定》）精神，进一步建立健全社会主义市场经济条件下的人口与计划生育工作管理体制和运行机制，推动我市人口与计划生育工作向高层次、高水平发展，根据国家部署和省试点工作要求，市委、市政府决定在全市实施人口与计划生育综合改革。现提出如下意见：

一、明确综合改革的指导思想和主要目标

1. 指导思想：以邓小平理论、“三个代表”重要思想和党的十六大精神为指导，以《人口与计划生育法》和《决定》为依据，以人的全面发展为中心，以最广大人民群众的根本利益为出发点和落脚点，深化管理体制、服务体系、利益导向机制、队伍管理、经费投入、考核监督机制等方面的改革，努力稳定低生育水平，提高人口出生素质，加快实现计划生育工作思路和方法“两个转变”，为经济社会的协调发展和可持续发展创造良好的人口环境。

2. 主要目标：通过综合改革，建立起“依法管理、村（居）民自治、优质服务、政策推动、综合治理”的管理机制，全面提高人口计划生育工作质量和群众满意程度。到2005年，全市总人口控制在610万人以内，计划生育率保持在96%以上，出生婴儿缺陷发生率降到0.8%以下，出生人口性别比控制在正常范围，育龄群众普遍享有基本生殖保健服务。到2010年，全市总人口控制在625万人以内，出生婴儿缺陷发生率控制在0.5%以内，二孩出生人口性别比保持在正常值范围，育龄夫妇普遍享有优质的生殖保健服务，基本建立起新型生育文化。

二、把握综合改革的主要内容

（一）深化人口与计划生育管理改革

1. 强化村级计划生育管理。要把人口与计划生育工作纳入农村基层组织建设、党员先进性教育和“小康村”“文明家庭”建设的重要内容。对村级人口计划生育责任目标执行情况定期进行考核评估，将村干部的使用、报酬与计划生育政绩挂钩。

强化村级专干队伍建设。把好“三关”（年龄在40周岁以下，文化程度高中以上，热爱计划生育工作的女性），实行“三落实”（职责、待遇、奖惩落实），提倡“三职合一”

（村妇女主任、计划生育专干、妇幼保健员一人担任），做到“三会”（会做群众工作、会基本妇幼保健知识、会电脑基本操作），村专干原则上要进入村支两委班子，工资实行乡（镇）统筹发放。

全面推行计划生育村民自治。强化村级计划生育服务阵地建设。发挥计划生育协会作用，动员群众实行自我教育、管理和服务。按照“建章立制、按章治村、民主管理、优质服务”的要求，突出民主制订《计划生育村民自治章程》、合同管理、村务公开三个关键环节，力争两年内60%的村实现计划生育村民自治，五年内全市基本实现计划生育村民自治。

2. 强化城市社区计划生育管理。把人口与计划生育工作纳入社区建设，建立“单位负责、属地管理、居民自治、社区服务”的管理体制。落实流动人口属地化管理，强化现居住地的责任。落实机关、企事业单位法定代表人责任制，按照“谁管理谁负责”的原则，管理好在岗干部职工和流入人员的计划生育。物业管理部门、用工单位按照“谁管理谁负责、谁用工谁负责、谁出租谁负责”的原则，管理好租住、购房人员和外来务工人员的计划生育。破产、改制企业下岗职工由其现居住地的社区（居委会）管理。

3. 强化计划生育职能部门垂直责任管理。各计划生育职能部门要进一步明确自身职责，落实分管领导和专（兼）职干部，建立经常工作和垂直责任管理机制，认真履行职责，主动定期对下属单位进行指导、检查、监督。凡下属单位出现问题，要追究上一级主管部门的责任。

4. 强化对计划生育的依法管理。大力开展计划生育法律法规宣传教育，依法规范群众生育节育行为。成立县级计划生育执法机构和队伍，对违法生育的依法征收社会抚养费。完善和落实行政执法责任制，依法规范执法人员行政行为，规范执法程序和执法文书，提高执法水平。

（二）深化人口与计划生育优质服务体系改革

1. 加强计划生育技术服务网络建设。形成以县站为龙头、乡所为主体、村室为依托的服务网络。县站要构筑以生殖健康系列化服务为中心，融宣传、咨询、药具、技术和优生优教于一体的服务框架。两年内全市建设50个乡镇中心所，巩固完善村级服务室。

2. 整合计划生育和卫生资源。在有利于计划生育和妇幼保健工作开展的前提下，积极稳妥地推行计划生育和妇幼保健“两网合一”。县乡服务站所要依法办理相关证照，提高服务和管理质量。

3. 建立人口与计划生育一体化服务体系。以市计划生育服务中心为核心，建成县站、乡所、村室一体化服务体系。围绕生育、节育、不育，全面落实免费节育手术服务。大力宣传和普及避孕节育、优生优育、生殖健康知识，开展优生遗传检测和生殖健康服务，增强育龄群众自我保健意识和能力，降低出生婴儿缺陷发生率、妇女生殖道疾病和性传播疾病发生率。

4. 改进服务方式。深入开展宣传教育进村、婚育新风进万家活动，创建社会主义新型生育文化。按照缩小范围、减少次数、提供方便、讲求效益的要求。开展好环情孕情监测和随访服务。

积极开发网络资源，建好“常德人口网”、WIS 信息网、OA 计划生育办公系统和人口与计划生育信息库。

（三）深化人口与计划生育导向机制和社会保障制度改革

重点落实独生子女保健费和独女户计划生育优惠政策。建立县级独生子女特困家庭求助基金和助学制度，给予资金救助，减免义务教育杂费。协调部门力量，对计划生育家庭在扶贫帮困、项目安排、科技传授等方面给予优先照顾，在保险、优抚、最低生活保障等社会救助方面给予优待。建立有利于计划生育的社会保障制度，拓展子女安康保险、节育手术安全保险、城镇女职工生育保险和独生子女养老保险。

（四）深化人口与计划生育队伍管理改革

1. 深化计划生育队伍人事制度改革。对乡（镇）计划生育办公室行政编制人员实行委任制或聘用制，其他人员一律实行聘用制。新进人员以区县（市）为主选拔，单位聘用。所有人员实行量化考核、末位淘汰。每次聘用期限不得超过三年，允许计划生育工作人员在区县（市）内流动、调离、自谋职业和辞职，真正形成能上能下、能进能出、优胜劣汰的用人管理机制。

2. 深化计划生育队伍内部分配制度改革。在计划生育事业单位内部人员中，根据不同岗位技术劳动的复杂和承担风险的程度、责任及工作量的大小等不同情况，将管理、技术、责任等要素一并纳入分配，确定工资标准，拉开分配档次，向关键岗位和优秀技术人员倾斜。

3. 实行凭证上岗制度，提高计划生育队伍的整体素质。到 2004 年底前，县、乡技术服务人员必须取得相应执业资格或全日制医学专业大专以上毕业证书，县级服务站有一名以上高级职称服务人员，乡级服务中心所有一名以上中级职称服务人员，乡级服务所有一名以上取得执业资格服务人员。到 2005 年底前，县、乡法规员必须取得县级人民政府法制部门颁发的执法证，其中 80% 的取得法律专业大专以上文凭；统计员必须取得一级以上等级证书。

（五）深化人口与计划生育考核、评估和监督机制改革。

按照“突出重点、注重实效、简便易行”的原则，改革考评办法，实行分类考评。减少考评指标，突出计划生育率、出生婴儿缺陷发生率、出生人口性别比三项重点指标。根据年度确定的工作重点，开展专项考核。实行考评全程公开，建立监督、举报制度，大力“打假治水”，确保考核公开、公平、公正。

严格兑现计划生育“一票否决”和责任追究制度。任期内逐年考核、离任时全面审核。对完不成人口与计划生育责任目标的单位和责任人，严格兑现“一票否决”。对任期内人口与计划生育工作不力的责任人，离任后三年内实行追踪处罚。对工作失职的责任人，严格实行责任追究，按有关法律法规给予行政处分。

（六）深化人口与计划生育投入机制改革

建立以财政投入为主，社会扶养费征收为辅的人口与计划生育投入新机制。到2005年，市、县、乡分别达到人平0.95元、3.05元和4.5元。农村税费改革后，乡镇财政应该保证在岗位计划生育工作人员的基本工资、养老保险、医疗保险和农村育龄群众免费手术的基本费用，保证工作的正常运转。要足额征收社会抚养费，社会抚养费一律上缴县级财政专户，由县级财政按规定确定分配到乡镇的比例，全部用于计划生育的奖励和优待。

三、切实加强对综合改革工作的领导

实施人口与计划生育综合改革，是做好新时期人口和计划生育工作的重大举措，涉及面广、政策性强。各级党委、政府务必高度重视，周密部署，积极实施，稳步推进。改革分三个阶段进行：2003年底前为宣传发动阶段；2004年至2005年为全面实施阶段；2006年为总结完善阶段。市计划生育领导小组负责对全市人口与计划生育综合改革进行组织、协调、督查和评估。各区县（市）党委、政府也要指定相应机构，确定不同课题，重点突破，组织开展好综合改革。在实施人口与计划生育综合改革中，要以推行村（居）民自治为切入点，注意解决好重点、难点问题，从而达到整体推进的目的。

（此件发乡（镇）以上单位）

附录7

中共常德市委　常德市人民政府
关于加强新时期人口和计划生育工作
统筹解决人口问题的决定

（常发〔2007〕10号）

2007年9月19日

为贯彻落实《中共中央国务院关于全面加强人口和计划生育工作统筹解决人口问题的决定》（中发〔2006〕22号，以下简称“中央《决定》”）和《中共湖南省委湖南省人民政府关于建立健全人口和计划生育长效工作机制统筹解决人口问题的决定》（湘发〔2007〕6号，以下简称“省委《决定》”），加快实现我市人口与经济社会协调发展步伐，现就加强新时期人口和计划生育工作，统筹解决人口问题作出如下决定。

一、充分认识加强新时期人口和计划生育工作的紧迫性和重要性

全市实行计划生育30多年来，共少生了250多万人，有力地促进了经济社会的协调发展和可持续发展。进入新的时期，我市人口发展正面临前所未有的复杂局面和低生育水平反弹的现实风险，将迎来总人口、劳动年龄人口和老年人口高峰。今后几年，受生育政策与全省并轨和人口增长惯性的影响，我市每年净增人口将由“十五”期间的年均1.8万人逐渐增加到“十一五”期末的2．4万人左右；群众的传统生育观念尚未根本转变，稳定低生育水平的任务非常艰巨；出生缺陷发生率呈上升趋势；出生人口性别比偏高势头强劲，人口老龄化问题也日渐显现；流动人口管理服务缺乏有效手段；社会抚养费征收难到位；少数领导干部存在盲目乐观和麻痹松劲情绪；部分政治、经济、社会政策与计划生育基本国策兼容不够，对人口和计划生育工作造成新的挑战和冲击。

人口问题始终是制约我市全面协调可持续发展的重大问题，是影响经济发展的关键因素。人口数量既是衡量经济发展的总分母，又是估量社会问题的总乘数，出生人口素质是未来发展的总起点，人口结构关系社会结构的总平衡，人口决策是经济社会规划决策的总约束。实现全市经济社会又快又好的发展，无不与人口数量、素质、结构、分布密切相关。做好人口和计划生育工作，既是落实科学发展观的重要举措，也是建设“工业强市、文化名城、和谐常德”的基础工程。

二、新时期全市人口和计划生育工作的指导思想和目标任务

指导思想：以邓小平理论和“三个代表”重要思想为指导，全面落实科学发展观，认真学习贯彻中央和省委《决议》精神，按照“夯实基层基础，创新工作特色”的总体要求，加快建立依法管理、村（居）民自治、优质服务、政策推动、综合治理的长效工作机制，在稳定低生育水平的基础上，统筹解决人口数量、素质、结构、分布问题，促进人口和计划生育事业持续稳步健康发展和人的全面发展，为全面建设小康社会、构建和谐常德创造良好的人口环境。

目标任务：到2010年，全市总人口控制在620万以内，符合政策生育率保持在95%以上；出生缺陷干预初见成效；出生人口性别比偏高势头得到有效控制；育龄群众普遍享有基本生育保健服务。到2020年，全市总人口控制在640万以内，符合政策生育率稳步提高；出生人口素质明显提高；出生人口性别比控制在正常值范围；育龄群众享有全面的生殖保健服务；普遍开展避孕节育措施的“知情选择”；基本形成科学、文明、进步的社会主义新型生育文化。

三、严格依法管理人口和计划生育工作

严格规范生育行为。大力开展计划生育法律法规宣传教育，引导群众自觉遵守计划生育法律法规，依法生育。稳步实行生育政策与全省并轨。严格二孩生育审批，认真落实公示制、市级备案制和定期抽查制，严肃查处乱发、错批二孩生育证行为。

严肃处理违纪违法行为。坚决维护基本国策权威，凡违法生育（含违法收养）的，一律依法征收社会抚养费，并依纪依法进行查处。党员不符合法律法规和政策规定的再生育条件生育子女的，给予开除党籍处分；违法收养子女的，给予留党察看或开除党籍处分；非合法夫妻关系生育第一个子女的，给予党内严重警告处分，情节严重的，给予撤销党内职务直至开除党籍处分；涉嫌犯罪的，移送司法机关处理。行政机关公务员违法生育的，给予降级或者撤职处分，情节严重的，给予开除处分；行政机关其他工作人员和事业单位工作人员违法生育的，参照处理。公民违法生育的，不得录用为公务员或事业单位工作人员。1990年以来有违法生育行为的，在今年的人大、政协换届选举中，不得作为人大代表、政协委员的候选人；不得提名、推荐为各级机关和基层组织的干部。今后，党代表、人大代表、政协委员以及各级机关和基层组织干部，出现违法生育的，依照法定程序以罢免和撤换。违法生育且没有依法承担法律责任者，不能享受民政、教育等方面的奖励优惠政策。对群众举报违法生育的国家工作人员和社会知名人士，必要时应做亲子鉴定或生育现象鉴定。经鉴定举报属实的，鉴定费、差旅费由被鉴定者本人承担，经鉴定不属实的，鉴定费、差旅费由要求鉴定的单位承担。被举报人接人口计生行政部门的亲子鉴定或生育现象鉴定通知后，15日内拒不参加鉴定的，视为违法生育。

切实提高执法水平。稳定计划生育执法机构，完善和落实行政执法责任制和过错追究制，依法规范执法人员行政行为，提高执法水平。加大法院强制执行力度，提高社会抚养费征收到位率。

四、着力夯实人口和计划生育工作基础

加强人口和计划生育宣传教育。广泛开展人口和计划生育宣传教育工作。报刊、广播、电视、互联网等媒体要制定规划，深入开展人口和计划生育宣传。各级党委学习中心组要把人口和计划生育理论、法律法规纳入学习内容，各级党校、中等以上学校要开设人口和计划生育课程或专题讲座。深入开展“婚育新风进万家”和“关爱女孩行动”等活动，在“5·29”协会活动日、“7·11”世界人口日、“10·28”男性健康日之际，利用城市社区、农村基层的各种文化场所和其他宣传载体，开展群众喜闻乐见的人口和计划生育宣传活动，更新群众生育观念，创建社会主义新型生育文化。

加强基层组织建设。建立健全“属地管理、单位负责、居民自治、社区服务”的城市人口和计划生育工作机制。把农村人口和计划生育工作纳入社会主义新农村建设的总体部署，建立健全“乡镇指导、依法管理、奖励扶助、村民自治”的农村人口和计划生育工作机制。在行政村（社区）撤并、村委会（社区居民委员会）换届时，应选配好计划生育专干。村级计划生育专干的工资要足额保证，总额达到村主任的80%以上。连续10年或累计15年担任计生专干的，退休后应享受退休村主任待遇。

全面推进计划生育村（居）民自治。把人口和计划生育工作纳入村（居）民自治的重要内容。村（居）委会依法制定人口和计划生育村（居）民自治章程，并与群众签订不同的管理合同，规范各自的职责、权利和义务。广泛发动群众，大力开展“两为两争”“生育关怀”“幸福工程”等活动，进一步发挥计划生育协会作用，努力构建“两委抓导向、协会唱主角、村（居）民搞自治、计生上水平”的计划生育村（民）民自治工作格局，实现群众计划生育自我教育、自我管理、自我服务、自我监督。力争2010年全市80%的村（居）达到计划生育村（居）民自治村（居）标准。

五、全面开展人口和计划生育优质服务

改善服务条件。按照行政管理、技术服务、群众工作“三位一体”计划生育公共服务体系建设的要求，以及技术优良、服务优质、管理优秀、环境优美、群众满意的标准，加快县站改造升级、中心服务所扩面新建、一般服务所和村室巩固完善工作。2010年内所有县站、50个以上中心服务所和一般服务所达到国家标准。

拓宽服务领域。继续坚持避孕节育、优生优育和生殖保健基础知识免费培训教育制度，育龄妇女查环查孕查治常见妇科病制度，计划生育技术服务基本项目免费服务制度以及计划生育药具免费供应制度。实施“三大工程”，即：稳步推进避孕节育知情选择工程，指导群众选择以长效节育措施为主的安全、有效、适宜的避孕方法；全面启动出生缺陷干预工程，倡导科学婚检，建立社会宣传、婚前孕前教育和婚前孕前保健为主，孕期保健、新生儿疾病筛查与治疗为铺的出生缺陷干预体系；大力开展生殖道感染防治工程，以流动服务车为载体，组建优质服务小组，常年深入乡村开展“生殖健康村村行”服务活动。关注男性生殖健康，提高生殖健康水平。

提高服务水平。按照人口和计划生育工作“两个转变”的要求，拓展服务范围，提高服务质量。积极推进人口和计划生育工作信息化，建好“常德市人口和计划生育网页”，加强WIS信息系统建设与应用。广泛开展“创建优质服务先进县”活动，力争“十一五”

期末，全市所有区县（市）和西湖、西洞庭管理区进入省优质服务先进单位行列，半数区县（市）跻身全国优质服务先进单位行列。

六、完善人口和计划生育利益导向机制

全面落实计划生育奖励救助政策。认真落实人口和计划生育法律法规规定的各项奖励救助政策。全面推行农村部分计划生育家庭奖励扶助制度和部分独生子女死亡伤残家庭扶助制度，确保每名对象足额享受扶助。依法落实独生子女保健费及其父母奖励制度。按照《常德市农村独生子女特困家庭救助办法》规定，每年安排专项资金，并通过向社会募捐设立救助基金，对计划生育特困家庭予以救助。积极探索建立长效节育措施奖励、节育手术保险等制度。

制定和落实计划生育优惠政策。各级各部门在制定惠民政策时，要对计划生育家庭特别是计划生育女孩家庭优先优惠。教育部门对独生子女和农村双女家庭子女在报考本市范围内的省级示范性高中时，同等条件下优先录取，对品学兼优、家庭贫困的独生子女和农村双女户家庭子女优先提供奖励或救助，对就读高中、中等职业学校的特困独生子女和农村双女户家庭子女，可由学校免除学费；卫生部门对参加农村合作医疗的独生子女和农村双女户家庭子女报销医药费时，在同等条件下提高5%的报销比例；民政部门对计划生育特困家庭实行重点救助，在同等条件下优先纳入城乡最低生活保障，城乡计生“三无”（无生活来源、无自理能力、无住房）家庭中的子女高中阶段就学，按每人每年1000元的标准进行资助。城区（武陵区、德山开发区、柳叶湖旅游度假区）的城镇计生低保家庭、城乡计生“三无”家庭的子女经过统招考取国家高等院校的按专科2000元、本科3000元的标准予以助学，其他区县（市）参照执行。农村计生“三无”家庭中的无房、危房户申请“爱心房”救助。事业单位在面向社会公开招考工作人员时，给独生子女及农村双女户家庭子女在总分中加1分（百分制），并在同等条件下优先录用；国土资源部门对计划生育特困家庭建房时，减免5%的收费；房产部门在计生特困家庭购买经济适用房、求租廉租房时予以优先，并减免10%的规费；农村办、水利、爱卫等部门，在沼气建设、改水改厕等方面，优先计划生育家庭，并给予10%—20%左右的优惠；扶贫、农业、科技等部门在扶贫救济、新技术推广、承担科技项目、科技示范户建设等方面，给予计划生育家庭优先；妇联、团委、工会在开展“春蕾计划”“妇女培训和再就业”等活动时，优先安排计划生育家庭；劳动部门在技能培训、就业安排等方面优先安排计划生育对象，在非工种限制条件下，积极向用人单位推荐招（聘）用女性。

积极应对人口老龄化。目前全市60岁以上人口已经占到总人口的15.26%，提前进入了老龄化社会。要制定和落实老龄事业发展战略规划和政策，逐步建立覆盖城乡居民的社会保障制度。构建以家庭养老为基础、社区服务为依托、机构照料为补充的养老服务体系。有条件的地方，可建立政府、集体和社会共同参与的养老服务机构。对生活不能自理的农村计划生育家庭老年父母，优先提供养老保障服务；农村要探索建立多种形式的计划生育家庭养老保险制度；城市要进一步完善社会统筹与个人账户相结合的基本养老保险制度，构建多层次的城镇养老保障体系。

七、加强人口和计划生育综合治理

建立统筹解决人口问题的综合决策机制。在研究制度国民经济社会发展规划和新农村建设、和谐社会建设、区域开发、扶贫攻坚等方面的政策时，充分考虑人口因素，将人口和计划生育工作融入经济社会发展全局。各有关部门制定、调整可能影响人口和计划生育工作的政策措施前，要征求人口计生部门的意见，过去出台的规章和规范性文件，凡是有影响人口和计划生育工作条款的，要及时修改或废止。干部提拔调动、具有代表性的公职人员选举或推荐、综合性评先评优，应严格进行计划生育政策的审查。在婚姻登记、工商营业执照办理、新生儿上户、房屋出租、户口迁移、孕产妇接诊时，应严格进行计划生育方面的把关审查，并在规定的时间内向人口计生部门通报。

综合治理出生人口性别比偏高问题。全面贯彻落实省政府第194号令（2005年），建立B超检查和人工终止妊娠登记、孕情检测、孕产过程管理等制度。完善执业资质认证和B超使用准入制度。对终止妊娠药品和促排卵药品实行严格的处方管理。人口计生、卫生、公安、药监等部门要密切配合，严厉打击非医学需要的胎儿性别鉴定和选择性别人工终止妊娠行为，依法严惩溺、弃、残害女婴和拐卖、绑架妇女儿童的犯罪活动及歧视、虐待生育女婴的妇女等违法行为，保障妇女儿童合法权益。

加强流动人口计划生育管理服务。各级人口计生部门可依托当地街道（社区）组建的流动人口和出租房屋管理服务中心（站），开展流动人口计划生育管理和服务工作。流入地按照“属地化管理、市民化服务”的原则，将流动人口计划生育管理和服务纳入经常性工作范围，提供与户籍人口同等的免费服务，流入人口计划生育情况纳入流入地目标管理内容，实行以流入地为主的目标管理双向考核。相关部门为流动人口办理经商、务工、购房、租房、社会保障等手续时，应与人口计生部门密切配合、互通信息。流出地要配合流入地，做好对外出人员的婚育知识宣传培训、免费办理婚育证明等工作。完善协议管理、协查通报、数据共享和信息公告等制度。在流动人口集中的地区、企业、集贸市场等成立计划生育协会，加强流动人口计划生育自我教育、自我管理、自我服务。充分利用流动人口信息交换平台、WIS信息系统和公安部门人口信息库，加强信息沟通和共享，提高流动人口管理和服务水平。

八、切实加强对新时期人口和计划生育工作的领导

强化领导决策调控。继续坚持党政一把手亲自抓，专职副书记为主抓，其他领导共同抓制度，把人口计生工作纳入各级党委、政府重大督查事项范围和领导干部政绩考核体系；坚持党委常委会和政府常务会专题研究，党政领导定期督导人口计生工作制度，积极研究新情况，解决新问题；坚持平时“黄牌警告”、年终严格兑现“一票否决”的责任追究制度。凡被“一票否决”的单位，取消当年综合性荣誉和评先评奖资格，其党政主要负责人、分管负责人及具体工作责任人一年内不得被授予个人荣誉称号、评先评奖、晋职晋级、提拔重用和调动；连续两年被“一票否决”的单位，其党政主要负责人、分管负责人及具体工作责任人予以免职，情况严重者给予党纪政纪处分。建立和完善有关部门人口和计划生育综合治理经常性协作配合制度、联系会议制度、垂直管理制度、年度考核和述职制度。凡出现影响大局的重大失误的，予以黄牌警告或“一票否决”，连续两年考核排名最后一位的，予以“一票否决”。下级部门出现问题，要追究上级部门责任。机关企事业单位主要负责人为本单位计划生育工作第一责任人，凡单位出现违法生育的，对单位实行“一票否决”，并追究主要负责人和分管负责人责任。各级党委、政府要将计划生育协会工作列入重要议事日程，列入人口和计划生育目标管理考核范畴，按照常办发〔2007〕1号文件规定，切实帮助解决其机构、人员、经费等方面的实际问题，充分发挥计划生育协会在统筹解决人口中的积极作用。

建立稳定增长的投入保障机制。各级财政要逐年增加人口和计划生育经费的投入，要按照湘人口发〔2007〕9号文件规定的要求，将各级计生事业费安排到位，确保工作正常运转。要重点保障乡镇（街道）计生事业费，征收的社会扶养费要全额返还乡镇（街道），上级财政一般转移支付中用于乡镇计划生育事业的经费要足额到位，市、区县（市）新增的计划生育事业费70%以上要用于支持基层乡镇计划生育事业和直接服务于计划生育对象。

加强人口和计划生育队伍建设。选拔德才兼备的优秀人才，充实、配强人口计划生育部门领导班子，班子成员中应配备医学、法律专业干部，加大对优秀计生干部的交流、提拔和重用力度。在农村综合改革中，计划生育机构和队伍要保持稳定，乡镇计生办、服务所的机构编制，严格按照常编办〔2002〕1号文件规定执行。计划生育行政管理、技术服务人员和群众工作人员的工资与社会保障待遇必须坚决按规定落实到位，乡镇在编计划生育工作人员工资纳入财政统发。区县（市）人口计生局局长、计生办主任和乡镇分管负责人的政治待遇，按相关文件规定积极解决。对多年从事人口和计划生育工作的优秀合制工作人员，在其参加公务员公开考录时，可适当放宽报考条件，由人事、人口计生部门拿出方案，按相关程序报批。建立完善人口和计划生育职业资格证书制度和持证上岗制度，到2010年底前，所有计划生育行政人员必须取得政府法制部门颁发的执法证，所有计生技术服务员必须取得相应的执业资格，所有统计员必须取得相应的等级证书。

附录 8

中共常德市委　常德市人民政府
关于推行计划生育特别扶助家庭关爱行动的意　　见

（常发〔2010〕18 号）

2010 年 8 月 17 日

为了进一步完善人口和计划生育利益导向政策体系，帮助计划生育特殊困难群体解决实际困难，现就推行计划生育特别扶助家庭（以下简称“特扶家庭”）关爱行动，提出如下意见。

一、充分认识开展特扶家庭关爱行动的重大意义

特扶家庭是在推行计划生育基本国策过程中，模范执行计划生育政策，为国家和社会做出重要贡献的一类特殊群体。进一步做好特扶家庭的生产、就医、住房、养老等方面的工作，将特扶家庭优先纳入养老、医疗等各项社会保障体系，帮助特扶家庭解决实际困难，让他们精神上得到慰藉、生活上得到帮助，有利于充分发挥计划生育导向作用，促进人口计生工作持续发展，为建设工业强市、文化名城、和谐常德创造良好的人口环境。

二、全面推行特扶家庭关爱行动

1. 明确特扶对象。主要是指我市符合《湖南省计划生育家庭特别扶助对象确认条件的政策性解释》规定条件，持有人口和计划生育部门颁发的计划生育家庭特别扶助有效证件的人员。

2. 及时发放扶助金。按照省规定的标准及时足额发放扶助金，属独生子女伤残特扶对象的每人每年发放 960 元，属独生子女死亡特扶对象的每人每年发放 1200 元。

3. 全面增加生活补助。为特扶对象每人每年增加 600 元生活补助。各区县（市）财政部门根据人口计生部门提供的花名册，委托扶助金代发机构年底一次性打卡发放。

4. 加大养老保险扶助。农村居民中特扶对象纳入新型农村社会养老保险时，给予未满 60 周岁人员每人每年不低于 200 元的缴费补助，已年满 60 周岁人员，按照不低于每人每月 30 元的标准，增发新农保基础养老金待遇。区县（市）人口计生部门负责提供特扶对象花名册，人力资源和社会保障部门办理缴费手续和发放养老金。常德市本级原国有企业置换身份人员中距法定正常退休年龄 5 年以内的特扶对象优先纳入城镇职工基本养老保险“助保工程”，助保对象可申请本人应缴保险额度的 50%，借款最高不超过 8000 元限额。

5. 加大医疗保障扶助。农村居民中的特扶对象全部纳入新型农村合作医疗参合范围，个人缴费部分由政府代缴，并在报销住院费用时不设起付线、对补助后的自付住院费用

（含起付费用）再给予10%的报销比例优待。城镇居民中的特扶对象参加城镇居民基本医疗保险的，个人缴费部分由政府代缴，在报销住院费用时，享受不设起付线、提高10%的报销比例优待。机关、企事业单位的特扶对象全部纳入城镇职工基本医疗保险参保范围，在报销住院用时享受不设起付线、提高10%的报销比例优待。

6. 强化社会求助。符城乡低保户和五保户条件的特扶对象纳入民政求助范围，做到“应保尽保”。对特扶对象因灾害、病残等原因导致家庭条件困难的，及时给予生活救助、大病救助、临时救助。

7. 优先纳入公益养老机构。由政府出资举办的养老服务机构在接纳特扶对象时，属于无偿接纳对象的应优先接纳，属于有偿接纳对象的给予每人不低于10%的费用减免。

8. 优先享受住房保障。特扶对象在购买、租赁国家经济适用住房、廉租房、国有直管公房时，应予优先，并按政策减免相关费用。农村特扶对象中符合农村危房改造试点补助条件的应优先纳入计划，按规定给予补助，并引导协助特扶对象改造危房。

9. 关心特扶家庭成员。特扶家庭中的残疾独生子女，优先享受《常德市残疾人扶助办法》规定的救助。特扶对象的伤残、死亡独生子女的子女属于独生子女的，在接受九年义务教育、中等职业教育、普通高中教育时，优先纳入资助范围；在参加失业人员职业技能培训、农村劳动力转移就业职业技能培训时，按规定享受职业技能培训补贴、职业技能鉴定补贴，职业介绍补贴后，还可享受不低于补贴标准50%的额外补贴优待。

10. 关爱特扶对象身心健康。各级计划生育技术服务机构应每年为特扶对象开展一次免费身体健康检查。要采取设立特扶对象免费咨询电话、开办免费咨询门诊，组织专家上门走访等形式，对特扶对象开展心理辅导。

11. 建立走访慰问制度。各级政府和相关部门、工会、共青团、妇联和计生协会等群团组织、特扶对象所属单位、村（居）委会要关心特扶对象，节假日期间要开展走访慰问活动。特扶对象所属单位、村（居）委会要对特扶对象进行定期探望。

三、加强特扶家庭关爱行动的保障措施

1. 加强组织领导。特扶家庭关爱行动工作由各级政府牵头负总责，人口计生、发展改革、财政、人力资源和社会保障、民政、教育、住房和城乡建设、卫生、残联等部门分工协作，具体落实。

2. 强化投入保障。特扶对象增加生活补助资金、“新农保”代缴的个人部分资金、提高标准的基础养老金由各区县（市）财政负担。“新农合”、城镇居民医保个人缴费部分、职业技能培训、职业技能鉴定、职业介绍额外补贴优待，由区县（市）社会抚养费和“生育关怀”基金予以解决。计划生育技术服务机构承担的免费身体检查费用、公益性养老机构接收特扶对象减免的费用在县级计划生育事业中列支。市本级“生育关怀”基金根据各地关爱行动工作开展情况给予补助，对承担免费心理咨询、心理辅导机构给予补助。其他各类社会保障政策中的资金优惠和减免部分，由各部门社会保障资金予以解决。纳入

"助保工程"的特扶对象签订贷款协议书后，资金从市"助保工程"专户支付。

3. 实行考核考评。特扶对象关爱行动实行评议公示制度，广泛接受社会监督，各级财政、审计、监察等部门依法定期对特扶资金的管理使用情况进行监督检查。本意见的实施情况将纳入人口计生目标管理年度考核内容，并严格实行考核奖惩和责任追究。各级各有关单位应根据本意见制定具体的实施意见。

（此件发至乡镇和街道）

附录9

中共常德市委　常德市人民政府 关于表彰全市人口和计划生育工作先进个人的 决　定

（常委〔2010〕29号）

2010年9月19日

1980年9月25日，中共中央发出了《关于控制我国人口增长问题致全体共产党员、共青团员的公开信》（以下简称《公开信》），号召共产党员、共青团员带头实行一对夫妇只生育一个孩子，同时号召实行晚婚晚育。为了隆重纪念《公开信》发表30周年，全面回顾、总结、展示人口和计划生育工作取得的巨大成就，热情讴歌广大党（团）员干部和群众艰苦努力、卓越奉献的精神，充分发挥榜样的示范激励作用，决定授予雷恭政等21名同志“对人口计生工作有突出贡献的领导干部”称号、刘兴国等47名同志“无私奉献的人口计生工作者”称号、刘玉桃等20名同志“带头实行计划生育的党（团）员”称号。

希望受到表彰的先进个人戒骄戒躁、努力工作，以更加务实的作风，为人口和计划生育事业做出新的贡献。全市广大党（团）员干部和群众要以他们为榜样，深入贯彻落实科学发展观，带头遵守人口和计划生育法律法规，积极开展人口和计划生育宣传教育，为促进我市人口与经济、社会协调发展做出新的更大贡献。全市广大人口和计划生育工作者要以他们为榜样，牢固树立全心全意为人民服务的宗旨、扎实践行科学发展观，树立正确的世界观、人生观和价值观，在本职岗位上求真务实，开拓进取，扎实工作，为推动科学跨越、加快富民强市做出更大贡献。

附件：全市人口和计划生育工作先进个人名单

1. 对人口计生工作有突出贡献的领导干部（21人）

雷恭政　原常德地委副书记、市计生协会第一届名誉会长

肖宗荣　原常德行署副专员、市计生协会第一届会长

何星甫　常德市人大副主任、市计生协会第二届会长

郑景阳　原常德市政府助理巡视员、市计生协会第三届会长

姜胜国　武陵区委常委、区人民政府副区长

董　岚（女）　鼎城区委副书记、区人民政府区长

张克武　汉寿县委副书记

黄　强　汉寿县龙阳镇党委书记

唐汇诰　桃源县委副书记
姜建渠　桃源县芦花潭乡党委书记
黎卫平（女）　临澧县人大常委会主任
汪年生　临澧县新安镇党委书记
胡世满　石门县委副书记
陈昌玉　澧县县委副书记
罗先春　澧县张公庙镇党委书记
王先蒙　安乡县委书记
张　烨　安乡县安生乡党委书记
邹如龙　津市市委副书记
刘定平　津市市汪家桥街道党工委书记
梅　宏　市财政局工会主席
彭　进　市公安局副局长
2. 无私奉献的人口计生工作者（47 人）
刘兴国　原常德市计生委主任
张群英（女）　原常德地区计生委副主任、原常德市计生协会常务副会长
戴正国　武陵区人口计生局局长
王冬英（女）　原武陵区计生委主任
汤　婷（女）　武陵区城南街道体育东路社区党支部书记
黄　玲（女）　武陵区河洑镇青林村计生专干
王诗杰　鼎城区人口计生局副局长、计生协会常务副会长
粟绍琼（女）　鼎城区人口计生局退休干部
杨鸿鹏　鼎城区逆江坪乡黄殿溪村党支部书记
陈红英（女）　鼎城区灌溪镇富贵坪村计生专干
傅烈元　汉寿县人口计生局退休干部
李光前　汉寿县军山铺镇计生专干
王自春　汉寿县毓德铺镇计生办主任
张祖爱　汉寿县大南湖乡金盆岭村党支部书记
黄　功　桃源县人口计生局副局长兼计生服务站站长
张桂华（女）　桃源县人口计生局副局长
杜红英（女）　桃源县计生服务站副站长
胡秀丽（女）　桃源县牯牛山乡计生办主任
肖湘玲（女）　桃源县漳江镇纺城路社区党支部书记
陈隆财　临澧县计生协会会长

刘德建　临澧县人口计生局流管站站长
王承宗　临澧县九里乡同心村党支部书记
张淑兰（女）　临澧县合口镇坪水村计生专干
卢芳明（女）　石门县人口计生局局长
杜方云　石门县人口计生局科技股股长
李书源　石门县二都乡计生办主任
丁道爱　石门县楚江镇荷花社区党支部书记
廖尧平　澧县人口计生局局长
胡祖明　原澧县人口计生局局长
张海清　澧县小渡口镇计生办主任
向际生　澧县大坪乡计生协会常务副会长
刘林新　澧县大堰垱镇澧临村党支部书记
郭庆鼎（女）　安乡县计生服务站主治医师
何名兰（女）　安乡县三岔河镇计生专干
周松林　安乡县深柳镇长岭洲社区党支部书记
赵道明　津市市计生协会秘书长
傅祖梅（女）　津市市金鱼岭街道办事处计生办主任
卜明华　津市市金鱼岭街道燕子窝社区党支部书记
易文通　西湖管理区西湖镇计生办主任
李利安（女）　西湖庭管理区人口计生局副局长
吴孔君（女）　常德经济技术开发区计生协会副会长
郑运贵（女）　贺家山原种场计生办主任、计生协会副会长
张妍萍（女）　柳叶湖旅游度假区计生局办公室主任
赵克蓉（女）　市总工会党组书记、副主席
高　蔚（女）　市民政局计生综治专干
汤朝辉　市住房和城乡建设局计生综治专干
冯兴国　市人口计生委政策法规科科长
3. 带头实行计划生育的党（团）员（20 人）
刘玉桃（女）　武陵区丹洲乡夬街村
杨冬平（女）　武陵区扩城乡西郊社区
刘年芳（女）　鼎城区石板滩镇毛栗岗村
孙春香（女）　鼎城区石门桥镇罗汉山村
彭桂花（女）　汉寿县沧港镇谭坪湖村
李守云　汉寿县岩汪湖镇岩汪湖村

王金秀（女）　桃源县枫树乡苏家堆村
刘运仙（女）　桃源县桃花源镇翘望嘴居委会
曾凡民　桃花源盘塘镇朱家港村
洪家明　临澧县安福镇清水村
皮金年（女）　石门县蒙泉镇将军山村
卿卯英（女）　石门县壶瓶山镇神景洞村
皮远训　澧县甘溪滩镇马溪村
易建军　澧县中武乡同车村
曹本玉（女）　澧县澧阳镇白米村
张献彬（女）　安乡县安丰乡永和垸村
邱四元（女）　安乡县大鲸港镇偏湖洲村
齐炳兰（女）　津市市棠华乡联合村
吴方珍（女）　西湖管理区东洲办事处鼎福村
刘立云（女）　西洞庭管理区祝丰镇沙河居委会

附录 10

计划生育工作要立足长远　坚持常抓不懈

中共常德市委书记　庞道沐

各位领导、同志们：

这次全省计划生育工作会议在临澧县召开，是对我市计划生育工作的极大鞭策与支持。在此，我代表中共常德市委、市人民政府向参加全省计划生育工作会议的各级领导、同志们表示热烈的欢迎和衷心的感谢。下面，就我市计划生育工作情况，向在座的各位领导、同志们作个汇报。

我市现辖九个区县（市）和四个国营农场，全市总人口五百六十九万。近些年来，我们坚持贯彻计划生育的基本国策，坚持宣传教育为主、避孕为主、经常性工作为主的“三为主”方针，严格控制人口增长，计划生育工作取得了一定成绩。如从 70 年代初期算起，近二十年来全市少生人口一百万。一九九〇年，全市人口出生率为千分之十五点一二，自然增长率为千分之八点三二，均比 70 年代初降低了十五个千分点；一孩生育率达到百分之八十一点七；计划生育率达到百分之八十八点二；节育率达到百分之九十二。回顾这些年的工作，我们感受最深的是，计划生育工作一定要立足长远，长年坚持，一抓到底，常抓不懈。

一、统一认识，树立常抓不懈的思想

计划生育工作要坚持常抓不懈的指导思想，是我们在实践中逐步确立的。50 年代末，根据国务院的指示精神，我市开始进行妇幼保健、避孕节育试点。60 年代，国家提出“晚、稀、少”的生育口号，当时地区成立了节制生育办公室。计划生育工作虽然开展起来，但没有纳入重要议事日程，成效甚微。直到 70 年代初，我们才真正重视人口问题，看到了人口问题对于社会发展和人民生活改善的极端重要性。常德解放二十年，虽然工农业生产有较大发展，但人口也翻了一番，人民生活的实际改善却不快。如一九六六年至一九七二年的七年间，全市工农业总产值增长了百分之四十五，人均收入相反却减少了百分之二点五。事实告诉我们，只抓经济发展，不抓人口控制，经济发展实际上是“白发展”、“空发展”，计划生育必须纳入重要议事日程认真来抓。在这个思想指导下，70 年代我们组织了几次大规模的宣传教育和手术活动，初步造成了全党重视计划生育工作的局面，也解决了一些突出的超生户、老大难问题。一九八〇年，中共中央致全体共产党员和共青团员的《公开信》发表后，不仅更加坚定了我们抓好计划生育工作的决心和信心，而且促使我们适应新形势，研究新情况，解决新问题，抓紧抓好计划生育工作。总结以往的经验教训，我们认识到，计划生育工作同其他任何工作一样都有规律可循，它既不同于农业生产

“抢季节”，也不比工业生产“抓批量”，它涉及千家万户，牵动亿万人民的心，如果仅仅依靠打几次“突击战”，是不能根本解决问题的。必须依靠全党动手，各方配合，作扎扎实实、深入细致的经常性工作。基于这样的认识，我们形成了“立足长远，常抓不懈”的指导思想和工作思路。

思想上的统一带来了行动上的一致。有些同志总结常德计划生育工作是换班子不间断，事情多不放松，有压力不动摇，受表扬不松劲，这是符合我们常德的实际的。首先，是换班子不间断抓计划生育工作。从70年代初开始，市（地）委领导班子换了五届，每届市委、市政府的主要负责人都亲自抓计划生育工作，历任党委、政府的副职都担任计划生育领导小组组长。从市到乡，照此办理，从而保持了计划生育工作的连续性。这些年来，我们除了根据上面的政策要求，在控制人口的具体标准和一些具体措施上不断作了一些改进和完善外，没有因为班子更动而出现对计划生育工作的放松和折腾。其次，不因事情多而放松对计划生育工作的具体领导。全市各级党政组织始终把计划生育摆在基本国策的位置上，真正做到“两种生产”一齐抓。我们市委有项制度规定，每年“几家”的领导都要集中两三次专题听取计划生育工作的汇报，集中研究解决计划生育工作中的有关问题。每年年初的全市三级干部大会，除了党政主要领导全面部署工作外，还安排有计划生育工作专题报告。年复一年抓发动、抓落实。仅去年，我们就召开了四次市委常委会、四次政府常务会、四次计划生育工作会议和三次电话会议，研究部署全市的计划生育工作。第三，有压力不动摇抓计划生育工作的决心。我们坚持计划生育工作二十年，遇到过不少困难与考验，但我们一直没有动摇过抓紧抓好这项工作的决心。前两年，部分基层干部对计划生育工作有很大的“厌战”、“畏难”、“压头”情绪，一九八八年，我们曾在农村党支部书记中进行一次问卷调查，在“你觉得农村工作最难做的是哪一件”栏中，百分之九十五以上的支部书记填写的是计划生育。我们通过认真地调查分析，计划生育之所以成为“天下第一难事”的主要原因有三个：一是农村家庭联产承包责任制有待进一步完善，“人多好栽田”的现实促使农民想多生孩子；二是地域性生育政策差异的影响；三是第三次人口生育高峰期的工作压力大。针对这些问题，一方面通过各种会议和各种形式的宣传教育活动来统一干部群众的思想认识，做好稳定情绪的工作，另一方面把工作重点放在农村，加强基层基础建设，强化管理制度，把各项服务工作做到堂，保证困难面前工作不滑坡。第四，有了成绩不自满，不削弱对计划生育工作的领导。一九七八年以来，我市的计划生育工作多次受到省委、省政府的好评，一九八六年被评为全国计划生育工作红旗单位，一九八九年全省人口抽样调查又名列第一。我们觉得，这些荣誉，只能体现上级对我们工作的鼓励与鞭策，并不能掩盖我们工作中的差距和漏洞，只能说明过去，并不能证明将来。计划生育工作有如“逆水行舟，不进则退”，如果在荣誉面前止步，先进的不抓要退坡，后进的不抓会失控。所以，我们把上级对我们的每一次肯定都当成一次动力，一个新起点。做到数十年如一日，不松劲，不歇气、不动摇。

二、稳定政策，落实常抓不懈的措施

计划生育工作是一项复杂的群众工作，政策是它的生命线。这些年来，我们始终把稳定政策作为计划生育工作的一项关键性措施来抓。在保持政策的稳定方面，我们注意从以下三个方面做好工作。

一是在国家宏观政策的指导下，从本市实际出发，形成地区性生育政策。从一九八四年开始，我们即根据省政府〔1984〕42 号文件精神，从我市的市情出发，制定出“提倡一对夫妇只生一个孩子，严格控制生育两个孩子，严厉禁止生三胎”的地方性政策规定。这个生育政策，从七年的实践情况来看，执行效果是好的。它好在对人口出生相对来说控制较紧，既符合国家从紧从严控制人口增长的大政方针，又适应我市实际情况。我们的实际情况是，人口多、密度大，人均占有资源量少。现阶段又处于第三次人口出生的高峰期，如果不实行从紧方针，政策上稍有松动，每年的出生人数都会超过 60 年代，到二○○○年，全市总人口将达到六百七十万，超过人口包干计划五十万，如果出现这种局面，势必严重地影响我市经济和社会的发展，人民的生活水平将相应降低，入学、就业、住房、交通等方面的压力将相应加大，还会给今后的工作带来许多意想不到而又难于解决的矛盾与困难。因此，我们对一九八四年以来所形成的计划生育方面的一些政策规定，一直保持基本稳定，坚持始终。

二是全面落实计划生育的各项奖惩规定。政策要稳，必须抓落实、抓兑现。这几年来，我们在落实上做文章，在兑现奖惩上取信于民。主要抓了两手，一手抓奖励优惠独生子女家庭、保护和鼓励群众实行计划生育的自觉性，造成计划生育光荣的大气候，这一手比较好抓，抓好了作用很大。第二手抓历年来超生对象的处理，整顿了生育秩序。这一手比较难抓，抓好了影响很大。难抓的我们花大力去抓，经过几年的工作，致使许多“老大难”问题得到了解决。通过一奖一惩，全市的生育秩序已基本趋于正常。

三是加强对人口计划的管理。我们在下达年度人口计划时，严格把生育二胎的人数控制在当年计划出生人数的百分之十二以内；坚决纠正不从实际出发，一律按人口比例下达人口计划，按人口计划平均分配二胎生育指标的做法；凡申请生育二胎的育龄夫妇必须按规定程序履行审批手续，由县级计划生育委员会集体审批；严格掌握二胎审批标准，不任意放宽条件。这样，使人口出生率得到了有效控制。

由于我们稳定了计划生育政策，并强化了这方面的宣传教育工作，使广大群众的生育观和心理承受力都发生了很大的变化，生育上的计划观念和优生优育的科学观念逐步树立起来，大多数育龄夫妇终身只生一个孩子、晚婚晚育、少生优生的自觉性逐步增强。目前，全市一孩夫妇已达四十一万八千对，占已婚有孩育龄夫妇总数的百分之三十八点八。全市基本形成了政策稳定、思想稳定、工作稳定的局面，计划生育工作健康稳步地向前发展。

三、强化管理，明确常抓不懈的责任

坚持最难的工作配备强有力的领导，实行过硬的目标管理责任制，这是我们在计划生育工作中始终坚持的重要原则。党的十一届三中全会后，农村普遍推行家庭联产承包责任制，给计划生育工作带来了新课题。一方面，农村集体经济和行政约束力一度减弱，为推行人口计划和兑现奖罚政策增加了一定的难度；另一方面，部分地方不能正确处理物质生产与人口生产的关系，出现了忽视抓人口控制的倾向，结果经济工作搞上去了，计划生育工作却滑下来了。工作需要管理，管理需要领导，领导需要责任，这是新形势下搞好计划生育工作的新课题。前几年，我们在全市推广了澧县计划生育“三连环”的责任制，通过进一步探索，后来在全市范围内发展为计划生育“一票否决权”，又经过几年的总结完善，逐步形成了现在我市一整套完整的计划生育目标管理责任制。这套责任制的内容主要包括以下几个方面：

1. *计划生育工作实行岗位目标管理*。对村级以上领导班子普遍实行任期目标责任制，每年逐级签订年度人口计划责任书的基础上，将计划生育纳入所有干部的岗位责任目标中，计划生育工作比重占每年干部所担负工作的百分之二十到百分之五十。各级在制定目标管理岗位责任制时明确规定，每个干部所辖单位的人口出生计划、计划生育率、一孩率、节育率等项责任指标，年终考核，兑现奖惩，从而提高了各级领导干部“两种生产”一起抓的自觉性，特别是在农村乡镇干部中形成了逢会必讲计划生育工作，下村必查计划生育工作的局面。部分干部抓计划生育工作由过去的被动应付转变为积极主动，由过去的一般号召转变为逐户访查。不仅提高了工作效率，而且密切了干群关系。

2. *严格实行“一票否决权”*。我们在每年年终的总结评比，兑现目标管理岗位责任制时，都坚持实行计划生育把总关的原则，年终各级的评先评奖，必须经过计划生育部门对计划生育工作指标的考核认可后方能生效。凡是被计划生育“一票否决”的单位，不能评为全面工作的先进单位或精神文明建设先进单位。对干部个人，计划生育工作指标作为考核干部政绩的标准之一，完不成指标任务的不能提拔，工作失职造成严重后果的就地免职。一九八三年至一九八七年五年间，全市被否定评先授奖资格的单位达七十七个，乡（镇）级以上领导干部因抓计划生育不力而给予不同处理的有九十人，其中受到降职处分的十二人。

3. *以抽样调查结果为依据*。开始实行计划生育目标管理责任制时，我们发现有的单位怕被“一票否决”，有意瞒报和少报出生人数，同时也有少数地方因为这样或那样的原因而造成错报和漏报。这些问题的出现引起了市委、市政府的高度重视。计划生育指标统计如不去掉“水分”，不实事求是反映工作情况，后果是严重的。为了改进和完善计划生育责任制，规定每年进行一至两次抽样调查，以抽样调查的结果作为兑现岗位责任制和实行“一票否决”的基本依据，各级都把抽样调查纳入了计划生育管理的重要内容，并加强了对抽样调查的组织领导，做到调查方案明确，检查纪律严明，调查结果真实。这样一来，

不仅先进单位使人心服口服，而且鞭策全市上下把计划生育工作做深做细。一九八九年度，鼎城区物质文明建设和其他工作都取得了突出成绩，但通过抽样调查，计划生育工作的几项指标没有达标，我们严格按章办事，对鼎城区一九八九年度双文明建设先进单位给予否决，在全市震动很大。区委、区政府的同志敢于正视工作中存在的问题，变压力为动力，带领全区各级干部主攻薄弱环节，扎扎实实地工作，一九九〇年跨入了全市计划生育工作先进行列，成为全市双文明建设先进单位。实践证明，以抽样调查结果评价全年计划生育工作，有利于把计划生育工作落到实处，有利于转变工作作风。几年来，我市计划生育漏统率逐年下降，从一九八八年的百分之二十五点六九下降到一九九〇年的百分之六点九。

四、健全网络，保证常抓不懈的力量

计划生育工作线长面广，要做到常抓不懈，必须有一支热爱计划生育事业、懂政策、会管理、业务熟的工作队伍。经过多年的努力，现在我市基本上形成了一个纵横交织，上下管一线，左右管一片的工作网络和一支政治技术素质都比较过硬的计划生育工作队伍。

1. *三支队伍配套，形成工作合力*。一是保证基本队伍。首先逐步充实了市、县两级计生委力量。在机构改革精简编制时，我们考虑到计划生育工作的实际需要，适当增加了计生委的编制。市计生委干部编制由一九八二年的五名逐年增加到现在的十七名。各区、县（市）计生委也配齐了七至十五人的工作班子。全市所有的乡（镇）均设置有计划生育办公室，配有专职工作人员三至五人，人口较多的乡（镇）配到了六至九人。在村一级设置了计划生育领导小组，配备了一名计划生育专干，聘请了几名计划生育宣传员和信息员。二是提高技术队伍。一九八四年以来，我市先后建起了市计划生育药具技术站，九个县级计划生育技术指导站，九十七个乡（镇）计划生育服务所，以及一大批村级计划生育服务室。全市已拥有技术人员三百二十九名。三是组建协会队伍。一九八六年，我们在市、县两级成立计划生育协会，一九八七年各地开始筹建乡、村两级协会。到目前为止，全市已发展协会组织四千二百七十个，共有会员十五万八千七百人。

2. *努力提高计划生育干部素质*。主要措施是分级负责轮训计划生育干部。市负责培训县、乡计划生育干部，每两到三年一次；区、县（市）负责培训村级计生专干，一年一次。除此之外，我们还拿出一点经费，挤出一些指标给计生部门，让他们广开门路，多形式、多渠道输送骨干到各级各类专业学校学习深造。一九八四年以来，我们曾先后组织计划生育干部到四川什方、广西桂林、四川巴中、山东烟台等地参观学习，对我市计划生育工作起到了很大的推动作用。

3. *"留住"基层计生骨干*。基层计划生育干部常年工作在第一线，任务艰巨，难度很大。我们认真吸取了过去基层计划生育干部队伍不稳，对工作带来很大影响的教训，从实际出发，做了一些稳定基层计划生育骨干的工作。在岗位稳定方面，我们规定：乡镇分管、主管计划生育的干部任期三年，不是特殊原因不得调整；乡镇计划生育专干和助理三年内不得调换；乡村计生干部除不能胜任或晋升、提拔等特殊情况外，一律不得任意调离计划生育岗位；计生干部在任期内不安心工作，造成失职，不能继续胜任工作的，就地降免。在政策优惠方面，我们规定把基层计划生育部门作为培养基层领导干部的重要基地，在同等条件下优先选拔计生干部充实基层领导班子；每年年终表彰奖励，优先考虑计划生育部门，只要符合条件，可以不受指标、比例的限制；从事计划生育工作五年以上，工作成绩显著的乡（镇）计划生育干部享受副乡级待遇；区、乡（镇）计划生育工作连续三年被评为县以上先进单位，其分管领导和专干上浮一级工资，连续三年转为固定工资；对全市乡以上计划生育干部实行给予每月七至九元的岗位津贴；优先解决计划生育干部家属农转非和小孩就业问题。一九八六年以来，全市有四名计划生育干部进入县级领导班子，三百五十六名计划生育干部担任了区、乡（镇）领导干部，八百零一人（次）受到县级以上的表彰奖励，一百三十八人享受副乡级待遇，一百二十四人上浮一级工资，四十五名招聘干部转为国家正式干部。

各位领导、同志们，我市的计划生育工作取得了一些成绩，是省委、省政府和上级计划生育部门关心与支持的结果。对照上级要求和兄弟地市及其他先进单位，我们差距很大，薄弱环节很多。最近，我们已专题向省委、省政府写出报告，力争在新的一年里，努力工作，把我市的计划生育工作提高到一个新水平，以实际行动感谢各位领导和同志们对我们的鼓励与鞭策。

（此文为 1991 年 2 月全省专员州长市长县长会议典型发言材料）

附录 11

关于农村独女户生育政策的调查与分析

市委政研室、市计生委联合调查组

1990 年 1 月颁布的《湖南省计划生育条例》规定：夫妻双方系农民只有一个女孩，家庭确有困难的，可以照顾生育第二个孩子。当时，我市根据本地人口生产的严峻形势，经请示省政府同意，制订了 1990 年 8 号文件，规定一般情况下农村独女户不允许生育二孩。于是，在农村独女户生育政策上，形成了“一省两策”的局面。今年，国家颁布了《人口与计划生育法》，将于 9 月 1 起正式实施；省里根据《人口与计划生育法》，正在着手修订《湖南省计划生育条例》；再加上各方面对生育政策“一省两策”的做法早已议论纷纷，本市生育政策是继续执行原规定还是与省里接轨，上上下下都盼望有个说法。为此，从 5 月初开始，我们进行了一次全面系统的生育政策调查。

为了搞好这次调查，我们运用了三种不同的调查手段：一是按照平湖区、丘陵区、山区分类，在九个区县（市）制作了 10 个村人口和生育状况调查样本；二是按照计生工作水平分类，对不同地区的 1118 个农村独女户进行了生育意愿问卷调查；三是组成调查组深入到县、乡、村直接了解各级领导和农村独女户育妇的真实想法，还到执行省《条例》的益阳市实地探查人口和生育状况，特别是农村独女户生育二孩的情况。据统计，这次调查接触和涉及人员多达 13000 多人。现将调查中听到的不同声音和我们的意见综述如下：

一种观点是：实现全省生育政策同步势在必行

在调查中，大家一致认为，过去 20 多年，我市在人口生育上实行从紧、从严的政策，不遗余力地推行“一孩化”，是符合常德市情并卓有成效的。同 1979 年比较，出生率由 19.4‰下降到 9.65‰，计划生育率由 76.72% 上升到 96.31%，总和生育率由 2.45 孩降至 1.32 孩，当年一孩率达到了 84.7%，22 年少生人口 125 万，人口再生产类型正在由传统型（高出生、高死亡、高增长）向现代型（低出生、低死亡、低增长）转变。但是也有不少同志认为，与时俱进、针对形势决定政策是党和政府的一贯主张，根据目前人口生产形势，从常德社会经济和人口发展的长远利益出发，对过去从紧、从严的农村独女户生育政策作适当调整，使之与全省政策同步已势在必行。持这种观点的人占调查对象的 90%。他们的理由是：

一、与全省政策同步，是提高依法治市水平的需要。同周边地区比较，无论地理位置、人口密度还是经济发展程度，常德市并无特殊可言。随着《人口与计划生育法》和重新修订的《湖南省计划生育条例》即将实施，生育政策将更为透明。假如我市继续执行原农村独女户生育政策，省人大是否继续授权还在调研之中，即使授权一些矛盾仍然存在。

农村独女户“一省两策”的做法，使我市特别是边界县、乡计划生育干部常常处于“理屈”的一方，无形中增大了工作压力和工作难度，农村独女户未经批准生育二孩，一直成为各级领导和计生干部心头永远的忧患。再加上“一省两策”在我市已实行12年，与其他州市相比，常德的农村独女户在生育权利上已经做出了重大牺牲。再加上与我市执行同一政策的长沙市郊区，已经放开了农村独女户生育二孩的政策，我市没有必要独自坚持。

二、与全省政策同步，是改善人口年龄结构的需要。按照国际通行标准，65岁以上老龄人口占到总人口的7%，即为老龄化社会。据我市第五次全国人口普查资料显示，常德市户籍总人口为599.28万人，居住在本市半年以上的人口为574.09万人，其中65以上的老年人已达45.4万，超过了7%（见表1）：

表1：

常德市老龄化情况

单位：人

普查年度	全市总人口	65岁以上老人数			占总人口%
		合计	男	女	
1990“四普”	5690278	344367	158693	185674	6.05
2000“五普”	5740875	454714	218267	236447	7.92

我市老龄人口占到7.92%，不仅比“四普”时期提高了1.87百分点，也高于全国6.96%和全省7.28%的水平。更值得注意的是，幼龄人口与老龄人口两极分化的局面已经凸显（见表2）：

表2：

常德市6—60岁人口增减情况

单位：人

	1990年	2000年	增　减	
			绝对数	%
6岁及6岁以下人口	662220	366132	-296088	-44.71
60岁及60岁以上人口	523517	685524	+162007	+30.95

幼龄人口的急剧减少，给劳动力的均衡补充和我市经济的可持续发展留下了隐患。因此不论从延缓我市老龄化进程出发，还是从保证社会劳动力稳定供给出发，都应从现在起放开农村独女生育二孩的政策。

三、与全省政策同步，是适应农村社会发展状况的需要。我市城镇化率为28%，这就意味着有七成以上的常德人仍在同田土打交道。解放以来，农业机械化水平虽然有了很大提高，但农村作业并未完全摆脱对体力的依赖，“凭力气吃饭”仍是农村主要的生存方式。只要这种生存方式不改变，只要男女体力上的差别还存在，农村独女户希望生育男孩的愿望一般不会消退。实现与省里政策接轨，也就满足了广大农村独女户的生育要求，不管其二孩是男是女，至少可实现其生育上的心理平衡。同时，受生产力发展水平的限制，我市农村社会保障体制尚不完备，全市纳入农村集体供养的五保人口仅24845人，不足农村老龄人口的6%，家庭养老仍是农村社会养老的主体。现在，我市农村“4·2·1”型家庭（即四个老人、二夫妇、一个孩子）已经出现；随着生活的改善，医疗水平的提高，人均寿命的延长，劳动力负担系数将越来越大，“老有所养”的任务越来越沉重。特别是“娶进媳妇嫁出女”的传统婚俗的延续，有可能使生育独女的农村夫妇陷入老来孤独的境地。这些人的养老，最终还是要由政府来承担，允许农村独女户生育二孩，既有利于两个子女共同分担养老责任，又有利于减轻政府的养老压力。

四、与全省政策同步，是提高我市计划生育工作水平的需要。据统计，农村独女户超生占到了计外超生的80%，一直是我市计划生育工作的重点和难点。计划生育绝大部分人力、物力、财力用在了抓独女户超生上，计划生育其他方面的工作，象生殖保健服务、流动人口管理、计划生育利益导向政策实施，受到很大程度的影响。倘若放开农村独女户生育二孩政策，就可以腾出更多的精力、财力，用于计划生育优质服务，就可以将以前一度忽略的工作弱项赶上来。并且，在我市计划生育瞒报现象中，所占份额最大的是农村独女户超生。一旦农村独女户生育政策与省里接轨，即可变“暗生”为“明生”，各地的统计报表更能真切地反映当地农村生育实际，我市的计划生育统计质量也能上一个新的台阶。

另一种观点：我市农村独女户生育政策不宜变动

持这种观点的主要是部分从事计划生育工作的同志，他们的理由是：

一、政策不变，有利于稳定低生育水平。2000年中央8号文件和最近颁布的《人口与计划生育法》的核心内容是稳定低生育水平，稳定现行的生育政策。就计划生育政策而言，全国各省市区的政策都有不同程度的差异，同一省内也分不同民族和地域有不同政策，执行独女户不开口子政策的也不仅仅是湖南常德。我市农村独女户执行一孩政策已有十多年，群众已经基本习惯和接受了现行政策规定。边界地区政策差异对生育观念有影响，但这不是主要的。独女户的生育观念主要取决于各地计划生育工作的好坏（见表3）：

表3：

农村独女户生育二孩意愿调查

	(1)强烈要求生	(2)政策许可考虑生	(3)不愿意生	不愿生的%
武陵	27	44	33	31.7
鼎城	72	68	16	10.3
津市	25	30	45	45

续表

	(1)强烈要求生		(2)政策许可考虑生		(3)不愿意生		不愿生的%
安乡	17		44		40		38
澧县	3		74		77		50
汉寿	45		40		15		15
临澧	10		25		69		66.3
桃源	26		65		89		49.4
石门	29		62		28		23.5
小计	254	22.72%	452	40.43%	412	36.85%	
合计	1118						36.85

其中与外省和兄弟市州接界的澧县、桃源县由于历年工作扎实，其独女户的生育观念与计生工作稍差的汉寿、鼎城等区县迥异。这就说明只要坚持不懈地努力工作，边界政策带来的差异，是可以得到广大育龄群众认同的。

二、政策不变，不会对劳动力供给带来大的影响。目前以及今后一个时期，我市不是劳动力匮乏问题，而是劳动力过剩问题。据调查，常德市“愿意工作、能够工作而没有工作”的人超过100万，其中农村剩余劳动力80万，并且随着农业结构调整、科学技术的进步以及农业机械化程度的提高，农村田土会逐步向少数人集中，农业对体力的依赖程度日益下降，劳动力使用周期将会延长，农村剩余劳动力的问题在一定时期内还会存在。与劳动力供应相关联的人口老龄化问题也不足为虑。按国际标准，我市早已步入老龄化社会。即使如此，也未出现劳力短缺的恐慌，而是承受着劳动力过剩的压力。今后30年，我市老龄人口所占比重有可能在现有基础上再上升3—4个百分点，但其负面影响完全有可能被科技进步、经济发展和社会保障水平的提高等因素所抵销。

三、政策不变，再坚持数年，可以在一定程度上与全省自然接轨。我市执行了一个生育周期的一孩政策，最初的独生子女（1979年提倡一孩生育）逐步步入婚育期，他们组成家庭均符合独子和独女结婚可生育二孩的条件，只要再坚持几年，大约在2010年左右，常德市的生育政策就可以与省里政策自然接轨，现在调整我市生育政策实无必要。

四、政策不变，有利于全市经济和社会发展。据测算，全市农村独女户育妇共18.6万人，政策一旦接轨，近几年人口出生率肯定会急剧飙升，10多年的从紧政策等于白抓，全市人口规划必然受到冲击。到2010年，全市总人口将不是我们所希望的620万，而是650万以上。五年之内的补偿性生育带来的生育波峰必然给教育带来短期波动，每年突增2万人以上，等于年突增400多个教学班，十二年中小学教育共增加在校班级5000个，校舍、师资的需求规律被迫打乱，不利于教育事业的稳步发展。目前，常德农村、城市生育政策有些差异，但差异不大，如果农村独女户可以生育二孩，也不利于农村人口向城市的流动，不利于城市化进程的加快。五年补偿性生育也会给社会和经济发展的其他方面带来负面影响。

五、政策不变，有利于降低计划生育工作难度。首先，实行农村独女户生育政策调整，容易造戏群众对整个计划生育政策的误解，以为计生政策已经松动，独子户会“搭车”超生二孩，二女户为达到生男孩的目的，也可能借机超生三孩。计生委 4 月份抽样调查发现，汉寿县崔家桥乡今年期内超生 8 人，其中一孩属男孩的就有 5 人，占 62.5%，这虽然是个别事例，但是足以说明稳定现行政策的必要性。历史的教训应该吸取，1987 年，鼎城区生育政策“开小口”“堵大口”，生育秩序一直不稳定，这面 70 年代全国的红旗，目前已黯然失色。其次，与全省政策同步，将会使已不太正常的男女性别比更趋恶化。再次，如果政策调整，处理妇女解扎复孕等后遗症将花费大量人力物力成本，使本已十分拮据的各级财政增加不少压力，过去农村独女户超生受过处罚的要求落实政策，也将给工作带来不必要的麻烦。

我们的意见是：有计划、有步骤地向全省政策过渡

我市农村独女户生育政策与全省接轨，确实有利有弊，实属两难选择。要作出正确的决定，关键要弄清利大还是弊大，要弄清将出现的“弊”是不是可治之弊，将面临的风险是否在可调控范围内。经过反复的利弊比较，考虑体现法律平等精神、缓解老龄化进程、适应农村目前生产力水平和农村社会养老保障现状等诸多因素，顺应全市大多数干部、群众的要求与呼声，我们认为可以有计划、有步骤地向全省政策过渡。所谓有计划、有步骤过渡，其实质性问题即如何分批消化补偿性生育。全市 20－49 岁的农村独女育妇 18.6 万人。考虑到年龄对生育意愿的影响，我们对鼎城区和接受问卷调查的农村独女育妇（共 50786 人）的年龄结构进行了分析（见表 4）：

表 4

鼎城区和参与问卷调查农村独女育妇年龄结构

年龄段	20—24 岁	25—29 岁	30—34 岁	35—39 岁	40—45 岁	45—49 岁
独女育妇数	11425	11550	10533	8604	5003	3671
占总数（50786）%	22.5%	22.74%	20.74%	16.94%	9.85%	7.23%

其中 20—40 岁年龄段的独女育妇尚未达到规定的生育间隔（4 年），可以不纳入补偿性生育范围；再加上 40 岁以上大龄育妇再生育一般只具有统计价值，并无实际意义；真正对补偿性生育要求强烈的集中在 25—34 岁年龄段，占 43.48%；35—39 岁年龄段育妇对补偿性生育热情并不高。按表 4 比例测算，即使 25—39 岁年龄段的农村独女育妇全部

生育二孩，全市补偿性生育为11万人左右。根据我市补偿性生育总量和继续稳定低生育水平的要求，我们建议政策过渡期为五年，即2003—2007年，就是说，对这11万个生育指标，按照育妇年龄大小分五年安排，2003年安排35岁以上育妇生育，2004年—2005年安排30—34年龄段的育妇生育，2006年—2007年安排25—29岁年龄段的育妇生育，2008年实现与全省政策同步。对上述安排，仍有必要提请省人大、省政府在重新修订的《湖南省计划生育条例》中明确。省里一旦同意我市农村独女户生育政策逐步过渡的做法，我们分批消化补偿性生育就有了法律依据。当然，在向全省政策过渡的过程中，肯定会出现众多问题和风险。但是，这些风险是可以化解的。

第一，逐步向全省政策的过渡，不会影响低生育水平。人口学家认为，维持人类的正常更替，总和生育率应为2.1孩。也就是说，凡总和生育率低于2.1孩均可视为低生育水平。2001年，我省总和生育率为1.61孩，我市由于对农村独女户生育二孩进行部分限制，总和生育率仅1.32孩，省、市的生育水平都相当低。为控制总和生育率，国家根据人口基数、人口生育K线和社会发展需求，将人口出生率控制指标定为15‰以内。2001年，国家给省里下达的出生率控制指标为13.5‰，省里给我市下达的出生率控制指标为12.5‰，省、市两级执行结果分别为11.81‰和9.65‰，均低于控制线。假如按逐步过渡的要求，将我市11万补偿性生育分5年安排，全市平均每年多生2.2万人，出生率净增3.65个千分点，达到13.3‰，仍低于全省13.5‰的人口出生率控制指标；总和生育率会控制在1.5孩左右，仍低于全省1.61孩的水平。此外，我们还应看到，通过长达22年的“一孩化”宣传，农村生育观念已经有了很大变化，再加上孩子抚养教育成本逐年抬升对生育动能的抑制，在生育意愿问卷调查中，有不少农村独女育妇表示，即使给了指标也不愿生育二孩（见表5）：

表5

农村独女户生育二孩意愿调查

意　愿	强烈要求生	政策许可考虑生	不愿意生
人　数	254人	452人	412人
占总数（1118人）%	22.72%	40.43%	36.85%

假如11万个补偿性生育指标中，真的如表中所列有36.85%的农村独女育妇不愿意生，稳定低生育水平更是不成问题。当然，也必须考虑放开政策而产生的“跟风”生育问题。用辨证的眼光来看。一方面，不排除“跟风”生育个案和局部波动的发生；另一方面，要看到人类社会任何时候都存在“左、中、右”，那种无视计划生育政策法规的极少数人，不论实行何种生育政策他都会强行生。更重要的是，要相信群众的自觉性，相信政府的控制能力，相信自己的工作基础。并且，政策调整仅仅限于农村独女户生育政策，其他一切都没有变。我们只需保持目前的计划生育工作态势，即以前怎么抓现在仍旧怎么

抓，就能有效地防止“跟风”生育。

第二，逐步向全省政策过渡，可以避免因政策调整带来的混乱。计划生育一直是常德人引为骄傲的工作品牌，其中凝聚了各届领导和全体计划生育工作者无数心血，谁也不愿看到这块品牌在自己手中毁掉。计划生育工作就目前而言，核心是计划内生育率。与全省政策同步，带来的11万左右补偿性生育，只会影响出生率，不会影响计划内生育率。一旦实现与全省政策同步，11万左右的补偿性生育均可视作计划内生育。但是，补偿性生育不能一哄而生，不按下达的时间抢生，同样视为计划外生育。应当承认，要求农村独女户按计划生二孩也有大量的工作要做，但总比不允许人家生育二孩的工作难度要小得多。至于出生率的上升，一方面我们可以按照稳定低生育水平的要求自觉调控；另一方面省里也会考虑我市补偿性生育这一特殊情况，适当放宽尺度。总之，只要我们紧紧抓住计划内生育率这个中心指标不放，“混乱”之虞是可以消除的。

第三，逐步向全省政策的过渡，历史遗留问题可以逐步解决。向全省政策过渡，涉及的历史遗留问题只有两个：一是曾因超生二孩给予处罚的农村独女户；二是已采取绝育措施的农村独女户。对第一种情况，我们的态度是不予考虑，维持原处理。理由是：任何政策法规都有阶段性、时效性。当时给予处罚，是为了规避我市生育高峰，是正确的；现在进行政策调整，也是充分考虑了当前的人口状况，同样是正确的。只需在将要制订的实施细则中讲明这一点，并划出不予复议的具体时间界限，各级领导和计生干部就能稳住阵脚。对第二种情况，我们应当允许已采取绝育措施的农村独女户育龄夫妇实行吻合术，因为这关系到同一政策下生育权的平等。据统计，全市已结扎的农村独女户育龄夫妇共47750对，由于从1993年开始我市即停止一孩育妇结扎，结扎的独女育妇主要集中在大龄区（见表6）；

表6

常德市农村独女育妇结扎情况

年龄段	20—24岁	25—29岁	30—34岁	35—39岁	40—45岁	45—49岁
结扎育妇数	137	684	10720	16032	11295	8882
占总数（47750人）%	0.28	1.43	22.45	33.57	23.65	18.62

表6的情况表明，40—49岁已扎大龄农村独女户育妇占到了42.2%，这批育妇再生育的要求已不强烈，真正要求做吻合术的主要是30—39岁的育妇，仅为已扎农村独女育妇的56%，全市接近26752例。按每倒手术费1000元计算，手术费用为2675.2万元。解决手术费用有三个办法，或全部由政府出，或全部由要求生二孩的家庭出，或政府、家庭各出50%。我们倾向第三种办法，由政府（市、县、乡）和家庭共同承担手术费用。这样做，政府和要求生二孩的农村独女户都能接受，矛盾也相应小一些。

第四、逐步向全省政策过渡，出生人口性别日趋异常的矛盾可以化解。在目前较为低下的生产力水平下，如果允许农村独女户生育二孩，他们肯定会选择生育男孩。要使出生性别比保持正常，办法只有一个，就是加强对卫生医疗单位的管理，不断加大打击、取缔性别鉴定的力度，发现一例，查处一例，决不手软。性别鉴定杜绝了，性别比的问题也就解决了。并且，据“五普”0岁组资料显示，我市的男女性别比为109.6（女为100），是全省十四个州市中最低的，比最高的衡阳市性别比149.55低40.39，比全省性别比127.08低18.08，存有一定的调整空间。我们还应看到，现代社会人口流动速度加快，我市每年外出务工的农民接近80万，跨市、跨省甚至跨国婚姻处处可见，在全国、全民族这个大局中，常德不会因为性别比的短期失衡而导致男女婚配的失衡。

以上分析表明，我市农村独女户生育政策有计划、有步骤地向全省政策主动过渡完全可行。当然，我们不完全排除生育政策自然接轨的可能性，但是这种接轨只能是部分的，不可能是全面的。目前，我市累计一孩户的比率为56.37%，二孩和多孩户尚占43.63%。按照现行生育政策，无论城乡只有独子与独女结合才能生育二孩。据此测算，真正能够与全省政策自然接、可生二孩的独女户应当只占一孩户的一半，即28%。也就是说，若干年之后，大部分农村独女户仍不能享受生育二孩的政策。这对已经为计划生育做出贡献和牺牲的常德农村独女户来说确实不甚公平。我们采取主动过渡方式，有计划、有步骤地安排补偿性生育，正是为了尽可能地体现公民生育权的大致平等。

省人大常委会正在着手修改《湖南省计划生育条例》，准备于今年九月一日正式实施。根据以上调查情况分析，我们建议，市委、市政府应立即形成意见，请求省人大继续给常德市授权：2007年9月1日以后，与全省政策同步；2002年9月1日至2007年8月31日为过渡时期，有计划地放开农村独女户可以生育二孩的政策。

（此文发表于2002年常德市委《政研内参》第四期）

附录 12

再　越　巅　峰

——写在《公开信》发表 30 周年暨常德市创建省人口计生模范市之际

周勇军　曹学美　杨善军　郑湘竣　李寒露　张　晶

30 年，在人类历史长河中，仅仅限一瞬间：从 1980 到 2010，常德人口计生工作演绎 30 年春华秋实。30 年，探索前行，国策花香满沅澧；30 载辛勤耕耘，常德计生再越巅峰。

拥有湖南省唯一的“全国人口和计划生育综合改革示范市”头衔，同时还是“全国婚育新风进万家活动第四阶段（2011 年至 2015 年）示范市”；连续 20 年在全省计生工作综合考评中保持先进；在全省业务考评中勇夺“五连冠”；诞生了临澧、澧县、安乡、石门等 4 个全国计划生育优质服务先进单位……金秋时节再回首，几许辉煌，几多思念。

常德市委书记卿渐伟感慨地说：“30 年来，常德经济建设和社会事业又好又快地全面发展，这与人口计生部门所担当的责任密不可分。尤其是近些年来，常德城乡发生的巨变，人口计生部门立下了汗马功劳。”

加强人口计生综合治理，促进人口与社会经济协调和可持续发展，推动生殖健康产业良性循环，这不仅是常德人口计生部门的追求，也是常德人口计生部门 30 年一路风雨，一路高歌的真实写照。

决策者的胆识

——用宽远与超越搭建计生的舞台

“中国优秀旅游城市”“国家卫生城市”“国家园林城市”“中国魅力城市”“国际花园城市”等殊荣，让常德这座总人口超过 600 万的城市蜚声全国。而面对经济建设的喜人成就，常德的决策者们始终没有忘记一个看似与经济发展毫不沾边的工作—人口计生。人口计生工作卓有成效地向前推进，给这座城市的发展注入了后劲，拓展了空间，增添了活力。

2009 年，常德市实现地区生产总值 1239.2 亿元，地方财政一般性预算收入 51.2 亿元，全市城镇居民人均可支配收入 13859 元，农民人均纯收入 4909 元。这数据的背后，人口计生工作功不可没。另据统计，常德的人口出生率连续十年保持在 7‰至 10‰之间，妇女总和生育率保持在 1.4 左右；常德的出生人口性别比保持在 108 左右，是全省唯一基本保持在正常值范围的市州；截至 2009 年末，常德市独生子女家庭达到 88.2 万户，占已婚育龄家庭的 67.8%；2010 年，全市确认将扶对象 37654 名，占到了全省五分之一……省内实行“一票否决”最早、人口出生率最低、出生人口性别比最正常、农村独生子女家庭最多……这一组组让人信服的数据，折射出了常德人口计生工作的创新理念；这一串串耀眼的光环，犹如芬芳的鲜花，沁人心脾，令同行刮目相看。

计生工作成绩位居全省前列，离不开常德市计生人对工作的严格要求和积极追求，而常德计生能成为品牌走出湖南享誉全国，更是常德市委、市政府对计生工作重视的制度化和一贯化的结果。长期以来，常德市委、市政府高度重视人口和计划生育工作，把人口计生工作作为全面建设小康社会和构建和谐社会的基础性工作来抓，坚持人口计生工作与经济工作同研究、同部署、同检查、同考核。

纵观常德，计划生育工作的成绩与经济发展保持了惊人一致：在湖南省考评中，连续20年保持先进位置。而这20年也恰恰是常德经济发展和城市建设飞速发展的20年；11个县级考核单位中，有9个为省级计划生育优质服务先进单位，其中临澧县、澧县、安乡县、石门县4个为全国计划生育优质服务先进单位，而这些县市也大多是近几年全省或全市经济工作的排头兵。常德市人民政府市长陈文浩则认为：对于地方政府来说，经济发展是社会问题之首，计划生育工作同样是社会问题的重要组成部分。只有抓好人口计生工作，社会才会不断进步，各项事业才能协调发展。

在常德主管计生工作的市委副书记曹儒国，回忆起全市社会经济近三十年取得的成就，总是忘不了计生国策为这座年轻却早已驶入经济发展快车道的城市拓展的发展平台。他感慨地说：“《公开信》发展30周年以来，全市少出生251万人，节省社会抚养成本800多亿元。不能不说，常德计生工作为全市经济和社会事业发展做出了巨大贡献。”

党政重视提供坚强后盾，计生工作大有可为。常德开全省乃至全国之先河，将计生工作作为市委、市政府制定政策的前置审核，政治、经济、文化等政策法规的制定不得与计生工作相悖。常德市将计生工作放在如此高的位置，带来的最直接的效果是计生工作深入人心！无论是沅江河畔的繁华街市，还是壶瓶山下的偏僻农舍；无论是漂亮的机关院落，还是繁忙的建筑工地，计生工作的影响无处不在。

重视计生工作的常德市委、市政府对计生队伍更是高看而厚爱。2002年，市委、市政府的五部门出台了《关于进一步加强计划生育队伍建设的若干规定》，文件明确对村专干工资实行打卡发放，根据文件规定，对9名从事计划生育工作5年以上，所在单位连续保持“国优”“省优”或全市红旗称号的区县（市）计生局长，解决了副处级待遇，对市县计生协会常务副会长和秘书长亦实行高配……

从严政策破解“第一难事”。决策者的认识一旦与群众的积极参与形成“共振”，必将造就一篇篇惊世之作。自实行计划生育以来，常德人一直在这一利国利民的千秋伟业工程中，不断地创新。细数在常德计生工作历年来的累累硕果，常德市人民政府副市长万成贞感慨地说：“常德计生工作之所以能成为全省的一面旗帜，就是常德计生人不断创先争优，不断自我超越的结果。”

1980年，中央发出《关于控制我国人口增长问题致全体共产党员共青团员的公开信》

后，常德市始终把一对夫妇只生一个孩子，作为计划生育的主要政策，也就是执行有别于全省的“独女户基本不开口子”的政策。直到《湖南省人口与计划生育条例》出台后，从2003年至2007年执行过渡性规定，2008年开始与全省并轨，常德的农村独女户才可以生育二孩。

1982年，常德市开始在澧县等5个县市试行“一票否决权”，即不管其他方面工作如何优秀，只要计划生育未达到规定目标的单位和个人，不能评先评奖和提职晋级。“一票否决权”的做法，得到了省委、省政府的充分肯定，1988年6月，省委、省政府号召学习常德经验。

1986年7月15日，原常德县蔡家岗乡计划生育协会成立，此为湖南省第一个乡级计划生育协会。随后，各级协会如雨后春笋般建立起来。

在全省计划生育历史上，湖南省先后在常德召开了三次具有转折意义的会议：

1982年11月17日至23日，省委、省政府在常德市召开全省计划生育工作经验交流会，推广常德市“最好一个”的经验；

1991年2月，省委、省政府在常德市临澧县召开全省专员州长市长县长会议，要求全省各地学习临澧经验，全面加强计划生育基层基础工作，积极应对人口过快增长的严峻形势。这次会议，是我省计划生育史上的一次关键会议，1991年也因此成为全省计划生育工作的转折点；

2004年，常德市作为全国3个试点地区之一，率先开展了农村部分计划生育家庭奖励扶助工作。当年8月14日，省委、省政府在常德市举行农村部分计划生育家庭奖励扶助金发放仪式，标志着计划生育逐步由“处罚多生为主”向“奖励少生为主”转变。

2010年1月，常德市被评为首批全国人口和计划生育综合改革示范市。

有人说常德计生的品牌，是由一面面锦旗和一个个奖杯堆砌起来的。但是更多的人认为，常德计生之所以享誉全国，最大特点是因为决策者一以贯之的重视与支持。纵观常德计生工作30年的发展历程，我们不难看出决策者的眼光、计生人的汗水、全社会的氛围，与计生工作成绩取得之间的先与后、因与果。

计生人的情怀

——用真诚与细微诠释服务的内涵

常德市人口和计划生育委员会主任张卫星，这样理解计划生育的重要意义；计划生育的目的是为了经济的长足发展，更是为了人们生活更加幸福美好。所以，“处罚多生不应当成为计生工作的主要目的”，而是以“奖励少生”和“引导优生”为主，计生工作阵地更是应当成为广大服务对象温馨的家。

从20世纪90年代开始，常德市大力转变工作思路和工作方法，以稳定低生育水平为核心，全面开展计划生育优质服务，从“暴风骤雨”进入了“和风细雨”，群众生育观念发生了大的转变，全市计生工作的整体水平大幅度提升。

零距离服务，真诚洒满服务站。初秋时节的9月5日下午，位于石门、澧县、临澧交界，地理位置非常偏僻的临澧县官亭乡墟场上见不到几个行人，但笔者在乡计生服务所的“悄悄话室”、育龄妇女接待室、检查室等却见到了另外的一幅截然不同的场景；一群孕妇比赛似的挺着大肚子，围着计生技术人员问这问那，有的已经迈出了“悄悄话室”的门槛，却还回过头和计生技术员耳语，脸上洋溢着幸福的笑容……

十月怀胎，一朝分娩，生活水平逐渐提高的育龄夫妇都把生孩子当成人生的一件大事。已经怀胎5个月的杨女士说，因为乡里的医院没有专业的妇科，所以她和老公原来打算早早住到县城医院，为迎接宝宝诞生做充分的准备。但后来经过多次考察和咨询，她打消了这个念头，和在场的几位“大肚子”一样，她认为在乡计生服务所进行分娩前的咨询和检查，更加“专业和温馨”，“某些方面甚至比县里医院更细微”。

这几年，常德大力加强计生服务网络建设。其实，像官亭乡这样的计生服务所，只是全市52个新改造的中心服务所中的一个。借助“国债”资金和新农村建设的东风，按照“四优一满意”服务站所标准，常德市先后筹措资金近7000万元，对5个县站进行了改造升级，新建了52个中心服务所，形成了以县站为龙头、乡计生服务所为依托、村计生服务室为基础，流动服务车为纽带的计划生育服务网络体系。此外，常德市“生殖健康村村行”活动开展得有声有色。自2007年开始，常德市先后投入700多万元，组建专业队伍，深入每个村居，为广大育龄群众开展免费生殖健康检查服务。目前，已惠及3897个村居的48.2万名已婚育龄妇女，共检出疾病人数11万人，并对部分患病对象给予了低偿治疗。

人性化的服务，见真情于细微处。常德市不仅在满足育龄群众个性化需求方面有一“套”，该市还改革计划生育药具发放办法，积极开展了避孕药具的社会营销，在企业、工地、宾馆、娱乐场所、集贸市场等流动人口集聚地，建立避孕药具发放点，采取安装自动药具箱、药具智能机“磁卡”式发放，全市使用药具避孕人数达到了142719人。

群众的满意，不仅是因为人口计生技术服务满足育龄群众的个性化需求，更在于为下一代的健康成长做了大量的工作。近年来，常德市通过实施出生缺陷干预行动，有关部门共开展病原体检测4.61万人次、染色体显带分析6593例、孕中期B超检查1.93万例、孕中期二联酶标筛查7797例，检测出阳性病例519例，实施终止妊娠证实57例。2010年8月，常德市政府又专门出台了《关于实施优生促进计划的意见》，从免费优生检测、特定目标人群免费产前筛查和高危人群免费产前诊断等八个方面入手，全面实施出生缺陷“三级预防”。

当服务与真诚融为一体，生活的天空就温馨弥漫。澧县张公庙乡的张女士自生下女儿后就得了一种怪病，下身奇痒难受却又羞于启齿。丈夫以为她生活不检点得了性病，丢下母女俩外出打工。张女士一时对生活心灰意冷，在村妇育专干的帮助下，上网点击市计生协的“专家在线”，县计生服务站的妇科医生将她的病情诊断为“霉菌性阴道炎”。按照医生指导服药，困扰她多时的妇科病只经过两个疗程就痊愈了。

让张女士摆脱屈辱的“计生专家在线”，其实只是常德市计生服务和妇幼保健管理系统中很小的一部分。这几年，他们通过宽带网络和无线3G网络在全市建立了一张连接市、县、乡、村的计生服务网络，将计生部门、妇育专家、乡村专干和育龄妇女连在一起。视频会议、远程会诊、文件收发等无不“一网打尽。”

在采访现场，临澧县人口计生局局长彭耀忠的手机不时响起“嘀嘀”手机短信提示音。原来是杨板乡计生办主任的工作汇报。彭局长一按手机，立即将工作内容布置给了局办公室主任和两位正在乡下办事的副局长。这就是该县最近建成的运用以3G手机为智能终端设备的人口计生工作移动办公系统，它和人口计生协同办公系统、人口计生政务服务中心系统、人口计生行政审批系统、计生技术服务和妇幼保健管理系统、人口计生综合治理系统、妊娠信息实时通系统、全员人口信息村级直报系统等八套软件应用系统，与国家、省人口计生业务软件应用系统进行了对接兼容。9月10日，全国全员人口信息化建设经验会议在常德市召开，“临澧模式”走出常德、走出湖南。

常德计生人用真诚与细微，再次诠释这样一个概念：计生，服务没有极限！

全社会的凝聚

——用体贴和关怀丈量计生的外延

不是内行，很难理解计生的真正内涵；不到常德，很难明白计生的外延有多长。

常德市以国家“两扶”制度为基础，结合本地实际，各级相关部门出台了一系列有利于计划生育家庭的优先、优惠政策，建立了“奖、免、优、补”等多种形式的计划生育惠民体系。其中全面实施的计划生育家庭“两扶”民生工程，仅2010年就确认农村奖励扶助人数37654人，发放扶助金2711万元，确认特别扶助对象4913人，发放扶助金550万元；而自2005年出台《常德市农村独生子女特困家庭救助办法》以来，该市累计救助父母双亡、子女死亡、患重大病残等情况的独生子女特困家庭2070户，发放救助金310万元；2007年，常德市出台的《关于加强新时期人口和计划生育工作统筹解决人口问题的决定》中再次明确，教育、卫生、民政、国土、房管、劳动、农工、青妇等部门在普惠政策方面，应当对独生子女和农村两女户家庭给予减免优惠和优先扶助。

在集全市之力建立起来的计划生育惠民体系中，常德计生工作者所承当的角色，如同一位位情可昭天、怀揣大爱之心的使者，默默耕耘，无怨无悔。小孩从怀胎、分娩、抚育一直到成材，无一不牵动常德计生人的目光。

2010年8月10日，常德市隆重举行了全市独生子女贫困大学新生助学金发放仪式，

100 名寒门学子从市领导手中领取了每人 2000 元的助学金。从 2007 年开始，冠名为“计生协伴学子飞翔”的活动，在常德市已连续进行了四年，共资助农村独生子女中考入大学一本却因家庭困难无法上学的学子 387 人，共发放助学金 77.4 万元。这项“救助贫寒学子”活动，仅仅是常德“生育关怀行动”系列活动之一。

自国家发出广泛开展“生育关怀行动”号召以来，常德市逐步构筑了以生育关怀为主旨的“亲情牵手”“幸福工程”“计生保险”三大平台，近 3 年累计投放 784.7 万元，其中用于助学 195.3 万元，用于慰问 488.4 万元，用于帮扶生产 101 万元，先后为 17017 个计划生育家庭和人群进行了救助和帮扶。常德市一系列围绕“生育关怀行动”的举措，受到了社会各界的拥护和好评，目前已成为该市社会公益事业的一个品牌，起到了实现、维护和发展计划生育家庭和人群的根本利益的作用。

为了加强流动人口计划生育工作信息互通、管理互动、资源互补机制的建设，针对常德市流向深圳市的流动人口的人数比较多、相对集中的特点，常德市人口计生委从 2008 年开始，先后与深圳市福田区、龙岗区、罗湖区签订了区域协作协议，并派出联络员常驻福田，与当地流管办集中办公，共同开展常德籍流动人口计生管理服务工作。此外，常德市在本地社区增设流动人口计生专干，定期开展清查服务工作，建立起了“部门配合、社区负责、物业协助、流口参与”的流动人口管理服务机制，同时广泛开展关心流出已婚育妇、用乡情感召人；关爱留守学生儿童，用亲情感化人；关照困难需监护的老人，用温情感动人的“三关三情”活动，使流动人口计生难题得到破解。

一种氛围温馨怡人，像涓涓流水，又似缕缕春风，荡涤着人们的灵魂，改变着人们的婚育观念。多年来，常德市人口计生委和计生协作为推进计划生育事业的“车之两轮，鸟之两翼”，围绕同一目标，精诚团结，紧密配合，充分发挥各自优势，真正实现“两轮齐转，两翼齐飞”，促进了常德人口计生工作的发展进步。协会的生命力在于活动，凝聚力在于服务。每年，常德市县两级协会都会开展喜闻乐见的活动和形式多样的服务。如“新女孩才艺电视大赛”“武陵欢歌”计生专场文艺演出、“婚育与家庭道德演讲比赛”等，以及日常性的社区计生咨询、举办座谈会等活动，提高了小区居民对人口计生政策的知晓率，也服务了市民。此外，已经连续举办了三届的常德市“集体婚礼”，就是常德人口计生委和计生协的得意之作，它“忽如一夜春风来”，在常德掀起一场移风易俗的婚育新风。计生协会还同计生委一起，积极探讨计生家庭的脱贫致富问题，加强与农业、科技、农业综合开发、农村建整扶贫、农村信用社等部门的联系，引导他们将投入向计划生育家庭倾斜。

如果说逐渐完善的计生惠民体系，专业执着的计生使者，普惠亲切的关怀行动，温馨暖人的协会家园，凝聚的是常德市对计生家庭和子女的体贴，凝聚的是常德人口计生工作的核心价值取向，那么，常德市通过扎实工作、创新人口计生工作方法，建立起来的“协会带头、部门配合、社会参与、服务群众”的长效工作机制，以及近期确立的“专项资金”机制，则昭示着常德计生工作的外延获得了无限的空间。

一直以来，为了解决计生经费困难的问题，常德市采取政府投入和社会募捐“两条腿”走路的方法。但是面对庞大的帮扶救助群体，缺乏一种筹措经费的长效机制让这一工作面对的是难已为继的尴尬局面。

这一议题摆在了2009年最后一次计生领导小组会议桌面上，通过过充分讨论，反复研究，最终达成共识：利益导向、生育关怀是当前计划生育工作的重点，也是现实的需要，同时也体现了党和政府以人为本的民本思想。而社会抚养费主要用于计划生育利益导向和征收成本。根据实际情况和通过反复测算，决定先行从社会抚养中提取10%比例资金作为县级生育关怀基金。2010年的常德市第一次市委常委会上，这个意见形成了决议。自此，常德市生育关怀基金主要靠社会募捐渠道单一的状况，得到根本改变。

随后，市人口计生领导小组发出《关于从社会抚养费中提取10%经例资金作为生育关怀基金的通知》，对这一问题作了明确界定。要求各地将当年度征收的社会抚养费总额的10%资金，按季度划拨到县级生育关怀基金非税专户，实行专账管理。社会抚养费征收总额以当年交存财政专户的总额为准。既不准降低已征收的社会抚养费总额，也不准降低提取比例。同时要求此项资金只用于“五关怀”对象，专款专用。

2010年7月19日，常德市桃源县生育关怀基金划拨31.57万元，为当时遭受罕见洪涝灾害损失的10个乡级计生办工作人员、71个计生专干、405个独生子女家庭等，分别给予500元至5000元不等的救助资金。这是该县把社会抚养费提取10%建立生育关怀基金后的第一笔拨款。

2010年8月，常德市委、市政府又制定出台了《关于推行计划生育特别扶助家庭关爱行动的意见》，为计划生育特别扶助对象每人每年增加600元生活补助，明确新型农村社会养老保险、新型农村保障和救助、公益性养老服务、城乡基本住房保障、身心健康检查等方面，给予计生特别扶助家庭全方位的优先优待和优惠。

老百姓的需求有多高，计生服务的道路就会走多远！常德人认为，30年的丈量依然没有终结，因为人口计生工作的外延会无止境的延伸。

（原载2010年10月11日《湖南日报》头版和第八版）

编　后　记

《常德市人口和计划生育志》由常德市人口和计划生育委员会负责组织编纂，办公室为牵头单位。自2011年8月正式启动，历时三年多。

《常德市人口和计划生育志》是常德市人口和计划生育委员会全体领导、干部职工集体智慧的结晶。委党组多次专题研究部署，成立了《常德市人口和计划生育志》编纂委员会，下设办公室，聘请了从本委机关退休的刘兴国、汪国志两名德高望重、经验丰富的老领导专职其事。委党组书记、主任张卫星自始至终对本志给予了高度重视、直接关心和具体指导，多次听取编纂工作汇报，就志书的指导思想和编写体例、各章节内容、字数比例、时间安排等等都提出了一系列具体要求；党组副书记、副主任、市计生协常务副会长车向东多次召开编纂工作协商会议，调度解决编纂志书中人财物等方面的实际问题。为确保志书按质按时编辑出版，编纂人员广泛收集、整理、核实原始资料，如实记述、反复修改文稿。2014年6月，《常德市人口和计划生育志》初稿完成后，委领导和各科室站负责人进行了反复审核，提出了许多有益修改意见。编纂人员几经修改，并于2014年12月形成送审稿，原市计生委主任郑景阳、彭淑华等老领导和市方志办有关领导提出了许多宝贵意见，编纂人员据此又进行了修改、完善。2015年4月，卫生计生机构改革后，新任市卫生和计划生育委员会主任、党委书记洪振海多次过问志书编纂情况，并欣然作序。2015年7月，市方志办主持会议，对《常德市人口和计划生育志》进行评审。评审后，编纂人员对书稿进行了再次修改，最后审查定稿。

在志书资料收集、整理、编写过程中，市方志办多次派人光临指导，市档案局、市统计局、市卫生局、各县（市区）人口计生局等单位给予了大力支持和帮助，在此一并致谢！

由于编者水平有限，加之资料不全，书中难免有错漏之处，敬请不吝指教，并致谢意。

编　者

2015年12月